法律硕士精品系列教材

中国法律史

ZHONGGUO FALÜSHI

主　编　龙大轩
副主编　袁春兰　秦　涛
撰稿人（以撰写章节先后为序）
龙大轩　秦　涛　梁　健　吕志兴
黄　玺　袁春兰　周欣宇　孙德鹏

中国人民大学出版社
·北京·

作者简介与分工

龙大轩　西南政法大学二级教授，博士研究生导师，国家“国家高层次人才特殊支持计划”教学名师，中央广播电视总台《法律讲堂》主讲人；撰写序言、第一章。

秦　涛　西南政法大学博士，讲师，中央广播电视总台《法律讲堂》主讲人；撰写第二章、第三章及第四章。

梁　健　西南政法大学博士，讲师；撰写第五章。

吕志兴　西南政法大学教授，博士研究生导师；撰写第六章、第七章。

黄　玺　西南政法大学博士，讲师；撰写第八章。

袁春兰　西南政法大学副教授，硕士研究生导师；撰写第九章。

周欣宇　西南政法大学副教授，硕士研究生导师；撰写第十章。

孙德鹏　西南政法大学副教授，硕士研究生导师；撰写第十一章。

总 序

2022 年 10 月 16 日，习近平在中国共产党第二十次全国代表大会上的报告中强调："深化教育领域综合改革，加强教材建设和管理"。同时，党的二十大报告第七部分"坚持全面依法治国，推进法治中国建设"专门部署法治建设，要求发挥法治固根本、稳预期、利长远的保障作用，在法治轨道上全面建设社会主义现代化国家。习近平总书记指出，全面推进依法治国，建设一支德才兼备的高素质法治队伍至关重要。[①] 高校是法治人才培养的第一阵地，高校法学教育在法治人才培养中发挥着基础性、先导性作用。

在法治轨道上全面建设社会主义现代化国家，迫切需要法律硕士专业学位研究生（以下简称"法律硕士"）教育开辟一条加快培养高层次应用型法治人才的新渠道。法律硕士是具有特定法律职业背景的专业性学位，在培养目标上强调实务特点，主要培养立法、司法、行政执法和法律服务以及各行业领域德才兼备的高层次的复合型（专门型）、应用型法治人才。根据新时代法治人才培养的要求"立德树人、德法兼修、明法笃行"，要将法律硕士培养成具有坚定政治立场和崇高法律职业道德的法治人才，培养成具有宽基础、复合型、跨学科知识结构的法治人才，培养成能够综合运用法律、经济、管理、科技、外语、计算机以及其他方面专业知识，独立从事法律实务和管理工作的法治人才。

近年来，各高校、科研院所及法律实务部门在应用型高级法律实务人才培养方面不断探索。西南政法大学作为新中国最早建立的高等政法学府，是国家首批卓越法律人才教育培养基地。自 1979 年开展研究生教育以来，西南政法大学坚持科学的研究生教育质量观，把研究生教育作为提升学校品牌的重要支点，坚定不移地推进改革，凝心聚力，攻坚克难，不断增强研究生教育的竞争力、吸引力和培养能力，以实施科教兴国战略和满足经济发展对高层次、高素质、创新型人才的需求为出发点，努力发展研究生教育。2010 年，西南政法大学被确定为教育部法律硕士教育综合改革试点高校；2013 年，西南政法大学被评为全国法律硕士优秀培养院校。西南政法大学紧紧围绕党中央的要求和国家经济、社会发展的需要，明确目标和功能定位，充分发挥培养复合型、实践型法律人才的作用，以培养德才兼备、系统掌握法

---

① 参见中共中央文献研究室编：《十八大以来重要文献选编》中，中央文献出版社 2016 年版，第 190 页。

学理论知识、具备实践能力、具有社会主义法治理念、能够独立从事法律实务或理论研究工作的高层次专门人才为目标，不断进行探索和创新：

——实施责任教授制度，创新课程管理模式。针对法律硕士专业必修课程实施责任教授制度，实行团队教学。课程所属学科确定一名课程责任教授，由其负责组建教学团队、主持课程建设的各项工作，包括课程规划、教学内容安排、课程进度控制、教学方法使用、考核评价方式等。课程责任教授制度的确立，改变了任课教师单打独斗的授课局面，形成了课程教学合力。

——推进课程教学改革，创新课程教学方法。自 2013 年大力推进研究生课程教学改革以来，制定并实施了《西南政法大学研究生课程教学改革办法（试点）》，推行基于问题、基于项目、基于案例的教学方法和学习方法，探索建立以学生为主体、以培养学生创新能力为主要特征的研究型教学方式，促进课程教学与科研训练、实习实践相结合。已立项建设 4 批次共 37 门改革课程，培育重庆市优质研究生课程 12 门。

——强化教学案例建设，注重实践能力培养。重视案例编写，积极开展案例教学，已组织编写校级法律硕士教学案例 21 个，其中 4 个教学案例入选首批全国法律硕士教学案例库，使本校成为首批入库案例最多的院校。在积极开展案例库建设的同时，大力推进案例教学，在法律硕士专业课程教学过程中，引用案例进行讲解的教学内容占比达到 30%以上。

——开设实践训练课程，强化职业能力培养。为适应职业型与复合型的人才培养定位，法律硕士人才培养要把学习理论知识与开展实务的能力加以复合，要开展更加注重实务与应用的实践性教学。本校专门开设了法律实践训练课程，占法律硕士课程的四分之一，任课教师大都为校外行业专家，由此大大提升了学生的法律逻辑分析能力与知识运用能力。

法律硕士的招生院校及招生规模不断扩大，对专业法律人才的培养提出了新的挑战，对法律硕士教学规范化也提出了比较高的要求。党的二十大报告指出：要“深化教育领域综合改革，加强教材建设和管理，完善学校管理和教育评价体系，健全学校家庭社会育人机制。”这说明深化教育领域综合改革、扎实推进法律硕士教育、加强相关教材建设非常关键。在 2012 年前后，西南政法大学与中国人民大学出版社共同推出针对法律硕士的“应用型高级法律人才系列教材”。该套教材内容设计贴近教学需要，编写质量优良，打下了较好的教材基础。为遵循法律硕士的教学特点和更加贴近司法实务的教学要求，西南政法大学根据全国专业学位研究生教育指导委员会《专业学位研究生核心课程指南（试行）》，更新编写了这套“法律硕士精品系列教材”。该系列教材体系的构建主要有几点考虑：

第一，提升教材的普适性，按照全国专业学位研究生教育指导委员会《专业学位研究生核心课程指南（试行）》的目录搭建对应的系统性教材。

第二，立足教材的应用性，结合实务训练课程需要编写案例丰富、实践性强、以案说法的实务性教材。

第三，侧重特色交叉教材，以满足学校新兴学科发展需要和法律硕士教育特色发展为目标，编写特色教材。

该系列教材得以面世，首先要感谢校内外多位主编、编委和作者的精诚合作和辛勤笔耕；还要感谢中国人民大学出版社的大力支持，感谢郭虹社长对教材编写和出版的精心策划与宝贵建议。西南政法大学副校长唐力教授及校党委常委、研究生院院长李燕教授在教材设计和编写方面做了大量的开创性工作；还有很多工作人员在教材编写和出版过程中默默付出辛劳，我代表编委会对他们一并表示诚挚的敬意和谢忱。

付子堂

2022 年 10 月 29 日

于西南政法大学

序　言

中国法律史学是从历史的维度观察中国法律的学问，而历史的基本要素则是时间。中国法律史有三个重要时间：其一，中国法律起源、演进、变革的五千年历史时间；其二，中国法律史学回溯历史、自我表述的一百余年学术时间；其三，中华优秀传统法律文化创造性转化、创新性发展的当下及未来时间。

一、中国法律史的“八字”线索

诗曰：“删繁就简三秋树，领异标新二月花。”中国法律史上下五千年，虽时间跨度长，却可以用八个字勾勒其发展脉络。

1. 礼、刑

“礼”“刑”二字，反映了夏、商、西周时期的法制度与法思想。

礼是行为规范。它告诉人们应当怎么做、不能怎么做，相当于现代法律的授权性、禁止性、义务性规范。礼调整国家与社会生活的方方面面，既用来解决纠纷，具有法律的性质；又可以教化民众，具有道德的特征。近人严复云：“西人所谓法者，实兼中国之礼典。”[①] 礼兼具西学意义上的道德与法律双重属性。

刑为制裁手段。违反礼的行为，用刑惩治。《后汉书·陈宠传》云：“礼之所去，刑之所取，失礼则入刑，相为表里。”礼的约束力靠刑的强制力保证，刑的适用则必须以礼的精神作为指导。对这个时代可以称为“礼刑时代”。

夏、商、周有一脉相承的礼乐制度。《论语·为政》云：“殷因于夏礼，所损益可知也；周因于殷礼，所损益可知也。”在政治运行良好的时期，礼居于主导地位，刑只起辅助作用。可是在王朝后期，往往礼崩乐坏，急功近利的君主会弃礼于不顾，专任刑法。《左传·昭公六年》云：“夏有乱政，而作禹刑；商有乱政，而作汤刑；周有乱政，而作九刑。”刑反客为主，取礼乐而代之，便会招致“民免而无耻”的后果。

2. 法、律

“法”“律”二字，展示了春秋、战国、秦三个时期法制度与法思想的演变。

---

① ［法］孟德斯鸠：《法意》，严复译，商务印书馆 1905 年版，第 9 页。

历史进入春秋战国后，旧礼失去了应有的法律调控功能。对于如何治理国家和社会，诸子百家各异其说。儒家主张德治，提倡“为政以德，譬如北辰，居其所而众星共之”。法家主张法治，标榜“任法而治”“垂法而治”“缘法而治”。于此群雄“争于气力”的乱世，儒家思想不受青睐，大多数诸侯国任用法家、改革法制。过去辅礼而行的刑，从礼刑体系中抽离出来，成为专门的刑书，作为治国重器。郑国铸刑书，晋国铸刑鼎，都是显例。

战国魏人李悝搜集、整理各国刑书，取其精粹，编纂成《法经》。自此，一种崭新的行为规范——“法”登上了历史舞台。商鞅携《法经》入秦变法，将“法”改为“律”，使之具有最高的法律效力，获得平等而普遍的适用。这个时代可以称为“法律时代”。

“法”与“律”是旧有礼刑体系下“刑”之一端的畸形发展。礼则被抛弃在法、律之外，不再由国家强制力保障实施，转由社会舆论、良心自律约束。礼遂变成道德，与法律分道扬镳。“法治”成为时代的最强音。

秦灭六国，“海内为郡县，法令由一统”①，奉行“专任刑法”“弃礼任法”的治国策略，实则是只讲法律、不顾道德的单纯法治，与今日之法治不可同日而语。由于缺乏道德的指导、引领，秦法无视孝道伦理，“借父耰锄，虑有德色；母取箕帚，立而谇语”；践踏夫妻情义，鼓励相互告发犯罪，如睡虎地秦简《法律答问》载：“夫有罪，妻先告，不收。”秦法与人的道德情理对着干，推行得越彻底失败得越快，终秦于二世而亡。

3. 礼、法

礼、法二字，描绘了汉朝到清朝两千余年法制度与法思想之特征。

秦朝的速朽，给后世王朝留下长达两千年的心理阴影。汉初总结秦亡的教训，认为“法家不别亲疏，不殊贵贱，一断于法，则亲亲尊尊之恩绝矣。可以行一时之计，而不可长用也”②。但是回到三代，既不可能亦不现实。经过汉初“无为而治”的实践摸索，汉武帝“罢黜百家，独尊儒术”，采纳一代大儒董仲舒“礼法并用、德主刑辅”的主张。

礼法并用，即以儒家德治思想为本，以法家法治理论为用，将过去抛弃的礼乐精神重新引入法律之中，实现综合治理。汉朝开始“引礼入法”的运动，历魏晋南北朝，至唐朝形成了礼律并举、礼法合一的格局。宋元明清基本沿袭这一治理模式，直到清末向西方学习，才有了质的变化。这个时代可以称为“礼法时代”。

在礼法模式的治理下，中国形成了一以贯之的礼法社会，出现了一个又一个的盛世。在长期的养育积淀中，忠义、孝慈、诚信、礼让、清廉等优秀文化传统得以形成，涵养着一代又一代的中华儿女。清末大理院正卿张仁黼说：“中国文教素甲全球，数千年来礼陶乐淑，人人皆知尊君亲上，人伦道德之观念，最为发达，是乃我

---

① 《史记·秦始皇本纪》。

② 《史记·太史公自序》。

之国粹，中国法系即以此。”[①]

4. 法、治

“法”“治”二字，展示了近代以来百余年中国人的理想追求。

清末以降，国人学习西方，走上了道德、法律分而治之的道路：道德的问题归道德约束，法律的问题归法律调整，以法治作为追求目标。此时代可以名为“法治时代”。

“法治”模式能缩小法律打击面，有利于人权、自由的保障，亦利于立法技术的专精，推动了法制建设的进步。自1904年修订法律馆仿照西方修订新法至今，我们形成了一套以宪法为统帅，由宪法相关法、民法商法、行政法、经济法、社会法、刑法、诉讼与非诉讼程序法等七大法律部门组成的法律体系。中国法制具有了现代化的格局，可以和世界接轨。这是学习他人先进法治经验带来的福祉。

但是，移植而来的法律体系未必能与中国文化完全适配，久而久之，难免会出现法律规定与道德情理相冲突的现象。

1940年代，社会学家费孝通就意识到这一问题：丈夫因妻子偷人而打伤了奸夫，奸夫反而到县衙门控告本夫构成故意伤害罪。近代以来德法分治，通奸属道德失范，不是法律问题。奸夫的行为虽然缺德，但不构成犯罪；本夫打伤奸夫，虽符合国人的常情常理，却侵犯了他人的人身权，为新法所禁止。“这些凭借一点法律知识的败类，却会在乡间为非作恶起来，法律还要去保护他。”[②] 合法不合理，合理又不合法，法律与道德的冲突已现端倪。

及至21世纪，道德与法律的冲突并未缓解，反而愈演愈烈。道德与法律的分离，引发了游走于二者边缘的投机现象，“依法缺德”行为日渐肆虐。一些法律制度因偏离普罗大众的常情常理，在一些个案中显得冰冷无情。这无疑在消解人们对法律的信心。如何应对这样的法治难题，正是历史赋予的使命。2014年10月，《中共中央关于全面推进依法治国若干重大问题的决定》确定了“坚持依法治国和以德治国相结合”的法治建设原则。自此五千年中国法律史在经历“礼刑”“法律”“礼法”“法治”四大阶段之后，进入了一个新的历史时期——“德法时代”。

二、中国法律史学的百年历程

中国法律史学，是近现代中国人观察、表述历史中国的法律制度和法律思想的学问。人们有不断重新表述历史的需求，既因为中国法律的历史错综复杂、源远流长，也由于每一代人都有随时更新的观念与问题。中国法律史学的学术历程已经有一百余年，几乎与中国法治现代化进程相伴随。作为意图研究中国法律、法学问题的研究生，其研究不宜停留在各种法律现象的表面，也应对法律史学的学术历程有所了解。

---

① 《清末筹备立宪档案史料》下册，中华书局1979年版，第834页。

② 费孝通：《乡土中国 生育制度》，北京大学出版社1998年版，第58页。

1. 古人对传统制度的表述

中国古人对传统制度的表述，主要见于正史中的《礼乐志》《刑法志》，以及《通典》《文献通考》等政书。此处姑以唐代《通典》为例，略说其门类。

唐人认为“民以食为天”，农业是人类生活的基础。农业在满足基本生活之外，有了剩余产品，便可以交易货贸。这就是“食货制度”。丰衣足食之后，民众便通过选举产生政府，这是“选举制度”。政府设官分职，这是“职官制度”。中央政府通过“礼制”“乐制”对社会大众实施良法善治，如有违反，则对内用“刑”制裁，对外用“兵”制裁。地方政府的组织方式，是“州郡制度”。边疆的国防，是“边防制度”。

食货、选举、职官、礼、乐、兵、刑、州郡、边防，是传统制度的基本门类。与其讨论其中哪些算是现代意义上的法律制度，不如认为：第一，传统制度门类与现代法律体系互不通约，任何形式的转化表述都会流失一定的文化信息；第二，这些制度都是当时人们心目中的“法”，都应当属于广义的法律范围，属于法律史学的研究对象。

2. 中国法律史学的形成

近代以来，西方法律文明与古老的中华法系大规模接触。在此过程中，势必会发生如下种种反应：有人固守传统制度文明，认为西方法律文明的一切种种，均“古已有之”，甚至“西学中源”；有人积极引进西方法律文明，以之强势改造中国固有的制度；有人细心分辨中西法律的异同之处，耐心做着“中体西用”的接引工作……传统中国的种种学术均起而回应现代问题，催生出法律史学的种种早期形态。

例如清末青岛法政学堂的蒋楷撰写《经义亭疑》，以经义中的法文化与西方法律原则、制度逐项比较，这是经学取径的法律史学。立宪派的汤寿潜改编《文献通考》等政书，撰成《三通考辑要》，成为京师大学堂“中国历代法制考”的指定教材，这是应用史学取径的法律史学。刑律专家薛允升撰《唐明律合编》等专著，尝试从传统律学内部突围，这是刑名律学取径的法律史学。修订法律大臣沈家本撰《历代刑法考》，悉心考订历代律令与刑制，这是考据史学取径的法律史学……

过去的教材与论著，常以梁启超《论中国成文法编制之沿革得失》（1904 年）和《中国法理学发达史论》（1906 年）作为法律史学的开端。而梁氏的两篇文章，受日本法制史学影响很深。所以常有学者认为，中国法律史学起源于日本。但实际上，梁氏的两篇文章只是中国法律史学形成期的作品之一，而且并非最早的一种。中国法律史学的形成，是在西方法系参照之下，中国本土种种固有学术激于救亡图存的问题意识，援引其他文明的概念工具，重新表述本国法律历史的产物。

3. 中国法律史学的发展

中国法律史学诞生于晚清，其形成的直接原因是对西方法系的刺激作出回应。在后续发展过程中，历代学人不断改良研究方法、引进西方理论，提升着这门学问的品质，使其不仅仅停留在致用层面。

清末，中国法律史学正式诞生，以国家制定法为主要研究对象。1902 年，京师大学堂开设公共必修课“中国历代法制考”、专业选修课“中国历代刑律考”。课程群的诞生，标志着这门学问已经获得体制确认。1906 年，梁启超的前述两篇文章发表，日本学者浅井虎夫的《中国历代法制史》中译本也出版。两种著作均认为中国古代刑法、行政法等公法发达，但以民法为代表的私法过于薄弱。这是以当时流行的国家制定法立场观察的结果。其提出的中国古代法“以刑为主”“民刑不分”的观点对后世法律史学产生了深远影响。

民国时期，中国法律史学受到社会学的重要影响，将风俗习惯、社会制度纳入研究视野。1911 年，青岛法政学堂教师蒋楷的《经义亭疑》明确提出：中国的法律，是具有“礼”属性的“礼法”；西洋的法律，是具有“法”属性的“法法”[①]。1923 年，在北京大学讲授“中国法制史”课程的冯承钧最早引入社会学视角，认为：法就是“定分之规则”，“今日之法即古代之礼”。1934 年，陈顾远的《中国法制史》明确将“法”界定为“国家法规”、将“制”界定为“社会制度”，承认社会风俗习惯的合法性。1947 年，瞿同祖的《中国法律与中国社会》从风俗习惯、社会制度、道德伦理的宏观结构入手，分析成文法律在其中的位置，明确提出“中国法律儒家化”的命题。

新中国成立后，中国法律史学在多个领域精耕细作，取得丰富的成就。1954 年，国务院法制局下设“法制史研究室”，显示出“古为今用”的立法气魄。“中国法制史”的称谓则受苏联影响，改名为“中国国家与法权历史”。但由于历史的原因，中国法律史学研究一度陷于停顿。1978 年，“中国法制史”作为一个学科，正式成立。1997 年，法制史、法律思想史合并为“法律史”学科。在此期间，法律史料发掘成果显著：秦汉律令简牍重见天日，天一阁《天圣令》佚书失而复得，明清司法档案整理成效显著。受到史料发现、方法启迪的双重刺激，中国法律史学也获得蓬勃发展，学者在多个领域精耕细作，取得了令世界瞩目的成就。

近年来，在前期法律史料整理、史学考据的基础上，不少学者提出了跳出西方法学窠臼、重新认识中国法律史的问题，其中，梁治平先生的“法律文化”论、杨一凡先生的“大法—常法”论、俞荣根先生的“礼法”论、苏力先生的“宪制”论等，均值得关注。

三、中华优秀传统法律文化的传承与转化

动画电影《寻梦环游记》表达了墨西哥人的一种观念：人类自然生命的消亡并不是最终结局，在亡灵世界中被所有人遗忘才是真正死亡的开端。中华优秀传统法律文化的价值亦在于传承与转化。如果一种制度及其文化彻底被人遗忘，那就只能沦为“冢中枯骨”，其真正的价值早已“魂飞魄散”。传承中华优秀传统法律文化，并努力进行创造性转化、创新性发展，这是研习中国法律史的重要意义。

1. 弘扬中华优秀传统法律文化的意义

党的二十大报告指出，“弘扬社会主义法治精神，传承中华优秀传统法律文化”。

---

① （清）蒋楷：《经义亭疑》，宣统三年（1911 年）济南刊本。

在现时代弘扬中华优秀传统法律文化，具有历史意义、时代意义、现实意义。

第一，赓续中华法脉、重建中华法系的历史意义。

中华传统法律文化起源于上古，兼容并蓄、异彩纷呈的思想流派，广收并取各个民族的治理智慧，迭经传承与变革、苦难与辉煌，历数千年而至于今，构成了世界法律史领域的独特风景。《左传》云："国于天地，有与立焉。"中国屹立于天地之间，必有其异于他国、足以自立的制度传统与文化传统，中华优秀传统法律文化就是其中之一。

第二，推进"第二个结合"、完成中国法治现代化的时代意义。

2011 年，中国特色社会主义法律体系全面建成，意味着"第一个结合"，即"把马克思主义基本原理同中国具体实际相结合"在立法领域的完成。2023 年 6 月，习近平总书记在文化传承发展座谈会上明确提出"第二个结合"，即"把马克思主义基本原理同中华优秀传统文化相结合"，具体到法律、法学层面，就是要将马克思主义法学与中华优秀传统法律文化相结合，助力推进中国法治现代化。

第三，解决西式法律与中国文化土壤扞格难通的现实意义。

在法律近代化过程中，中国先后效法德日、英美、苏俄等诸多国家，汲取先进经验的同时，也暴露出许多问题，其中之一就是"橘生淮北则为枳"：许多西方法律经验与中国文化土壤犹如方凿之与圆枘，扞格难通。从历史提炼传统，从本土汲取资源，有助于发现并解决真正的中国问题。

2. 中华优秀传统法律文化的传承与传播

《周易》云："观乎人文，以化成天下。"这是"文化"的词源。"文"通皱纹的"纹"。人年幼时没有皱纹，犹如一张白纸。随着年龄增长，历经种种磨砺，积累了知识、智慧、经验、教训，同时也有了皱纹。所以"文"就是人类社会知识、智慧、经验、教训的积淀。用这种文去教化天下，天下人因此发生了变化，便是文化。中华优秀传统法律文化的传承，主要依赖学术研究去"观乎人文"；中华优秀传统法律文化的传播，主要依赖普及传播来"化成天下"。

"文"是"化"的内容。脱离了"文"，普及传播将沦为空洞无物的说教。学术研究必须"观乎人文"，本着一种为学术而学术的态度，梳理清点中国法律史数千年形成的每一条皱纹。至于这些"文"对于现实有无借鉴意义，既非人智所能逆料，亦当在所不问。也许今日的"无用"，假以时日，机缘凑泊，或成他日的"大用"。

但是学术研究如果仅仅停留在象牙塔中，只有极少数人才能欣赏，那就不仅无法令社会大众发生变化，甚至学术自身的品质也将因研究视阈的狭窄而变得病态、脆弱。法律史的学术发展，应当还有一个发展方向，就是把高深的问题通俗化、文学化、平民化，以便更多的人能理解接受。在这种研究模式的推动下，将高深的问题通俗化，将复杂的问题简单化，数千年一脉相承的良法美意，方能为大众所喜闻乐见，进而成为口耳相传的素材。"旧时王谢堂前燕，飞入寻常百姓家"，法律史学遂展现出"文而化之"的功用矣！

法律史的研习者，应当依据各人才性之不同，投身到中华优秀传统法律文化的传承、传播活动中去，或采撷其"文"，或助成其"化"，在推进传承、传播的同时，也完成个人兴趣与事业的自我实现。

3. 中华优秀传统法律文化的转化与发展

《庄子》云:“行周于鲁，是犹推舟于陆。”将古代的制度不加辨别地推行于现代，无异于在陆地上划船，势必寸步难行。中国法律史的学术研究固然应当原原本本、原汁原味，但对中华优秀传统法律文化必须依据现实情势，进行创造性转化与创新性发展。

在中华法律的变化发展中，积累了不可胜数的优秀法律文化。家庭之中，传统法律以维护孝道为要旨。孝既要求物质上的赡养，又强调精神上的敬养。庙堂之上，法律以促成清正廉明的风气为依归。《广雅》云:“廉，稜也。”做人做官，总要有点棱角，不能太圆滑。廉不光指廉洁自律，还喻指刚直不阿、坚持原则。“孝”“廉”法律文化既符合今天的价值倡导，又能弥补相关制度规定的不足。倘能经由文化传播润泽人心，进而探索制度转化的途径，必能对现代法治建设产生积极影响。

事实上，近年来已经有不少法律传统获得了现代的应用。例如2011年《刑法修正案（八）》规定：审判的时候已满七十五周岁的老年人犯罪，依法享有部分特殊对待。这是中国古代“矜老”原则的延续。2012年修正后的《刑事诉讼法》第188条（现为第193条）赋予了被告人的配偶、父母、子女以“亲属拒证权”。这与中国古代“亲亲相隐”的原则与制度血脉相连。2018年设置国家监察委员会，全面建立起监察体制。而监察制度正是中华法律传统之一。正是意识到了这一点，《监察法》第6条才明确规定:“国家监察工作坚持……加强法治教育和道德教育，弘扬中华优秀传统文化……”

四、《中国法律史》的编写情况

最后谈一谈本教材的编写情况。

“法律硕士精品系列教材”之《中国法律史》的编写，依托于西南政法大学法律史学科的深厚传统。西南政法大学法律史学科自创建以来，在儒家法思想、道家法思想、秦汉魏晋南北朝法制与律学、宋律、金元律、抗战大后方法制、新中国法制等研究领域取得丰硕成果。此次教材编写，均由在相关领域卓有建树的中青年学者分任担纲，在自身研究基础上，广泛吸纳学界通说与新识，力求在顾全基本知识点的同时，在一些具体问题上有别开生面之处。

研究生教材与本科教材应有所不同，既有沿袭，亦有提升。本教材沿袭本科教材断代为编的分章体例，但在各章分节时打破固有的法律思想、立法、部门法、司法旧套，改由各章撰写者自行拟定本时段的重要专题，因时制宜，不拘一格，既体现学术研究的取向，亦能符合各朝代的精神。各章之末，附录有二：一为拓展阅读，选辑重要史料，提倡学生阅读原典；二为选题思路，提示学术增长点，启发学生深入研究。

近年来，西南政法大学法律史学科在文化传播方面做了不少工作，在国内独树一帜；目前已有多位教师成为中央电视台《法律讲堂》(文史版）主讲人，已录播节目三百余集；出版法律文化普及读物二十余种；在全国各地巡回开展法文化讲座数百场，大大拓展了发挥高校社会服务功能的思路与路径。我们尝试将这一传播优势融入教材之中：在各章之前，先以生动的案例或文献吸引读者逐渐进入情境，再引出问题启迪思考，由此渐渡学术研究之津梁。在行文过程中，也鼓励各章撰写者深入浅出，在保证学术性、准确性之余，尽量做到文笔生动。我们希望以这种形式，尝试改变现有国内教材千篇一律、令人读未终卷而欠伸思睡的古板面貌。当然，这毕竟是西南政法大学第一本专门供硕士研究生使用的《中国法律史》教材，我们的经验、能力也均有不足。效果究竟如何，恳请读者诸君检验，并不吝提出宝贵意见。

编　者

2025 年 4 月 30 日

目　录

第一章　夏商西周的法律制度

第一节　关于礼的研究

案例导入

在 2 900 多年前的一个春天，一位“省部级”高官——密国（今甘肃灵台县一带）诸侯康公，跟随西周天子周共王（约前 922—前 900 年在位）去泾水春游，见到水边有三个美女，那真是沉鱼落雁、闭月羞花，漂亮啊！康公心想：一切财产属于国家所有，我作为诸侯国的国君，应该把这几个美女收归国有，便把她们带走了，史称“有三女奔之”①。回家后被母亲斥责他违背礼数，指令他将三女交周共王发落。康公身为贵族，也要受“父母之命”的约束，何况一般民众。“父母之命”是当时婚礼中的重要规定，不得不遵守。“婚礼”相当于现在的婚姻法，而“礼”就相当于现在的法。

可见，“礼”就是早期中国人的法。著名历史学家吕思勉说：“古有礼而已矣，无法也。”② 礼在施用的过程中，还配有相应的“乐”，合称“礼乐”。从法律发达史的角度考察，这一时期的法律制度，可称作“礼乐”法律制度。

那么，礼是怎么来的？包含哪些重要内容？为什么说它就是当时的法呢？这些是需要我们去进行探究的问题。

一、礼的起源研究

案例导入

中华传说时代的“五帝”时期，已经有粗具规模的礼了。当时已形成超大型的部落联盟，古史资料称这一联盟为“国”。按照近现代对国家的定义，尚不能称之为

① 《国语·周语上》：“恭王游于泾上，密康公从，有三女奔之。其母曰：‘必致之于王。’”
② 吕思勉：《先秦史》，上海古籍出版社 2005 年版，第 391 页。

国家，故在民族学中将这一大型部落联盟称作“酋帮”[1]。五帝就是这一酋邦的首领，黄帝为第一任首领，第二位就是颛顼。《淮南子》一书记载，颛顼统治时期有这样的礼，男女在路上相遇，要相互避让，做到非礼勿视。如果女性见了男性不但不避让，反而还要拿眼睛去“美目盼兮，巧笑倩兮”，那么，部落会为此专门在四通八达的交通要道做一场法事来祛除邪气。[2] 可见，早期的礼与祭祀有关。

礼既然和祭祀密切相关，那其究竟是不是从祭祀中产生的呢？这就还需要更多的史料来证明。《礼记·礼运》中说：“夫礼之初，始诸饮食。其燔黍捭豚，汙尊而抔饮，蒉桴而土鼓，犹若可以致其敬于鬼神。”意思是礼最先来源于古人的饮食生活，而古人的饮食生活与祭祀活动交织不清。早期的先民，吃饱肚子已很困难，有吃有喝的时候，自己不敢先享用，要先献给鬼神。“燔黍捭豚”就是将黄米和撕开的小猪肉放在石头上烤，供神吃，这恐怕是最早的烧烤啰；“汙尊而抔饮”就是在地上挖坑装酒用手抔着，奉神喝；“蒉桴而土鼓”就是用鼓槌在泥土作的鼓上敲击以娱乐神灵，让神开心！早期先民的饮食习俗，与祭祀鬼神的活动融为一体，上山打猎要祭山神，下河捕鱼要祭水神，凡遇饮食必有祭祀。在频繁的祭祀活动中，逐渐形成了一系列的规矩：什么行为可以为，相当于现代法律术语的授权性规范；什么行为不可为，相当于禁止性规范；什么行为必须为，相当于义务性规范。如此种种规矩，就是礼。

据考古学的研究，“燔黍捭豚”“汙尊而抔饮”这种生活方式所处的历史时期叫“燔炙时代”，距今有八千年左右的历史；七千多年前，人类才发明了陶器，进入“陶烹时代”。在燔炙时代，由于没有锅碗瓢盆，只能搞烧烤，祭祀也只好用黄米、野猪肉这类原生态的食物来向鬼神进贡。后来随着生产力的发展，条件变好了，便改用玉器、黄金作祭。这便是《墨子·尚同》中所说：“其事鬼神也，酒醴粢盛，不敢不蠲洁，牺牲不敢不腯肥，珪璧币帛，不敢不中度量。”

礼的这种产生和演变的轨迹，从文字学中也能得到旁证。在甲骨文中，“礼”写作 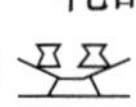 。下半部分是个高足盘；上半部分是两块像石头的东西，文字学家解释为“玉”，是人间美物。高足盘中盛放玉器，用来祭祀神灵。这就是“礼”。《说文·示部》说：“礼，履也，所以事神致福也。”履，指行为规范。礼是一种行为规范，是用来侍候神灵以获取神灵赐福的办法。著名国学大师王国维对礼作了这样的解释：“盛玉以奉神人之器谓之豊，推之而奉神人之酒醴亦谓之醴，又推之而奉神人之事通谓之礼。”[3] 意思是，礼原本是祭神灵和祭人鬼的器具，盛有两块玉；后来供祭的酒也叫醴；再后凡是进行祭祀的活动统统叫礼。可见礼就是从祭祀中产生的。

在今天，我们很可能一年才去拜祭一次祖宗；偶尔去风景名胜游览，才会去烧

---

① 谢维扬：《中国早期国家形成的具体途径与华夏族的形成》。转引自江应梁主编：《中国民族史》，民族出版社 1990 年版，第 59 页。

② 《淮南子·齐俗训》：“帝颛顼之法，妇人不辟男子于路者，拂之于四达之衢。”

③ 王国维：《释礼》，《观堂林集》，中华书局 1959 年版。

香拜佛，祭祀并不是生活的必需，所以很难理解：礼作为祭祀中的规矩，怎么可能成为古人日常生活中必须遵守的行为规范呢？然而在远古社会，祭祀是原始人经常性的活动，所以礼就成为他们日常生活中必须遵守的规矩。

在那个时代，人类的认识水平低下，天地山川、日月星辰、草木虫鱼、毒蛇猛兽、泥石流、地震，如此种种，都是他们所不能理解的，人们生活在恐惧之中，大自然成为人类必须面对的终极命题。如何才能在这样的环境中生存下去？他们在思索、在追问，最后得出的结论是，万事万物都有一种超自然的力量在主宰，那就是神灵。他们无法一一去克服种种自然界带来的困难，却可以祈求神的庇护。

在长期的祭祀活动中，礼的内容越来越丰富，在五帝时代进行了系统的汇编。舜任部落联盟首领时，找了一个叫伯夷的人来帮他“典三礼”，即掌管三礼。[①] 伯夷在其位谋其政。《尚书·吕刑》中说：“伯夷降典，折民惟刑。”就是说伯夷将以前各种零散的礼汇编成礼典，用刑罚的手段来督促民众，让他们遵守礼的规定。伯夷所编订的礼典，应该是中国最早的法典。如果说原始社会的礼是一种原始习惯法，那么进入国家社会以后，它就演变为“夏礼”“商礼”“周礼”，成为国家制定法。

二、礼的内容研究

（一）礼的分类

案例导入

在礼的发展史上，周公占据着非常重要的地位，他是周文王的儿子、周武王的四弟，名姬旦。《史记》记载：“旦巧能，多材多艺，能事鬼神。”即周公懂得侍奉祭祀鬼神之道。武王伐纣后的第二年，周武王姬发得了重病。对新生的周朝政权来说，反政府武装还没有彻底根除，一把手却在这个时候病倒，自然引起当时高层的极度紧张。周公作为地位仅次于武王和姜子牙的三把手，更是积极地想办法给武王治病，不过他并没有带着哥哥去找大夫，而是为他作了一番祷告。

“周公于是乃自以为质，设三坛，周公北面立，戴璧秉圭，告于太王、王季、文王。”周公认为武王得病的原因是先祖的神秘力量引起的，于是设置了三个祭坛，向曾祖父太王、祖父王季、父亲文王的神灵祷告，希望把自己作为人质，用来代替武王接受病魔的折磨。提出要求以后，祷告人又用龟甲进行占卜，如果卦象为吉兆，就表示先祖同意了自己的要求，否则就是不同意。周公做完祷告后去占卜，卦象显示是吉兆，意思是说那些老祖宗答应换人了，病魔将移花接木，从武王身上转移到周公身上。于是周公跑到病房去恭喜哥哥武王，“周公入贺武王曰：‘王其无害……’”[②] 意思是说：大王，你没事儿了。第二天，武王的病果然就好了。

周公为武王祷告的整个过程都是保密的，只有当时给周公记录祷告词的人知道；

---

① 参见《史记·五帝本纪》。

② 《史记·鲁周公世家》。

周公当时的祷告词也并没有公之于众，而是被藏在一个柜子中，并用金属条绑起来做了密封，这个柜子就叫“金縢之柜”。2008年清华大学曾收藏了一批先秦时期的竹简，竹简中就有一篇文章叫《金縢》，这篇文章也印证了《史记》上关于周公祷告的记载并非虚言。用祭祀鬼神的方法治病，在现在看来是不符合科学的，是迷信，但因认识水平的低下，几千年前的人是相信这一套的，所以祭祀鬼神就成为礼当中最重要的类型。那么，礼从远古走来，由原始社会进入国家社会之后，究竟是怎样演变发展的？包含了哪些类型呢？

前已述及，礼作为原始习惯法，经过“五帝时代”传到大禹。大禹之后，他的儿子启建立了中国历史上第一个奴隶制国家——夏国。礼到这时就摇身而变为国家法律，即“夏礼”。夏朝的礼传到了商朝，就叫“商礼”。商朝的礼传到西周，就有了“周礼”。孔子说：“殷因于夏礼，所损益，可知也；周因于殷礼，所损益，可知也。”① 反映的正是礼的这一演变过程。

西周初年，周公旦将夏礼、商礼与周族的风俗习惯结合起来，制定了一套完整的礼典，即“周礼”，这就是《左传·文公十八年》所载的“先君周公制周礼”，后人称“周公制礼”，是西周第一次大的立法活动。事实上，礼是在长久的历史时期中逐渐积淀而来的，并非哪一个人的功劳，只是周公在礼的发展史中做出了巨大贡献。

夏商西周三代（简称“三代”）的礼代代相传、一脉相承。严复在翻译西方启蒙思想家孟德斯鸠的《法意》就说：“西人所谓法者，实兼中国之礼典。”② 说明礼就是那个时代的法。但由于年代久远、资料不足的原因，夏商之礼已经是难以考证的了。孔子曰：“夏礼吾能言之，杞不足征也。殷礼吾能言之，宋不足征也。文献不足故也。”③ 因而在这里我们将从周礼的视角去观察三代之礼的主要内容。史称“经礼三百，曲礼三千”④。经礼指带有根本性规定的礼，即大经大法，有三百条；曲礼，指细小的礼，有三千条。周礼不仅数量繁多，而且涉及的领域很宽泛。“道德仁义，非礼不成。教训正俗，非礼不备。分争辨讼，非礼不决。君臣上下，父子兄弟，非礼不定。宦学事师，非礼不亲。班朝治军，莅官行法，非礼威严不行。祷祠祭祀，供给鬼神，非礼不诚不庄。是以君子恭敬撙节退让以明礼。”⑤ 可谓政治、教育、军事、司法、宗教等领域无所不包。如此繁杂的礼，于数千年后的读者把握起来尤为困难，只有用分类的办法才能更好地理解。

以内容与形式的关系为标准，礼可分为“本”和“文”两个方面。《礼记·礼器》中说：“先王之立礼也，有本有文。”“本”指精神原则，“文”指礼节仪式。比如婚礼，“同姓不婚”“父母之命，媒妁之言”等是本，“纳采”“问名”“纳吉”等则是文。

以数量的多少为标准，可分为“五礼”（吉、凶、军、宾、嘉）、“六礼”（冠、

① 《论语·为政》。
② ［法］孟德斯鸠：《法意》上册，严复译，商务印书馆1981年版，第2－3页。
③ 《论语·八佾》。
④ 《礼记·礼器》。
⑤ 《礼记·曲礼》。

婚、丧、祭、乡饮酒、相见）或“九礼”（冠、婚、朝、聘、丧、祭、宾主、乡饮酒、军旅）。内容涉及政治、经济、司法、教育、宗教、婚姻、家庭、道德和风俗习惯等各方面，上自国家的根本制度，下至人们的言谈举止、待人接物都有详细的规定，是调整社会生活的行为规范的总和。其中，尤以“五礼”分类法对后世影响最大，兹予简单介绍：

吉礼，是关于祭祀、敬事鬼神的礼仪制度。

凶礼，是关于丧亡殡葬的礼仪制度。

军礼，是关于行军动众的礼仪制度。

宾礼，是关于朝聘盟会的礼仪制度。

嘉礼，是关于婚冠饮宴的礼仪制度。

汉以后各朝制定礼典，无不以此为蓝本。需要专门提及的是，不论哪种礼，在行使的仪式上，都要演奏相应的乐章，礼与乐密不可分，故称“制礼作乐”。礼法制度又可称礼乐制度。

（二）礼的功能

案例导入

春秋时期，宋国和楚国在泓水打了一仗，史称“泓水之战”。宋国军队先到，严阵以待。楚军后来，渡河时一片混乱。宋军司马（军事长官）建议进攻，以收以逸待劳之功。宋襄公说：“不可。”等楚国部队过了河还没排好队形，司马又建议进攻，宋襄公仍然坚持不打，说：“未可。”等楚军队渡过泓水，排好阵势，宋襄公才下令进攻。结果宋军大败。宋襄公的大腿被箭射中，受了伤。

宋襄公这样打仗，现在看来确实有点傻。毛泽东在《论持久战》中就说宋襄公奉行的是“蠢猪式的仁义”。然而宋襄公的打法，是符合商周时期的军礼的。正如他自己所说：“古之为军也，不以阻隘也。寡人虽亡国之余，不鼓不成列。”① 古人依照礼来打仗，是不会凭借地形险要以取胜的，所以他没有利用泓水之险攻击楚军。古时击鼓进军，“不鼓”即不进攻。“不成列”，指没排成队列。宋襄公说：我虽然是亡国之君商纣王的后代，也不会攻击没排好队列的敌人。“成列而鼓”是商、周时的“礼义之兵”的通行规则，只是历史来到春秋时期，礼崩乐坏，以前的礼已经被破坏，宋襄公仍然固守以前的军礼来打仗，自然就显得迂腐了，最终吃了败仗。

这一战例说明，连行军作战都要用礼来加以规范，可见夏商周三代之礼的调整范围很广，其功能也是多方面的。

三代之礼最大的功能就是为治国理政提供了一套较为完整的规则体系，从国家、社会、家庭这几个层面构建起稳定的秩序，进而达到长治久安的目的。正如《礼记》中所说：“人有礼则安，无礼则危。”② 个人如此，国家、社会也是如此，都需要礼

① 《左传·僖公二十二年》。

② 《礼记·曲礼上》。

为之提供制度保障。

1. 礼在国家层面的功能

站在国家治理的角度考察，礼为当时的政治、经济、军事等重要制度提供了顶层设计。“礼，经国家，定社稷，序民人，利后嗣者也。”[①] 礼确定国家的政权组织如何架构，经济如何建设，军事力量怎样提升，这是一个国家的存在与发展的根本。

礼所设计的宗法分封制和土地王有制，是周代最核心的政治制度和经济制度，并被后世奉为祖宗之法。周天子作为最高统治者，“溥天之下，莫非王土。率土之滨，莫非王臣”[②]。享有天下所有的财富和民众。周初“授民授疆土”的大分封，其中一个重要内容就是分封土地。周王只留下王畿由自己直接控制，其他的土地则分赐给诸侯。诸侯亦将部分土地留作自己直辖，其余大部分土地则分赐卿大夫。卿大夫也留部分土地直辖，其余则分给士作为禄田。各级贵族都把土地分配给平民和奴隶耕种。分封者有权向受封者征收贡赋，受封者有义务向分封者缴纳贡赋。从而在全国范围内建立起了“王臣公，公臣大夫，大夫臣士”“公食贡，大夫食邑，士食田，庶人食力”的土地等级占有和剥削制度。

除周王外，各级奴隶主贵族对分封得到的土地，只享有世袭占有、使用和收益的权利，而没有处分土地的权利。土地不能随意处理或买卖，即所谓“田里不鬻”。鬻，就是买卖。由于土地都属周王所有，所以从制度上周王既然有权分赐土地，就有权收回土地，往往以削地、夺爵、灭国的形式进行。

西周中期以后，由于生产的发展和宗法制的逐渐松弛，土地王有观念开始动摇，出现了将土地用作赔偿、出租、赠予和交换的现象，并在事实上已得到法律的承认，各级奴隶主贵族这时事实上已经取得了土地的所有权。如《矢人盘铭》载，矢立具契约用两块田赔偿给散氏。《曶鼎铭》载，贵族匡季盗走了曶的禾十秭，官吏判决匡季用七块田、五个奴隶和三倍的禾赔偿给曶。这些事例说明，西周土地王有的所有权制度正在逐渐解体。

2. 礼在社会层面的功能

在社会层面，礼为人与人之间如何打交道提供了充足的规则规范，为形成和谐的社会秩序奠定了基础。日常生活中，人与人见面要行“揖让周旋之礼”，即前面提到“六礼”分类中的“相见礼”。人与人初次相见要问年龄，叫做“序年齿”。问清年龄才知道用什么样的礼数来跟人打交道。如果对方只比自己大几岁，就要以兄长之礼去对待对方；如果对方比自己大一倍，就要以叔伯之礼去对待对方。同时，见面的双方要拱手行“揖礼”，年幼的要侧身让路，请年长的人先行，又叫“揖让周旋之礼”。

这样的礼节仪式后来越来越烦琐。但无论如何，古代在社会层面的这些礼，对于构建长幼有序、和谐友善的社会秩序无疑是有帮助的。

人与人发生经济交往，也有相应的礼来进行调整。《周礼·天官·小宰》说：

---

① 《左传·隐公十一年》。

② 《诗经·小雅·北山》。

“听卖买以质剂”，“听称责（债）以傅别”，意即处理买卖纠纷要凭质剂，处理借贷纠纷要用傅别。质剂就是买卖契约。大型贸易如奴隶、牛马的买卖用长券叫“质”；小型贸易如兵器、珍宝的买卖用短券叫“剂”。傅别是借贷契约。债券剖为两半，合券称“傅”，分券称“别”。根据通说，债权人执左券，债务人执右券。

质剂、傅别都不是私契，而是通过国家负责市场的管理人员——“质人”①“司约”来签订的。《周礼·秋官·司约》说：“司约掌邦国及万民之约剂。”发生纠纷，可以用质剂、傅别为证，见告于官。《周礼·秋官·士师》说：“凡以财狱讼者，正之以傅别、约剂。”故意不履行契约的，要被处以墨刑。与“质剂”“傅别”有关的礼，为维护正常的经济秩序提供了必要的法律保障。

3. 礼在家庭层面的功能

在家庭层面，礼更是广大民众婚丧嫁娶、日用常行的指导，简直可以称作生活必备的百科全书，其作用广泛而深入。《论语·季氏》记载：孔子曾站在庭院独自思考人生，他儿子孔鲤想偷偷跑出庭院外玩耍，结果被孔子发现，大声问他：“学了诗没有?”孔鲤说：“没有。”孔子教育他说：“不学诗，无以言。”（不学诗，今后怎么知道说话呢?）孔鲤只好悻悻地回到房间学诗去了。又一天，孔子又站在庭院独自思考人生，孔鲤又想偷偷跑出去玩儿，孔子问他：“学礼了吗?”孔鲤说：“没有。”孔子又剋他道：“不学礼，无以立。”②（你不学习礼，今后怎么在这世上安身立命呢?）由此可见，即便在礼崩乐坏的春秋时期，礼的作用也被看得很重要，更别说在礼义盛行的夏商西周时期了。

首先，在家庭关系上，礼确立了父权家长制。

一家之中，父亲为一家之长，处于至尊的地位。子女则处于从属的地位。家长对子女不仅有教令权，甚至有生杀予夺之权。《礼记·内则》说：“父母怒不说，而挞之流血，不敢疾怨，起敬起孝。”子女受虐待不能控告，“父子将狱，是无上下也”③。家长控制家庭的财产权，父母在世，子女“不有私财”。家长对子女还有主婚权。

夫妻之间，实行男尊女卑，夫权至上。妇女必须绝对服从男人。“幼从父兄，嫁从夫，夫死从子。”④ 对于丈夫，妻子必须坚守从一而终的贞节之道。“一与之齐，终身不改，故夫死不嫁。”⑤ 丈夫死了，妻子要为其服三年丧，如同子女为父亲服斩衰三年丧一样，在家庭中始终是被支配的角色，“男帅女，女从男”⑥，女子没有独立的人格和地位，一生都在男人的掌控之下。

其次，在婚姻关系上，礼确立了一夫一妻制。

夏朝的婚礼缺乏资料说明。商朝实行多妻制，妻、妾界限不严。西周在婚姻上实行一夫一妻制，但贵族可以纳妾，实际上是一夫一妻多妾制。《礼记·曲礼》说：

① 《周礼·地官·质人》。
② 《论语·季氏》。
③ 《国语·周语》。
④ 《礼记·郊特牲》。
⑤ 《礼记·郊特牲》。
⑥ 《礼记·郊特牲》。

“天子有后、有夫人、有世妇、有嫔、有妻、有妾”，“公侯有夫人、有世妇、有妻、有妾”。这说明贵族名义上虽然只有一个妻子，但妾的数量没有限制。只有平民才是真正实行一夫一妻制的，所谓“匹夫匹妇”，意思是“别无媵妾，唯有夫妇相匹而已”[①]。

就婚姻的缔结条件而言，“父母之命，媒妁之言”是婚姻合法成立的必备前提。《诗·齐风·南山》说：“取妻如之何，必告父母。”《诗·伐柯》说：“取妻如何，匪媒不得。”周礼规定：“男不亲求，女不亲许。”所以不奉父母之命、没有媒证的婚姻，社会是不承认的，该女子的地位只能比同于媵妾。除了这些授权性规范和义务性规范，礼还有相关的禁止性规范，即不准结婚的情形。一是“同姓不婚”。《左传·僖公二十三年》说：“男女同姓，其生不蕃。”礼的这一原则，显然是出于优生优育的考虑而确立的。二是“五不取（娶）”：“逆家子不取，乱家子不取，世有刑人不取，世有恶疾不取，丧妇长子不取。”[②] 即女方具有五种情形之一的，男方有权解除婚约。

就婚姻的缔结程序而言，婚礼还设置了严格的六道环节，史称“六礼”。一桩婚姻，除了要符合前述的条件要求，还要经过这六道严格的程序，才能合法有效。其一，纳采。男方托媒人向女方求婚。《仪礼·士昏礼》说：“下达纳采，用雁。”其二，问名。问女方的生辰及其生母的姓氏，一以防止同姓为婚，二以问卜于宗庙，请示吉凶。其三，纳吉。占卜纳得吉兆，将结果告知女家。其四，纳征。即纳币，由媒人代男方向女方缴纳聘金。征，成的意思。纳征之后，婚约即告成立，不得反悔。其五，请期。用占卜之法求得婚日吉时并告知女方，商定婚期。其六，亲迎。男方去女方家迎亲，新郎、新妇共食牲牢，婚礼结束，婚姻关系正式确立。

最后，在继承关系上，礼确立了嫡长子继承制。

三代的继承主要是王位和爵位的世袭继承制度。夏朝的王位继承主要实行父死子继的世袭传子制度。夏王权世袭制的确立，是中国早期国家产生的重要标志。商朝的继统法变化较大，商朝中前期兄终弟及和父死子继并行，所谓“大人世及以为礼”[③]，即父死子继，兄终弟及，但以兄终弟及为主。商朝共 31 王，兄终弟及者 14 人。因继承人太多，统治集团内部为争夺王位常发生内乱，以致严重削弱统治力量。“自中丁以来，废嫡而更立诸弟子，弟子或争相代立，比九世乱，于是诸侯莫朝。”[④] 故从第二十七代商王康丁以后，将兄终弟及为主的继承制改为父死子继。但继承人仍然很多，问题仍旧存在。商末开始推行嫡子继承的做法，比如商纣王有微子启、仲衍两个兄长却得以继统，原因就在于他是嫡子。商朝继承法的发展趋势是继承人范围越来越小，但尚未形成嫡长子继承制度。

到了西周，为了防止统治集团发生内讧，确保贵族的政治、经济利益不致分散，维护宗法等级制度，周礼确立了嫡长子继承制度。“立嫡以长不以贤，立子以贵不以

---

① 《论语·宪问》：“岂若匹夫匹妇之为谅也”疏文。

② 《大戴礼记·本命》。

③ 《礼记·礼运》。

④ 《史记·殷本纪》。

长”①。意即王位和爵位的继承者必须是妻所生的儿子，而不管他是否有贤德；如果妻没生儿子，则立最贵的那个妾的儿子，而不论他的年龄是否最大。由于王位、爵位继承人同时也是享有祭祀祖先权利的人，因而这种制度被称为宗祧继承。宗祧，就是宗庙和祧庙（远祖之庙），谁是祖宗的嫡系后嗣，谁就享有主祭权。谁享有主祭权，谁就是王位、爵位的当然继承人。财产继承从属于王位和爵位继承，庶子只能由嫡长子分给部分财产，谈不上权利。妇女没有独立的地位，也没有继承权。

三、礼的实质研究

案例导入

《资治通鉴》记载：“子击出，遭田子方于道，下车伏谒。子方不为礼。”子击是战国时期魏国国君魏文侯的太子，也就是后来的魏武侯。田子方是子贡的学生，也就是孔子的徒孙。他因为学问做得好，所以被魏文侯请去当老师。子击出门，在路上碰到了田子方，于是下车伏地作揖给他行礼，而田子方却根本不鸟人家。

子击大怒，质问田子方说：“这是富贵的人这么没礼貌呢？还是贫贱的人这么没礼貌呢？”言外之意是讽刺田子方又穷又贱还没规矩。田子方说：“当然是贫贱的人无礼，富贵的人哪里敢无礼呢？国君无礼待人就会丢掉国家，大夫无礼待人就会丢掉封地。国家和封地丢了，你还能去哪里再找？但贫贱的人就不一样了，无礼就无礼，大不了穿起鞋离开就行了，到哪里找不到贫贱的日子过呢？”听了田子方的这番话，子击如醍醐灌顶，不但不生气了，反而向田子方表示感谢。②

这一事例说明，不同的人有不同的礼；对待同样的礼，不同的人也会有不同的态度。由此可以引发我们对礼的实质进行探讨。

本书认为，礼的实质就是建立一种差异秩序。

《礼记·中庸》曰：“亲亲之杀，尊贤之等，礼所生也。”③ 这里的“杀”，即“差”。礼的实质就是强调人与人之间的差别。荀子说：“贵贱有等，长幼有差，贫富轻重，皆有称者也。”④ 贵贱、长幼、贫富都是有差别的。《礼记·乐记》又说：“礼者为异”，礼以异为特征，也就是说礼所调整的人际关系是不平等的。如果说今天的法律制度是以平等为基础的，那么西周的礼法制度则是以差序为基础的。礼所强调的差异，主要包括两大类。

1. 等级差异

以凶礼为例来观察这种等级差异。“天子死曰崩，诸侯死曰薨，大夫曰卒，士曰

---

① 《公羊传·隐公元年》。

② 《资治通鉴·周纪一》：子击出，遭田子方于道，下车伏谒。子方不为礼。子击怒，谓子方曰：“富贵者骄人乎？贫贱者骄人乎？”子方曰：“亦贫贱者骄人耳，富贵者安敢骄人！国君而骄人则失其国，大夫而骄人则失其家。失其国者未闻有以国待之者也，失其家者未闻有以家待之者也。夫士贫贱者，言不用，行不合，则纳履而去耳，安往而不得贫贱哉！”子击乃谢之。

③ 《礼记·中庸》。

④ 《荀子·富国》。

不禄，庶人曰死。”[①] 身份不同的人，死的称谓不同，死后下葬的规格也不同，以体现不同身份的高低贵贱：天子“坟高三仞，树以松”。西周时一仞等于八尺，三仞就是二丈四尺高，旁边栽的松树。“诸侯半之，树以柏。”诸侯的坟高是天子的一半，旁边栽柏树。依次递减，大夫坟高八尺，旁边栽栾树。士的坟高四尺，旁边栽槐树。庶民百姓死后下葬不留坟头，旁边栽杨柳树做记号。[②]

2. 先后差异

礼原本是一套祭祀鬼神的宗教仪式，既显得神圣庄严，又充满世俗烟火气。所以荀子就说：“礼者，养也。”目的就是满足口腹之欲和耳目之乐。同时，礼也是一套先来后到的秩序。《论语·为政》云：“有酒食，先生馔。”意思就是说，有了酒肉饭菜，要让父母长辈先享用。中国人的礼实际上体现了一种先到先得的精神。中国礼文化所强调的对先生、先知、先王的尊重，反映的实际上是中国人对“先到先得”原则的深刻认识。这是一种理性的认识，因而得到广泛的认同。

如何来维护这些差异呢？方法有二。一是“亲亲”，即“亲其亲者”，指必须亲爱自己的亲属，特别是以父权为中心的尊亲属，所谓“亲亲父为大”。二是“尊尊”，即“尊其尊者”，指下级必须尊敬和服从上级，特别是周王，要严格遵守上下等级秩序，不得犯上作乱，所谓“尊尊君为首”。周礼就是按这样的方法来划分人们的权利义务的，“名位不同，礼亦异数”[③]。贵族与庶人有不同的礼，贵族内天子、诸侯、卿大夫、士等也有不同的礼。按礼的规定，不同的贵族在礼节仪式、服饰器具、宫室建筑上都有不同规格，不得随便僭越，以保证贱不妨贵，下不犯上。“亲亲”“尊尊”，是用以维护王权、父权、族权和等级特权的不二法门。

礼的实质反映了西周的社会秩序是一种差异秩序，而不是平等秩序。“安上治民，莫善于礼”[④]。贵族与平民之间，贵族中不同等级之间，有着严格的名分，上下尊卑，各守本分，绝不容许任何人僭越、破坏。若有违背，将受到刑的制裁，所谓“出于礼则入于刑”。因而，礼在国家、社会和家庭的秩序构建中发挥着重大作用。

第二节　关于刑的研究

夏商西周的法律制度主要由两大部分组成：一是礼，二是刑。礼是行为规范，告诉人应该怎么做、不能怎么做和必须怎么做；刑是制裁措施，违反了礼的规定，就用刑来加以惩罚。故礼与刑是相辅相成、不可或缺的。《左传》中说：“国之大事，在祀与戎。”[⑤] 祀即祭祀，戎即战争。这是古人最重要的两种活动，而祭祀派生出了礼乐，战争则衍生出了刑罚。中国古代法的源头，正是伴随着祭祀的香火和战争的

① 《礼记·曲礼》。
② 参见《白虎通·崩薨》。
③ 《左传·庄公十八年》。
④ 《孝经·广要道章》。
⑤ 《左传·成公十三年》。

铁血向我们走来的。

案例导入：蚩尤作乱案

黄帝时期，东夷九黎部落的首领叫蚩尤。据《史记》记载："蚩尤作乱，不用帝命。"蚩尤不服从黄帝的统治，曾发动叛乱，引发著名的"涿鹿之战"。而蚩尤究竟是个什么样的人呢？据一本叫《述异记》的古书记载，蚩尤长得"人身牛蹄，四目六手"。《龙鱼河图》记载，蚩尤"有兄弟八十一人，并兽身人语，铜头铁额，食沙石子"。蚩尤和他的兄弟伙都长成半人半牛形状，脑袋是用铜铁做的。可见，史书将其塑造成一个容貌异于常人的人。

除了长相，蚩尤的能力也有出众之处，被后世誉为"兵刑之祖"。一是他发明了兵器。《山海经》记载："蚩尤作兵。"《管子》一书中也记载："蚩尤受庐山之金而作五兵。"意思是蚩尤在庐山挖到了金属矿，于是就用这些金属打造了五种兵器。因为有了兵器，蚩尤部落的战斗力获得极大的提升，《太平御览》里说："黄帝与蚩尤九战九不胜。"

二是他创造了刑罚。在法律史学界有一个共识："刑始于兵。"意即刑罚是从军事活动中衍生出来的。比如法院执行死刑，会使用枪决的方式，但枪最开始并不是用来执行刑罚的工具，而是用来打仗的武器。"刑始于兵"大概就是这个意思，即先有了兵器以后才有了刑罚。蚩尤作为发明兵器的始祖，也就顺理成章地创造了中国最早的刑罚。

《尚书》记载："蚩尤惟始作乱，延及于平民，罔不寇贼，鸱义，奸宄，夺攘，矫虔。苗民弗用灵，制以刑，惟作五虐之刑曰法。杀戮无辜，爰始淫为劓、刵、椓、黥。"① 蚩尤部落的民众"弗用灵"，"灵"通"令"，即不遵从命令，出现各种各样的犯罪行为，如"寇贼"：杀人越货的暴力犯罪；"鸱义"：杀人后吃肉的恶性案件；"奸宄"：外来搞破坏的为奸，内部搞破坏的为宄；"夺攘"：抢夺盗窃的行为；"矫虔"：假传上命、敲诈勒索的行为。面对如此种种犯罪，仅仅用"杀"这一种刑罚恐怕会滥及无辜，于是蚩尤增设了四种刑罚：劓、刵、椓、黥。"杀"就是死刑；"劓"就是把人的鼻子割掉；"刵"就是用刀把耳朵割掉；而"椓"和"黥"则分别是宫刑和刺字刑。前后加起来总共五种残酷的刑罚，史称"五虐之刑"，俗称五刑。

蚩尤作为中华人文始祖之一，与炎帝、黄帝一起被合称为"中华三祖"，其创设的五刑，在中华法文化史留下了浓墨重彩的一笔。"法"字的繁体写作"灋"，由三点水、廌和去三部分组成，而据考证，"灋"字中的"廌"，是古代传说中的一种独角兽，原本是蚩尤部落的图腾，其能断案，"触不直者"②。古人造字时将"廌"纳入"灋"中，用来表达维护公平正义的含义，或许也是对蚩尤作刑的一种纪念。

这里引申出来的问题是：刑罚最早究竟是不是由蚩尤发明的？夏商西周的刑罚

---

① 《尚书·吕刑》。

② 《说文解字》卷十，廌部。

有哪些？规定有明确刑罚的罪名又有哪些？司法活动中定罪量刑需要遵循哪些原则？

一、刑的起源

法人类学的观点认为：法律是人类生活生产需要的产物。当人类进入群居社会，必然会产生维持人际关系的规则，以建立必要的秩序，哪怕这种规则是很粗放的；反之，如果没有这样的规则来维系，人类就无所谓群居生活而与动物无异，也不需要秩序，更谈不上人类社会的进步与发展。中华先民早期的这种规则，就是前面讲的“礼”，违反了这些规则，就得有相应的办法来惩罚。这种惩罚手段就是“刑”。

刑在甲骨文中写作“井”。殷墟甲骨文残片中有明确的“兹人井不”的字样，所透射出的信息是：用占卜的方式向神灵咨询对某某人是否用刑，希望神灵通过卦象予以回答。如果卦象显示兹人有罪则用刑，显示兹人无罪则不用刑。为什么最早的刑字会写作“井”，这是需要我们去思考的，对解开刑罚起源之谜有着重要意义。

原始人生产力水平低下，必须聚族而居、抱团过日子，才能在恶劣的自然环境中生存下去。据《帝王世纪》记载：“帝尧之世，天下大和，百姓无事。有八九十老人，击壤而歌。”歌词为：“日出而作，日入而息。凿井而饮，耕田而食。帝力于我何有哉?”由此可见，原始人的氏族部落，不论是处于农耕的生活方式，还是采集、渔猎的生活方式，都离不开水源：“井”。马克思说：这些村落的居民来自一个血统，有共同的语言和风俗，必须相互遵守法律，在法律上互相帮助，合力攻击和防御。[①]既然是同族，有着相同的血统，一旦内部出现违反规则的人，自然不忍心用死刑一类的方法去杀死他们，这从《唐律疏议》对后世流刑的解释中能够得到印证：“谓不忍刑杀，宥之于远也。”[②] 但不处理又担心其他人效仿，引起秩序混乱，于是将他们赶出本部落，令其背井离乡、自生自灭，就成了不得已而为之的选择。所以最早的刑字被写作“井”，我们认为就是令其背井离乡的意思，这也是后世流刑的源头。而当时的自然条件恶劣，一个人一旦被驱逐出本部落，估计就很难活下去，这种惩罚不可谓不重。

刑字在甲骨文中写作“井”，到后来的金文中演变为“荆”，旁边多了“一把刀”。这又透露出什么信息呢？如果说原始人面临的第一大天敌是神秘莫测的大自然，那么他们面临的第二大天敌就是外族。由于生产力水平低下，生活资源极其有限，各氏族、部落之间为争夺生存环境和生活资源，战争就难以避免。在战争中抓住对方的俘虏该怎么办？早期的氏族部落由于生活资源匮乏，自己的民众都不够吃穿，也就没有必要将战俘留下来供自己奴役，而是将他们杀掉，于是有了死刑。随着生产力水平的提高，有了农耕和手工业，开始可以让战俘存活下来，让他们提供无偿劳动。为了防止战俘逃跑，氏族、部落便将其鼻子或耳朵割掉，或将脚砍断，于是又有了肉刑。这些死刑和肉刑是在氏族、部落战争的刀光剑影之中产生的，正如晋国

---

① 参见［德］马克思：《摩尔根〈古代社会〉一书摘要》，人民出版社 1965 年版，第 205 页。

② 《唐律疏·名例·流刑三》。

的范宣子所说："夫战，刑也"[①]。所以法律史学界的通行说法认为："刑始于兵"。

然而法学含义中的刑罚，应该是用来保障法律实施的制裁措施。上述那些从战争中产生的刑罚，只是用来对付战俘的方法，并不具备普遍适用的意义，所以它们还不是保障原始习惯法实施的制裁措施，并非法学含义上的刑罚。随着原始部落联盟的不断扩大，部落内的成员越来越复杂，血缘结构也越来越多元，内部斗争也日益加剧，部落或部落联盟开始将对付战俘的办法用来对付内部违反规则的成员。从此，死刑、肉刑具备了普遍适用性，完成了从惩治战俘的方法向法学意义上的刑罚的嬗变，成为保障部落习惯法统一施行的制裁措施。《汉书·刑法志》论道："大刑用甲兵，其次用斧钺；中刑用刀锯，其次用钻凿；薄刑用鞭扑。"[②] 无论是死刑还是肉刑的执行，都需要用到刑具，因而刑字就由以前的"井"字转变为"荆"。

从前面讲到蚩尤作刑的案例可以看到，中国历史上最早将死刑、肉刑作为保障部落习惯法施行的刑罚，并形成杀、劓、刵、椓、黥的五刑体系，应该是在蚩尤时期完成的。后来，蚩尤为黄帝所败，其所代表的东夷九黎部落遂与以炎帝、黄帝为代表的华夏集团融合，形成更大的部落联盟，民族史学上称之为"酋邦"。蚩尤虽败，而其法不败，酋邦承袭了他的"五虐之刑"，以之作为部落联盟的刑罚体系。《龙鱼河图》载："蚩尤殁后，天下复扰乱不宁。黄帝遂画蚩尤形象，以威天下。"蚩尤之刑在酋邦得到了持续的沿用，经黄帝—颛顼—帝喾—唐尧—虞舜，一直传到夏，成为国家社会刑罚制度的前身。《左传·昭公六年》载："夏有乱政，而作禹刑；商有乱政，而作汤刑；周有乱政，而作九刑。"无论是夏商的墨、劓、膑、宫、大辟，还是西周的墨、劓、刖（又称剕）、宫、大辟等五刑体系，都与蚩尤的"五虐之刑"有着直接的渊源关系。

二、刑的内容

案例导入：商纣王设"脯醢之刑"

商纣王是商朝末代君王，本名叫"受"，还有一个官方名称，叫"帝辛"，"纣王"这个称呼，则是后人给他的一个带有贬义的谥号。纣王在位的时候，有三位大臣，分别是九侯、鄂侯和西伯侯。这三个人当时都声名显赫，很受人尊重，被并称为"三公"。此三公不仅自身德才兼备、政绩卓著，其子女也多为才貌双全之辈。《史记》称"九侯有好女。"还把这么个"好女"送给了商纣王。汉代王符《潜夫论》中讲，见到九侯的女儿时，"纣则大喜，以为天下之丽莫若此也"。纣王很开心，认为天下没有比她更漂亮的女人了。没想到九侯的女儿是个特立独行的人，"不憙（读喜）淫"。这里说九侯的女儿不喜欢"淫"，不是论断她对男女情感之事存在抵触心理。而可能是说她行为比较克制，不爱放纵自己。比如纣王喜欢呼朋唤友一起搞酒池肉林，通宵达旦，而九侯的女儿却偏偏是规矩守礼的大家闺秀，茹素喜静。这让

① 《国语·晋语六》。
② 《汉书·刑法志》。

纣王很生气，一怒之下把她杀了；杀了女儿不解恨，还把老丈人九侯也给杀了，还剁成了肉酱。这种杀了以后剁成肉酱的刑罚后世成为一种特定刑罚，叫“醢刑”。

鄂侯知道这件事后，觉得纣王做得太过分，便出来和他争辩：“鄂侯争之疆，辨之疾。”① 结果，纣王一口气把鄂侯也给杀了，宰了以后还作成了肉干。这种宰了以后作成肉干的刑罚也有个专有名词，叫“脯刑”。对此《竹书纪年》便记载：“帝辛十一年始设脯醢之刑。”

本案说到的脯刑、醢刑，都是纣王在位时发明的酷刑，是法外刑。那么，夏商西周的法定刑有哪些种类？是用什么样的法律依据来确定的？有明确量刑标准的罪名有哪些？量刑原则又如何？如此种种问题，是学习三代之刑需要掌握的主要知识点，也是对这一时期研究选题的重点。

（一）刑名：法定刑的种类

关于刑罚种类，古人常谓之“刑名”。简言之，就是刑罚的名称。夏、商、西周的刑罚种类，除常用的五刑体系外，还有一些特殊刑种，如族刑、流刑、赎刑、鞭刑、扑刑等。

1. 五刑

据《隋书·经籍志》载：“夏后氏正刑有五，科条三千。”这三千科条是怎么构成的呢?《魏书·刑罚志》有相应记载：“大辟二百，膑辟三百，宫辟五百，劓、墨各千，殷因于夏，盖有损益。”夏、商时的五刑大致相同，为墨、劓、膑、宫、大辟。西周则为墨、劓、刖（又称剕）、宫、大辟：“墨罚之属千，劓罚之属千，剕罚之属五百，宫罚之属三百，大辟之罚其属二百。”②（见表 1-1）

表 1-1 夏商与西周刑名种类与数量

时期	刑名	科条数量
夏、商	墨	1 000
	劓	1 000
	膑	300
	宫	500
	大辟	200
西周	墨	1 000
	劓	1 000
	刖（剕）	500
	宫	300
	大辟	200

① 《史记·殷本纪》。
② 《尚书·吕刑》。

“五刑”是三代的主要刑罚。

墨，又称“黥”。在脸上刺字、蒙以浸沾墨水之巾，使脸上长有墨色且无法褪掉。

劓，指割去鼻子。

膑（刖、剕）。膑是撬去膝盖骨。刖刑又称剕刑，即锯断犯人的脚。《国语・鲁语》载：“中刑用刀锯”。韦昭注：“割劓用刀，断截用锯。”又《汉书・刑法志》颜师古注引韦昭曰：“锯，刖刑也。”

宫，毁坏罪犯的生殖器官，破坏其生殖功能的刑罚。方法是“男子去势，女子幽闭”。

大辟，即死刑。执行方法有斩、杀、焚、辜、磬、活埋、沉水、杀人沥血、弃市等。

上述五刑及其执行方法，都是法定刑，有相应的法律依据。而前面讲到的商纣王设置的醢刑、脯刑，以及在其他案件中使用的炮格、剖心等酷刑，都是商纣王另设的法外之刑。比如炮格之刑，又称炮烙，是商纣王为了钳制舆论而“发明”的。具体操作方法就是：横着摆放一根铜柱子，柱上抹油，柱下加炭烧，然后让犯罪的人从铜柱上走过去，抹了油的铜柱很容易打滑，所以大部分罪犯都会掉到下面的炭火里被烧死。后世将这种刑罚命名为炮烙之刑。①

2. 族刑

族刑是对罪犯家属连带施加的刑罚。如“孥戮”，即把罪犯的妻子、子女罚为奴隶。“劓殄”，是将罪犯的家人全部杀绝。劓，割鼻的刑罚；殄，灭绝。劓殄，即刑殄，将罪犯的家人全部杀绝，有如后世的族诛。

夏启讨伐有扈氏时发布的誓词，史称《甘誓》，其中有一条命令使用了“孥戮”：“左不攻于左，汝不恭命；右不攻于右，汝不恭命；御非其马之正，汝不恭命。用命赏于祖；弗用命戮于社，予则孥戮汝。”要求甲士在各自的战斗岗位上严格执行命令，英勇杀敌。凡是执行命令，奋勇作战者，就要在先祖神位前给予奖赏；凡是不执行命令的则要在土地神位前处死，“孥戮汝”翻译成现代汉语是“使……为奴”的意思，即将当事人的妻子、儿女罚为奴隶。商汤讨伐夏桀时发布的誓词，史称《汤誓》，也使用了“孥戮”：“尔不从誓言，予则孥戮汝，罔有攸赦”，意思是对不服从军纪、军令的将士，既要惩罚本人，还要将其妻、子罚为奴隶，决不宽恕。

商王盘庚在准备迁都时宣布相关法令，对敢于反对迁都的庶民要处“劓殄”的刑罚：“乃有不吉不迪，颠越不恭，暂遇奸宄，我乃劓殄灭之，无遗育，无俾易种于兹新邑”② 意思是谁敢不守正道，胡作非为，不恭奉上命，趁机干坏事，凡犯有上列各罪者，就要用“劓殄”的刑罚予以严惩，将其斩尽杀绝，不让他们的后代遗留在新都。

---

① 裴骃集解引《列女传》：“膏铜柱，下加之炭，令有罪者行焉，辄堕炭中。妲己笑，名曰炮烙之刑。”

② 《尚书・盘庚中》。

3. 其他刑种

《尚书·舜典》记载："象以典刑，流宥五刑，鞭作官刑，扑作教刑，金作赎刑。"这里涉及五种刑罚名称。

（1）象刑。传说在五帝时代，曾经流行象征性刑罚，以代替罪犯身体受刑，称为"象刑"。具体怎么个替代法呢？一种说法见于《白虎通疏证》："犯墨者蒙巾；犯劓者以赭著其衣；犯膑者以墨蒙其膑处而画之；犯宫者履杂扉；犯大辟者布衣无领。"意思是在脸上蒙黑色布巾替代墨刑，穿褐黄色衣服替代劓刑，在膝盖处蒙上画有膑刑图案的黑色布巾替代膑刑，穿杂色鞋子替代宫刑，穿没有衣领的布衣替代大辟死刑；另一种说法见于《周礼·司圜疏》引云："画象者，上罪墨冡赭衣杂屦，中罪赭衣杂屦，下罪杂屦而已。"意思是上罪墨巾蒙面，穿赤褐色衣服、杂色鞋子，中罪穿赤褐色衣服、杂色鞋子，下罪仅穿杂色鞋子，以此替代真正的刑罚。

沈家本认为象刑是五帝之唐尧、虞舜时期流行的刑罚，也是最早的刑罚。[①] 这一结论是值得商榷的。首先是逻辑存在矛盾。如果说象刑是最早的刑罚，那么现实生活中尚没有墨、劓、膑、宫、大辟，尧舜时又怎么知道用什么样的服饰穿戴来替代这些刑罚呢？其次是效力问题。用服饰穿戴来代替刑罚，实在不具备惩罚功能，正如法人类学者耶林所说："没有任何强制力的法律徒有虚名"[②]。既然不具备强制功能，又怎能称得上是刑罚呢？

我们认为，关于象刑的说法，有可能是古之学者"法先王"的史载笔法所致，总是说过去比现在好，值得学习效法。以前风俗良善、道德崇高，所以用象刑就可以使天下太平；后来世风日下，不得不使用真正的刑罚，才能建立良好秩序。如清孙星衍《尚书今古文注疏》载："《周礼·司圜疏》引《孝经纬》云，三皇无文，五帝画象，三王肉刑。"三皇刑制没有文字记载，五帝实行画象之刑，三王（夏禹、商汤、周文王）才开始实施肉刑。又如《汉书·刑法志》载："禹承尧、舜之后，自以德衰而制肉刑，汤、武顺而行之，以俗薄于唐虞故也。"这些史料给人展示的印象，似乎都是后世似乎总有青黄不接的意思。按照这种说教，自然是刑罚一开始只是意思意思，到后来才动真格的了，但这显然难以令人信服。

（2）流刑。即将罪犯流放到边远偏僻之地。早期原始人将氏族部落成员驱逐出境的办法，应该是其源头。到五帝之虞舜时期，似乎就有了流刑的说法："流共工于幽州，放驩兜于崇山，窜三苗于三危。"[③] 到商周时，流刑的记载就更加明确了："帝太甲既立三年，不明，暴虐，不遵汤法，乱德，于是伊尹放之桐宫"[④]。西周初年，周武王的三弟管叔鲜、五弟蔡叔度与商纣王儿子武庚勾结叛乱，"周公奉成王命，伐诛武庚、管叔，放蔡叔"[⑤]。蔡叔度虽然被判了流刑，但周公作为他的亲兄

---

① 参见沈厚铎：《现代囚衣源自古中国最早的"象刑"》，载《法治日报》2021年12月23日《法治周末》版。

② 转引自［美］E. 博登海默：《法理学——法哲学及其方法》，华夏出版社1987年版，第371页。

③ 《尚书·舜典》。

④ 《史记·殷本纪》。

⑤ 《史记·周本纪》。

弟，还是给他配备了十辆专车，派了七十名刑徒作为随从。后来蔡叔死在了流放之地。

（3）赎刑。三代的赎刑称作“罚锾”，又叫“五罚”，就是用钱来赎罪。但要注意，并不是什么罪行都能够用钱来赎的，只有疑罪才行。事实清楚、证据确凿的犯罪，该怎么判就怎么判。但有些案件，虽有事实表明某嫌疑人有罪，但尚不清楚；虽有证据证明某嫌疑人有罪，但还不充分，难以最终确定其是否犯罪，故称疑罪。西周对疑罪用罚锾的办法进行赎免，在《吕刑》中设计了系统的赎刑制度。《尚书·吕刑》孔颖达疏：“不与五刑书同，狱官疑不能决，则当正之于五罚，令其出金赎罪。”相对于墨、劓、刖（剕）、宫、大辟五刑，犯罪嫌疑人分别出百锾、二百锾、五百锾、六百锾、千锾，以赎其罪。如果说今天的诉罪原则是“疑罪从无”的话，那么古代的诉罪原则就是“疑罪从赎”。

（4）鞭刑。指用鞭子抽打作为惩治官僚贵族犯罪的刑罚，这很可能与“刑不上大夫”的说法有关。

（5）扑刑。指对轻微的犯罪，用笞杖、荆条抽打作为教育感化的刑罚。史称“笞挞不是者，使记识其过”①。

（二）刑书：刑罚的法律依据

有法律依据的刑罚是法定刑，没有法律依据而如商纣王那样恣意创制的刑罚是法外刑。夏商西周三代的法定刑依据就是相应的刑书。《左传·昭公六年》载：“夏有乱政，而作禹刑；商有乱政，而作汤刑；周有乱政，而作九刑。”这里的禹刑、汤刑、九刑，分别是夏、商、西周初年统治者分别制定的成文刑书。后世经过修订，但名称未变。

1. 禹刑

夏朝的刑书之所以命名为禹刑，是为了表示对大禹的崇敬。《隋书·经籍志》说：“夏后氏正刑有五，科条三千。”这一记载虽无更直接的史料印证、不可轻信，但却可以帮助我们领会到禹刑的大致规模，了解到其有比较系统的刑种和相当数量的罪名条款。据东汉著名经学家郑玄对“科条三千”的注释，其中有“大辟二百，膑辟三百，宫辟五百，劓、墨各千”②。

2. 汤刑

商朝的汤刑又称殷彝。甲骨文中有“王有作辟”的记载，作辟就是制定法律。《史记·殷本纪》载：汤的孙子太甲暴虐，“不遵汤法，乱德”。《孟子·万章上》载：“太甲颠覆汤之典刑。”所谓“汤法”“汤之典刑”就是指的汤刑这一成文刑书。《竹书纪年》说：“祖甲二十四年重作汤刑。”可见汤刑在实践中还作过修订。《尚书·多士》中说：“惟殷先人，有典有册。”《荀子·正名》中又说：“刑名从商。”这些记载说明，商朝确实存在汤刑，且有较为成熟的刑名制度，以故为后世效法。

---

① 《尚书正义·卷五·益稷》。

② 《周礼·秋官·司刑》郑注。

3. 九刑

九刑指西周初年制定的刑书九篇。《逸周书·尝麦篇》记载："维四年孟夏……王命大正正刑书……太史策刑书九篇以升授大正。""大正"指官名，第二个"正"字，乃修改之义。该段文字大意是，周成王四年，王令大正修改刑书，太史便将九篇刑书交给了大正。可见，周成王时已有了现成的刑书。再往前看，《左传·文公十八年》太史克说：先君周公"作《誓命》曰：'毁则为贼，掩贼为藏，窃贿为盗，盗器为奸。主藏之名，赖奸之用，为大凶德，有常无赦，在《九刑》不忘'"。可见早在成王之前的周初，已有了《九刑》。所以沈家本就认为："窃谓《逸周书》言刑书九篇，是周初旧有九篇之名"①。

九刑可能早在春秋时期就亡佚了，其内容难以考定，但估计是较为完备的。可以想象，周初社会秩序稳定，出现"成康之治"的盛世局面，应与九刑的存在有密切关系。"成康之际，天下安宁，刑措四十余年不用。"② 说明当时有系统的刑罚，只是因为治安状况良好，很少使用而已。

4.《吕刑》

西周中期，周穆王命大司寇吕侯制定了又一部重要刑书——《吕刑》，史称吕侯制刑，这是西周又一次大的立法活动。因吕侯又叫甫侯，故《吕刑》又称《甫刑》。

《吕刑》的主要内容是将夏朝已有的赎刑整理完善为赎刑制度。现存《尚书·吕刑》不是一部法典，而是发布《吕刑》时制作的文诰，内容丰富，除介绍《吕刑》的内容，如疑罪罚锾的种类和金额等之外，还广泛涉及制定《吕刑》的背景和理由、西周法制的思想基础、刑事政策、刑罚原则以及诉讼制度等各方面，实际上是对西周法制经验的一次全面总结，是我国古代一篇珍贵的法律文献。据统计，先秦文献《左传》《墨子》《荀子》等曾 16 次称引《吕刑》。由此可知，《尚书·吕刑》在春秋战国时期已广为流传。

（三）罪名：规定有明确刑罚的犯罪种类

或有学者认为，三代的罪刑关系是罪刑非法定的立法模式，即对什么样的犯罪应处以什么样的刑罚，事先没有作一一对应的规定，而是事后由司法官员临时讨论来确定的。我们认为，这种情形在夏商西周时是存在的，但只是当时罪刑关系立法的一个方面；另一个方面是，也有大量罪刑关系非常明确的罪名，即对什么样的犯罪处以什么样的刑罚，事先是作了一一对应规定的。如《尚书·费誓》记载，鲁公伯禽兴兵平叛，发布的命令中使用了三次"汝则有常刑"：包括"牿之伤"，即出征将士让牛马受伤的；"马牛其风，臣妾逋逃，勿敢越逐，祗复之，我商赉汝。乃越逐不复"，即牛马走失、奴隶逃跑擅自去追赶，或将牛马追赶回来不归还原主的；"逾垣墙，窃马牛，诱臣妾"，翻越围墙盗窃他人牛马，或拐骗别人奴隶的，对这三种犯罪都要处以常刑。

---

① 沈家本：《历代刑法考》（二），中华书局 1985 年版，第 833 页。

② 《史记·周本纪》。

顾名思义，“常”为稳定不变的意思。对于何种罪处何种刑，刑书上是有明确规定的，不能轻易改变，所以叫常刑。梳理相关史料可以发现，这种既有犯罪行为又有惩罚措施（即“罪＋刑”的模式）的罪名，相关记载不在少数。兹举其要者予以介绍。

1. 昏、墨、贼罪

《左传》引《夏书》载：“昏、墨、贼，杀。皋陶之刑也。”这一罪名虽然传说是皋陶制定的，但后来被夏朝沿用。根据晋国叔向的解释：“己恶而掠美为昏”，即自己干了坏事还要掠取别人的美名掩饰罪恶为昏；“贪以败官为墨”，即贪财好利、败坏官纪为墨；“杀人不忌为贼”，即肆无忌惮地随便杀人为贼。对这三种犯罪，都要处以死刑。

2. 三风十愆罪

商朝初期，为防止官吏腐化堕落，督促官吏遵守法纪，由伊尹制订了禁止“三风十愆”的官刑。“三风”，指巫风、淫风、乱风。“十愆”即十种犯罪行为，包括巫风二：恒舞、酣歌；淫风四：淫于货、色、游、畋；乱风四：侮圣言、逆忠直、远耆老、比顽童等。如国君有以上行为，臣下不进行劝谏、阻止，对臣下处以墨刑；一般贵族官吏有这种行为，则要被处以罚金。如《墨子·非乐》载：“汤之官刑有之，曰：‘其恒舞于宫，是谓巫风。其刑：君子出丝二卫”。就是说，卿士、邦君犯了巫风，要罚丝二束。

3. 弃灰于公道罪

《韩非子》载：“殷之法，弃灰于公道者断其手。”商朝对在公用道路上扔弃灰土、垃圾的行为人，要处砍手之刑。

4. 违抗王命罪

《国语·周语上》载：“犯王命必诛。”《尚书·多方》也有“乃有不用我降尔命，我乃其大罚殛之”的记载。在周朝，违抗王命、不执行王命都要诛杀。杀害君王，更是最大的犯罪，要处以撕裂肢体的酷刑。《周礼·夏官·大司马》说：“放弑其君则残之。”残，就是撕裂肢体的刑罚。

5. 不从罪、畔罪

随意改变国家既定礼乐的，构成不从罪，法律后果是处流刑。《礼记·王制》载：“变礼异乐者为不从。不从者，君流。”任意改变先王制度和服装制式的，构成畔：“革制度衣服者为畔，畔者君讨。”国家要派兵进行讨伐。该两罪主要用于维护周礼稳定，只有诸侯、贵族等特殊主体才能构成该罪。

6. 群饮罪

据《尚书·酒诰》载：“群饮，汝勿佚，尽执拘以归于周，予其杀。”这是在康叔赴任之前，周公给他的指示。意思是（周人）聚众饮酒，你不要让他们跑掉，要把他们全都逮捕起来，送到京城，让我处死他们。周初统治者认为，商纣王在其统治期间荒淫无度，日夜饮酒作乐，影响及于臣下，贵族也狂饮成风，这是商朝灭亡的教训之一，所以严禁周人群饮。但对殷商遗民则不适用该罪名，而是以教育为主：

"勿庸杀之，姑惟教之。"

（四）刑法原则

1. 与其杀不辜，宁失不经

这是夏朝的刑法原则。辜是罪的意思，不辜，就是无罪；经，指常规常法。这条原则的意思是：如果按照常规常法办案会错杀无罪的人，那么司法官宁肯不按常规常法办事，即便自己会承担失职的责任，也不要冤枉无辜之人。这条原则是"罪疑惟轻"精神的体现，表现了慎刑慎罚的思想主张。但在实践中，夏朝只将该原则适用于同族人的疑罪，对他族人则不予宽贷。

2. 区分故意与过失、惯犯与偶犯

《尚书・吕刑》载："上刑适轻下服、下刑适重上服，轻重诸罚有权。"意即对触犯重罪但情节轻微者，要从轻处罚；对所犯为轻罪但情节恶劣者，要从重处罚。这里的"权"，就是权衡、权变的意思，就是要区别故意与过失、惯犯与偶犯等犯罪情节的不同来加以变通，不能一成不变。如有"非眚"（指故意）、"惟终"（指惯犯）的情节，就要"上服"从重；有"惟眚"（指过失）、"非终"（指偶犯）的情节，则要"下服"从轻。康叔受封时，周公代表周成王作《康诰》，告诫康叔定罪量刑时要充分考虑犯罪的情节："人有小罪，非眚，乃惟终……乃不可不杀。乃有大罪，非终，乃惟眚灾……时乃不可杀。"①

3. 区分首从

据《尚书・胤征》载："歼厥渠魁，胁从罔治。"渠、魁均指共同犯罪中的首犯、主犯。罔治，即不处罚。意即对共同犯罪中的首犯、主犯要杀尽，对胁从人员则不予处罚。

4. 用刑适中

《尚书・吕刑》要求司法官判决时，"明启刑书胥占、咸庶中正"，中即适中，正即公正。《吕刑》又曰："士制百姓于刑之中"，不轻不重谓之中。

5. 罪人不孥

周文王针对夏商"罪人以族"的原则，提出"罪人不孥"的主张。周公继承这一思想，反对族诛连坐，主张罪止一身，强调："父子兄弟，罪不相及"②。《左传・僖公三十三年》引《尚书・康诰》佚文中又称："父不慈，子不祗（敬），兄不友，弟不共（恭），不相及也。"

6. 悼耄不刑

据《礼记・曲礼上》载，"八十、九十曰耄，七年曰悼。悼与耄，虽有罪不加刑"。意思是八十岁以上、七岁以下的人，无论犯什么罪，均免于刑事处罚。后世在该原则的基础上形成"矜恤"原则，当代刑法中关于刑事责任年龄的规定与此有着

---

① 《尚书・康诰》。

② 《左传・昭公二十年》引《尚书・康诰》。

不可割裂的文化演进联系。

第三节 关于礼与刑的关系研究

案例导入：防风氏迟到被杀案

说起迟到，今天的人在工作中难免会碰到，大不了被扣点儿奖金，不会有什么更严重的后果了。然而，迟到这事放在上古时期，情况就不大一样了。“禹致群神于会稽山，防风氏后至，禹杀而戮之。”[①] 防风氏是生活在今浙江德清县一带的一个部落的首领，传说他有三丈三尺高，是典型的巨人族。大禹是当时部落联盟的首领，他在会稽山召集各部落首领前来祭祀神灵，结果防风氏迟到了，大禹便把他给杀了。

防风氏仅仅因为迟到就付出了生命的代价，这背后有着什么样的道理呢？前面讲到，祭祀鬼神是上古时期最重要的礼，被称作“吉礼”；甚至礼本来就是在祭祀活动中产生的，可见这种礼是非常庄严神圣的。在如此重大的活动中，参与人员不能按时到达，性质自然是相当严重的，那只好杀你没商量啦！这样的规定从后世的法律也能得到印证。据《史记》记载，秦朝末期，陈胜、吴广被派去服役，因为天下大雨，无法按时到达指定地点，为了避免因迟到而被处死，他们揭竿而起，闹起了暴动，原因就在于秦法有一条规定：“失期，法皆斩。”[②] 不能按指定时间到达指定地点，依法就得杀头。

由防风氏迟到被杀案引出一个话题，那就是“出礼入刑”。在上古时期和三代，一个人的行为超出了礼的规范，就会受到刑的制裁。出礼入刑是夏商西周法制最基本的关系式。

一、出礼入刑

礼和刑是夏商西周法律体系的两个方面，彼此相辅相成、缺一不可。“礼之所去，刑之所取，失礼则入刑”[③]。人的行为一旦背离了礼的要求，就会进入刑的调整范畴。可见二者既有联系，又有区别。

（一）礼和刑的共同性

一是评价的标准相同。对于人们行为的态度，凡是礼所允许的，刑也不加禁止；凡是礼所禁止的，必然为刑所不容，进而予以打击。

二是两者相互依存，缺一不可。礼是行为规范，告知人们应该怎样做，不应该怎样做；刑是制裁手段。光有礼没有刑，礼就像一只没长牙齿的老虎，毫无威慑力，

---

① 《史记·孔子世家》。
② 《史记·陈涉世家》。
③ 《后汉书·陈宠传》。

也就不会被人普遍遵循，礼的约束力要靠刑的强制力加以保证；光有刑没有礼，刑要么会因没有准确的适用对象而变得无用武之地，要么会将所有行为胡乱纳入其打击范围而变成杀人机器，因而刑的适用又必须以礼的精神作指导。

（二）礼和刑的差异性

一是作用不同。“礼以劝善”，是积极的规矩，着重于教化和预防，可以治本。通过“亲亲”“尊尊”原则，礼确立了人与人之间的等级伦理关系，并使之制度化，“礼达而分定”，以稳定权位继承和财富分配的既定秩序，为国家、社会、家庭、个人提供了全方位的行为规范。所谓礼“禁于将然”，在礼的潜移默化中，人们的言行举止逐渐变得中规中矩，达到“绝恶于未萌，起敬于微渺，使民日徙善远罪而不自知”的效果。如果说礼的作用主要在事前，那么刑的作用则主要在事后，所谓刑“制于已然”。“刑以惩恶”，是事后的处理，是消极的制裁，着重于惩罚，只能治表。

二是适用的对象各有侧重。礼主要是调整贵族内部的关系准则，但这并不是说庶人就没有礼，而是说贵族从礼那里得到的，主要是特权；而庶人从礼那里得到的，主要是义务。从《周礼》《仪礼》《礼记》中可以看到，自周天子至士有一套礼，即所谓“家族礼”。这种礼即周代贵族的规范，赋予他们在法律上的特权，这一特权是以血缘为基础的，排除了外族成员，自不愿与庶民分享，庶民也没有资格享有这种礼。刑的主要锋芒是针对平民、奴隶和异族的，所谓“刑以治野人”“刑以威四夷”，但并不排除贵族也要受到刑的制裁。《白虎通德论·五刑》中说：“礼为有知制，刑为无知设。”这并不是说在贵族与庶人之间有一条明确的界限，在界限之上的以礼，在界限之下的用刑，而是说庶民、奴隶是刑的打击重点。

（三）出礼入刑的两条路径

关于人的行为违反了什么样的礼，会受到什么样的制裁，如果事先有一一对应的规定，就是罪刑法定。比如故意杀人，我国现行《刑法》第 232 条规定：“处死刑、无期徒刑或者十年以上有期徒刑。”犯罪与刑罚之间的关系说得很清楚。反之，如果对违反什么样的礼，会受到什么样的刑罚惩治，事先没有一一对应的规定，而是等违反礼的行为发生之后，再由司法官临时讨论来决定用什么刑罚进行制裁，就是罪刑非法定。用这种思路来考察礼与刑的关系，则二者之间既有罪刑法定的成分，也有罪刑非法定的成分，这一论断也符合中国传统文化中“和合”思维的特征。

所谓“和合”，指任何相对的事物之间，既有不同，又有联系。《说文》中说：“和，和调也。”所有看似对立的事物都可以通过“和调”形成勾连。这就是西周太史史伯说的“和实生物，同则不继”[①]，不同事物相互和调可以得到发展，相同事物重复叠加则不能得到发展；也是孔子所说的“君子和而不同”[②]；更是唯物辩证法中的对立统一。三代的礼与刑的关系，也具有这种文化上的特征。

---

① 《国语·郑语》。
② 《论语·子路》。

首先，三代的礼与刑有罪刑法定的特征。前面我们讲到“罪名”的内容，不仅举出了当时有“常刑”的记载，也就是罪刑之间有对应关系，且具有稳定不变的特征；还列举了“昏墨贼杀”“三风十愆”“弃灰于公道”“违抗王命”“不从”“畔”“群饮”等罪名，每个罪名所适用的刑罚都是规定得十分明确的。这难道不是罪刑法定吗？

其次，三代的礼与刑也有罪刑非法定的特征。所谓“经礼三百，曲礼三千”，三代的礼有那么多条，刑只有五种，再加上族刑，流、赎、鞭、扑等，也不过十来种。违反了什么样的礼，该用什么样的刑罚来进行制裁，难免有事先没说清楚的，或者说有法律预先没作规定的，这就是罪刑非法定。春秋时期，晋国的叔向说：“昔先王议事以制，不为刑辟。”西晋著名的律学家杜预解释这句话的意思是：“临事制刑，不预设法也”①。这则史料的字面意思是，如果遇到违反礼的事情发生，由司法官临时讨论决定对当事人处什么样的刑罚，因为“不预设法”，就是预先没有用法律进行规定，所以只能事后来讨论决定。这一叙述只能说明对法律没有预先规定的案件，采用罪刑非法定的原则处理；但没有排除对法律事先有规定的，自然应当按照罪刑法定的原则处理这层含义。这就相当于汉唐以来法律已趋完善时，仍然会出现“在律无条”的情况，对此便采用“类推比附”的方法进行处理。

二、“礼不下庶人，刑不上大夫”辨正

人们通常将这句话作为庶人无礼、贵族无刑的论据。其实，三代的庶人也有他们的礼，贵族亦要受刑的制裁。先看看这句话的原始语境，才能避免断章取义之嫌。

《礼记·曲礼上》载：“国君抚式，大夫下之；大夫抚式，士下之；礼不下庶人。刑不上大夫，刑人不在君侧。”

上段话讲述了人与人相见应该怎样行礼。“式”指车上的横木。“抚式”指一手抓住横木，一手行礼。全文意为：国君与大夫相见，国君行“抚式”礼，大夫要下车来向国君行礼；大夫与士相见，大夫行“抚式”礼，士要下车来向大夫行礼；这种礼不能适用于庶人，因为庶人本来就没车坐，没法“下之”，只需在地上径行其礼即可。

可见，“礼不下庶人”的原意只是指的“抚式礼”这一局部，将其扩大到礼的全部，在逻辑上是不能成立的。庶人也有庶人的礼，在文献中随处可见。《左传·庄公二十三年》载曹刿言：“夫礼，所以整民也。”《礼记·礼器》中载：“三代之礼一也，民共由之。”《礼记·坊记》载：“夫礼者，所以章疑别微，以为民坊者也。故贵贱有等，衣服有别，朝廷有位，则民有所让。”这些记载说明，礼也是调整庶民的行为规范。只是庶民不能享用赋予贵族以特权的那些高贵的礼，就像郑玄所说，庶民因忙于劳动，没有空闲也没有条件去讲礼，“遽于事，且不能备物”②。贵族间的礼，需要闲暇的时间和昂贵的礼器，才能做到“郁郁乎文哉”。对此，庶民当然望尘莫及，

① 《左传·昭公六年》杜预注。

② 《礼记·曲礼》郑玄注。

他们只能遵守与其日常生活紧密相关的礼，如婚礼、丧礼、祭礼等。在妻子的称谓上，他们要讲礼："天子之妃曰后，诸侯曰夫人，大夫曰孺人，士曰妇人，庶人曰妻。"① 在丧亡殡葬上，也要讲礼："天子死曰崩，诸侯曰薨，大夫曰卒，士曰不禄，庶人曰死。"如此等等。

"刑不上大夫"后紧跟着"刑人不在君侧"一句。分开来读，自会得出贵族不受刑罚制裁的结论；连起来读，则会得到贵族犯罪不受肉刑的信息。一句之差，失之千里。依周礼，诸侯本人去朝见天子叫"朝"，派卿大夫去叫"聘"，一年一小聘，三年一大聘，五年一朝。试想，如果贵族也受肉刑处罚，那么在朝见天子的盛大场面中，将会有些墨面的、跛足的、无鼻的"刑人"出入其间，岂不大煞风景？因之"刑不上大夫"是指贵族犯罪在审判执行时享有不受肉刑惩处的特权，而不是不受刑罚的制裁。前面讲刑法种类时提及"鞭作宫刑"，很可能就是贵族犯罪当处肉刑时，则换成鞭刑来替代。《礼记·文王世子》中也称："公族无宫刑，不翦其类"，这就明确印证了对犯罪的贵族不得处以宫刑一类的肉刑，但要换成其他刑罚进行制裁。例如周成王之叔父管叔、蔡叔，因参与武庚之乱，就被处以杀戮、流放。

贵族的法律特权，除了不受肉刑制裁，还表现在：第一，法外施恩。所谓"五刑三千之科条，不设大夫犯罪之目"②，即大夫犯罪，如何定罪量刑没有成文的规定，"轻重不在刑书"③，审判时可以灵活处置，加以特殊照顾。第二，诉讼特权。西周诉讼要求双方当事人必须亲自出庭对质，"两造具备，师听五辞"④。但大夫以上的贵族及其妻子可以派下属或子弟代理，自己不必亲自到庭，即"命夫命妇不躬坐狱讼"⑤，以维护其作为贵族的尊严。第三，执行特殊。贵族犯罪，在执行方法上也享有特权。这一原则在周朝法制中表现得最为突出。"王之同族有罪不即市"⑥，也就是说贵族犯了死罪，不在公开场合执行死刑。《周礼·秋官·掌囚》载："有爵者与王之同族，奉而适甸师氏，以待刑杀。"《礼记·文王世子》载："公族其有死罪，则磬于甸人。""甸师氏""甸人"，指管理郊野的小官吏。"磬"：用绳子将人勒死。可见，被判处死刑的贵族是由专门的官吏在秘密地点将其勒死，决不公开执行，以维护贵族的颜面。

第四节 关于狱讼制度的研究

案例导入：齐庄公神羊断狱案

春秋时期，齐庄公（？—前731年）手下有两位大臣，一个叫壬里国，一个叫

① 《礼记·曲礼》。
② 《礼记正义》。
③ 《礼记·曲礼上》郑玄注。
④ 《尚书·吕刑》。
⑤ 《周礼·秋官·小司寇》。
⑥ 《周礼·秋官·小司寇》。

中里徼，两人打官司打了三年，都分不出是非曲直来。庄公想把两人都杀掉，又恐怕冤枉其中的好人；把两人都放了，又担心放纵了其中的罪犯。于是齐庄公叫两人共同找了一只羊，牵到社庙来，双方对神盟誓，大概也有歃血或发毒誓的举动。然后由壬里国先读自己用来打官司的讼辞，讼辞读完后，羊没有动静；再由中里徼读讼辞，还没读到一半，羊跳起来用角去顶他，还折断了他的脚。[①] 事情发展到这一步，谁是谁非也就真相大白了。

用动物来判案，最早来源于獬豸断狱的传说。相传黄帝时期，神人送给黄帝一只神兽獬豸。别的动物或无角，或者长一对角，而这只神兽只有一只独角，形状像牛像羊像鹿像麒麟，因为兼具多种动物形态，反倒有些“四不像”了。黄帝懵懂无知地问道：“何食？何处？”答曰：“食荐。夏处水泽，冬处松柏。”[②] 意思是这宝贝儿吃啥呀？住哪儿呐？神人回答：它只吃草，不用担心占用人的口粮。夏天喜欢待水边，冬天喜欢待在松柏树下。

虽然和普通的牛羊一般只是食草，但古人信奉獬豸有“神识”，发挥的作用更是不容小觑。獬豸“性知有罪”，生来就知道谁有罪谁没罪，能在司法鉴定不发达的年代助力人类断案，做到既不冤枉一个好人，也绝不放过一个坏人。到尧舜时期，皋陶就用它来判案：“皋陶治狱，其罪疑者令羊触之，有罪则触，无罪则不触”[③]。效率高，且十分精准。正因为如此，獬豸被后世奉为“司法鼻祖”，也被称作“任法兽”。“法”字的繁体“灋”，中间的“廌”指的就是它。秦汉以来的御史，头上戴的帽子就叫獬豸冠，又称“法冠”，取明辨是非、严格执法之义。

这一案例反映了司法史上曾经流行的“神明裁判”。那么，夏商西周的狱讼审判是以神判为主，还是以人判为主？审判的机构和人员有哪些？程序又如何？

一、人类思想认识水平的变化决定狱讼审判方式的变化

（一）神明裁判的盛行

中国历史上的上古时期和国家形成之初的夏、商两朝，由于思想认识水平相对比较低下，对诸多自然现象和社会现象无法认知，最终都会付诸神灵来加以解释，因而天命神权思想盛行。《尚书·召诰》曰：“有夏服天命”，“有殷受天命”，意即夏朝的政权是老天爷安排的，殷商的政权也是老天爷安排的，是神圣不可侵犯的。相传商朝的始祖契就不是一般人，他母亲简狄，年轻时和两个女性友人在玄丘河里洗澡的时候，突然飞来一只玄鸟，形似燕子、黑色；郭沫若先生根据《离骚》“凤皇既受诒兮，恐高辛之先我”考据玄鸟就是凤凰。玄鸟生下一枚蛋，简狄吃到肚里就怀孕了，生下来的孩子就是契。可见此人“天命之子”的身份。传说虽不是真的，但却是美丽的，更能深入人心。当这样的传说流传到民间，认识水平低下的普罗大众

---

① 《墨子·明鬼下》。

② 《说文解字》卷十，廌部。

③ （汉）王充：《论衡》卷十七，《指瑞篇》第五十一。

自然会认为契是上天派来的，“天命玄鸟，降而生商”①。契是神安排到人间的代言人。大家都会自觉自愿地把契奉为首领。

由于天命神权思想的盛行，神明裁判随之流行。凡是遇到凭人的能力不能辨明是非的疑难案件，就会假托神灵来解决，以满足原始初民对公平正义的渴望，华夏民族早期的獬豸断狱，正是顺应这种社会需求的产物。到了夏商之时，审判的方式有所改进，主要使用卜筮的办法来审理疑难案件。《礼记·曲礼上》载：“龟为卜，策为筮”。“卜”即占卜。在龟甲或兽骨上钻刻，再用火烧灼，甲骨就会发生裂纹。这种裂纹就叫“兆”，通过观看裂纹的形状走势来判断吉凶。从“非”“罪”这类汉字造型来推测，我们认为，应该是甲骨上出现横向裂纹较多的为“凶兆”，表达否定性评价；反之则为吉兆。“筮”就是执持蓍草进行排列组合，通过得出的数目来判断吉凶。后来的易经八卦六十四爻，大概也以此为蓝本。

在司法活动中，一旦遇到靠人的能力无法弄清事实、判明是非的案件时，就会邀请贞人用龟甲占卜、蓍草算卦，以求神灵明鉴，然后用卜筮上所显示的图像和数目作为定罪的依据。商朝统治者尤其崇拜天神，凡事皆用占卜的方式请求神旨。商王几乎是无事不卜，无日不卜。审理案件时，亦以占卜祈求神意，并以甲骨卜辞作为定罪处刑的依据。如“兹人井（刑）不（否）?”的甲骨卜辞，就是卜问对某当事人是否用刑。对卜辞的理解，由贞人来完成，他们假托神意对卜辞作出解释，司法官再根据其解释来决定是否定罪，如何量刑。这是典型的神判制度。

（二）“五声听狱讼”的转型

商周之际的“汤武革命”引发了人的反思，以前的天命神权思想现在开始受到质疑：夏朝政权不是天命的安排吗，怎么被商汤推翻了？商朝政权不是有神灵保佑吗？怎么也被周武王推翻？中国思想史由此发生了里程碑式的变化，开始怀疑天命神权的存在，开始由“重神”向“重人”转变。西周提出了“以德配天”的政治主张和“明德慎罚”的法制原则，认为只有实施德政、推行良法才能获得民众的拥护，进而获得上天的庇护。在司法审判领域，也由重神转向重人，注重从人本身来解决问题，神明裁判逐渐淡出，新型审判方式登上历史舞台，出现“五声听狱讼”的审判方法。

《周礼·秋官·小司寇》规定：“以五声听狱讼，求民情：一曰辞听，二曰色听，三曰气听，四曰耳听，五曰目听。”即要求司法官从言辞、神情、呼吸、听觉、目光五个方面去了解当事人的心理活动，从而判断真伪，探明真相。“五听”方法最早出现于西周，在后世的审判活动得到了良好的传承和发展，对推进司法历史的进步起到了非常重要的作用。具体运用如下：

1. 辞听：“观其出言，不直则烦”

当事人陈述时，如果语言上前后冲突、自相矛盾或不合逻辑，如此等等就叫“烦”，那么他说的很可能是假话，需要进一步探察。唐朝河南尹李杰在审理一桩

---

① 《诗经·商颂·玄鸟》。

“寡妇告子不孝”案中，就运用了这一方法。李杰讯问儿子，儿子不予辩解，只说自己得罪了母亲，死了活该；再问寡妇：你就这么一个儿子，你告他不孝，那可是死罪。杀了他你不后悔吗？寡妇说：“子无赖，不顺母，宁复惜乎！”意思是我这儿子是个无赖，从来不孝顺我，杀了他我才不会惋惜。李杰说：你非要这样坚持自己的诉求，那请你买口棺材来取尸吧。寡妇离开后，李杰派人尾随，发现她对一个道士说“事了矣”。原来事实真相就是寡妇与道士有奸情，嫌儿子碍手碍脚，所以要借官府之手除掉他。李杰破获此案的关键就在于他“察其状”[①]，一看儿子不像一个不孝之子；而母亲说话也不合情理，哪有母亲不在意亲生儿子而且是独子的生死的呢？由此引出疑点，进而查清案情。

2. 色听：“观其颜色，不直则赧然”

看当事人的脸色，表情不正常，或脸红，或脸白，或紧张，或喜悦，这就是晋代律学家张斐在《律表》中所说的：“是故奸人心愧而面赤，内怖而色夺”，有如此种种表现的就肯定有问题。西汉薛宣断缣案运用的就是这一技巧：甲扛一匹缣（丝绸布）去市场上卖，遇到下雨，就把缣盖在头上遮雨；乙请求和他一起扛布遮雨。雨停后，乙仍抓住缣不放手，坚称缣是他的，两人便闹到了官府。薛宣说：一匹布不就值数百钱嘛，何必闹得这么凶呢！拿剪刀将布剪成两半，二人各给一半便打发出门。甲一路上不停地哀叹冤枉，而乙却喜上眉梢，难掩得意之色。没想到狱吏悄悄跟在后面观察，将其抓回再审。乙不得不认罪，财物也顺利地被归还给原主。[②]

3. 气听：“观其气息，不直则喘”

当事人的气息声调若有异常，往往也藏有隐情。春秋时期的“子产闻哭”便是一个典型案例：子产是郑国主持法制改革的法家先驱，一天早上坐车路过一个村口，听到有女人在哭死去的丈夫。他摸着帮他赶车的车夫的手，再仔细听了一阵，立即下令把那个女人抓起来。一审问，果然是她亲手杀死了自己的丈夫。车夫非常惊讶，问他：您怎么知道这背后的秘密呢？子产说：“其声惧。”[③] 意思是说她哭的声音中有恐惧的气息。如果一个人爱自己的老公，老公刚生病，她说话的声音会充满忧愁；老公快死时，她说话的声音会充满恐惧；老公已经死了，她的声音应该是充满哀伤。这个女人哭丧，没有哀伤而只有恐惧的气息声调，所以我知道是她干的坏事。

4. 耳听：“观其听聆，不直则惑”

观察当事人听人问话的专注程度，如果态度游离、或答非所问、或一脸茫然，这就叫“惑”，那么他的回答就很可能不是真话。《名公书判清明集》记载了一个丈夫捏造理由休妻的案子，名公胡石壁便使用了“耳听”之法查明真相：一个叫江滨臾的“妈宝男”，对母亲龚氏的话总是无条件地执行。龚氏不喜欢他妻子虞氏，叫他休妻，但虞氏是个温良贤惠的女人，没有违反法定离婚理由“七出”中的任何一条。怎么办呢？“母命难违”，于是江滨臾就捏造说虞氏与人通奸，犯了“七出”中“淫”

---

① （唐）张鷟：《朝野佥载》卷五。

② 参见《太平御览》六三九引汉应劭《风俗通》。

③ （宋）郑克：《折狱龟鉴》卷五。

这一条，直接告到官府，请求将虞氏押送回娘家。主审法官胡石壁问他：你说老婆与人通奸，那么奸夫是谁呢？他老婆本来就没有这事，哪来的奸夫？江滨臾回答不出，只好顾左右而言他，说虞氏“盗搬房奁器皿”，犯了“七出”中“盗窃”这一条。胡石壁一听他答非所问，就知道他是在说瞎话，直接判他“勘杖八十”①，打了八十下屁股。

5. 目听：“观其眸子，不直则眊然”

审判时注意观察当事人的眼睛，如果他眼神涣散、左顾右盼、贼眉鼠眼，其陈述难免有假。清代绍兴师爷的鼻祖汪辉祖介绍自己多年办案经验说：正是因为能对“五听”运用娴熟，所以常常能做到料事如神。每当原、被告双方来到庭上，“必先定气凝神，注目以熟察之。情虚者良久即眉动而目瞬，两颊肉颤不已”。意思是自己先不说话，而是定气凝神，拿眼专注地盯着他们。时间一长，“情虚者”（就是干了坏事心虚的）就会眉毛跳动、目光闪烁，眼睛眨巴眨巴地不敢正视审问他的人，两颊的肉也会颤抖不停。这时候“发一语诘之”，也就是出其不意地发问，往往就会真相大白。自己正是用这种办法查明了很多要犯真凶。别人以为我懂得看人面相，能够通过面相来辨别善恶忠奸，其实不然，我主要是得益于“五听”的原理。②

五听在具体的实践中不是彼此割裂、孤立的，而是相互勾连、助力的，使用此一听，必然会涉及其他听。“五声听狱讼”的方法是心理学在司法领域的最早运用，与神明裁判相比是一次大的进步。

（三）证据制度的发展

由于西周以来人类思想由“重神”转向了“重人”，所以在狱讼活动不再是动不动就交给神去审判，而是重视从人的本身去解决问题，注重获取当事人的口供。除了用“五声听狱讼”的方法取得证据，西周还发展出相应的刑讯制度，以保证口供获取的多渠道和可信度。在通过五声听狱讼的方法不能获取口供的情况下，允许司法官员采用刑讯，但必须遵守法律的规定。《礼记・月令》载：“仲春之月……毋肆掠，止狱讼。”“肆”为执行死刑后将罪犯暴尸街头；“掠，谓捶治人”，就是刑讯。这一记载说明，司法官员在仲春时节不允许刑讯，只有在其他时间使用刑讯才符合规定。

除了口供，西周证据制度中还有关于证人证言、书证、物证、鉴定结论等证据种类的相关规定。《周礼・地官・小司徒》载：“凡民讼，以地比正之。地讼，以图证之”；《周礼・秋官・士师》载：“凡以财狱讼者，正之以傅别、约剂。”地比，指邻人作证，即证人证言；图，指官府所藏地图，与傅别、约剂均为书证。就是说，一般的纠纷，由邻里作证；地界纠纷，以官府所藏地图为证；因财货引起的狱讼，以傅别、约剂等契约作证。《周礼・秋官・司厉》载：“司厉掌盗贼之任器货贿。”任器、货贿，指杀伤人、盗窃等刑事案件的凶器和赃物等，是为物证。《礼记・月令》

---

① 《名公书判清明集・夫欲弃其妻诬以暧昧之事》。

② 参见（清）汪辉祖：《学治臆说・治狱以色听为先》。

载："孟秋之月……命理瞻伤、察创、视折、审断，决，狱讼必端平。"伤、创、折、断，均是指受伤的程度。意为对受伤程度所作的鉴定意见，是审判案件的重要证据，以此办案能达到"狱讼必端平"的良好效果。

二、夏商西周的狱讼机构与程序

案例导入：文王拘羑里案

圣人之所以为圣，是因为他们能做非常之事，且居于困境仍能想方设法东山再起。在前面提到的"设脯醢之刑"案中，商纣王将九侯杀了剁成肉酱，将鄂侯宰了做成肉干，作为与九侯、鄂侯并列为"三公"的西伯侯（也就是后来的周文王），听闻消息，难免做"兔死狐悲"之叹："闻之，窃叹。"[①] 专横的商纣王在得知西伯侯的这种表现后，把他打入羑里大牢。

西伯侯被关进监狱，而且一关就是七年。但他并未从此一蹶不振，而是静而思之，反复推敲着伏羲氏所发明的八卦图，由八卦推出了六十四卦，这就是我国流传千古的《周易》这本书，司马迁在《报任安书》中写道："文王拘而演周易"[②]，现在有的人还拿它来算命，可见其影响深远。这种"因困成学"的智慧，也揭示了人在逆境之中的无限可能。后来，西伯侯的手下给商纣王送了很多礼物，纣王才把西伯侯给放出来。

商朝的羑里监狱，时至今日仍有遗迹可观，在今河南省安阳市汤阴县北有羑里城，是我国目前遗存下来的历史最悠久的国家监狱遗址。

监狱是古代重要的狱讼设施，由此案引出的问题是：夏商西周的狱讼机构是怎样设置的？狱讼审判程序又有哪些规定？

（一）狱讼机构的设置

夏商西周的最高统治者，既是最高行政长官，也是最高司法长官。夏王、商王、周天子都是掌握着生杀予夺大权的人。甲骨卜辞里有"贞：王闻惟辟"，"贞：王闻不惟辟"的记载，对司法领域使用刑辟或不适用刑辟，商王都是要全面掌握的。

在最高统治者之下，狱讼机构主要分两个层次，一是中央的，一个是地方的。这里需要先了解一下中国制度史上的一个普遍存在而又令今人费解的现象，那就是国家在各级政府设置的机构与该机构长官的名称是合二为一的，这与今天法院的长官改称"院长""副院长"不同。秦汉的中央审判机构叫廷尉，它的长官也叫廷尉，夏商西周的情况也是一样。

夏朝中央主管狱讼审判的长官叫"大理"，掌管全国性重大案件的审判。大理既是一个机构，又是长官的称呼，下设有相应的属官，成为一个系统。直到南北朝的北齐，才有了大理寺，大理寺的长官叫大理寺卿。至此，机构的名称才和长官的名

① 《史记·殷本纪》。
② 《史记·报任少卿书》。

称分开。夏朝地方司法官叫“士”或“理”，掌管辖区内案件的审理。

商朝中央主管狱讼审判的长官为大司寇，其下设正、史等审判官吏，处理中央和地方部分复审案件。商朝开始分封诸侯，地方分畿内和畿外。畿内司法机关由士掌管，基层称蒙士，辖区内案件由其审理，若遇重大、疑难案件，须上报司寇，由司寇进行复审。畿外由诸侯掌管，对辖区内的案件，诸侯指派司法官审理，不必上报司寇，享有司法自主权。由于商朝流行神明裁判，各级审判机构中还设有贞人，也就是神职人员，负责对疑难案件进行卜筮。

西周中央主管狱讼审判的长官有大司寇、小司寇、士师。大司寇下还设司刑、司刺、司约、司盟、司圜、司隶、掌囚、掌戮等职官，各有分工。司刑：负责对罪犯施加五刑；司刺：负责实行征求意见、宥过失、赦老幼之法；掌囚：负责管理羁押犯、待行刑罪犯；掌戮：负责追捕、处置重大现行犯；司约：负责民人缔结契约的监督工作；司盟：负责民事纠纷的审理与监督盟誓等。

西周地方主管狱讼审判的有两类：

1. 乡遂狱讼机关

王畿内的地方政权组织，依次划分为乡、遂、县、都、邑等，分别设有乡士、遂士、县士、方士、讶士等，负责各该地区刑、民事案件的审理。

2. 诸侯国狱讼机关

诸侯封国的司法机关仿照中央体制设置，设司寇、士师等审理狱讼案件，只是规模小些。基层案件则由乡官处理，如果需要判处刑罚，则提交给士或士师审理。另外，宗族族长对其宗族成员的轻微刑事案件和民事案件也有处理权。

（二）狱讼审判程序

1. 告诉

西周将案件类型划分为“狱”和“讼”两类。“狱，谓相告以罪名者”，这类大概相当于今天的刑事案件，当事人要缴纳“钧金”（三十斤铜）作为诉讼费。“讼，谓以财货相告者”①，这类大致相当于今天的民事案件，但败诉方也可能被判刑，故又不完全等同于现在的民事案件，当事人须交“束矢”（一百支箭）作为诉讼费。诉讼费在案件审结后，退还胜诉方，败诉方不退。收取诉讼费的主要目的是防止妄诉、滥诉。

西周在告诉这一环节，设置了一定的诉讼限制，禁止卑幼控告尊长。《礼记·王制》载：“凡听五刑之讼，必原父子之亲，立君臣之义。”《国语·周语》载：“君臣、父子无狱讼。”坚持控告者，告者有罪。

2. 审理

西周法律要求双方当事人到庭，坐地对质。《尚书·吕刑》曰：“两造具备”，“师听狱之两辞”。“两造”相当于现代法律术语的原告、被告双方，必须亲自参与。

---

① 《周礼·秋官·司寇》郑玄注。

贵族可派臣属作为代表人参加诉讼，但如果主审官是周王，任何人都必须出庭。

3. 判决

《尚书·康诰》载："要囚，服念五六日，至于旬时，丕蔽要囚。""要囚"，审察囚犯供词；"服念"，思考之义；"蔽"，判决之义。即对关押罪犯的供词要认真审察，短则思考五六天，长则思考十来天，然后再作出判决，方能做到不枉不纵。

4. 上诉

判决书制成后要向犯人宣读，犯人不服可以提出上诉。上诉期限，根据距离京城的远近而各不相同。另据《周礼》记载，西周已有了名为"路鼓""肺石"的直诉制度。"路鼓"设置在王宫正门之外，庶民可以击鼓鸣冤，由太仆接受申诉，上奏周王。"肺石"即红色石头，设于外朝，有冤屈者可立于肺石之上，经三日由朝士受理，上奏周王。直诉制度为蒙冤之人打开最后一扇告状之门。

5. 狱讼官责任

西周对狱讼官选拔有严格标准："非佞折狱，惟良折狱。"[①] 同时还形成了严格的责任追究制，名叫"五过之疵"，包括"惟官"（倚仗权势）、"惟反"（挟嫌报复）、"惟内"（有意庇护亲属）、"惟货"（收取贿赂）、"惟来"（受人请托），对这五种情形的惩罚力度是相同的，"其罪惟均"[②]。狱讼官因任何一种情形而错判案件的，必须追究其违法责任。

6. 执行

死刑一般采取"弃市"的方式执行，即要在人员密集的闹市执行死刑，并暴尸三日。《礼记·王制》载："刑人于市，与人众弃之。"贵族犯死罪则以秘密方法执行，由甸师氏"磬杀"。磬是一种玉制打击乐器，悬挂起来使用。此处借指缢死。

对犯墨、劓、膑（刖）、宫四种肉刑的罪犯，执行刑罚后，还要服一定的劳役。如《周礼·秋官·掌戮》规定："墨者使守门，劓者使守关，宫者使守内（王或诸侯的宫内等地），刖者使守囿（牲畜牧栏圈），髡者使守积（仓库）"。

对有罪未决的人犯，或已经判决等待行刑的罪犯，都在监狱进行羁押，和今天的情况有所不同。大家都知道，现在的监狱关押的是已经判决后的服刑罪犯，未经判决的犯罪嫌疑人则由看守所负责关押。可见以前的监狱还包括现今意义上的看守所。

夏朝的监狱称"圜土"。《史记·夏本纪》记载，夏桀曾囚禁商汤于"夏台"。"夏台"应该是当时的特别监狱。商朝在羑里也设有监狱，就是前面说到的关押西伯侯的地方。西周的监狱也称"圜土"，又叫"囹圄"。春秋以降，囹圄成为历朝历代监狱的通称。如《管子·五辅》说："善为政者……仓廪实而囹圄空。……不能为政者……仓廪虚而囹圄实。"

---

① 《尚书·吕刑》。

② 《尚书·吕刑》。

为防止逃跑，不论是有罪未决的人犯，还是已决待刑的罪犯，都必须加戴狱具。《周礼·秋官·掌囚》说："凡囚者，上罪梏、拲而桎，中罪桎梏，下罪梏。"狱具有桎、梏、拲三种。桎，是戴在脚上的木制刑具；梏，是戴在颈上的木制刑具；拲，即两手共一木，是戴在手上的刑具。有爵位的贵族虽犯重罪，只能加桎；王族犯重罪，只能加拲。

本章拓展阅读与选题思路

一、拓展阅读

王曰："嗟！六事之人，予誓告汝：有扈氏威侮五行，怠弃三正，天用剿绝其命，今予惟恭行天之罚。左不攻于左，汝不恭命；右不攻于右，汝不恭命；御非其马之正，汝不恭命。用命，赏于祖；弗用命，戮于社，予则孥戮汝。"

——《夏书·甘誓》

墨辟疑赦，其罚百锾，阅实其罪。劓辟疑赦，其罪惟倍，阅实其罪。剕辟疑赦，其罚倍差，阅实其罪。宫辟疑赦，其罚六百锾，阅实其罪。大辟疑赦，其罚千锾，阅实其罪。墨罚之属千。劓罚之属千，剕罚之属五百，宫罚之属三百，大辟之罚其属二百。五刑之属三千。

——《周书·吕刑》

惟乃丕显考文王，克明德慎罚；不敢侮鳏寡，庸庸，祗祗，威威，显民，用肇造我区夏，越我一、二邦以修我西土。惟时怙冒，闻于上帝，帝休，天乃大命文王。殪戎殷，诞受厥命越厥邦民，惟时叙，乃寡兄勖。肆汝小子封在兹东土。王曰："呜呼！封，汝念哉！今民将在祗遹乃文考，绍闻衣德言。往敷求于殷先哲王用保乂民，汝丕远惟商者成人宅心知训。别求闻由古先哲王用康保民。宏于天，若德，裕乃身不废在王命！"王曰："呜呼！小子封，恫瘝乃身，敬哉！天畏棐忱；民情大可见，小人难保。往尽乃心，无康好逸，乃其乂民。我闻曰：'怨不在大，亦不在小；惠不惠，懋不懋。'已！汝惟小子，乃服惟弘王应保殷民，亦惟助王宅天命，作新民。"王曰："呜呼！封，敬明乃罚。人有小罪，非眚，乃惟终自作不典；式尔，有厥罪小，乃不可不杀。乃有大罪，非终，乃惟眚灾：适尔，既道极厥辜，时乃不可杀。"王曰："呜呼！封，有叙时，乃大明服，惟民其敕懋和。若有疾，惟民其毕弃咎。若保赤子，惟民其康乂。非汝封刑人杀人，无或刑人杀人。非汝封又曰劓刵人，无或劓刵人。"

——《周书·康诰》

司约，掌邦国及万民之约剂，治神之约爲上，治民之约次之，治地之约次之，治功之约次之，治器之约次之，治挚之约次之。凡大约剂，书于宗彝；小约剂，书于丹图。若有讼者，则珥而辟藏，其不信者服墨刑。若大乱，则六官辟藏，其不信者杀。

——《周礼·司约》

皇帝清问下民，鳏寡有辞于苗。德威惟畏，德明惟明。乃命三后，恤功于民：伯夷降典，折民惟刑；禹平水土，主名山川；稷降播种，农植嘉谷。三后成功，惟殷于民。士制百姓于刑之中，以教祗德。

——《周书·吕刑》

国君抚式，大夫下之。大夫抚式，士下之。礼不下庶人，刑不上大夫。刑人不在君侧。兵车不式，武车绥旌，德车结旌。史载笔，士载言。前有水，则载青旌。前有尘埃，则载鸣鸢。前有车骑，则载飞鸿。前有士师，则载虎皮。前有挚兽，则载貔貅。行，前朱鸟而后玄武，左青龙而右白虎，招摇在上，急缮其怒。进退有度，左右有局，各司其局。

——《礼记·曲礼》

三月，公及邾仪父盟于蔑，邾子克也。未王命，故不书爵。曰仪父，贵之也。公摄位而欲求好于邾，故为蔑之盟。

——《左传·隐公元年》

庶子不祭，明其宗也。庶子不得为长子三年，不继祖也。别子为祖，继别为宗，继祢者为小宗。有百世不迁之宗，有五世则迁之宗。百世不迁者，别子之后也。宗其继别子之所自出者，百世不迁者也。宗其继高祖者，五世则迁者也。尊祖故敬宗，敬宗，尊祖之义也。有小宗而无大宗者，有大宗而无小宗者，有无宗亦莫之宗者，公子是也。公子有宗道。公子之公，为其士大夫之庶者宗其士大夫之适者，公子之宗道也。

——《礼记·大传》

象以典刑。流宥五刑。鞭作官刑，扑作教刑，金作赎刑。眚灾肆赦，怙终贼刑。钦哉，钦哉，惟刑之恤哉。

——《尚书·舜典》

大司寇之职，掌建邦之三典，以佐王刑邦国，诘四方，一曰刑新国用轻典，二曰刑平国用中典，三曰刑乱国用重典。以五刑纠万民：一曰野刑，上功纠力；二曰军刑，上命纠守；三曰乡刑，上德纠孝；四曰官刑，上能纠职；五曰国刑，上愿纠暴。以圜土聚教罢民，凡害人者，置之圜土而施职事焉，以明刑耻之。其能改者，反于中国，不齿三年；其不能改而出圜土者，杀。以两造禁民讼，入束矢于朝，然后听之。以两剂禁民狱，入钧金，三日乃致于朝，然后听之。

——《周礼·秋官·大司寇》

今汝其曰：夏罪其如台？夏王率遏众力，率割夏邑。有众率怠弗协，曰：时日曷丧，予及汝皆亡。夏德若兹，今朕必往。尔尚辅予一人，致天之罚。予其大赉汝，尔无不信，朕不食言。尔不从誓言，予则孥戮汝，罔有攸赦。

——《尚书·汤誓》

唐、虞之象刑，上刑赭衣不纯，中刑杂屦，下刑墨幪，以居州里，而反于礼。唐、虞象刑，犯墨者蒙皁巾，犯劓者赭其衣，犯膑者以墨幪其膑处而画之，犯大辟者布衣无领。

——《尚书·大传》

我们都晓得封建社会中贵贱之对立极为显著，为封建关系所必具之基础。孔、孟、荀子以及其他见于《左传》、《国语》中的关于君子小人的理论都产生于此时代。

但我们应注意贵贱的对立并不曾因封建组织的解体而消失，士大夫（君子）与庶人（小人）的分野自周代以迄清末的三千年间一直似为社会公认的，重要的，二种对立的阶级，只是这一时期的士大夫与封建时代的士大夫不同，以另一种姿态出现而已……习俗和法律一直承认他们之间优越与卑劣关系之对立，承认他们不同的社会地位，承认他们不同的生活方式，赋予士大夫以法律上、政治上、经济上种种特权。如果我们称之为特权阶级，而以非特权阶级为庶人的代名词或无不当。从主观的社会评价和阶级意识以及客观的权利和生活方式各方面看来，实已具备构成阶级的条件。

——瞿同祖：《中国法律与中国社会》

中国刑法之名，有可考者始于夏。《左氏》昭公六年，载叔向写给郑子产的信，说："夏有乱政而作《禹刑》，商有乱政而作《汤刑》，周有乱政而作《九刑》。"……《书经》《吕刑》说："墨罚之属千；劓罚之属千；剕罚之属五百；宫罚之属三百；大辟之罚，其属二百；五刑之属三千。"请问如何写得下？然则《吕刑》所说，其必为习惯而非国家所定的法律，很明白可见了。个人在社会之中，必有其所当守的规则。此等规则，自人人如此言之，则曰俗。自一个人必须如此言之，则曰礼。

——吕思勉：《中国通史》

殷人兄终弟及，周人父子相传，封建制从父子相传制来。引说颇嫌看史事太松驰，不见力量，只把天下依着家庭的私关系随宜分割，无当于周初建国之严重局势。只是一种隔绝史实之空想而已。且殷人自庚丁后已五世传子，殷本纪、三代世表、古今人表皆同。未知何故。亦可是五世单丁无兄弟，然亦可不传弟而传子。史文缺佚，已难详论。惟史记殷本纪谓：帝乙长子日微子启，启母贱，不得嗣。少子辛母为正后，得嗣。则其君位传袭之法，已开问人先声矣。至周初君位，颇有立贤之迹象，或以便于争强而然。如太王舍太伯、虞仲而立王季，为第一次立贤。文王长子伯邑考，次子发，即武王。舍伯邑考而立武王，为第二次立贤。伯邑考果系先卒与否不可知。周人乃一种极长于实际政治上争强之民族，大有舍长立贤之可能。

——钱穆：《国史大纲》

二、选题思路

1. 夏商神权法体系与司法实践研究
2. 甲骨文所见殷商刑罚制度研究
3. 西周“明德慎罚”思想形成探源
4. 金文铭刻与西周契约法律制度研究
5. 《尚书·吕刑》与早期成文法演进
6. 三代的“礼刑关系”
7. 先秦盟誓制度法律效力考论
8. 商周伦理思想嬗变研究
9. 夏商周肉刑体系源流考辨
10. 《周礼》所见职官司法职能研究

11. 三代土地制度与物权法律的萌芽
12. 商代军事法令研究
13. 皋陶法文化研究
14. 周礼中的刑赏观与刑赏制度

第二章　春秋战国的法律制度

平王东迁后，周朝不再是历史舞台的主角。分封的列国尝试摆脱礼的约束，为着生存与图霸，开始了多元的探索，历史随之进入春秋战国时代。这一时期，以儒家叙事来看是“礼崩乐坏”的黑暗时代。若以法律史视野观察，这一时期诸子蜂起、百家争鸣，储备了后续两千多年的法思想资源；列国的法律实践经过“周秦之变”的宏伟转型，形成了后续两千多年的律令制骨架。春秋战国是中国古代法律史由礼刑体系转入法律体系的大变革时代。

自公元前841年起，中国历史有了逐年的记载，进入信史时代。以传世文献为依托，加上出土的金文、简帛和考古发现提供的零碎细节，此期法律史的依稀面貌得以描绘。

第一节　法律史的“周秦之变”

案例导入

古者八家而井。八家相保，出入更守，疾病相忧，患难相救，饮食相召，嫁娶相谋，渔猎分得，仁恩施行，是以其民和亲而相好。今或不然，令民相伍，有罪相伺，有刑相举，使构造怨仇而民相残，伤和睦之心，贼仁恩、害士化，所和者寡，欲败者巨，于仁道泯焉。

——《韩诗外传》

宏大的历史画卷，从周代一个小聚落的普通家庭开始，徐徐展开。

这个小聚落只有八户人家，围绕一口水井，建起了自家的茅屋。每天清晨，青壮年男女们互相招呼着，去井田里干活。老人们互相帮忙看守门户，照看小孩。谁家生病了，邻居纷纷拿着鸡蛋、果蔬上门探望，帮助照顾。谁家着火了，一声呼救，八方来助，个个帮忙提水救火。谁家有了好吃的，站在水井旁的公共场地一声招呼，每家都端着几席餐具，前来分享。谁家小伙子该娶妻了，谁家大姑娘该出阁了，邻居的大娘们总是帮忙物色合适的对象，热心地说亲。谁家打到了鹿、彘之类野味，大头自家留下，小头宰割成均匀的小块，挨家挨户送一点。夕阳西下，鸡栖于埘。老人们一边玩着“击壤”的游戏，一边闲适地歌唱：“太阳出来我爬山坡，太阳落山我好唱歌。劳动造就了幸福的生活，周天子从来不打扰我。”（《击壤歌》：日出而作，日落而息，帝力于我何有哉？）

数百年过去了。经过连绵不断的大小战争，周朝灭亡，秦朝建立。这个聚落已经发展成了一个乡，乡民们的生活随着时代的发展，悄然巨变。

围绕水井而居的八户人家，变成了前后左右相邻的五户人家，其中一户的家长被国家任命为“伍长”。两个“伍”的网格相邻，其中一户的家长被国家任命为“什长”。伍长定期采集居民的信息（年龄、身高、相貌、籍贯、家庭成员变化等），通过什长、里典、乡啬夫、县令、郡守逐级提交上去，最终汇总于那个远在咸阳城的“国家”，作为征兵、纳税、服役的参考数据。每户人家都紧张刺激地偷窥邻居，同时胆战心惊地防止被邻居偷窥。一旦发现邻居有违法犯罪的苗头，他们立刻向伍长举报。因为按照国家法律，什伍之中一户犯罪，检举揭发者给予巨额奖励，不检举揭发者承担连带的刑事责任。邻乡就有一户人家犯罪，整个什伍被抄斩了，留下一片空荡荡的房屋，荒草丛生。居民每天路过一块石碑，都能看到官吏在卖力地宣讲：“皇帝的功绩超过五帝，皇帝的恩泽覆盖牛马。我们每个人都享受着皇帝的恩德，有幸在这盛世安居乐业！”（《琅琊石刻》：功盖五帝，泽及牛马。莫不受德，各安其宇。）

以上是《韩诗外传》记录的“周秦之变”。这些描写不乏儒家立场的褒贬色彩，但时代巨变并非向壁虚构。周秦之间究竟发生了何种制度变迁？为何会对民众生活发生如此重大的影响？如何评估“周秦之变”在法律史上的地位？这是本章想要讨论的内容。

清末李鸿章曾将近代中西文明的碰撞称为“三千年未有之大变局”。由此逆溯，上一次等量级的巨变就是“周秦之变”。学者们使用许多概念表述“周秦之变”：从“封建制”到“郡县制”，从“奴隶社会”到“封建社会”，从“周代城邦”到“编户齐民”，从“世袭社会”到“选举社会”，从“宗族法令”到“集权律令”……如果用包容性更强的描述性词语，则不妨称之为从“周制”到“秦制”的转变。“周秦之变”的关键时期是春秋战国时代。春秋时代，旧秩序瓦解，新的出路尚不明朗，务实的政治家尝试着审慎的改革，激起周制拥护者的反对；战国时代，广土众民的集权国家成为历史的出口，悬念仅仅在于谁会是最后的胜出者，思想家天马行空的政治设计、变法家改天换日的雄心壮志，推动着制度变革在飞流急湍之间激流勇进。

还需说明，从“周制”到“秦制”的演变，覆盖时段并不止于春秋战国，至少应延及秦汉才更为完整。将之放在本章之首，只是适应全书体例的一种便宜安排，敬请读者注意。

一、周朝法秩序及其崩解

（一）周朝法秩序的实质

儒家常将礼刑时代的夏、商、西周（合称“三代”）描绘为黄金时代。由此来看，春秋战国的“礼崩乐坏”便不免令人叹息痛恨。这种半出于想象的粉饰，会掩蔽春秋战国在法律史上的实际地位。其实周代礼刑体系的法秩序最终崩坏，有其内在的原因。周代法秩序的实质是什么？为何不能维系？这是理解春秋战国法制变革的起点。

西周时期，未必存在天下共守的统一立法，各国或可因俗设法。

西周时期有“周公制礼”“吕侯制刑”等大型立法活动。周礼、《吕刑》是否为天下各国普遍遵守？恐怕未必。由《史记·鲁世家》所载“齐鲁斗法”的故事，可窥一斑：西周初年，封太公于齐国，封周公之子伯禽于鲁国。太公“因其俗，简其礼”，以齐地习惯法为基础，简化周礼，只用五个月便取得了治理的成效；伯禽却“变其俗，革其礼”，革除当地习惯法，贯彻落实新制定的周礼，耗去整整三年才向周公述职。由此可见，也许姬姓的鲁国才有贯彻周礼的义务，姜姓的齐国则可以因地制宜、因俗设法。又如《左传·定公四年》记载：姬姓的晋国初建，因为当地具有悠久的夏文化传统，戎人势力也很强，因此天子命其以夏人、戎人固有的制度为立国之本（启以夏政，疆以戎索）。正如柳宗元《封建论》云：“徇之以为安，仍之以为俗。”即便姬姓国也不得不充分考虑受封地的固有法文化。至于文化发达、势力强大的殷商旧部，则如《史记·殷本纪》所云“令修行盘庚之政”，以殷商之法自治。

西周的封建体制之下，不仅邦国各行其法，一国之内也可能有两套或多套制度样态。如《左传·昭公十六年》记载：郑国始祖受封时，因感激商人集团协助草创国家，故起誓：绝不干预商人的商业规则与商业行为。这成为郑国世代遵守的法度。法史名家瞿同祖说：“分化是封建政治的一大特点。”[①] 封建法律也是以邦国、族群等自治体为单位，层层分化、高度独立的。

如此高度分化的封建体制，为什么能维系成一个“天下”而不坠呢？答案就是“礼”。

周人以“亲亲”“尊尊”的宗法礼制为封土建邦的依据，抟聚同姓诸侯；以婚姻之礼，将本族群宗法礼制的适用范围扩及异姓诸侯国；再以朝觐、贡献、盟誓之礼，反复确认彼此的上下、尊卑、从属关系。只要血缘纽带还在，婚姻关系存续，宗法礼制便能“合天子、诸侯、卿、大夫、士、庶民以成一道德之团体”[②]。如果有邦国、属邑居然荒怠礼数，周天子便以天下共主的身份率领或委任诸侯国，以武力征讨。具体到法律层面，周朝一方面对姬姓封国进行立法方针的指导，另一方面充分尊重殷商旧部或土著诸侯的习俗法度，并不强求各邦国立法的统一。但如果邦国内部秩序不稳定乃至被破坏，王朝的司法力量（在“兵刑合一”时代也包括军事力量）就会积极介入其中，充当裁判者的角色。[③]

由此可以明白，西周维系“天下”的纽带全在于礼。诸侯奉礼来朝，则周成其

---

① 瞿同祖：《中国封建社会》，商务印书馆 2016 年版，第 195 页。

② 王国维：《殷周制度论》，《观堂集林》，中华书局 1959 年版，第 454 页。

③ 参见王沛：《西周邦国的法秩序构建》，载王沛：《刑书与道术：大变局下的早期中国法》，法律出版社 2018 年版。

为一个辐射天下的王朝；诸侯废礼不朝，则周沦落为一个僻处一方的王国。① 周人对于礼崩乐坏的恐惧、儒家对于正名复礼的希冀，都应该从此取解。

(二) 周朝法秩序的崩坏

西周的礼制，内以血缘宗法为纽带，外以军事武力为保障。一旦血缘疏远、武力削弱，宗法制自身的缺陷凸显，礼乐的崩坏是自然的结果。礼崩乐坏的原因大致有二：

第一，血缘随着时间而疏远，导致宗法纽带松散。血缘宗法是西周礼制的纽带，百年之后自然就疏远了。例如，晋之初封，周成王与唐叔虞是亲兄弟；数百年之后，周襄王与晋文公之间除了名义上同属一个祖先、照惯例尊称一声“叔父”，血缘早已超出九族五服的范围，实在谈不上有什么感情与责任。在这种情形下，诸侯能够循守礼数，主要靠周王的武力维持。然而，西周亡于犬戎，仗着晋、郑几个大国夹辅，周平王才得以在东方立足。周桓王时不自量力，出手教训不服的郑国，结果遭遇军事失利。自此王纲解纽，礼制再也没有维系的可能与必要，只能沦为霸主恃强凌弱的借口。

第二，国家资源的高度分化，是宗法分封制的固有缺陷。随着年代的递增，一个国家的资源必定随着层层分封，越分越碎、越来越少。在此种情况下，谁恪守礼制继续分封，谁就越弱；谁违背礼制消除分裂，谁就变强。郑庄公攻灭分封的弟弟共叔段、晋献公尽灭群公子，违背伦理的政治权谋，却使国力迅速增强。

不过，周朝衰亡时，并没有哪个邦国像武王伐纣那样公然打着天命转移的旗号趁火打劫。恰恰相反，先后崛起的霸主都以“尊王”和维护礼制为口号，从而使得东周又苟活了五百年之久。不得不说，这仍是周礼的遗泽与名分的力量。到了此时，封建体制授予各封国的高度自治权开始发挥作用。王室的式微不仅没有导致沉沉的暮气，反而带来了变革的契机。

二、法律史上的“周制”与“秦制”

(一) 周型王朝与秦型国家

汉宣帝教育太子，有一段名言：“汉家自有制度，本以霸王道杂之。奈何纯任德教，用周政乎!”他依照当时流行的政治理念，将汉代之前的制度模型分为两类：一类是周政、德教、王道，另一类是秦政、法治、霸道。在他看来，“汉家制度”（实际上后续王朝亦然）应当综合二者之长。这是很有见地的。此处尝试先比较周朝与秦朝国家形态的变化，再比较“周制”与“秦制”这两种中国传统制度的理想类型。

第一，周型王朝的君权是相对的，秦型帝国的君权是绝对的。

商周时代，天下邦国林立。周灭商，是以“小邦周”击败天下共主“大邑商”。

---

① 钱大昕《潜研堂文集》卷七云：“天子有道而天下诸侯朝之，谓之有天下。否则，位号仅存，所有者唯王国而已。”

剩下的国家纷纷表示服从，以定期朝见的礼仪，“归往”新的共主，这样就形成了一个新的“王朝”。《说文解字》说：“王”即“往”，表示“天下所归往也”。周的王畿之内有许多封君，王畿之外有许多诸侯。周天子固然是天下共主，但封君、诸侯也都是各地领土的君主。周的君臣关系是相对的。鲁侯是周天子的臣，却是“三桓”（鲁国国内的封君）的君；“三桓”是鲁侯的臣，又是各自封邑的君。“普天之下，莫非王土”只是一种遥远的王朝想象，“帝力于我何有哉”倒是切身感受。秦型国家就不一样了。秦是周的一个诸侯国，先通过变法铲除了国内的大小封君，秦国之内只有一个君主；再通过兼并战争消灭了国外的各大诸侯，使秦的国家领土扩张至当时可知的整个世界。秦的君权是唯一的、至高的、排他的。[①] 一切官员的权力，都来自君主的授权。这是周、秦国家构造的根本不同。

第二，周型王朝有强大的中间阶层，秦型帝国没有强大的中间阶层。

一个君主国家，有没有强大的中间阶层，决定着其专制的程度。英国的培根说：“一个完全没有贵族的君主国，总是一个纯粹而极端的专制国。”梁启超也说：“贵族政治，为专制一大障碍。”[②] 在这方面，周、秦判然有别（见表 2－1）。周型王朝，天子之下还分为诸侯、卿、大夫、士、庶人、奴隶等若干阶层[③]；秦型帝国，皇帝之下人人平等，只有无罪的齐民、有罪的刑徒两种阶层而已。秦制之下当然也有复杂的官僚等级，但在法律上毫无意义。《商君书·赏刑》云：“所谓壹刑者，刑无等级。自卿相、将军以至大夫、庶人，有不从王令、犯国禁、乱上制者，罪死不赦。”君主之下、法律面前，人人平等。即便贵为丞相，也不过是“齐民”而已。这与周代依据身份差异，进行不同的赏罚，截然有别。

表 2－1 周制秦制社会阶层示意表

制度	阶层						
周制	天子	诸侯	卿	大夫	士	庶人	奴隶
秦制	皇帝					齐民	刑徒

第三，周型王朝以宗法血缘共同体为社会基础，秦型帝国以编户齐民为社会基础。

再看国家的底层。周制以宗法血缘共同体为社会基础，每个宗法团体派出一两名代表（户主及其成年继承人）参与国家治理。秦制则全面控制每一名国民，家族成员不分嫡庶长幼，平等地为国服务。建一个虚拟模型，更方便理解：如果一个周型国家有一万户，每户十名男子，共十万人。但每户只有一人（一般是户主继承人，

---

① 汉代之后，偶尔有与郡县并行的“封建”。但汉以后的诸侯权力来自君主授权，这仍是郡县制的制度逻辑，与周代天子地位来自诸侯拥戴，已经不可同日而语。

② 转引自阎步克编著：《波峰与波谷：秦汉魏晋南北朝的政治文明（第二版）》，北京大学出版社 2017 年版，第 116 页。

③ 这种对比只能是简单而粗糙的。周制的阶层分类，大体参照《孟子·万章》：“天子一位，公一位，侯一位，伯一位，子男同一位，凡五等也。君一位，卿一位，大夫一位，上士一位，中士一位，下士一位，凡六等。”

即嫡长子）能为国君所用，在籍人口（即税收、兵役对象）仅一万人，其余九万人都是家长控制的“黑户口”。秦制国家则要求另外九万人也登记造册，成为国家掌握数据、可以直接控制的“编户齐民”，与嫡长子一样平等参与战争、徭役。这个秦制国家的社会控制能力、动员能力是周制国家的十倍。①

（二）周型法制与秦型法制

不同的国家形态，滋生出适配的制度类型。汉人贾谊说：周型王朝“置天下于仁义礼乐，而德泽洽”，秦型帝国“置天下于法令刑罚，德泽无一有”②。抛开儒家的褒贬色彩，这番话的确概括出两种制度类型的特点：周型法制以礼仪为表征，以示范性规范为主；秦型法制以律令为表征，以强制性规范为主。（见表 2－2）

表 2－2　周制秦制法律类型示意表

制度类型	表征	主要成分	身份等级	作用机制
周制	礼仪	社会习惯法	差序	示范
秦制	律令	国家制定法	齐一	强制

首先，周型法制以社会习惯法为主，秦型法制以国家制定法为主。

吕思勉说：“法律的来源有二：一为社会的风俗，一为国家对于人民的要求”，前者即社会惯，人人所知，无待于教；后者即国家单方面制定的法律，与民众生活距离较远，需要事先公布、明白晓谕。③ 周型法制的礼仪即以前者为主，秦型法制的律令即以后者为主。汉儒郑玄云：“礼者，体也，履也。”礼，就是身体力行的那些规则。固然，国家也会有一些系统整理礼仪的活动（如周公制礼），但“君子行礼，不求变俗”④，礼应当最大限度贴近民众的风俗。《说文》段注：“律者，所以范天下之不一而归于一。”律，是国家制定、自上而下颁行，要求全天下统一遵循的。这是两种制度类型内在质料的不同。

其次，周型法制是身份差序的示范性规则，秦型法制是身份齐一的强制性规则。

礼仪的基本精神是“别”，即依照不同的身份，区别对待。律令的基本精神是“一”，一刑、一赏、齐一大化，刑无等级，人人平等。礼仪以示范性规则为主，即所谓“以身作则”。人们通过对礼仪的身体力行，增强其内在的文化意蕴与外在的约束力。律令则以强制性规则为主，对律令的违反，必然伴随相应的刑罚。

从周型法制转向秦型法制，从“礼·刑”时代转向“法·律”时代，是春秋战国的历史大势。但这并不意味着可以弃“周制”如敝屣。儒家认为“周制”优于

---

① 《商君书·垦令》载：“均出余子之使令，以世使之，又高其解舍，令有甬官食，概。不可以辟役，而大官未必得也，则余子不游事人，则必农。”“余子”，就是嫡长子之外的儿子。对于“余子”的制度史意义，杜正胜有非常精彩的解释。参见杜正胜：《编户齐民：传统政治社会结构之形成》，联经出版社 2018 年版，第 50－51 页。

② 《汉书·贾谊传》。

③ 参见吕思勉：《吕著中国通史》，《吕思勉全集》第 2 册，上海古籍出版社 2016 年版，第 129－141 页。

④ 《礼记·曲礼》。

“秦制”，不吝以“德教”“王道”“仁政”一类词语来褒美，固然有其理论偏向，但也与周制的若干优点密不可分。周制来源于社会风俗习惯，贴近民众生活；以示范性规则为主，具有“德治”的意味；君权相对温和，不像秦制那样专制独断——凡此种种，都是儒家怀念周制的原因。周代八百年的漫长国祚，将“周制”作为中国人重要的文化体验与历史记忆保存在法律文明基因之中，时时为后人提供制度与思想资源，补救甚至批判秦制的偏颇与不足。这是中国传统法文化极富魅力的一面。

第二节　春秋“公布成文法”之争

案例导入

洧水甚大，郑之富人有溺者，人得其死者。富人请赎之，其人求金甚多。以告邓析，邓析曰：“安之。人必莫之卖矣。”得死者患之，以告邓析，邓析又答之曰：“安之。此必无所更买矣。”

子产治郑，邓析务难之，与民之有狱者约：大狱一衣，小狱襦袴。民之献衣襦袴而学讼者，不可胜数。以非为是，以是为非，是非无度，而可与不可日变。所欲胜因胜，所欲罪因罪。郑国大乱，民口喧哗。子产患之，于是杀邓析而戮之，民心乃服，是非乃定，法律乃行。

——《吕氏春秋》

春秋时代的郑国，有个名叫邓析的人，做了一件很有现代感的事情：他为民众提供有偿的法律咨询服务。当时货币还不通行，他收取实物报酬：大案件，收取一套长衣袴；小案件，收取一套短衣袴。消息一传出来，邓府门庭若市，每天都有大批民众带着衣袴登门求教。比如有这样一个案子：有个富人溺死，尸体被人捞走。死者家属想要赎回尸体，捞尸者却借机发财，开出天价。死者家属没辙，找到邓析咨询。邓析说：“他除了卖给你，没处出手，早晚会降价。再耐心等一等。”过几天，捞尸者来了，也向邓析咨询。邓析又说：“他们除了找你买，没地方买去，你是奇货可居。耐心等着吧，他们早晚会如数掏钱的。”邓析的说辞，正反两面都能说通。老百姓学会了打官司，一个个“以非为是，以是为非”，郑国大乱。执政子产一怒之下杀死邓析，民心这才安定。

邓析为民众提供法律咨询，有这样两个前提：第一，国家公开发布法律，让老百姓有法律的空子可钻；第二，国家颁布的法律，令老百姓感到十分陌生，与他们日用而不知的礼仪习惯有很大差别。那么，春秋时代的郑国真的在历史上率先“公布成文法”吗？“子产铸刑书”——在《左传》之中很不起眼的一个记载，为什么两千多年后却在法律史学界引发持续不断的热议呢？本章将引领你进入学术之门，分析“春秋公布成文法运动”事内、事外的争议。

周平王将周朝国都东迁洛邑，史称东周。东周前期，即公元前 770 年至前 476 年，因与鲁国编年史《春秋》记述的时代大致相当，史称春秋。春秋时代，各国为适应救亡图霸的新形势，进行了一系列的改革，颁布了不少立法成果。其中以郑国的“铸刑书”和晋国的“铸刑鼎”最惹人注目。

一、春秋列国的立法活动

春秋时代的立法活动，主要见于楚、晋两个霸主国家，以及在晋楚夹缝中求生存的郑国。这里先列叙郑国“铸刑书”和晋国“铸刑鼎”之外的主要立法活动。

（一）楚国立法

1. 仆区之法

仆区之法是楚文王（前 690—前 675 年在位）制定的。《左传·昭公七年》记载：楚国大臣无宇为捉拿逋逃入宫的家奴，被卫士逮捕见楚王。无宇引用仆区之法：“盗所隐器，与盗同罪。”替盗贼隐瞒赃物的，与盗贼同罪。服虔注：“仆，隐也；区，匿也。为隐匿亡人之法也。”仆区之法能被大臣引用，可见其是楚国一部公开的成文法。

2. 茅门之法

茅门之法是楚庄王（前 613—前 591 年在位）制定的。《韩非子·外储说右上》记载：“荆庄王有茅门之法曰：‘群臣大夫诸公子入朝，马蹄践霤者，廷理斩其辀，戮其御。’”任何人入朝，到了茅门这个地方必须下马，否则由执法者（廷理）毁坏其车、杀其车夫。这应该是一部关于宫禁出入规定的法律。

（二）晋国立法

1. 被庐之法

前 633 年，晋文公在被庐这个地方举行大蒐礼（一种军事演习），“作执秩之官，为被庐之法”。被庐之法可能是晋国用以“正其官”，使得上下有序的一种法律。孔子后来赞誉该法合于礼制，是晋文公成就霸业的一大原因。[①]

2. 赵宣子之法

前 621 年，赵宣子借助一次大蒐礼上台执政，颁布了一系列的法律：“制事典，正法罪，辟狱刑，董逋逃，由质要，治旧洿，本秩礼，续常职，出滞淹。”这部法律“行诸晋国，以为常法”[②]。孔子后来却抨击这部法律是“乱制”，可能是因为赵宣子上台方式不符合程序的缘故。

3. 范武子之法

前 593 年，晋国执政范武子出使周王室、见识周礼后，“归乃讲聚三代之典礼，

---

① 相关记载散见于《左传》僖公二十七年、昭公二十九年。另可参考《国语·晋语》关于晋文公为政的记载。

② 《左传·文公六年》。

于是乎修执秩以为晋法”[1]。这部法的具体内容不得而知，但应该是在被庐之法的基础上，结合周礼而成。

二、“铸刑书”“铸刑鼎”与成文法问题

（一）郑刑书、竹刑与晋刑鼎

1. 郑国子产“铸刑书”

《左传·昭公六年》记载：公元前536年，郑国执政子产将法律铭刻在一个铜器上予以公布，史称“铸刑书”。刑书的内容是什么？史书没有记载。不过，近年公布的清华简《子产》篇为我们提供了一些新的线索。[2]

《子产》记载：“乃聿三邦之令，以为郑令、野令，道之以教”，“聿三邦之刑，以为郑刑、野刑，行以峻命裕仪，以释无教不辜”。三邦之刑，就是夏商周三代的刑书，可能指禹刑、汤刑、九刑。郑令、郑刑，是适用于国都之内的令、刑；野令、野刑，是适用于国都之外的令、刑。这种区分国都内外的做法，符合周代的法秩序特征。这段话说的是：子产继承夏商周的令，制定了适用于国都的郑令、适用于乡遂的野令，以教化来引导百姓；子产继承夏商周的刑，制定了郑刑、野刑，宽（裕仪）猛（峻命）相济，对于未受教化（无教）和无罪之人（不辜）予以宽释。

从这段记载可以看出：第一，郑国的法律形式有令、刑两种，令用以正面指引民众什么是该做的，刑用以规范违令、越轨的行为；第二，子产的刑书辅助教化之令而行，符合后世儒家的观点，故被孔子誉为“古之遗爱”。

2. 郑国邓析私作“竹刑”

《左传·定公九年》记载：前501年，郑国执政驷歂杀死了邓析，却采用了邓析私撰的“竹刑”。邓析是郑国大夫，据说其“不法先王，不是礼义”，“操两可之说，设无穷之辞”，收费教民众利用刑书、应付诉讼，也许正是因为这个原因而被杀。邓析对刑书不满，私编了一部法律，书于竹简，这就是所谓“竹刑”。可能这部“竹刑”要比子产公布的刑书更高明，所以郑国执政杀死邓析，却不得不采用“竹刑”。[3]

3. 晋国赵鞅、荀寅“铸刑鼎”

《左传·昭公二十九年》记载：前513年，晋国赵鞅、荀寅领兵筑城时，向民众征收了数百斤铁，铸成一个鼎，将范宣子刑书铭刻其上，予以公布，史称“铸刑鼎”。范宣子刑书，即前述赵宣子之法的修订版。

以上就是这三部法的基本史实，与前述晋、楚的立法相比，似乎没有什么异样。

---

① 《国语·周语》。

② 《子产》篇释文载李学勤主编：《清华大学藏战国竹简（六）》，中西书局2016年版，第136－137页。法律史学界的解读，可以参考王捷：《清华简〈子产〉篇与“刑书”新析》，载《上海师范大学学报》2017年第4期。

③ 关于邓析的资料，伍非百所撰《邓析子辨伪》搜集较全，参见伍非百：《中国古名家言》，中国社会科学出版社1983年版，第863－872页。

不同的是，“铸刑书”“铸刑鼎”招致了两位大人物的批评。

(二) 叔向与孔子的反对

1. 叔向反对“铸刑书”

叔向是晋国大夫，与子产齐名，被孔子誉为“古之遗直”。他给子产写信，激烈抨击“铸刑书”的做法。信件大意是：“昔先王议事以制，不为刑辟，惧民之有争心也”。只有夏商周的末年，才会颁布刑书，可见“国将亡，必多制”。现在你却也效仿衰世乱法，颁布刑书，恐怕民众会“弃礼而征于书，锥刀之末，将尽争之”。这样一来，郑国的衰亡恐怕也就不远了。子产回信说：您说得很对，但我顾不到那么远，我的刑书只想应付眼下的困难。

分析叔向的信件，可以看出：第一，子产颁布刑书，是对夏商周类似做法的效仿，并无多大创新；第二，刑书会令民众“弃礼”而产生“争心”，这是叔向反对的核心原因。

2. 孔子反对“铸刑鼎”

孔子听说“铸刑鼎”后，感叹道：晋国大概要灭亡了吧！这个国家已经丧失基本的秩序了。他的理由是：晋国的始祖唐叔之法度，能使得“贵贱不愆”、上下有序；文公作执秩之官、被庐之法，也是为了重整秩序，所以能成就霸业。而赵宣子之法、范宣子之刑是“乱制”，赵鞅、荀寅不应该将这样的法刻在鼎上。

分析孔子的感叹，可以看出：孔子反对的未必是“铸刑鼎”这一行为，而是刑鼎上铭刻的那部特定的法律（范宣子刑书）。孔子与叔向反对的理由并不一样，不可等而视之。

(三)“公布成文法”问题的争论

1. 正方的理由

“铸刑书”“铸刑鼎”再次引发热议，是在20世纪初。《左传》这一平平无奇的记载，在西方法学视野之下，被赋予了里程碑式的意义。

梁启超认为：各国法制文明的进程，必经过秘密法时代，进入公布成文法时代。这一转变，在中国发生于春秋。“逮于春秋，社会形势一变，法治主义应于时代之要求而句出萌达。于是各国政治家咸以编纂法典为当务之急”，“刑鼎之制，与罗马之十二铜表法，东西同揆矣”①。他的弟子杨鸿烈更明确提出：“由此可知子产是中国首先打破法律秘密主义的第一人。”② 这一观点得到许多法史著作的沿袭，成为目前主流的通说。

在这一叙事下，叔向、孔子反对“铸刑书”“铸刑鼎”，就是逆历史潮流而动、反对公布成文法。再进一步而言，秘密法是奴隶主的统治方式，而成文法是新兴地

---

① 梁启超：《论中国成文法编制之沿革得失》，载《梁启超法学文集》，中国政法大学出版社2004年版，第127页。

② 杨鸿烈：《中国法律发达史》，上海书店出版社1990年版，第51页。

主阶级争取权利的成果。因此，子产、赵鞅代表了新兴地主阶级，而叔向、孔子成为奴隶制的辩护人。

2. 反方的质疑

上述观点，自 20 世纪 90 年代以来遭到了质疑。反对派的理由主要有[①]：

第一，中国早在西周，就有“悬法象魏”的传统。无论禹刑、汤刑、九刑，还是仆区、茅门、被庐之法，都是为众所知、可以引用的成文法。从秘密法到成文法，未必是所有法制文明的必经阶段。

第二，叔向和孔子的反对，未必是反对公布成文法，对此需要作具体分析。比如叔向反对的可能是弃礼任刑，也可能是反对以统一的国家法取代原本各自治体多元的法秩序。而孔子反对的，也许是范宣子刑书内容的不合理，也可能是范宣子之刑制定程序的不正当。

应该说，“铸刑书”“铸刑鼎”发生在中国法律史由“礼·刑”时代向“法·律”时代的转变过程中。礼的特点是对不同人群区别对待，与之配合的刑自然也只能“议事以制，不为刑辟”。这不代表没有成文的刑书，而是没有天下或全国统一适用的法律。民众遵守什么样的法，端视其处在何种自治体中。刑书、刑鼎的铸造与公布，意味着全国不论何种自治体的民众，均应遵守国家颁布的、统一的法律，自然就会抛弃习惯的、本自治体内部的法规范（也就是“礼”）。这样一来，小自治体如都邑的大夫、宗族的宗主，对于本自治体内的从属者就会缺乏约束力，导致“贵贱无序，何以为国”（孔子语）的结果。[②]

实际上，诚如子产所说，这是“礼崩乐坏”之后“救时”的不得已之举。“春秋之末，封国之制已渐崩溃，集权政体遂继之而兴”[③]。在此时势下，弱国求存、强国图霸，分化的宗法分封制转向集权的军国制；区别对待、贵贱有序的“礼”，也向着整齐划一、不分贵贱的“法”大步迈去，将美好而过时的西周法秩序远远抛在了身后。

第三节　先秦诸子的法思想

案例导入

夫阴阳、儒、墨、名、法、道德，此务为治者也，直所从言之异路，有省不省耳。尝窃观阴阳之术，大祥而众忌讳，使人拘而多所畏；然其序四时之大顺，不可失也。儒者博而寡要，劳而少功，是以其事难尽从；然其序君臣父子之礼，列夫妇长幼之别，不可易也。墨者俭而难遵，是以其事不可遍循；然其强本节用，不可废也。法家严而少恩；然其正君臣上下之分，不可改矣。名家使人俭而善失真；然其

---

① 参见俞荣根：《中国成文法公布问题考析——兼论儒家不反对公布成文法》，载俞荣根：《礼法传统与中华法系》，中国民主法制出版社 2016 年版。

② 参见王沛：《刑鼎、宗族法令与成文法公布》，载《中国社会科学》2019 年第 3 期。

③ 齐思和：《战国制度考》，载《燕京学报》第 24 期，1938 年 12 月。

正名实，不可不察也。道家使人精神专一，动合无形，赡足万物。其为术也，因阴阳之大顺，采儒、墨之善，撮名、法之要，与时迁移，应物变化，立俗施事，无所不宜，指约而易操，事少而功多。

——《史记·太史公自序》

《史记·太史公自序》录有司马迁之父司马谈的一段论学文章，一般称为《论六家要旨》。该文将先秦诸子百家概括为六个主要思想流派：阴阳家、儒家、墨家、名家、法家、道德家（今谓“道家”）。司马谈认为：先秦诸子虽然采取了不同路径，但其目标是一致的，那就是“务为治”。诸子百家不是纯粹追求知性、从事思辨的哲学流派，而是追求良法善治的政治学派。

阴阳家忌讳太多，令人拘束于所谓天地自然规律，不敢放开手脚、有所作为。例如，其主张处死刑必须在秋季，否则便违背阴阳消长的自然规律。但是，阴阳家对自然节律的把握，有其独到之处，不可违背。汉代指导国家政治生活、民众社会生活的《月令》，几乎都是以阴阳家理论为基础的。

儒家知识广博，善于陈述古事、罗列异说，却缺乏简洁的核心理论，繁文缛节难以遵守。但是儒家对君臣、父子、夫妇、长幼的身份差序，及建立于此差序之上的规则，梳理得十分清晰。后世律令皆以此为准据，决定不同身份之间犯罪的同罪异罚。

墨家反对礼乐、追求俭朴，到了不近人情的地步，强人所难。但是其开源节流的经济原理，是统治者必须遵循的。

法家严刑峻法，缺乏温情。但是法家有利于君主对臣子的绝对支配，建立稳固的统治秩序。秦朝就依赖法家建立了一整套严密的法度，并为汉朝所继承。

名家深究名实之辨到了失真的地步，使人陷于概念的深阱无法自拔。但是名家循名责实，是任何治国方略都不能或缺的工具。

唯有道德家没有固定不变的主张，故能综合阴阳、儒、墨、名、法五家之长，与时俱进、因地设法，是近乎完美的学说。

司马谈的思想近于道家，故其言如此。从这篇论述可以看出：先秦诸子在治国理政方面，各有优长与软肋。汉人对之兼收并蓄，而不偏主一家。诸子学说在汉代出现了融会贯通的气象，正在形成新的政治理论。在后来的历史中，汉武帝虽然“表彰儒术”，实际上诸子思想却仍能此起彼伏、按需切换。一般而言，天下大乱，创业之君往往用法家学说加强集权；天下初定，继体之君用道家学说与民休息；天下太平，守文之君用儒家学说治国理政。本节重点讨论儒、道、法三家学说。

春秋晚期至战国，是中国思想史的“轴心时代”。儒家可能最早兴起，所以较多保留了周代法秩序的特征，并尝试进行创造性的转化。墨家、道家继起，对早期儒家的繁文缛节加以批判。孟子改造儒家学说，强化“仁”的一面，淡化“礼”的一面，提出“仁政”学说。同时，申不害、商鞅等政治家将新生的集权国家形态提炼为实用的法家学说，受到各国的欢迎。为适于用，道家吸收法家学说，形成《黄帝书》为代表的黄老刑名家；荀子吸收法家学说，强化了儒家“礼”的制度理论；韩非子综合儒、道、法之长，形成了集大成的国家专制理论，最终博得君主的宠眷，全面胜出。

先秦诸子，以儒、道、法对后世影响最大，以下概述三家法思想的要旨。

一、儒家法思想

（一）孔子：仁礼法思想

儒家的创始人孔子，生活于春秋末期。此时，西周礼刑文明的余晖令人流连不忍去；新的国家形态与法律秩序的黎明，还要经过数百年的黑夜才会趋于明朗。因此孔子赞美周礼，盛叹“吾从周”[①]，但也认为周代法制有损益的必要。他说：“行夏之时，乘殷之辂，服周之冕，乐则韶舞。”主张兼采虞夏商周之制，创成理想的新制。

1. 以仁释礼

孔子采择制度的标准是“仁”。仁，是人心的善端。周礼纷繁复杂，号称“经礼三百，曲礼三千”（《礼记·礼器》），时过境迁，不可能都适用于当下。孔子从中抽绎出礼的核心精神，即“仁”。他说：“人而不仁，如礼何？人而不仁，如乐何？”礼乐如果丧失了仁的精神，就不过是一堆没有生命力的玉帛钟鼓而已。如果旧礼与仁的精神发生了违背，则不妨加以改造。例如，有人问“礼之本”，孔子说：“与其奢也，宁俭；与其易也，宁戚。”丧葬礼的奢易，只是外在的形式；符合现实需求的“俭”（节约）与内心情感的“戚”（哀伤）才是礼的根本。又如，如果现实的司法裁判与仁的精神发生了冲突，则不妨听从内心的正义。公冶长被捕关押，孔子说：“虽在缧绁之中，非其罪也。”并将女儿嫁给了他，毫不以当局或世俗的眼光为虑。在法制之外，儒家有更高的精神标准，可以据以改造和批判现实法制，这是其区别于法家的根本。

2. 正名复礼

重新注入了“仁”的精神的礼，才有重建的可能。重建的第一步，就是正名。每个人在礼法结构中都有一个名位（名），要求你尽到相应的道德责任（分）。端正名分，就是正名。孔子所谓“君君，臣臣，父父，子子”，前一个“君”是实有之名，后一个“君”是应尽之分。名分不正，发号施令就缺乏正当性（言不顺），政事就得不到执行（事不成），礼乐制度难以维系（礼乐不兴），刑罚制度缺乏标准（刑罚不中）。为政者只需担心“德不配位”，如能“为政以德”，自然“其身正，不令而行”。

3. 德礼政刑

孔子注重犯罪预防。他曾任鲁国司寇，自认为“无讼”才是司法的追求。如何“无讼”？法家主张“以杀止杀，以刑去刑”，而孔子则认为应“富之”“教之”，首先让民众丰衣足食，其次施以德礼教化，“道之以德，齐之以礼”，争讼自会减少。如果废弃德礼，“道之以政，齐之以刑”，使用国家暴力强行维持秩序，只会令百姓丧失做人的底线。“上失其道，民散久矣”，法律自身的正当性下降，那么违法者的罪

① 本部分多引自《论语》，以下不再一一出注。

责也就随之下降，司法官判案时应当“哀矜而勿喜”，尽量从宽处理。

孔子的法思想，保留了周代礼制的精髓，并予以创造性转化。虽然不见容于时君，却经历了历史的考验，是中国法文化的宝贵遗产。

（二）孟子：仁政法思想

孟子之前，墨、道兴起，抨击礼乐的繁琐、仁义的虚伪。战国时代，周礼的崩溃已成定局。列强称王图霸、杀人盈野，“定于一”的趋势日益明朗。在此情况下，孟子毅然淡化“礼”的一面，直凑单微，以“王道”为标榜，提出“仁政”法思想。

1. 民贵君轻

战国时代，争夺土地与人口成为诸侯操心的头等大事。孟子针对性地提出“保民而王”“不嗜杀人者能一之”[①]。更进一步，则是振聋发聩的“民贵君轻”论：“民为贵，社稷次之，君为轻。”民心向背是国家与君主安危之所系。

2. 仁者无敌

争取民众的拥护，最有效的方式是“仁政”。所谓仁政，就是将自己的仁心推己及人、覆盖天下。“行仁政而王，莫之能御也”，仁者无敌于天下。如果国君“贼仁贼义”，那么“残贼之人谓之一夫”，丧失了为君的合法性。对于这种独夫民贼，群臣民众可以“去之”“易位”“放逐”“诛伐”。这对于大权在握的君主来讲，是惊心动魄的政治理论。

3. 孝高于忠

在孟子的理论中，宗法的价值高于国家。国家若危及宗法，民众就有取此舍彼、起而反抗的权利。这也是儒家与法家的一大区别。弟子提问：如果天子舜的父亲杀人，法官和舜分别应该怎么办？孟子说：法官应严格司法，不因天子而废法；但舜本人却应舍弃君位，带着父亲逃到法外之地。孟子还默认“复仇杀人”的合理性。他说：“杀人之父，人亦杀其父；杀人之兄，人亦杀其兄。”这话显然是在警告“杀人盈野”的有国者。

孟子的法思想，一方面顺应了时代的发展，应对了墨、道的挑战，以“王道”为饵吸引时君；另一方面补强了孔子“仁”的思想，并将其中的一些价值推到极致，将之打造成千百年来始终悬于统治者头顶的达摩克利斯之剑。

（三）荀子：礼法思想

荀子生活于战国晚期，当时申、商法家最受列国欢迎。荀子吸收了法家的精髓，强化儒家思想中“礼”的制度理论，形成了礼法思想。

1. 礼法论

荀子空前强调了礼的重要性，他说礼是“法之大分”[②]，“故非礼，是无法也”。

① 本部分多引自《孟子》。
② 本部分多引自《荀子》。

在荀子这里，礼法是一体的。礼的本质属性是“分”，也就是等级名分，“制礼义以分之，使有贫富贵贱之等”。礼的合法性来自天地、先祖、君师，君主在其中只占一部分。这些论断，都表明荀子的思想虽然接近法家，但仍不失大儒本色。

2. 德刑论

荀子强调“隆礼”与“重法”，刑罚的比重在他的学说中大为提升。但他反对法家的“轻罪重刑”理论，强调“刑当罪而威”；也反对法家将一切罪责推诿于犯罪者，而提倡“治则刑重，乱则刑轻”，以世道的治乱调整刑事政策的轻重。

荀子不仅教出韩非、李斯两位高足，直接影响了秦朝法制；而且他礼法并重的理论，对汉以后的礼法时代产生了深远的影响。所谓“二千年之学，荀学也”，是有道理的。①

二、道家法思想

（一）老庄：无为法思想

道家法思想主要分为老庄、黄老两派。两者都承认“道”是最根本的秩序，但前者否弃一切人定法，而后者主张由道生法。

《老子》认为，人应效法天地自然之道。“道常无为而无不为”，道似乎并不存在，但实际上会自动运作，君主需要做的事情就是什么都不要做，“为无为，则无不治”。不符合“道”的一切政治举措都是“为者败之”的多此一举。人世间一切价值与规则，都是丧失了“道”以后产生的乱制，“大道废，有仁义”，“法令滋彰，盗贼多有”。《庄子》甚至激烈认为：你用仁义、法制来矫正天下，窃国大盗就连你的仁义法制一起抢走。哪里有什么正义与法律可言呢？“诸侯之门而仁义存焉”，“窃国者为诸侯”，谁掌握了政权，谁就掌握了话语权。所以“圣人不死，大盗不止”。

老庄法思想留恋上古时代“小国寡民”的小自治体，主张一切依靠自生自发的习惯法，反对一切国家制定法。这种思想是对当时新兴的国家理论的解毒剂。

（二）黄老：刑名法思想

但是老庄思想荒唐谬悠，根本不可能为有国者采纳。所以后来学者又以《老子》为本，以传说中的黄帝为理想政治人物，发展出了黄老“刑名”学说。这些学说集中见于长沙马王堆帛书《黄帝书》。《经法》云：“道生法。”道是先天的，法是人定的，道是法产生的终极理据。道无象无形，不可捉摸，无法直接运用于人世之统治，所以需要人定法。这是黄老与老庄的根本区别。立法的过程，就是将“道”形象化、定名化，落实为“刑名”的过程。“刑名已立，声号已建，则无所逃迹匿正矣”。

《史记》说申不害的学说“本于黄老而主刑名”，韩非子也“归本于黄老”，可见

① 儒家法思想主要参见俞荣根：《儒家法思想通论（修订本）》，商务印书馆 2018 年版。

黄老刑名思想对法家的影响。另外，道家学说认为“道”是一切秩序的总源头，这也为“法权出一”的新兴王朝提供了理论依据。①

三、法家法思想

法家思想对战国、秦朝的法律实践影响至深，拟在后文详谈。此处简单说一下法家与儒家、道家的最大区别。

第一，法家不承认有高于法律的价值。

儒家以“仁”、道家以“道”为衡量合法性的依据，而法家对此一概否决。“百度皆准于法。”（《尹文子》）法就是衡量一切的标准，“法虽不善，犹愈于无法”（《慎子》）。法律一旦确定，则“不以善言害法”（《商君书》）。甚至于“明君置法以自治”，“令尊于君”（《管子》），法律的地位比国君还要尊崇，国君也在法律的治下。但是，“国皆有法，而无使法必行之法”（《商君书》），法家通过“法”将一切权柄交到君主手中，却幻想君主能够以法自治，这根本违反他们自己所设想的趋利避害的人性。《韩非子》云：“术也者，主之所以执也；法也者，官之所以师也。”法只对官民有效，而君主却操持秘术，独立于法外，才是实践中的常态。

第二，法家不容许国家制定法之外存在其他规范。

儒家和道家都相当程度认可自然生成的习惯法，而法家在立法时也许希望“观俗设法”，但法律一旦确定就不允许其他形式的规范存在。《商君书》云：“法已定矣，而好用六虱者，亡。”所谓“六虱”，就是诗书、礼乐、仁义之类。《韩非子》也认为“明主之国，无书简之文，以法为教；无先王之语，以吏为师”，不应当存在任何外在于时君和现行法的规范形式。

第三，法家特别看重“刑”的功能。

儒家以“齐之以刑”为最下，道家也认为“太上无刑”。法家却认为刑、赏是治国的基本手段，刑的功用犹在赏之上。《商君书》云：“治国刑多而赏少，乱国赏多而刑少。故王者刑九而赏一。”《韩非子》也认为统治者应不避恶名，以“重罚”的手段导向“国治”的目标：“有重罚者必有恶名，故民畏。罚，所以禁也；民畏所以禁，则国治矣。”

综合来看，法家最为激进，也最适应当时高度集权的战时体制之需。儒家、道家不肯为了取容于时君而放弃各自可贵的价值，将来自有焕发光彩的时机。

第四节 战国变法与早期律令制

案例导入

后五月而秦孝公卒，太子立。公子虔之徒告商君欲反，发吏捕商君。商君亡至

① 道家法思想主要参见龙大轩：《道与中国法律传统》，山东人民出版社2004年版。

关下，欲舍客舍。客人不知其是商君也，曰："商君之法，舍人无验者坐之。"商君喟然叹曰："嗟乎，为法之敝一至此哉！"

——《史记·商君列传》

《史记·商君列传》讲述了变法家商鞅的结局。公元前338年，秦孝公病逝，太子即位，这就是历史上的秦惠文王。商鞅变法之初，曾对太子的老师公子虔等人用刑，以起到杀一儆百的作用。此时，公子虔激于宿怨，诬告商鞅谋反，发兵追捕。商鞅逃亡途中，想要寄宿于旅店。旅店主人不知道这位客人就是商鞅，便要求查看身份证件。商鞅谎称没有携带。旅店主人便说："我国商君有法令：如果让没有身份证件的客人留宿，要负刑事连带责任。我可不敢收留阁下，请阁下另投他处吧。"商鞅穷途末路，一声浩叹："呜呼！没想到制定法律的弊端，竟然如此之大呀！"

这个故事的叙述立场，有儒家或道家色彩。所谓"为法之敝"，似乎指"作法自毙"的意思，即用严刑峻法对付民众者，必将遭法律的反噬。除此之外，故事还有许多丰富的内涵，令后人一窥战国变法的成效与律令制的威力。

首先，秦国通过变法对社会实现了严密的控制。从旅店主人的话语可以看出两个信息：其一，脱离什伍制的流动人口都要携带身份证件，也在国家严密控制之下。其二，旅店已经成为协助秦国政府管控流动人口的助手。要知道，旅店一般位于不同城邑之间的中间地带，是国家控制能力最薄弱的边缘。在先秦时代，旅店寄宿着大量亡命之徒，甚至还有自己的武装。① 就是这样的三不管地带，如今居然积极配合国家管控流动人口，逼得商鞅这样的通缉犯走投无路。

其次，秦国的律令制抹平了君主之下的一切身份差异。当年太子犯法，商鞅毅然处罚了其师傅。如今立法者商鞅本人遭到诬告，却被他自己制定的法律逼入绝境。可见律令制真正做到了君主之下，法律面前，人人平等。这在周型法制之下是不可想象的。

变法为何具有如此巨大的魔力？律令制是怎样建立起来的？本节拟讨论战国变法运动与早期律令制的形成。

继春秋的巨变之后，历史进入战国时代。目前史学界多以公元前476年到前221年秦始皇统一天下作为战国时期。经过惨烈的兼并战争，原来的一百多国仅剩二十余国，其中最强大的秦、齐、楚、魏、赵、韩、燕，史称"战国七雄"。这些国家的领土与人口规模，远不是西周时期的城邦国家所能比拟的。为了组织规模如此庞大的国家，变法活动此起彼伏，新型的法制终于形成。

一、战国的变法与立法

战国时期，各国都在进行不同程度的变法。其中尤数战国首强魏国的李悝变法、最后赢家秦国的商鞅变法，对法律史影响最为深远。

---

① 参见《商君书·垦令》："废逆旅，则奸伪、躁心、私交、疑农之民不行。逆旅之民无所于食，则必农。农，则草必垦矣。"

(一) 魏国的变法与立法

三家分晋之后，魏国人才济济，一跃而为战国首强。约前405年，魏相李悝率先变法，“尽地力之教”，富国强兵，并制定《法经》六篇。[①] 此外，《战国策》记载魏襄王时有一部《大府之宪》，“宪之上篇曰：‘子弑父，臣弑君，有常不赦；国虽大赦，降城亡子不得与焉’”。看来也是一部分为若干篇的法典。

(二) 赵国的变法与立法

前403年，赵相公仲连变法，在讲求王道仁义的同时，“选练举贤，任官使能”，“节财俭用，察度功德”[②]，国力大增。此外，《韩非子》记载赵国制定了一部《国律》，对后来赵武灵王时代的强大起到很大作用。

(三) 楚国的变法与立法

约前390年，魏国名将吴起遭到政敌排挤，逃亡楚国，不久被任为令尹。他将魏国的先进法制加以改造，适用于楚，获得很大成效。吴起变法的主要措施有：第一，削弱封君特权，“封君之子孙三世而收爵禄”；第二，简化机构，提升行政效率，“罢无能，废无用，损不急之官”；第三，统一法制，禁止游民，鼓励耕战，“一楚国之俗，禁游客之民，精耕战之士”。可惜支持变法的楚悼王不久就死了，受到损害的楚国贵族在丧礼上群起发难，射杀了吴起。

1987年，湖北荆门包山楚简出土，其中包含196枚司法简，系墓主担任楚怀王左尹时的司法档案。以简牍结合传世文献或可推测，“楚系法制虽经吴起变法，但更多保留了周制”，战国中期以后的制度竞争，“实是以秦楚为代表的郡县集权与封建分权的制度竞争”。楚系法制值得进一步的探索。[③]

(四) 齐国的变法与立法

约前355年，齐国邹忌见齐威王，以鼓琴为喻，要求君主温浊无为、臣下刚健有为，这近似黄老道家的主张。邹忌得到任用后主持变法，牢牢把握君主之权威，“谨毋离前”；贴近民众之需求，“自附于万民”；选贤任能，“谨择君子”；依法行政，“谨修法律而督奸吏”，取得了燕、赵、韩、魏“皆朝于齐”的成效。

另外，1972年出土的山东临沂银雀山汉墓发现了一些反映战国齐法制的简牍。其中《守法》《守令》可能是关于守城的法令，《田法》《市法》《库法》是关于土地、市廛、库藏的法制。

---

① 李悝、吴起、邹忌、申不害变法的时间及史料，均参见杨宽：《战国史料编年辑证》，上海人民出版社2016年版，以下不再出注。

② 《史记·赵世家》。

③ 参见王捷：《楚简法律文献研究70年》，载王立民等主编：《中国法制史研究70年》，上海人民出版社2019年版，第271－294页。

（五）韩国的变法与立法

与邹忌变法同时，韩国的申不害以“术”的理论开展变法。《韩非子》说：“术者，因任而授官，循名而责实，操杀生之柄，课群臣之能者也，此人主之所执也。”简单来讲，君主立出一部公开的明法让群臣遵守，却在暗中操一种秘法套出群臣的实际能力、心思，从而实现潜御群臣、乾纲独断的效果。申不害的变法，据说“终申子之身国治兵强”，却也“十七年而不至于霸王”，效果有限。

（六）秦国的变法与立法

商鞅继承了李悝、吴起的长处，与邹忌、申不害几乎同时，在秦国展开两次变法。商鞅变法持续时间最久，成效最大，以法制的力量改变了秦国的处境，扭转了战国的形势，余力贯穿两千年的历史，波及今日。

二、李悝《法经》

李悝的《法经》，可能是中国法律史上第一部系统编纂的法典。“法”作为一种迥异于“礼”的全新行为规范，就此登上历史舞台。

《晋书·刑法志》记载：魏相李悝吸收各国法制的精髓，编纂《法经》六篇，分别是《盗法》《贼法》《囚法》《捕法》《杂法》《具法》。他认为“王者之政莫急于盗贼”，盗（财产犯罪）、贼（人身犯罪）是社会危害性最大的犯罪，所以《盗法》《贼法》居于篇首。有了盗贼，就要抓捕、囚禁，故次之以《囚法》《捕法》，类似于今天的刑事诉讼法。《杂法》囊括盗、贼之外的其他犯罪行为，包括轻狡（可能是盗墓、群饮酒之类的不法行为）、越城（翻越城墙）、博戏（赌博）、假借不廉（贪污受贿）、淫侈逾制（僭越等级的行为）等。《具法》“具其加减”，即关于量刑的一些原则性规定，类似于现代刑法的总则部分。《法经》都是“罪名之制”，是一部单纯的刑法。政治与社会生活各方面的法制，可能仍包含在礼和国君随时发布的命令之中。

关于《法经》，学术界也存在一些争议。比如《法经》究竟是现实施行的法典，还是法家学者的著作？为什么曹魏以前的文献都没有提及《法经》，直到唐代的文献才将“李悝”与《法经》联系起来？[①] 明代人董说《七国考》引了一大段《法经》的佚文，究竟是真是假？

如果搁置这些争议，按照《魏书·刑罚志》的记载，“商君以《法经》六篇，入说于秦”，制成秦律。从秦律以下直到《大清律例》，“法典遂前后相承，有修改而无创制矣，故《法经》实吾国法典之本也”[②]。《法经》的编制体例、罪名刑制，经秦汉律的继承发扬，对后世产生了重要影响。

---

① 现存最早提及“秦《法经》”的文献，可能是曹魏的律序，上距战国初期已有六百余年之久。《晋书·刑法志》和《唐律疏议》才明确提到李悝《法经》，上距战国初年已有一千多年。

② 吕思勉：《先秦史》，上海古籍出版社2005年版，第392页。

三、商鞅变法

商鞅，卫人，曾在魏国任职。前361年，年轻的秦孝公即位，发布求贤令，决心振作图强。商鞅挟《法经》入秦，得到任用，在前356年、前350年先后开展两次变法，国力富强，取得“天子致伯，诸侯毕贺”的成效。商鞅变法，吸取东方列国变法之精华，因应秦国特殊的民风习俗，后出转精，取得了巨大的成功。以下简述其变法的主要举措与评价。

（一）商鞅变法的举措

1. 改法为律

《唐律疏议》记载：“商鞅传授（《法经》），改法为律。”也就是说，商鞅将《法经》中的六篇“法”，均改名为“律”。从此，“律”成为中国古代基本法典的定名，沿袭至清代而不改。关于这一记载，有两点值得讨论：

第一，商鞅“改法为律”记载的可靠性。《唐律疏议》上距商鞅变法一千余年，此前没有任何文献记载商鞅是“律”的创始人。因此，商鞅“改法为律”之说曾遭到学术界的质疑。不过，如果不执着于某个人是“律”的创始人，也许商鞅“改法为律”之说仍具有相当大的历史真实性。1980年出土的青川木牍显示，秦武王二年（前309年）曾命丞相、内史“更修为田律”，这是目前可知最早的“律”，时间在秦国商鞅死后三十年。考虑到所谓“更修”是重新整理的意思，那么认为“律”诞生于商鞅变法时期的秦国，应该不会太偏离史实。

第二，商鞅“改法为律”的原因。“律”的本义可能与“音律”有关，是一种调音或定音工具，具有规范、标准的意思。[①]《说文解字》云：“律，均布也。”段玉裁注：“律者，所以范天下之不一而归于一。”《尔雅》云：“律，常也。”规范、统一、恒常，应是律的引申义。商鞅“改法为律”，应该是为了在当时纷繁复杂的法律形式之上，确立一种“规范、统一、恒常”的基本法、最高法，从而区别于国君或其他长官随时发布的命令。作为基本法的“律”与随时因事发布的“令”逐渐分工，从而构成后来“律令制”的雏形，这应该是“改法为律”的意义所在。

2. 军功爵制

周代实行公、侯、伯、子、男五等爵制，授爵的主要依据是血缘。商鞅建立十七等军功爵制，改以军功为主要授爵依据。

首先，军功爵制必然废除世卿世禄制。《史记·商君列传》记载：“宗室非有军功，论不得为属籍。”凡是没有立过军功的贵族，一律开除贵族籍。《商君书》载：“有功者显荣，无功者虽富无所芬华。”在制度的导向下，社会的评价标准遂从血缘的亲亲尊尊，转向能力与功利。

其次，军功爵制的基本标准是“计首授爵”，同时也可纳粟买爵。军功爵制以士

---

① 关于“律”的本义及相关探讨，可参见陈寒非：《“律”义探源》，载《现代法学》2013年第3期。

兵上战场杀敌斩首的数量，分配爵位。《韩非子》记载："商君之法曰：斩一首者爵一级"，依据爵位再分配相应的官职、田产、奴隶等待遇。另外，"民有余粮，使民以粟出官爵"，百姓有富余粮食可以纳粟买爵。军功爵制大大提升了秦军的战斗力，使其成为六国闻之色变的虎狼之师。

3. 郡县制度

周代实行分封制和高度的地方自治。商鞅以县制（后来发展为郡县制）组织整个国家，县下设乡里什伍，加强了国家对基层社会的控制。

首先，郡县制是对分封制的否弃。县，本义"悬"，即悬置未分封、暂时由国君直辖的行政单位。县诞生于春秋时期，但在商鞅变法时才在一国之内普遍推行。史书记载：商鞅"集小都、乡、邑、聚为县，置令、丞，凡三十一县"，即将原有封君自治的行政单位统一改造为"县"，通通直辖于国君，从而实现"百县之治一形"的效果。后来，秦国又在县之上设郡。

其次，郡县之下以什伍连坐和告奸法进行控制。县下设乡，乡下设里，里中又以"什伍"为组织形式。五户编为一伍，设伍长；十户编为一什，设什长，从而在基层实行"什伍连坐"制度："令民为什伍而相牧司连坐"，命令百姓以什伍为单位，互相监督有无违法犯罪行为。什伍之中有一户犯法，其余各户有"告奸"的义务，"不告奸者腰斩，告奸者与斩敌首同赏，匿奸者与降敌同罚"，国家对基层社会的控制能力空前强化。"通过郡县、乡里和户籍以及连坐、告奸等制度，千万小农被纳入了政府的紧密控制之下，变成了赋役的可靠来源"①。

4. 重农抑游

战国时期，随着各国竞争，游士、游商、游民大量涌现。商鞅以一系列的法令鼓励农耕、抑制游民，大幅提升了秦国的综合国力。这些法令具体包括：

垦草令。由《商君书·垦令》可见，垦草令是促使百姓归农、开垦荒地的法律措施，包括二十条措施，比如依据农民的收成纳税，收取人头税，禁止粮食买卖，禁止娱乐行业，禁止山泽渔猎，禁止农民迁徙，禁止私斗等。商鞅还用减免赋税、给予宅基地和耕地的方法招徕三晋之民入秦垦荒。

为田开阡陌令。《史记·商君列传》记载："为田开阡陌封疆，而赋税平。"意即废除原来井田制的田界，鼓励垦荒、多垦多得，并在此基础上建立合理的税收制度。

奖励耕织。《史记·商君列传》记载："僇力本业、耕织致粟帛多者，复其身；事末利及怠而贫者，举以为收孥。"努力从事农业，生产粮食和布帛多的，免除徭役；商人和游民则全家收为官奴婢。

分户令。《史记·商君列传》记载："民有二男以上不分异者，倍其赋。"家有成年男子二人以上，必须分家另立户籍，否则征收双倍赋税。分户令既消除了闲置劳动力，也使得大家族分割为小家庭，便于国家控制。

---

① 阎步克编著：《波峰与波谷：秦汉魏晋南北朝的政治文明（第二版）》，北京大学出版社 2017 年版，第 11 页。

（二）商鞅变法的评价

商鞅变法在秦国持续了十余年之久。前338年秦孝公去世，商鞅被诬谋反而死。商鞅虽死，其法延续，史称："商鞅相孝公，为秦开帝业。"[①] 商君之法随着秦国的军事成功，最终完成了"周秦之变"，深刻影响了此后两千多年的法律史。但是，商鞅之法也有着不容低估的负面影响。首先，商鞅之法是一种战时法制，建立的是军国政府，缺乏日常治理的功能。其次，商鞅之法以"轻罪重刑"为指导思想，不恤民权、过于残酷。最后，商鞅之法主张君主绝对专制，扼杀思想与言论的自由；强调国家对社会的绝对控制，扼杀社会活力。

无论如何，不变法、就出局，战国白热化的"生存游戏"决定了商鞅之法将成为最后的赢家。当秉承商鞅之法的秦国统一天下，六国各具特色的法律文明因军事失败渐次归于湮灭，秦律也就真正"范天下之不一而归于一"，完成法律史上"周秦之变"的壮举，"礼・刑"时代从此转型为"法・律"时代。

本章拓展阅读与选题思路

一、拓展阅读

三月，郑人铸刑书。叔向使诒子产书，曰："始吾有虞于子，今则已矣。昔先王议事以制，不为刑辟，惧民之有争心也。犹不可禁御，是故闲之以义，纠之以政，行之以礼，守之以信，奉之以仁，制为禄位以劝其从，严断刑罚以威其淫。惧其未也，故诲之以忠，耸之以行，教之以务，使之以和，临之以敬，莅之以强，断之以刚。犹求圣哲之上，明察之官，忠信之长，慈惠之师，民于是乎可任使也，而不生祸乱。民知有辟，则不忌于上，并有争心，以征于书，而徼幸以成之，弗可为矣。夏有乱政而作《禹刑》，商有乱政而作《汤刑》，周有乱政而作《九刑》，三辟之兴，皆叔世也。今吾子相郑国，作封洫，立谤政，制参辟，铸刑书，将以靖民，不亦难乎？《诗》曰：'仪式刑文王之德，日靖四方。'又曰：'仪刑文王，万邦作孚。'如是，何辟之有？民知争端矣，将弃礼而征于书。锥刀之末，将尽争之。乱狱滋丰，贿赂并行，终子之世，郑其败乎！肸闻之，国将亡，必多制，其此之谓乎！"复书曰："若吾子之言。侨不才，不能及子孙，吾以救世也。既不承命，敢忘大惠？"

——《左传・昭公六年》

是时（曹魏）承用秦汉旧律，其文起自魏文侯师李悝。悝撰次诸国法，著《法经》，以为王者之政，莫急于盗贼，故其律始于《盗》《贼》。盗贼须劾捕，故著《网》《捕》二篇。其轻狡、越城、博戏、借假不廉、淫侈逾制以为《杂律》一篇，又以《具律》具其加减。是故所著六篇而已，然皆罪名之制也。商君受之以相秦。

——《晋书・刑法志》

令民为什伍，而相牧司连坐。不告奸者腰斩，告奸者与斩敌首同赏，匿奸者与降敌同罚。民有二男以上不分异者，倍其赋。有军功者，各以率受上爵；为私斗者，

① （汉）王充：《论衡・书解》。

各以轻重被刑大小。僇力本业，耕织致粟帛多者复其身。事末利及怠而贫者，举以为收孥。宗室非有军功论，不得为属籍。明尊卑爵秩等级，各以差次名田宅，臣妾衣服以家次。有功者显荣，无功者虽富无所芬华。……居三年，作为筑冀阙宫庭于咸阳，秦自雍徙都之。而令民父子兄弟同室内息者为禁。而集小乡邑聚为县，置令、丞，凡三十一县。为田开阡陌封疆，而赋税平。平斗桶权衡丈尺。

——《史记·商君列传》

二、选题思路

1. 春秋“公布成文法”学术论争平议
2. 《春秋》三传法思想研究
3. 清华简《子产》法思想研究
4. 清华简《成人》法思想研究
5. 先秦诸子法思想研究
6. 睡虎地秦简所见早期律令形态研究
7. 楚系简牍所见司法制度与案例研究

第三章　秦朝的法律制度

秦国在商鞅变法后迅速崛起，于公元前221年统一天下，建立秦朝。秦朝秉承法家思想，建立起以皇帝为核心的中央集权制度，通过律令对全社会实施严密的控制。秦朝法制的平等、高效，在同时期的世界范围内也是罕见的。但是秦法仅仅利用人性之恶，违背了人之常情，最终激起民众反抗，导致秦朝短命而亡。秦法的失败，意味着失去了德礼精神的法律，犹如缺了一只轮子的车，终将偏离常轨，沦为后世引以为戒的覆辙。秦朝虽然国祚短促，但是秦法在正反两方面都对后世影响深远。

传世文献所见秦朝法律史料非常稀少，且多出于汉朝人之手。不过20世纪70年代以后，载有秦律令、案例的简牍大量出土，成为我们研究秦朝法律制度的主要史料。

第一节　简牍文献与秦汉法制

案例导入

二世元年七月，发闾左谪戍渔阳，九百人屯大泽乡。陈胜、吴广皆次当行，为屯长。会天大雨，道不通，度已失期。失期，法皆斩。陈胜、吴广乃谋曰："今亡亦死，举大计亦死，等死，死国可乎？"……陈胜佐之，并杀两尉。召令徒属曰："公等遇雨，皆已失期，失期当斩。藉弟令毋斩，而戍死者固十六七。且壮士不死即已，死即举大名耳，王侯将相宁有种乎！"

——《史记·陈涉世家》

御中发征，乏弗行，赀二甲。失期三日到五日，谇；六日到旬，赀一盾；过旬，赀一甲。其得也，及诣水雨，除。《兴》①

——《睡虎地秦墓竹简》

① 断句遵从王伟：《〈秦律十八种·徭律〉应析出一条〈兴律〉说》，载《文物》2005年第10期。

《史记·陈涉世家》记载：秦二世元年（前209年），有一支九百人的队伍在赶赴目的地的路上，遭遇大雨，无法如期赶至。据说按照秦律，迟到（失期）应全军处以斩刑。九百人的两个队长陈胜、吴广不愿引颈就戮，索性杀死两名秦朝的尉官，带领众人揭竿而起，点燃了秦末大起义的熊熊烈火。可是，1975年湖北省云梦县睡虎地出土了一批竹简，其中有一条《兴律》，似乎提供了相左的说法。该律说："中央征发徭役，如果根本不来，罚金二副铠甲。迟到三天至五天，口头训诫；迟到六天至十天，罚金一副盾牌；迟到十天以上，罚金一副铠甲。如果尚未抵达，徭役工作已经完毕，或遭遇下大雨等不可抗力，免除此次徭役。"按照睡虎地出土的秦律，陈胜、吴广的"失期"似乎并非"法皆斩"，而是根本无罪！究竟是司马迁记录错误，还是陈胜、吴广捏造谎言、煽动群众？究竟是秦律传播过程中发生了误会，还是睡虎地秦简并不可靠？无论如何，出土简牍为后人突破《史记》的局限、认知秦代法律提供了第一手的资料，也使过去确凿无疑的史实呈现出更加复杂的面相。① 本节拟对较为大宗的秦汉出土法律文献作一介绍。

造纸术推广以前，无论周秦两汉，中国的法律文书主要书写在竹简木牍之上。秦朝因为国祚短促，传世文献记载很少，且多有汉代人的诋毁之辞，本来我们无从了解其详情。不过20世纪70年代以来，地不爱宝，载有秦汉法律、司法案例的简牍大量出土，为我们了解秦汉法律提供了更原始的资料。

一、秦法律类简牍

已出土并公布的秦法律类简牍，包括1975年云梦睡虎地秦简、1979年青川郝家坪秦牍、1989年湖北云梦龙岗秦简、1993年江陵王家台秦简、2002年湘西里耶秦简以及2007年岳麓书院藏秦简等。② 以下择要介绍最大宗的三种。

（一）睡虎地秦简

1975年年底至1976年年初，考古工作者在湖北云梦睡虎地11号秦墓中发现了大量简牍。墓主人叫"喜"，生于秦昭王四十五年（前262年），在秦始皇时代历任基层司法职务，约死于秦始皇三十年（前217年）。这批秦简可能是他生前因工作需要抄录的战国后期至秦朝的文书。其中法律类文献可分四类③：

其一，"秦律十八种"，是比较完整的律文。包括田律、厩苑律、仓律、金布律、关市、工律、工人程、均工、徭律、司空、军爵律、置吏律、效、传食律、行书、内史杂、尉杂、属邦。另外还有一种完整的《效律》。

---

① 对陈胜、吴广起义感兴趣者，请参阅庄小霞：《"失期当斩"再探》，载《中国古代法律文献研究》第11辑，社科文献出版社2018年版。

② 出土简牍法律文献的基本情况，可参见中国政法大学法律古籍整理研究所编：《中国古代法律文献概论》第二章，上海古籍出版社2019年版，第55－93页。罗鸿瑛主编的《简牍文书法制研究》（华夏文化艺术出版社2001年版）汇集了西政学者的成果，值得一读。

③ 参见睡虎地秦墓竹简整理小组：《睡虎地秦墓竹简》，文物出版社1990年版。本书引用睡简均出自此书，以下不再一一注明。

其二，“秦律杂抄”，是对律文的摘录。包括除吏律、游士律、除弟子律、中劳律、藏律、公车司马猎律、牛羊课、傅律、敦表律、捕盗律、戍律。

其三，《法律答问》，以问答的形式对律文（尤其是刑律）进行解释。

其四，《封诊式》，内容侧重于狱讼，包括审讯原则、调查、检验、审讯的文书程式及案例。

此外，睡虎地秦简中还有《语书》和《为吏之道》，从中可以窥见秦朝法制公布与实施的状况、任官考核的标准等。睡虎地秦简提示我们：秦律的名称与形式之繁复，远远超出李悝《法经》六篇篇目之外，规定着国家与社会生活的方方面面。

（二）里耶秦简

2002 年，湖南湘西里耶一号古井出土了三万八千多枚秦简，主要是秦朝洞庭郡迁陵县政府档案，包括政令、往来文书、司法文书、吏员簿等，时间大致在秦始皇二十五年（前 222 年）至秦二世二年（前 208 年）之间。里耶秦简为秦朝法制运行的实况提供了丰富的细节。

（三）岳麓秦简

2007 年，湖南大学岳麓书院入藏了一批珍贵的秦简，比较完整的有 1 300 余枚，内容包括以《为狱等状四种》命名的奏谳书和一大批律令。《为狱等状四种》提示我们，传世文献所载的汉代奏谳制度完全承袭于秦朝。岳麓秦简所见秦律，不见于睡虎地秦简的有具律、狱校律等。岳麓秦简最引人注目的是保存了一大批秦令，可知令名有内史郡二千石官共令、郡卒令、县官田令等二十余种，为我们研究秦朝法制提供了宝贵的史料。

二、汉代法律类简牍

汉朝法律类简牍的出土，最重要的仍是 1983 年湖北江陵张家山 247 号汉墓发现的《二年律令》与《奏谳书》。此外，还有许多已公布和待公布的汉律史料，包括 1981 年甘肃武威汉简“王杖诏令册”、1988 年湖北江陵张家山 336 号墓汉简、2003 年湖南益阳兔子山汉简、2003 年湖南长沙走马楼汉简、2006 年湖北云梦睡虎地汉简、2010 年湖南长沙五一广场东汉简、2019 年湖北荆州胡家草场西汉简等。简牍法律文献为我们认识汉朝法律的原貌，提供了前所未有的便利。

（一）张家山汉简

《二年律令》。1983 年，湖北江陵张家山汉墓出土了一组简牍，五百二十多枚，题名“二年律令”。据考证，其应该是吕后二年（前 186 年）的律令。含律二十七种，分别是贼、盗、具、告、捕、亡、收、杂、钱、置吏、均输、传食、田、关市、行书、复、赐、户、效、傅、置后、爵、兴、徭、金布、秩、史律；令一种，即津关令。

《奏谳书》。另有一组简牍，共二百二十八枚，题名“奏谳书”，包含从春秋至汉初的二十二个司法案例。其中不少案例是比较完整的司法文书，反映了当时的诉讼程序和文书格式。

（二）武威汉简《王杖诏书令册》

1981年，甘肃武威汉墓出土了一组简牍，共二十六枚，是一份完整编联的王杖诏令册，时代约为东汉初年。该诏令册主题是保护王杖老人的特权，形式较为杂糅，包含若干制诏、案例。早期研究以为这就是汉代的令或决事比的原始形态，现在一般认为其是民间传抄的抄本。此外，1959年武威东汉墓还出土有一份“王杖十简”。[①]

（三）长沙五一广场东汉简

2010年，湖南长沙五一广场附近的东汉古井遗址内，发现简牍6 862枚。其中大量为当时实际行用的公文书，还有相当部分为司法文书，内容涉及刑事、民事诉讼等案例。这批简牍大部分已经整理公布。

（四）荆州胡家草场西汉简

2019年，荆州胡家草场西汉墓出土简牍四千六百四十二枚，其中三千余枚为西汉初年的律令简。内容包括：律三卷，第一卷无题名，包括告、盗、贼、亡、捕、囚、具、复、兴、关市、杂、钱、厩、效等律；第二卷题“旁律甲”，包括朝、田、户、置吏、赐、市贩、置后、秩、均输、仓、爵、徭、行书、金布、傅、尉卒、奔命等律；第三卷题“旁律乙”，包括腊、祠、司空、治水、工作课、传食、外乐、葬、蛮夷等律。令二卷，第一卷题“令散甲”，共十一章；第二卷无题名，共二十六章。胡家草场西汉律令简是张家山汉简之后的重大发现，目前尚在整理之中，仅有少量公布。[②]

三、简牍法律文献的价值与研究

本书介绍的所有法律文献，在《唐律疏议》之前的律令法典、司法档案已经全部亡佚。后人研究唐代之前的法制史，只能依靠辑佚的方法，即从传世文献中搜辑零散的法制史料。辑佚的方法做到极致，就是沈家本《汉律摭遗》、程树德《九朝律考》。20世纪70年代以来，法律类简牍文献的大量发现，为战国秦汉法制史研究带来了革命性的推动力。

一般而言，简牍文献为日常史料。战国秦汉的重大法律事件，与简牍关系较小，仍须依赖传世文献的记载。战国秦汉的律令与狱讼研究，过去以《汉书·刑法志》《晋书·刑法志》为准，现在应以简牍为本位，修正《刑法志》的记载。其中，战

---

① 参见秦涛：《汉简“王杖诏书”比勘研究》，载《中国古代法律文献研究》第10辑，社会科学文献出版社2016年版，第155-169页。

② 截至2022年，已公布律令图版及释文104枚，见《荆州胡家草场西汉简牍选粹》，文物出版社2021年版。

国、秦的法制，《刑法志》全无记载，只能全靠简牍重建；汉代法制的宏大叙事，《刑法志》记载较为粗疏，需要靠简牍补充或修正；汉代法制的细部与底部，传世文献记载既少又不可靠，全靠简牍重建。由此可见，简牍法律文献虽然有其局限，但对秦汉法制史研究的价值不容低估。

有志于秦汉法制史研究的初学者，怎样才能读懂“天书”，步入简牍法律文献研究的殿堂？此处给出初步的建议：

首先，从较为系统或研究较为成熟的简牍法律文献入手。

简牍文献比较零散破碎，初学者应先研读比较系统或研究比较成熟的著录书，作为入门训练。睡虎地秦简、张家山汉简、岳麓秦简的内容比较成系统，可以作为首选。《睡虎地秦墓竹简》注译俱佳，是早期著录书的典范；《二年律令与奏谳书》注释精详；《岳麓秦简〈为狱等状四种〉释文注释》是具有代表性的研究型著录书。① 这三种著录书值得初学者选用。

其次，系统了解简牍学知识，模仿示范性研究。

在精读著录书、对简牍有感性认识之后，应阅读一种优质的简牍学概论，较为系统地掌握简牍学知识。林剑鸣《简牍概述》、李均明《古代简牍》、李零《简帛古书与学术远流》、富谷至《木简竹简述说的古代中国》是比较简明、流畅的入门读物。大庭脩《秦汉法制史研究》收录了多篇论文，是最具代表性的研究，值得学习。②

最后，建立自己的简牍目录与资料库。

要想掌握纷繁复杂、千头万绪的简牍资料，必须追踪最新出土、公布信息，自行编订合用的简牍目录，并尽力搜集已经出版或发表的简牍文献，建立资料库。这是必不可少的自我训练。

经过以上步骤，就可以尝试利用简牍资料展开法律史研究了。史家陈寅恪有云：“一时代之学术，必有其新材料与新问题。取用此材料，以研求问题，则为此时代学术之新潮流。治学之士，得预此潮流者，谓之预流。其未得预者，谓之不入流。此古今学术之通义。非彼闭门造车之徒，所能同喻者也。”③ 简牍资料出土日多，正是青年学者“预此潮流”的一片蓝海、大展拳脚的绝佳阵地。

第二节　以法为教与律令为治

案例导入

公元前 262 年十二月十四日凌晨两三点，安陆县一个官吏家庭诞生了一个名叫

---

① 睡虎地秦简整理小组：《睡虎地秦墓竹简》，文物出版社 1990 年版；彭浩等主编：《二年律令与奏谳书》，上海古籍出版社 2010 年版；［德］陶安：《岳麓秦简〈为狱等状四种〉释文注释》，上海古籍出版社 2021 年版。

② 参见［日］大庭脩：《秦汉法制史研究》，徐世虹等译，中西书局 2017 年版。

③ 陈寅恪：《陈垣〈敦煌劫余录〉序》，《金明馆丛稿二编》，生活・读书・新知三联书店 2001 年版，第 266 页。

“喜”的男婴。

喜十六岁，十三岁的秦王嬴政即位。这个比喜小三岁的男孩，就是他口中的“今上”。公元前246年，对于嬴政和喜来说，都是具有标志性的年份。这一年，是秦王政的元年。这一年，喜十七岁，按照秦律，作为成年男子被登记于国家的户籍簿上。登记手续完成，意味着喜正式成为这个国家可以随时征用、调动的一名劳力、兵员、纳税人，成为支撑巨大战争机器的千万分之一。

喜的父亲是秦的中级文官（史）。作为“史子”，喜应在预备官吏培养学校进行为期三年的学习。课程包括：识字与书法、官吏道德修养、法律基础知识、日用百科知识。[①] 喜必须熟识五千个单字，掌握大篆、小篆、隶书等八种字体的书写。十九岁，喜参加八月初一举行的全郡统一资格认证考试。考试合格，获得“史”的身份，可以担任公职。

二十岁，喜成为安陆县的乡史[②]，开始了基层公务员的晋升之路。二十二岁，喜从乡政府上调县政府，成为令史。从乡史到令史，喜只用了不到三年，可谓官运亨通。二十三岁，他被调到鄢县担任令史。二十七岁，喜的儿子获呱呱坠地。二十八岁，喜担任鄢县狱掾，负责司法工作，长达十年左右。可能因为这个缘故，喜才会选择大量法律文书作为陪葬品。此后，他两次随军出征，父母先后去世。三十七岁，喜终于被上调到郡政府任职。这是《编年记》可见的最高职务，也是普通秦吏能够到达的最高位置。

四十二岁，天下统一，秦王政称始皇帝。可是在喜的私人大事记上，这一年却是空白的。可能天高皇帝远，伟大的政治意义传递到郡县官吏这一级，已经转化成了烦琐的行政文书和令人疲惫的工作任务。

四十三岁，喜的女儿穿耳降生。喜老来得女，详细记录了穿耳的生日与时辰：八月二十七日上午七八点钟。他不知道，不久之后天下即将大乱。不知这个小女孩能否平安活到汉朝？

四十四岁，秦始皇经过安陆县。秦始皇出游，一向喜欢大事铺排，招摇过市，以此展示王朝的雄风威仪。喜很可能现场目击了这个比自己小三岁却位居权力之巅的男子。他应该没有“彼可取而代之”的冲动，不过也许会有“大丈夫当如是”的阴羡，也许会有“王侯将相宁有种乎”的牢骚。人到中年，一地鸡毛，羡慕牢骚均无意义，不过是当一场热闹，看看罢了。

《编年记》的记录突兀地止于喜四十六岁这一年，时为秦始皇三十年（前217年）。不仅《编年记》没有记录，《史记·秦始皇本纪》也罕见地写着“无事”。喜就在这个平庸的年份，留下一个四岁的小女儿，默默死去。帝国的机器并不因一颗“螺丝钉”的老化脱落而停转。新的“螺丝钉”迅速填补了这个空缺。巨大的权力机器，似乎永不疲倦、毫无人性地继续隆隆运作着。

这个普通秦吏的一生，为我们展现了秦代法制的日常风貌。本节即从思想与立

---

① 参见张金光：《秦制研究》，上海古籍出版社2004年版，第716－738页。

② 将原本难以识别的字释定为“乡”，这是陈侃理的考证成果。

法两方面展开。

《韩非子·五蠹》云：“明主之国无书简之文，以法为教。”他心目中良好的国家，不应当存在国家法令之外的思想权威，应当直接以法令为服从对象。在“以法为教”的思想基础上，秦始皇“普施明法，经纬天下，永为仪则”①，制定了天下统一遵循的律令制。

一、以法为教：秦朝的统治思想

秦朝的统治思想受《韩非子》为代表的法家影响最深。不过，理论构想具化为法律实践，一定会有相当的变异。秦始皇、李斯甚至于秦二世、赵高的法律理念，较之先秦法家也有相当的不同。

第一，从“事皆决于法”到“事皆决于上”。

法家的理想是“任法而治”。虽然法自君出，但“令尊于君”。所以秦朝初建，规定“事皆决于法”。但是秦制之下，皇帝享有绝对权威，“主独制于天下而无所制也”。秦始皇个人也拥有极强的决策能力与精力，每天批阅的文书达数百斤之巨。“事皆决于法”的理想，变异为“天下之事无大小皆决于上”的现实。继位的秦二世能力平庸，只好听赵高的鬼话深居禁中，玩起故作神秘的把戏。于是“事皆决于上”进一步沦为“事皆决于赵高”了。② 权威由法律一转而至君主，再转而至权臣阉宦，这是后来君主专制的常态。

第二，从“循名而责实”到“上下相遁，奸伪萌起”。

法家法治的基本手段是行“督责之术”，也就是“循名责实”。名，就是法律的规定；实，就是法律的落实。但是皇帝深居宫中，只能对法律落实情况进行书面审查。这样一来，基层法吏应对检查的办法就是在文书上做足工夫，“循名责实”沦落为“循名责名”。名，是形式。绝对的、机械的“法治主义”，在中国古代易沦落为法律形式主义，造成“诈伪”的恶劣风气。《史记·酷吏列传序》说秦朝“天下之网尝密矣，然奸伪萌起，其极也，上下相遁，至于不振”，正是此意。

第三，从“一断于法”到“亲亲尊尊之恩绝”。

司马谈《论六家要旨》评论法家“一断于法，则亲亲尊尊之恩绝矣”。法家主张法律上的平等，无可厚非。但是亲亲尊尊的善良风俗被“不别亲疏，不殊贵贱”的法律摧破之后，原有的道德观念崩坏，建基于道德的习惯法无从发挥作用。民众但有争讼，必诉诸官府。人心既败坏，轻于作奸犯科，国家法的负担也一日重于一日，这就是秦末“赭衣塞路，囹圄成市”的重要原因。

《荀子》有云：“兼并易能也，唯坚凝之难焉。”法家思想利于兼并攻取，却难以使偌大的国家坚凝如一体。《论六家要旨》说法家“可以行一时之计，而不可长用也”，可谓切中要害。

---

① 《史记·秦始皇本纪》。

② 参见《史记·秦始皇本纪》《李斯列传》。

二、律令为治：秦朝的立法活动与法律形式

（一）立法活动

秦朝的立法是随时制定、随时发布的，可能并不存在像后世那样统一制定、统一颁布的法典。不过秦朝统一以后，仍有三次比较重要的立法活动：

1. 统一之初的“法令由一统”

秦始皇二十六年（前 221 年），天下刚刚统一。一方面，秦始皇以秦法统一了六国之法，史称“明法度，定律令，皆以始皇起”[①]；另一方面，秦始皇采纳阴阳家的说法，以“水德”自命。水德阴冷，反映在政治法律领域，要求“刚毅戾深，事皆决于法，刻削毋仁恩和义”。所以秦始皇时代“于是急法，久者不赦”，法律严苛，很少赦免。[②]

2.《焚书令》

秦始皇三十四年（前 213 年），因有儒生提议恢复封建之制，丞相李斯提案《焚书令》，得到许可。《焚书令》规定：非秦国的史书、非博士官执掌的《诗》《书》、百家语，一律焚毁。令下三十日不烧，黥为城旦；偶语《诗》《书》，即两人以上谈论禁书，弃市；以古非今，即陈说古代的美好、否定现行制度，灭族；吏见知不举，即官吏发现以上情况却睁只眼闭只眼的，与之同罪。次年，又发生了“坑儒”惨案。“焚书坑儒”是中国历史上臭名昭著的禁锢思想事件，也是文化史的浩劫。唐人诗云：“坑灰未冷山东乱”，这是亡秦留给后世的惨痛教训。

3. 秦二世“更为法律”

秦二世即位之初（前 209 年），曾经“遵用赵高，申法令”，“更为法律”。据赵高说，此次修改法律的主要目的是打击皇位的潜在威胁者（其他皇子、公主及老臣），“令有罪者相坐诛，至收族，灭大臣而远骨肉”。另一方面则“贫者富之，贱者贵之”，这是得位不正者讨好民众、收买民心的惯用手法。湖南益阳兔子山出土了一份秦二世元年文告，云“元年与黔首更始，尽为解除流罪”，可与史书记载相印证。

开国之初的立法活动与司法实践，对后世影响十分深远。古人论史特重“开国规模”，深意在此。秦始皇统一天下，不能效法汤武逆取顺守，反欲以焚书坑儒钳制天下人之口舌；秦二世又缺大德、行小惠，遂使“仁义不施而攻守之势异也”。

（二）法律形式

秦朝的法律形式比较杂乱，主要包括：律，基本法；令，补充法；制、诏，君主随时下达的特别法；《法律答问》，对律文的解释；廷行事，司法案例；课、程、式，官府司法行政的具体细则规范。

律，自商鞅“改法为律”以来就成为基本法。秦律的范围非常广泛，不仅限于

---

① 《史记·李斯列传》。另《史记正义》云：“六国制令不同，今令同之”，亦是统一法令的证据。
② 《史记·秦始皇本纪》。

刑律。简牍所见秦律名有二三十种之多，远远超出传世文献的记载。律文的规定非常细致，例如《厩苑律》规定每年四次测量官府所养耕牛的腰围，并给予相关责任人员以奖惩；《田律》规定百姓的狗误入禁苑以后是放是杀、杀死的狗是完整上交国库还是食肉交皮。秦律刚刚从具体的命令之中脱胎而来，所以与令的分工尚不明晰，势必失之烦琐。

令，是律的补充法。秦令与律的区别，尚待研究。不过，岳麓秦简《尉郡卒令乙》的末尾是："□军□为令。奏。制曰：可。布以为恒令。"[①] 由此可见，皇帝针对一时一地的制诏中具有"恒常"效力的部分，可以"恒令"的形式公布。也就是说，令来自可以反复适用的制诏。

制、诏，是皇帝随时下达的命令，具有特别法的性质。

《法律答问》，首见于睡虎地秦简，是秦官方制定的法律解释。典型的格式是：先列举一条秦律，再以提问的形式提出一种假定情形，最后以回答的形式给出法律适用的结果。例如："'父盗子，不为盗。'今假父盗假子，何论？当为盗。"秦律规定："父亲盗窃儿子的钱，不构成盗窃罪。"问：假定有个干爹盗窃干儿子的钱，是否构成盗窃罪？答：构成。《法律答问》对秦律的解释，蕴含着世界上最早的刑法学理论，值得珍视。

廷行事，是司法实践中产生的案例，对今后的判决具有参考价值。《法律答问》中很多提问都以廷行事作为回答的依据。

课、程、式，都是官府司法、行政的细则规范。例如睡虎地秦简《牛羊课》规定："牛大牝十，其六无子，赀啬夫、佐各一盾。"母牛的生育率低于百分之四十，长官、副长官各罚一块盾牌（秦律以甲、盾为一般等价物）。又有《工人程》，是关于官营手工业生产定额的规定。又有《封诊式》，是关于审讯原则、侦查检验程序的规定。例如《封诊式·治狱》规定："治狱，能以书从迹其言，毋笞掠而得人情为上；笞掠为下；有恐为败。"审讯案件，不刑讯逼供而以证据定罪的，评定为上级；通过刑讯逼供定罪的，评定为下级；刑讯逼供并且恐吓诱供的，违法。

总之，秦朝律令脱胎于命令不久，随时制定、随时颁布，具有很强的实用倾向。秦法规定琐细，各法律形式之间分工尚不清晰，立法技术的抽象程度低。这必然导致"秦法繁于秋荼，而网密于凝脂"[②]，不独为信奉法家之咎。

第三节　集权统治与重刑治国

案例导入

始皇还，过彭城，斋戒祷祠，欲出周鼎泗水。使千人没水求之，弗得。乃西南渡淮水，之衡山、南郡。浮江，至湘山祠。逢大风，几不得渡。上问博士曰："湘君

---

① 陈松长主编：《岳麓书院藏秦简（伍）》，上海辞书出版社2017年版，第118页。

② 《盐铁论·刑德》。

神?”博士对曰:“闻之,尧女,舜之妻,而葬此。”于是始皇大怒,使刑徒三千人皆伐湘山树,赭其山。上自南郡由武关归。

——《史记·秦始皇本纪》

秦始皇巡游天下,打算渡江祭拜湘山之神,却遭遇强风,难以渡江。秦始皇愠怒,问博士:“湘君是什么神?”博士回答:“据文献记载,是尧的女儿、舜的妻子,死后葬于此地,成为神仙。”秦始皇勃然大怒,下令:发动刑徒三千人,砍伐湘山的树木,使之成为一座光秃秃的山;再用颜料,将整座山涂抹为赭红色!

秦始皇的所作所为,包含着丰富的法律文化意蕴。“皆伐湘山树”是在对湘山实施髡刑。髡,是一种毛发刑。“赭其山”是在给湘山穿上囚衣。秦朝的囚徒都穿“赭衣”。秦始皇不仅对黔首生杀予夺,甚至对一座山及其神灵都要实施刑罚,可见其权力之大。秦朝有一块玉玺,文曰:“受命于天,既寿永昌。”表面上看,秦始皇承认天命,相信鬼神。但当鬼神对其统治不利的时候,他就毫不犹豫地对其实施髡钳赭衣之刑。秦朝君主的集权统治与重刑治国,在这个案例中反映得淋漓尽致。

秦朝试图用律令控制国家社会生活的方方面面,因此其法制的内容非常丰富琐碎。最值得注意的是,法家构想的高度中央集权的君主专制,在秦律中得到了普遍落实。此外,秦朝的刑罚制度继承先秦肉刑为主的五刑制,又结合战国以来广泛运用的徒刑,呈现出鲜明的过渡样态。值得一提的是,中国古代自秦汉以后的律令等国家制定法,均以职官和刑法为主,而户婚、钱债等事项,更多以礼俗、习惯的样态存在。限于篇幅,本节仍侧重前者。

一、法家思想的制度实践

(一)大一统的集权制度

秦朝统一之后,迅速按照法家理论制定了一整套高度中央集权的君主专制制度。这套制度,就是中国传统史学话语中的“秦制”。虽然后来经过儒家的改造与柔化,但实际上其贯彻至清末而不改。秦制虽然不尽属于今天意义上“法律”的范围,但其既通过律令发布,也对秦律产生了直接影响,因此有必要先予简述。

皇帝制度。秦朝统一,秦王自称“皇帝”。王只是联盟的共主,而皇帝则是帝国唯一的主宰。里耶秦简中有一块“秦更名方”[①],规定将所有含“王”的词组,一律置换为含“皇帝”的词组,皇帝的“命”改为“制”,“令”改为“诏”,正是皇帝制度建立的体现。皇帝制度之下,“事皆决于上”,皇帝拥有一切政务的最终决定权。

三公九卿。皇帝之下,设“三公九卿”为辅政制度。三公,指丞相、御史大夫、国尉。其中御史大夫是丞相的副手,掌监察;国尉属于军事长官。因此,丞相实际上是三公的首席。三公之下,分设各管一事的九卿,例如奉常主礼仪,廷尉主刑狱,太仆主交通等。史载:秦朝“丞相诸大臣皆受成事,倚辨于上”,也就是说,三公九卿只按照成规办事,遇到成规之外的事情并没有决策权,只能依赖皇帝决策。

---

① 陈伟主编:《里耶秦简牍校释》第1卷,武汉大学出版社2012年版,第155-160页。

郡县制度。秦朝在地方实施郡县制度。废封建、行郡县，是周制转变为秦制的关键。郡设总揽众务的郡守、掌监察的郡监、掌军事的郡尉各一名，差不多是三公的弱化版。县设令、丞、尉各一名。郡县相比于周代的邦国，最大的区别即是：郡县长官不是终身、世袭的，而是流动、任命的。因此郡县长官完全对上负责，能源源不绝地将中央命令传达乡里，将乡里资源输送中央。例如“秦更名方”有一条规定：“毋敢曰猪，曰彘。”湘西里耶在清朝尚且是天高皇帝远的民族地区，而秦朝皇帝居然连当地人怎么称呼“猪”都能管到，正是凭借郡县制为纽带。

编户齐民。秦朝在县之下设乡、里、什、伍，以军事编制组织民户。经过商鞅的“分户令”，秦朝很少有大家族，多为小家庭。家庭中，户主对户成员的违法犯罪负连带责任，什、伍各户互负连带责任。

秦制在后来的两千年中虽迭经损益，却无根本的变革。后人诗云：“百代皆行秦政法”，绝非虚语。

（二）严于治吏

通过以上描述可知，秦朝的治理主要依赖官僚群体实现。《韩非子》云：“明主治吏不治民。”治吏是秦朝法律的重中之重。

第一，细致的治吏法律。

任官资格。据秦简《语书》：“良吏明法律令，事无不能也，又廉洁敦悫而好佐上。”可见秦朝官吏的基本要求，第一是法律知识，第二是办事能力，第三是道德品质。《为吏之道》云：“吏有五善”，分别是忠信敬上、清廉毋谤、举事审当、喜为善行、恭敬多让，这些更多是对道德品质的要求。

职务守则。秦律不厌其烦地规定了各级官员的守则，细致精确的程度可谓“明察秋毫”。例如《法律答问》载：“仓鼠穴几何而当论及谇？廷行事鼠穴三以上赀一盾，二以下谇。鼷穴三当一鼠穴。”这是依据仓库里的鼠穴和鼷穴数量，对仓吏进行处罚的规定。《效律》载：“黄金衡累不正，半铢以上，赀各一盾。”这是称量黄金的衡器出现半铢（约 0.3 克）误差，对相关责任者的处罚规定。

第二，发达的监察体系。

秦律规定既如此细致，则必须有发达的监察，所谓“论功察罪，不可不审”，否则一切规定将流于具文。秦朝非常看重监察，秦始皇、李斯均长于“督责之术”。

监察职官。秦朝设御史大夫，内领御史，监察中央百官；外领监御史，也就是“郡监”，监察郡县。值得一提的是，岳麓秦简新见秦朝在中央和郡还设有名为“执法”的官员，职能也以监察为主，负责协调和监督法令执行、审查地方行政行为、统计和审查司法事务、监察官吏的上计上功等。[①] 执法下辖执法丞、都吏，可以有效监察郡县官吏。

上计制度。《商君书》云：“吏专制决事于千里之外，十二月而计书以定，事以一岁别计。”这就是说：郡县长官每年制作年终总结，向中央汇报，这是君主的控制

---

① 参见王捷：《秦监察官“执法”的历史启示》，载《环球法律评论》2017 年第 2 期。

力能够无远不至的秘诀。上计，每年年初，郡县长官制定年度预算，上报中央；年终，将该年度的土地、人口、赋税、司法治安的具体数字上报，中央根据其预算考核其成果，评定优劣，给予奖惩。

此外，秦律鼓励官员、百姓互相司察、告奸，否则就要连坐，也是严密的监察体系的一部分。

第三，严格的惩罚措施。

渎职犯罪。秦律规定了官吏的许多渎职犯罪。如《法律答问》载："罪当重而端轻之，当轻而端重之，是谓不直"，司法官故意重罪轻判、轻罪重判，叫"不直"；"当论而端弗论，及论其狱，端令不致，论出之，是谓纵囚"，故意枉法，令有罪者脱罪，叫"纵囚"。又如《语书》载："若弗知，是即不胜任"，辖区内有作奸犯科而不能察觉，叫"不胜任"；"知而弗敢论，是即不廉也"，明知有人作奸犯科而不敢伸张法纪，叫"不廉"。

严格处罚。秦律针对官吏的刑罚并不严酷，以赀（罚金）、谇（训诫）、免（免职）、废（永不叙用）为主，但是执行非常严格。据统计，睡虎地秦简所见"赀"的惩罚共一百多条，其中一百零三条针对官吏，占绝大多数。[①]

《史记·刺客列传》讲了个故事：荆轲刺秦王时，秦法规定："诸郎中执兵皆陈殿下，非有诏召不得上"，所以卫兵们宁可眼巴巴看着秦王被荆轲追杀，也绝不敢违法上殿保护秦王。秦律严于治吏的效果及其利弊，于此可见一斑。

（三）严密的社会控制

秦律对民众实施严密的控制，主要反映在控制思想言论、打击亡命与盗贼、轻罪重刑三个方面。

1. 控制思想言论

控制思想言论的罪名，包括《焚书令》所见的偶语诗书、以古非今等。此外还有"诽谤訞言"罪。所谓诽谤，指批评朝政；訞言，即以怪异的言论惑乱人心。刘邦约法三章时，曾批评秦法："诽谤者族，偶语者弃市。"可见这些思想罪名处刑都非常重。

2. 打击亡命与盗贼

秦朝统一前后，许多人不堪忍受繁重的徭役赋税，遂脱离名籍而逃亡。这种黑户口，古代称之为"亡命"。命通"名"，即名籍的意思。秦朝为了抓捕亡命，专门制定有《亡律》。岳麓秦简保存了《亡律》的一个抄本，共一百多枚简，规定非常详细，包括对黔首、奴婢、刑徒逃亡的处罚，对藏匿、雇佣亡人的处罚，亡人自首的减刑，告发亡人的奖励等。[②] 由此可见秦朝亡命情况之严重，以及秦律控制亡命的力度。

有些亡命聚集起来，落草为寇，就成为盗贼。盗贼团伙在五人以上，称群盗，社会危害性不言而喻。张家山汉简《盗律》云："盗五人以上相与攻盗，为群盗。"

---

① 参见吴福助：《睡虎地秦简论考》，文津出版社 1994 年版，第 24 页。

② 参见陈松长主编：《岳麓书院藏秦简（肆）》，上海辞书出版社 2015 年版，前言。

秦律规定应该也是如此。《法律答问》云："五人盗，赃一钱以上，斩左趾，又黥以为城旦。"群盗的处罚是计赃定罪，赃款只要在一个铜钱以上，就要实施斩脚、黥面、服重劳役的处罚。此外，秦律还以高额赏格奖励捕捉群盗者。如岳麓秦简记载了一条律文："律曰：产捕（活捉）群盗一人，购金十四两。"① 不过盗贼捕不胜捕，秦末大起义，就是由无数"群盗"汇聚而成的燎原烈火。

3. 轻罪重刑

《商君书》云："行刑，重其轻者，轻者不生，则重者无从至矣。"所以秦律采重刑主义。例如《法律答问》载："或盗采人桑叶，赃不盈一钱，何论？赀徭三旬。"盗采一片桑叶，竟要罚做三十天徭役！举轻以明重，秦律的严酷由此不难想见。不过，"民不畏死，奈何以死惧之！"死且不怕，何惧重刑？《老子》这句话，正是对"轻罪重刑"理论的绝妙反讽，也是对秦亡原因的深刻预言。

二、刑罚制度与量刑原则

（一）刑罚制度

秦朝的刑种很多，以死刑、肉刑、徒刑为主，还包括赀、赎等经济刑，迁、谪等迁徙刑，髡、耐等毛发刑。秦朝刑罚体系，目前尚待探讨。表 3－1 是一种最新研究，可供参考。

表 3－1　睡虎地秦律所见刑罚体系②

<table>
<tr><td rowspan="2">死</td><td>腰斩</td><td>14</td><td rowspan="14">重
↑
轻</td></tr>
<tr><td>弃市</td><td>13</td></tr>
<tr><td rowspan="2">刑</td><td>斩左趾为城旦舂</td><td>12</td></tr>
<tr><td>黥为城旦舂</td><td>11</td></tr>
<tr><td colspan="2">完为城旦舂</td><td>10</td></tr>
<tr><td rowspan="2">耐</td><td>耐为隶臣妾</td><td>9</td></tr>
<tr><td>耐为司寇</td><td>8</td></tr>
<tr><td rowspan="3">赎</td><td>赎死</td><td>7</td></tr>
<tr><td>赎刑</td><td>6</td></tr>
<tr><td>赎耐</td><td>5</td></tr>
<tr><td rowspan="3">赀</td><td>赀二甲</td><td>4</td></tr>
<tr><td>赀一甲</td><td>3</td></tr>
<tr><td>赀一盾</td><td>2</td></tr>
<tr><td colspan="2">谇</td><td>1</td></tr>
</table>

注：1－14 表示刑等，刑等越高，刑罚越重。

① 朱汉民、陈松长主编：《岳麓书院藏秦简（叁）》，上海辞书出版社 2013 年版，第 114 页。

② 参见陶安：《秦律刑罚等序研究序说》，载《秦律研究》，武汉大学出版社 2017 年版，第 264 页。

死刑，包括：腰斩，即以斧钺从腰部斩断；枭首，即悬首于木上以示众；弃市，即在闹市公开斩首。此外，“夷三族”的主犯须“具五刑”，据说是“先黥、劓、斩其左趾，笞杀之，枭其首，菹其骨肉于市”，异常残忍。史载丞相李斯就是以七十高龄受此刑罚而死的。

肉刑，与先秦时期一样，仍以黥、劓、宫和斩左右趾为主。斩趾，是针对腿部或脚部实施的刑罚，旨在破坏人的行走功能。值得注意的是，黥、劓、斩趾常与徒刑相结合。

徒刑，即在官府拘押下服从事重体力劳动。徒刑在秦朝的实施非常广泛。史书记载，秦朝仅仅阿房宫、骊山墓两处工程，就用了七十万刑徒，由此可见一斑。徒刑按照刑期和劳役的不同，由重至轻包括：(1) 城旦舂，男为城旦，筑城；女为舂，治米。(2) 鬼薪白粲，男为鬼薪，为宗庙采薪；女为白粲，择米；(3) 隶臣妾，男为隶臣，女为隶妾，从事一些较轻的劳役；(4) 司寇、候，都是从事军事伺望、候望工作的罪犯。刑徒服役时，要穿囚衣、着刑具。城旦舂往往与黥、斩左趾等肉刑连用，叫斩左趾为城旦舂、黥为城旦舂。不附加肉刑的，叫完为城旦舂。隶臣妾、司寇往往和耐刑（剃掉毛发）连用，叫耐为隶臣妾、耐为司寇。

赎，就是赎刑。具有相应爵级的人犯死罪、刑罪，可以用大额金钱赎罪。

赀，就是罚金。轻微犯罪上交二甲、一甲或一盾作为罚金。如果家境贫苦，实在没钱，也可以为官府服役若干日，抵偿罚金，称为“居赀”。

谇，也就是口头训诫，这是秦朝最轻微的惩罚。

此外，针对贵族，秦朝还设置了迁徙刑，将该贵族及相关人等集体迁徙到偏远地方居住，目的在于将该势力集团连根拔起，消除其在地方上的影响。例如吕不韦、嫪毐的门客就都被迁于蜀地。秦朝还有一种“谪”的惩罚，征发罪犯或身份低贱者戍守新征服地带。这在汉代发展为“七科谪”，适用对象包括有罪官吏、无户籍者、赘婿、商贾及其尊亲属等。迁徙和谪，可能是后来流刑的前身。

（二）量刑原则

1. 免坐

即不构成犯罪，或虽构成犯罪但可以免除或减轻责任。秦律中免坐的原因主要有：

未达到刑事责任年龄。秦朝以男子六尺五寸、女子六尺二寸为成年。未成年人身高不满六尺，无刑事责任；不满六尺五寸，不完全刑事责任。如《法律答问》载：“甲谋遣乙盗杀人，受分十钱，问乙高未盈六尺，甲何论？当磔。”身高不满六尺的乙杀人，不负刑事责任。又：“甲盗牛，盗牛时高六尺，系一岁复丈，高六尺七寸，问甲何论？当完城旦。”按成年人盗牛，黥城旦；甲盗牛时高六尺，完城旦。六尺，大约相当于十五岁。

告奸。受连坐者告发主犯，可免除或减轻连坐责任。如《法律答问》载：“夫有罪，妻先告，不收。”

自首。秦律中自首又叫自告、自出、自诣等。如《法律答问》载：“把其假以亡，得及自出，当为盗不当？自出，以亡论。”带着借来的公物逃跑，如果主动自首，只算逃亡罪，不算盗窃罪。

2. 连坐

即因他人的犯罪行为而负连带责任。秦朝法律中，连坐的运用非常广泛。可以基于社会组织关系，一户犯罪，什伍连坐。可以基于家庭关系，一人犯罪，全家连坐。如《法律答问》载：“盗及诸它罪，同居所当坐。”可以基于行政关系，下属犯罪，上司连坐。如《效律》载：“官啬夫赀二甲，令、丞赀一甲；官啬夫赀一甲，令、丞赀一盾。”这是说某部门长官（官啬夫）受罚，则县令、县丞负连带责任。

此外，秦律还规定“保任连坐”，任用官吏必须由现任官吏保荐，保荐人对被保荐人的犯罪行为负连带责任。《史记·范雎列传》云：“秦之法，任人而所任不善者，各以其罪罪之。”连坐，只能以告奸或自首减免。连坐的广泛运用，使得秦律联结成了一张密不透风的法网。

3. 反坐

秦朝因为制度规定，告奸成风，人人自危。为了防止诬告，秦律以“反坐”加以限制。反坐的情形，主要是诬告反坐和告不审。

（1）诬告反坐

《法律答问》载：“甲告乙盗牛若贼伤人，今乙不盗牛、不伤人，问甲何论？端为，为诬人；不端，为告不审。”甲明知乙没犯某罪，为了陷害，故意栽赃，叫“诬告”；甲以为乙犯了某罪，加以控告，结果查明乙没犯该罪，叫“告不审”。诬告的原则是反坐，也就是你诬告对方什么罪，你就接受该罪所应受的惩罚。张家山汉简《告律》云：“诬告人以死罪，黥为城旦舂，它各反其罪。”① 诬告对方死罪，则反坐时减死一等，黥为城旦舂；诬告对方其他罪，一律反坐。这是汉律的规定，与秦律应相去不远。诬告反坐原则，为历代法律所继承。

（2）告不审

张家山汉简《告律》云：“告不审及有罪先自告，各减其罪一等。”告不审和自首一样，都减罪一等论处。

此外，秦律的量刑原则还有区分故意与过失、区分有无犯罪意识、区分既遂未遂、集团犯罪加重等。军爵、官位、亲属等特殊身份，也对量刑定罪有影响。

第四节　治狱之吏与治狱之法

案例导入

于是二世乃使高案丞相狱，治罪，责（李）斯与子由谋反状，皆收捕宗族宾客。赵高治斯，榜掠千余，不胜痛，自诬服。斯所以不死者，自负其辩，有功，实无反

---

① 彭浩、陈伟、［日］工藤元男主编：《二年律令与奏谳书》，上海古籍出版社2007年版，第144页。

心，幸得上书自陈，幸二世之寤而赦之。……赵高使其客十余辈诈为御史、谒者、侍中，更往覆讯斯。斯更以其实对，辄使人复榜之。后二世使人验斯，斯以为如前，终不敢更言，辞服。奏当上，二世喜曰："微赵君，几为丞相所卖。"及二世所使案三川之守至，则项梁已击杀之。使者来，会丞相下吏，赵高皆妄为反辞。二世二年七月，具斯五刑，论腰斩咸阳市。斯出狱，与其中子俱执，顾谓其中子曰："吾欲与若复牵黄犬俱出上蔡东门逐狡兔，岂可得乎！"遂父子相哭，而夷三族。

——《史记·李斯列传》

李斯本是楚国上蔡的一名小吏。公事之余，和儿子一起牵黄犬出东门打狡兔，是他最大的乐趣。但李斯不甘平庸，毅然辞职游学，求仕于秦，经过几十年的奋斗，终于官至丞相。秦末，宦官郎中令赵高为了独揽大权，建议二世皇帝深居禁中，故作神秘。这样一来，"事皆决于赵高"。此时关东叛乱连连，李斯却无法面见皇帝，急得团团转。赵高故意问："关东群盗反叛，皇上却还大兴土木、游乐后宫。您作为丞相，为何不进谏?"李斯抱怨见不到皇帝。赵高说："如果您有心进谏，下次我替您递信儿。"此后，每当秦二世玩乐正酣之际，赵高就通知李斯进谏。几次下来，二世大怒："为什么朕休闲时，丞相不进谏，每次都挑最不方便时进谏？是否故意找碴?"赵高趁机挑拨离间："丞相掌握沙丘阴谋，外与群盗勾结，打算颠覆政权。"前208年，二世遂令逮捕李斯入狱，并命赵高以郎中令的身份主审。赵高"收捕（李家的）宗族宾客"，搜罗罪状，对李斯实施残酷的刑讯逼供，"榜掠千余"。李斯承受不住，只得自诬谋反。但此时李斯仍然心存侥幸：一来希望通过自己出众的口才文笔，上书说服二世收回成命；二来希望通过秦朝狱讼程序中的"覆讯"环节，得到平反。但李斯的上书，被赵高拦截。赵高又派门客冒充御史、谒者、侍中，轮流前往覆讯。李斯每次喊冤，赵高就派人毒打。十几次后，二世派来的覆讯人员真的来了，李斯却以为仍是赵高门客假冒，不敢喊冤，自称确实谋反。二世高兴地对赵高说："要不是您，我就被丞相卖了！"前207年冬，李斯全族被押赴咸阳闹市，夷三族。李斯对儿子感叹："我现在只想和你一起牵黄犬出上蔡东门打狡兔啊！"父子抱头痛哭。七十多岁的李斯本人目睹全族被杀之后，遭遇了"具五刑"的残酷刑罚。《史记》记载的李斯之死，令人慨叹命运之无常，也详细记录了秦朝狱讼的程序与秦末司法的黑暗。

从出土秦简可以看到，秦朝的狱讼制度已经非常发达。过去曾经认为是汉朝首创之制如"奏谳"，也已经由新近公布的秦简证实仍为"汉承秦制"的产物。不过，秦朝狱讼制度设计之完备，似乎并不能减少冤滥和作弊。法律的功能与局限究竟何在？这是值得我们深思的。

一、狱讼机构

秦朝最高司法权掌握在皇帝手中。秦始皇常常亲自审理案件，《汉书·刑法志》说他"躬操文墨，昼断狱，夜理书，自程决事"。秦始皇还命赵高教皇子"书及狱律令法事"，由此可见他对律令知识的重视。

丞相上助皇帝处理众务，下督各部门的执行。督办狱讼，也是其分内之事。

御史大夫“贰于丞相”，掌监察，下辖御史，“掌讨奸猾，治大狱”[①]，即直接奉皇帝之命抓捕、审讯要犯。例如坑儒事件，秦始皇就“使御史悉案问诸生”；有黔首刻石诅咒皇帝，秦始皇也“遣御史逐问”。里耶秦简有“御史覆狱”的字样[②]，则御史还有复核案件的权责。此外，秦朝的律令正本可能保存于御史府。《秦律十八种·尉杂律》：“岁雠辟律于御史。”郡县定期派人拿着本地方的律令，到御史府逐字校对，以免讹误。秦朝灭亡的时候，萧何正是到丞相御史府搬走了全套律令图书。

秦朝设廷尉为最高审判官，主要工作是审理郡县逐级移送的疑难案件、指导郡县的审判，也审理皇帝交办的诏狱。廷尉的属官有廷尉正、廷尉监、廷尉史等，佐理狱讼。

秦朝郡县对辖区内的案件有审结的权力，疑难不决的才移交廷尉。秦末蒯彻曾对范阳县令说：“秦法重，足下为范阳令十年矣，杀人之父，孤人之子，断人之足，黥人之首，不可胜数。”[③] 可见秦朝县令司法权力之大、断狱之频繁。如前所述，秦郡设有监御史、执法，负责对郡县司法的监察。郡县都设有狱吏，负责一线的侦查、审讯工作。判决则一般由郡守、县令作出。乡、里有乡啬夫、里正，负责辞讼案件的处理。另外还有亭长、游徼、求盗等，负责治安。

二、狱讼程序

（一）告劾

告劾是对犯罪行为的控告。“告”是非职务行为，即一般意义的报案；“劾”是职务行为，类似于依法提起公诉。一般来讲，告在劾之先。秦律中“告”的情况较为复杂，除了一般的报案，还包括非公室告、公室告、捕告、自告等。

非公室告。公室，即今所谓官府。《法律答问》载：“非公室告，何也？子盗父母，父母擅杀、刑、髡子及奴妾，不为公室告。”家庭卑幼盗窃尊长，尊长杀伤卑幼，属于“非公室告”。“子告父母，臣妾告主，非公室告，勿听”，“而行告，告者罪”。非公室告的情形，受害人不得控告加害人。如果强行告发，则告发者有罪。不过，这并不意味着秦律之下父母可以任意加害子女。秦律规定：“擅杀子，黥为城旦舂。”杀害子女，仍是仅次于死罪的严重罪行。所以，非公室告只是限制作为受害人的家庭卑幼的控告权，其他人应该仍可告发。

公室告。《法律答问》载：“公室告，何也？贼杀伤、盗它人，为公室。”针对子女、奴婢以外人的犯罪行为，即公室告，任何人均可告发。过去有学者认为，“非公室告”本于儒家的伦理精神。实际上，讨论任何制度，都应回到历史的脉络中去观

---

① 《资治通鉴》卷七胡三省注。

② 参见陈伟主编：《里耶秦简牍校释》第 1 卷，武汉大学出版社 2012 年版，第 187 页。

③ 《史记·张耳陈余列传》。

察。相比起周礼，“非公室告”与“公室告”可能更多体现限制父权的意图。①

捕告，即捕捉罪犯扭送官府告发。自告，即自首。

接到报案，官府派人侦查，包括勘验现场、询问调查、做好笔录等。根据侦查结果，拟定罪名，对犯罪嫌疑人依法提起公诉，这就是“劾”。张家山汉简《具律》规定：“治狱者，各以其告劾治之。”审理狱讼，只能以告劾的罪名为限，不告不理。

（二）审讯、覆讯

嫌疑人归案后，审讯开始。审讯的步骤和方法包括：

讯，即查明当事人身份，充分听取口供。《封诊式》载：“凡讯狱，必先尽听其言而书之，各展其辞。”

诘，即就当事人口供的可疑处进行盘问。《封诊式》载：“其辞已尽书而无解，乃以诘者诘之。”盘问一般要反复进行多轮，直到当事人无话可说为止。

笞掠，即刑讯逼供。《封诊式》载：“诘之极而数訑，更言不服，其律当笞掠者，乃笞掠。”秦律不鼓励刑讯逼供。但是如果犯罪嫌疑人在铁证面前仍拼死抵赖，则可以依法刑讯逼供。刑讯的具体情况必须进行书面记录，作为司法官衡量证词可信度的依据。从侦查到审讯，产生的种种司法文书，称为“爰书”，在判决时作为证据使用。

值得注意的是，审讯工作一般由狱吏进行。因此，审讯结束后还需覆讯，即换一批官员审讯，以避免冤案。张家山汉简《奏谳书》有“覆者讯毛（人名）”从而为“毛”平反冤狱的例子。不过，当政治极端黑暗时，这一程序也未必能阻止冤案的发生。例如秦朝丞相李斯被诬谋反案中，赵高派人假装覆讯人员，先后十几次试探并殴打李斯。结果秦二世派来的覆讯者真的到来时，李斯却再也不敢喊冤了。②

（三）鞫、论

鞫，是狱吏对案件调查和审讯的结果，也就是对犯罪事实的认定。鞫辞的格式一般是：“经审问：被告人有如下犯罪事实……以上，证据确凿。”鞫辞并不涉及法律适用问题，而是法律适用的事实前提。鞫辞，由狱吏制作，连带所有案卷材料交送审判官（廷尉、郡守、县令），这叫“具狱”。审判官“读鞫”，即“呼囚鞫语罪状，囚若称枉欲乞鞫者，许之也”，也就是说，向犯罪嫌疑人当场宣读调查审讯的结果。如果被告人表示异议，可以请求重审。

读鞫之后是“论当”。所谓“当”，就是将“鞫”得的犯罪事实，与相应的律条“当”在一起。论当，就是判决，包括定罪与量刑。

（四）乞鞫

被告人及其家属如果对“鞫”有异议，可以“乞鞫”，也就是申请重审。按照汉

---

① 参见于振波：《从“公室告”与“家罪”看秦律的立法精神》，载《湖南大学学报（社会科学版）》2005年第5期。

② 参见《史记·李斯列传》。

律规定，被告人向初审县衙乞鞫；县写成书面乞鞫文书，上交郡；郡派都吏对原审案件进行复查。如果都吏复查的案件乞鞫的，移交旁郡重审。乞鞫最大限度保障了犯罪嫌疑人的权利。

（五）奏谳

如果郡县官员在法律适用时遇到疑难问题，可以逐级上报，申请上一级乃至最高级的司法指导。这种制度，就叫“奏谳”。奏，上奏；谳，《说文解字》释为“议罪”。

《汉书·刑法志》记载，汉高祖曾下诏：“县道官狱疑者，各谳所属二千石（郡），二千石官以其罪名当（对案件适用法律）报（反馈）之。所不能决者，皆移廷尉，廷尉亦当报之。廷尉所不能决，谨具为奏，傅（附）所当比律令以闻。”大意是说：县级刑狱遇到疑难问题，向郡请示，郡守反馈应适用的罪名；郡守拿不准的，上奏廷尉，廷尉反馈应适用的罪名；廷尉拿不准的，写成详细的请示文书，附上本案相关的律令，上奏皇帝。张家山汉简《奏谳书》，含二十多个奏谳制度的案例。

汉朝的奏谳制度，应该承袭自秦朝。岳麓秦简有一份制诏：“吏上奏当者，具傅所以当者律、令、比、行事。”[①] 说的是：疑难案件上奏的请示，应该详细附上本案相关的律令和判例。此外，岳麓秦简还有一份《为狱等状四种》，记录了十三个案例，与汉简《奏谳书》高度相似，且更加详细，应该是后者的原始资料。[②]

郡比县、廷尉比郡拥有更高级的司法能力与经验。奏谳制度的实施与奏谳文书的编纂，有利于使天下共享这些高级的司法能力与经验，对于统一适用法律、慎重处理刑案、减少冤假错案具有积极的作用。

三、秦朝法制的得失

最后借本章之末，谈谈秦法的得失。

秦朝继承春秋战国的法律成果，在一个前所未有的天下范围内实施法律之治，堪称“法律时代”的登峰造极。秦法的效率之高、规定之精确细致、对社会控制力之强，令人叹为观止；秦朝的法吏运用法律的严谨、娴熟、一丝不苟，也令人印象深刻。此后的朝代，无论怎样改革，都不得不承用秦代的律令作为制度骨干。汉朝人曾因历史原因，以“过秦”的思潮贬低秦法。这些叙事，成为过去认识秦法的主要材料，这是无可奈何的事情。今天，载有秦法的简牍不断出土，应当成为我们重新理解和评估秦朝法制的史料基础。

当然，秦法成为中国历代法制的反面教材，也绝非仅仅由于汉朝人的偏见，而自有其作死之道。

秦法最大的问题，是试图以国家意志强行管控社会生活的每一个细节。大到一个人的生死，小到猪的称谓、老鼠的洞穴、桑叶的采摘，全部用律令加以规定。孟

---

① 陈松长主编：《岳麓书院藏秦简（伍）》，上海辞书出版社2017年版，第60页。

② 参见《为狱等状四种》，载朱汉民、陈松长主编：《岳麓书院藏秦简（叁）》，上海辞书出版社2013年版。

德斯鸠有云："当一个民族有良好风俗的时候，法律就是简单的。"[①] 反过来说，秦朝不承认道德、礼仪、习惯，而试图用国家制定的统一的律令来"范天下之不一而归于一"，那么这样的律令势必是烦琐的，也势必与人们（尤其是六国的人们）习以为常的礼仪习惯形成抵触，"法令滋彰，盗贼多有"也就是可想而知的结果了。

另外，秦法烦琐、细致、严苛，也有历史的成因。从立法精神而言，重刑主义、战时法制是战国时代每个诸侯国为了生存，迫不得已的选择，不应仅仅归咎于秦国；从立法技术而言，随时制定、随时发布符合战国时代实用、高效的需求，由此产生琐碎的弊端，也是没有办法的。换言之，当战国结束，秦国人突然面临这样一个广土众民、风俗各异的国家时，他们仍然在运用老旧的战国思维，而不懂得法随时变。这也是秦法失败的一大原因。

因此，如何摆脱战国思维，一方面继承礼刑、法律两大时代的遗产，另一方面吸取秦法失败的惨痛教训，正是历史留给汉朝人的任务。

本章拓展阅读与选题思路

一、拓展阅读

（琅琊台石刻）：维二十八年，皇帝作始。端平法度，万物之纪。以明人事，合同父子。……皇帝之功，勤劳本事。上农除末，黔首是富。普天之下，抟心揖志。器械一量，同书文字。……匡饬异俗，陵水经地。忧恤黔首，朝夕不懈。除疑定法，咸知所辟（避）。方伯分职，诸治经易。举错（措）必当，莫不如画。……诛乱除害，兴利致福。节事以时，诸产繁殖。黔首安宁，不用兵革。六亲相保，终无寇贼。驩（欢）欣奉教，尽知法式。……功盖五帝，泽及牛马。莫不受德，各安其宇。

——《史记·秦始皇本纪》

至于秦始皇，兼吞战国，遂毁先王之法，灭礼谊之官，专任刑罚，躬操文墨，昼断狱，夜理书，自程决事，日县（悬）石之一。而奸邪并生，赭衣塞路，囹圄成市，天下愁怨，溃而叛之。

——《汉书·刑法志》

编按：以上二则分别是秦人、汉人对秦朝法制的描述，各有主观立场。对而读之，相映成趣。

廿年四月丙戌朔丁亥，南郡守腾谓县、道啬夫：古者，民各有乡俗，其所利及好恶不同，或不便于民，害于邦。是以圣王作为法度，以矫端民心，去其邪僻，除其恶俗。法律未足，民多诈巧，故后有间令下者。凡法律令者，以教导民，去其淫僻，除其恶俗，而使之之于为善也。今法律令已具矣，而吏民莫用，乡俗淫泆之民不止，是即废主之明法也，而长邪僻淫泆之民，甚害于邦，不便于民。故腾为是而修法律令、田令及为间私方而下之，令吏明布，令吏民皆明知之，毋巨于罪。今法律令已布，闻吏民犯法为间私者不止，私好、乡俗之心不变，自从令、丞以下知而弗举论，是即明避主之明法也，而养匿邪僻之民。如此，则为人臣亦不忠矣。若弗

---

① ［法］孟德斯鸠：《论法的精神》，张雁深译，商务印书馆1963年版，第317页。

知，是即不胜任、不智也；知而弗敢论，是即不廉也。此皆大罪也，而令、丞弗明知，甚不便。今且令人案行之，举劾不从令者，致以律，论及令、丞。又且课县官，独多犯令而令、丞弗得者，以令、丞闻。以次传；别书江陵布，以邮行。

——《睡虎地秦墓竹简·语书》

春二月，毋敢伐材木山林及雍隄水。不夏月，毋敢夜草为灰，取生荔、麛卵鷇，毋□□□□□□毒鱼鳖，置阱网，到七月而纵之。唯不幸死而伐棺椁者，是不用时。邑之近皂及它禁苑者，麛时毋敢将犬以之田。百姓犬入禁苑中而不追兽及捕兽者，勿敢杀；其追兽及捕兽者，杀之。呵禁所杀犬，皆完入公；其它禁苑杀者，食其肉而入皮。

——《睡虎地秦墓竹简·田律》

甲谋遣乙盗杀人，受分十钱。问：乙高未盈六尺，甲何论？当磔。

——《睡虎地秦墓竹简·法律答问》

“公室告”何也？“非公室告”何也？贼杀伤、盗它人为“公室”；子盗父母，父母擅杀、刑、髡子及奴妾，不为“公室告”。

——《睡虎地秦墓竹简·法律答问》

乡某爰书：以某县丞某书，封有鞫者某里士伍甲家室、妻、子、臣妾、衣器、畜产。甲室、人：一宇二内，各有户，内室皆瓦盖，木大具，门桑十木。妻曰某，亡，不会封。子大女子某，未有夫。子小男子某，高六尺五寸。臣某，妾小女子某。牡犬一。几讯典某某、甲伍公士某某：“甲倘有它当封守，而某等脱弗占书，且有罪。”某等皆言曰：“甲封具此，毋它当封者。”即以甲封付某等，与里人更守之，待令。

——《睡虎地秦墓竹简·封诊式·封守》

二、选题思路

1. 秦朝统治思想与法家思想的异同
2. 《睡虎地秦简》法制研究
3. 秦简《法律答问》与秦律学研究
4. 秦律令制定程序研究
5. 秦狱讼制度研究
6. 秦律与秦代的社会控制研究
7. 论秦代法制的得失
8. 秦制与汉初法制比较研究
9. 《周礼》与秦简制度比较研究

第四章　汉朝的法律制度

公元前206年，刘邦率义军攻入咸阳，秦朝灭亡。此后经过楚汉相争、群雄逐鹿，刘邦于前202年统一天下，定都长安，史称西汉。汉初，一方面继承秦制，另一方面以亡秦为借鉴，清静无为、与民休息。经文景之治，废除了秦朝许多苛刑乱法，渐入盛世。武帝独尊儒术，始将礼的精神点点滴滴注入冰冷的律条，是为引礼入法的开端。由此，中国法制史进入礼法时代。公元8年，外戚王莽篡汉，建立新朝。25年，汉室宗亲刘秀重建汉朝，定都洛阳，史称东汉。东汉时代，律学兴起，开始有意识删定律令。两汉长达四百余年，其法律制度远绍周制、近取秦制，下与唐制遥相并峙，成就既高，影响亦远。“自汉以后，沿唐及宋，迄于元明，虽代有增损，而无敢轻议成规”①。

汉代法制既有“承秦”的一面，也有“过秦”的一面。一正一反的结果，是将简单粗暴的“秦制”发展完善为“汉家制度”。此外，在法律史上有重大影响的“法律儒家化”亦自此发端，余力纵贯至唐代。本章就按照以上思路展开。

第一节　汉承秦制：律令制度的成长

案例导入

高帝悉去秦仪法，为简易。群臣饮争功，醉或妄呼，拔剑击柱，上患之。通知上亦厌之，说上曰：“夫儒者难与进取，可与守成。臣愿征鲁诸生，与臣弟子共起朝仪。”……上曰：“可试为之，令易知，度吾所能行为之。”于是通使征鲁诸生三十余人。……汉七年，长乐宫成，诸侯群臣朝十月。……自诸侯王以下莫不震恐肃敬。至礼毕，尽伏，置法酒。诸侍坐殿下皆伏抑首，以尊卑次起上寿。觞九行，谒者言“罢酒”。御史执法举不如仪者辄引去。竟朝置酒，无敢讙哗失礼者。于是高帝曰：“吾乃今日知为皇帝之贵也!”

——《汉书·叔孙通传》

---

①　程树德：《九朝律考·汉律考序》，商务印书馆1927年版。

叔孙通益律所不及，傍章十八篇。

——《晋书·刑法志》

汉朝的立法从武功转向文治，始于叔孙通定礼仪。叔孙通本是秦朝的博士，秦末大乱时辗转各方势力，最后投奔了刘邦。他初见刘邦时，穿着儒服；见刘邦脸色不喜，立刻改穿楚服。可见此人有“与时屈伸”的眼光。叔孙通投奔刘邦时，带着几十个学生。但他向刘邦推荐的人才都是武夫，并不推荐学生。学生抱怨，叔孙通说：“我们儒生不擅长打仗。等着吧，仗迟早有打完的时候，主公也迟早有用到你们的时候。”

刘邦统一天下，做了皇帝，将秦朝繁复的礼仪统统废除。结果每天上朝，功臣们在朝堂之中饮酒呼啸、拔剑击柱，令刘邦感受不到做皇帝的尊荣。叔孙通见时机已到，便进言：“儒生虽没本事打天下，却有本事治天下。臣愿与弟子们为主公制定朝仪，让朝廷井然有序。”刘邦迟疑：“礼仪我不懂，会不会很麻烦?”叔孙通说：“三王不同礼，五帝不同乐，礼仪是什么样，君主说了算。我可以量身定制。”刘邦心动了，便令他制定礼仪，要求务必简单易行。

叔孙通立刻召集学生，制定礼仪，协助文武百官一起操练。一个多月后，长乐宫落成，诸侯百官朝会。司仪引着文武百官，脱了鞋，以小碎步一路疾趋，从两侧鱼贯而入，鸦雀无声。文官立东朝西，武将立西朝东，分班站定。刘邦坐着小车缓缓而出，到御座坐定。百官按照官位高低，依次敬酒朝贺。有违礼者，立刻被执法人员带出朝堂。刘邦这天退朝以后，对叔孙通说：“我今天才知道，做皇帝这么尊贵!”叔孙通制定的礼仪，由刘邦赋予法律效力，存于廷尉，傍着《九章律》一起收藏，史称《傍章律》。睡虎地汉墓出土《朝律》，与《傍章律》内容高度相似，佐证了这一律典的存在。

这个案例反映了几个问题：第一，汉初由武功转向文治，必将有选择地继承曾经废除的秦法；第二，汉律内容杂糅，礼仪之类也可能以律的形式存在；第三，律令并非君主一手制定，而是不同领域的专家分别制定，由君主认可。本节便谈谈汉代的立法与法律形式。

汉朝法律的制定情况，正史刑法志有简明的记载。不过，与秦律一样，20 世纪以来载有汉朝法律的简牍大量出土，修正了我们的很多认识。目前，两种文献系统的记载还存在着难以弥缝的差异，以下分别叙述。

一、汉朝法律体系的形成与变迁

（一）统一前后的立法

1. 约法三章

前 206 年，刘邦率义军入关灭秦，按照约定应被封为关中王。他为了赢得民心，与关中父老约定，等将来成为关中王，只保留三章秦法：“杀人者死，伤人及盗抵罪。余悉除去秦法。”[①] 这就是历史上著名的“约法三章”。正如《汉书·刑法志》

---

① 《史记·高祖本纪》。

所云，“三章之法不足以御奸”，但是博取民心绰绰有余。“约法三章”对秦律的全盘废弃，是政治上的权宜之计。

2.《九章律》

刘邦“约法三章”之时，萧何就已从秦丞相御史府接管了全套律令。汉朝建立后，“相国萧何捃摭（选择）秦法，取其宜于时者，作律九章”①。《九章律》是汉朝的基本法典，篇目是在秦律所承《法经》盗、贼、囚、捕、杂、具六篇之外，“益事律兴、厩、户三篇，合为九篇”②。事律，即职事、政事方面的非刑事律。兴，征发徭役；厩，交通；户，户籍婚姻。原六篇属于刑律，新增三篇属于事律。《九章律》是汉律体系的主干，不仅两汉承用，后世均奉为圭臬。

3.《傍章律》

《史记》记载：“于是汉兴，萧何次律令，韩信申军法，张苍为章程，叔孙通定礼仪。”可见，汉初除《九章律》外，还有军事立法、律历计量立法③、礼仪立法等活动。叔孙通在高祖时，奉命制定朝仪；惠帝时，又“定宗庙仪法”，形成了十八篇礼仪制度，因“与律令同录，藏于理官”，所以又称《傍章律》④，这是汉朝最早的礼仪立法。《傍章律》的制定，反映：其一，汉初礼、律的形式区分不严；其二，汉初礼仪仍是律令的依附品。

（二）汉初对秦法的逐步废弃

汉初承袭秦制，未暇修改。刘邦死后，惠帝、吕后、文帝、景帝逐步剔除秦律中不近人情的部分，使汉律日趋合理。惠帝时，“省法令妨吏民者，除挟书律”。挟书律，就是《焚书令》严禁民众私藏《诗》《书》百家语的法律，至此废除。吕后时，废除夷三族、妖言令。文帝时，废除收孥相坐律令，也就是秦朝的连坐法律。后又陆续废除诽谤妖言罪、废除肉刑。景帝时，废除磔刑（肢解）。总的来讲，汉初诸帝废除的秦法，主要是思想言论犯罪与残酷的刑罚。经过数十年的努力，秦朝狱吏好杀戮、民众喜告奸的恶劣习气得到扭转，世风重归于淳朴，甚至出现“刑罚大省，至于断狱四百”的“刑错之风”⑤。

（三）武帝改制

汉初法制，失之于宽，甚至“网漏吞舟之鱼”，易姑息养奸，造成诸侯、豪强的不法骄纵。汉武帝认为：“朕不变更制度，后世无法。”⑥ 遂“招进张汤、赵禹之属，条定法令”。张汤制定《越宫律》二十七篇，是宫廷警卫的法律；赵禹制定《朝律》

---

① 《汉书·刑法志》。

② 《晋书·刑法志》。

③ 汉朝法律的范围很广泛。“章程”之义，可以参考闫晓君：《说“程”——秦汉时期的计量性法规》，载《秦汉法律研究》，法律出版社2012年版。

④ 参见程树德：《九朝律考·汉律考》，商务印书馆1927年版，第9页。

⑤ 《汉书·刑法志》。“错”通“措”，“刑错”即刑罚搁置不用的意思。

⑥ 《资治通鉴·汉纪》。

六篇，是朝会的法律。《九章律》加上《傍章律》《越宫律》《朝律》，即《晋书·刑法志》所谓“汉律六十篇”的体系。此外，汉武帝还制定了左官之律、见知故纵监临部主之法、沉命法、告缗令等。这些法律都是为加强中央集权服务的。

至此，“律令凡三百五十九章，大辟四百九条，千八百八十二事，死罪决事比万三千四百七十二事。文书盈于几阁，典者不能遍睹”①，这就走上了秦法的老路。秦汉时期，立法技术有限。放权地方，利在政清刑简，弊在姑息养奸；集权中央，利在除恶务尽，弊在繁法峻刑。

（四）东汉删定律典、制定礼典的尝试

东汉法制大抵沿袭西汉，“后汉二百年间，律章无大增减”②，但在进一步引礼入法、以律学反省现行法制、删繁就简等方面，作出了独特的努力。汉章、和帝时，博士曹褒草拟《汉礼》一百五十篇，规定了从天子到庶人的冠婚吉凶各项礼仪，但没能颁行。汉和、安帝时，律家陈宠、陈忠父子曾大规模修订法律，后又尝试删定出一部与礼仪相应的律典，以五刑统率三千律条，也没有成功。汉末应劭又删定各类律令，撰成《汉仪》二百五十篇，虽未能获准颁行，但为法制的延续与转承提供了重要的文献基础。③ 至此，魏晋式的法典已经呼之欲出了。

二、汉朝法律类简牍提供的新认识

1983年，张家山汉简《二年律令》与《奏谳书》出土。汉简对传世文献的记载，提出了许多挑战：汉代法律是否真如上述的那样，有一个清晰整齐的体系？萧何是否真的在汉初制定了一部《九章律》？西汉有没有律典的存在，还是仅有一堆杂乱无章的单行律？

第一，《九章律》是否存在？

《二年律令》一般被认为是吕后二年（前186年）的律令汇编，上距汉朝建立仅二十年。按照传世文献的叙事，此时的法典仍是《九章律》，“汉律六十篇”的体系尚未完成。可是《二年律令》却包含二十七种律，且从中并不能看出哪九篇格外重要。换言之，即难以看出《九章律》的存在。由此，学者再度审视传世文献才发现：《史记》仅说“萧何次律令”，未提及《九章律》。最早记载《九章律》的《汉书·刑法志》成书于东汉，上距萧何已有三百年。有学者提出，《九章律》可能并非萧何立法的成果，而是东汉律学的产物。但证据似嫌不足。《九章律》究竟形成于何时，仍是一个谜案。

第二，汉律有没有清晰的体系？

成书于唐朝的《晋书·刑法志》说，《九章律》九篇、《傍章律》十八篇、《越宫

① 《汉书·刑法志》。

② 《魏书·刑罚志》。

③ 东汉法制沿革及其意义，参见徐世虹主编：《中国法制通史》第二卷“战国秦汉”，法律出版社1999年版，第275-278页。

律》二十七篇、《朝律》六篇，构成了汉律六十篇的体系。但是，《二年律令》溢出六十篇的篇目有二十种之多，这些律在“六十篇”之外，居于何种地位呢？从目前的材料来看，所谓“六十篇”可能是后人条理化的产物，并非汉朝法律体系的原貌。

第三，西汉有律典、令典吗？

日本学者滋贺秀三提出唐型“法典”的两项标准：其一，法律按照刑罚、非刑罚分类；其二，全部律或令作为单一不可分的“法典”（律典、令典）编纂施行。他将唐型“法典”的形成时代上溯至魏晋。[①] 西汉是否存在按照一定的次序与结构编纂的律典？抑或只有一堆散乱无章的单行律？这个问题将进一步疑及《法经》是否真实存在。

张家山汉简出土后，学界对以上问题争论不休，否定回答似略占上风。但新近公布的几种汉简，又对传世文献给予了有力的支持。汉朝法律缺乏后世法典的形态，并不意味着其没有自身的逻辑。例如《晋书·刑法志》认为，《法经》六篇都是“罪名之制”，而萧何增加的三篇都是“事律”。有学者据此提出，出土秦汉律似可分为“刑律之篇”与“职事之篇”（即“事律”）。又如《晋书·刑法志》对汉律作出“正律”与“旁章”的区分。而最新公布的睡虎地汉简中有汉文帝时代的两卷律，分别题名“□律”和“旁律”[②]。胡家草场西汉简则将律分为三卷，后二卷题名“旁律甲”“旁律乙”。其中第一卷所录包括刑律与部分事律，后二卷则均为事律。[③] 这意味着，传世文献所见“刑律”与“事律”、“正律”与“旁章”的分类，也许仍是解析出土文献的有效参照。探索传世文献与出土简牍之间这种若即若离的联系，从而认识秦汉律的本体，正是法史学的魅力所在。[④]

三、汉朝的立法程序和法律形式

（一）立法程序

秦汉时期的立法，一般分为创制和编纂两种形式。

创制，即创设新的法律内容与法律形式，主要通过群臣集议（也就是集体讨论）、君主认可的形式制定，这在相当程度上保留了先秦“议事以制”的传统，与魏晋以后设立专门的立法小组，很不一样。创制立法的流程一般是：君主或臣下提出立法诉求；君主指定群臣或有关部门集议，制定细案；君主认可，赋予效力，以制诏的形式颁布执行或修改原有法律。创制立法，一般用于新设令，或修改原有的律，可能也用于新设单行律。

---

① 参见［日］滋贺秀三：《关于曹魏〈新律〉十八篇的篇目》，载《中国法制史考证》丙编第二卷，中国社会科学出版社 2003 年版，第 263－266 页。

② 熊北生、陈伟、蔡丹：《湖北云梦睡虎地 77 号西汉墓出土简牍概述》，载《文物》2018 年第 3 期。“□律”缺一字。

③ 参见陈伟：《秦汉简牍所见的律典体系》，载《中国社会科学》2021 年第 1 期。

④ 参见徐世虹：《文献解读与秦汉律本体认识》，载《历史语言研究所集刊》第 86 本第 2 分，2015 年 6 月。

编纂，即在既有法律文件的内容基础上，进行形式的加工，从而产生新的法律文件。编纂通常是有关部门依据自己的职权或君主的授权进行的。编纂立法，一般产生比、挈令等法律形式，有时也用于系统整理、修订原有的律。例如汉初“萧何次律令”，即系统编次秦律，从而产生《九章律》；又如东汉司徒鲍昱在律家陈宠的协助下，把以前庞杂错乱的“决事科条”都“以事类相从”，编纂成《辞讼比》七卷、《决事都目》八卷，这都是典型的编纂立法。[①]

（二）法律形式

汉朝的法律形式，主要有律、令、比、科、品、律章句等。与秦朝一样，律是基本法，令是补充法。比是判例，科、品均是律令的辅助法规，科的功能倾向于奖惩，品的功能倾向于量化。律章句是法律注释。

律，基本法，按照内容可分为刑律和事律。

令，补充法，来源于皇帝制诏。酷吏杜周说：“前主所是，著为律；后主所是，疏为令。”《汉书》注云：“天子诏所增损，不在律上者为令。”因此，与律纯为法条形态不同，令往往以诏书的形式出现。例如张家山汉简《津关令》第一条规定：“御史言：越塞阑关，论未有令。请阑出入塞之津关，黥为城旦舂。……制曰：可。”御史大夫请示：擅自出国境与边关，目前没有法律规定，请求判以黥城旦舂的刑罚。皇帝表示：同意。汉令有三种分类，一是干支令，可能是按重要程度分为令甲、令乙、令丙三档；二是事项令，即按法令内容分为《养老令》《狱令》《金布令》《津关令》等；三是挈令，即按官署分为《廷尉挈令》《御史挈令》《兰台挈令》等。

比，又称“决事比”。汉末的郑玄说：“已行故事曰比。”比是经国家认可，作为判案依据的典型案例。《周礼注疏》云：“其无条，取比类以决之，故云‘决事比’。”可见，比一般用于弥补律令的不足。汉朝的比，种类繁多、数量庞大。例如《春秋》决狱的案例，编为《春秋决事比》；廷尉断狱的案例，编为《廷尉决事比》；民事细故的裁决，编为《辞讼比》等。到汉宣帝时，仅仅死罪决事比就已经有一万三千多个，造成了司法的混乱。

科，是律令的辅助法规，是赏罚的细则。《释名》载：“科，课也，课其不如法者罪责之也。”可见科一般用于课加惩罚。传世文献可见“逃亡之科”“宁告之科”“投书弃市之科”等。额济纳汉简中有名为《捕斩匈奴虏反羌购偿科别》的文书，内含《捕匈奴虏购科赏》和《捕反羌科赏》。[②] 正因为科具有在律令之外课加赏罚的功能，所以在汉末被各割据政权广泛运用。

品，也是律令的辅助法规，功能倾向于量化。《汉书》颜注云：“品，谓等差也。”传世文献可见《常符漏品》，是计时的法规，包含于《令甲》之中。居延汉简有《塞上烽火品约》，规定了面对不同等级的敌情时，如何使用烽火示警；《罪人得

---

① 参见秦涛：《律令时代的“议事以制”：汉代集议制研究》，中国法制出版社 2018 年版，第 170－207 页。

② 参见张忠炜：《汉科研究——以“购赏科”为中心》，载张忠炜：《秦汉律令法系研究初编》，社会科学文献出版社 2012 年版。

入钱赎品》，规定了不同等级的刑罚，如何用钱赎罪。

律章句，即运用经学章句的形式对律条作出的注释。所谓“章句”，即分章、断句，进一步发展为对名词术语的注释。在中国古代，经学是一切学术的核心，对法律影响深远。西汉今文经学讲究大义，故体现为运用经义进行《春秋》决狱。东汉古文经学长于章句，故叔孙宣、郭令卿、马融、郑玄等引经注律，“诸儒章句，十有余家，家数十万言”，十分可观。曹魏明帝“下诏，但用郑氏章句”[①]。东汉儒生虽然不能改变立法，但用儒家思想重新解释了法律，也促进了律令的精确与条理化。律章句发展了一些基本的法律概念，如“故”“失”与“误”、“强”与“和”、“志”与“行”等，被魏晋律学所继承。[②]

第二节　损益可知：从秦制到汉家制度

案例导入

三十六年，荧惑守心。有坠星下东郡，至地为石，黔首或刻其石曰“始皇帝死而地分”。始皇闻之，遣御史逐问，莫服，尽取石旁居人诛之，因燔销其石。

——《史记·秦始皇本纪》

祝官有秘祝，即有菑祥，辄祝祠移过于下。

——《史记·封禅书》

十三年夏，上曰：“盖闻天道祸自怨起而福繇德兴。百官之非，宜由朕躬。今秘祝之官移过于下，以彰吾之不德，朕甚不取。其除之。”

——《史记·孝文本纪》

古人认为：如果统治者施政不佳，上天就会出现灾异（即自然灾害或反常的自然现象），以疾病、死亡之类形式惩戒君主。《史记·封禅书》记载：秦朝君主为了逃避上天的惩戒，设置了“秘祝”之官。秘祝的工作是通过秘密的祷告与某种巫术，将本应降在君主身上的惩戒，转移到民众身上去。这是一种非常卑劣龌龊的行径，朝廷不好意思大事声张，故名“秘祝”。不仅如此，秦始皇还公开将一些天灾落实为人祸。

公元前211年，出现了“荧惑守心”的天文现象，这一般被认为是凶象。不久，有一颗陨石坠落于东郡。陨石上刻着一列文字：“始皇帝死而地分。”按照当时流行的天人感应学说，这是上天的严重警告，君主应当怵惕在心，深自反省。但秦始皇的反应是：立刻派出御史奔赴东郡，展开地毯式侦查，务必搞清究竟是谁刻了这些字妖言惑众。御史没能侦查出结果，秦始皇立刻下令：将这块陨石附近方圆若干里之内的居民全部处死，并将该陨石销毁。无论秘祝还是公开的杀戮，都没能阻止

---

① 《晋书·刑法志》。

② 参见龙大轩：《汉代律家与律章句考》，社会科学文献出版社2009年版。

“始皇帝死而地分”的国运。

汉承秦制，几乎全盘沿袭了秦朝的官制，秘祝之官也不例外。公元前 167 年，汉文帝下诏：民间怨气沸腾，上天就会降下祸殃；君主为政以德，上天就会赐予福分。朕既是天下的元首，自然应当为百官的一切过失负总的责任，而不应当让百官为朕的过失买单。秦朝以来的秘祝之官，将君主过失招致的灾祸转移给臣下，恰恰引发了民间的怨气、彰显了朕的不道德。朕为之不齿。请将秘祝之官废除吧！

汉文帝在黄老无为的外衣之下，不做加法做减法，悄然废除了若干秦代的苛政弊法。秘祝与肉刑的废除，都是其例。本节从减法与加法两个方面，谈谈汉朝是如何对秦制损之益之，形成了独具特色的“汉家制度”。

西汉初年，汉承秦制，接收了秦朝的律令制度，已如前述。几乎同时，汉初兴起了一股“过秦”的思潮。从政治、法制各方面反思秦朝灭亡的教训，成为汉初统治思想的一大主题。汉代高、惠、文、景四朝连续半个世纪以上，奉行黄老无为之治的方针，逐渐“改秦之败”，对秦制的苛政虐法做减法，是为制度之“损”。另一方面，汉代君主利用秦制的高度集权能力，打压诸侯、豪强、商贾，收效显著。至汉武帝推崇儒术，将“秦制”升级为更富弹性的大一统体制。“汉家承秦之制，并立郡县，主有专己之威，臣无百年之柄”[①]，这是制度之“益”。以下主要探讨汉文景时期的刑制改革，以及汉武帝时期大一统的法律举措。

一、汉文景的刑制改革

（一）黄老无为的法思想

汉初惩亡秦之失，治国方针选择“清静无为”的黄老思想，治国方术则沿袭申韩刑名之学。思想史上的改弦更张与制度史上的“汉承秦制”相映成趣。

道家托始黄帝，以老子为代表。战国后期诸子思想融合，逐渐形成一种“因阴阳之大顺，采儒墨之善、撮名法之要，与时迁移，应物变化，立俗施事，无所不宜”的新道家[②]，这就是黄老学派。黄老学派主张“治道贵清静而民自定”[③]。具体到法律，表现为立法上的“约法省刑”，司法中的“治狱者务先宽”[④]，司法人员宜选用谨厚木讷的长者。这从刘邦“约法三章”、文帝废除肉刑以及萧何、曹参、张释之等人的为政、司法风格可以看得很清楚。

“汉初学术，非道德即刑名”[⑤]。汉初既采黄老无为之治，则凡事皆主因循，制度沿袭秦制，治术沿袭申韩。文帝“本好刑名之言”[⑥]，汉初重臣如贾谊、晁错都精于刑名之学，刑名学甚至是太子的必修课程。汉初刑名之得势，于此可见一斑。黄

---

① 《汉书·叙传》。

② 《史记》卷一三〇《太史公自序》引《论六家要旨》。

③ 《史记·曹相国世家》。

④ 《汉书·景帝纪》。

⑤ 钱穆：《先秦诸子系年》，商务印书馆 2002 年版，第 264 页。

⑥ 《史记·儒林列传》。

老与刑名并用，彰显出汉初法治的务实风格。

在黄老无为的统治风格之下，汉初诸帝任用宽厚少文的长者为法官狱吏，轻刑抚民；还陆续废除了许多秦朝苛法，例如挟书律、夷三族刑、妖言令、收孥相坐律令、诽谤妖言罪、磔刑等，其中以汉文、景帝废除肉刑最为重要。

（二）汉文帝废肉刑

汉文帝十三年（前167年），齐国太仓令淳于意有罪当处以肉刑。其幼女缇萦为救父亲，上书文帝，痛陈肉刑的惨酷与不合理。她说："妾伤夫死者不可复生，刑者不可复属。虽后欲改过自新，其道无由也。"自愿罚没为官奴婢，"以赎父刑罪，使得自新"。小女孩的决心，触动了文帝的悲悯，他当即命群臣商讨废除肉刑的具体方案。群臣集议后提出：

第一，废除肉刑。黥城旦舂，改为髡钳城旦舂；劓刑，改为笞三百；斩左趾，改为笞五百；斩右趾，改为弃市。此外，宫刑也在文帝时废除。景帝诏书曾追述："孝文皇帝临天下……除宫刑，出美人，重绝人之世也。"① 宫刑一般用于强奸罪，悬泉汉简有西汉后期的律条："强与人奸者……皆髡以为城旦。"可见宫刑可能也替换为髡钳城旦舂。景帝后来规定："死罪欲腐者，许之。"则是将宫刑作为死刑的替代刑，不再是独立刑种，司马迁的故事就是例证。② 这样一来，上古肉刑全部得以废除。

第二，规定徒刑刑期。秦朝的徒刑，很多属于无期徒刑。此次改革之后，所有徒刑经过一定刑期，就可以减轻一等，直至恢复自由身份。例如，完城旦舂服刑满三年，减为鬼薪白粲；再服刑一年，减为隶臣妾；再服刑一年，免为庶人。总计而言，完城旦舂服刑五年后，就可恢复自由。

千年酷刑，一朝废除。汉文帝的刑制改革，以较为文明的徒刑、笞刑，取代了残酷野蛮的肉刑，也为后世新五刑制的形成奠定了基础。这是中国乃至世界法律文明的重大进步。千年之下，明人丘濬摸着自己完整的手足，仍忍不住感恩："自是以来，天下之人犯法者，始免断肢体、刻肌肤。百世之下，人得以全其身、不绝其类者，文帝之德大矣!"③

不过，这次改革也遗留了一些问题。如：以弃市取代斩右趾，是由轻入重；笞三百、五百，"或至死而笞未毕"。东汉班固评价："外有轻刑之名，内实杀人。"④ 刑制有继续改革的必要。

（三）汉景帝减笞数、定《箠令》

减笞数。景帝元年（前156年），针对犯人常死于笞刑的弊端，下诏定律："笞

① 《汉书·景帝纪》。

② 参见［日］宫宅潔：《中国古代刑制史研究》，杨振红等译，广西师范大学出版社2016年版，第37－38页。

③ 《大学衍义补》卷一百二《慎刑宪·定律令之制上》。

④ 《汉书·刑法志》。

五百曰三百，笞三百曰二百。”中元六年（前 144 年）再次下诏：“其减笞三百曰二百，笞二百曰一百。”从此，“笞者得全”。

定《箠令》。箠，是笞刑的刑具。景帝为了强化笞刑的教化功能，制定《箠令》，对箠的规格、笞刑的执行方法作出了限制性的规定。《箠令》规定：箠一律长五尺，手握处直径一寸，末端薄半寸；材质为竹，竹节一律削平；施刑部位统一为臀部；同一罪的行刑过程中不得更换施刑者。

景帝推进其父的改革，使汉朝刑制绽放出文明的初曙。不过，班固说文景刑制改革之后，死罪条款太多、比重太大，而死刑以下直接徒刑、笞刑，“死刑既重，而生刑又轻”，刑罚结构畸轻畸重，缺乏中间档的“中刑”，很不合理。① 所以东汉以来，有不少恢复肉刑的议论。这就有待于魏晋南北朝人，运用他们的法律智慧来解决了。

二、汉武帝加强中央集权的法律举措

汉武帝为了整治清静无为姑息养奸的弊端，任用张汤、赵禹等人制定了一批法令，加强中央集权，打击诸侯、豪强、商贾，严于治吏。这些法律及其内容主要有：

（一）打击诸侯

酎金不如法。酎是一种祭祀用的醇酒。每年八月，皇帝率诸侯祭祀宗庙，品尝酎酒，这叫饮酎礼。此时，诸侯应出高纯度的黄金助祭，这就是酎金。武帝制定《酎金律》②，以“酎金不如法”为罪名，打击诸侯。由于《酎金律》的执行非常苛刻，“金少不如斤两，色恶，王削县，侯免国”③，成色好坏的标准又比较主观，因此大量列侯中招。仅元鼎六年（前 111 年），就有 106 名列侯因“酎金不如法”被夺爵。

阿党、附益、左官。武帝新制定了“阿党附益之法”和《左官律》。阿党罪，即在朝官员与地方诸侯之间结党营私，东汉时也指官员之间结党。“封诸侯过限曰附益”④，附益罪即诸侯的疆域超过了限制。《汉书》注：“人道上右，今舍天子而仕诸侯，故谓之左官也。”汉朝尚右，故贬称诸侯之官为“左官”。《左官律》严禁汉廷之人到诸侯国任官，也限制诸侯国人担任京官。《汉书》云：“左官、附益、阿党之法设，其后诸侯唯得衣食租税，贫者或乘牛车。”可见，这三条法令对于诸侯的打击是非常大的。

此外，汉廷设有私通宾客罪，严禁诸侯私自收养门客；事国人过律罪，严禁诸侯非法役使诸侯国人；非正罪，严禁诸侯违反嫡长子继承制，擅自选立继承人。秦

---

① 参见《汉书·刑法志》。

② 一说为文帝颁布，沈家本倾向于武帝说，参见《汉律摭遗》卷十七“酎金律”条。按：无论如何，酎金案是在武帝时集中爆发的。

③ 《史记·平准书》注引《汉仪注》。

④ 《史记·诸侯王表》注引“律郑氏说”。

朝虽然废封建行郡县，但六国势力很快复辟。汉初不得已推行郡国并行之制，诸侯国占有半壁江山。经过武帝的一系列法律举措，诸侯国彻底削弱，郡县制度至此才算完全成立。

（二）打击商贾，严于治吏

1. 打击商贾

（1）算缗、告缗。武帝为了解决朝廷用度不足的问题，命酷吏张汤等人在元狩四年（前119年）出台《算缗令》，对商贾加收沉重的财产税、商业税。算，是一百二十文钱；缗，本义是穿钱的钱串子，一串钱是一千文。算缗的基本规则是："各以其物自占，率缗钱二千而一算"，"商贾人轺车二算，船五丈以上一算"。也就是命商贾各自计算、申报财产，按照财产价值的百分之六（二千文征一算）上税，车、船也都要征税。如果商贾"匿不自占"（瞒报）或"占不悉"（少报）财产，"戍边一岁，没入缗钱"，即没收全部财产，商贾本人罚戍边一年。可想而知，《算缗令》在实际推行中遭遇很大困难。于是武帝又出台了《告缗令》，规定："有能告者，以其半畀之。"鼓励告发漏报瞒报的商贾。如告发属实，将罚没的一半财产赏赐告发者。并任用酷吏杨可"告缗遍天下"，酷吏杜周从严督办告缗案件，宁枉毋纵。算缗、告缗的结果是："得民财物以亿计，奴婢以千万数"，田产不可计数，政府财政收入极其充裕。而代价就是"商贾中家以上大率破，民偷甘食好衣，不事畜藏之产业"，中产阶级基本破产，小康之家只顾眼前消费，不考虑长远积蓄。[①] 汉兴一百年来培养的社会元气，就此消耗殆尽。

（2）七科谪。汉武帝晚年，进一步打击商贾，两次发"七科谪"屯戍边疆、讨伐外族。所谓"七科谪"，就是命令七种低贱身份的人谪戍边疆，按照政府命令参与军事行动。这七种身份，分别是："吏有罪一，亡命二，赘婿三，贾人四，故有市籍（商业户口）五，父母有市籍六，大父母（祖父母）有市籍七。"[②] 后四科均针对商人。

算缗、告缗与七科谪，对战国以来一度强盛的商人阶层造成了毁灭性的打击，也深远影响了后世的商业政策与民间观念。

2. 严于治吏

（1）见知故纵、监临部主之法。所谓"见知故纵"，即"其见知而故不举劾，各与同罪；失不举劾，各以赎论"[③]。对其他官吏犯法目睹、知情而故意不举报，与之同罪；过失不举报，赎罪。这应该是从秦朝"吏见知不举"罪发展而来。"监临部主"，即"见知人犯法不举告为故纵，而所监临部主有罪并连坐也"[④]。监临部主，就是上级主管部门的长官。上司对下属的见知故纵罪负连带责任。

---

① 《史记·平准书》。
② 《汉书·武帝纪》注。
③ 《晋书·刑法志》。
④ 《汉书·刑法志》注。

（2）沈命法。武帝后期，盗贼四起。为了督促官吏捉拿盗贼，特地制定了《沈命法》："群盗起不发觉，发觉而弗捕满品者，二千石以下至小吏主者皆死。""沈"通"沉"，没的意思。"沈命法"，就是没命法。如果郡县出现群盗，官吏居然没发觉；或尽管发觉，却未能抓捕到规定人数，那么上到郡守、县令，下到一线负责抓捕的治安官吏，全部没命。这条法律出台的后果是，郡县官吏害怕没命，索性串通一气，瞒报贼情，"故盗贼寖多，而上下相为匿，以避文法焉"①。清末沈家本评论：盗贼增多的根源，在于"政令之烦苛而民生贫困"，《沈命法》不治本而治标，"知重法之无益于治也"②。

官僚制度尽管高效，但也有其自身的利益与行为逻辑。如果不顾这样的行为逻辑却幻想利用其高效，只会重蹈秦末互相告讦、欺诈成风的覆辙。后人哀之而不鉴之，亦使后人而复哀后人也。

（三）强化皇权

秦汉律均规定有危害政权、皇权的罪名，并将其作为打击的重点，不仅限于武帝时代。此处通贯前后，简述几个主要罪名。

1. 反、降、谋反

"反"为叛国罪，"降"为降敌罪，"谋反"为预谋反叛罪。秦及汉初谋反的处罚极重，首犯具五刑、夷三族。秦丞相李斯、汉初诸侯王韩信、彭越等，均死于此罪。

2. 不道

不道，是适用极其广泛的口袋罪。汉成帝时的廷尉说："不道无正法，以所犯剧易为罪。"不道只有罪名，没有明确的犯罪构成，仅按照危害程度来定罪。从实际适用来看，包括诬罔、迷国、诽谤、狡猾、惑众、亏恩、奉使为状等一系列小罪名，核心是背离臣子之道，扰乱民政，危害君主及国家，以及一些极其残忍的犯罪。③"不道"之下的罪名，不断分化独立出来。到了唐律"十恶"，不道就只剩下三个小罪名了。

3. 矫制、废格诏令、奉诏不谨、不承用诏书

皇帝制度下，制诏具有法律的效力，因此篡改、怠慢制诏的行为，皆在严禁之列。矫制，就是故意篡改、诈称皇帝诏书，视其后果定刑罚之轻重。"矫制不害"可以免予处罚，"矫制大害"是死罪。废格诏令，即阻挠制诏的执行，"废格明诏，当弃市"④。奉诏不谨、不承用诏书，都是对制诏的怠慢，分别有相应处罚。

4. 巫蛊

巫蛊，即用巫术诅咒、陷害他人，还包括媚道、祝诅等形式。《贼律》规定：

---

① 《汉书·酷吏传》。

② 《汉律摭遗》卷七"捕律"条。

③ 参见［日］大庭脩：《秦汉法制史研究》，徐世虹等译，中西书局2017年版，第69－112页。

④ 《史记·淮南衡山列传》。

"敢蛊人及教令者，弃市。"① 巫蛊一般是死罪。针对皇帝的巫蛊，格外严重。汉武帝晚年任用酷吏江充，兴起巫蛊大案，牵连甚广，皇后、太子、公主、丞相都不能幸免，普通吏民更是"坐而死者前后数万人"②。

5. 腹非

武帝时，有人对大农令颜异非议朝廷法令，颜异没有回应，但是嘴唇微微动了一下（微反唇）。酷吏张汤称颜异"见令不便，不入言而腹非，论死"。腹非，即心中非议朝政。"自是后有腹非之法比"，从此就以颜异案作为审判类似案件的"决事比"③。腹非罪较之秦朝的言论犯罪更有想象力，是中国古代思想言论管控的登峰造极，造成了人人自危、"公卿大夫多谄谀取容"的恶果。

三、狱讼与监察制度的新变化

（一）狱讼职官的新设

1. 廷尉属官的新设

与秦朝一样，廷尉是汉朝最高司法官。宣帝时，有感于当时"决狱不当"与廷尉判案官员"任轻禄薄"的现状，特别新设了"廷尉平"四员，以"明察宽恕""其务平之"为断狱方针，矫正武帝以来"巧文寖深"的风气。④ 此外，张汤曾任儒生儿宽为奏谳掾，"以古法义决狱"。奏谳掾可能是廷尉之下专司奏谳案件的官职，不知是否汉朝新设。

2. 地方狱讼职官

汉朝州郡县乡制度，记载较为详细，可以看到不少秦简中未曾见过的职官。

州设律令师，"主平法律"，与"主监试经"的《孝经》师、"主时节祠祀"的《月令》师并列。三师应该是地方官吏承担师教功能的体现，是法律儒家化的产物，与秦朝"以法为教，以吏为师"形成了鲜明的对比。

郡守之下，按职能分设列曹，其中决曹、辞曹、贼曹、仁恕掾均与狱讼、治安有关。贼曹主捕盗贼，维护一郡的治安。辞曹主辞讼事，职听讼。决曹主罪法事，职断狱。东汉又有仁恕掾，"主狱"，也负有纠察属县的责任，顾名思义，应该是法律儒家化影响下新设的官职。⑤

乡设三老，掌教化；啬夫，职听讼；游徼，禁盗贼。以教化为先，赋予乡官以听讼的职能，都是汉朝的新发展。

3. 听讼体系逐渐形成

所谓"讼"，即户婚、田土、钱债等"细故"，与刑狱"重情"相对，类似于今

---

① 《周礼·司寇》郑注引《贼律》。

② 《汉书·江充传》。

③ 《汉书·食货志》。

④ 《汉书·刑法志》。

⑤ 以上均参见严耕望：《秦汉地方行政制度》，上海古籍出版社2007年版，第二章。

天所谓民事诉讼，汉代称为“辞讼”。汉代辞讼非常活跃，东汉王符《潜夫论》云：“乡县典司之吏，辞讼之民，官事相连，更相检对者，日可有十万人。”每天十万人涉案，或有夸张成分，但汉代健讼之风可窥一斑。如此繁多的辞讼案件，没有相应的诉讼法令与诉讼程序是不可想象的。汉朝的辞讼，已经初步形成较完整的职官体系，并且有了初步的法律规范。

东汉司徒下设辞曹，律家陈宠曾任此职，“掌天下狱讼，其所平决，无不厌服众心”。不仅如此，陈宠还编纂裁决婚嫁等问题的《辞讼比》七卷，成为听讼的法律依据，起到了“齐一法令，息遏人讼”的效果。[①]

东汉从司徒到郡、县，均设辞曹，负责听讼，与“主罪法”的决曹实现了狱讼分工。郡下还有专职听讼的“理讼掾”[②]。如果“所讼辞讼事在乡，当为治决”[③]，也许大多数辞讼，仍由乡啬夫裁断。五一广场东汉简记录了一些听讼的档案，为今人窥探汉朝辞讼案件打开了一个小孔。

（二）法吏风格的变化

司法官吏是否应以法律条文为唯一的行事依据？秦朝法吏的回答是肯定的。而汉朝法吏对此问题的不同回答，构成了三种司法官吏的风格：守文之吏、酷吏与循吏。这三类司法官吏，在整个中国法律史上也具有典型意义，在此一并叙述。[④]

守文之吏的“文”，就是法律条文。守文之吏的风格是“奉法从事”，尽量做到不枉不纵。汉文帝时的廷尉张释之，就是守文之吏的典型。汉文帝出行，有人惊车驾，差点令文帝“败伤”。张释之依律判为犯跸罪，当罚金。文帝要求重判，张释之回答：“法者，天子所与天下公共也”，且“廷尉，天下之平也，一倾而天下用法皆为轻重，民安所措其手足”？[⑤] 以法律为高于天子的公共标准，追求“平”而不倾于“轻重”，是守文之吏的准则。守文之吏，是秦朝律令文本与汉初黄老思想结合的产物。守文之吏虽然没有酷吏、循吏那样耀眼、有个性、在史籍中设有专传，却是贯穿两汉法律史的底色。

酷吏之“酷”当何解？《白虎通》曰：“酷者，极也，教令穷极也。”即过度执行法律的意思。相比起“守文”，酷吏的风格是“深文”，是“武健严酷”。他们不以律令条文为满足，而深入探求君主的意思，“不循三尺法，专以人主意指为狱”。这些人大多充当了君主加强集权的鹰犬。不过应当指出，文景之治以后，“奸轨弄法，善人不能化，唯一切严削为能齐之”，酷吏也起到了应有的历史作用。且酷吏大多具有清廉的品格与雷厉风行的办事能力，所谓“廉者足以为仪表”，“虽惨酷，斯称其位矣”。亦正亦邪的形象，令酷吏拥有一种充满争议的魅力。至于世所谓贪官庸吏，则

---

① 《后汉书·鲍昱传》注引《东观汉记》。

② 长沙市文物考古研究所等编：《长沙五一广场东汉简牍选释》，中西书局 2015 年版，第 157 页

③ 长沙市文物考古研究所等编：《长沙五一广场东汉简牍选释》，中西书局 2015 年版，第 162 页。

④ 胡仁智教授对此问题有精彩的论述，参见《两汉郡县官吏司法权研究》，法律出版社 2008 年版，第 184－208 页。

⑤ 《史记·张释之列传》。

“何足数哉”[①]，是不足与酷吏相提并论的。

循吏是“奉法循理”之吏。一方面，他们奉行律令；另一方面，他们奉行律令之上的“理”，有着明确的正义观。循吏以教化为主，先礼后刑。如黄霸“力行教化而后诛罚”，秦彭“惟礼训人，不任刑罚”，刘矩“以礼让化之”，善于在润物细无声中化解诉讼，追求“无讼”境界。有些循吏还在律令之外，自设“条教”进行治理。宣帝时，循吏于定国任廷尉十七年，“决疑平法，务在哀鳏寡，罪疑从轻，加审慎之心”。史称“张释之为廷尉，天下无冤民；于定国为廷尉，民自以不冤”。“无冤民”，是因为法律得到公正的执行，这是法律效果；“民自以不冤”，是因为法律之外人情的呵护备至，这是社会效果。从中可以看出守文之吏与循吏的区别。循吏在法律儒家化的过程中熏陶而成，是中国古代法律史上推崇的理想官吏类型。

（三）监察制度的完善

秦代监察职官，主要为中央的御史大夫与地方的郡监御史。汉朝的行政监察与司法监察进一步完善，创设了许多影响深远的新制度。

1. 三独坐

御史大夫下设御史中丞，内领侍御史，外督部刺史，“纠察百僚”，权力极大。武帝时，在京畿地区设司隶校尉，“察举百官以下及京师近郡犯法者”[②]，号称“无所不纠”。东汉时，中央又有尚书台“总典纲纪”。御史中丞、司隶校尉与尚书令，朝会时专坐一席、监察百官，号称“三独坐”。

2. 刺史“六条问事”

武帝时，将天下一百多个郡国分为十三个监察区，除司隶校尉部外，每个州都由御史中丞特派一名部刺史进行监察。刺史的主要职责，是“周行郡国，省察治状，黜陟能否，断治冤狱”。具体来讲，即奉皇帝的六条诏书，“以六条问事”。六条诏书分别是：地方豪强的违法问题、郡守贪污、郡守司法腐败、郡守用人腐败、郡守子弟的违法问题、郡守与豪强的勾结问题。[③] 可见，监察对象首先是郡守，其次是地方豪强，“非条所问，即不省”。明末顾炎武评价：刺史以六百石监察二千石的郡守，秩卑命尊、官小权重，甚得“小大相制，内外相维之意”，起到了良好的效果；不过，也有“刺史之职下侵”的弊端。[④] 随着时间推移，刺史权力逐渐侵蚀郡守、县令，不仅监察郡县所有官员，而且总揽军事、行政权力，至汉末终于形成割据势力。

3. 州部从事、郡督邮

部从事是州刺史的属官，每郡国对应一员，“主督促文书，察举非法”。督邮是郡守属吏，从秦朝的都吏发展而来，负责分部监察诸县。汉朝从中朝的尚书台、外朝的御史中丞，到京畿的司隶校尉、州刺史、州部从事、郡督邮，形成了一套完善

---

① 《史记·酷吏列传》。
② 《后汉书·百官志》。
③ 六条诏书的原文，见《汉书·百官公卿表》注引《汉官典职仪式》。
④ 《日知录》卷九《部刺史》。

的监察职官体系。

4. 三互法

汉代当官须回避本籍，如甲州人不得当甲州刺史。后来逐渐发展为甲州人如果任乙州刺史，则乙州人不得任甲州刺史；同时还需回避妻家的籍贯，以防串通包庇。到了汉末，发展出“三互法”：“制婚姻之家及两州人士不得对相监临。”[①] 举例来讲：如果甲州人任乙州刺史，乙州人任丙州刺史，则丙州人不得任甲、乙二州刺史。如果将其中的任职关系置换为婚姻关系，也在禁止之列。[②] 这种做法失之烦琐苛刻，以致有些职位长期空缺没有合适人选。

第三节　引礼入律：法律儒家化的开端

案例导入

（赵）君安为同县李寿所杀，娥亲有男弟三人，皆欲报仇，寿深以为备。会遭灾疫，三人皆死。寿闻大喜，请会宗族，共相庆贺，云：“赵氏强壮已尽，唯有女弱，何足复忧！”防备懈弛。……娥亲既素有报仇之心，及闻寿言，感激愈深，怆然陨涕曰：“李寿，汝莫喜也，终不活汝！……”阴市名刀，挟长持短，昼夜哀酸，志在杀寿。寿为人凶豪，闻娥亲之言，更乘马带刀，乡人皆畏惮之。比邻有徐氏妇，忧娥亲不能制，恐逆见中害，每谏止之，……娥亲曰：“父母之仇，不同天地共日月者也。……今虽三弟早死，门户泯绝，而娥亲犹在，岂可假手于人哉！……”夜数磨砺所持刀讫，扼腕切齿，悲涕长叹，家人及邻里咸共笑之。……至光和二年二月上旬，以白日清时，于都亭之前，与寿相遇，……娥亲乃挺身奋手，左抵其额，右椿其喉，反覆盘旋，应手而倒。遂拔其刀以截寿头，持诣都亭，归罪有司，徐步诣狱，辞颜不变。……称其烈义，刊石立碑，显其门闾。

——《三国志》注引皇甫谧《列女传》

公元179年二月上旬的一天，酒泉郡禄福县都亭（县治安机关）里，走进一位弱女子。她浑身血污，一手持利刃，一手拎一颗人头，前来自首，并坦然走进监狱，静候法律的审判。原来，她叫赵娥亲，其父叫赵君安，被同郡豪强李寿所杀。娥亲有三个弟弟，都想为父复仇，却在一场瘟疫中全死了。李寿听说，喜出望外，大会宗族，举酒庆贺：“赵氏男子死尽，夫复何忧？”话传到娥亲耳中，她怆然流涕，立志手刃仇人。娥亲买了一口名刀，每夜磨刀扼腕悲叹，白昼追踪李寿。李寿听说，也很忌惮，每天乘马带刀，戒备森严。邻居徐妇劝道：“报仇是男人的事情。你何必执着呢？如今你有夫有子，不如保全门户。”娥亲切齿道：“父母之仇，不共戴天。我一定要令李寿的颈项之血，溅污此刃！”功夫不负有心人。179年二月，赵娥亲终于在县都亭门口与李寿狭路相逢。李寿回马要走，娥亲奋力砍伤其马，李寿跌落道

---

① 《后汉书·蔡邕传》。

② 参见严耕望：《秦汉地方行政制度》，上海古籍出版社2007年版，第348－350页。

边沟中。娥亲寻至，举刀砍去，误中树，刀折。遂徒手与李寿搏斗，最终将之掐死。娥亲拔出李寿佩刀，断其首，到都亭自首。禄福县长听说了前因后果，不忍论罪，弃官而去。临走前，劝娥亲逃跑。娥亲却说："手刃仇人，是我的本分；依法论罪，是君的职守。我哪敢贪生以坏法?"乡人听说，倾城往观。代理县令的县尉不敢公然放人，暗示娥亲逃跑。娥亲不从，大声表明志向。县尉强行将之送回家。经凉州刺史、酒泉太守上报，诏书予以特赦，并刊立石碑予以表彰，海内仰慕。

这是一个什么样的法律世界？为什么一介弱女子不肯报官，宁可选择困难模式、手刃仇人？为什么她复仇之后却不逃跑，甘心自首接受法律制裁？她的法律观念到底是强是弱？为什么地方司法机关反而违背职守，打算放纵杀人嫌犯？为什么国家居然会对一名杀人嫌犯公开表彰？赵娥复仇案彰示出汉末法律与人情、制度与传统、经义与律令的纠结和冲突。而这一切，正是法律儒家化的结果。

法律应当具有高度稳定的特征，不因政权的变换而全盘毁弃改立。汉初承用秦代律令，这是法律逻辑。秦政苛酷已极，必须改弦更张。汉初"约法三章"、无为而治，这是治理逻辑。统治者想要集中权柄，缔造大一统的光辉盛世。随着汉初打击诸侯、商贾、豪强，秦制得到修复与强化，至汉武帝而形成大一统的"汉家制度"，这是皇权逻辑。汉初高层官员，主要是功臣、外戚。随着功臣的凋零，政权逐渐向民众开放，富有治国知识的儒家登上历史舞台，出将入相，饶有中国特色的"士大夫政治"逐渐形成。他们在司法过程中，自觉抵制与儒家理念不合的律令，采用经义判决疑难案件、注释律令文本，并不失时机地推动儒家经义进入国家立法层面。法律史家瞿同祖将这个过程称为"法律儒家化"。究其实质，这是以周制的文化精神影响秦制的法律文本，是"礼·刑"与"法·律"两大制度遗产的化合。礼法时代缓缓拉开了序幕。本节从法律思想、立法制度、司法制度等方面，集中论述法律儒家化。此外汉代还有一些富有特色的制度，也一并在本节论及。

一、儒家思想与引礼入律

经过文景之治，汉朝日臻富庶，黄老思想完成了历史使命，其姑息养奸的弊端也彰显无遗；至于刑名学，则只能解决一时一地的问题，无法解决国计、民生和信仰的根本问题——黄老与刑名，都没有更上一层的理想可言。汉武帝认为有必要确立一种从政治、经济到意识形态实行全面"大一统"的理论，董仲舒的新儒学应运而生。董仲舒前承孔孟儒学，旁采先秦阴阳、墨、名、法诸家之长，后撷汉初黄老思想的精华，构建成新的儒学理论。

董仲舒以"天人感应"为立论前提，认为君主应效法天道，而天道又视乎民情，"德足以安乐民者，天予之；其恶足以贼害民者，天夺之"[①]。天理、国法、人情，构成了一个逻辑圆圈。天道主阳而辅阴，阳对应德，阴对应刑，所以王者"任德教而不任刑"[②]。这就从理论上根本否弃了秦法。除天道外，董仲舒还强调效法圣人，

---

① 《春秋繁露·尧舜不擅移汤武不专杀》。

② 《汉书·董仲舒传》。

认为孔子作《春秋》就是为汉制法，较之刑名法家纯以律令为据，探抉出了更加深厚而神圣的法源。《春秋》决狱就是这一观念在司法领域的外化。

董仲舒的法思想，明伸君权，暗中却有所制约，自然不可能完全为“外施仁义而内多欲”的汉武帝所接受。儒家是统治者的“外套”，法家才是统治者的“底裤”。他们一面尊礼公孙弘这样的大儒“缘饰吏治”，另一面任用张汤这样的酷吏治狱。虽不无矛盾，但也相得益彰。

西汉后期缺乏像汉武帝这样雄才大略的强势君主。元帝、成帝之后，“汉家制度”的“内法”精神逐渐淡化，“外儒”则由表及里。“通经致用”蔚然成风，推动法律儒家化向纵深发展。这恐怕是汉武帝利用儒家之时，所始料未及的结果。

两汉之际，律令与儒学交融，还形成了饶富特色的律学。律学是中国传统法学的主要形态，睡虎地秦简《法律答问》可能就是较早的律学文献。但早期律学缺乏系统性、理论性。西汉后期，随着经学的兴起，律章句学也应运而生。法吏兼习儒术、儒生娴练法令，成为一时风气。一批大儒如马融、郑玄以经、律互注，大大提升了律学的品质，也为魏晋法典编纂和更高形态律学的发生铺就了道路。

无论如何，汉武尊儒之后，儒家思想成为正统法律思想。汉律继承秦律，虽经损益，仍本于法家精神。但儒家思想通过影响司法、注释法律、订立法律原则等方式，逐渐注入律令之中。学界一般称这个过程为“法律儒家化”，又叫“引礼入律”。法律儒家化在汉代开其端，经历魏晋南北朝，至《唐律疏议》而完成了礼法合一。①

二、法律儒家化影响下的立法

法律儒家化自汉朝肇其端，尽管主要通过注释法律和影响司法的方式进行，但也零星形成了一些法律原则与法律文化。

1. 上请

上请，也叫先请，具有某种特定身份的人犯罪，有司不得擅拘擅决，而需奏请皇帝裁断。高祖七年（前 200 年）诏曰：“令郎中有罪耐以上，请之。”这是上请的起源。到东汉，已经扩及“宗室有罪先请”“廉吏有罪先请”“吏墨绶（六百石以上）有罪先请”，分别是八议中议亲、议贤、议贵的前身了。② 上请，是君主优礼宗室、大臣、贤能的制度，在后世得到进一步的制度化。

2. 矜恤

矜即怜惜，恤即体恤。矜恤，指老幼废疾妇女犯罪，可以在量刑、监禁方面予以优待，是关怀弱势群体的法律原则。汉惠帝诏：“民年七十以上若（或）不满十岁，有罪当刑者，皆完之。”③ 对一定年龄段的老幼不施肉刑。景帝规定：“年八十以上、八岁以下，及孕者未乳（孕妇）、师（盲人）、朱儒，当鞠系者，颂（通

① “法律儒家化”是 1948 年瞿同祖《中国法律之儒家化》（载《中国法律与中国社会》附录，中华书局 2003 年版，第 355－374 页）一文提出的富有解释力的概念，近年学界对此概念也有反思与修正。

② 参见《周礼・小司寇》注。

③ 《汉书・惠帝纪》。

“容”）系之。”[①] 老幼妇女废疾关押时可以不戴刑具。值得一提的是，汉朝还特别为高年老人设立王杖制度。武威汉简有一份《王杖诏书令》，颁布于汉成帝时代，规定七十岁老人赐予王杖，享有种种特权：非首杀伤人，不算犯罪；免交一切赋税；殴打辱骂王杖老人者，比大逆不道，弃市。[②]

3. 亲亲得相首匿

《论语》有云：“父为子隐，子为父隐，直在其中矣。”孔子认为，亲属家族内部，有权互相容隐一些犯罪行为。这不仅不应构成违法，反而是正当的。这是“亲亲得相首匿”的思想渊源。秦律鼓励夫妻互相告发，汉律“重首匿之科”，西汉前期父子亦不得相隐。这一立法最终酿成了汉武帝与太子刘据父子反目、兵戎相见的悲剧。刘据的孙子汉宣帝早年深受此法之苦，加之儒家经学正统地位的确立，遂于地节四年（前66年）下诏确立了“亲亲得相首匿”的原则：“自今子首匿父母，妻匿夫，孙匿大父母，皆勿坐；其父母匿子，夫匿妻，大父母匿孙，罪殊死，皆上请廷尉以闻。”[③] 即一定范围的卑亲属可无条件为尊亲属隐匿罪行，尊亲属可为卑亲属隐匿死罪以外的罪行，死罪则上请由皇帝裁决。亲亲得相首匿原则的确立，使私的人伦足以抗御公的君权，具有深远的法律价值，这项原则后来发展为唐律的“同居相为隐”，直到今天的刑事诉讼法中仍有所体现。[④]

4. 复仇

亲友被人杀害，尤其“父母之仇不共戴天”，作为子女能否手刃仇人，为之复仇？经义与国法的态度是冲突的。《春秋公羊传》有“大复仇”的经义，《周礼》亦赞成有限制的复仇。但国法如果允许复仇，则将引发冤冤相报的恶果。父权与君权抵触，人情与国法冲突，复仇成为贯穿中国法律史数千年的症结，始终不得其解。西汉禁止复仇。东汉有人杀死侮辱其父者，章帝免其死刑而宽宥之，后来司法以此为比，从而形成允许为父复仇的“轻侮法”。和帝时，因“相杀之路不可开”，又将之废除。不过，民间复仇风气极盛，社会舆论乃至司法官吏均对复仇者表示同情。缑氏女玉复仇案、赵娥亲复仇案均曾震动朝野，且复仇者都得到赦免，显示出国法在此问题上的纠结。[⑤]

简单来讲，法家的精神是法律面前人人平等。但由于君主例外，所以其他人越平等，君主权力就越大，反而造成事实上的专制。儒家的精神则是区别对待，在君权之外，血缘（亲）、官爵（贵）、道德能力（贤）、年龄（齿）都是值得区别对待的理由。这样一来，这些人的所谓“法律特权”反而足以在一定程度上制衡强大的君

---

① 《汉书·刑法志》。

② 参见秦涛：《汉简“王杖诏书”比勘研究》，载《中国古代法律文献研究》第10辑，社会科学文献出版社2016年版。

③ 《汉书·宣帝纪》。

④ 亲亲相隐究竟是利是弊，与现代法治的关系如何？这是学术界争鸣的热点，可参见邓晓芒、郭齐勇等学者的相关论著。西南政法大学学者的观点，可参见俞荣根：《礼法传统与中华法系》，中国民主法制出版社2016年版，第155-204页。

⑤ 参见瞿同祖：《中国法律与中国社会》，中华书局2003年版，第72-93页。

权。这应该是法律儒家化的一大意义。

三、法律儒家化影响下的司法

(一)《春秋》决狱

汉朝最具特色的断狱机制，是《春秋》决狱。《春秋》决狱，指引用《春秋》等经典的精神原则或事例，解决狱讼过程中的疑难问题。史料可见引用的经典还有《诗》《书》《礼》《论语》等经典，所以也称“引经决狱”或“经义折狱”。

《春秋》决狱在武帝时的大儒董仲舒手中得到广泛运用。据说董仲舒退休之后，朝廷每遇疑难问题，就派廷尉张汤亲就陋巷请教。董仲舒常常运用经义解释疑难，事后整理成《春秋决狱》，共计二百三十二个案例。他自陈：“《春秋》之听狱也，必本其事而原其志。志邪者不待成，首恶者罪特重，本直者其论轻。”① 事，即具体案情、犯罪行为；志，即犯罪行为体现的主观方面。《春秋》决狱强调透过客观的案情与犯罪行为，推原其主观的道德意志，作为定罪量刑的主要考量因素。

目前史籍中还能找到数则据说是董仲舒决狱的案例。例如：甲无子，捡到弃儿乙，收养为子。乙成年后犯罪杀人，跑回家告诉甲，甲藏匿乙。问：甲藏匿乙的行为，是否构成犯罪？董仲舒引《诗经》“螟蛉有子，蜾蠃负之”，证成甲乙当认定为父子关系；又引“《春秋》之义，父为子隐”，证明父匿子无罪。② 董仲舒的做法，得到后人的效仿。《春秋》决狱在汉魏晋重大疑难案件中屡次使用，北魏形成制度，至唐代随着法律儒家化的完成而基本结束。③

如何评价《春秋》决狱？近代法治理念深入人心，常以《春秋》决狱为“以经破法”，故负面评价较多。如章太炎抨击《春秋》决狱“舍法律明文，而援经诛心以为断”；刘师培则说“名曰引经决狱，实则便于酷吏之舞文”。实际上，评价一项制度，须结合时代背景，看其在历史上的实际功过。首先，从具体案例来看，《春秋》决狱以从宽为主，有利于矫正汉律承秦之弊。其次，《春秋》决狱的本质是以经义为律令的法源，体现了汉儒以圣贤限制皇权的努力。最后，《春秋》决狱在司法领域探索并完善了法律理论，其实践成果常被后续的立法采纳。例如“父为子隐”在宣帝时代，就入法成为“亲亲得相首匿”原则。不可否认，《春秋》决狱也有个别被酷吏利用的例子。但汉朝庞杂的律令才是酷吏上下其手、作奸犯科的主场。他们援用经义，不过是追随皇帝的喜好与附庸时代的风雅罢了，未必能得到什么特别的便利。④

(二)“天人感应”影响的狱讼制度

董仲舒的新儒学讲究“天人感应”。天以阳为主，以阴为辅，阴阳协调。刑狱属

---

① 《春秋繁露·精华》。

② 参见《通典》卷六九。

③ 参见吕志兴：《“春秋决狱”新探》，载《西南师范大学学报》2000 年第 5 期。

④ 《春秋》决狱的案例，程树德《九朝律考·汉律考》搜集较齐全，黄源盛《汉唐法制与儒家传统》运用法学视角对其中十八个案例作了细致的分析，均值得参看。

于人间阴事。如果刑狱过于酷滥，或在阳的季节（春夏）行阴事，将阴气过剩、阴阳失调，引动天灾。后世常以“六月飞雪”表示民间有冤情，原理亦在于此。狱讼制度遵循天人感应的措施，一是释放掉蓄积过剩的阴气（录囚、大赦），二是在阴的时间做阴的事情（秋冬行刑）。

1. 录囚

录，省察。录囚，是皇帝或上级长官定期或突击检查刑狱，直接详审罪囚、平反冤狱的制度。录囚之制渊源于秦律，岳麓秦简就有南郡守“录江陵狱”的记录。不过，秦及汉初的录狱，以书面审查为主，似未提审在押犯。西汉武帝后，州郡官员常在秋季巡行郡县，亲录囚徒。昭帝时，京兆尹隽不疑“每行县录囚徒还，其母辄问不疑：‘有所平反？活几何人？’”皇帝录囚，始于东汉。明帝、和帝均曾往洛阳狱“录囚徒，举冤狱”，邓太后连续三天亲自录囚，平反数百人。录囚制度是儒家仁政恤刑、天人感应学说的制度化，对平反冤案、监察司法都有积极作用，故为历代沿用，至唐宋犹有“虑囚”之制。[①]

2. 大赦

即普遍宽赦罪犯的制度。赦前之罪不论举发与否，均予减免。秦始皇时，“急法不赦”。汉朝大赦达一百四十多次，凡登基、册后、灾异，均会大赦天下。大赦制度，体现了汉人“与民更适”“理阴阳，顺时气”“赦小过，举贤才”的思想。不过，赦免过于频繁，会伤害法律的稳定，纵容作奸犯科。因此，汉末三国有许多批评赦免的言论，认为良好的法治“在于明法，不在数赦”。除了大赦，汉朝也有针对某地某事的赦免，后世称为“曲赦”和“别赦”。[②]

3. 秋冬行刑

据说“秦为虐政，四时行刑”。儒家吸收阴阳思想，形成司法时令说：“王者生杀，宜顺时气。”汉朝实行“秋冬行刑”的制度，除罪大恶极者决不待时，死刑均在立秋以后、冬至之前执行。秋冬行刑为死刑纠错留下时间上的余地，在传统农业社会也有不误农时的意义，为历代所继承，直至清末。

同样受阴阳思想影响，秦始皇以水德自命，严刑酷法，“刻削毋仁恩和义”；汉朝则发展出德主刑辅、顺天生杀的制度。两相对比，思想与制度之关系耐人寻味。

四、汉代其他法律制度

汉律与秦律一样，包罗万象。近人章太炎云：“汉律之所包络，国典官令无所不具，非独刑法而已也……汉世乃一切著之于律。”[③] 以下简述婚姻、继承、契约、监察方面一些有特色的制度。

---

① 参见胡仁智：《两汉郡县官吏司法权研究》，法律出版社2008年版，第103－106页。

② 参见邬文玲：《汉代赦免制度研究》，中国社会科学院2003年博士论文。

③ 章太炎：《检论》卷三《原法》附《汉律考》，载《章太炎全集》（三），上海人民出版社1984年版，第438页。

（一）婚姻与继承

1. 婚姻

西汉婚姻观念，较之后世要开放得多。很多后世无法容忍的行为，在汉代都没什么大不了：闺女私奔，如卓文君与司马相如；寡妇再嫁，如丞相陈平的妻子曾“五嫁，夫辄死”；男子入赘，如“七科谪”曾把全国赘婿编制成一支军队；良贱通婚，如平阳公主嫁给她曾经的马奴卫青、汉武帝最宠爱的李夫人出身倡家。不过，东汉“国宪”《白虎通》将若干《礼经》原则明文标榜，婚姻习俗逐渐儒家化，“三从”等观念也应运而生。这里谈谈汉代的离婚制度。

（1）七去

西汉人编的《大戴礼记・本命》记载了夫家单方面休妻的七种理由，即“七去”，也称“七出”，分别是：不顺父母、无子、淫、妒、口多言、有恶疾、盗窃。这些情形，在史籍中均能找到具体事例。好在汉代离异女子不受歧视，再嫁比较容易。《白虎通》特别声明妻子不得休夫，说明这种现象在当时也存在，史书中也确实可以看到有女子因夫有恶疾或贫困而主动求去的。

（2）三不去

这是对夫家离婚权的限制性规定：“有所取无所归，不去；与更三年丧，不去；前贫贱后富贵，不去。”即妻子娘家无人、妻曾为公婆守孝、糟糠之妻旺夫，丈夫不得行使离婚权。

《白虎通》曰：“出妇之义，必送之。”离婚后，丈夫须以礼送妻归娘家。同时汉律规定：“弃妻畀所赍。”[①] 妻子的陪嫁财物、奴婢须如数归还。

2. 继承

中国古代的继承制度中，身份继承多实行嫡长子继承制，汉代有《置后律》严格管制；财产继承则可以按被继承人的意志自由处分，汉代常采诸子均分制。

汉代的遗嘱称“先令”，意即被继承人预先拟定的遗令。《二年律令・户律》规定：“民欲先令相分田宅、奴婢、财物，乡部啬夫身听其令，皆三辨券书之，辄上如户籍。有争者以券书从事，无券书毋听。……留难先令，弗为券书，罚金一两。”可见：（1）立书面遗嘱分配财产时，需乡官到场公证；（2）遗嘱一式三份（三辨券），一份官府存档，两份交双方当事人；（3）无书面遗嘱（券书）的遗产纠纷，一律不受理；（4）阻碍书面遗嘱设立是犯罪，需罚金一两。扬州仪征西汉墓出土的《先令券书》讲了一位名叫朱凌的老太太“甚疾其死”，召集“县乡三老、都乡有秩、佐、里师”等基层官员“为先令券书”，文件最后有见证人署名及“先令券书明白，可以从事”的公证结论，是一份难得的史料。[②]

遗产处分是很自由的。如西汉开国功臣陆贾退休后，将家产平分给五个儿子，

---

① 《礼记・杂记下》注。

② 较新的研究参见［日］籾山明撰：《汉结僤习俗考》，赵晶译，载《法律文化研究》第10辑，社会科学文献出版社2017年版。

自己驾豪车、持名剑，携十名歌女，轮流住在五个儿子家，并约定寿终谁家，就由谁继承车马、名剑、歌女。因为这个别具一格的遗嘱设计，陆贾晚年生活十分潇洒。

（二）契约

1. 买卖契约

汉代契约称“券”，又叫“契券”，契是刻的意思。《说文解字》释曰：“券别之书，以刀判，契其旁，故曰契券。”券书写在木板上，用刀切为两份，并在板侧刻上计数的刻齿，与板上所载数字相符，以防篡改。东汉人注《周礼·士师》云：“今时市买，为券书以别之，各得其一，讼则案券以正之。”可见汉代买卖均需立券书，双方各执一半，作为将来争讼的书证。汉墓中常见“买地券”，是死者向冥界证明自己对此墓所有权的，虽属迷信，也可见当时人契约观念之强。西汉王褒曾写过一篇《僮约》：他在四川某寡妇家，碰到一个嚣张的奴仆，遂决定将之买下教训。奴仆声称：“我的工作都按合同履行。合同未载，一概不做。”王褒遂写了一篇长达几千字的券书，约定了一百多项工作以及违约责任，吓得该奴“目泪下落，鼻涕长一尺”[1]。《僮约》虽是文学作品，但忠实反映了汉代的契约观念与契约格式。

2. 借贷契约

两汉借贷活动十分活跃，甚至一度出台《贷钱它物律》以规范借贷行为。[2] 借贷内容有钱有物。如果欠钱不还，可以申请官方介入催债。例如居延汉简有一份文书，记录了某出借人希望官府向欠款人“验问（查验债务是否属实）收责（债）报（反馈）如律令”的请求。[3] 为确保债务得到切实履行，民间普遍存在债务担保的制度，如“今富商大贾，多放钱货，中家子弟，为之保役”[4]。也有穷人找不到担保人，只得以身抵押。如著名的孝子董永“卖身葬父”的故事，原型就是西汉一次抵押贷款：“父亡无以葬，乃从人贷钱一万。（董）永谓钱主曰：‘后若无钱还君，当以身作奴。’”[5] 必须说明，中国古代国法对于民事活动很少过问，大量民事规则均存在于风俗习惯与具体行为之中，无法细数。

3. 结社约束

汉代人还有结社的约束。如西汉《中服共侍约》，记录了七个人共同结成“服”以从事运输的约束；东汉《侍廷里父老僤买田约束石券》则是二十五位乡里的父老共同结成“僤”以集资买田的约束[6]，等等。这说明汉代的契约运用非常灵活，民事规则极其丰富。中国古代民事规则的存在样态与丰富内涵，绝非一句“中国古代没有民法”可以概括，值得有志青年投身探索。

---

① 《僮约》较好的校注本，参见汪维辉：《僮约疏证》，载《汉语词汇史新探》，上海人民出版社 2007 年版。

② 参见甘肃简牍博物馆等编：《肩水金关汉简（肆）》，中西书局 2015 年版。

③ 参见谢桂华等：《居延汉简释文合校》，文物出版社 1987 年版，第 609 页。

④ 《后汉书·桓谭传》。

⑤ 《太平御览》卷四一一《人事部·孝感》引刘向《孝子图》。

⑥ 参见鲁西奇：《何草不黄：〈汉书〉断章解义》，广西师范大学出版社 2015 年版，第 367－371 页。

五、汉朝法制的得失

汉朝在制度上“汉承秦制”，思想上改弦更张，先以黄老、刑名为过渡，继之以推崇儒术，开启了引礼入法的宏伟进程。汉儒在难以全盘更革律令的情况下，先引经折狱，再引经注律，并不失时机地促成个别经义的法律化，以潜移默运之手段，行偷天换日之事业。礼法时代的恢弘大剧，缓缓拉开了序幕。

汉朝远汲周礼的精神，近取秦律的制度，以长达四百年的显赫治绩，为后世树立了一个制度文化模板，这就是“礼法”。后世无论如何因革损益，都在礼法的框架之下行事，而再难完全突破。[①] 是欤非欤？功耶罪耶？于此取解，则思过半矣。

汉朝立法，起于《九章律》，而《九章律》是对秦律的沿袭。因此，汉朝从来不曾有过对法律制度的总体、理性设计。这就造成了如下问题：

第一，法律文本庞杂。武帝以后，成文的律令激增至三百五十九章，不成文的决事比更是成千上万，即便专职司法的官吏都难以读完。而且律令规定互相矛盾，“或罪同而论异”，这就给了奸吏任意出入人罪的机会，“所欲活，则傅生议；所欲陷，则予死比”。法律文本庞杂，是两汉四百年积重难返的结果，也是立法技术落后造成的。

第二，价值取向与制度文本的背离。武帝以后，汉朝明面的价值取向是儒家思想，但制度文本仍是承秦而来的律令。在此前提下，儒家的《春秋》决狱往往与律令抵触，伤害法律的稳定性。司法实践中，也常常面临德与法相冲突的两难困境。两汉常有信奉儒家的官吏为了坚持心中的正义，任情破法或弃官而逃。

要解决以上两个问题，非对汉律作通盘的修订与彻底的清理不可。也有不少有识之士试图“建立明制，定一代之法”[②]，却终两汉之世而未成。这就仿若一个传承百年的大家族，明知非彻底的扫除不足以新其居，却以尘蠹为宝物、视腐朽如珍奇，件件难以丢弃，简直无从下手。唯有入居新的主人，大刀阔斧替他重新起个炉灶了。这个主人，就是代汉而兴的曹魏。

本章拓展阅读与选题思路

一、拓展阅读

汉兴，高祖初入关，约法三章曰：“杀人者死，伤人及盗抵罪。”蠲削烦苛，兆民大说。其后四夷未附，兵革未息，三章之法不足以御奸，于是相国萧何攈摭秦法，取其宜于时者，作律九章。当孝惠、高后时，百姓新免毒蠚，人欲长幼养老。萧、曹为相，填以无为，从民之欲而不扰乱，是以衣食滋殖，刑罚用稀。及孝文即位，躬修玄默，劝趣农桑，减省租赋。而将相皆旧功臣，少文多质，惩恶亡秦之政，论议务在宽厚，耻言人之过失。化行天下，告讦之俗易。吏安其官，民乐其业，畜积岁增，户口浸息。风流笃厚，禁罔疏阔。选张释之为廷尉，罪疑者予民，是以刑罚

① 参见阎步克编著：《波峰与波谷：秦汉魏晋南北朝的政治文明（第二版）》，北京大学出版社 2017 年版，第二版前言。

② 《汉书·刑法志》。

大省，至于断狱四百，有刑错之风。……及至孝武即位，外事四夷之功，内盛耳目之好，征发烦数，百姓贫耗，穷民犯法，酷吏击断，奸轨不胜。于是招进张汤、赵禹之属，条定法令，作见知故纵、监临部主之法，缓深故之罪，急纵出之诛。其后奸猾巧法，转相比况，禁罔浸密。律、令凡三百五十九章，大辟四百九条，千八百八十二事，死罪决事比万三千四百七十二事。文书盈于几阁，典者不能遍睹。

——《汉书·刑法志》

汉承秦制，萧何定律，除参夷连坐之罪，增部主见知之条，益事律《兴》《厩》《户》三篇，合为九篇。叔孙通益律所不及，《傍章》十八篇。张汤《越宫律》二十七篇。赵禹《朝律》六篇。合六十篇。又汉时决事，集为《令甲》以下三百余篇，及司徒鲍公撰嫁娶辞讼决为《法比都目》，凡九百六卷。世有增损，率皆集类为篇，结事为章。一章之中或事过数十，事类虽同，轻重乖异。而通条连句，上下相蒙，虽大体异篇，实相采入。《盗律》有贼伤之例，《贼律》有盗章之文，《兴律》有上狱之法，《厩律》有逮捕之事，若此之比，错糅无常。后人生意，各为章句。叔孙宣、郭令卿、马融、郑玄诸儒章句十有余家，家数十万言。凡断罪所当由用者，合二万六千二百七十二条，七百七十三万二千二百余言，言数益繁，览者益难。天子于是下诏，但用郑氏章句，不得杂用余家。

——《晋书·刑法志》

即位十三年，齐太仓令淳于公有罪当刑，诏狱逮系长安。淳于公无男，有五女，当行会逮，骂其女曰："生子不生男，缓急非有益！"其少女缇萦，自伤悲泣，乃随其父至长安，上书曰："妾父为吏，齐中皆称其廉平，今坐法当刑。妾伤夫死者不可复生，刑者不可复属，虽后欲改过自新，其道亡繇也。妾愿没入为官婢，以赎父刑罪，使得自新。"书奏天子，天子怜悲其意，遂下令曰："制诏御史：盖闻有虞氏之时，画衣冠、异章服以为戮，而民弗犯，何治之至也！今法有肉刑三，而奸不止，其咎安在？非乃朕德之薄而教不明与？吾甚自愧。故夫训道不纯而愚民陷焉，《诗》曰：'恺弟君子，民之父母。'今人有过，教未施而刑已加焉，或欲改行为善，而道亡繇至，朕甚怜之。夫刑至断支体、刻肌肤，终身不息，何其刑之痛而不德也！岂为民父母之意哉！其除肉刑，有以易之；及令罪人各以轻重，不亡逃，有年而免。具为令。"丞相张仓、御史大夫冯敬奏言："肉刑所以禁奸，所由来者久矣。陛下下明诏，怜万民之一有过被刑者终身不息，及罪人欲改行为善而道亡繇至，于盛德，臣等所不及也。臣谨议请定律曰：诸当完者，完为城旦舂；当黥者，髡钳为城旦舂；当劓者，笞三百；当斩左止者，笞五百；当斩右止，及杀人先自告，及吏坐受赇枉法，守县官财物而即盗之，已论命复有笞罪者，皆弃市。罪人狱已决，完为城旦舂，满三岁为鬼薪白粲。鬼薪白粲一岁，为隶臣妾。隶臣妾一岁，免为庶人。隶臣妾满二岁，为司寇。司寇一岁，及作如司寇二岁，皆免为庶人。其亡逃及有罪耐以上，不用此令。前令之刑城旦舂岁而非禁锢者，完为城旦舂，岁数以免。臣昧死请。"制曰："可。"

——《汉书·刑法志》

有罪当耐，其法不名耐者，庶人以上耐为司寇，司寇耐为隶臣妾。隶臣妾及收人有耐罪，系城旦舂六岁。系日未备而复有耐罪，完为城旦舂。城旦舂有罪耐以上，黥之。其有赎罪以下，及老小不当刑、刑尽者，皆笞百。城旦刑尽而盗臧百一十钱以上，若贼伤人，及杀人而先自告也，皆弃市。

——张家山汉简《二年律令·具律》

一、御史言：越塞阑关，论未有令。请阑出入塞之津关，黥为城旦舂；越塞，斩左止为城旦；吏卒主者弗得，赎耐；令、丞、令史罚金四两。知其情而出入之，及假予人符传，令以阑出入者，与同罪。非其所□为□而擅为传出入津关，以□传令、阑令论，及所为传者。县邑传塞，及备塞都尉、关吏、官属、军吏卒乘塞者，禁其□弩、马、牛出，田陂、苑、牧，缮治塞，邮、门亭行书者得以符出入。制曰：可。

——张家山汉简《二年律令·津关令》

十年七月辛卯朔癸巳，胡状，丞熹敢谳之。刻曰：临淄狱史阑令女子南冠缟冠，佯病卧车中，袭大夫虞传，以阑出关。·今阑曰：南齐国族田氏，徙处长安，阑送行，娶为妻，与偕归临淄，未出关得，它如刻。·南言如刻及阑。·诘阑，阑非当得娶南为妻也，而娶以为妻，与偕归临淄，是阑来诱及奸，南亡之诸侯，阑匿之也，何解？阑曰：来送南而娶为妻，非来诱也。吏以为奸及匿南，罪，毋解。·诘阑：律所以禁从诸侯来诱者，令它国毋得娶它国人也。阑虽不故来，而实诱汉民之齐国，即从诸侯来诱也，何解？阑曰：罪，毋解。·问，如辞。·鞫：阑送南，娶以为妻，与偕归临淄，未出关，得，审。疑阑罪，系，它县论，敢谳之。·人婢清助赵邯郸城，已即亡，从兄赵地，以亡之诸侯论。今阑来送徙者，即诱南。·吏议：阑与清同类，当以从诸侯来诱论。·或曰：当以奸及匿黥舂罪论。十年八月庚申朔癸亥，太仆不害行廷尉事，谓胡啬夫谳狱史阑，谳固有审，廷以闻，阑当黥为城旦，它如律令。

——张家山汉简《奏谳书》

编按：这则案例中的“·”是原简牍就有的分隔符，表示案例的结构、层次划分，现予保留。

二、选题思路

1. 汉代法律与社会控制研究
2. 汉令形态研究
3. 汉代立法程序研究
4. 《春秋》决狱新论
5. 汉代经学与法律研究
6. 论“法律儒家化”概念的形成、发展与反思
7. 汉代律令辞例研究
8. 胡家草场西汉律令研究
9. 秦汉《奏谳书》比较研究
10. 五一广场东汉简法制史料研究
11. 汉代狱讼程序研究
12. 论东汉法制的发展与变化

第五章　三国两晋南北朝的法律制度

不知秦汉，何论魏晋？不论魏晋，又焉知隋唐？三国两晋南北朝的法制，其根远追先秦、近及秦汉，这段历史时期的政制、律令多有革故鼎新，并以法律儒家化作为标榜，发展为隋唐制度的渊源。这一时期的法律文化，受东汉末年以来学术分野的影响，兼具了传承与解放的特质。但魏晋巨变并不意味着儒学的“中衰”，相反，儒学为更多人所继承。曹操重礼慎德，司马氏持名教自居；修律之人多为儒生，得以引礼入法，奠定了法律儒家化之基。如果说汉律在精神上已有儒家化的趋向，那么魏晋以后的律令无论在精神或在形式上都已是儒家化的事实，这是三国两晋南北朝对礼的精神和律的精髓之传承。就律学而言，它确实在一定程度上脱离经学束缚得以发展，不管形式抑或方法都已成为独立的学问。于法律思想而言，玄学异军突起，以自然对抗名教，主张放情任志、顺乎人性，无疑是对伦理说教的反动，也可看作礼法束缚下的解脱。这是三国两晋南北朝法律思潮的解放。这个时代的制度与文化，就如同这个时代的生命个体一样，“生于乱世，长于戎马”而又“流离播越”，在继汉开唐中书写了她的风度与风流。

第一节　“辑册为典”：律令分途与立法的体系化

案例导入

邺下谚曰：“博士买驴，书券三纸，未有驴字。”

——《颜氏家训·勉学》

据说邺下（今河北临漳）有个读书人，自恃才高八斗，人称“博士”。某日清晨，博士到市集上去买驴，为确保交易安全，要与卖驴者签订一份合同，卖驴者只好让其先行草拟。几个时辰已过，卖驴者等得不耐烦，连忙催促，不料看到博士还在挥毫洒墨，洋洋洒洒已经写了三页纸。卖驴者虽是大字不识一箩筐，但也好歹认识“驴”字，拿起博士所写的合同看了半天，硬是没看到一个驴字，便嘲讽起来：真是书券三纸不见驴也。这个充满讽刺的故事，如果要增加点冷感，我们也不妨

“离驴万里”地说，博士之所以“书券三纸，未有驴字”，不仅仅是因为肚子里的墨水多，而是因为博士手头的纸多，他已经生活在一个纸张普及的时代。

纸张的普及让博士有了发挥才华的余地，最起码让中国古代的合同形态逐步迈出了“质剂傅别”的时代，出现了更多的“一纸契约”。除此以外，纸张的出现还会给古人的法律世界带来哪些变化呢？有学者研究认为：“以文书为基础的行政，与文书的形态、材质有着密不可分的关系。略微夸张一点说，中国古代集权国家就是确立于简牍这样的书写材料之上的。”“书写材料在相当程度上规定着行政体系，一旦书写材料发生变化，行政制度就会受到影响，从逻辑上讲，它甚至最终影响到国家政治的变化。”① 这里说的正是秦汉的简牍世界与魏晋以来的纸张世界。要简要论证这个观点，可以用西晋傅咸《纸赋》中的几句文辞进行说明：“盖世有质文，则理有损益，故礼随时变，而器与事易。既作契以代结绳兮，又造纸以当策，犹纯俭之从宜，亦唯变而是适”。如果说结绳记事、仓颉造字以来，中国有了文字也就有了成文法。自三代以来，成文法的载体经历了悬法象魏、甲骨青铜这些吉光片羽，且不论公布如何，文字本身尚充满神秘。秦汉以来追求“三尺”律令，但“简重帛贵”，不仅“不便于人”，也难以像纸张一样“揽之则舒，舍之则卷”，在“可屈可伸”之间潇洒自如（《纸赋》）。中国人很早就发明了纸，从物质载体的角度看，纸本书籍无疑是文化传播、交流一种极为重要的方式，大大提高了思想文化的传播效率，也让汉字发挥了真正的魅力。魏晋以来，虽有一时的洛阳纸贵，但正是载体的更新，才铺垫了这个时代援笔飞书的艺术和文学创作高峰。由此，我们不难想象，这个时代的文字作品，包括法律典章在内，都已经逐渐书写于纸张之上，成为更加利于公布传抄、便于收储整理的书籍。因为纸张的普及、纸本法律文献的传播，中国古代成文法“有典有则”的编撰传统，进入了“辑册为典”新形态。

日本学者滋贺秀三曾说：“中国严格意义上的法典编纂是从魏律开始的。”② 自魏晋至南北朝，是中国古代律令分途和五礼体系化的时代。不管是律令还是礼，都出现了立法技术上体系化、“法典化”的趋势，这对于我们了解汉唐间法律体系的建立具有重要的意义。三国两晋南北朝时期，社会动荡，战乱频仍，群雄割据。各王朝为求生存图发展，都比较重视立法建制。同时，各民族法律文化的融合推动了律学的发展，使这个时期法律思想趋于活跃。在继承秦汉以来立法成就的基础上，经过各王朝礼法之士持续不断的改造尝试与创新设计，无论是立法技术、法典体例、法律形式还是法制内容诸方面，都有所变化和创新，呈现出与秦汉法制显著不同的独特风貌。尤其是北朝统治者入主中原后，效法汉魏晋制度，所创制的《北魏律》《北齐律》等律典，成为沟通秦汉旧典与隋唐制度的重要津梁，融汇游牧与农耕两种文明的法制结晶。诚如梁启超所言，“汉魏晋之交，法典之资料益富，而编纂之体裁亦益讲，有组织之大法典，先于世界万国而见其成立。唐宋明

① ［日］冨谷至：《木简竹简述说的古代中国：书写材料的文化史》，刘恒武译，黄留珠校，人民出版社2007年版，第138页。

② ［日］滋贺秀三：《曹魏新律十八篇篇目考》，载刘俊文主编：《日本学者研究中国史论著选译》第8卷，姚荣涛、徐世虹译，中华书局1992年版，第101页。

清，承流蹈轨，滋粲然矣。”[①] 法典体系、法律内容与法律精神的不断革新，使得一系列重要制度和基本原则在这个时期初具雏形，助力传统法制由幼稚向成熟演进，最终波及隋唐结出丰硕的成果——宣告中国古代成文法典体系基本格局的定型，奠定了隋唐礼法时代的制度根基。

一、三国两晋南北朝的立法

（一）三国

三国时期的蜀汉，基本上沿用汉律，主要立法活动是诸葛亮和伊籍、法正等人“共造《蜀科》”，史载《蜀科》“不纯依汉制”，但具体内容已不可考。与曹操一样，诸葛亮在执政时期创制了不少“军令”；与之关联的是此后曹魏制令时有“军中令”，晋令则有“军战”“军水战”“军法”等篇目，可见这个时代经常运用令这一法律形式专门调整军事活动。因此推之，诸葛亮所制“军令”也应具有法律效力，是蜀汉法制的组成部分。

由于史料阙失，孙吴所适用的法律只留下“多依汉制”的记载，一直以来也有孙吴无重要立法建树的评述。1996 年，在长沙市中心五一广场建设工地出土了 10 万余枚孙吴简牍，学界称为“长沙走马楼三国吴简”，历时 20 多年，相关的研究工作仍在推进。这些简牍包含了大量的法律、户籍、赋役、田土制度的信息，且同一或附近区域还出土了数千枚东汉简牍，为我们认识秦汉以来地方治理提供了一个典型的法律文献档案链条，理应成为破解孙吴法律制度“无重要立法建树”成说的一把钥匙。

曹魏在曹操统治时期，颁行过《甲子科》和一些军事法令，虽“嫌汉律太重”，但战争的客观形势和挟天子以令诸侯的特殊地位，使其不便作出颠覆性的改革措施，因而基本沿用汉律。魏明帝即位后，鉴于当时承袭秦汉旧弊，法制苛碎、律文烦广，旧律愈来愈不适应形势需要的严峻现实，于太和三年（229 年）下诏改定刑律，命陈群、刘劭等人删削旧科，傍采汉律，制定《新律》。《新律》是三国时期最重要的立法成果，其以汉《九章律》为基础，但又有较多的创新：（1）改“具律”为“刑名”，移置篇首，使律典结构更为科学合理。（2）对汉律各篇条文互相重复或矛盾的地方，进行了调整和重新归类，使篇名与各篇内容更加吻合。（3）增加篇目和内容。在汉律九篇基础上增加劫略、诈伪、毁亡、告劾、系讯、断狱、请赇、惊事和偿赃 9 篇，合为 18 篇，以弥补汉律“篇少则文荒，文荒则事寡，事寡则罪漏”的缺陷。（4）仿依《周礼》“八辟”之法，创“八议”制度。总之，《新律》摆脱了战国秦汉以来律典的编纂体例，在篇章结构上别开新面，与此后的晋律一起构成《法经》与《唐律》之间的“中枢”和“重要之媒介”，是具有里程碑意义的古代律典。

此外，曹魏还制成《州郡令》《尚书官令》《军中令》等法令，《资治通鉴》胡三省注云“州郡令，用之刺史、太守；尚书官令，用之于国；军中令，用之于军”，后

---

① 梁启超：《论中国成文法编制之沿革得失》，《饮冰室文集》之十六，中华书局 1989 年版，第 19 页。

世多据此认为魏令是按照行政区域或机构（中央—地方—军队）将令条加以编纂的。虽然魏令已佚，但从仅存的篇目体系记载来看，曹魏时期已经开始系统整理汇编令典，一改汉代将各种令杂糅为令甲、令乙、令丙的垒砌样式。

（二）两晋

根据《晋书·刑法志》的记载，司马昭为晋王时，“患前代律令，本注繁杂”，命贾充、杜预、羊祜等 14 人重新制定律典。《晋书·文帝纪》又记载，曹魏咸熙元年（264 年）“帝（指司马昭）奏司空荀顗定礼仪，中护军贾充正法律，尚书仆射裴秀议官制，太保郑冲总而裁焉。始建五等爵”。可见，改革法律，只是司马氏为了篡魏进行制度总体谋划的一个方面，这些历史记载也颇能印证“司马昭之心，路人皆知”的说法并非空穴来风。

贾充等人以汉《九章律》和曹魏《新律》为基础，于晋武帝泰始三年（267 年）完成新律的制定，次年公布，史称《晋律》或《泰始律》。根据史载，晋律修成后，晋武帝亲诏参与修律的裴楷“于御前执读，平议当否”，又听从卢珽、张华等人的建议，“抄新律死罪条目，悬之亭传以示民”。此外，早在咸熙年间，司马昭就以曹魏的法律解释“但取郑氏（即郑玄律章句），又为偏党，未可承用”而意图改革，所以晋律修成后，晋武帝又命张斐、杜预分别对晋律律条进行详细注释，以统一对法律的解释，张杜二人对晋律的注释被赋予法律效力，故晋律又有“张杜律”之称。司马氏对制定法律的谋划布局、对法律的学习与传播、对法律解释的重视，这些作为都超越了之前的很多统治者。

晋律共二十篇，六百二十条，篇目依次为：刑名、法例、盗、贼、诈伪、请赇、告劾、捕、系讯、断狱、杂、户、擅兴、毁亡、卫宫、水火、厩、关市、违制、诸侯。与前代法典相比，有重大进步：（1）法典编纂体例更为合理。晋律就汉《九章律》新增十一篇，分曹魏《新律》刑名为刑名、法例，为后世法典体例的改进奠定了基础。（2）删繁就简。晋律仅六百二十条，相比于汉律、魏律，具有“宽简周备”的特点。（3）减少重法条款，如减少枭首、族诛、从坐的法条；废除汉以来贵族官僚犯罪不许出仕的禁锢之法及军士逃亡妻子收孥等规定。（4）引礼入律，形成一些体现儒家思想的法律制度和法律原则。如确立“准五服以制罪”的原则，规定“官当”之法。（5）增加律疏注释，明确概念名词。总之，晋律以宽简著称，史称其“蠲其苛秽，存其清约，事从中典，归于益时”①，是中国古代立法史上由繁入简的里程碑。晋律还是三国两晋南北朝时期唯一通行于全国的法律，并被东晋和南朝所沿用，也是这一时期承用时间最长久的一部法典。

除《晋律》外，晋代还制定《晋令》四十篇，其篇目依次为：户、学、贡士、官品、吏员、俸廪、服制、祠、户调、佃、复除、关市、捕亡、狱官、鞭杖、医药疾病、丧葬、杂上、杂中、杂下、门下散骑中书、尚书、三台秘书、王公侯、军吏员、选吏、选将、选杂士、宫卫、赎、军战、军水战、军法（六篇）、杂法（二篇）。

---

① 《晋书·刑法志》。

另有采集无法编入晋律、晋令的秦汉以来的各种律令科条和文书故事为《晋故事》三十卷，作为“品式章程”藏于官府行用，具有独特的法典属性。[①]

（三）南朝

南朝的齐、梁、陈所制定的律令法典，在法典体例、法律制度上都有重要创新，其中以梁律令著称于世。

刘宋援用晋律，没有制定新律典。南齐沿用《晋律》律文，但鉴于张斐、杜预“同注一章，而生杀永殊”的矛盾，于永明七年（489 年）由王植、宋躬等删定法律，“取张注七百三十一条，杜注七百九十一条。或二家两释，于义乃备者，又取一百七条。其注相同者，取一百三条，集为一书，凡一千五百三十二条，为二十卷”[②]，定名《永明律》，但未公布实施。

梁朝由蔡法度、沈约等人损益《晋律》，撰成《梁律》二十篇，《梁令》《梁科》各三十卷。梁律令的制定，首先，统一了张斐、杜预对《晋律》的法律解释，消除了二人对《晋律》“同注一章，而生杀永殊”的弊端。其次，在律令法典编纂体例上有重要创新。梁律令虽以晋律令为蓝本制定，但在篇目上有一定的改制。《梁律》改“盗”篇为“盗劫”、改“贼”篇为“贼叛”、改“捕”篇为“讨捕”，进一步扩大了各篇目的内容和覆盖面；改“请赇”为“受赇”，强调对官员受赃枉法犯罪的惩处；删除《晋律》“诸侯”一篇，增加“仓库”一篇，“仓库”篇是《梁律》的一个重要创新。改制后《梁律》的篇目为：刑名、法例、盗劫、贼叛、诈伪、受赇、告劾、讨捕、系讯、断狱、杂、户、擅兴、毁亡、卫宫、水火、仓库、厩、关市、违制，篇目较《晋律》更为明确。《梁令》删去《晋令》的“军法”六篇，“杂法”二篇，“军水战”“军战”“俸廪”“赎”各一篇，共十二篇，增设“劫贼水火”“军赏”二篇，总篇目从四十篇减为三十篇；部分篇目的名称也有所调整，如将《晋令》中的“佃”改为“公田公用仪迎”，将“贡士”扩大为“贡士赠官”，新设“劫贼水火”篇。《梁令》篇目较《晋令》简约，并首创令典三十篇（卷）的编纂体例。

陈朝命范泉、徐陵等修定律令，律、令、科各有三十卷。陈律令的篇目与梁朝相同，其“轻重繁简”，也“一本梁法”[③]。但陈律内容有所增加，在具体法律制度上有一些创新。

（四）北朝

北朝先后制定了多部法典，其中以《北魏律》和《北齐律》著称于世。北朝在法典体例、法律形式、法律制度上有重要创新。

北魏在实行汉化改革的过程中，参酌汉魏晋和南朝的律令，先后九次修订法律。孝文帝曾亲自主持修律，于太和十九年（495 年）撰成《北魏律》二十篇，其篇目

---

① 具体研究参见邓长春：《西晋法典体系研究》，中国政法大学出版社 2022 年版，第 211－244 页。

② 《南齐书·孔稚珪传》。

③ 《隋书·刑法志》。

可考者有：刑名、法例、宫卫、违制、户、厩牧、擅兴、贼、盗、斗讼、系讯、诈伪、杂、捕亡、断狱十五篇。北魏律具有较高的立法成就，其综合汇集中原、河西、江东诸地的儒学文化，并吸取西晋以来的律学成就，“综合比较，取精用宏”，“集当日之大成”，“实有广收博取之功”，实开隋唐法制之先河，为“华夏刑律不祧之正统”①。

东魏孝静帝于兴和三年（541 年），命百官议定新法，“以格代科”，格成为一种新的法律形式。因新格议定于麟趾殿，故称《麟趾格》。

西魏文帝于大统十年（544 年）颁行《大统式》五卷。这是首次以“式”为名进行的法典编制。

北齐代东魏后，文宣帝高洋于天保元年（550 年）命崔昂、封述等人以北魏律为基础修订北齐律，于武成帝河清三年（564 年）律成。《北齐律》共九百四十九条，其主要立法成就表现在：（1）合晋律刑名、法例两篇为名例篇，冠于律首，封建律典的总则至此确立。（2）归并篇目，确定 12 篇的法典编纂体例。12 篇依次为名例、禁卫、婚户、擅兴、违制、诈伪、斗讼、贼盗、捕断、毁损、厩牧、杂律。（3）确立“重罪十条”制度。《北齐律》以“法令明审，科条简要”② 著称，成为隋朝制律的重要蓝本。此外，北齐还有“权令”和“别格”与律并行，开隋唐律、令、格、式并行之先河。

北周由廷尉卿赵肃和司宪大夫拓跋迪等人修订律典，于保定三年（563 年）完成，称《大律》，共二十五篇，一千五百三十七条。因为北周政权偏离实际的复古性，后世对其诸多制度评价不高，如唐人评论说：北周《大律》“大略滋章，条流苛密”，“比于齐法，烦而不要”③。但《大律》在律典体例、法律制度上都有重要创新，特别是其刑罚制度的创新，具有重要意义。此外，北周还颁布了《刑书要制》《刑经圣制》。

总体而言，魏晋法律形式主要有律、令、诏、科、式以及故事、律注（律章句）等。魏晋时期律是基本法典，以刑法规定为主，令法典化后，律令形式与功能二分，与科、诏、故事、律注等都是律的辅助。魏制新律十八篇，或承汉旧，或从汉律析出，或采汉令、旧典而新设；其改汉“具律”为“刑名”置于律首，是律典体例的一大转折。晋律增“法例”“诸侯”两篇，合二十篇六百二十条，以简约著称。杜预为晋律作注时明确指出：“律以正罪名，令以存事制”④。随着律学的发展，这一时期各种法律形式之间的界限以及法律规范调整的范围趋于明确。就律、令而言，其功能和编纂的重大变化是，律成为刑事法律的专称，律典、令典是国家并存的两大法典。魏令由州郡、尚书官、军中三大体系组成，一统汉令之杂。晋令四十篇，规定了政治、经济、军事、教育等各方面制度，违令有罪则入律，奠定了此后令典的基本架构。在编纂令典的同时，还以令的形式制定了多种规范国家行政制度的重要

---

① 陈寅恪：《隋唐制度渊源略论稿》，生活·读书·新知三联书店 2001 年版，第 112 页。

② 《隋书·刑法志》。

③ 《隋书·刑法志》。

④ 《太平御览》卷六百三十八《刑法部四》引杜预《律序》。

基本法律。诏、科、式、故事、律注等是这一时期的补充法。科的本意是“规定、法则”之意，用以表述针对特定事类制定的单行法规。魏明帝时下诏，以郑玄律章句作为唯一的合法解释，允许在司法实践中援用，这样郑氏章句便被赋予了法律效力，成为当时的法律形式，直到司马昭执政后才废止使用。张斐、杜预律注作为官方解释，与律并施。

南北朝时期，仍然以律、令作为基本的法律形式，但律、令之外的其他法律形式所承担的功能、调整范围甚至地位逐渐发生了变化。如科是律的辅助性规定，在南朝时完成法典化，梁取故事制科凡三十卷，陈仍其旧。南朝时沿用晋“张、杜律注”，齐、梁又加删减整理。南朝时的格，多依诏令随事制定，调整范围包括礼仪、行政、经济等领域。如宋有规定官员车服制度的《九条之格》《二十四条之格》；《隋书·经籍志》著录有“《梁勋选格》一卷”“《梁官品格》一卷”；齐有《鳪格》《策秀才考格》等。

北朝法律形式主要有律、令、格、条、式等。北齐制律二十篇凡九百四十九条，是隋唐律的蓝本；其合刑名和法例为名例律，作为法典总则。北齐时将魏晋以降故事吸收入令，制新令四十卷，又将临时之令集为《权令》。自北魏开始，以格代科，北魏宣武帝时制有《正始别格》；东魏孝静帝颁有《麟趾格》，“省府以之决狱，州郡用为治本”；北齐初年重新刊定了东魏《麟趾格》，此后又制《权格》与律并行。西魏文帝时制《大统式》，式进一步成为重要的法律形式。北周律、令师法《周礼》，以“刑书”“诏”为名，有《刑书要制》《九条之诏》等。

二、主要法律原则

三国两晋南北朝时期，在各种法学思潮的发展和相互交融中，统治者提出了一些新的法律思想、政策原则，对法制实践活动产生了较大的影响。

（一）“拨乱之政，以刑为先”与“壹刑”“壹赏”

东汉末年以来，礼法制度和儒家“名教”之治已失去维系人心的效能，从而兴起“名法”之治，即一方面肯定礼对法制具有指导作用，另一方面在治国方略上，又采用法家所主张的“以法治国”的策略。如曹操提出：“治定之化，以礼为首；拨乱之政，以刑为先。”① 蜀国政策的主要制定者和推行者诸葛亮认为治国要德威并举，他指出：“威武加则刑罚施，刑罚施则众奸塞。不加威武，则刑罚不中；刑罚不中，则众奸不理，其国亡”②。孙吴偏安江东，在法制上沿用汉法，但其统治者较魏、蜀更加信奉重刑主义。三国时期的统治者，在法律的执行上还强调法律效力的普遍性和统一性，主张不别亲疏，不分尊卑贵贱，一断于法。如诸葛亮即主张“壹刑”“壹赏”。

① 《三国志·魏书·高柔传》。

② 《诸葛亮集·便宜十六策·喜怒第十一》。

(二) 删繁就简

秦汉时期由于立法经验和技术的缺乏，律典体系庞杂、内容繁多，法典化程度较低，不便于法律的掌握和适用。三国两晋南北朝时期，在律典的制定方面，比较注重简明扼要，注意律典的规范性和概括性，因而重视篇目的辨析、归并，罪名、刑名概念的确定，使律典由繁入简、趋于定型，呈现出新的面貌，也顺应了这个时代删削繁冗、崇尚简约的治学风尚。[①] 主要表现为：(1) 经魏《新律》、晋律、北魏律的不断变革，至北齐律，最终确定了律典十二篇的编纂体例。(2) 确定封建律典的第一篇为“名例律”。《名例律》由《法经》的“具律”，经魏《新律》的“刑名”发展而为晋律、《北魏律》的“刑名”“法例”，至《北齐律》确定为“名例律”。“名例律”作为封建律典的首篇，规定罪名、刑名，定罪量刑及轻重加减的基本原则，在律典中居于提纲挈领的重要地位。“名例律”的形成，增强了中国古代律典在体例上的科学性。(3) 开创法律注释附律的新体例。晋律颁行后，由张斐、杜预两位律学家为之作注，二人所著合为一书附于律后，具有法律效力，这种以注附律的新体例，对后世产生重要影响，唐代《永徽律疏》即是这一体例的完备形态。

(二)“简直”与“理直刑正”

西晋律学家杜预认为，立法的一条最基本原则是“简直”，“文约而例直，听省而禁简。例直易见，禁简难犯。易见则人知所避就，难犯则几于刑措”[②]，提倡立法应追求简约、质直、严明，使人易知易从。

律学家张斐则主张“理直刑正”。“理直”指的是法律必须明确体现纲常名教；“刑正”指适用法律要做到准确，宽严适中、轻重得当、有罪必罚、罪刑相符。明确区分和规定各种犯罪概念是“理正刑直”的前提条件，司法上“随事取法”“临时观恤”是实现“理正刑直”的重要途径。这些思想对于中国古代法典形成概念清晰、条文简约、引礼入律等特点有重要影响。

(三) 引礼入律

汉代的礼法结合主要是通过司法及法律注释的渠道进行，三国两晋南北朝时期则开始直接引礼入律，将儒家思想作为立法的精神基础并直接将礼的内容规定为法。儒家思想逐步法典化主要表现为：(1) 贵族官僚特权制度法律化，“八议”和“官当”即其具体体现。(2) 罪刑的确定和执行以礼制为标准。服制作为亲属相犯时的定罪量刑标准，体现了儒家所倡导的亲亲之义及纲常礼教。“重罪十条”作为封建法律打击的重点，体现了儒家的国家观、法律观和家族观，是儒家对于中国法律与中国社会的总体观念在立法中的具体体现。“存留养亲”作为对孤寡老人奉养的特殊制

---

① 具体研究参见秦涛：《蜀汉法制“郑义”发微》，载《许昌学院学报》2014年第1期。

② 《晋书·杜预传》。

度，反映了儒家的家族观和矜恤思想。此外，这一时期法制在刑罚制度、司法制度上的变革和创新对后世也有重大影响。

(四) 效法汉制

三国两晋南北朝时期，少数民族政权积极推行汉化改革，在政治、经济、文化方面采用中原地区汉民族先进的经济体制、政治法律制度和以儒家文化为主体的传统文化。即使在政权更替最为频繁的十六国时期，统治者也极力效仿魏晋制度，任用高门士族，力倡儒学。如后赵石虎当政时，“依晋氏九班选制”制定后赵的吏部选举制度。[①] 后秦姚兴时，有姜龛、淳于岐等，皆“耆儒硕德，经明行修，各门徒数百，教授长安”，于是“学者咸劝，儒风盛焉”[②]。2002 年，考古人员在甘肃省玉门市花海镇毕家滩的十六国时期墓葬棺板上发现了若干裱贴纸张，经研究是“晋律注”的写本，虽然文字有限，但无疑是魏晋制度在河西地区传播的印证。

北朝的汉化改革，尤以北魏孝文帝、宣武帝时期为代表。孝文帝提出“教随时设，政因事改”，“齐之以礼，示之以法”，“法为治要”及慎刑、恤刑等法制主张，使北朝的立法取得较大成就。在北魏一百余年的统治中，曾九次修订法律并大量吸收汉族知识分子和律学家参与其中，如《北魏律》就是由当时著名律学家崔浩、常景、高允等参与修订的。经过兴礼乐、崇文治，逐步实现了“衣冠号令，华夏同风”，以至南梁的使者陈庆之出使北魏时，曾感叹说：“自晋、宋以来，视洛阳为荒土，此中谓长江以北，尽是夷狄。昨至洛阳，始知衣冠士族，并在中原，礼仪富盛，人物殷阜”[③]。一直以来，史家对北魏特别是孝文帝时期的汉化改革评价褒贬各异，就大一统的历史进程而言，孝文帝汉化改革对于促进民族交流和融合，维持北方经济社会发展作出了积极的贡献且影响深远，直至隋朝，时人仍高度评价：“中国之道不坠，孝文之力也!”[④] 北魏之后的东魏、北齐虽然存在一定程度的“胡汉冲突”[⑤]，但出于政治需要，统治者也在积极地推进汉化进程，只是这种改革的力度较孝文帝时期更为谨慎。西魏、北周政权则接续了北魏孝文帝汉化改革的传统，通过纠正士族门阀制弊病、提高儒家的思想地位等措施，完成了北魏时期未尽的汉化历史任务。北周一朝，“名胡实汉”又剑走偏锋，很多制度设计都“以周公自拟”，“恒以反风俗，复古始为心”[⑥]，迎合了当时崇儒好古的汉化趋势。在纷繁复杂、治乱交替的历史转捩点中，北周这种慕古“封建化”的功业是恩泽于隋唐的。

---

① 《晋书・石季龙载记》。

② 《晋书・姚兴载记》。

③ (北魏) 杨衒之：《洛阳伽蓝记》卷二《城东》。

④ (隋) 王通：《文中子》卷四《周公篇》。

⑤ 陈寅恪指出：“自六镇、尔朱荣之乱起，北朝曾一度发生胡化的逆流。历北齐、北周至隋朝，又恢复了汉化，直至于唐”。参见万绳楠整理：《陈寅恪魏晋南北朝史讲演录》，黄山书社 1987 年版，第 267 页。

⑥ 《周书・文帝纪》。

第二节　历史的出口：礼法结合进程中的制度因革

案例导入

东晋成帝咸和五年，散骑侍郎贺乔妻于氏上表云：妾昔初奉醮归于贺氏，胤嗣不殖，母兄群从以妾犯七出，数告贺氏求妾还。妾姑薄氏过见矜愍，无子归之天命，婚姻之好，义无绝离，故使夫乔，多立侧媵。乔仲兄群哀妾之身，恕妾之志，数谓亲属曰："于新妇不幸无子，若群陶新妇生前男，以后当以一子与之。"陶氏既产澄、馥二男，其后子辉在孕，群即白薄："若所育是男，以乞新妇。"妾敬诺拜赐，先为衣服，以待其生。辉生之日，洗浴断脐，妾即取还，服药下乳以乳之。陶氏时取孩抱，群恒诃止，婢使有言其本末者，群辄责之，诚欲使子一情以亲妾，而绝本恩于所生。辉百余日，无命不育，妾诚自悲伤，为之憔悴，姑长上下，益见矜怜。群续复以子率，重见镇抚，妾所以讫心尽力，皆如养辉，故率至于有识，不自知非妾之子也。率生过周，而乔妾张始生子纂，于时群尚平存，不以为疑。原薄及群以率赐妾之意，非唯以续乔之嗣，乃以存妾之身，妾所以得终奉烝尝于贺氏，缘守群信言也。率年六岁，纂年五岁，群始丧亡。其后言语漏泄，而率渐自嫌为非妾所生。率既长，与妾九族内外修姑姨之亲而白谈者，或以乔既有纂，其率不得久安为妾子，若不去，则是与为人后。去年，率即归还陶氏。乔时寝疾，曰："吾母、兄平生之日所共议也，陌上游谈之士，遽能深明礼情？当与公私共论正之。"寻遂丧亡。率既年小，未究大义，动于游言，无以自处。妾亦妇人，不达典仪，唯以闻于先姑，谓妾养率以为己子，非所谓人后也。妾受命不天，婴此茕独，少讫心力，老而见弃，曾无螟蠃式谷之报，妇人之情，能无怨结？谨备论其所不解六条，其所疑十事如左：……

——《通典》卷六九"礼二十九·嘉礼十四"

东晋成帝时，散骑侍郎贺乔的妻子于氏因不能生育，婆婆薄氏便将二伯贺群刚出世的儿子过继给她作为养子。于氏抚养二十年后，贺乔的妾张氏又生一子。此后族人以贺乔已有亲生子，议其应将养子归还生母陶氏。咸和五年（330 年），于氏念及多年抚养之情，上表晋成帝自陈"所不解六条，其所疑十事"，为更好地释疑议、理人情、伸怨结，于氏在上表中（全文计有二千七百余字）征引了两个董仲舒春秋决狱的案例，即"甲无子，拾道旁弃儿乙养之以为子"和"甲有子乙以乞丙，乙后长大而丙所成育"。随后，成帝命太常、廷尉、礼律博士等进行集议，可见当时影响颇大。虽然更多的历史细节无法考究，但于氏所征引的两个案例，却在不经意间成为流传至今且为数不多的春秋决狱案例。用今人的眼光来看，于氏这种遇事找法、解决问题用法、化解矛盾靠法的能力着实值得佩服，让人称奇的不仅有于氏这一妇人的人生际遇，还有她究竟是从何处摄取这些专业知识，如何接受当中思想又化为所用。见微而知著，这个史实佐证了三国两晋南北朝时期，以春秋决狱为代表的诸多礼法结合制度，不仅司法实践得以因循，背后的思想理论也得到进一步的阐释和传播，进而成为影响社会生活的价值判断。于氏在上表时尝言："妇人之情，能无怨结?"而礼法结合的诸多制度，或许就是化解这一时代人性、情感与制度"怨结"的一剂良方。

近代以来，以陈寅恪、内藤湖南等为代表的史学大师，在关注文治武功隆盛、制度典章发达的隋唐的同时，也将学术眼光倾力于长期以来因分裂混乱而被传统史学所忽视的三国两晋南北朝。这些大家从这一动乱时代去探寻隋唐强盛的制度渊源，不仅揭示了三国两晋南北朝的时代特征及在中国历史上的地位，还提出"六朝隋唐中世论"等重要论断，由之而引起的围绕中国史分期问题的长期论争，至今尚未得出明确结论。又如20世纪30年代，陈顾远撰《中国法制史》率先提出传统法学的"儒家思想化"，并指出由汉至唐是"儒家谈法而谋以礼正律时代"。40年代，陈寅恪《隋唐制度渊源略论稿》一书又提出晋律"尤为儒家化"之说。此后，瞿同祖《中国法律与中国社会》一书和《中国法律之儒家化》一文，从研究魏晋以来儒家与刑律相互关系入手，系统论述了"中国法律之儒家化"的问题。这些大家的重要学术观点，成为法律史普遍接受的成说。就算面对这样经典的命题，近年来也有陆续出现修正甚至质疑的声音。[①] 又如，从这段时期的大分裂走向隋唐大一统的进程中，包括法律制度在内的制度转型存在"北朝主流说"和"南朝化倾向"两种见解[②]，这些仍然在不断深入讨论的观点，对于我们重新认识历史变迁中的另一种"南渡北归"意义重大。然而无论怎样解说或借用何种理论体系，自魏晋以迄隋唐的七百年漫长发展时期内，包括法制文明在内的中华文明确实存在着明显区别于前后时代的独特历史风貌与精神属性。

一、礼法结合的制度体现

三国两晋南北朝时期，立法上引礼入律，形成许多新的法律原则或制度，使由汉朝开始的礼法结合得到进一步发展。

（一）八议

"八议"制度，是八类权贵人物犯罪以后，"大罪必议，小罪必赦"，享受特殊优待，司法机关不得擅作处理的制度。"八议"为：一议亲，二议故，三议贤，四议能，五议功，六议贵，七议勤，八议宾。其直接渊源是《周礼》中的"以八辟丽邦法"，在汉代司法活动中，八议也已成为断案议罪必须遵循的法律准据。作为制度，其确立时间应在汉代；《唐六典》称"是八议入律，始于魏也"，是指"八议"制度

① 具体研究参见杨一凡：《质疑成说，重述法史——四种法史成说修正及法史理论创新之我见》，载《西北大学学报（哲学社会科学版）》2019年第6期。

② 参见陈勇：《"历史出口说"的"理论出口"——兼说"南朝化"讨论中的"北朝化"问题》，载何星亮主编：《宗教信仰与民族文化》第8辑，社会科学文献出版社2016年版。

规定转化并载于律文，始自曹魏《新律》。[①] “八议”制度的出现是礼法结合的产物，是“刑不上大夫”礼制原则的具体体现。虽然魏晋时期关于八议的律文已经散佚，但仍有实例可证。如魏明帝青龙元年（233年）有司奏中山王曹衮（魏明帝曹睿的叔叔）朝觐时犯京都禁，时诏“以议亲之典议之”[②]。魏明帝随后以“亲亲之恩”，“法者，所与天下共也，不可得废”，下旨削曹衮“王县二，户七百五十”[③]。可见，处理曹衮一案是适用了八议中的“议亲”规定。又如魏明帝时袁侃与尚书选曹郎许允“同坐职事，皆收送狱，诏旨严切，当有死者，正直者为重。允谓侃曰：‘卿，功臣之子，法应八议，不忧死也。’侃知其指，乃为受重。允刑竟复吏，出为郡守，稍迁为侍中尚书中领军”。当时有朝议以重法治许、袁之罪，许允以袁侃为功臣子能入八议之列，不会处死。袁侃即主动承担罪责，最终二人皆得免死。[④] 许允所言，除印证魏律有八议外，也证明议功之人包括功臣本人与其子嗣。据《晋书》记载，晋武帝时，琅琊郡王司马伦（晋武帝司马昭的叔叔）“坐使散骑将刘缉买工所将盗御裘”，廷尉杜友奏议司马伦与刘缉罪应弃市，有司认为司马伦“爵重属亲，不可坐”，最终晋武帝“以伦亲亲故，下诏赦之”[⑤]。

（二）官当

“官当”即以官品或爵位抵罪，是贵族官僚犯罪后享受的一种特权。以官抵罪始于西晋，晋律中有“除名比三岁刑”“免官比三岁刑”，即除名、免官可抵三年徒刑的规定。《北魏律》则对“官当”作了进一步规定，其“法例篇”载：公、侯、伯、子、男五等爵位，均可抵三年徒刑；五品以上官，一官当徒二年。因官当被免职者三年后可以按原来的官阶降一等叙用。《陈律》正式使用“官当”之名，规定品官犯罪判处五年、四年、三年徒刑的，准用官品抵二年刑，其余部分服刑；如系公务上的过误，可改科罚金；被判处两年徒刑的，可以用钱财赎免。隋唐均继承了此制。

（三）准五服以制罪

五服制度即中国古代丧服制度，以父系宗亲为例，上自高祖，下至玄孙九代，按丧服质地、式样及服丧期限分为斩衰、齐衰、大功、小功、缌麻五等，故又称五服。五服制度原属礼制的内容，西晋为“峻礼教之防”，将其纳入晋律，作为确定亲属之间立嗣、继承、赡养等民事关系以及亲属相犯定罪量刑的依据，形成“准五服以制罪”制度。“准五服以制罪”适用原则是：尊长杀伤卑幼，服制愈重，处刑愈轻，服制愈轻，处刑愈重；卑幼杀伤尊长，服制愈重，处刑愈重，服制愈轻，处刑愈轻。若为侵犯财产的犯罪，则服制愈重，处刑愈轻，服制愈轻，处刑愈重。“准五

---

① 具体研究参见龙大轩：《八议成制于汉论考》，载《法学研究》2012年第2期。
② 《三国志·魏书·武文世王公传》。
③ 《三国志·魏书·武文世王公传》注引《魏书》。
④ 《三国志·魏书·夏侯玄传》注引《魏略》。
⑤ 《晋书·赵王伦传》。

服以制罪”制度对后世影响很大，被隋唐律所继承，直至明清。

（四）重罪十条

“重罪十条”制度的形成经历漫长的历史发展过程。夏朝已有“不孝”罪的记载，后历代沿袭；秦律有谋反、诽谤、犯上等罪名；汉律出现大逆无道、大不敬、恶逆等罪名。《梁律》规定：“其谋反、降、叛、大逆以上皆斩。父、子、同产男，无少长，皆弃市。”重罪十条中的前四罪反逆、大逆、叛、降在此已经连接在一起出现。《陈律》规定，“若缙绅之族，犯亏名教，不孝及内乱者，发诏弃之，终身不齿。……其获贼帅及士人恶逆，免死付冶，听将妻入役，不为年数”①。这里又有重罪十条中的不孝、内乱和恶逆三个罪名出现。《北齐律》定名为“重罪十条”，其内容为：“一曰反逆，二曰大逆，三曰叛，四曰降，五曰恶逆，六曰不道，七曰不敬，八曰不孝，九曰不义，十曰内乱。其犯此十者，不在八议论赎之列”②。“重罪十条”的内容主要包括两个方面：一为侵犯皇权的尊严及危害封建政权的犯罪，二是侵犯父母尊长、破坏家族伦常关系的犯罪。“重罪十条”的基本内容后为隋《开皇律》所继承，形成“十恶”制度，并为唐、宋、元、明、清刑律所沿袭。

（五）留养期亲

留养期亲，后世又称“存留养亲”，即对犯死、流罪者，因其为家中独子孙，若将其处死刑或流刑，家中年迈之父母、祖父母，将无人奉养，经奏请皇帝法外开恩，可将该罪犯免死从流，待其为家中老人养老送终后，再对其执行流刑的制度。据《魏书·刑罚志》载，“案《法例律》：‘诸犯死罪，若祖父母、父母年七十以上，无成人子孙，旁无期亲者，具状上请。流者鞭笞，留养期亲，终则从流，不在原赦之例’”。后世继承该制度，并形成更为完备的“留养承祀”制度。

（六）清议禁锢

清议禁锢之科本自东汉，通过议论时政、臧否人物，以达激浊扬清。魏晋相承，如《三国志》的作者陈寿、竹林七贤之一的阮咸都曾因居丧违礼而遭此罚。据沈家本、程树德考证，东晋诸律都重清议。《隋书·刑法志》载，南梁“士人有禁锢之科，亦有轻重为差。其犯清议，则终身不齿”。南陈“其制惟重清议禁锢之科，若缙绅之族，犯亏名教，不孝及内乱者，发诏弃之，终身不齿”。士大夫犯清议比之犯罪更具严重后果，一般犯罪受刑尚可因大赦而免，但犯清议禁锢者除非赦令中指明荡涤洗除犯乡论清议者，不能因大赦而解除禁锢。南朝一百多次赦令中，只有 7 次皇帝即位时的赦令中才解除清议禁锢。

另外，南朝还规定，子孙不得对父祖复仇；不道罪、不孝、民杀官长行为（后世为不义罪），遇赦不免罪刑。此为后世“常赦所不原”制度之滥觞。

---

① 《隋书·刑法志》。

② 《隋书·刑法志》。

二、刑罚制度的发展

三国两晋南北朝时期的刑罚制度，先以死刑与徒刑为主要刑种，后出现流刑、鞭刑和杖刑。刑制改革朝简化刑种和减轻刑罚的方向发展，刑制渐趋统一，封建五刑制逐渐形成。

(一) 主要刑罚种类

曹魏承袭秦汉刑罚，又“依古义制为五刑”，共有三十七个名类，劳役刑居多，新创了“杂抵”一项。据《晋书·刑法志》，《新律》中规定其的刑种如表 5-1 所示，但是涉及谋反大逆的，在律令之外，或“临时捕之”或“污潴”或“枭菹”，施以夷三族之刑。

表 5-1 曹魏《新律》刑种

刑种	等级
死刑	【三等】枭首、腰斩、弃市
髡刑	四等
完刑	三等
作刑	三等
赎刑	十一等
罚金	六等
杂抵罪	七等

晋律的刑种有死刑、髡刑、笞刑、罚金、赎刑五类（见表 5-2）。

表 5-2 晋律刑种

刑种	等级
死刑	【三等】枭首、斩、弃市
髡刑	【四等】髡钳五岁刑笞二百；四岁刑；三岁刑；二岁刑
笞刑	可作为髡钳五岁刑的附加刑，也可单独使用
罚金	【五等】十二两；八两；四两；二两；一两
赎刑	【五等】赎死金二斤；五岁刑赎金一斤十二两；四岁刑一斤八两；三岁刑一斤四两；二岁刑一斤；因金贵，亦可以绢代金赎罪

南朝的宋、齐沿用《晋律》，刑罚制度与晋朝基本相同，但有所变化，如宋有“长徒”之刑，指的是超出五年的长期劳役刑。梁有死刑，分枭首、弃市，废除了腰斩；髡刑在晋律四等的基础上，增加了一岁刑、半岁刑、百日刑三等，天监三年（504 年）开始采用流刑；鞭杖刑，分六等：二百、一百、五十、三十、二十、十；罚金和赎刑与晋律大致相同。陈朝的刑罚，基本同于梁律，唯徒刑罪犯要加锁，五岁刑锁二重，五岁刑以下一重。

北朝均将主刑定为五种。北魏为死、流、徒、杖、鞭五刑（见表5－3）。

表5－3 北魏律刑种

刑种	等级
死刑	绞、斩、枭首、门房之诛；绞刑首次被规定为法定死刑执行方法
流刑	不分等，一般称为“远流”
徒刑	【五等】五岁刑；四岁刑；三岁刑；二岁刑；一岁刑
杖刑	【三等】一百；五十；三十
鞭刑	【三等】三百；一百；五十

《北齐律》亦以死、流、徒、鞭、杖五刑为主刑（见表5－4）。

表5－4 《北齐律》刑种

刑种	等级
死刑	【四等】绞；斩；轘；枭首
流刑	不分远近
徒刑	【五等】五岁刑；四岁刑；三岁刑；二岁刑；一岁刑
鞭刑	【五等】一百；八十；六十；五十；四十
杖刑	【三等】三十；二十；十

北周《大律》规定的主刑为杖、鞭、徒、流、死（见表5－4）；已基本形成封建五刑体系，是隋唐五刑制度的蓝本；主刑皆统一为五级等差，同一刑种等差设计相对合理，但如流刑一类，因为慕古心盛，过于理想化，难免缺乏施行的实际空间。

表5－5 北周大律刑种

刑种	等级
死刑	【五等】磬；绞；斩；枭首；车裂
流刑	【五等】 流蕃服，去皇畿四千五百里、鞭一百、笞一百； 流镇服，去皇畿四千里、鞭一百、笞九十； 流荒服，去皇畿三千五百里、鞭一百、笞八十； 流要服，去皇畿三千里、鞭一百、笞七十； 流卫服，去皇畿二千五百里、鞭一百、笞六十
徒刑	【五等】 徒五年、鞭一百、笞五十； 徒四年、鞭九十、笞四十； 徒三年、鞭八十、笞三十； 徒二年、鞭七十、笞二十； 徒一年、鞭六十、笞十
鞭刑	【五等】一百；九十；八十；七十；六十
杖刑	【五等】五十；四十；三十；二十；十

此外，这一时期，各政权对重大犯罪大量适用族刑，一般是夷三族。北魏则大量使用“门房之诛”、夷三族，甚至夷五族。据《魏书·刑罚志》载，太武帝拓跋焘时，门房之诛有四，至孝文帝太和三年（479 年）修订律令时，门房之诛增至十六。对夷族者还处剉杀和具五刑等，如北魏太祖平中山，收傅高霸、程同等，皆夷五族，以大刃剉之；崔浩案成，浩以下僮吏以上一百二十八人皆夷五族。[①] 在司法中，特别是一些少数民族政权还适用一些法外酷刑，比如刳腹，即剖腹后挖空内脏，有生刳与刳两种。《十六国春秋辑补》卷八十七《西秦》载，西秦最后一位国君乞伏慕末时，轲殊罗、什寅等欲杀慕末，事发，慕末将什寅刳腹，投尸于河。而前秦王苻生时，长安大风，“行人颠顿，宫中奔扰，或称贼至，宫门昼闭，五日乃止。生推告贼者，杀之，刳而出其心”[②]。

(二) 主要刑罚改革

1. 缩小缘坐范围

缘坐即一人犯法，罪及亲属的制度。中国古代法的特点之一是以家族为本位，族刑缘坐由来已久。三国两晋南北朝时期，族刑的缘坐范围逐步缩小。例如：曹魏《新律》首改缘坐之制，规定“大逆不道，腰斩，家属从坐，不及祖父母及孙”，将祖父母及孙辈排除在缘坐范围之外。曹魏法律还针对以往妇女同时受母家与夫家两方株连的弊端，规定“在室之女从父母之诛，既醮之妇从夫家之罚”，使妇女缘坐问题略趋合理，体现了一定程度的慎恤观念。《梁律》首创缘坐妇女免死之制，规定对谋反等大罪，虽罪及女眷，但“母妻姊妹及应从坐弃市者，妻子女妾同补奚官为奴婢”[③]。自此以后缘坐妇女不处死刑。

2. 流刑制度化

流刑在奴隶社会就已存在，但仅适用于奴隶主贵族和同族人的某些犯罪。秦汉时期的迁刑、徙刑与流刑类似，但其适用对象比较特定和狭窄，并非广泛使用的刑种。南梁时建康女子任提，坐诱口当死。其子景慈因证母之证，违反儒家伦理，被流于交州。[④] 这是流刑首次被用于处罚普通人犯罪。北魏将流刑定为死刑减等之刑，即“赦死从流”。北周将流刑按距离京城的远近分为五等，虽然过于理想化，但其将流刑上升为法定刑并制度化，解决了汉文、景帝刑罚改革后死刑与徒刑之间跨度太大的问题，从而使刑制结构趋于合理。

3. 宫刑废除

宫刑在汉初曾经被废除，但汉景帝时复用，以后一直沿用。魏晋南北朝时期，就包括宫刑在内的肉刑存废问题展开过大辩论，既有立足于恢复“生育繁阜之道”，又有提倡“刑以止刑”，更多坚持慎刑恤法，互陈利弊，各持一端。因此，各王朝对

---

① 参见《魏书·昭成子孙列传》《魏书·高允传》。

② 《隋书·刑法志》。

③ 《隋书·刑法志》。

④ 参见《隋书·刑法志》。

于宫刑的适用亦时废时兴，但废除一切肉刑的主张日渐占了上风。如西魏大统十三年（547 年）诏令："自今应宫刑者，直没官，勿刑"；北齐天统五年（569 年）下诏："应宫刑者，并免刑为官口（官奴婢）"，为隋朝《开皇律》最终废止宫刑奠定了基础。

三、狱讼制度

三国两晋南北朝的诉讼法律制度基本上沿袭汉制，但有重要的兴革。三国时期的司法机构基本上与汉代的相同，廷尉仍是最高审判机关的长官，其属官有正、监、平等；御史台仍为监察机关。魏明帝时，在廷尉之下增设了律博士一人，专事教授法律知识，以提高司法官吏的专业知识和审判水平。律博士的出现，不仅推动了司法的发展，也成为五胡十六国所模仿的制度，如后赵设立了律学祭酒；后秦则在长安立律学，"召郡县散吏以授之"[①]。北齐将廷尉改为大理寺，增加了属吏，除大理寺卿、少卿、正、监、平外，律博士增至四人。这一时期，在尚书台还出现一个主管司法行政兼理审判的机关——都官尚书。至此，中央司法机关组织日渐扩大，分工趋于明确。

（一）春秋决狱的延续

春秋决狱在汉代盛行，但至今未见有关法律规定，故在汉代，春秋决狱仅是政治、司法中盛行的惯例，尚未形成法律制度。至三国两晋南北朝时期，法律对之已有明确规定。如西晋时规定："凡为驳议者，若违律令节度，当合经传及前比故事，不得任情以破成法"[②]。特别是北魏时，"诏诸疑狱皆付中书，依古经义决之"[③]，规定凡有疑难案件，都要上报中书省，依古经义即儒家经典中的精神处理。至此，春秋决狱遂形成一项法律制度。

南朝礼学昌明，时人常以礼义指导司法审判。他们运用礼经中的礼义辅助、弥补乃至矫正律令，将礼义通过具体案例灌注于法律之中。南朝之"礼义决狱"在形式和内容上与"春秋决狱"大有不同，且具有其独特的价值追求。[④]

此外，北宋官修书目《崇文总目·春秋类》有这样的记载："《春秋决事比》十卷。原释汉董仲舒撰，丁氏平，黄氏正。初仲舒既老病致仕，朝廷每有政议，武帝数遣廷尉张汤问其得失，于是作春秋决疑二百三十二事，动以经对。至吴太史令吴汝南丁季、江夏黄复平正得失，今颇残逸，止有七十八事。"据此可知，董仲舒所汇编的春秋决狱案例，以《春秋决事比》为名流传至宋，且经过了三国孙吴人的修编，至于如何"平正得失"已不可考。但可以猜想，正是经过了这些整理和传播工作，

---

① 《晋书·姚兴载记》。

② 《晋书·刑法志》。

③ 《魏书·刑罚志》。

④ 具体研究参见龙大轩、邓长春：《论南朝礼义决狱》，载《厦大法律评论》第 20 辑，厦门大学出版社 2012 年版。

本节开篇提到的妇人于氏身处这一时代才有机会阅读、征引春秋决狱的案例。

(二) 鞫狱

晋朝有令子孙证父祖之罪的规定，刘宋初年对此进行讨论，侍中蔡廓认为："鞫狱不宜令子孙下辞，明言父祖之罪，亏教伤情，莫此为大。自今但令家人与囚相见，无乞鞫之诉，使足以明伏罪，不须责家人下辞。""朝议咸以为允"。经皇帝批准，刘宋废除晋朝的令子孙证父祖之罪制度，规定鞫狱"不须责家人下辞"原则[①]，使亲属容隐制度得到进一步发展。

(三) 直诉

直诉是一种不按诉讼审级而直接向中央有关部门甚至皇帝申诉的制度。一般情况下，国家法律都不允许越级起诉，只能逐级陈告。但为避免因审级限制而可能使重大冤屈得不到洗雪，允许直诉以为救济。西晋武帝时，在朝廷正门外置一"登闻鼓"，有冤屈者可击鼓申诉。《魏书·刑罚志》载，北魏太武帝时，亦于"阙左悬登闻鼓，人有穷冤则挝鼓，公车上表其奏"。南梁时有吉翂"挝登闻鼓，乞代父命，武帝特原其罪"的记载。南梁还在京城设置"肺石函"以受理冤屈者的诉状。武帝天监元年（502 年）诏曰："商俗甫移，遗风尚炽，下不上达，由来远矣。升中驭索，增其懔然。可于公车府谤木、肺石傍各置一函。若肉食莫言，山阿欲有横议，投谤木函。若从我江、汉，功在可策，犀兕徒弊，龙蛇方县；次身才高妙，摈压莫通，怀傅、吕之术，抱屈、贾之叹，其理有皦然，受困包匦；夫大政侵小，豪门陵贱，四民已穷，九重莫达，若欲自申，并可投肺石函"[②]，经有关官司审录后上奏皇帝裁决。

(四) 听讼录囚

曹魏时期，承袭了东汉以来盛行的录囚制度，皇帝也经常躬亲参与。如魏明帝认为"狱者"事关"天下之性命"，于太和三年（229 年）改"平望观"为"听讼观"，"每断大狱，常幸观临听之"[③]。《晋书》记载，晋武帝即位后，也时常至听讼观"录囚徒，理冤枉"，且"多所原遣"[④]。南朝时期的皇帝不仅保持了听讼录囚的传统，也定期派遣官员巡行所部录囚，普遍施行中央与地方官员共同录囚或中央官署官员录囚的制度。刘宋时期，宋武帝、文帝、孝武帝三朝，曾听讼 30 余次；在遣使巡行地方时，也将录囚列为使者的重要职能。南梁时规定，丹阳尹每月一诣建康县，与御史、廷尉、太尉共同录狱，察断枉直；如果录囚的月份恰逢尚书轮值，则尚书也参加其中。南陈录囚时间多在每年的三月，由侍中、吏部尚书、尚书、三公郎、部都令史、三公录冤局、御史中丞、侍御史、兰台令史等官员"亲行京师诸狱

---

① 《宋书·蔡廓传》。
② 《梁书·武帝纪》。
③ 《三国志·魏书·明帝纪》。
④ 《晋书·武帝纪》。

及治署，理察囚徒冤枉”①。北朝各帝吸取汉法，也常亲录囚徒，如史载北魏孝文帝与公卿“决疑政”，轻者皆免或减本罪二等决遣②；北周武帝常在正武殿亲录囚徒，“至夜而罢”③。

听讼录囚制度之所以在当时能持续推行，除了一直以来受到儒家仁爱慎恤观念的影响，也受到天人感应、灾异祥瑞甚至佛、道两教福祸因果思想的影响，当中既有制度化也有一定的随意性；而皇帝亲自参与其事或派遣大臣巡行录囚，则体现了皇权对司法的控制和干预进一步加强。

（五）刑讯

三国两晋南北朝时期，刑讯手段的发展表现为重枷、测罚、测立等的创立和使用。《魏书·刑罚志》记载，孝文帝太和五年（481 年）时“法官及州、县多为重枷，复以缒石悬于囚颈，伤肉至骨，勒以诬服”。北齐时，讯囚常用车辐粗杖、夹指压踝，又有“烧犁耳”使人立其上、“烧车缸”使人以臂贯等酷刑。北周更以霹雳车威吓妇人。南朝的刑讯亦趋于制度化。南梁时创“测囚之法”，将罪囚从傍晚至二更置于垛上测立，同时“断食三日，听家人进粥二升，女及老小，一百五十刻乃与粥，满千刻而止”。即以罚站和挨饿的方法来逼迫囚人招供服罪，但当时也有“士大夫坐法皆不受测”的特殊规定。④ 陈朝改造梁的测罚而行“测立之法”：罪囚“有赃验显然而不款，则上测立。立测者，以土为垛，高一尺，上圆，劣容囚两足立。鞭二十、笞三十讫，著两械及杻，上垛。一上测七刻，日再上。三七日上测，七日一行鞭，凡经杖，合一百五十，得度不承者免死”。即用罚站和鞭笞的方法来逼迫囚人认罪，其结果则是“重械之下，危堕之上，无人不服，诬枉者多”，难以实现程序的正义和证据的合法化。⑤

（六）死刑复奏与执行

秦汉时期，死刑奏报无明确规定，只有疑难案件才须逐级上报复审，直至皇帝。非疑难案件，地方守令均有专杀之权。魏晋时期，县令对死刑案件仍有审结权，只要经郡守所派督邮案验后即可执行。地方官审判权过大，不利于恤刑原则的贯彻和法律的统一适用。

曹魏明帝青龙四年（236 年），曾诏令廷尉及天下狱官“诸有死罪具狱以定”，除了“谋反及手杀人”者，皆报天子“亲治”，有乞恩者也具奏上闻。刘宋孝武帝孝建二年（455 年），诏令：“死刑则具奏皇帝裁决”⑥。北魏世祖时崔浩定律令规定：“当死者，部案奏闻。以死者不可复生，惧监官不能平，狱成皆呈，帝亲临问，无异

---

① 《隋书·刑法志》。

② 参见《魏书·孝文帝纪》。

③ 《周书·武帝纪》。

④ 《南史·循吏传·何远》。

⑤ 《陈书·儒林传·沈洙》。

⑥ 《宋书·孝武帝纪》。

词怨言，乃绝之。诸州国之大辟皆先谳报，乃施行"，从而将死刑的最后决定权收归中央，死刑奏报制度逐渐形成。尽管该制度在当时因战乱频繁，地方守令兼领军职而难以实际执行，却为隋唐时期死刑复核复奏制度的完善奠定了基础。

汉朝确立秋冬行刑原则，规定死刑须到秋冬执行，但具体要求不详。《陈律》规定："死罪将决，乘露车，著三械，加壶手。至市，脱手械及壶手焉。当刑于市者，夜须明，雨须晴，晦朔、八节、六齐、月在张心日，并不得行刑"[①]。自此，这种中国古代独特的死刑行刑制度得以明确，唐朝在此基础上形成完备的死刑行刑制度。

四、其他重要的法律制度

（一）婚姻制度

三国两晋南北朝时期的婚姻制度在沿袭汉制的基础上，受到社会经济形势、人口基数和门阀观念等因素影响而有所变化。

1. 强制早婚

这一时期因战乱频发和自然灾害，人口损失严重。因此，各王朝统治者都鼓励甚至强制早婚，以增殖人口。如晋武帝泰始九年（273 年）十月诏："女年十七父母不嫁者，长吏配之"[②]，且不禁止同姓为婚；北齐后主时规定，"女年二十已下，十四已上未嫁，悉集省，隐匿者家长处死刑"[③]；南朝宋"设早嫁之令，女子十五不嫁，家人坐之"[④] 等。鼓励生育，可以单纯增加人口数量，也符合传统的人口思想，但如何育民养民保民，才是消除人口此消彼长弊端的合理之道。不能及此，反而让曹操《蒿里行》中的"白骨露于野，千里无鸡鸣。生民百遗一，念之断人肠"，成为这个时代最真实的写照。

2. 严禁士族与庶族通婚

由于"九品中正制"的推行，门阀等级森严，士族与庶族之间互不通婚，法律对于这一状况给予确认。北魏文成帝曾下诏："皇族、师傅、王公侯伯及士民之家，不得与百工使巧卑姓为婚，犯者加罪"；孝文帝也曾下诏："皇族贵戚及士民之家，不惟世族，下与非类婚偶。先帝亲发明诏，为之科禁，而百姓习常，仍不肃改。朕令宪章旧典，祇按先制，著之律令，永为定准。犯者以违制论"[⑤]。南朝的士族王源嫁女给庶族富阳满氏，被沈约弹劾"惟利是求"，并拟"禁锢终身"，可见南朝也有禁止士族与庶族通婚的规定。这种婚姻制度，由于门阀之见的作祟，确实保持了一定的累世通好、亲上加亲，但一旦政治势力靠山转移到新兴庶族身上，门第高低的通婚界限就会被打破。

---

① 《隋书·刑法志》。
② 《晋书·武帝纪》。
③ 《北齐书·后主纪》。
④ 《宋书·周朗传》。
⑤ 《魏书·高祖纪》。

（二）土地赋税制度

三国两晋南北朝时期土地赋税制度的演变与发展有着非常复杂的历史大背景，至东汉末年，土地兼并问题已积重难返，豪强士族占据大量的土地，失地农民或沦为流民，或依附豪强生存；因为战乱，又造成田地荒芜，国家赋税受到严重影响。

因此，除了军事因素，三国西晋时期创设的土地赋税制度很大程度上都是围绕解决东汉的历史遗留问题而产生。蜀、吴两国对其控制地区都进行了较好的开发，特别是西晋统一后，南方经济得到初步发展。少数民族政权入主中原后，同样致力于农业生产的恢复和发展，使得北方能在长期战乱中保持较好的经济基础。随着官品制度的推行以及统治者对佛教的推崇，东晋、南朝的士族世家、寺庙得以掌握大量的土地资源，开始形成新一轮的土地兼并。期间因为永嘉丧乱，大量中原人口南迁侨居，一度引起了土地资源的紧张甚至"土客"矛盾。但同时带去了新的农耕技术，开发了南方，经济重心逐渐南移使得南北发展差距缩小，趋于平衡，为下一个历史时期的统一奠定了基础。曹魏屯田制、西晋占田制、北魏均田制即在这些背景下因地制宜、因时而变。此外，这些土地制度在当时得以有效实施，除了依靠国家和法律的强制力以及官品、户籍、兵役等配套制度，还得益于这个时代农学、科技、数学、天文历数等领域的发展成就。

1. 曹魏屯田制

为解决军粮和财政问题，曹操时即开始推行屯田制，招募无地或无耕畜的农民，在各级典农官典农中郎将、典农校尉、屯田都尉的统率下耕种官田，收获物按六四（用官牛，官六客四）或五五（用私牛，官客对分）分成。屯田客一般不服其他徭役，但不得迁徙。同时规定将各州郡户口数目及荒地面积，作为衡量地方官政绩的标准，以促进荒地的垦殖。屯田制的推行，对解决曹魏的军粮民食及财政问题具有重要作用，后因豪强侵夺而瓦解。在赋税方面，曹魏创立了一种新型的租调税制，即每亩土地纳田租四升，每户出绢二匹、绵二斤，作为"户调"。禁止在租调之外以其他名目擅自征敛。

2. 西晋占田制

屯田制瓦解后，贵族豪强对土地和劳动力的兼并更加严重，造成农户大量流失，农业生产荒废。为此，晋武帝于太康元年（280 年）颁布占田令，推行占田制：平民男子可以占私田七十亩，女子占三十亩；其中，丁男（十六岁至六十岁）有五十亩，丁女有二十亩须交纳田租，这部分田地称为"课田"。每亩课田平均纳地租八升。至于官吏，可依其官品占田，从一品官至九品官依次递减，一品占田五十顷，以下递减五顷。在赋税方面，西晋继续采行以占田制为基础的户调制：凡丁男为户主之家，每年输绢三匹、绵三斤；妇女及其他人为户主之家输其半。

永嘉南渡之后，户籍散乱，人口迁徙，原有的占田制度难以继续施行，为重新整理户籍、安置侨民以及调整行政区域，东晋、南朝都相继推行了土断政策，即以土著为断，把南迁人口和流民按实际居住地编制户籍。二百多年里历经十次土断，加强了户籍，特别是南迁士族管理，"旧时王谢堂前燕"的一些赋役优待受到了限制，逐步“飞入寻常百姓家”，在一定程度上缓和了社会矛盾，增加了国家的财税收入。

3. 北魏均田制

在这一时期，北方的战争较之南方更为频繁，土地更是大量荒芜。北魏统治者总结魏晋以来土地立法的经验，参以鲜卑族习俗，于孝文帝太和九年（485 年）创立了一种新型的土地制度——均田制。按《均田令》规定，男夫十五岁以上受露田（不种树的田）四十亩，妇人二十亩；男夫受桑田二十亩。露田不得买卖，死后收归官府；桑田为私田，可传子孙，亦可买卖。此外，奴婢授田与平民相同；耕牛每头授露田三十亩，每户以四头牛为限。官吏按职级授予公田，如刺史十五顷，太守十顷，县令六顷等。官员离任时，“更代相付，卖者坐如律”①。在推行均田制的同时，颁行新的租调法：以一夫一妇作为征收租调的单位，以改变过去按大户征收而造成税负畸轻畸重的状况。一夫一妇每年纳户调帛一匹，租粟二石；麻布之乡出布一匹；民年十五以上未娶者，四人出一夫一妻之调；奴婢任耕织者，八人出一夫一妻之调。北魏的均田制先后为北齐、北周、隋唐所沿袭，为礼法体系在隋唐实现鼎盛奠定了经济基础。

总体上说，王朝土地所有制，是这个时代在土地制度方面较有作为的方面，往往越在政权初建、国力强盛之时，越能控制土地分配和统一财政收支，避免贵族官僚的“占山护泽”。虽然动乱的历史并没有给当时统治者彻底的施行条件和空间，但这些王朝以国家政权的名义授田、均田，其在立法层面的意义仍然是不容低估的。

第三节　“传习不坠”的礼学与礼制兴造

案例导入

王戎丧儿万子，山简往省之，王悲不自胜。简曰：“孩抱中物，何至于此？”王曰：“圣人忘情，最下不及情；情之所钟，正在我辈。”简服其言，更为之恸。

——《世说新语·伤逝》

如果说古人生活在“情理法”的世界中，那么情为何物，情自何来，又与礼何涉呢？《世说新语》的许多故事为我们展示了魏晋时人丰富的情感和精神世界，以及各种礼法场景与观念。名士王衍的幼子夭折后，山简前去安慰。看到王衍悲痛无法自已，山简说：“孩子不过是怀抱之物，怎么会悲伤到这种程度？”王衍说：“圣人可以忘掉感情，最下等的人对感情是没有感受的。然而最重视感情的，正在我们这样的人身上。”山简钦佩其言，亦为之悲痛。这些视“礼岂为我辈设”的名士，在生活中流露了自己的真性情。父为孩抱而伤悲，可见，情是会下倾的。王羲之在《丧乱帖》中言：“丧乱之极，先墓再离荼毒，追惟酷甚，号慕摧绝，痛贯心肝，痛当奈何

① 《魏书·食货志》。

奈何！虽即修复，未获奔驰，哀毒益深，奈何奈何！临纸感哽，不知何言！”书能千般洒脱，但面对先人坟墓屡遭毁败，心却万般羁绊。可见，情更是上倾的。这些例子，无一不在诉说现实生活中人的情性表达、情与礼的交融与冲突，也恰恰凸显了该时代对“缘人情而制礼，依人性而作仪”这一礼学、礼制经典话题的继承。

受到时代变乱的影响，三国两晋南北朝的诸多学术开始摆脱经学的附庸，逐步走向独立发展之路，加上清谈义理、玄学的兴起，佛道二教的流行，思想开始呈现出多样化的发展趋势。虽然清人皮锡瑞《经学历史》称自此开始，经学由东汉的“极盛”走向“中衰”“分立”，但今天流传广泛的十三经注释中，只有魏晋时代经学家所留下的经注能与汉代的经注相匹比。就算在南北朝时期，由于地缘的割裂，如律学分成两支，经学也有“南学”“北学”之分，但往往学出于一，“舍郑莫由”，既难以超脱郑玄的影响，也难以回避郑学、王（肃）学的纷争。无论时局如何动荡、学术风气如何转向玄虚，三礼之学传习不坠，传统经学在社会中的根基和权威仍然不可动摇。

两汉经学的发达，为当时的礼制构建提供了强大的理论依据，而两汉经学家的诸多经典命题和理论阐述，也成为后世礼制构建的“取水之源”。史家马端临指出：“郑康成于三书皆有注，后世之所欲明礼者，每稽之郑注，以求经之意。而郑注则亦多杂谶纬及秦、汉之礼以为说，则亦必本于（叔孙）通、（曹）褒之书矣。……然魏、晋而后，所用之礼，必祖述此者也。”① 有学者认为三国时期删节两汉经书以为今用，其实也是制礼的表现：“在曹魏时期，当时的曹操首席谋臣荀彧曾建议曹操：‘宜集天下大才通儒，考论六经，刊定传记，存古今之学，除其烦重，以一圣真，并隆礼学，渐敦教化，……’这是另一种形式的制礼，即每一朝根据当时的经说加以简约，定出一套定本。又如三国孙吴人阚泽，史书说：‘泽以经传文多，难得尽用，乃斟酌诸家，刊约礼文及诸注说以授二宫，为制行出入及见宾仪。’这是直接采用经说与其批注作为朝廷（主要指二宫，皇帝与太子之宫）行礼的仪注。另一位三国人杜理，史书说他：‘经传之义，多所论驳，皆草创未就，惟删集《礼记》及《春秋左氏传》解。’这类删集的工作与其看成是学术活动，不如看成是另类制礼。”② 因此，在两汉经学风气的继续作用下，特别是受郑玄、王肃学说相争的催化，对礼制相关问题的探讨成为三国两晋南北朝儒家学者，特别是经学家治学与实践的重要内容。

一、曹魏的礼制构建

《晋书·礼志》云：“汉兴，承秦灭学之后，制度多未能复古。历东、西京四百余年，故往往改变。魏氏承汉末大乱，旧章殄灭。”在战乱之间，典籍散灭之际，仍不乏有识之士草创制度，企图复兴礼治。如建安年间，荀彧曾建言曹操说：“昔舜分命禹、稷、契、皋陶以揆庶绩，教化征伐，并时而用。及高祖之初，金革方殷，犹

① （元）马端临：《文献通考》卷一八七《经籍考十四》。

② 甘怀真撰：《制礼观念的探析》，载甘怀真：《皇权、礼仪与经典诠释：中国古代政治史研究》，华东师范大学出版社2008年版，第68页。

举民能善教训者，叔孙通习礼仪于戎旅之间，世祖有投戈讲艺、息马论道之事，君子无终食之间违仁。今公外定武功，内兴文学，使干戈戢睦，大道流行，国难方弭，六礼俱治，此姬旦宰周之所以速平也。既立德立功，而又兼立言，诚仲尼述作之意；显制度于当时，扬名于后世，岂不盛哉！若须武事毕而后制作，以稽治化，于事未敏。宜集天下大才通儒，考论六经，刊定传记，存古今之学，除其烦重，以一圣真，并隆礼学，渐敦教化，则王道两济。”[①] 这种效仿“叔孙通习礼仪于戎旅之间”隆兴礼学的态度，虽然直接的功效是复兴儒学，但“武事毕而后制作”才是最终的目的。其中所谓的“制度”，就是重建礼制，以为治世之具。史载，曹魏初建，“旧仪废弛”，“兴造制度”皆由王粲“恒典之”[②]。魏律的修订者刘劭倡言制礼作乐，以移风俗，著《乐论》十四篇。[③] 卫觊制定《魏官仪》，还与王粲一起“集创朝仪”[④]。

具体到曹魏礼制某一方面内容的损益变革以及制度的设立与施行，也可以在史料中找到对证，如厘正祀典。黄初时，“新都洛阳，制度未备，而宗庙主祏皆在邺都”。太常韩暨奏请“迎邺四庙神主，建立洛阳庙，四时蒸尝，亲奉粢盛。崇明正礼，废去淫祀，多所匡正”[⑤]。黄初五年（224 年）十二月，下诏禁淫祠云：“先王制礼，所以昭孝事祖，大则郊社，其次宗庙，三辰五行，名山大川，非此族也，不在祀典。叔世衰乱，崇信巫史，至乃宫殿之内，户牖之间，无不沃酹，甚矣其惑也。自今，其敢设非祀之祭，巫祝之言，皆以执左道论，著于令典。”[⑥] 魏明帝时，特进曹洪乳母当与临汾公主侍者祭祀无涧神被系狱。青龙元年（233 年）闰五月，诏诸郡国山川不在祠典者勿祠。[⑦] 禁淫祠虽是刑事法律方面的禁止，实际上也反映了魏人对祭祀对象的重新确认，这种刑事法律规定的变化，是由礼制观念或者祭祀规定变化所导致的。而要构建一套顺天宜时又符合统治理念的祭祀体系，必定要从厘正祀典特别是祭祀对象开始。

此外，《三国志》记载不了曹魏采用与施行“故事”之例，其中有些“故事”即为礼仪、礼制方面的“故事”，且主要沿袭汉“故事”。这些“故事”的采用与施行，实际上也是礼仪、礼制在汉末之后重建，或重新得以运用，或其体现的礼制原则、精神为人所重视的例证。

对于曹魏的礼制构建，《晋书·礼志》曾有这样的评价：“魏氏光宅，宪章斯美。王肃、高堂隆之徒，博通前载，三千条之礼，十七篇之学，各以旧文增损当世，岂所谓致君于尧舜之道焉。世属雕墙，时逢秕政，周因之典，务多违俗，而遗编残册，犹有可观者也。”如果说曹魏开创了律令分途，承担不同的功能并各自走向系统编撰、汇编成典的时代，那么在这样的大背景下，所谓的“遗编残册，犹有可观者”，

---

① 《三国志·魏书·荀彧传》注引《彧别传》。
② 《三国志·魏书·王粲传》。
③ 参见《三国志·魏书·刘劭传》。
④ 《三国志·魏书·卫觊传》。
⑤ 《三国志·魏书·韩暨传》。
⑥ 《三国志·魏书·文帝纪》。
⑦ 参见《三国志·魏书·明帝纪》。

其实也昭示着曹魏的礼制在王粲、卫觊等人“典定众仪”，王肃、高堂隆之徒“增损当世”的推动下，开始向系统编撰、汇编成典的时代——礼典体系时代迈进。

二、两晋的礼制构建

1. 西晋礼典的编纂

《晋书·文帝纪》记载：“（咸熙元年）秋七月，帝（指司马昭）奏司空荀顗定礼仪，中护军贾充正法律，尚书仆射裴秀议官制，太保郑冲总而裁焉。”《晋书·郑冲传》也载：“时文帝辅政，平蜀之后，命贾充、羊祜等分定礼仪、律令，皆先谘于冲，然后施行。”① 晋王司马昭在改革律令、官制的同时，命司空荀顗损益“魏代前事”，主持制定礼仪，羊祜、任恺、庾峻、应贞等人参与其事。此次制定礼典活动在曹魏咸熙元年（264 年）就早早谋划布局，虽迟延至西晋太康初年方告完成，却是中国历史上首次依照《周礼》“五礼”体系大规模议定礼典，是礼法时代的标志性事件。

荀顗等人所制成的晋礼又名《新礼》，凡 165 篇（卷），15 余万言。因其改革过度求新，不仅在内容上引起诸多争议，在形式上也出现篇卷烦重问题。后听从尚书仆射朱整的议请，将《新礼》交付给尚书郎挚虞讨论得失，此时已经时隔二十多年。② 元康元年（291 年），挚虞首先奏上明堂五帝、二社六宗及吉凶王公等礼制意见，凡 15 篇，其中多尊王肃之说；同时指出《新礼》在丧服制度上的缺漏：“（《新礼》）以《丧服》最多疑阙，宜见补定。”③ 对郑学、王学之争，挚虞主张应旗帜鲜明地选择王肃，即所谓“依准王景侯所撰《丧服变除》，使类统明正，以断疑争”，这样才能保证“制无二门，咸同所由”④。

挚虞在修订时指出，《新礼》最大的问题是“卷烦而不典”，不能做到“文约而义举”。因此，除了对内容疑阙的补定，挚虞对晋礼的另一贡献则是使得晋礼的体系更为合理、完善。其在《新礼》“所宜损增”表中就反复讨论到几个编撰技术问题，如篇卷烦重，应该随类通合；事同而名异者，应省文通事，随类合之，事有不同，乃列其异等。这说明时人对“典”的编撰具备了充分的认识。经过删削整理，挚虞将《新礼》篇幅缩减三分之一，应有 100 余篇。其后，挚虞又同傅咸继续对《新礼》进行决疑和修正工作，但因西晋末年内外变乱而被迫终止，只留下《决疑注》流传于东晋。⑤

---

① 《世说新语·政事》注引《续晋阳秋》曰：“初，文帝命荀勖、贾充、裴秀等分定礼仪律令，皆先咨郑冲，然后施行也。”

② 《晋书·礼志上》。《晋书·挚虞传》载：“荀顗撰《新礼》，使虞讨论得失而后施行。”

③ 《晋书·礼志上》。

④ 《晋书·礼志上》。

⑤ 根据《晋书·礼志》记载，挚虞讨论《新礼》讫，以元康元年上之，“所陈惟明堂五帝、二社六宗及吉凶王公制度，凡十五篇。有诏可其议。后虞与傅咸缵续其事，竟未成功。中原覆没，虞之《决疑注》，是其遗事也”。也就是说，挚虞《决疑注》中记载了当时晋《新礼》的若干规定，而《晋书·礼志》也保存了不少“新礼”云云、“挚虞以为”或“挚虞《决疑》”云云的记载。这些材料从史源上当本自挚虞《决疑注》，而究其实质，就分别是荀顗所定与挚虞更定者。

《宋书·礼志》云："晋始则荀顗、郑冲详定晋礼；江左则荀崧、刁协缉理乖紊。其间名儒通学，诸所论叙，往往新出，非可悉载。"《梁书·徐勉传》云："至乎晋初，爰定新礼，荀顗制之于前，挚虞删之于末。既而中原丧乱，罕有所遗；江左草创，因循而已。厘革之风，是则未暇。"《旧唐书·礼仪志》云："自晋至梁，继令条缵。鸿生钜儒，锐思绵蕝，江左学者，仿佛可观。"纵观晋制礼之过程，大体可分为三个阶段：一是魏末咸熙至晋武帝泰始年间，由荀顗等人据魏礼所制《新礼》，共一百六十五篇（卷），十五余万字；二是晋武帝太康至晋惠帝元康年间，由挚虞等人删定《新礼》，修改后存十万余字；三是晋东渡以后，由刁协、荀崧、蔡谟等人所修复的晋礼。唐前史书的《经籍志》《艺文志》所见仪注类文献，皆为当时相关佐证。

联系到自晋开始，是律典体系正式确立的时代，晋之《新礼》，同样兼具此种重大意义。其按照《周礼·春官》吉、凶、宾、军、嘉五礼体例制定而成，超越《仪礼》的体例范畴，强化统一政权的国家意识形态，成为涵盖国家制度整体框架的真正礼典。其中，"吉礼"包括圜丘郊祀之礼、明堂制度、山水祭祀以及皇家宗庙制度等内容，"凶礼"包括治丧礼仪、葬礼、丧服制度以及赈济制度、恤礼制度，"宾礼"包括元会礼、朝觐礼、帝王巡狩之礼、尊崇太后太妃之礼、尊崇皇太子之礼、二望三恪之礼、拜任太傅太尉司空之礼、王公群妾与妇人相见之礼，"军礼"包括军队鼓吹之礼、讲武练兵之礼、军队誓师之礼，"嘉礼"包括婚礼、冠礼、会礼、尊老养老之礼。依此体系而成的礼典既符合政治统治需求，也适应伦理道德目标，因而成为此后历代王朝所一直继承与沿用的基本礼制模式。可以说，晋《新礼》的出现，标志着中国古代国家礼典的正式形成和礼典体系的正式确立。① 杨鸿烈对西晋律典体系有高度评价，称其为"中古时代法典大备的开始"②，我们认为，这里的法典，理

---

① 甘怀真在《制礼观念的探析》一文同样关注了晋新礼与礼典形成这一重大问题，其云："中国国家礼典的形成，自《晋礼》始，至少蕴含二类观念：一是受命改制，此观点促成礼制的法典化；二是天子推行教化的观念，此促成中国礼典所规范的范围及于一般人民的日常生活。""由汉唐之间的制作礼典的事实来看，自'晋礼'起，国家正式承担对民间的教化之责，礼制已从威仪的强调转移到教化之上。""中国历史上'五礼'形式（吉凶军宾嘉）的国家礼典第一次正式颁布是在西晋武帝时。它有以下几个层面值得注意。一是《周礼》地位的突出。这部《晋礼》是伴随着复'封建'而成立的。在曹魏末年，在司马氏主导之下，曹魏政权宣布'复五等爵'，时间是在咸熙元年（264）七月。此举的目的之一是宣告一个遵从'周政'的新体制的诞生，而不再用汉家之法。此亦象征周礼成为政制的法源，即学者所谓：'然则中国儒家政治理想之书如周官者，典午之前，固已尊为圣经，而西晋以后更为国法矣。除编修礼典之外，同时的改制尚包括重修法律与建立新官制。'有史料说这次改革称为'厘革宪司'，用今天的话来说即厘革政体，而政体包括礼仪、法律与官制。制作一部礼典的构想当出于模仿周礼，作一部当代之礼典。二，这部以周礼为典范的礼典是采五礼的形式。'五礼'形式的礼典的特色是强调教化，《周礼·司徒》曰：'以五礼防万民之伪，而教之中。'五礼是作为国家推动教化的典籍。于是《晋礼》的成立可看成是国家承担教化之责的制度化，尤其表现在法制化的层面，国家礼典是具有国家法性质的制度规定。从本文的角度而言，这是儒教国家体制的完成。由于教化观念在东汉士人层中逐渐普及，也连带使制定五礼的呼声出现。前文曾提及二种礼的观念，概略而言，一是主威仪，一是主教化。礼的威仪观在中古时期不曾丧失，但礼作为教化的主张却是日益增强。两相比较下，教化派更强调国家对于人民的教化职能，因此礼不只是作为统治者正当性的来源与教养。这一派的主张之一是改造国家的法制，将人民置于儒教的法典之下，此类法典包含国家礼典。"见甘怀真：《皇权、礼仪与经典诠释：中国古代政治史研究》，华东师范大学出版社 2008 年版，第 73－74、84－85 页。

② 杨鸿烈：《中国法律发达史》，商务印书馆 1930 年版，第 217 页。

应包括礼典也就是晋礼在内，否则大备的意义必将大打折扣。

2. “晋礼律并重”

唐人杜佑所纂《通典》，其“礼典”一门所占篇幅甚巨，其中所载亦以魏晋六朝间人礼制讨论为主，所涉及的一些礼典规定也赖之得以保存。当时围绕礼制内容所展开的广泛讨论，极大地推动了五礼制度的发展与成熟。其意义正如有学者所指出的：“五礼体系是魏晋南北朝时期儒家古文经学中最有成就、最成熟的部分。它系统地反映了儒家伦理道德思想，大量地保存了儒家的理论信息。它的制度化，使儒学在玄风强劲、佛学大盛的社会环境中始终具有自己的位置，使各封建统治者以儒治国成为可能。”① 两晋作为礼法体系形成的重要时期，时人议论常以“礼律”并称，故程树德《晋律考》中有“晋礼律并重”一项并辑有数条例证：

《晋书·殷仲堪传》：“异姓相养，礼律所不许。”

《晋书·李充传》：“先王以道德之不行，故以仁义化之，仁义之不笃，故以礼律检之。”

《晋书·华廙传》：“诡易礼律，不顾宪度。”

《晋书·卫瓘传》：“夜使清河王遐收瓘。左右疑遐矫诏，咸谏曰：礼律刑名，台辅大臣，未有此比，且请拒之，须自表得报，就戮未晚也。瓘不从。”

《晋书·庾纯传》：“纯行酒，贾充不时饮。纯曰：长者为寿，何敢尔乎？充曰：父老不归供养，将何言也。纯曰：高贵乡公何在？充惭怒，上表解职，纯惧自劾，诏免官。又以纯父老不求供养，使据礼典正其臧否。太傅何曾、太尉荀顗、骠骑将军齐王攸议曰：凡断正臧否，宜先稽之礼律，八十者一子不从政，九十者其家不从政，新令亦如之。按纯父年八十一，兄弟六人，三人在家，不废侍养。纯不求供养，其于礼律未有违也。”

杜佑《通典》在论述秦汉以来礼制沿革时说：

秦荡灭遗文，自汉兴以来，收而存之，朝有典制可酌而求者：……晋有郑冲、荀顗、陈寿、孙盛、羊祜、杜元凯、卫瓘、庾峻、袁准、贺循、任恺、陈铨、孔备、刘逵、挚虞、束皙、傅咸、邹湛、蔡谟、孔衍、庾亮、范宣、范汪、徐邈、范宁、刁协、荀崧、卞壸、葛洪、王彪之、司马彪、干宝、徐广、谢沈、王裒、何琦、虞喜、应贞。……或历代传习，或因时制作，粗举其名氏，列于此注焉。②

以上所开列的两晋“朝有典制可酌而求者”，也就是曾经参与制礼或有对礼制问题有所讨论者，凡三十八人之多。

“礼法之士”既是西晋律典体系的主要构建者，亦为西晋礼法之治与法律儒家化的主要推动者，如杜预、荀顗、荀勖、郑冲、羊祜等等，这些人不仅推动了礼律的进一步融合，而且开后世礼律同修之先河。此一论断已经成为研究中古史学者的公论，如陈寅恪曾云：“古代礼律关系密切，而司马氏以东汉末年之儒家大族创建晋

① 梁满仓：《魏晋南北朝五礼制度考论》，社会科学文献出版社 2009 年版，第 176－177 页。

② （唐）杜佑撰：《通典》卷四一《礼一·沿革一·礼序》。

室，统制中国，其所制定之刑律尤为儒家化。”[①] 高明士指出：“西晋泰始律、令的编纂者，如贾充、杜预、裴楷等皆为士族，即连王室司马氏亦是名族，彼等编纂之中心目标虽无可考，但由泰始律、令遗文看来，相当儒家化，已是学界所公认。”[②] 两晋时期，礼律兼修乃学者治学的基本风格，以上杜佑简述两晋的“朝有典制可酌而求者”，观其生平事迹以及相关著述、论议，实际很多也都具备了礼律兼修，或者说既精通礼学又参与制度构建的特性。而这种特性也为南北朝和隋人所继承，这就是为何《通典》当中大篇幅收存众多汉唐间经学、礼学之士讨论礼制材料的重要原因，也是为何《隋书·经籍志》《旧唐书·经籍志》收录众多汉唐间经学、礼学之士礼学著作的重要原因。如果要说隋唐之基在魏晋六朝，那么，推究其源，不管是在律令方面还是在礼制方面，都与这些礼法之士的积极推动密不可分。

晋室南渡建立东晋政权，与之长期对峙的是十六国政权虽多数皆为部族国家，然亦开始效法中原王朝建立国家制度。总体而言，十六国对西晋律典体系采取不同取舍态度。而继承或吸收西晋律令法制因素之国家，亦往往依据国情特色对之加以改造。在礼制方面亦是如此。如大兴二年（319 年），石勒称赵王，“始建社稷，立宗庙，营东西宫。署从事中郎裴宪、参军傅畅、杜嘏并领经学祭酒，参军续咸、庾景为律学祭酒，任播、崔濬为史学祭酒。中垒支雄、游击王阳并领门臣祭酒，专明胡人辞讼，以张离、张良、刘群、刘谟等为门生主书，司典胡人出内，重其禁法，不得侮易衣冠华族。号胡为国人。遣使循行州郡，劝课农桑。加张宾大执法，专总朝政，位冠僚首。署石季龙为单于元辅、都督禁卫诸军事，署前将军李寒领司兵勋，教国子击刺战射之法。命记室佐明楷、程机撰《上党国记》，中大夫傅彪、贾蒲、江轨撰《大将军起居注》，参军石泰、石同、石谦、孔隆撰《大单于志》。自是朝会常以天子礼乐飨其群下，威仪冠冕从容可观矣”。其后，石勒又制“轩悬之乐，八佾之舞，为金根大辂，黄屋左纛，天子车旗”[③]，至此礼乐初备。

可见，当时投奔到北方的汉人或本是北地之人，积极参与了礼制构建。又如前燕慕容皝统治时期，曾赐“大臣子弟为官学生者号高门生，立东庠于旧宫，以行乡射之礼，每月临观，考试优劣”。又云皝“雅好文籍，勤于讲授，学徒甚盛，至千余人”[④]。北方少数民族未必能全面构建礼制，但其对儒学的重视，应该会对某一方面的礼制建设起到重要的推动作用，要做到“每月临观”，起码就要在行礼仪式方面订立一套可以重复循用的规则和程序。慕容皝之子慕容儁继位后，根据给事黄门侍郎申胤的奏议，也对冠服制度进行了改革，构建了相应的朝仪制度。[⑤]

---

① 陈寅恪：《隋唐制度渊源略论稿》，生活·读书·新知三联书店 2009 年版，第 111 页。
② 高明士：《律令法与天下法》，上海古籍出版社 2013 年版，第 65－66 页。
③ 《晋书·石勒载记》。
④ 《晋书·慕容皝载记》。
⑤ 参见《晋书·慕容儁载记》。

三、南北朝的礼制构建

东晋灭亡，进入南北朝时代。南北律令分途而行，展现出极大差异性。南朝在大体遵循西晋律令模式基础上依据时代形势略作调整，将之推向前进。而在北方，不仅继受西晋律令模式，而且采掇汉魏乃至周秦法制因子，复将之与北方胡族习惯法与中原社会现实情况相结合，在民族碰撞、文化交融中呈现出多样化发展态势，造就多重法律文化的融汇碰撞，可谓别开生面。然而由于国家的分土割境，法制上缺乏统一的标准，礼制自然也陷入无所遵从的境地。在很多法律制度重建的同时，关于礼制的讨论也在兴起。《晋书·礼志》曾云："《丧服》一卷，卷不盈握，而争说纷然。"这样的境况，依然是南北朝乃至隋礼制讨论的最好写照，而《隋书·经籍志》等当时书目所存丧服著述、《通典·礼典》所存诸多驳论也是这些争说的最好见证。可以说，这些争说、著述就是当时礼典构建在思想观念层面的反映，而作为制度反映，则以《隋书·经籍志》所著录的仪注类书目最为典型。

《隋书·经籍志》又云：

> 仪注之兴，其所由来久矣。自君臣父子，六亲九族，各有上下亲疏之别。养生送死，吊恤贺庆，则有进止威仪之数。唐、虞已上，分之为三，在周因而为五。《周官》：宗伯所掌吉、凶、宾、军、嘉，以佐王安邦国，亲万民，而太史执书以协事之类是也。是时典章皆具，可履而行。周衰，诸侯削除其籍。至秦，又焚而去之。汉兴，叔孙通定朝仪，武帝时始祀汾阴后土，成帝时初定南北之郊，节文渐具。后汉又使曹褒定汉仪，是后相承，世有制作。然犹以旧章残缺，各遵所见，彼此纷争，盈篇满牍。而后世多故，事在通变，或一时之制，非长久之道，载笔之士，删其大纲，编于史志。而或伤于浅近，或失于未达，不能尽其旨要。遗文余事，亦多散亡。今聚其见存，以为仪注篇。

可见，唐人在编撰此书时，吉、凶、宾、军、嘉五礼的相关制度是被归入仪注类，其源头就是经先秦、两汉发展而来的礼仪规定。

《旧唐书·礼仪志》也记载了隋朝在南北朝基础上所构建的礼制：

> 自晋至梁，继令条缵。鸿生钜儒，锐思绵蕝，江左学者，仿佛可观。隋氏平陈，寰区一统，文帝命太常卿牛弘集南北仪注，定《五礼》一百三十篇。炀帝在广陵，亦聚学徒，修《江都集礼》。由是周、汉之制，仅有遗风。

皮锡瑞在《经学通论·三礼》"论古礼最重丧服，六朝人尤精此学，为后世所莫逮"条中论及：

> 自汉魏至六朝诸儒，多讲礼服，《通典》所载，辨析同异，穷极深微，朱子谓六朝人多精于礼，当时专门名家有此学，朝廷有礼事，用此等人议之。

由于南北朝时期礼学的发达，诸儒参与的"礼事"，并不仅仅是丧服制度而已，而是整个制礼作乐的过程。《隋书·经籍志》记载了南北朝时期所制定的礼典或相关仪注典籍（见表5-6），其中就以南朝的礼制成果最为突出：

表 5-6　《隋书》所载南北朝礼制典籍

宋	《宋仪注》十卷，《宋仪注》二十卷，《宋尚书杂注》十八卷，《宋东宫仪记》二十三卷，《徐爰家仪》一卷等
齐	《齐卤簿仪》一卷等
梁	《东宫新记》二十卷，《梁吉礼仪注》十卷，《梁宾礼仪注》九卷，《吉仪注》二百零六卷、录六卷，《凶仪注》四百七十九卷、录四十五卷，《军仪注》一百九十卷、录二卷，《嘉仪注》一百一十二卷、录三卷等，《皇典》二十卷，《杂凶礼》四十二卷，《政礼仪注》十卷，《士丧仪注》九卷，《杂仪注》一百八十卷，《杂嘉礼》三十八卷，《国亲皇太子序亲簿》一卷等
陈	《陈尚书杂仪注》五百五十卷，《陈吉礼》一百七十一卷，《陈宾礼》六十五卷，《陈军礼》六卷，《陈嘉礼》一百零二卷，《陈卤簿图》一卷等
北魏	《后魏仪注》五十卷等
北齐	《后齐仪注》二百九十卷等

南朝史学发达，这段时期的正史有很多是由同时代人所编修。其中以《宋书》《南齐书》最为典型。就《南齐书》而言，其虽修于梁，但作者萧子显是齐梁皇族，是本朝人修本朝史书。《南齐书》价值最高的即是其中的《志》。从史料来说，《南齐书》各《志》是取自当时保存的南齐各种典章制度编撰而成。这一点在《礼仪志》中有明确表述：“（南齐）永明二年，太子步兵校尉伏曼容表定礼乐。于是诏尚书令王俭制定新礼，立治礼乐学士及职局……因集前代，撰治五礼，吉、凶、宾、军、嘉也。文多不载。若郊庙庠序之仪，冠婚丧纪之节，事有变革，宜录时事者，备今志。其舆辂旗常，与往代同异者，更立别篇。”由此可知，齐武帝永明二年（484年），已损益前代之制，编集了五礼，其中“郊庙庠序之仪，冠婚丧纪之节”就保存在《礼仪志》当中；而“舆辂旗常”“更立别篇”，所谓“别篇”，就是《舆服志》。毋庸置疑，《南齐书·礼仪志》所存文字，实际上就是王俭所制五礼关于“郊庙庠序”“冠婚丧纪”内容的缩略版。

在历史上，梁武帝算是具有较高经学素养的君主，史载其“虽万机多务，犹卷不辍手，燃烛侧光，常至戊夜。造《制旨孝经义》《周易讲疏》及六十四卦、二《系》、《文言》、《序卦》等义，《乐社义》《毛诗答问》《春秋答问》《尚书大义》《中庸讲疏》《孔子正言》，《老子讲疏》，凡二百余卷，并正先儒之迷，开古圣之旨。王侯朝臣皆奉表质疑，高祖皆为解释”①。在梁武帝的极力推动下，“修饰国学，增广生员，立五馆，置《五经》博士”②，梁的经学、礼学都取得了长足发展，当时的“五礼”之学尤其发达。在有丰富礼制学术思想的背景下，再造礼典繁盛局面也就是顺理成章之事。与晋代撰修礼典一样，梁的修礼也是由礼学之士担当重任，但更突出了五礼的框架结构，五礼各部皆由专人分掌。据《隋书·礼仪志》所载，梁武帝

① 《梁书·武帝纪》。《陈书·儒林传》亦云：“梁武帝开五馆，建国学，总以《五经》教授，经各置助教云。武帝或纡銮驾，临幸庠序，释奠先师，躬亲试胄，申之宴语，劳之束帛，济济焉斯盖一代之盛矣。”

② 《梁书·武帝纪》。

分别命明山宾职掌吉礼，严植之职掌凶礼，陆琏职掌军礼，贺玚职掌宾礼，司马褧职掌嘉礼的修撰，又命沈约、周舍、徐勉、何佟之等人参详其事；梁武帝还经常“称制断疑”，躬亲其事。根据史载，梁礼典分别由吉礼仪注、凶礼仪注、军礼仪注、宾礼仪注、嘉礼仪注构成，凡一百二十秩、一千一百七十六卷、八千零一十九条，不可谓不详（见表 5－7）。①

表 5－7 梁礼典略目

礼典内容	修成时间	组成数量
吉礼仪注	修成于天监十一年（512 年）	凡二十六秩，二百二十四卷，一千零五条
凶礼仪注	修成于天监十一年（512 年）	凡四十七秩，五百一十四卷，五千六百九十三条
军礼仪注	修成于天监九年（510 年）	凡十八秩，一百八十九卷，二百四十条
宾礼仪注	修成于天监六年（507 年）	凡十七秩，一百三十三卷，五百四十五条
嘉礼仪注	修成于天监六年（507 年）	凡十二秩，一百一十六卷，五百三十六条

由表 5－7 可观梁礼典修撰跨度时间之大，但在天监十一年（512 年）吉礼仪注、凶礼仪注修成之后，仍不断进行润色，并“列副秘阁及《五经》典书各一通，缮写校定”，于十二年之后，即普通五年（524 年）二月“始获洗毕”。普通六年（525 年），徐勉以五礼汇集，礼典事成，上表详细论述五礼的次序与功能：“吉为上，凶次之，宾次之，军次之，嘉为下也。故祠祭不以礼，则不齐不庄；丧纪不以礼，则背死忘生者众；宾客不以礼，则朝觐失其仪；军旅不以礼，则致乱于师律；冠婚不以礼，则男女失其时”，认为立国修身“于斯攸急”②。值得注意的是，梁礼典并非完全是礼制内容的规定，而是附录了一些解决礼制难题的相关奏议、圣旨裁断。据史载，徐勉云：“若有疑义，所掌学士当职先立议，通谘五礼旧学士及参知，各言同异，条牒启闻，决之制旨。疑事既多，岁时又积，制旨裁断，其数不少。莫不网罗经诰，玉振金声，义贯幽微，理入神契。前儒所不释，后学所未闻。凡诸奏决，皆载篇首，具列圣旨，为不刊之则。”经徐勉上表之后，梁武帝正式下诏，以“经礼大备，政典载弘，今诏有司，案以行事也”③。如果说晋礼是初步实现了礼典编撰化，那么梁礼则是真正实现了系统化，正如后人所称述的：“自梁以来，始以其当时所行傅于《周官》五礼之名，各立一家之学。”④

据《隋书·礼仪志》所记：陈朝“克平建业，多准梁旧，仍诏尚书左丞江德藻、员外散骑常侍沈洙、博士沈文阿、中书舍人刘师知等，或因行事，随时取舍”。可知，陈的五礼构建仍然遵循梁朝的框架。《陈书》记载，沈洙治《三礼》《春秋左氏传》，通《五经》章句、诸子史书。梁末陈霸先辅政时，沈洙为国子博士，与沈文阿

① 《梁书·徐勉传》。
② 《梁书·徐勉传》。
③ 《梁书·徐勉传》。
④ 《新唐书·礼乐志》。

同掌仪礼，入陈后，又参与议律。[①] 宗元饶仕陈后先后任廷尉正、太仆卿、廷尉卿，通直散骑常侍，《陈书》记载其“军国务广，事无巨细，一以咨之，台省号为称职”；后迁御史中丞，“知五礼事”[②]。沈文阿，治《三礼》《三传》，梁时即为国子助教、《五经》博士，梁末绍泰元年（555 年），入为国子博士，“兼掌仪礼”。史云：“自太清之乱，台阁故事，无有存者，文阿父峻，梁武世尝掌朝仪，颇有遗稿，于是斟酌裁撰，礼度皆自之出。”沈文阿入陈之后，多次参与议礼。后世对其曾有较高的评价：“文阿加复草创礼仪，盖叔孙通之流亚矣。”[③] 据此可知，陈礼的构建起于梁末，起用梁朝通经或礼律兼修之人参与制礼，也算是陈沿袭了前朝的传统。

梁、陈之礼作为六朝礼典一脉，既有相承，也有复古损益。《陈书》中有一段记载，梁太清二年（548 年），直散骑常侍徐陵出使北魏，“是日甚热，其主客魏收嘲陵曰：‘今日之热，当由徐常侍来。’陵即答曰：‘昔王肃至此，为魏始制礼仪；今我来聘，使卿复知寒暑。’收大惭。”这种戏谑之言，实际上反映出梁陈间人对自身礼典构建的一种文化和制度自信。与之同一时空下的北朝，也绝非徐陵口中的“不知寒暑”之人、礼仪丧缺之地。南北两朝无论制度、文化、思想并无优劣之异，只有合适与否之别。《隋书·礼仪志》云北周时苏绰、卢辩、宇文弼等并习于仪礼者，“平章国典，以为时用”，又云其“宪章姬周，祭祀之式，多依《仪礼》”。虽然隋唐人视其复古过犹不及，杂而不纯，为礼制之“异类”，故在汲取制度时较少采集，陈寅恪在论及隋唐制度渊源时也云隋礼主要来源于梁、陈、北齐，而非北周。但北周能以《周礼》为宗，“思复古之道”，说明当时礼制构建并非逆潮流而行。从《隋书·礼仪志》保留的诸多史料来看，北朝之礼在汉晋以来经学的浸淫之下，其复古风貌之盛堪与南朝等量齐观，这是隋唐制度采法之源。

综上，吉、凶、军、宾、嘉五礼框架的构建，起步于曹魏末年，至晋初制礼时初步完备，南北朝时期五礼发达，议者虽各宗所师，但在所宗之下也有所制。《隋书·礼仪志》云：“梁武始命群儒，裁成大典。吉礼则明山宾，凶礼则严植之，军礼则陆琏，宾礼则贺玚，嘉礼则司马褧。帝又命沈约、周舍、徐勉、何佟之等，咸在参详。陈武克平建业，多准梁旧，仍诏尚书左丞江德藻、员外散骑常侍沈洙、博士沈文阿、中书舍人刘师知等，或因行事，随时取舍。后齐则左仆射阳休之、度支尚书元修伯、鸿胪卿王晞、国子博士熊安生，在周则苏绰、户辩、宇文弼，并习于仪礼者也，平章国典，以为时用。高祖命牛弘、辛彦之等采梁及北齐《仪注》，以为五礼云。”《旧唐书·礼仪志》云：“隋氏平陈，寰区一统，文帝命太常卿牛弘集南北仪注，定《五礼》一百三十篇。炀帝在广陵，亦聚学徒，修《江都集礼》。由是周、汉之制，仅有遗风。”以此观之，隋礼之制，渊源有自。南北思想、文化、制度的交流融合，犹如南北江河，其支流、干流总有相汇之处；即使平行不涉者，终也归向东流。至隋江都集议礼典，开统一南北风气，各取所长，礼制逐渐归一。

---

① 参见《陈书·沈洙传》。

② 《陈书·宗元饶传》。

③ 《陈书·沈文阿传》。

第四节 “光怪陆离”的法律思想世界

案例导入

夫作法于治，其弊犹乱；作法于乱，谁能救之！

——干宝《晋纪总论》

立法创制是为了更好地治理天下，但制度积弊反而会天下大乱；如果在乱世继续施行这样的制度，有谁还能够拯救天下呢？制度很重要，如何让制度结出好果，并非只有今天的人才懂得这样思考。历史上的干宝不仅善记志怪，也是一个善著良史、洞察天下治乱大势的史学家。在干宝《搜神记》的思想世界中，不仅仅充斥着神祇灵异，而是通过“发明神道之不诬”（《搜神记序》），去洞察人世间的怪力乱神。因此，三国两晋南北朝作为在政治、经济、文化、民族等方面均遭遇解构与重组的时代，其思想也如同《搜神记》所描述的那个世界一样，充满奇闻异事而又光怪陆离，是大到国家治乱得失、小到个体生死祸福的一面镜子。各个朝代和政权，在南征北伐中寻求“周公吐哺，天下归心”的复古与中兴之道，既造就了“一时多少豪杰”，也呈现了“一片神鸦社鼓”；“滚滚长江”曾经使三国鼎立、南北分治，但“浪花淘尽”之后，终究东逝而流向历史的统一出口。宗白华曾说这是“中国人生活史里点缀着最多的悲剧，富于命运的罗曼司的一个时期……这是强烈、矛盾、热情、浓于生命色彩的一个时代”[①]。天下大乱，不得其治，看似最为痛苦，然而精神上却极自由、极解放，也最富于智慧、最浓于热情。在历史为之一“变”的进程中，诸多学术突破以往的经学框限，得以独立、自主发展，是经学之外许多学术的黄金时代。治乱之间，法律思想也不断革故与鼎新，端肃凝重而又活泼玄虚，固守传统而又兼收外来文明，成就了这个时代的风度与风流。

三国两晋南北朝时期法律思想的形成与发展，可以追溯到东汉中期。自那时开始，关于法律哲学、法律体系、法律技术以及法律观念的思考成果就在不断涌现，新义迭出，各种法律思潮彼此交织，互相碰撞，其思想活力一直延续到隋唐，构成了一幅绚烂多彩、鲜活生动的法律思想的历史画卷，也更加筑牢了礼法时代的思想根基。在这个法制大变革的长时段内，出现了许多著名的法律思想家和法律思想理论。这些思想家和他们的理论，夹裹在一波又一波的法律思潮之中，闪耀出法律智慧的熠熠光辉。

三国两晋南北朝时期法律思想的发展受法家、玄学及佛学等影响，呈多元化局面，概而论之，主要有四个重要法律思潮：名法思潮、律学思潮、玄学法理思潮、五德正统思潮。在立法和司法实践中，儒学思想仍占主导地位，不少统治者都提倡

---

① 宗白华：《论〈世说新语〉和晋人的美》，载《宗白华全集》第2卷，安徽教育出版社1994年版，第268页。

儒学和礼法之治。如“治定礼为首，拨乱刑为先”是曹操主要的法律思想主张。由“治定礼为首”，可以看出曹操受到儒家思想的影响；从“拨乱刑为先”，则能看出重法术、严刑罚构成了曹操思想的另一个侧面。因此，难以将曹操单纯视为法家，他提倡尚礼重法、礼法并举，本质是以名法糅合礼律。这是西晋一代倡礼治、重刑律，坚持礼律并重的先声。西晋提出“以孝治天下”，“礼法之士”是当时礼法之治的主要推动者，这些人物以杜预为代表，其有着深厚的家学渊源和礼法修养，同时兼具较高的政治身份和地位，在西晋律令、礼典撰修过程中起到了决定性作用，直接推动了西晋法律儒家化的进程，也铺垫了东晋南北朝法制的基本走向。[①]

一、名法思潮

汉家制度，霸、王二道兼而用之，采取“阳儒阴法”的统治策略。自西汉中期开始，法律儒家化运动成为时代主流，刑名法术之学则为潜流。东汉中期以后，一大批儒生士大夫，针对当时礼教治国的总危机，进行系统批判，由此开启了救弊、务实的社会风貌，“循名责实”成为最常见的口号。纲常名教受到质疑，先秦诸子思想复活。其中尤其以法、道、名诸家思想最为活跃。到汉末三国时，名法学由潜流一跃而成时代主流，影响深远。东汉政治社会种种乱象，终于带来黄巾之乱，汉朝的统治分崩离析。其后，群雄纷争，天下大乱。出身阉竖寒门的曹操，最终统一北方，一举奠定曹魏政权根基。诸葛亮辅佐刘备进占西蜀，孙权倚仗父兄基业雄踞东吴，与曹魏形成三足鼎立的政治格局。抛开军事攻伐、外交谋略等因素不论，三国创业之人之所以在群雄中脱颖而出，建立稳固的政权，亦是顺应时代潮流，奉行名法之治的结果。

“名学”本为先秦名家所创，后为诸子所吸收，成为先秦学术争鸣、理论论证的通用之学。其中一派将名学理论运用于政治法律领域，于是有刑名法术之学。“名法”之学，顾名思义，同时重视“名”与“法”的作用。“名”强调名分、职守，“法”强调整齐、平等、贯彻执行。“名”与“法”相辅相成，彼此互补，成为循名责实、整齐秩序的强有力的治国手段。先秦名法学以“名”为纽带、以“法”为主旨，串联儒、道、墨诸家政治法律主张，起到了整合诸家的效果。申不害、尹文子、荀卿、韩非、李斯诸子都精于此，遂使此学发扬光大，到两汉时期仍能潜滋暗长，从者甚众。贾谊、晁错以及当时酷吏，莫不精通此学，用以辅佐霸、王兼宗的汉家制度。汉末，名教破产，儒术失灵，名法之学被推向前台，于是就有了名法思潮以及名法之治。其中又以曹操、诸葛亮为主要代表。

曹操提出“拨乱之政，以刑为先”[②] 的口号，又提出“唯才是举”、不为礼教名节所束缚的人才选任标准。这些都是名法家因时设法、循名责实主张的体现。同时，曹操抑制豪强势力，打压名门大族的特权制度，还制造出著名的“割发代首”案，

---

① 具体研究参见邓长春：《礼法之治与泰始律令》，载《法律史评论》2019年第2期。

② 《三国志・魏书・高柔传》。

名法家平等精神彰显无遗。陈寿称曹操“揽申、商之法术”①，刘勰也说“魏之初霸，术兼名法”②，这些都是对曹操名法思想与名法治国实践的精要概括。“魏武好法术而天下贵刑名。”③ 曹操力行名法之治的结果之一，就是曹魏境内兴起讨论刑名的风尚。例如刘劭《法论》，丁仪《刑礼论》，刘廙《先刑后礼论》、《政论》、《难丁仪》，曹羲《肉刑论》，夏侯玄《肉刑论》，李胜《难肉刑论》，桓范《世要论》，蒋济《万机论》，袁准《正论》，杨乂《刑礼论》，傅幹《肉刑议》等，即为此种风尚的代表作。在经过魏文帝曹丕“慕通达”所带来的短暂低谷后，名法思潮到魏明帝时仍占主流。魏明帝即位之初特别留意法理，喜好刑名。其最直接的制度成果就是刘劭、庾嶷、荀诜等人制定的《新律》《州郡令》《尚书官令》《军中令》等律令，是为汉魏法制体系的一次重大变革，“律博士”之设也在此时。然而，名法之治也正于此时遭遇儒家礼法精神和儒学士族的强力反弹，开始步入低潮。至太和二年（228 年），魏明帝下诏“尊贵儒学”，以之为“王教之本”，开始由名法之治转向礼法之治。其后，儒学大族司马氏掌权，大批追随曹爽的刑名之士遭到摧折，名法思潮最终销声匿迹。曹操的名法思想在曹魏影响深远。如果据此认为，汉末三国名法潮流是经曹操提倡而兴起，则属因果倒置。实际上，由于汉末名法之治已成潮流，曹操顺应时势，并以此巩固实力，方得建立曹魏霸业。曹操的名法思想只是时代潮流的一种反映。在他前、后的各派政治势力，都曾力行名法之治，其中又以蜀汉丞相诸葛亮执行最为彻底。

诸葛亮是“世家相传的法家”④，精通申、韩，并深受管仲之学影响。其治国思想以厉行法治、循名责实、赏罚分明、从严治军为要。其重视刑罚的威慑作用，十分强调军纪。且能做到赏罚分明，执法公平，其例则如“挥泪斩马谡”案。诸葛亮以名法治蜀，获得史家高度评价：“科教严明，赏罚必信，无恶不惩，无善不显，至于吏不容奸，人怀自厉，道不拾遗，强不侵弱，风化肃然也。”⑤ 然而，诸葛亮的名法之治并非一味任刑，峻急苛酷。其名法思想同时兼有儒家仁义、教化的因子，属于礼法结合的治国思想。这是其与先秦法家及曹操的最大区别所在。

曹操、诸葛亮之外，汉末名法思潮的另一个重镇是荆州学派。荆州之学，为汉末新学的代表。司马徽、宋忠等学者一反儒家经学传统和名教之治，倡导义理新学，主张名法之治。其思想主张可以概括为：崇尚简易，重视义理，重视人物识鉴，重视法家思潮。⑥ 后两个方面即为名法思想的直接体现。律章句家文颖和“先刑后礼论”者刘廙均出自荆州学派，对当时法律思潮演进亦形成相当影响。

综上，名法学由先秦“名”“法”二家学术整合而来，在两汉内化为汉家制度的

---

① 《三国志·魏书·武帝纪》。

② 《文心雕龙·论说》。

③ 《晋书·傅玄传》。

④ 万绳楠整理：《陈寅恪魏晋南北朝史讲演录》，黄山书社 1987 年版，第 26 页。

⑤ 《三国志·蜀书·诸葛亮传》。

⑥ 参见张岂之总主编：《中国思想学说史·魏晋南北朝卷》，广西师范大学出版社 2008 年版，第 158－164 页。

内法精神，在汉末政局动荡和精神风尚衰退的背景下，名法学由汉家“内法”外显为名法之治。这种思潮至三国时成为普遍奉行的治国政策，孙吴的名法之治自始便遭士族反对，并未取得多少实效；曹魏亦由于儒家大族的反弹而中途改弦更张；唯有蜀汉奉行最为彻底，可谓贯穿始终。名法思潮对此时法律思想和制度的发展起到重要助推作用，是法律儒家化所必经的阶段。①

二、律学思潮

魏晋律学上承汉代的律章句学，下启南北朝律学分庭抗礼的先声，其时律学世家绵延赓续，南北在对立中也各显千秋，最终走向隋唐的融汇一炉。

（一）魏晋律学的繁荣及其影响

三国两晋南北朝时期立法之频繁、法制创新之多、成就之高为历史上所罕见。究其原因，立法体制的改变是一个重要因素。在曹魏之前，法典编纂多由个人专司其责，如《法经》《秦律》《九章律》《傍章》《越宫律》《朝律》分别由李悝、商鞅、萧何、叔孙通、张汤、赵禹制定。从曹魏《新律》开始，法典编纂多由数人组成的立法班子负责，比如魏《新律》即由陈群、刘劭、韩逊、庾嶷、黄休、荀诜等人共同删定；晋《泰始律》则由贾充、郑冲、羊祜、杜预等十四人共同修订。此后各朝主要的律、令、格、式修订，都由多人组成的立法班子完成。这些立法成员中，有些是熟知法律和政体的朝中大臣，有些则是当时著名的律学家。由这样一个立法群体编纂律典，自然比一人所制之法有更高的水准和更多的创新。但更重要的因素是魏晋律学的影响。

律学是中国古代研究立法原则、法律术语与概念、法典编纂、法律解释的学科。其萌芽于西周，至秦汉成形，曹魏时期在统治者提倡下继续发展，先后出现了陈群、刘劭、钟繇、丁仪、曹义、王朗等一批著名律学家。此时的律学已与汉代的不同，不再寄居于经学的篱障，受其桎梏，为其附庸，而是得以摆脱束缚，开始发展成为一门独立的学科。晋代更是律学家荟萃，律学进入鼎盛时期。魏晋律学的繁荣表现在以下两方面：

其一，出现了专门负责律的研究和教授的部门和职官——律博士。两汉律学多以私相传授为主，因师法、家法之别而产生数百万言的诸儒律章句，曹魏顺应了东汉末年以来经学一统郑氏的趋势，在司法实践中独用郑玄律章句，解决律章句的繁芜问题。魏明帝时，卫觊上书曰：“九章之律，自古所传，断定刑罪，其意微妙。百里长吏，皆宜知律，刑法者，国家之所贵重，而私议之所轻贱；狱吏者，百姓所悬命，而选用者之所卑下，王政之弊，未必不由此起也。请置律博士，转相教授”②。由于卫觊的条陈，朝廷遂置律博士官。律博士之设，使律学得以立于官府，地位有了较大的提高。

---

① 具体研究参见秦涛：《汉末三国名法之治源流考论》，西南政法大学 2011 年硕士学位论文。

② 《三国志·魏书·卫觊传》。

其二，有一大批解释、研究法律的著作问世，其学术造诣之深，前所未有。曹魏时，刘劭撰《律略论》5 卷，钟会撰书 12 篇，“名曰《道沦》，而实刑名家也”①。西晋律学著作主要有：张斐所撰《汉晋律序注》1 卷、《杂律解》21 卷、《律解》20 卷。杜预所撰《律本》21 卷、《杂律》7 卷，贾充和杜预合撰的《刑法律本》21 卷，还有《晋杂议》10 卷等。

魏晋律学著作已基本佚失，仅晋律修成后，张斐向晋武帝所呈《注律表》尚存，其包含有丰富的律学内容②：

第一，揭示律典《刑名》篇的性质、地位和作用。“律始于刑名，所以定罪制也”，“所以经略罪法之轻重、正加减之等数、明发众篇之多义，补其章条之不足、较举上下纲领”，明确指出了《刑名》的性质、地位和作用在于它是整部法典的纲领，这一解释无疑是具有科学性的。

第二，解释和区分各个法律概念、术语（见表 5－8）。张斐对晋律中易混淆的罪名和与认定犯罪性质、区分犯罪情节密切相关的名词作了解释和区分。有些解释是相当准确的，比如对“故”“过失”“失”三者，张斐从实施犯罪行为时的心态入手，来区分“故意”“过失”，抓住了问题的关键，从而使这两个概念有了较明确的含义和区别。同时其区分了“失”和“过失”，“过失”类似现代刑法中“疏忽大意”的过失，“失”则相当于“过于自信”的过失，这比汉代郑玄注《周礼》时对“过失”的解释要准确得多。

表 5－8 张斐注律释义

概念	解释	概念	解释	概念	解释	概念	解释
谩	违忠欺上	戏	两和相害	略	攻恶	造意	唱首先言
诈	背信藏巧	斗	两讼相趣	故	其知而犯	谋	二人对议
不敬	亏理废节	贼	无变斩击	失	意以为然	率	制众建计
不道	逆节绝理	盗	取非其有	过失	不意误犯	群	三人
恶逆	陵上僭贵	强	不和	戕	将害未发	赃	货财之利

第三，提出“本其心、求其情、精其事”的审判原则。张斐指出“论罪务本其心，求其情，精其事，近取诸身，远取诸物，然而可以正刑”。意即审理案件，要依据犯罪人的主观心态，分析其各种表现，听取口供，收集证据，全面详细地查明案情，然后才能定罪量刑。该原则主张主客观要件相结合，全面评价案件，具有合理性和科学性。

总体上，魏晋律学将思维的触角伸向法理学的领域，开始从理论的深度去考察法律实践，把研究领域扩大到法律的基本性质、概念定义、律典体例和法律适用原则、司法证据、审判心理等一系列法律问题上。其对法律概念术语的解释、

① 《三国志·魏书·钟会传》。
② 参见《晋书·刑法志》。

区分，对法典体例结构的研究已达到相当准确、深入的程度。魏晋律学的思想理论基础也受当时盛行的道家玄学之风影响，这就使得其具有较浓的思辨色彩和一定的抽象性。魏晋律学的繁荣对这一时期法制的发展有明显的促进作用。比如，张斐在说明“刑名”一篇的作用时指出：“刑名所以经略罪法之轻重，正加减之等差，明发众篇之多义，补其章条之不足，较举上下之纲领”。它与各篇有机配合，可使复杂多变的社会现实“自始及终，往而不穷，变动无常，上下无方，不离于法律之中也”。“刑名”由曹魏律首创，以后各朝立法，均将“刑名”列于首篇，再无异议，可见《注律表》关于“刑名”的说明是有深远影响的。而魏晋律令法典的修订及其体例的改进、一些重要法律制度的创制等成就，都是在繁荣的魏晋律学的指导下取得的。

（二）南北朝律学的发展及影响

南北朝律学在魏晋律学的基础上继续发展，形成自身的特点。南北朝律学没有形成对律典进行全面疏解的成果，但针对魏晋法制及律学中存在的问题及不足进行了研究，其主要内容和成果有：统一张斐、杜预为晋律所作的律注，去除了张、杜对晋律“同注一章，而生杀永殊”的弊端；加强对司法实践中具体案件适用法律问题的研究，如对东冶士朱道民立功案、薄道举抢劫案、张江陵夫妇骂母致母死亡案、熊氏自质其身为子偿债案、张氏刳夫尸查病因案、费羊皮卖女葬母案、兰陵公主被殴伤胎案、刘景晖妖言惑众案、李怜母请求留养等案的法律适用及子孙能否证父祖之罪、子孙能否对父祖复仇、民杀官长遇赦能否减免刑罚、“奸吏逃刑不在赦限”，“母杀其父，子不得告，告者死”等法律问题进行了探讨。南北朝律学具有“研究领域最为宽泛”“儒家伦理色彩浓厚”“注重法律解释的统一”等特点。但学界关于南北朝律学较魏晋律学衰微的观点[①]，值得商榷。

学界对南北朝律学有“中原律学，衰于南而盛于北”的观点，且影响极其深远。[②] 与此相关联，则有南北朝法制“北优于南”的观点。这些观点都值得商榷。从律学成果看，南北朝大致相当，但有些律学成果，如南朝对张、杜律注的统一，及梁朝蔡法度撰写的，对晋、宋、齐、梁律典进行比较研究的律学著作《晋宋齐梁律》20卷，则是北朝所没有的。从律学世家及其影响看，北朝主要有清河崔氏、渤海封氏，南朝有会稽孔氏、河东裴氏、济阳蔡氏，南朝的律学世家较北朝略多，传世较北朝久远，影响也较北朝更大。其他不说，蔡法度所撰律学著作《晋宋齐梁律》传至隋唐，裴政在隋初律令修订中起决定作用，这两点都是北朝律学世家所没有的。由此可见，北朝律学并不比南朝兴盛，故“中原律学，衰于南而盛于北”的观点不成立。

南北朝法制均继承魏晋法律的内容，有很多方面是基本相同的。从南北朝的法制创新看，南朝主要有：《梁律》首创“仓库”篇，《梁令》开后世令典30篇（卷）

---

① 参见陈顾远：《中国法制史》，商务印书馆1934年版，第48页。

② 参见程树德：《九朝律考》，中华书局2003年版，第301页。

体例的先河，创立了亲属不得令其为证原则、常赦所不免原则、缘坐妇女免死制度、测罚制度、立测制度、官当制度、死刑行刑制度、公罪轻罚原则，完善了赎刑制度、直诉制度，对重罪十条、流刑制度亦有开创之功。北朝的法制创新主要有：确立名例篇及 12 篇律典体例，格与式成为主要的法律形式，创立留养期亲制度、死刑奏报制度，完善重罪十条、流刑制度，奠定封建五刑制度。两相比较，北朝法制创新并不比南朝更多，影响也不比南朝更大，故南北朝法制“北优于南”的观点也不能成立。①

三、玄学法理思潮

汉魏之际，是传统学术大变的时期。经学一变而为玄学，生出玄学法哲学思想。魏晋玄学极具抽象思辨色彩，是先秦诸子之后的第二大哲学高峰。玄学法哲学思想可分为三派：一是“贵无”派法哲学。何晏、王弼提出“名教本于自然”，“名教”是“自然”的产物，以证明名教的合理性。他们还认为天地“以无为本”，提倡“无为而治”，以对抗曹魏的名法之治。二是抗争派法哲学。嵇康、阮籍提出“越名教而任自然”的法哲学观点，以之对抗司马氏名教之治，抨击儒家礼法之士。三是折中派法哲学。裴颁以名教为本，提出“崇有论”，向秀、郭象提出“名教即自然”主张，他们都对“名教”与“自然”的关系加以调和。

玄学的发展，助推了同时期其他学术的思想架构。正如章太炎所指出的：“玄学者，固不与艺术文行牾，且翼扶之”，即玄学也提倡“名”与“分”，“言循虚”但“艺控实”，正如“服有衰次，刑有加减”，有其独特的“名分”之“理”，因此“玄学常与礼律相扶”②。

魏晋时人好清谈，喜言“理”。王弼创立玄学，打破了两汉经学机械、琐碎的解说传统，开创了运用“理”这一通贯性最高性原则来解说一切事物的全新思维方式。受此潮流影响，魏晋律学亦突破两汉律章句学的藩篱，而获得一种新议题——“理”。此“理”即“法理”，实指律令背后的理论学说，“法理”一词渐而频繁见诸史籍。这说明，自魏晋以下的法学一反两汉律章句学训诂碎裂之习，转而兴起一种以玄理诠释律令的新潮流，此即法理思潮。法理思潮的意蕴在于，以“法理”为法律之本，以论理辩难的逻辑思辨方式求贯穿法律之通理。

对此，刘劭、张斐二人分别为曹魏《新律》和晋律所撰的律序，便做了最好的示范。其在形式上的最大特色在于，吸收借鉴了当时流行的玄学认识论和方法论，即辨名析理的思维方法、循名责实的思辨原则以及辩难驳论的讨论方式。于是形成了当时律学注重辨析义理、追求言约义阔的学术倾向。刘劭《新律序》检讨汉律令

---

① 具体研究参见吕志兴：《南朝法制的创新及其影响——兼论“南北朝诸律，北优于南”说不能成立》，载《法学研究》2011 年第 4 期；吕志兴：《南朝律学的发展及其特点——兼论“中原律学，衰于南而盛于北”说不能成立》，载《政法论坛》2012 年第 1 期；邓长春：《南朝律学之新发展》，载《西部法学评论》2008 年第 2 期；邓长春：《南朝律学研究——以会稽孔氏律学传习为视角》，载《新路集》第 2 集，中国政法大学出版社 2013 年版。

② 章太炎：《五朝学》，《章太炎全集》第 4 册，上海人民出版社 2014 年版，第 69 页。

的弊病，诠释曹魏律令的新意，解说《新律》谋篇布局的原理。张斐《律序》以精简妙语概括二十个基本法律术语的内涵，阐发晋律的宗旨。杜预《律序》明确律令之分。此皆说明，当时法理学家注重对律义辨析，严格区分法律术语、法律形式，强调理论上的逻辑层次，注重思辨式的原理论述。而其在内容的价值取向上，则展现出多元化的开放姿态。

总而言之，以玄为表，以儒为里，玄儒并进，合力而成法理思潮；至西晋张、杜律注出，已达致登峰造极的高度。法理思潮影响一直达于南北朝，中古法学亦借此而完成了自身理论的体系构建与逻辑自足。以此为基础，魏晋律令体系才能以空前简约、周备、系统的面貌展示于世人面前。这就为彻底终结秦汉式的法制困局，迎来隋唐完善的法典体系，奠定了坚实的理论基石与制度基础。①

四、五德正统思潮

汉代在邹衍五德终始、《春秋公羊传》“王者大一统”等思想基础上，进一步发挥了史学与政治中的正统观念，以凸显汉家一匡天下的地位，为其帝王世系寻找政权合法性的依据。自三国开始，王朝更迭频繁、政权相互并立，历史步入了长达三百余年的分裂、割据时代，孰为正统，成为这一时代人们普遍关注的政治和法律问题。

魏蜀吴各为正朔，都标榜自身接续了汉室的正统，而贬斥其他政权为僭伪。如曹丕代汉之时，群臣就极力渲染天命在魏：“魏之氏族，出自颛顼，与舜同祖，见于春秋世家。舜以土德承尧之火，今魏亦以土德承汉之火，于行运，会于尧舜授受之次”，“汉氏以天子位禅之陛下，陛下以圣明之德，历数之序，承汉之禅，允当天心”，以示天命不可以辞拒，大统不可以久旷。② 蜀汉、孙吴在指斥曹魏窃据神器的同时，也相应编造各自的天命符瑞，以示正统所在。③ 长期以来，由于受到《三国演义》等通俗小说以及戏剧刻画形象的影响，以蜀继汉、拥刘反曹一直深入民心，也符合忠义等传统道德观念和百姓的思想情感。然而就正史而言，不乏以曹魏为正统的历史评述，其最早始于陈寿的《三国志》。陈寿以蜀人入仕晋室，面对“伪魏是伪晋”这一两难，不得不尊西晋为正统，也不得不因西晋的“革命”而推论曹魏的“禅让”。因此，《三国志》在体例上为曹魏立本纪，为蜀汉、孙吴君主只立传，以标明正统与“僭窃”之别，进而阐明曹魏继汉，正统在魏；西晋承魏，其政权合法性

---

① 具体研究参见邓长春：《中古法制文明论——以“法理”为中心的考察》，载《现代法学》2014 年第 3 期。

② 参见《三国志·魏书·文帝纪》注引《献帝传》。

③ 如《三国志·蜀书·先主传》记载曹丕称帝后，诸葛亮等上言刘备称：“夫汉者，高祖本所起定天下之国号也，大王袭先帝轨迹，亦兴于汉中也。今天子玉玺神光先见，玺出襄阳，汉水之末，明大王承其下流，授与大王以天子之位，瑞命符应，非人力所致。”《三国志·吴书·吴主传》注引《吴录》载孙权称帝告天文曰：“权生于东南，遭值期运，承乾秉戎，志在平世，奉辞行罚，举足为民。群臣将相，州郡百城，执事之人，咸以为天意已去于汉，汉氏已绝祀于天，皇帝位虚，郊祀无主。休征嘉瑞，前后杂沓，历数在躬，不得不受。权畏天命，不敢不从，谨择元日，登坛燎祭，即皇帝位。”

也就有了依据。这种尊此卑彼的史家笔法，开启了这一历史时期关于正统问题的争论。这些争论表面上看似史学纷争，反映的却是统治者围绕自身政权合法性所追求的正天下之位、一天下之心。

由于汉民族正统观念渊源深厚，很长一段时期，东晋南朝虽然偏安一隅，但仍被时人视为正统所在。如东晋袁宏在编纂《后汉纪》时，提出“汉苟未亡，则魏不可取”，主张以蜀汉为正统，以东汉历史来隐喻东晋政权的合法性。此后习凿齿在编撰《汉晋春秋》时，一边尊刘抑曹，一边鼓吹阐释晋“越魏继汉”的理论，以此反证北方少数民族政权的“僭伪”。诚如清代《四库全书总目提要》所说：“盖凿齿时晋已南渡，其事有类乎蜀，为偏安者争正统，此孚于当代之论者也。”这些学者对魏晋政权合法性的论证，在一定程度上照应了这个时代的制度创新——八议当中的“议宾”，通过加封前朝皇室后裔为“二王后”和“三恪”，落实赐予王侯名号、封邑、祭祀宗庙等宾礼的规定，以示尊敬前朝，彰显本朝的承继统绪，标明正统地位。又如，东晋南朝统治者推行设置侨置州郡的政策，一时琅琊榜起、兰陵酒香，为安抚南迁士族的心理创伤带来了一丝丝制度的“温暖”和人性关怀。“北望神州而不得”的背后，是东晋南朝侨置州郡仍然追寻“中国”正统所在的标榜意蕴；遥想中原的这一地理“正中”和“正宗”，也让“北伐”一词留予后世无数的评价、哀愁与遐想。

如果说东晋南朝是在衣冠南渡中追求政治与文化的正统，那么北方的少数民族政权立足中原，除了倚重“天下之中”这一特殊意义的地理正统，也常常称羡东晋南朝的衣冠礼乐、文采风流，从而认同汉民族典章制度的先进性。东魏政权的权臣高欢（即此后的北齐神武帝）就称述：“江东复有一吴儿老翁萧衍（即南梁武帝）者，专事衣冠礼乐，中原士大夫望之以为正朔所在。”[①] 在此背景下，北方政权的统治者逐渐接受汉族的正统观念，在国号和五行运德方面也常常标榜自己承绪前朝汉族的政权，建立自己的帝王法统，从而突破了传统的汉民族正统和华夷观念。《魏书·礼志》说：“帝王之作，百代可知，运代相承，书传可验。虽祚命有长短，德政有优劣，至于受终严祖，殷荐上帝，其致一也。故敢述其前载，举其大略。臣闻居尊据极，允应明命者，莫不以中原为正统，神州为帝宅。”这段话就集中体现了北朝统治者所宣扬的以居中原而据神州而得正统的思想。与此同时，统治者也通过不断的汉化改革，在制度上向汉民族靠拢、学习。长期以来生活在北方或因各种原因入仕北方少数民族政权的汉族士人，也借助“以夏变夷”的观念，与少数民族政权合作，推动汉化，从而加深了北方少数民族政权对“华夏”“中国”的观念认同。

《北史·儒林传序》称：“自正朔不一，将三百年”。由于受到汉代以来五德终始思想的影响，这一时期的每个政权为了证明自身的合法性，都认为自己是五德中的某一德，并借助各种灾异祥瑞现象为现实提供依据。特别是少数民族政权，更加依助这种观念，不仅让人们认为其政权也是天命所授，和汉族政权相差无异，而且能

① 《北齐书·杜弼传》。

减少他们在中原争夺的文化阻力，能有力推进汉化的改革措施。虽然有着汉族政权与少数民族政权的正闰之争，但当时的“夷夏之辨”，非但没有造成不可修复、弥补的“夷夏之别”，反而促进了民族融合的深化和发展，加深了各民族的历史文化认同意识。这些少数民族政权往往以华夏正统自居，虽然其目的是争夺政权的合法性，但借此形成了对华夏礼法文化的自觉认同，为以后隋唐统一的多民族国家的建立奠定了坚实基础。

除了以上思潮，当时的法律思想还受到道家、佛家的影响，并将二者融入治国安民、治世治心的国策中。如刘宋的统治者崇奉佛法，尚书令何尚之在与宋文帝讨论时称：“百家之乡，十人持五戒，则十人淳谨矣。千室之邑，百人修十善，则百人和厚矣。传此风训以遍宇内，编户千万，则仁人百万矣。……能行一善，则去一恶；一恶既去，则息一刑。一刑息于家，则万刑息于国”，最后可“坐致太平”①。梁武帝笃信佛教，煦煦为仁，几度舍身，推演“三教同源”；陈朝因之，拜迎不断；跋陀渡江，北魏孝文帝礼为上宾，为其凿石建刹，以“助王政之禁律”②。在这一佛教盛行的年代，佛家的思想观念、经典研习方式乃至戒律都对法律产生了深远影响。一方面，佛教对人的生命的重视，为当时的法律注入了平等因素；对犯罪也起到了一定的预防、教化和惩戒作用，并影响了立法者的思想。另一方面，其与中国固有的法律文化之间难以避免冲突和碰撞，在一定程度上冲击了儒家的忠孝、丧葬和等级观念。这种魏晋以来价值多元的思想传统在隋唐仍旧延续，曾经的“异域冲突”逐渐在融合中消解，最终实现本土化。

第五节　“流离播越”的家法与国法

案例导入

笞怒废于家，则竖子之过立见；刑罚不中，则民无所措手足。治家之宽猛，亦犹国焉。

——《颜氏家训·治家篇》

颜之推及其家训在这一时代的出现，为后人剖析传统家庭结构、教育、伦理观念提供了一个重要范本。如果家庭缺乏必要的鞭笞之罚，那么子孙就容易犯错；如果国家刑罚施行不当，那么老百姓就会不知所措、无所适从。治家与治国一样，宽严之间，都要把握适当的度，才能保持威目与慈面的分寸。在乱世中，颜之推求一家师祖的“整齐门内”，不仅能起到“轨物范世”的作用，也反映了他对魏晋以来“理重事复，递相模学”却不得善治的治国深思。颜之推曾感叹自己作为这个时代的生命个体，是“生于乱世，长于戎马”而又“流离播越”。实际上，生命个体作为家

---

① （南朝梁）释僧佑：《弘明集》卷一一《何令尚之答宋文皇帝赞扬佛教事》。

② 《魏书·释老志》。

庭的组成细胞，通过家庭、家族的不断累积，形成了社会化的生活，可都会随着这一时期国家和制度的变迁不断“流离播越”。因此，不管是生命个体、国家制度、社会思想，都会在时代变迁中相互作用和影响，这也就铺垫了以下要讨论的家法与国法这一主题。

古代中国是典型的乡土与家族社会，乡土与家族秩序的稳定与和谐是国家政权巩固的基础。寻求适当的乡土与家族治理结构，构建稳定和谐的乡土与家族秩序，不仅是朝廷官府的目标，也成为儒者名流、乡族士绅的共同追求。历朝为实现对乡土与家族秩序的有效治理，曾制定过许多相当完善的规则，并在民间广泛推行以家族自律、乡民自治为特色的制度体系。这些制度规则的形成经历了比较漫长的理论演变和实践摸索阶段。汉唐数百年间为家法族规的兴起和构建期，造就了诸多进退有礼、身以善终的盛德君子；在经学、礼学、谱牒学的影响下，传统中国人的家庭、家族文化观念不断筑牢，家法家训文化也成为这一时代思想和制度的缩影。

就理论而言，魏晋南北朝的家法发端于儒家的礼治思想，以礼修身、以礼律己、以礼持家、以礼治诸事则是其具体表现。如《晋书》记载，刘暾“子更生初婚，家法，妇当拜墓，携宾客亲属数十乘，载酒食而行”①。南朝宋王弘“明敏有思致，既以民望所宗，造次必存礼法，凡动止施为，及书翰仪体，后人皆依仿之，谓为王太保家法”②。北魏安同，不仅公清奉法，在官明察，且“家法修整，为世所称”③。张烈不仅为政清静，吏民安之，其还乡之后，“兄弟同居怡怡然，为亲类所慕”，又著“《家诫》千余言，并自叙志行及所历之官，临终敕子侄不听求赠，但勒《家诫》立碣而已”④。生活的规则与儒家的伦常，正是通过这些人在授艺传经、著书立范等途径中不断散播。

就实践而言，自汉末三国两晋南北朝以来，受到儒家思想、门阀观念、谱牒家传修撰风气的影响而出现的一些家诫、家法、家训，是这一类型民间法律规则体系的早期形态和载体，其中的代表即《颜氏家训》，后世对其有“古今家训，以此为祖”“家法最正，相传最远”之美誉。这些家诫、家法、家训很大程度上是当时社会所普遍接受的价值观念，同时蕴含了古人为官治家、立身处世的人生经验和思考。

就词汇而言，家法一词本出两汉经学，至此被赋予更深层次的含义。但就一些具体问题来说，仍然具有两汉家法的遗风。如南朝宋元嘉十四年（437 年），时新撰《礼论》，傅隆上表宋太祖云：“臣以下愚，不涉师训，孤陋闾阎，面墙靡识，谬蒙询逮，愧惧流汗。原夫礼者，三千之本，人伦之至道。故用之家国，君臣以之尊，父子以之亲；用之婚冠，少长以之仁爱，夫妻以之义顺；用之乡人，友朋以之三益，宾主以之敬让。所谓极乎天，播乎地，穷高远，测深厚，莫尚于礼也。其乐之五声，

① 《晋书·刘毅传》。
② 《宋书·王弘传》。
③ 《魏书·安同传》。
④ 《魏书·张烈传》。

《易》之八象，《诗》之《风雅》，《书》之《典诰》，《春秋》之微婉劝惩，无不本乎礼而后立也。其源远，其流广，其体大，其义精，非夫睿哲大贤，孰能明乎此哉。况遭暴秦焚亡，百不存一。汉兴，始征召故老，搜集残文，其体例纰缪，首尾脱落，难可详论。幸高堂生颇识旧义，诸儒各为章句之说，既明不独达，所见不同，或师资相传，共枝别干。故闻人、二戴，俱事后苍，俄已分异；卢植、郑玄，偕学马融，人各名象。又后之学者，未逮曩时，而问难星繁，充斥兼两，摛文列锦，焕烂可观。然而五服之本或差，哀敬之制舛杂，国典未一于四海，家法参驳于缙绅，诚宜考详远虑，以定皇代之盛礼者也。”① 这段关于宋时修礼的论述当中，所提及的二戴、卢植、郑玄、马融，就是两汉时期家法的代表，自汉以来的礼制构建往往受到这些经师家法学说的影响。但又如傅隆所指出的：“五服之本或差，哀敬之制舛杂，国典未一于四海，家法参驳于缙绅”，因此其提出的“考详远虑，以定皇代之盛礼者”，不仅是要解决“国典”一统的问题，也是受经学家法的影响，纠正“私家礼制”方面的“家法”参驳舛杂的现象。

从现存的史料记载来看，魏晋南北朝时期丧服祭祀方面的“家法”确是较为兴盛的。如祭祀方面有卢谌《祭法》、荀氏《四时列馔传》、范汪《祠制》、安昌公荀氏《祠制》、贺循《祭仪》和《葬礼》等，这些著述一方面反映了作者所深受影响的经学家法，《通典》当中即保存有他们关于诸多礼制疑难问题的问答。如史云晋中郎卢谌，“近古知礼者也”，“著家祭礼，皆晋时常食，不复纯用旧文”②。另一方面，其对礼制疑难的解答或理论阐释，作为一家之言、一氏之制也为当时各士族适用或参照施行。如《通典》中记载，“晋御史中丞高崧有从弟丧，在服末欲为儿婚，书访尚书范汪”，范汪为之解答，高崧遂“依议为儿婚”③。如晋安昌公荀氏进封大国，“祭六代”，《通典》所存荀氏《祠制》亦记其所定之制云：“今祭六代，未立庙，暂以厅事为祭室。须立庙，如制备。”④ 其《祠制》还有关于神板、祭板等形制规定，如“神板皆正长尺一寸，博四寸五分，厚五寸八分。大书某祖考某封之神座，夫人某氏之神座，以下皆然。书讫，蜡油炙，令入理，刮拭之”⑤。“神板藏以帛囊，白缣裹盛，如婚礼囊板。板与囊合于竹箱中，以帛缄之，检封曰祭板。”⑥ 在《隋书·经籍志》当中还收存有不少当时涉及丧制方面的图、谱、仪等私家著述，如蔡谟《丧服谱》、贺循《丧服谱》、王俭《丧服图》、贺游《丧服图》、崔逸《丧服图》、佚名《五服图》、《五服图仪》、《丧服礼图》等等。这些私家著述的出现，不仅仅是为了表达一家思想，而是注重于实践适用，通过著述解疑答惑并试图为世人厘正丧服方面可供遵行适用的仪式、制度。如《南齐书·王俭传》即记载王俭少年精于礼学，撰“《古今丧服集记》”，并行于世云云。《晋书·卢谌传》亦云卢谌“撰《祭法》，注

---

① 《宋书·傅隆传》。
② （唐）杜佑撰：《通典》卷四七《礼七·沿革七·吉礼六·天子宗庙》。
③ （唐）杜佑撰：《通典》卷六〇《礼二十·沿革二十·嘉礼五·大功末可为子娶妇议》。
④ （唐）杜佑撰：《通典》卷四八《礼八·沿革八·吉礼七·诸侯大夫士宗庙》。
⑤ （唐）杜佑撰：《通典》卷四八《礼八·沿革八·吉礼七·卿大夫士神主及题板》。
⑥ （唐）杜佑撰：《通典》卷四八《礼八·沿革八·吉礼七·诸藏神主及题板制》。

《庄子》，及文集，皆行于世。”《晋书·贺循传》亦云：“朝廷疑滞皆谘之于（贺）循，循辄依经礼而对，为当世儒宗”。《晋书·蔡谟传》称述蔡谟博学，“于礼仪宗庙制度多所议定”。由此也可以想象，在享受崇高的礼学之名的情况下，王俭、贺循、蔡谟这些大儒关于丧服方面的一些图谱乃至丧服相关疑难解答都可能被当时士族所参照采用。

汉以来丧服、祭祀等家法、家制的出现，从侧面反映了私家祭祀的兴盛。而这种兴盛，势必要求当时能形成较为成文、成体统的制度规定。可以说，这些家法、家规的出现和私家祭祀的兴盛，是一个相互促进的过程，并且是随着国家礼典制作、礼学思想的发展而不断演变的。至唐代，私家祭祀已经为国家制度所认可，如唐朝规定：“凡冕服及爵弁服，助祭及亲迎则服之。若私家祭祀，三品以上及褒圣侯祭孔宣父，服玄冕，五品以上服爵弁，六品以下服进贤冠。凡冕制，以罗为之，其服用䌷为之，其黻用缯也。”[①] “凡私家祔庙给五日，四时祭给四日。”[②] 又如唐朝规定：“凡致敬之式，若非连属应敬之官相见，或自有亲戚者，各从其私礼。”[③] 这些规定意味着丧服、祭祀等方面的家法、家规具备了相应的地位身份，遵循私家礼制行事只要不超过国法的范围，是可以在民间继续施行的，并沿袭魏晋南北朝以来的传统。如史云：“开元、天宝之间，传家法者，崔沔之家学，崔均之家法。”[④] 又云崔祐甫“太子宾客孝公沔之子也。世以礼法为闻家。其家法为当时士君子所重”[⑤]。崔倕一祖，“三世一爨，当时言治家者推其法”；史又云“崔氏四世缌麻同爨”，有六人官至三品，为唐兴以来所无有。其世居“光德里”，唐宣宗闻而叹“（崔）郸一门孝友，可为士族法”，因此为其题名“德星堂”[⑥]。又如郑善果母崔氏，“贤明晓于政道，每善果理务，崔氏尝于阁内听之。闻其剖断合理，归则大悦；若处事不允，母则不与之言，善果伏于床前，终日不敢食。崔氏谓之曰：‘吾非怒汝，反愧汝家耳。汝先君在官清恪，未尝问私，以身殉国，继之以死。吾亦望汝继父之心。自童子承袭茅土，今位至方伯，岂汝身能致之耶？安可不思此事而妄加嗔怒？内则坠尔家风，或亡官爵；外则亏天子之法，以取罪戾。吾寡妇也，有慈无威，使汝不知教训，以负清忠之业，吾死之日，亦何面以事汝先君乎！’”得益于母亲崔氏的教导，善果也由此励己为清吏，所在有政绩，百姓怀之。[⑦] 而崔氏之家法家风，自北朝以来即有盛名：“崔氏自后魏、隋、唐与卢、郑皆为甲族，吉凶之事，各著家礼。”[⑧] 这些不仅是思想、制度，也是家风家训领域普存南北共通、延绵隋唐之证。

---

① （唐）杜佑撰：《通典》卷一〇八《礼六十八·开元礼类纂三·序例下·君臣冕服冠衣制度》。
② （唐）杜佑撰：《通典》卷一〇八《礼六十八·开元礼类纂三·序例下·杂制》。
③ 《唐六典》卷四《尚书礼部》。
④ （宋）王谠撰：《唐语林》卷一《德行》。
⑤ 《新唐书·崔祐甫传》。
⑥ 《新唐书·崔邠传》。
⑦ 参见《旧唐书·郑善果传》。
⑧ 《新五代史·崔居俭传》。

本章拓展阅读与选题思路

一、拓展阅读

对酒歌，太平时，吏不呼门。王者贤且明，宰相股肱皆忠良。咸礼让，民无所争讼。三年耕有九年储，仓谷满盈。斑白不负载。雨泽如此，百谷用成。却走马，以粪其土田。爵公侯伯子男，咸爱其民，以黜陟幽明。子养有若父与兄。犯礼法，轻重随其刑。路无拾遗之私。囹圄空虚，冬节不断。人耄耋，皆得以寿终。恩德广及草木昆虫。

——（三国）曹操：《对酒》

伏惟圣朝以孝治天下，凡在故老，犹蒙矜育，况臣孤苦，特为尤甚。且臣少仕伪朝，历职郎署，本图宦达，不矜名节。今臣亡国贱俘，至微至陋，过蒙拔擢，宠命优渥，岂敢盘桓，有所希冀。但以刘日薄西山，气息奄奄，人命危浅，朝不虑夕。臣无祖母，无以至今日；祖母无臣，无以终余年。母、孙二人，更相为命，是以区区不能废远。臣密今年四十有四，祖母今年九十有六，是臣尽节于陛下之日长，报养刘之日短也。乌鸟私情，愿乞终养。臣之辛苦，非独蜀之人士及二州牧伯所见明知，皇天后土，实所共鉴。愿陛下矜悯愚诚，听臣微志，庶刘侥幸，保卒余年。臣生当陨首，死当结草。

——（晋）李密：《陈情表》

夫风化者，自上而行于下者也，自先而施于后者也。是以父不慈则子不孝，兄不友则弟不恭，夫不义则妇不顺矣。父慈而子逆，兄友而弟傲，夫义而妇陵，则天之凶民，乃刑戮之所摄，非训导之所移也。

——（北齐）颜之推：《颜氏家训·治家》

抱朴子曰：莫不贵仁，而无能纯仁以致治也；莫不贱刑，而无能废刑以整民也。或云："明后御世，风向草偃。道洽化醇，安所用刑？"余乃论之曰："夫德教者，黼黻之祭服也；刑罚者，捍刃之甲胄也。若德教治狡暴，犹以黼黻御剡锋也；以刑罚施平世，是以甲胄升庙堂也。故仁者养物之器，刑者惩非之具，我欲利之，而彼欲害之，加仁无悛，非刑不止。刑为仁佐，于是可知也。"

——（晋）葛洪：《抱朴子·外篇·用刑》

或难曰：周孔之教，以孝为首，孝德之至，百行之本，本立道生，通于神明。故子之事亲，生则致其养，没则奉其祀；三千之责，莫大无后，体之父母，不敢夷毁。是以不正伤足，终身含愧也。而沙门之道，委离所生，弃亲即疏，刓剔须发，残其天貌，生废色养，终绝血食，骨肉之亲，等之行路，背理伤情，莫此之甚。而云弘道敦仁，广济群生，斯何异斩刈根本，而修枝干；而言不殒硕茂，未之闻见。皮之不存，毛将安附？此大乖于世教，子将何以祛之？答曰：此诚穷俗之所甚惑，倒见之为大谬，谘嗟而不能默已者也。夫父子一体，惟命同之。故母啮其指，儿心悬骇者，同气之感也。其同无间矣。故唯得其欢心，孝之尽也。父隆则子贵，子贵是父尊。故孝之为贵，贵能立身行道，永光厥亲，若匍匐怀袖，日御三牲，而不能令万物尊己，举世我赖，以之养亲，其荣近矣。夫缘督以为经，守柔以为常，形名两绝，亲我交忘，养亲之道也。

——（晋）孙绰：《喻道论》

旧律所难知者，由于六篇篇少故也。篇少则文荒，文荒则事寡，事寡则罪漏。是以后人稍增，更与本体相离。今制新律，宜都总事类，多其篇条。旧律因秦《法经》，就增三篇，而《具律》不移，因在第六。罪条例既不在始，又不在终，非篇章之义。故集罪例以为《刑名》，冠于律首。

——《晋书·刑法志》

明法掾张裴又注律，表上之，其要曰：律始于《刑名》者，所以定罪制也；终于《诸侯》者，所以毕其政也。王政布于上，诸侯奉于下，礼乐抚于中，故有三才之义焉，其相须而成，若一体焉。《刑名》所以经略罪法之轻重，正加减之等差，明发众篇之多义，补其章条之不足，较举上下纲领。其犯盗贼、诈伪、请赇者，则求罪于此，作役、水火、畜养、守备之细事，皆求之作本名。告讯为之心舌，捕系为之手足，断狱为之定罪，名例齐其制。自始及终，往而不穷，变动无常，周流四极，上下无方，不离于法律之中也。其知而犯之谓之故，意以为然谓之失，违忠欺上谓之谩，背信藏巧谓之诈，亏礼废节谓之不敬，两讼相趣谓之斗，两和相害谓之戏，无变斩击谓之贼，不意误犯谓之过失，逆节绝理谓之不道，陵上僭贵谓之恶逆，将害未发谓之戕，唱首先言谓之造意，二人对议谓之谋，制众建计谓之率，不和谓之强，攻恶谓之略，三人谓之群，取非其物谓之盗，货财之利谓之赃：凡二十者，律义之较名也。

——《晋书·刑法志》

夫律者，当慎其变，审其理。若不承用诏书，无故失之刑，当从赎。谋反之同伍，实不知情，当从刑。此故失之变也。卑与尊斗，皆为贼。斗之加兵刃水火中，不得为戏，戏之重也。向人室庐道径射，不得为过，失之禁也。都城人众中走马杀人，当为贼，贼之似也。过失似贼，戏似斗，斗而杀伤傍人，又似误，盗伤缚守似强盗，呵人取财似受赇，囚辞所连似告劾，诸勿听理似故纵，持质似恐猲。如此之比，皆为无常之格也。

——《晋书·刑法志》

夫刑者，司理之官；理者，求情之机，情者，心神之使。心感则情动于中，而形于言，畅于四支，发于事业。是故奸人心愧而面赤，内怖而色夺。论罪者务本其心，审其情，精其事，近取诸身，远取诸物，然后乃可以正刑。……夫理者，精玄之妙，不可以一方行也；律者，幽理之奥，不可以一体守也。或计过以配罪，或化略以循常，或随事以尽情，或趣舍以从时，或推重以立防，或引轻而就下。公私废避之宜，除削重轻之变，皆所以临时观衅，使用法执诠者幽于未制之中，采其根牙之微，致之于机格之上，称轻重于豪铢，考辈类于参伍，然后乃可以理直刑正。……夫刑而上者谓之道，刑而下者谓之器，化而裁之谓之格。刑杀者是冬震曜之象，髡罪者似秋雕落之变，赎失者是春阳悔吝之疵之。五刑成章，辄相依准，法律之义焉。

——《晋书·刑法志》

（西晋）刘颂为三公尚书，又上疏曰："自近世以来，法渐多门，令甚不一。臣今备掌刑断，职思其忧，谨具启闻。臣窃伏惟陛下为政，每尽善，故事求曲当，则例不得直；尽善，故法不得全。何则？夫法者，固以尽理为法，而上求尽善，则诸下牵文就意，以赴主之所许，是以法不得全。刑书征文，征文必有乖于情听之断，而上安于曲当，故执平者因文可引，则生二端。是法多门，令不一，则吏不知所守，下不知所避。奸伪者因法之多门，以售其情，所欲浅深，苟断不一，则居上者难以检下，于是事同议异，狱犴不平，有伤于法。……又律法断罪，皆当以法律令正文，若无正文，依附名例断之，其正文名例所不及，皆勿论。法吏以上，所执不同，得为异议。如律之文，守法之官，唯当奉用律令。至于法律之内，所见不同，乃得为异议也。今限法曹郎令史，意有不同为驳，唯得论释法律，以正所断，不得援求诸外，论随时之宜，以明法官守局之分。”

——《晋书·刑法志》

及于江左，（东晋）元帝为丞相时，朝廷草创，议断不循法律，人立异议，高下无状。主簿熊远奏曰：“礼以崇善，法以闲非，故礼有常典，法有常防，人知恶而无邪心。是以周建象魏之制，汉创画一之法，故能阐弘大道，以至刑厝。律令之作，由来尚矣。经贤智，历夷险，随时斟酌，最为周备。自军兴以来，法度陵替，至于处事不用律令，竞作属命，人立异议，曲适物情，亏伤大例。府立节度，复不奉用，临事改制，朝作夕改，至于主者不敢任法，每辄关咨，委之大官，非为政之体。若本曹处事不合法令，监司当以法弹违，不得动用开塞，以坏成事。按法盖粗术，非妙道也，矫割物情，以成法耳。若每随物情，辄改法制，此为以情坏法。法之不一，是谓多门，开人事之路，广私请之端，非先王立法之本意也。凡为驳议者，若违律令节度，当合经传及前比故事，不得任情以破成法。愚谓宜令录事更立条制，诸立议者皆当引律令经传，不得直以情言，无所依准，以亏旧典也。若开塞随宜，权道制物，此是人君之所得行，非臣子所宜专用。主者唯当征文据法，以事为断耳。”

——《晋书·刑法志》

孝昌（北魏孝明帝——引者注）已后，天下淆乱，法令不恒，或宽或猛。及尔朱擅权，轻重肆意，在官者，多以深酷为能。至迁邺，京畿群盗颇起。有司奏立严制：诸强盗杀人者，首从皆斩，妻子同籍，配为乐户；其不杀人，及赃不满五匹，魁首斩，从者死，妻子亦为乐户；小盗赃满十匹已上，魁首死，妻子配驿，从者流。侍中孙腾上言：“谨详，法若画一，理尚不二，不可喜怒由情，而致轻重。案《律》，公私劫盗，罪止流刑。而比执事苦违，好为穿凿，律令之外，更立余条，通相纠之路，班捉获之赏。斯乃刑书徒设，狱讼更烦，法令滋彰，盗贼多有。非所谓不严而治，遵守典故者矣。臣以为升平之美，义在省刑；陵迟之弊，必由峻法。是以汉约三章，天下归德；秦酷五刑，率土瓦解。礼训君子，律禁小人，举罪定名，国有常辟。至如‘眚灾肆赦，怙终贼刑’，经典垂言，国朝成范。随时所用，各有司存。不宜巨细滋烦，令民豫备。恐防之弥坚，攻之弥甚。诸犯盗之人，悉准律令，以明恒宪。庶使刑杀折衷，不得弃本从末。”诏从之。

——《魏书·刑罚志》

咸熙二年十一月乙未，令诸郡中正以六条举淹滞：“一曰忠恪匪躬，二曰孝敬尽礼，三曰友于兄弟，四曰洁身劳谦，五曰信义可复，六曰学以为己。”……泰始四年六月甲申朔，诏曰：“郡国守相，三载一巡行属县，必以春，此古者所以述职宣风展义也。见长吏，观风俗，协礼律，考度量，存问耆老，亲见百年。录囚徒，理冤枉，详察政刑得失，知百姓所患苦。无有远近，便若朕亲临之。敦喻五教，劝务农功，勉励学者，思勤正典，无为百家庸末，致远必泥。士庶有好学笃道，孝弟忠信，清白异行者，举而进之；有不孝敬于父母，不长悌于族党，悖礼弃常，不率法令者，纠而罪之。田畴辟，生业修，礼教设，禁令行，则长吏之能也。人穷匮，农事荒，奸盗起，刑狱烦，下陵上替，礼义不兴，斯长吏之否也。若长吏在官公廉，虑不及私，正色直节，不饰名誉者，及身行贪秽，谄黩求容，公节不立，而私门日富者，并谨察之。扬清激浊，举善弹违，此朕所以垂拱总纲，责成于良二千石也。於戏戒哉！”……泰始四年十二月，班五条诏书于郡国：“一曰正身，二曰勤百姓，三曰抚孤寡，四曰敦本息末，五曰去人事。”

——《晋书·武帝纪》

晋之杜预与贾充等定律令，预为之注解，其奏语谓所注皆网罗法意。是其参取汉代诸家章句，而又不专主一家，故能撷其精要。同时张斐亦为之注，其表之所列，胥律义之要旨。自是，杜、张二家律注，遂行于世。下逮宋、梁、陈，南朝言法律者王植、蔡法度之徒，咸遵守之。北朝法学源流莫考，观于北齐新令采用魏、晋故事，则亦源于魏、晋。北齐河清中，法令明审，科条简要，又敕仕门之子弟常讲习之，故齐人多晓法律。隋《开皇律》不承用周而参取齐。《唐律》本诸《开皇》，世咸以为得中，后之治律者咸宗之。溯自魏、晋以下，流派递衍，至是而集其成。此法学之所以盛也。

——（清）沈家本：《法学盛衰说》

董卓之乱，海内鼎沸，生民涂炭，人士凋零。卫觊于是有设律博士之请。自是之后，迄于赵宋，代有此官。虽历代当局之人，或视为重要，或视为具文，所见不同，难归一致；然赖有此一官，而律学一线之延，遂绵绵不绝。宋神宗置律学，苏轼有“读书万卷不读律，致君尧舜终无术”之讽。苏氏于安石新法，概以为非，故并此讥之，而究非通论也。自元代不设此官，而律学遂微。朝廷屡诏修律，迄于无成。明承于元，此官遂废。然《明律》有讲读律令之文，凡官、民咸当服习，是明虽不设此官，律令固未尝不讲求也。夫国家设一官以示天下，天下之士，方知从事于此说，功令所垂，趋向随之。必上以为重，而后天下群以为重；未闻有上轻视之，而天下反重视之者。然则律博士一官，其所系甚重，而不可无者也。

——（清）沈家本：《设律博士议》

此次编纂新律之事业（指晋泰始律修成——引者注），伏根于西汉中叶，大动于东汉之季，作始于魏代，而成就于晋初。学者提议于前，而政府实行于后，盖议论亘于数百年之间，而草案成于数十人之手。……实我国法制史上一大事，后此南北朝直至隋唐，少所更革。然则魏晋律者，实莞法经与唐律之中枢，而为其重要之媒介者也。尔后每度易姓，必有新法典之发布，然大率沿袭魏晋，无大改作。

——梁启超：《论中国成文法编制之沿革得失》

五朝（魏、晋、宋、齐、梁——引者注）之法，信美者有数端：一曰重生命，二曰恤无告，三曰平吏民，四曰抑富人。

——章太炎：《五朝法律索隐》

古代礼律关系密切，而司马氏以东汉末年之儒学大族创建晋室，统制中国，其所制定之刑律尤为儒家化，既为南朝历代所因袭，北魏改律，复采用之，辗转蝉蜕，经由（北）齐隋，以至于唐，实为华夏刑律不祧之正统。

——陈寅恪：《隋唐制度渊源略论稿》

是故自晋氏而后，律分南北二支：南朝之律，至陈并于隋，而其祀遽斩；北朝则自魏及唐，统系相承，迄于明清，犹守旧制。如流徒之列刑名，死罪之分斩绞，及十恶入律，此皆与南朝异者。然则唐宋以来，相沿之律，皆属北系，而寻流溯源，又当以元魏之律为北系诸律之嚆矢。

——程树德：《九朝律考》

秦、汉法律为法家系统，不包含儒家礼的成分在内。儒家以礼入法的企图在汉代已开始。虽因受条文的拘束，只能在解释法律及应用经义决狱方面努力，但儒家化运动的成为风气，日益根深蒂固，实胚胎酝酿于此时，时机早已成熟，所以曹魏一旦制律，儒家化的法律便应运而生。自魏而后历晋及北魏、北齐皆可说系此一运动的连续。前一朝法律的儒家因素多为后一朝所吸收，而每一朝又加入若干新的儒家因素，所以内容愈积愈富而体系亦愈益精密……归纳言之，中国法律之儒家化可以说是始于魏、晋，成于北魏、北齐，隋、唐采用后便成为中国法律的正统。其间实经一长期而复杂的过程，酝酿生长以底于成。

——瞿同祖：《中国法律之儒家化》

二、选题思考

1. 魏晋法典编纂技术研究
2. 中古时代的法典与法理
3. 魏晋南北朝出土法律文献研究
4. 魏晋南北朝礼法之士群体研究
5. 魏晋南北朝食货法制研究
6. 南北朝法律制度的历史影响
7. 魏晋南北朝的礼学与礼制
8. 魏晋以来的“革命”与正统观念
9. 中古时代的家族、家庭与法律
10. 中古社会生活与法律的互动
11. 中古时代的佛教与法律
12. 中古法律文化的融合与再造
13. 法律儒家化再认识
14. 《通典》所见中古“议礼”研究
15. 《九朝律考》补遗

第六章　隋唐的法律制度

581 年，外戚杨坚废北周静帝，夺取政权，建立隋朝，并出兵灭南方的陈朝政权，使国家重新归于统一。隋初，统治者进行了一系列政治、经济改革，使封建经济进入全盛时期，在法制上也颇有建树。但隋朝后期，统治者破坏法制，实行暴政，终于在人民革命的风暴中覆亡。

在隋末的战乱中，隋太原留守李渊乘机起兵，夺取政权，并剿灭群雄，建立唐朝。唐初的统治者能以隋朝二世而亡为鉴，调整统治政策，提倡儒学，励精图治，使唐朝达到历史上空前的繁荣和富强。随着经济的繁荣，唐初的统治者更重视法制建设，在修改隋律的基础上，使唐律集前代法制之大成，成为帝制时代完备而典型的法制。唐朝完备的法制不仅对唐朝的繁荣局面起到维护和促进作用，对宋、元、明、清历代法制也有深刻的影响，并影响到邻近的东亚各国，从而在东亚地区形成一个法律“家族”——中华法系。

隋唐法制在中华法系发展史上具有重要地位，本章将分隋朝法制、唐朝的法律体系、唐朝刑事法律制度、唐朝民事经济法律制度、唐朝狱讼制度、唐朝法律的特点及历史地位几部分对其进行介绍。

第一节　隋朝法制的创新及历史地位

案例导入

《隋书·刑法志》云：“夫绞以致毙，斩则殊刑，除恶之体，于斯已极。枭首轘身，义无所取，不益惩肃之理，徒表安忍之怀。鞭之为用，残剥肤体，彻骨侵肌，酷均脔切。虽云远古之式，事乖仁者之刑，枭轘及鞭，并令去也。贵砺带之书，不当徒罚，广轩冕之荫，旁及诸亲。流役六年，改为五载，刑徒五岁，变从三祀。”

上引史料，是隋文帝颁行《开皇律》诏书中的一部分，意在说明隋朝新律典《开皇律》对前代刑罚制度进行了重要改革：废除了前代的枭首、轘身等酷刑，并减轻流刑和徒刑，形成新的刑罚体系。实际上《开皇律》还有其他改制，隋朝其他法律也规定了新的内容。

一、隋朝法律的制定及创新

(一) 隋朝法律的制定

隋朝在立法上奉行儒家的“德主刑辅，礼法并用”理论，如隋文帝指出：“朕自临区宇，深思治术，欲使生人从化，以德代刑，求草莱之善，旌闾里之行。”还说过：“儒学之道，训教生人，识父子君臣之义，知尊卑长幼之序，升之以朝，任之以职，故能赞理时务，弘益风范。”① 在儒家理论指导下，隋统治者则提出“以轻代重”“慎刑恤狱”等立法原则。

但至隋朝后期，统治者则奉行法家理论。史载文帝后期“不悦儒术，专尚刑名”②，“严察临下”③。其立法、司法因此趋于严苛。在相关理论原则的指导下，隋朝制定了以下法律：

1.《开皇律》

在隋朝刚建立的开皇元年（581 年），隋文帝即命大臣高熲、郑译、杨素、常明、韩浚、李谔、柳雄亮、裴政等人制定律典，他们“上采魏、晋刑典，下至齐、梁，沿革轻重，取其折衷”，总结魏晋以来的立法经验，制定了《新律》。开皇三年（583 年），文帝审阅刑部的奏报，见每年断狱犹至万数，认为律文还是太密，又令苏威、牛弘修订刑律，削除死罪八十一条，流罪一百五十四条，徒、杖罪 一千多条，定名为《开皇律》。

2.《大业律》

隋炀帝于大业二年（606 年）命牛弘等人制定《大业律》，次年完成并颁行。篇目为十八篇，在内容上，其废除十恶条目，“五刑之内，降从轻典者二百余条，其枷杖决罚讯囚之制，并轻于旧”的改革，与隋朝所奉行的“以轻代重”“慎狱恤刑”思想则是一致的，具有进步意义。

3. 令、格、式及制、诏

除了两部律典，隋朝还制定了令、格、式等法律，其中令有《开皇令》《大业令》，格有《开皇格》《大业格》，式有《开皇式》《大业式》。此外，隋文帝、隋炀帝还颁布了大量的制、诏。

(二) 隋朝法律的创新

隋朝法律从律典编纂到法律体系，再到具体制度都有创新：

1. 法律体系的创新

秦汉时期，其法律体系由律、令、制、诏、科、比等构成，魏晋南北朝时期沿

---

① 《隋书·高祖纪上》。

② 《隋书·儒林列传序》。

③ 《隋书·循吏列传序》。

袭秦汉时期的法律形式，又提高格、式两种法律形式的地位，形成了以律、令、制、诏、科、比、格、式为表现形式的法律体系，至隋朝，将法律体系的内容确定为律、令、格、式、制、敕，形成以“律令”为主的新的法律体系。

2. 律典体例的创新

隋朝律典体例的创新主要集中在《开皇律》。《开皇律》继承《北齐律》十二篇体例，又对其篇名和顺序进行调整和创新。首先，改定某些篇名，调整其内容：将禁卫律改名为卫禁律，将违制律改名为职制律，将婚户律改名为户婚律，将厩牧律改名为厩库律，将毁损律的内容分编于各篇，将捕断律分为捕亡律和断狱律两篇。改定后的篇名更加科学。其次，根据内容重要程度调整各篇的顺序，调整后的十二篇依次为：名例律、卫禁律、职制律、户婚律、厩库律、擅兴律、贼盗律、斗讼律、诈伪律、杂律、捕亡律、断狱律。第一篇名例律为刑法总则，第二篇至第十二篇为刑法分则。它依照总则在前，分则居后；重者在前，轻者居后；实体在前，程序居后等原则排列，具有科学性、合理性。

《大业律》将《开皇律》的十二篇改为十八篇，其篇目依次为名例、卫宫、违制、请求、户、婚、擅兴、告劾、贼、盗、斗、捕亡、仓库、厩牧、关市、杂、诈伪、断狱。18篇结构是否合理，有待研究，但也算是一种创新。

3. 法制内容上的主要创新

《开皇律》在法制内容上主要有以下创新：

（1）确立封建制五刑。《开皇律》在北周《大律》所规定的五刑的基础上进行改革，确立了死、流、徒、杖、笞封建五刑制度。其中在死刑上，《开皇律》废除前代的枭首、轘裂等残酷的执行方法，只保留较文明的绞、斩两等；流刑上，《开皇律》将北周的由二千五百里至四千五百里五等改为由一千里至二千里三等，废除附加的鞭笞刑，三等流刑分别服劳役二年、二年半、三年；徒刑上，将北周的从一年至五年五等改为一年至三年五等，废除徒刑的附加刑；废除鞭刑，增加笞刑。经过改革，使刑罚大为减轻。

（2）确立“十恶”制度。《开皇律》对《北齐律》的“重罪十条”制度进行改革，确立“十恶”制度。《开皇律》将“重罪十条”中的“反逆”“大逆”改为“谋反”“谋大逆”；将“叛”“降”合并为“谋叛”，前面加“谋”字，意即只要有阴谋策划即构成犯罪；又在“不孝”之后增加“不睦”；将“重罪十条”改名为“十恶”。“十恶”制度是严惩危及封建皇权、政权和伦理纲常的十种重罪的制度，进一步确定了封建刑律的打击重点。

（3）完善贵族官僚的特权制度。《开皇律》继承了汉代以来的“上请”“八议”“官当”等贵族官僚特权制度，对之又有所完善和创新。首先，完善了“官当”制度。其次，完善了赎刑制度。最后，创设“例减”制度。《开皇律》规定：“其在八议之科，及官品第七已上犯罪，皆例减一等。”① 这些创新进一步扩大了贵族官僚的法律特权。

---

① 《隋书·刑法志》。

（4）规定刑具规格。《开皇律》规定："讯囚不得二百，枷杖大小，皆为之程品，行杖者不得易人"，从而废除了前代的刑讯酷法。

隋朝还以制、诏形式规定了新的制度。如隋初，文帝曾下诏："有枉屈县不理，令以次经郡及州，至省仍不理，乃诣阙申诉。有所未惬，听挝登闻鼓，有司录状奏之"[1]，规定了申诉制度。开皇十二年（592年），"帝以用律者多致舛驳，罪同论异。诏诸州死罪不得便决，悉移大理案覆，事尽然后上省奏裁"，规定了死刑复核制度。开皇十五年（595年），"制死罪者三奏而后决"，规定了死刑复奏制度。

此外，《大业律》废除"十恶"条目，"其五刑之内，降从轻典者二百余条，其枷杖决罚讯囚之制，并轻于旧"，使得律典在刑罚上更加趋于轻缓。

二、隋朝法制的历史地位

隋朝法律的实施情况，分为前后期。前期统治者无论在经济上还是在司法上都对百姓实行宽仁之政。比如，开皇末年，齐州行参军王伽押解流刑罪人去流配地，很同情罪人们戴枷锁行路之艰辛，于是将罪人召集在一起说："汝等虽犯宪法，枷锁亦大辛苦。吾欲与汝等脱去，行至京师总集，能不违期不?"皆拜谢曰："必不敢违。"王伽于是解开枷锁，遣回兵卒，与罪犯约定期限："某日当至京师，如致前却，吾当为汝受死。"将罪犯全部放掉。"流人咸悦，依期而至，一无离叛"。隋文帝听说此事后，"惊异之，召见与语，称善久之。于是悉召流人，并令携负妻子俱入，赐宴于殿庭而赦之"。文帝还下诏曰："凡在有生，含灵禀性，咸知好恶，并识是非。若临以至诚，明加劝导，则俗必从化，人皆迁善。……而伽深识朕意，诚心宣导。……若使官尽王伽之俦，人皆李参之辈，刑厝不用，其何远哉!"于是提拔王伽为雍令。[2]

至隋朝后期，由于统治者奉行法家理论，实行暴政，其法制遭到破坏，表现在：首先，制定严刑峻法。例如，开皇十六年（596年），"有司奏合川仓粟少七千石，命斛孝卿鞫问其事，以为主典所窃。复令孝卿驰驿斩之，没其家为奴婢，鬻粟以填之。是后盗边粮者，一升已上皆死，家口没官"。后来文帝又下令"盗一钱以上皆弃市"。此后又定制："行署取一钱已上，闻见不告言者坐至死。自此四人共盗一榱桷，三人同窃一瓜，事发，实时行决。"其次，废弃法定司法程序，任意杀人。如"御史监师，于元正日不劾武官衣剑之不齐者，或以白帝，帝谓之曰：'尔为御史，何纵舍自由'? 命杀之。谏议大夫毛思祖谏，又杀之。左领军府长史考校不平，将作寺丞以谏麦迟晚，武库令以署庭荒芜，独孤师以受蕃客鹦鹉，帝察知，并亲临斩决"。再次，弃法定行刑方法，屡以廷杖杀人。史载：文帝"每于殿廷打人，一日之中，或至数四。尝怒问事者挥楚不甚，即命斩之"。其"杖大如指，捶楚人三十者，比常杖数百，故多致死"。晚年的文帝已成为一个暴君。

隋炀帝统治时期，在之前的基础上进一步推行严刑峻法。炀帝虽然制定了较为

① 《隋书·刑法志》。
② 参见《隋书·循吏》。

宽仁的《大业律》，但因其实行暴政，官民反抗激烈，于是炀帝完全抛弃《大业律》，一方面更立严法，如“敕天下窃盗以上，罪无轻重，不待奏闻，皆斩”[①]。大业七年（611年）十二月，又因“苦役者始为群盗”，“敕都尉、鹰扬与郡县相知追捕，随获斩决之”[②]。另一方面，实行更加严酷的刑罚，除恢复隋初已废除的酷刑如轘裂、枭首、焚尸、礫尸等，还创制了夷九族、脔割等酷刑。如杨玄感谋反被镇压后，“帝诛之，罪及九族。其尤重者，行轘裂、枭首之刑。或磔而射之，命公卿以下，脔其肉”[③]。兵部侍郎斛斯政与杨玄感通谋，事败后逃往高丽，炀帝再征高丽，高丽将斛斯政送回，炀帝命“缚政于柱，公卿百僚并亲射之，脔割其肉，多有啖者。啖后烹煮，收其余骨，焚而扬之”[④]。由于隋炀帝一味实行暴政酷法，终于激起风起云涌的农民大起义，致隋王朝二世而亡。

尽管如此，隋朝法律在中国法制史上仍具有重要历史地位。《开皇律》的制定，体现了中华传统法文化系统性的特征，故其不仅能上承中华法系之主流，下亦能开启此后历代法典之长流。《资治通鉴》记《开皇律》修成事曰：“自是法制遂定，后世多用之。”[⑤] 明末清初进步思想家王夫之也指出：“隋无德而有政，故不能守天下而固可一天下。以立法而施及唐、宋，盖隋亡而法不亡也。”[⑥] 具言之，《开皇律》所确立的12篇律典体例、封建五刑制度、十恶制度、贵族官僚的特权、死刑复核、死刑复奏制度等，为唐、宋及以后的王朝所继承，有些还对东南亚各国产生了深远影响。

隋律的影响表现在两个方面：一是对后世的影响。主要表现在对唐律有直接影响。唐高祖武德七年（624年）修成的《武德律》“大略以开皇为准”，基本是《开皇律》的照搬。二是对周边诸国法制的影响。隋律对日本法制有直接影响，杨鸿烈在《中国法律在东亚诸国之影响》一书中称：“嗣后迄于隋代，文帝统一南北，日本圣德太子深慕中国之灿烂文化，遂有‘遣隋使’之举，隋炀帝亦遣使者来日，于是中、日交通因之大盛。盖不仅中国之经书、史籍、诸子、美术及佛教等乘时东渡，即中国法制亦于其时传入日本，历隋至唐，中国之制法事业突飞猛进，日本亦急起直追，颇呈《东洋法制史》上前此所无之奇观。”

著名历史学家范文澜在评述秦、隋王朝的历史功绩时指出：“秦始皇创秦制，为汉以后各朝所沿袭。隋文帝创隋制，为唐以后各朝所沿袭。秦、隋两朝都有巨大贡献，不能因为历年短促，忽视它们在历史上的作用。”[⑦] 研究中国历史应然，研究中国法制史亦然。

---

① 前面引文均见于《隋书·刑法志》。

② 《隋书·炀帝纪下》。

③ 《隋书·刑法志》。

④ 《隋书·斛斯政传》。

⑤ 《资治通鉴·隋纪二》。

⑥ 《读通鉴论》卷一九《隋文帝》，中华书局1975年版。

⑦ 范文澜：《中国通史简编》第3册，人民出版社1965年版，第4页。

第二节　唐朝的法律体系

案例导入

令者，尊卑贵贱之等数，国家之制度也；格者，百官有司之所常行之事也；式者，其所常守之法也。凡邦国之政，必从事于此三者。其有所违及人之为恶，而入于罪戾者，一断以律。

——《新唐书·刑法志》

上引史料，系对唐朝各种法律形式的性质及相互关系的介绍，是对唐朝法律体系的重要说明。唐朝通过几代帝王的法律修订，形成由律、令、格、式、制、敕等构成的法律体系。唐朝法律体系的结构与隋朝的相同，但其法律形式的性质和功能更加明确，相互关系亦更加合理。

一、唐朝法律体系的形成

唐朝在前期的百余年间，频繁地立法，制定了多部律、令、式法典，颁布了大量的制敕，编撰了多部格，后期编撰多部格后敕，建立、完善了其法律体系。

（一）唐朝的立法指导理论和原则

隋朝平定江南，结束长达三百多年的分裂和动荡历史，重新统一全国，号为强盛。但其仅存在了三十八年，便在农民起义中迅速覆亡。唐初统治者作为隋亡的见证者，对强隋二世而亡深感震撼，由此他们认识到人民群众的强大力量和人心向背的重要意义。唐太宗曾深有感触地说："天子者，有道，则人推而为主；无道，则人弃而不用。"① 他还对太子说："舟所以比人君，水所以比黎庶，水能载舟，亦能覆舟。尔方为人王，可不畏惧？"②

为使国家"长治久安"，唐初统治者提出"先存百姓""安人宁国""无为少欲"的基本国策。太宗曾对侍臣说："凡事皆须务本。国以人为本，人以衣食为本，凡营衣食，以不失时为本，在人君简静乃可致耳。若兵戈屡动，土木不息而欲不夺时，其可得乎？""夫安人宁国，惟在于君，君无为则人乐，君多欲则人苦。"③ 这些言论，实际上是儒家的"民水君舟"和"民本"理论。在"安人宁国"方针指导下，唐初采取了一系列与民休息、不夺农时、轻徭薄赋、少兴土木兵戈的政策，并推行均田制等经济制度，使社会迅速稳定并走向繁荣。

在法制上，唐初统治者则特别强调儒家的"德主刑辅"思想，认为"德礼为政教之本，刑罚为政教之用，犹昏晓阳秋相须而成"④，把德礼看作政治统治的根本手

---

① 《贞观政要·政体》。

② 《贞观政要·教诫太子诸王》。

③ 《贞观政要·务农》。

④ 《唐律疏议·名例》。

段，刑罚是政治教化的辅助手段，两者缺一不可。在“德主刑辅”“礼法并用”思想指导下，唐初统治者又提出一些具体的立法原则。

1. 主张立法宽简与划一

宽即刑罚宽大，不搞严刑峻法；简即法律要简明扼要，百姓可一目了然，知所以避就。高祖李渊就要求立法“务在宽简，取便于时”。在立法宽简精神指导下，制定《武德律》时，“尽削大业所用烦峻之法”①；太宗也强调立法“惟须简约”，并多次与大臣讨论治道，“遂以宽仁治天下，而于刑法尤慎”。而《贞观律》则废除兄弟连坐俱死之法。法令划一，即要求所制定的法令不能互相矛盾。法令不一，必然导致“若欲出罪，即引轻条；若欲入罪即引重条”的弊端。太宗要求立法官员“宜令审细，毋使互文”②。

2. 强调“法令不可数变”

即要求保持法律的稳定性与连续性。太宗曾多次与臣下谈道：“法令不可数变，数变则烦，官长不能尽记，又前后差违，吏得以为奸。”③ 并规定：“（自今）不可轻出诏令，必须审定，以为永式。”唐律也严格规定：“诸制敕断罪，临时处分，不为永格者，不得引以为后比，若辄引，致罪有出入者，以故失论。”受这一思想原则的影响，有唐一代法制，除武则天执政与安史变乱时期外，一直保持着相对的稳定与连续，正如《新唐书·刑法志》所载：至唐末，“高祖、太宗之法，仅守而存”。

唐朝继承了秦汉及魏晋南北朝时期一断于法、德主刑辅及约法省刑、宽简立法等精华，又克服秦汉刑严法繁的不足，其法制思想已较为成熟。成熟的法制思想，为唐朝法制的完备奠定了理论基础。

（二）唐朝主要法律的修订

唐朝二百九十年间，制定了律、令、式等大量的各种法律，这里主要介绍其律典的制定。

1.《武德律》

高祖李渊率军攻占长安后，针对隋末的严刑峻法，仿汉高祖“约法三章”而与关中百姓“约法十二条”：“惟制杀人、劫盗、背军、叛逆者死，余并蠲除之”④，废除隋朝的一切苛法。唐朝建立以后，高祖又命刘文静制定“五十三条新格”，规定：“唯吏受赇、犯盗、诈冒府库物”为常赦所不原，他罪皆可赦免。武德四年（621年），高祖又令尚书左仆射裴寂等十余人修订刑律。裴寂等人以《开皇律》为基础，加入“五十三条新格”，“流罪三等，皆加千里；居作三岁至两岁半者悉为一岁。余无改焉”⑤。新律定名为《武德律》，同年颁行天下。《武德律》因袭《开皇律》过

① 《旧唐书·刑法志》。
② 《贞观政要·论赦令》。
③ 《资治通鉴·唐纪十》。
④ 《旧唐书·刑法志》。
⑤ 《旧唐书·刑法志》。

多，改变不大，未形成自身特色。

2.《贞观律》

太宗即位后，即命长孙无忌、房玄龄等大臣，对《武德律》进行了全面修订，自贞观元年（627 年）至贞观十一年（637 年）历时十一年完成，定名《贞观律》，颁行天下。

《贞观律》对旧律的变革主要有：一是废“兄弟分居，连坐俱死”之法。二是创设加役流刑，取代断右趾作为减死之罚。三是规定了比附类推的法律原则。“诸断罪而无正条，其应出罪者，则举重以明轻；其应入罪者，则举轻以明重。”四是对刑罚的加减做了规定，“称加者，就重次；称减者，就轻次”①。五是严格规定了法官断案失误所应承担的刑事责任。

《旧唐书·刑法志》称《贞观律》“自是比古死刑，殆除其半”，“比隋代旧律，减大辟者九十二条，减流入徒者七十一条”，“凡削烦去蠹，变重为轻者，不可胜记”。《贞观律》使唐律基本定型。以后各朝对唐律虽有修订，但删改幅度不大。

3.《永徽律疏》

永徽二年（651 年），唐朝又编成《永徽律》，其内容基本沿袭《贞观律》，仅增加了禁止买卖口分田的规定，将《贞观律》《名例律》“十恶·大不敬条”中的“言理切害”，更改为“情理切害”，并做了说明：“旧律云言理切害，今改为情理切害者，盖欲原其本情，广思慎罚故也。”② 高宗时期在立法上最大的贡献，就是对唐律律文作出详尽的解释，编订了《永徽律疏》。《旧唐书·刑法志》曰：“永徽三年，诏曰：‘律学未有定疏，每年所举明法，遂无凭准。宜广召解律人条义疏奏闻。仍使中书、门下监定。’于是太尉赵国公无忌、司空英国公勣、尚书左仆射兼太子少师监修国史燕国公志宁、银青光禄大夫刑部尚书唐临、太中大夫守大理卿段宝玄、朝议大夫守尚书右丞刘燕客、朝议大夫守御史中丞贾敏行等，参撰《律疏》，成三十卷，四年十月奏之，颁于天下。自是断狱者皆引疏分析之”。《永徽律疏》集前代律学之大成，是唐朝律典的代表，是迄今保存得最完整、最具有社会影响的我国帝制时代典型的律典，元朝改称《唐律疏议》。

4.《大中刑律统类》

宣宗大中七年（853 年）左卫率府曹参军张戣，将刑律分类为门，附以性质相同的敕、令、格、式，编成《大中刑律统类》十二卷，由刑部颁行。《大中刑律统类》开创了法典编纂的一种新体例，对五代和宋朝的刑法典编纂有重大影响。

此外，唐朝还制定了令、格、式法典，颁布了大量的制、敕。

这里需要说明的是：《唐六典》的性质。开元十年（722 年），玄宗命起居舍人陆坚入集贤院修订六典。并为法典定了体例，即从“理典、教典、礼典、政典、刑典、事典”六方面进行编纂，后又确定以“周礼”为蓝本进行编修。陆坚虽然“用功艰难”，“绵历数载”，仍于事无成。其后，肃嵩、刘郑兰、肖晟、卢若虚、张九

① 《新唐书·刑法志》。

② 《唐律疏议·名例》。

龄、陆善经、李林甫等大批精晓政制官规的官员及学者也参与编修，至开元二十六年（738 年）完成。

《唐六典》以“官领其属，事归于职”为其基本体例，涉及内容广泛，共三十卷：第一卷为三师、三公、尚书都省，第二卷至第七卷分别为尚书省的吏、户、礼、兵、刑、工部，第八卷为门下省，第九卷为中书省、集贤院、吏馆、匭使院，第十卷为秘书省，第十一卷为殿中省，第十二卷为内官、宫官、内侍省，第十三卷为御史台，第十四卷为太仆寺，第十五卷为光禄寺，第十六卷为卫尉、宗正寺，第十七卷为太仆寺，第十八卷为大理、鸿胪寺，第十九卷为司农寺，第二十卷为太府寺，第二十一卷为国子监，第二十二卷为少府、军器监，第二十三卷为将作、都水监，第二十四卷为诸卫，第二十五卷为诸卫府，第二十六卷为太子三师、三少、詹事府、左右春坊、内官，第二十七卷为太子家令、率更、仆寺，第二十八卷为太子左右卫及诸率府，第二十九卷为诸王府、公主邑司，第三十卷为三府、都督、都护、州、县官吏。

传统观点认为，《唐六典》内容涉及盛唐时期的职官建制与官规、政令的各个方面，是盛唐时期的行政法规大全。近年来，法史学界有《唐六典》是官修政书而非行政法典之说。[①] 本书认为，“官修政书说”更符合历史事实。

二、唐朝法律形式的性质及功能

唐朝的法律形式主要有律、令、格、式、制、敕等。

按《唐六典》的记载，律“以正刑定罪”，即以定罪量刑规定为主的刑事法律。唐朝的律典有《武德律》《贞观律》《永徽律》《开元律》等。

令“以设范立制”，是规定“尊卑贵贱之等数，国家之制度”的以行政法律规范为主的综合性法律，内容相当广泛。唐朝重要的令典有《武德令》《贞观令》《开元令》等。

格“以禁违止邪”，是由皇帝发布的、国家机关必须遵行的各类单行制、敕与指示的汇编。其内容是“百官有司所常行”之事，主要是行政法律规范，但“刑部格”属刑事法律。制、敕中须“永为法则者”才能入编，故又被称为“永格”。唐朝重要的格有《武德新格》《贞观格》《永徽留本司格》《永徽散颁天下格》《开元新格》《开成详定格》等。因格是律、令、式法典外的特别法、后法，所以格在唐朝的法律体系中具有更高的法律效力，可对律、令、式进行修改、补充。

式“以轨物程序”，是令的实施细则、国家机关的办事细则。[②] 唐朝重要的式有《武德式》《贞观式》《永徽式》《垂拱式》《神龙式》《开元式》等。

关于制、敕等，《唐会要》载：“故事，凡王言之制有七，一曰册书，立后建嫡、封树藩屏、宠命尊贤、临轩备礼则用之；二曰制书，行大赏罚、授大官爵、厘革旧

① 参见李玉生：《唐代法律体系研究》，载《法学家》2004 年第 5 期。

② 有学者认为唐式是律、令、格的实施细则。参见冯卓慧：《从几件敦煌吐鲁番文书看唐代法律形式——式》，载《法学研究》1992 年第 3 期。

政、赦宥降恩则用之；三曰慰劳制书，褒贤赞能、劝勉勤劳则用之；四曰发敕，谓御画发日敕也，增减官员、废置州县、征发兵马、除免官爵、授六品以下官、处流以下罪、用库物五百段、钱二百千、仓粮五百石、奴婢二十人、马五十匹、牛五十头、羊五百口以上则用之；五曰敕旨，谓百司承旨而为程序，奏事请施行者；六曰论事敕书，慰谕公卿，诫约臣下则用之；七曰敕牒，随事承旨，不易旧典则用之。比宣署申覆而施行焉。”“旧制，册书、诏敕总名曰诏，天授元年避讳改诏曰制。”① 制、敕等是皇帝针对具体问题或案件而发布的指示、命令，是相对于格和格后敕的后法、特别法，具有优先适用的法律效力。

唐中期以后，修订律、令、格、式的活动基本停止，编订“格后敕”遂成为立法的主要形式。格后敕由格演变而来，二者出自同一法律渊源，即编录皇帝的制、敕，其性质与格同，并比格更具有适应性、变通性和灵活性。唐朝格后敕的编纂共有六次：开元十九年（731 年）编纂的《格后长行敕》六卷、贞元元年（785 年）编纂的《贞元定格后敕》30 卷、元和五年（810 年）编纂的《元和格敕》三十卷、元和十三年（818 年）编纂的《元和格后敕》三十卷、太和七年（833 年）编纂的《太和格后敕》五十卷、大中五年（851 年）编纂的《大中刑法总要格后敕》六十卷。格后敕的内容多偏重刑狱，《大中刑法总要格后敕》即专门的刑事法规。

三、各法律形式之间的关系

1. 律、令、格、式的关系

对四种法律形式的关系，根据《新唐书·刑法志》的解释，令、格、式是从积极的方面对人们行为的规范和引导，违反了令、格、式即危害社会构成犯罪，则依律追究刑事责任。律、令、格、式形成相辅相成、互为补充的、系统的、周密的法律体系。

2. 各种形式的法律效力

有时间效力和优先适用效力之分。从时间效力看，律、令、式的时间效力最长，其次是格，最短是制、敕。从优先适用效力看，制、敕最优，其次是格后敕，再次是格，最后是律、令、式。其适用的原则是：后法优于先法，特别法优于一般法。如唐长庆三年（823 年）十二月二十三日敕规定：“伏缘后敕，合破前格。自今以后，两司检详文法，一切取最向后敕为定。”② 但制敕断罪只是案例，如未抽象成法律规范，则不得作为判案的依据，如唐律规定：“诸制敕断罪，临时处分，不为永格，不得引为后比”，否则“致罪有出入者，以故失论”③。

---

① 《唐会要》卷五四《中书省》。

② 《宋刑统·断狱》。

③ 《唐律疏议·断狱》。

第三节　唐朝的刑事法律制度

案例导入

《旧唐书·孝友·张琇传》载：唐开元年间，张审素任巂州都督，有人告他贪赃，朝廷派监察御史杨汪携控告人前往巂州调查此事，张审素的党羽在路途劫持杨汪等人，当着杨汪的面杀了告事的人，并逼令杨汪向皇帝回奏说张审素无罪。不久，当地官员又杀了张审素的党羽，杨汪得以回京，奏称张审素谋反，有关部门严审张审素，认定其罪。张审素被处斩刑，全家籍没，其子张瑝、张琇因年幼被发配岭南。两人后寻机逃回，隐匿多年。杨汪也升任殿中侍御史，并改名叫万顷。

开元二十三年（735年），张瑝、张琇在京城找到杨汪，用斧子将其杀死，并写了一封信用绳系在斧子上，说明杀杨汪是为父报仇。张瑝、张琇准备去杀与杨汪一起诬陷其父的人，行至汜水时被官府抓获。京城各界人士都认为张瑝、张琇尚属年幼，如此孝烈，能为父报仇，应当减免刑罚。朝廷讨论此案时，宰相张九龄也想保他们不死。但宰相裴耀卿、李林甫坚持“国法不可纵复仇”，唐玄宗同意裴、李的意见，并对张九龄说：“复仇虽礼法所许，杀人亦格律具存。孝子之情，义不顾命，国家设法，焉得容此！杀之成复仇之志，赦之亏律格之条。然道路谊议，故须告示。”张瑝、张琇被处死刑。

张瑝、张琇死后，社会各界人士都很伤心，“为作哀诔，榜于衢路”。人们还自愿募捐，在他们被处死的地方造义井纪念，将两兄弟葬于北邙山。又担心杨汪家人来毁墓，还做了疑冢数所。

上述故事是唐朝著名的复仇案例，虽然时人都非常同情为父复仇而杀人的张琇兄弟，但统治阶层认为“国法不可纵复仇”，还是对将杀人者处以死刑，原因是唐律明确规定，故意杀人要处死刑，统治者系严格依刑事法律规定处置。

唐朝的刑事法律主要集中于以《唐律疏议》为代表的律典（以下简称“唐律”），另外“刑部格”也是刑事法律规范。《唐律疏议》有律文五百零二条，还有律条四倍左右的疏议，内容丰富，下面介绍其主要内容。

一、《唐律疏议》的篇目及内容

《唐律疏议》内容分十二篇，现将其篇目及各篇内容简介如下：

第一篇《名例律》，五十七条，是唐律的基本精神的集中体现，其内容包括五刑、“十恶”、“八议”等重要的法律制度和原则，是唐律的总纲，相当于刑法总则。

第二篇《卫禁律》，三十三条，是关于惩治违反宫廷警卫、城防关津保卫等犯罪的规定。其基本精神是维护皇帝和国家的安全。

第三篇《职制律》，五十九条，是关于惩治违反官吏的设置、职责及驿传等犯罪的规定。其基本精神是加强对官吏的管理，惩治官吏渎职。

第四篇《户婚律》，四十六条，是关于惩治违反户口管理、婚姻家庭、土地及赋役制度犯罪的规定。其基本精神是维护封建的婚姻家庭制度和经济制度。

第五篇《厩库律》，二十八条，是关于惩治违反国有牲畜的管理使用和仓库管理制度的犯罪的规定。其基本精神是维护封建国家的财产不受侵犯。

第六篇《擅兴律》，二十四条，是关于惩治违反军队的调动、军需的供给及工程兴造制度犯罪的规定。其基本精神是维护皇帝对军队的控制和军队的战斗力，严禁滥用民力。

第七篇《贼盗律》，五十四条，是关于严惩危害政权、皇权及严重破坏统治秩序的恶性杀人、伤害犯罪的规定。该篇规定的都是重大犯罪，是唐律中量刑最重的一篇。

第八篇《斗讼律》，六十条，是关于惩治一般斗殴杀人、伤害及诉讼方面犯罪的规定。其基本精神是维护社会秩序。

第九篇《诈伪律》，二十七条，是关于惩治诈骗和伪造犯罪的规定。其重点是惩治政治诈骗和伪造，如诈取官爵、伪造符玺、官文书等。

第十篇《杂律》，六十二条，是不能归于其他各篇的内容的汇集，涉及市场及金融管理、放火、决水、强奸等多方面犯罪的规定。

第十一篇《捕亡律》，十八条，是关于追捕逃亡的罪犯、役夫、奴婢等及捕亡官吏渎职犯罪的规定。

第十二篇《断狱律》，三十四条，是关于审判、执行以及监狱管理方面犯罪的规定。

二、唐律的基本制度和原则

唐律的基本制度和原则集中在《名例律》之中。《唐律疏议》解释说："名者，五刑之罪名；例者，五刑之体例"，"命诸篇之刑名，比诸篇之法例"。主要内容为：

(一) 刑罚制度

唐律继承隋五刑制度，以笞、杖、徒、流、死为法定五刑，但有修改。其他还有连坐、缘坐等。

笞刑，即用荆条抽打犯人的腿、臀部的刑罚，共五等，自十至五十下，是五刑中最轻的一等。《唐律疏议》解释曰："笞者，击也，又训为耻。言人有小愆，法须惩戒，故加捶挞以耻之。汉时笞则用竹，今时则用楚。"唐朝笞刑带有耻辱刑与教育刑结合使用的性质。

杖刑，是用竹木杖击打犯人的背、腿、臀部的刑罚，分为五等，从六十下到一百下。关于笞、杖刑的刑具规格及行刑方法，唐《狱官令》有详细规定："诸杖皆削去节目，长三尺五寸。……常行杖，大头二分七厘，小头一分七厘；笞杖，大头二分，小头一分半。其决笞者，腿、臀分受；决杖者，背、腿、臀分受，须数等"。

"行决罚者，皆不得中易人。"①

徒刑，是一种让犯人戴枷或束钳，一定时期内剥夺其自由，强制服劳役的刑罚。《唐律疏议》说："徒者，奴也，盖奴辱之。"分为五等：徒一年、一年半、二年、二年半、三年。京城的徒刑犯，男犯送将作监，女犯送少府监服刑；在地方，则送往官府服各类杂役。

流刑，是将罪犯押送到边远地区，并强制其戴枷或束钳服苦役的刑罚。唐朝流刑分三种：三流、加役流、长流。三流即普通流刑，又称"常流"，分三等：流二千里、二千五百里、三千里，服役均为一年。唐朝三流与隋朝流刑有较大区别。加役流，唐太宗时创设。唐初仍保留斩右趾刑，作为贷死之刑，太宗悯斩右趾之酷，将斩右趾改为加役流即流三千里，劳役加至三年。长流，即无期流刑，罪犯非经特赦，不得返回原地。长流的地点，以岭表（岭即五岭，表即外，岭表即岭南）最多，其次是黔中，又次是巴蜀。中唐以后常以天德五城为长流地。

死刑，分为绞、斩两种。绞是用绳索将罪犯勒死的死刑执行方法。斩是用斧钺将罪犯的头斩断的死刑执行方法。因绞可保全尸，故比斩轻一等。

连坐，即一人犯罪，他人被株连受罚。主要有邻里连坐和官吏连坐。如唐律规定，造畜蛊毒、厌魅，绞。同居家口虽不知情及里正知情不举，皆流二千里。建中元年（780年）制敕规定："自今以后，丞、簿、尉有犯赃私，连坐县令，其罪减所犯官三等。冀递相管辖，不得为非。"另外，奸夫因奸谋杀亲夫，奸妇不论是否知情，均要连坐，"奸妻妾亦合绞"。

缘坐，即对重大犯罪，不仅本人受严惩，其近亲属也要受株连被罚。如唐律规定，谋反及谋大逆者，（本人）不分首从皆斩，父、子年十六以上处绞，年十五以下及母、女、妻、妾、祖、孙、兄、弟、姊、妹，以及部曲、家仆、资财、田宅，一律没官；伯叔父及兄弟子，流三千里，不限户籍之异同。"谋叛"罪，唐律规定，（本人）预谋者绞，已行者斩，妻、子流二千里。

唐律规定了五刑的收赎制度，即疑罪、官僚贵族及其亲属，以及老幼废犯罪的特殊情况，除"十恶"和少数重罪以外，均可收赎，自笞十下至斩刑，分别赎铜一斤到一百二十斤不等。对赎铜的缴付，有时间限制，唐《狱官令》规定："诸赎死刑限八十日，流六十日，徒五十日，杖四十日，笞三十日。若无故过限不输者，会赦不免。"②

唐中后期刑罚有一些变化。其中杖刑增加"附加杖""易死杖""敕杖""折杖"。"附加杖"是徒、流刑的附加刑，其数为六十至一百。如《旧唐书·刑法志》载，元和六年（811年）九月敕：富平县人梁悦复仇杀人，"宜杖一百，配流循州"。附加杖造成一罪二刑。"易死杖"即以杖杀代替法定的绞、斩刑，如德宗建中三年（782年）八月二十七日敕："其十恶中恶逆以上四等罪，请准律用刑。其余应合处绞、斩

---

① ［日］仁井田陞：《唐令拾遗》，栗劲、霍存福、王占通、郭延德编译，长春出版社1989年版，第727、714页。

② ［日］仁井田陞：《唐令拾遗》，栗劲、霍存福、王占通、郭延德编译，长春出版社1989年版，第721页。

刑，自今以后，并决重杖一顿处死”，以代极法。[1] 从敕文内容看，“易死杖”似较绞、斩为轻，实际上更为残酷。“敕杖”即制敕处分所处的杖刑，如肃宗宝应元年（762年）诏：“制敕与一顿杖者，其数止四十；重杖一顿、痛杖一顿者，皆止六十，并不至死。”[2] “敕杖”乃法外之刑，带有极大的随意性。“折杖”是将笞杖折成脊杖、臀杖执行。宣宗时定制：“每脊杖一下，折法杖十下；臀杖一下，折笞杖五下。”[3]

（二）“十恶”制度

唐律继承隋朝的“十恶”制度，并使之更加完备。

根据《唐律疏议·名例律》规定，“十恶”：一曰“谋反”谓“谋危社稷”，即图谋推翻皇帝的统治。二曰“谋大逆”谓“谋毁宗庙、山陵及宫阙”，即图谋毁坏皇帝祖庙、皇陵和宫殿。三曰“谋叛”谓“背国从伪”，即图谋背叛国家，投降敌国或伪政权。四曰“恶逆”指殴打、谋杀尊长亲属，如殴打和谋杀祖父母、父母，杀伯叔父母、姑、兄、姊、外祖父母、丈夫、丈夫之祖父母、父母等。五曰“不道”，谓“杀一家非死罪三人及支解人，造畜蛊毒，厌魅”，也就是使用凶暴手段致人以死，或畜养毒虫、使用邪术害人，即恶性杀人行为。六曰“大不敬”，指侵犯皇帝人身安全和尊严的一切言行，包括盗取皇帝御用物，盗取或伪造皇帝印玺，给皇帝配药不按本方，做饭犯食禁，指责皇帝，诽谤朝政，对皇帝使臣无礼等。七曰“不孝”，指告、骂祖父母、父母，或供养有缺，或别立户籍私存钱物，或私自婚娶，父母去世，匿不举哀、丧期作乐等行为。八曰“不睦”，指家族成员之间的侵犯行为，包括“谋杀及卖缌麻以上亲，殴告夫及夫之大功以上尊长、小功以上尊亲属”等。九曰“不义”，指侵犯非血缘尊长的行为，包括部民杀本州刺史、本县县令，学生杀老师及妻子闻夫丧匿不举哀、居夫丧作乐、改嫁等。十曰“内乱”，指家族内部的乱伦行为，如小功以上亲属间的强奸、通奸，奸父祖之妾均为内乱。

《疏议》指出：“五刑之中，十恶尤切，亏损名教，毁裂冠冕，特标篇首，以为明诫。”“十恶”主要是两方面的犯罪，一是威胁、损害皇权和危及封建政权的犯罪；一是破坏社会秩序和封建伦常关系的犯罪。

唐律把“十恶”列于篇首，作为刑事打击的重点，予以严惩。其具体规定，一是量刑从重。按唐律规定，“十恶”的十个罪均可以判处死刑，特别是谋反、谋大逆者不仅本人处死，还要株连家属，其中父、子年十六以上要处死刑，年十五以下及母、女、妻、妾、祖、孙等全部没官为奴，财产没官。二是常赦不原。唐律规定：犯恶逆罪，遇常赦即普通赦令一律不赦免刑罚，谋反等重罪，可减刑但不免刑，官员“犯十恶及故杀人狱成者，虽会赦，犹除名”。三是决不待时。自汉朝开始，封建社会对死刑的执行，一般要等到秋冬时节，但唐律规定，犯“十恶”罪，特别是前

---

① 《宋刑统·名例》。

② （元）马端临：《文献通考》卷一六六《刑五》。

③ 《唐会要》卷四一《杂录》。

四恶，决不待时，立即执行。四是不得享受特权。唐律规定官员犯罪，可根据其品级分别享受议、请、减、赎、当等特权，但犯“十恶”罪者则不得享受。百姓犯“十恶”，亦不能行使存留养亲的权利。

（三）“八议”等特权制度

官僚贵族享有法律特权由来已久，西汉创“上请”之制，曹魏创“八议”之制，晋、陈立“官当”之制，隋朝又创“例减”之制，并将赎刑制度化，唐律继承和完善了上述制度。

唐律规定，贵族官僚按其品级地位可分别享受“八议”“上请”“例减”“收赎”“官当”特权。

1. “八议”制度

“八议”制度指八类特权人物犯死罪，司法机关不得擅断，须将所犯罪行及应议理由奏请皇帝裁决的制度。“八议”特权的主体为亲、故、贤、能、功、贵、勤、宾。

“亲”，即皇亲国戚，根据唐律“注”文，包括皇帝袒免以上亲、皇后小功以上亲、皇太后缌麻以上亲。“故”，“谓宿得侍见，特蒙接遇历久者”。即皇帝的故旧，多指布衣之交。“贤”，即“贤人君子，言行可为法则者”，指有大德行人士。“能”，指“能整军旅，莅政事，盐梅帝道，师范人伦者”，即有治国安邦大才干的人。“功”，指“能斩将搴旗，摧锋万里，或率众归化，宁济一时，匡救艰难，铭功太常者”，即曾经为国家立下大功勋者。“贵”，即大贵族大官僚，指三品以上官和公爵以上爵位。“勤”，指“大长吏恪居官次，夙夜在公，若远使绝域，经涉险难者”，即为国家勤勤恳恳工作，且经涉艰难的人。“宾”，即前朝皇帝及其后代被尊为国宾者。

“八议”的程序

唐律规定，上述八类人犯死罪，司法官吏不得擅自处理，必须奏请皇帝裁决，皇帝将其交中央法司集议，“原其本情，议其犯罪”后，列具应适用的法条，再交皇帝裁处。按照通例，一般死罪均可降为流罪。但若所犯为“十恶”罪的，不得享受“八议”特权。

2. “上请”制度

“上请”与“八议”有较多的相同之处，其区别主要在于，其适用对象的品级比“八议”的略低，他们是皇太子妃大功以上亲、应议者期以上亲及孙、官爵五品以上者。这些人犯死罪，司法官吏也不得擅自处理，必须将其所犯罪行上奏皇帝裁决，与“八议”不同的是，司法机关在奏报中可以明言依律应斩或绞。适用“上请”制度的限制条件也比“八议”多，除犯“十恶”外，“反逆缘坐，杀人，监守内奸、盗，略人，受财枉法者”，均不适用“上请”。

3. “例减”制度

其适用对象的品级又低于“上请”，适用于七品以上官及应请者的近亲属。他们如犯有流以下罪，可以直接减刑一等处罚。

4. “收赎”制度

其适用对象的品级又低于“例减”，它适用于九品以上官，及应议、请、减者及其近亲属。他们犯流刑以下罪，可以铜赎刑。对于“减”“赎”的限制条件更多，凡犯“十恶”及“加役流、反逆缘坐流、子孙犯过失杀流、不孝流及会赦犹流者，各不得减赎，除名、配流如法”，即犯十恶及五流罪者，均不在减赎之列，仍依法流配；为官的，要除名。

5. “官当”制度

“官当”制度指官吏犯徒流罪可以官品抵当刑罪。唐朝的“官当”制度已非常完备。唐律规定，五品以上官犯私罪，一官当徒二年；九品以上，一官当徒一年。犯公罪则各加一年当。若犯流罪，可折成徒刑，即三流同比徒四年，再按以官当徒原则当；若犯官身兼数职，“先驱高者当，次以勋官当，若有余罪及更犯者，听以历任之官当”；唐律还将赎刑作为官当的补充，即若罪大官小，不尽其罪，余罪收赎。若官大罪小，则留官收赎；唐律规定，官吏以官当罪后，一段时间后仍可当官，即经一年后降一等叙用。

唐朝贵族官僚的特权制度继承前代法律规定，但较前更加全面、系统、完备，清人薛允升曾指出：“（唐律）优礼臣下，可谓无微不至矣！”[①] 这反映了唐律维护官僚贵族统治的本质。但官僚贵族的特权只限于不侵犯皇权及地主阶级根本利益的限度之内。

（四）主要刑法原则

唐律继承隋朝等前代立法经验和成果，其刑法适用原则更趋于完备，主要有：

1. 贵、良、贱同罪异罚

唐朝将国人分为特权者、良人、贱民三等。特权者包括皇帝、贵族、官僚及其亲属，他们享有多种法律特权。

良人，又称白丁、凡人，主要成分是农民、中小地主和工商业者，人数最多，他们是国家赋税徭役的承担者，除老幼病残外，既无特权，也不受歧视。

贱民，分官贱民和私贱民。官贱民有太常音声人、杂户、工乐户、官户、官奴婢，私贱民有部曲、随身、客女、私奴婢。官私贱民地位十分低下，特别是奴婢，唐律称“奴婢贱人，律比畜产”，法律地位相当于财产，主人可以随意处分，主人犯罪，奴婢随其他财产被国家没收。唐律规定，主人擅杀“有罪”奴婢，仅杖一百；奴婢过失杀主，绞；伤及骂者，流。良人杀伤贱民，减凡人一至两等治罪，贱民杀伤良人，加凡人一至两等治罪，相同的行为和结果，因身份不同处刑竟相差二至四等。唐律还禁止良贱通婚，否则构成“违律为婚”，不仅强制离婚，还要处徒刑一年半，只有部曲、太常音声人、客女例外。

2. 共同犯罪，区分首从

唐律规定：“诸共犯罪者，以造意为首，随从者减一等。若家人共犯，止坐尊

---

① （清）薛允升：《唐明律合编》，怀效锋、李鸣点校，法律出版社1999年版。

长；侵损于人者，以凡人首从论。即其监临主守为犯，虽造意，仍以监主为首，凡人以常从论。”对首犯、从犯的区分规定了两种情况：一是普通的共同犯罪，以“倡首先言”的“造意者”为首犯，其余罪犯不管其起到什么作用，均为从犯。表现出封建法律着重惩治犯意的特征。二是在家人共同犯罪和上下级官吏共同犯罪的情况下，无论是谁造意，均以家长和长官为首，其余为从。因家长和长官有管理监督家人和下属的权力和义务，那么就要加重其责任，如不履行监管义务，就作为主犯加以制裁。但唐律对特别严重的犯罪如前三恶、强盗、奴杀主、略人为奴、私度关津等，则不分首从，一体严惩。

3. 自首减免刑罚

唐律明确自首的概念为犯罪未被告发而主动到官府交代的行为。对于自首者，唐律“原其罪”。但对于“于人损伤，于物不可备偿”“越渡关及奸，并私习天文者”之类的犯罪，因其不能挽回，自首不得减罪；对犯赃罪者虽自首，“正赃犹征如法”，即赃物必须按法律规定如数偿还；若自首不彻底，即“自首不实及自首不尽者”，不尽之罪依律处罚，如《名例律》规定，凡“自首不实及自首不尽者”，各依“不实不尽之罪罪之，至死者，听减一等”。此外，唐朝还规定，轻罪已发，能自首重罪，免其重罪；审问他罪而能自首余罪的，免其余罪，以分化犯罪分子。唐朝有关自首的规定已经很系统、完善，它不仅影响到封建后世，对于现在也不乏借鉴价值。

4. 累犯加重处罚

即对三次犯盗窃罪判徒流刑的累犯加重处罚。唐律《贼盗律》规定，凡是盗罪经判决后“更行盗，前后三犯徒者，流二千里；三犯流者，绞”。多次犯同类罪的惯犯，属怙恶不悛，社会危害性较大，理应重惩其罪。

5. 更犯重其后犯之事

更犯即“诸犯罪已发及已配而更为罪者，各重其事”。并解释说：“已发者，谓已被告言；及已配者，谓犯徒已配，而更为笞罪以上者，各重其后犯之事而累科之。”即前罪已经判刑而又犯各刑以上的罪。唐律规定更犯按“各重其后犯之事”原则处罚，即已判处徒刑三年而未到配所，再犯流罪，处流二千里，决杖一百，加上流罪应役的一年，总共劳役四年。封建统治者一向把更犯视为对社会的严重威胁，所以，采取加重处罚的原则。

6. 二罪从重

即数罪并罚原则。唐律对“二罪以上俱发”采取“以重者论”原则处理，颇类似现代刑法中的吸收原则。具体规定如下：某人若同时犯了两个以上罪，只对最重罪处刑，余罪不论；如果数罪相等，取一罪处理，余罪不论；如果一罪已经论决，余罪后发，其刑若与已判罪相等，不再追究；如果后罪重于已判的罪，则以后罪的刑差加于前罪之上，即所谓“通计前罪，以充后数”。对于多次以赃致罪，若一罪频犯，赃数相加后半科。若系数罪频犯，则按重赃并入轻赃，折半科刑的原则处理。

7. 轻重相举

即类推原则。对法律没有明文规定的行为如何处罚，唐律规定按“轻重相举”

的原则处理。《名例律》规定：“诸断罪而无正条，其应出罪者，则举重以明轻；其应入罪者，则举轻以明重。”对于应当从轻处理的罪，法律列举重款以类推其罪刑；对于应当从重处理的罪，法律列举轻款以类推其罪刑。举轻以明重，比如，杀伤父母如何处理，法无明文，但唐律有规定，谋杀期亲尊长斩，那么已伤已杀较谋杀为重，就更应处以斩刑了。举重以明轻，比如，夜无故闯入人家，主人出于防卫而将闯入者打伤，对加害者如何处理，法无明文，但唐律有规定，夜无故入人家，主人登时杀之，勿论。杀死都不论罪，致伤更不应论罪了。唐朝“轻重相举”的类推原则使其法网更为严密，也反映了当时立法技术的发达。

8. 区分公罪与私罪

公罪是“缘公事致罪而无私曲者”，即执行公务中发生差错且无谋取私利情节而构成的犯罪。公罪一般由过失构成，在处罚上从轻。私罪是“私自犯及对制诈不以实，受请枉法之类”。包括两种情况：一是与执行公务毫无关系，如官吏犯强奸、盗窃之类的罪；二是虽与执行公务有关，却是故意欺骗皇帝或利用职务的便利谋取私利，如受贿等。私罪一般由故意构成，处罚从重。唐律划分公罪和私罪，并在处刑上区别对待，有利于调动官吏的工作积极性，抑制其以权谋私的可能性。

9. 同居相为隐

即一定范围内的亲属，互相窝藏罪犯，可以减免刑罚。唐律《名例律》“有罪相为隐”条规定，同居共财之人及大功以上亲属、外祖父母、外孙、孙之妇、夫之兄弟及兄弟妻之间，互相窝藏罪犯或通风报信，还有奴婢窝藏主人皆不追究刑事责任；小功以下的亲属之间相为隐，可以减轻处罚，即“减凡人三等”；但对前三恶，则不许容隐，“各从本条科断”。“同居相为隐”原则是汉朝“亲亲得相首匿”原则的继承和发展，都是受儒家“父子相隐，直在其中”理论的影响而形成，精神实质一致，但“同居相为隐”原则更为完备。首先，它按亲等规定了减轻和免予刑事责任的范围，体现了亲亲原则。其次，规定对前三恶不得容隐，较好地处理了在犯罪容隐上国家和家族利益的冲突，既维护了伦常关系，又有利于巩固封建政权。

10. 准五服以制罪

对亲属之间的犯罪的处理，唐律继承了晋律的“准五服以制罪”原则：卑幼犯尊长，服制愈重处刑愈重，服制愈轻处刑愈轻；尊长犯卑幼，服制愈重处刑愈轻，服制愈轻处刑愈重。涉及财产犯罪，不分尊长卑幼，服制愈重处刑愈轻，服制愈轻处刑愈重。唐律对该原则还有所发展。律条中对直系血亲父母不分，祖父母及曾、高祖父母原则上与父母同；妻妾对夫视同子女对父母；母系亲属皆为缌麻亲。另外，唐律把不少卑幼侵犯尊长的行为纳入“十恶”重罪，予以重处。

11. 老、少、废、疾犯罪减免刑罚

又称矜恤原则。唐律规定：凡年七十以上、十五以下及废疾（瞎一目或一肢残废），犯流罪以下，收赎；年八十以上、十岁以下及笃疾（瞎二目或二肢残废），犯反、逆、杀人应死者，上请；年九十以上、七岁以下虽有死罪，不加刑。对老、少、废、疾减免刑罚，是因为他们“不堪受刑”，所以从轻处罚。实际上，老幼病残即使欲犯罪，也因“皆少智力”而危害性不大，统治阶级又可博取“仁政”的美名。关于对老幼废疾减免刑罚，西周有“悼耄不刑”，汉律也有规定，唐律则发展至完备之境。

12. 化外人相犯

唐律《名例律》规定：“诸化外人，同类自相犯者，各依本俗法；异类相犯者，以法律论。”所谓“化外人”，《疏议》的解释为“谓蕃夷之国别立君长者”，“蕃夷之国”的人，即外国人。上述规定的意思是，同属一国的外国人之间在中国犯罪，由唐朝政府按该两外国人本国的法律处断；不同国籍的外国人之间的犯罪，由唐朝政府按照唐律处理。这是属地主义和属人主义相结合，在当时世界各国都是罕见的。这样既维护了国家主权，也能尊重外国人的法律和习俗。

三、唐律的主要犯罪及刑罚

唐律规定的罪名比较多，现将主要的犯罪及其刑罚做简略介绍。

（一）危害封建政权与皇权的犯罪

维护皇权、政权是封建法律的重点。唐律规定的维护皇权的罪名有八十多个，占唐律总计三百九十余个罪名的五分之一强，并对危害政权和皇权的犯罪处以最严厉的刑罚。

唐律将“谋反”“谋大逆”“谋叛”“大不敬”列为“十恶”重点，给以最严厉的处罚。唐律规定，谋反及谋大逆者，（本人）不分首从皆斩，父、子年十六以上处绞，年十五以下及母、女、妻、妾、祖、孙、兄、弟、姊、妹，以及部曲、家仆、资财、田宅，一律没官，伯叔父及兄弟子，流三千里，不限户籍之异同。不但本人处以死刑，还要亲属连坐，资财、田宅、部曲、家仆充公。还株连直系四代，旁及伯叔父、兄弟子等。这是整部唐律中处刑最严厉的一条，也是唯一有缘坐亲属处死规定的一条。唐律对危害不严重的“词理不能动众，威力不足率人者”的谋反、谋大逆罪犯，也不分首从，一律处斩，父、子、母、女、妻、妾流三千里。甚至仅仅“口陈欲反之言，心无真实之计，而无状可寻者”的思想犯，也要流二千里。对于“谋叛”罪，唐律规定，预谋者绞，已行者斩，妻、子流二千里。对“大不敬”也要根据情况分别处绞或徒流刑。唐律同时规定，犯上述罪，不适用自首，不区分首从，不得相容隐，不在“八议”论赎之限。

（二）严重违反家庭伦常的犯罪

唐律中违反家庭伦常的犯罪主要有恶逆、不孝、不睦、不义、内乱（这五种犯罪的内涵和外延前面已经述及）。唐律对这五种犯罪予以严惩。恶逆罪因是“自相屠戮，穷恶尽逆，绝弃人理”，故犯者皆斩。对不孝罪，告言诅詈祖父母、父母者绞，其他行为也均要处以徒刑。对不睦罪，谋杀缌麻以上亲处流二千里，其余行为要处徒刑。对不义罪，闻夫丧匿不举哀流二千里，其余行为处徒刑。内乱罪，因系“禽兽其行，朋淫于家，紊乱礼经”，故处理上非死即流。

(三)侵犯人身的犯罪

侵犯人身的犯罪主要有不道、杀人、伤害等。

1. 不道罪

不道罪指杀一家非死罪者三人、肢解尸体、造畜蛊毒、厌魅等行为,《疏议》称其“安忍残贼,背违正道”,因其杀人手段残忍、恶劣,唐律规定,杀一家非死罪者三人及肢解尸体,本犯不分首从皆斩,妻、子流二千里。造畜蛊毒、厌魅,绞。同居家口虽不知情及里正知情不举,皆流二千里。

2. 杀人罪

唐律根据杀人的情节将杀人区分“六杀”,即“谋杀”“故杀”“斗杀”“误杀”“过失杀”和“戏杀”。“谋杀”指预谋杀人,尚未实施;“故杀”指事先无预谋的故意杀人;“斗杀”指在斗殴中将人杀死;“误杀”指错认了物件而将他人杀死;“过失杀”指“耳目所不及,思虑所不至”,类似意外事件而致他人死亡;“戏杀”指“以力共戏”,如比武中导致杀人。唐律根据“六杀”的危害性规定了不同的处罚。故意杀人,一般处以斩刑。误杀、斗杀减故杀罪一等处罚。戏杀减斗杀罪二等处罚。谋杀罪,一般减故杀罪数等处罚。过失杀,可以收赎。“六杀”理论的出现,反映了唐朝刑法的完备与立法技术的发展。

3. 伤害罪

唐律对伤害罪根据伤害结果及其他情节给予不同的处罚,使用兵刃伤人处罚最重,以他物(兵刃以外之物)伤人次之,以手足殴人最轻。唐律在伤害罪上的重大发展是规定了“保辜”制度,即对伤害结果不能马上确定的,先设定一个期限叫辜限,“手足殴伤人限十日,以他物殴伤人者二十日,以刃及汤火伤人者三十日,折跌支体及破骨者五十日”,在辜限内受伤者死去,加害人承担杀人的责任;限外死去或者限内以他故死亡者,加害人只承担伤人的责任。唐朝确定保辜期限,用以确定伤人者的刑事责任,是一个大的进步。

(四)侵犯财产的犯罪

唐律中侵犯财产的犯罪主要有强盗、窃盗罪。强盗罪是“以威若力而取其财者”,即以威胁或者暴力抢夺他人财物的犯罪。唐律《贼盗律》规定:强盗“不得财徒二年,一尺徒三年”,“十匹及伤人者,绞;杀人者,斩”。窃盗指“潜身隐面而取”,即秘密窃取他人财物的犯罪。《贼盗律》规定:窃盗“不得财笞五十;一尺杖六十,一匹加一等,五十匹加役流”。累犯窃盗罪可处死刑。唐律对侵夺财产的犯罪,处罚比较严厉。

(五)官吏贪赃枉法的犯罪

唐律将以非法手段攫取公私财物的行为规定为“六赃”罪,即受财枉法、受财不枉法、受所监临财物、强盗、窃盗、坐赃,其中受财枉法、受财不枉法、受所监临财物、坐赃与官吏有关。唐律对于贪墨罪同样实行“以赃定罪”的原则。

受财枉法，指官吏收受贿赂而为他人枉法裁判的行为。唐律规定，“监临主司”受财枉法，计赃论罪，“一尺杖一百，一匹（四十尺）加一等，十五匹绞”，且常赦不原。

受财不枉法，指“虽受有事人财，判断不为曲法”的受贿行为。唐律规定，受财不枉法，一尺杖九十，三十匹加役流。

受所监临，指官吏私受部民财物的行为。唐律规定，一尺以上笞四十，五十匹流二千里。乞取者加一等。

坐赃，即官吏得了不该得的财物，其适用范围极广。其处罚规定为，一尺笞二十，罪止徒三年。

此外，唐律还规定，监临主守自盗（监守自盗）计赃论罪，一尺杖八十，三十匹绞。可见唐律对官吏贪赃枉法处罚是较重的。

（六）官吏渎职的犯罪

唐律规定的渎职罪主要有署置过限、稽缓制书官文书、乏军兴、临阵先退、应值而不值、应奏而不奏等。唐律根据其危害和情节给予不同的处罚。

署置过限罪，指下属官吏超过法定编制，主管官员要被追究责任，罪止徒刑。稽缓制书官文书罪，指拖延皇帝制书和官府公文的下发和办理，要计日论罪，罪止徒刑。乏军兴罪，指妨碍国家军事行动的犯罪，因涉及国家政权的安全，故无论故意或过失，一律处斩。临阵先退罪，指武官贪生怕死，放弃职守而逃跑的行为，唐律规定一律处斩。应奏而不奏罪，指应当向皇帝请示而不请示，或虽请示但未经批准即执行的行为，该罪与应值而不值、应宿而不宿等失职罪一般处杖刑，情节重者处徒刑。

（七）违反国家经济制度的犯罪

唐朝中前期实行均田制和租庸调制，为了保证均田制的推行，唐律设置了一些罪名。

“应受而不授，应还而不收，应课而不课”罪，指基层官吏违反国家有关土地应授、应收和督课农桑规定的行为，里正要视情节处以笞刑至徒刑，县令也要负相应的责任。“占田过限”罪，指占有的土地超过了《均田令》所规定的数量限制，违者视情节要处以笞、杖、徒刑。“盗卖、盗耕种公私田”罪，视情节处以笞刑至徒刑。“擅卖口分田”罪，按“均田令”的规定，口分田一般不许买卖，除特定条件并经官府批准才许买卖，未经官府批准而买卖之，即构成擅卖口分田罪，卖者论笞、杖，地还本主，财没不追。

为了防止百姓逃避赋役义务，保证租庸调制的推行，唐律规定了“脱口”罪、“增减年状”罪、“脱户”罪。租庸调制是按人头来征租收税和征发徭役的，那么户口及身体状况是国家执行租庸调制的依据，在户口登记和身体状况申报上弄虚作假即构成犯罪。“脱口”“脱户”，都是在户口登记上作假，脱口是家中有人不附籍，脱户是一户都不附籍。增减年状指故意在年龄和身体状况上弄虚作假。犯此三罪，均要处以徒刑。

（八）诸不应得为罪

唐律《杂律》中有这样一条，“诸不应得为而为之者，笞四十；情理重者杖八十”，即一些行为是否构成犯罪，法无明文，但按情理（指社会伦理道德）属于不应当做的，仍然要处笞杖刑。对规定此条的目的，《疏议》解释曰：“杂犯轻罪，触类弘多，金科玉条，包罗难尽。其有在律在令无有正条，若不轻重相明，无文可以比附。临时处断，量情为罪，庶补遗阙，故立此条。”唐律所规定的罪名本来就比较多，又规定了轻重相举的类推原则，再加上“诸不应得为罪”，使得唐朝的法网非常严密。

唐律具有内容完备、礼法合一、刑罚平允等特点，对后世的宋、元、明、清及东亚诸国都有影响，具体请见本章第六节。

第四节　唐朝民事经济法律制度

案例导入

“诸应分田宅者，及财物，诸子均分；妻家所得之财，不在分限。兄弟亡者，子承父分。兄弟俱亡，则诸子均分。其未娶妻者，别与聘财。姑姊妹在室者，减男聘财之半。寡妻妾无男者，承夫分。若兄弟皆亡，同一子之分。”“不均平者，计所侵，坐赃论减三等”。

上引史料是唐《户令》和唐律《户婚律》关于唐朝财产继承的原则规定。唐朝继承前代民事经济制度，又进行改革，其民事经济制度较前代进一步完善，内容也更加丰富。

一、民事法律制度

（一）民事主体

唐朝是一个典型的身份社会，不同身份的人法律地位亦不相同。唐律将国民分为特权者、凡人、贱民，他们在刑法上有不同的权利义务，在民法上也有不同的权利能力。

特权者包括皇帝、贵族和官僚，按照唐《衣服令》《仪制令》《丧葬令》《均田令》等法令，他们在衣、食、住、行、生、婚、丧、葬等方面按各自的官爵享受不同的待遇，占有不同数量的永业田。

凡人有计口受田或占有土地、拥有家庭财产的权利，可通过科举或军功进入官僚队伍，但须履行纳税、服役等义务。其中商人的权利能力有较多限制，如不得骑马、不得乘轿、出葬时不得排列仪仗等。

贱民依具体身份不同其权利能力有所不同。官贱民多来自罪犯及其家属、后代，他们没有凡人的户籍，隶属于某些特定的官府服役。他们的来历，据《隋书·刑法志》引北周《大律》："盗贼及谋反大逆、降、叛、恶逆罪当流者，皆甄一房配为杂户。"贱民中，官私奴婢地位最低，"奴婢既同资财"，系权利客体，主人可随意处分，只是不能随意处死。诱拐奴婢，仅构成对主人财产权利的侵犯。贱民在民事权利能力上有较多的限制，比如在婚姻上，除太常音声人、部曲可与百姓为婚外，其余都只能"当色为婚"，否则构成"违律为婚"，要负民事及刑事责任。贱民的财产权利也比较有限。

（二）所有权及契约制度

唐朝前期实行均田制，但只是将无主荒地分给农民或官僚，并非废除了土地私有制，那些本来就拥有私有土地的，其土地私有权仍受保护。按《均田令》规定，农民和官僚分得的永业田是允许买卖的，其性质应属私有土地。口分田属于国有土地。安史之乱以后，均田制被破坏，原国有土地私有化，至两税法的实行，唐朝全面推行土地私有制。唐律严禁盗卖、盗耕种公私土地，保护公私土地所有权。

唐朝的债主要是合同之债。契约已被广泛地应用于买卖、借贷、雇佣、担保、租佃等关系中，但以买卖和借贷为多。

唐《杂律》规定，买卖房屋、土地、奴婢、牲畜等"并立市券"，如"已过价，不立市券，过三日笞三十；卖者，减一等"。"立市券"即买卖双方要签订"和同"即买卖契约，契约上要有保人的签字。国家设有"市司"对市场进行管理，禁止欺行霸市，违者杖八十。

在借贷关系上，唐律注重保护债权人的利益。唐《杂令》规定："诸公私以财物出举者，任依私契，官不为理。每月取利，不得过六分。积日虽多，不得过一倍。若官物及公廨，本利停讫，每计过五十日不送尽者，余本生利如初，不得更过一倍。家资尽者，役身折酬。役通取户内男口，又不得回利为本（其放财物为粟麦者，亦不得回利为本及过一倍）。若违法积利、契外掣夺及非出息之债者，官为理。收质者，非对物主不得辄卖。若计利过本不赎，听告市司对卖，有剩还之。如负债者逃，保人代偿"①。

（三）婚姻家庭制度

1. 婚姻制度

唐律确认一夫一妻多妾制度，严禁"有妻更娶"和"以妾为妻"。《唐律疏议·户婚律》规定："诸有妻更娶妻者，徒一年；女家减一等。若欺妄而娶者，徒一年半，女家不坐。各离之。"

2. 关于结婚

唐律赋予尊长主婚权，主要包括祖父母、父母及伯叔父母、姑母、兄姐、高祖

---

① ［日］仁井田陞：《唐令拾遗》，栗劲、霍存福、王占通、郭延德编译，长春出版社 1989 年版，第 789 页。

父母、曾祖父母等期亲尊长。对尊长所定婚姻，卑幼必须依从，即使“诸卑幼在外，尊长后为订婚，而卑幼自娶妻，已成者，婚如法；未成者，从尊长。违者，杖一百。”同时以彩礼为订婚的要件之一，即所谓“以聘财为信”。订婚后，男方悔婚无罪，女方可不退聘礼；而女方悔婚，则要处杖刑至徒刑。

唐朝已形成婚书制度。婚书由报婚书和答婚书组成，一般须载明：主婚人与当事人的身份关系；当事人男女姓名、年龄、婚否状况；求婚与许婚的意思表示；媒人姓名。婚约一旦成立，即具有法律效力。除有法定理由，不得擅自解除，男方悔约，将不得索回聘财，但不视为犯罪；女方悔约，将被视为犯罪，要追究刑事责任。如唐律规定：“诸许嫁女，已报婚书及有私约而辄悔者，杖六十。虽无许婚之书，但受聘财亦是。”允许解除婚约的条件，一般有：订婚后三年无故不娶，女方可解除婚约；双重婚约等。

唐律禁止结婚的规定较多：第一，禁妄冒为婚，即故意隐瞒身份、年龄等而与他人为婚。因带有欺诈，法作禁止，违者处徒刑。第二，禁止“同姓为婚”和亲属为婚，“同姓为婚”，各徒二年。亲属为婚，即同宗五服以内亲属，外亲、姻亲有服亲属尊卑之间为婚，及娶同母异父姐妹、妻前夫之女，均以奸论，处徒三年。第三，严禁良贱通婚，违者视情节处杖刑至徒二年，并强制离婚。如杂户隐瞒身份与良人为婚，要杖一百。良人私娶官户女者，判处一年半徒刑，断离。第四，禁娶有罪逃亡妇女，知情而娶之为妻妾者与该妇女同罪。第五，禁官员娶部属之女，违者杖一百，官员枉法娶部属妻女者，以奸论，加二等治罪。

3. 关于离婚

唐朝的离婚形式有和离、休妻、义绝。唐律规定：“若夫妻不相安谐而和离，不坐。”《疏议》曰：“‘若夫妻不相安谐’，谓彼此情不相得，两愿离者，不坐。”

唐令继承了汉代“七出三不去”的离婚制度，但在“七出”和“三不去”的顺序上与汉代有区别，唐令规定的“七出之状”依次为：一无子，二淫佚，三不事舅姑，四口舌，五盗窃，六妒忌，七恶疾。丈夫休妻的手续是“皆夫手书弃之。男及父母伯姨舅，东邻西邻，及见人皆署。若不解书，画指为记。”“三不去”依次为：一持舅姑之丧，二娶时贱后贵，三有所受无所归。妻子虽有七出之状，但有三不去之一者，丈夫不得休妻。但“犯义绝淫佚恶疾，不拘此令”。唐令赋予男子的休妻权比过去的更大。丈夫可以休妻，但妻子不得弃夫而去。妻子“背夫擅行，有怀它志”，依唐律的规定，须“处徒二年”。但为维护家庭的稳定，也禁止丈夫任意休妻，唐律规定：“诸妻无七出及义绝之状，而出之者，徒一年半；虽犯七出，有三不去，而出之者，杖一百。追还合。若犯恶疾及奸者，不用此律。”

“义绝”指夫或妻有杀伤对方及直系尊亲、旁系尊亲，或双方一定范围内亲属相互有殴打、奸、杀行为的，法律强制“义绝”即强制双方离婚。唐律《户婚律》规定：“诸犯义绝者，离之，违者，徒一年。”

4. 家庭制度

在家庭中，主要有两组关系：父母与子女的关系和夫妻关系。唐朝法律在家庭制度上有明显的特点：维护父权和夫权。

(1) 关于维护父权。唐律强调“凡是同居之内，必有尊长”（一般是父、祖），同时赋予家长极大的权力。父家长对子女拥有教惩权和财产权，子女有非礼行动，家长可动用家法予以惩戒。严重者，还可以送交官府判处二年徒刑。家长擅杀子女也仅处徒刑。家庭的一切财产皆由家长支配，子孙无权处分，唐令对此有明确规定：“诸家长在（‘在’谓三百里内，非隔关者），而子孙弟侄等，不得辄以奴婢、六畜、田宅及余财物私自质举及卖田宅（无质而举者，亦准此）。”[①] 子孙如果另立户口，私存资财，要判处徒刑三年。家长对子女还有主婚权。而子女必须敬重、善事尊长，子女侵犯尊长，要比常人加重处罚，情节严重的，构成“十恶”重罪，如恶逆、不孝等。当然，在有些情况下，家庭的犯罪只处罚家长。如违反户役制度、家庭成员的一般共同犯罪、嫁娶违律等。

(2) 关于维护夫权。法律视夫妻如父子，夫妻相犯，实行异罚。如丈夫殴妻，未伤者无罪，伤者减常人二等；而妻殴夫徒一年，殴伤重者，加凡斗三等；妻子侵犯丈夫情节严重者，则构成“十恶”中的恶逆、不睦、不义重罪，反之则不成立。

5. 继承制度

唐朝的继承主要有爵位继承、财产继承。

关于爵位继承，唐律规定，爵位由嫡子孙继承，其顺序为：“诸王、公、伯、子、男皆子孙承嫡者传袭，若无嫡子及有罪疾立嫡孙，无嫡孙以次立嫡子同母弟，无母弟立庶子，无庶子立嫡孙同母弟，无母弟立庶孙。曾玄以下准此。无后者容除。”“诸王公以下，无子孙以兄弟为后，生经侍养者听承袭，赠爵者亦准此。若死王事，虽不经生养者，亦听承袭。”[②] 唐律规定：“诸立嫡违法者，徒一年。”

在财产继承上，唐朝沿用汉朝的“诸子均分”原则，女子有继承权，但其份额只是男子的一半；确认代位继承制度；妻子的妆奁不属于遗产；守节的寡妇无子者，可以代夫继承，若夫之兄弟皆死，可同侄子一起继承公婆的遗产。如唐《户令》规定：“诸应分田宅者，及财物，诸子均分；妻家所得之财，不在分限。兄弟亡者，子承父分。兄弟俱亡，则诸子均分。其未娶妻者，别与聘财。姑姊妹在室者，减男聘财之半。寡妻妾无男者，承夫分。若兄弟皆亡，同一子之分。”唐律《户婚律》同时规定，“不均平者，计所侵，坐赃论减三等”；此外，唐律规定嗣子（过继子）同亲生子有同等的继承权。

综上所述，唐朝的继承法已相当完善，且比较合理。

二、经济法律制度

唐朝的经济法律制度内容丰富，但影响大的当属均田制、租庸调制、两税法、专卖法。

---

① ［日］仁井田陞：《唐令拾遗》，栗劲、霍存福、王占通、郭延德编译，长春出版社1989年版，第788页。

② ［日］仁井田陞：《唐令拾遗》，栗劲、霍存福、王占通、郭延德编译，长春出版社1989年版，第219、228页。

（一）均田制

唐朝总结了北魏以来实施均田制的经验，其规定更加完备。唐《均田令》规定："丁及男十八，人一顷，其八十亩为口分，二十亩为永业；老及笃疾、废疾者，人四十亩，寡妻妾三十亩，当户者增二十亩，皆以二十亩为永业，其余为口分。永业之田，树以榆、枣、桑及所宜之木，皆有数。田多可以足其人者为宽乡，少者为狭乡。狭乡授田，减宽乡之半。其地有薄厚，岁一易者，倍授之。宽乡三易者，不倍授。工商者，宽乡减半，狭乡不给。凡庶人徙乡及贫无以葬者，得卖世业田。自狭乡而徙宽乡者，得并卖口分田。已卖者，不复授。死者收入，以授无田者。凡收授皆岁十月。"[①]《唐六典》卷三载："凡道士给田三十亩，女冠二十亩，僧尼亦如之。凡官户受田，减百姓口分之半。本县无田者，则隔县给受。凡授田先课后不课，先贫后富，先无后少。"

贵族官僚根据品级可受永业田、职分田、公廨田。据杜佑《通典》卷二《食货典》"田制"（下）载："其永业田亲王百顷，职事官正一品六十顷，郡王及职事官从一品各五十顷，国公若职事官正二品各四十顷，郡公若职事官从二品各三十五顷，县公若职事官正三品各二十五顷，职事官从三品二十顷，侯若职事官正四品各十四顷，伯若职事官从四品各十顷，子若职事官正五品各八顷，男若职事官从五品各五顷。上柱国三十顷，柱国二十五顷，上护军二十顷，护军十五顷……诸永业皆传于子孙，不在收授之限，即子孙犯除名者，所承之地亦不追。……其官人永业田……若卖及贴赁者，皆不在禁限。"

官员受职分田，自十二顷至二顷五十亩不等。公廨田自四十顷至一顷不等。

唐律对土地的买卖是限制的。百姓身死无以葬者，听卖永业田；官员的永业田、赐田、勋田均可出卖。百姓迁往宽乡或将土地卖作住宅、邸店、碾硙，经官府批准，可以出卖口分田。出卖口分田时，必须到官府"投状申牒"，若无文牒辄买卖者，"财没不追，地还本主"。

均田制的推行，使无地的农民获得了土地，同时，无主的荒地也有人耕种，有利于唐初生产的恢复和发展。随着经济的发展，土地兼并愈演愈烈，虽然政府多次下令严禁"占田过限"，但难以执行，均田法逐步被破坏，安史之乱后，均田法实际上自行废止。

（二）租庸调制

在赋役方面，与均田制相配套，隋朝实行租调外加庸。至唐，租庸调成为定制。

唐前期实行租庸调法。规定："凡受田者，丁岁输粟二石，谓之租；丁随乡所出，岁输绢绫各二丈，布加五之一（二点五丈），绵二两，输布者麻三斤，谓之调；凡丁岁役二旬，若不役，则收其庸，每日（绢或布）三尺。有事而加役者，旬有五日，免其调，三旬则租调俱免。通正役并不过五十日。"如遇灾害，减产四成以上免

---

① 《新唐书·食货志》。

租，六成以上免调，七成以上赋役全免。妇人、奴婢等不承担赋役义务。

租庸调制的依据是户口，故唐初很注重户籍的管理，唐朝有规定，每一年造一次人口账，每三年造一次户籍账。若百姓及基层官吏故意脱口、脱户、增减年状，均要追究刑事责任。

（三）两税法

安史之乱后，均田制瓦解，租庸调制便丧失了实施的基础，唐德宗建中元年（780 年），根据宰相杨炎的建议，实行两税法。

两税法的内容是："凡百役之费，一钱之敛，先度其数，而赋于人，量出以制入。户无主客，以见居为簿，人无丁中，以贫富为差。不居处而行商者，在所州县，税三十之一。度所取与居者均使无侥幸。居人之税，夏秋征之，俗有不便者正之。其租庸杂调悉省，而丁额不废，申报出入如旧式。其田亩之税，率以大历十四年垦田之数为准而均征之。"①

两税法的基本原则是"量出以制入"，其特点是以财产为主要征税对象。其实施办法为：先总计当时国家的各种开支，以大历十四年（779 年）的垦田数和人户数为准，并将地亩和人户分成若干等，再将税额分摊给各等地亩和人户负担，每年分夏秋两季征收。两税法的推行，改变了以人头税为主的税制，使国家对百姓的控制有所松弛；将各种捐税合并，简化了税制；官僚贵族也须纳税，一定程度上也均衡了税负。《旧唐书·食货志》对两税法实施后的情况作了描述："天下便之，人不土断而地著，赋不加敛而增入，版籍不造而得其虚实；贪吏不诫，而奸无所取。自是轻重之权，始归于朝廷"。两税法被宋、元、明、清朝沿用。

（四）专卖法

唐朝继承过去历代的禁榷专卖制度，并有所发展。

安史之乱以后，唐肃宗至德元年（756 年），为解决巨大的军费开支，任命第五琦为诸州榷盐铁使，掌盐铁专卖事务。第五琦实行完全的官营之制，即民产、官收、官运、官销，经营机制僵化，效益不高。代宗永泰二年（765 年）刘晏为各道盐铁使，主持盐铁的专卖。刘晏实行民制、官收、商运、商销的办法，官府工作重点放在缉私方面，效果较好。刘晏因此有理财家之称。

唐代宗大历九年（774 年）实行酒的专卖。以后酒的专卖和征收酒税制度时有交替。为了保证酒利，朝廷对私酿、私卖酒者严惩不贷，且"一人违犯，连累数家"。

唐朝均田制和租庸调制是一组相互配套的制度，虽然较为合理，但不是土地制度和赋役制度的常态，它是王朝建立之初地广人稀特定状态下的制度，随着人口的增长，它必然会变得不适应。唐朝的"两税法"是一个创举，是税制的一大进步，对后世有重大影响。唐朝的专卖范围较窄，专卖法也不算发达，说明政府对经济的

---

① 《旧唐书·杨炎传》。

管制不算严，其经济环境还比较宽松。

第五节 唐朝的狱讼制度

案例导入

唐《狱官令》规定："诸决大辟罪，在京者，行决之司五复奏；在外者，刑部三复奏（在京者，决前一日二复奏，决日三复奏；在外者，初日一复奏，后日再复奏。纵临时有敕，不许复奏，亦准此复奏）。若犯恶逆以上及部曲、奴婢杀主者，唯一复奏。"①

上引史料是唐令关于死刑复奏制度的规定，较前代更加完备。唐朝的狱讼制度各方面在前代的基础上都有进一步发展，已经臻于完备。

一、狱讼听断机关

（一）中央刑狱审断机关

唐朝中央设大理寺、刑部、御史台三大刑狱审断机关，合称为"三司"。

大理寺是唐朝中央最高刑狱审断机关，以正卿、少卿为正、副长官，下设正、丞、主簿、司直、评事、录事、狱丞等属吏。其管辖范围为：审理中央百官及京师徒刑以上的案件。流刑案件的判决，须移交刑部复核。死刑案件的判决，经刑部复核，交中书门下详议，再奏请皇帝批准，才最后生效。凡经大理寺审判的案件，大理寺卿、少卿、丞、司直等官吏都要签字，即"大理断狱皆联署焉"。

刑部是唐朝中央最高刑狱审断及行政机关，以尚书、侍郎为正、副长官。下设刑部、都官、比部、司门四司。刑部主管罪囚，并有权"复按大理及天下奏谳"的案件，即对大理寺审断的案件和地方上报的徒以上案件有权复审。

御史台是唐朝中央监察机关，以御史大夫及御史中丞为正、副长官。唐朝监察机关之机构有所扩大和完善。御史台有权监督大理寺及刑部的审断复核活动，也有权参与全国重大疑难案件的审断。太宗贞观末年，御史台中置东西二狱，以自系劾。开始审断案件。

唐朝对特别重大的刑狱，由大理寺卿、刑部尚书、御史中丞共同审断，叫"三司推事"。对地方不便解京的重案，则由皇帝指派大理寺评事、刑部员外郎、监察御史前往案发地鞫审，称"小三司"。"三司推事"为明清会审制度的肇始。

唐朝三大刑狱审断机关，既有所分工，又彼此监督制约，有效地加强了封建狱讼管治以及皇帝对刑狱官审断权的控制。

---

① ［日］仁井田陞：《唐令拾遗》，栗劲、霍存福、王占通、郭延德编译，长春出版社 1989 年版，第 692－693 页。

（二）地方狱讼听断机关

唐朝地方狱讼事务由行政机关负责。唐初为加强京畿地区的控制，在京城长安设立京兆府，以府尹为长官，少尹二人为副职，下设法曹司法参军作为听断狱讼的辅佐。京兆府尹有权审断京师百官徒刑以下的案件，以及辖区内的各类案件，在唐朝狱讼听断组织体系中居于特殊的地位。

唐朝地方政权机关为州、县两级，其长官州刺史及县令都有狱讼听断权。唐朝在州设参军为狱讼听断的辅佐，其中司法参军“掌律、令、格、式，鞫狱定刑，督捕盗贼，纠逖奸非之事，以究其情伪而制其文法。赦从重而罚从轻。使人知所避而迁善远罪”，负责刑事案件的审断。司户参军“凡男女婚姻之合，必辨其族姓以举其违。凡井、田利害之宜，必止其争讼以从其顺”[①]，负责民事案件的处理。县设佐、史等为狱讼处理的辅佐。

二、告诉制度

唐朝告诉的形式仍然是民人告诉和官吏纠举，唐律对告诉做了一些新的要求。

第一，严禁卑幼控告尊长。唐律深受儒家精神影响，强调尊尊、亲亲，要求亲属之间相互容隐，严禁卑幼控告尊长，规定卑幼告尊长，虽得实，被告视同自首，而告者有罪，其中告祖父母、父母者，绞；告期亲尊长，徒二年；部曲、奴婢告主者，绞。

第二，对前三恶及强盗、杀人等重罪强制告奸。唐律规定：“诸知谋反及大逆者，密告随近官司，不告者绞。知谋大逆、谋叛不告者，流二千里。知指斥乘舆及妖言不告者，各减本罪五等。”“诸强盗及杀人贼发，被害之家及同伍即告其主司。若家人、同伍单弱，比伍为告。当告而不告，一日杖六十。”[②] 在押囚犯对其他的犯罪一般不许告发，但对前三恶则不受此限。

第三，要求告诉实事求是，严禁投匿名信告人。唐律《斗讼律》规定，“诸告人罪者，皆须注明年月，指陈实事，不得称疑”，违者笞五十。替人写诉状增添情节，与所告事实不符，笞五十。投匿名信告人，流二千里。诬告反坐。

第四，禁止越诉，特殊情况下准许直诉。唐律规定告诉必须自下而上，由县至州，再由州至中央。对于越级告诉，以及官府受理者，规定了“各笞四十”的处罚。但对“谋反逆叛”等严重犯罪，不受此限，允许人们“密告随近官司”。

对案情较重，又有冤屈不能申诉者，可以不按审级，径直向中央有关部门甚至向皇帝直诉。唐朝的直诉方式有邀车驾、上表、挝登闻鼓、立肺石下等。武则天统治时期，还仿梁朝的榜木函、肺石函方式，形成“铜匦”直诉方式。

对直诉案件，有关部门必须受理，如唐律《斗讼律》规定：“邀车驾及挝登闻鼓，若上表申诉者，主司即须为受，不即受者，加罪一等”。但法律对直诉又作许多

---

① 《唐六典》卷三〇《三府督护州县》。

② 《唐律疏议·斗讼》。

限制，首先，所告事实必须真实，“以身事自理诉，而不实者，杖八十”。其次，邀车驾不得冲撞皇帝的仪仗队，“其邀车驾诉，而入部伍者，杖六十”。最后，上表陈情必须由中书舍人、门下省给事中、御史台御史三司监受，否则有罚。所以，唐律虽然规定了直诉制度，但百姓真要告御状并不容易。

民事告诉除诉状必须“须注明年月，指陈实事”外，还须遵循“务限”制度。唐《杂令》规定：“诸诉田宅、婚姻、债负，起十月一日，至三月三十日检校，以外不合。若先有文案，交相侵夺者，不在此例”①。

三、狱讼听断制度

唐朝狱讼听断中以口供为判案的主要依据，因而在听断方式上沿用西周的“五声听狱讼”的方法，在必要时允许刑讯逼供。唐朝在听断上完善了以下制度。

（一）听断管辖制度

唐律规定了级别管辖与地域管辖的制度。县衙只能审结杖以下的案件，徒刑案件须申报州或府一级审理。州或府只能审结徒刑以下的案件。京城诸司的案件，杖以下由各该司审断，徒以上由大理寺审断。所有流刑以上案件均申报刑部复核。死罪还须经中书门下详议后，奏请皇帝裁决。

在地域管辖方面，《断狱律》规定：“诸鞫狱官，囚徒绊在他所者，听移送先系处并论之。”《疏议》进一步明确：“谓轻从重；若轻重等，少从多；多少等，后从先。若禁处相去百里外者，各从事发处断之。”即实行“以后就先”，并合论罪的原则；如轻重不同，则将轻犯移送重犯羁押处处理；若罪名轻重相同，则将犯人少处的移送犯人多处，一并审断。

（二）回避制度

唐朝规定了鞫狱官回避制度。如《狱官令》规定：“诸鞫狱官与被鞫人有五服内亲，及大功以上婚姻之家，并受业师，经为本部都督、刺史、县令，及有仇隙者，皆须听换推。”②《唐六典·刑部》也载：“鞫狱官与被鞫人有亲属仇嫌者，皆听更之。”注称：“亲谓五服内亲，及大功以上婚姻之家，并受业经师为本部都督、刺史、县令及府佐于府主，皆同换推。”

（三）刑讯制度

唐律虽然允许刑讯逼供，但禁止鞫狱官任意刑讯，并对刑讯做了规定。如唐律《断狱律》要求：“诸应讯囚者，先必以情，审察辞理，反复参验；犹未能决，事须讯问者，立案同判，然后拷讯。违者，杖六十。”“立案同判”，即办理立案手续，由长官批准后才能刑讯。又规定：“诸拷囚不得过三度，总数不得过二百，杖罪以下不

① ［日］仁井田陞：《唐令拾遗》，栗劲、霍存福、王占通、郭延德编译，长春出版社1989年版，第788页。
② ［日］仁井田陞：《唐令拾遗》，栗劲、霍存福、王占通、郭延德编译，长春出版社1989年版，第720页。

得过所犯之数。”“每讯相去二十日。若讯未毕，更移他司，仍须拷鞫，即通计前讯以充三度。”对拷打的部位也有规定：“决笞者，腿、臀分受。决杖者，背、腿、臀分受。须数等。拷讯者亦同。”① 拷讯中间不得换人行刑。凡“拷问不承”者，“取保放之”。若超过三次，杖一百；杖数过者，反坐所剩；因此致死者徒二年。

此外，唐律还规定对享有“议”“请”“减”等特权的人物及老、少、废疾、孕妇，禁止使用刑讯。鞫狱官只能根据三个以上的证人“明证其事，始合定罪”，违者，以故意或过失出入人罪论处。上述规定使封建时代的刑讯逼供法律化、制度化，对任意刑讯有一定的限制作用。

（四）申诉与复审制度

唐律《断狱律》规定：“诸狱结竟，徒以上，各呼囚及其家属，具告罪名，仍取囚服辨。若不服者，听其自理，更为审议。”意即徒刑以上案件审理终结，要向囚犯及其亲属宣告所犯罪名，听取犯人对判决的意见，因不服提出复审申请的，有关审断机关应当受理。复审的程序是：“先由本司本贯，或路远而踬碍者，随近官司断决之。即不伏，当请给不理状，至尚书省左右丞为申详之。又不伏，复给不理状，经三司陈述。又不伏者，上表（皇帝）。”② 即有冤需申诉者，可凭不理状逐级申诉至尚书省，甚至直至皇帝。

（五）死刑复核、复奏制度

死刑奏报制度始于南北朝时期，隋朝形成死刑复核、复奏制度，至唐朝臻于完备。

唐律规定，死刑判决，均须报刑部复核，经中书门下省详议，并奏报皇帝批准后才具有法律效力。此为死刑复核制度。

死刑判决生效后，执行之前都必须向皇帝再做请示才能执行，以让皇帝再做最后思考，此为死刑复奏制度。唐初承隋制，实行三复奏。贞观年间，太宗因一怒之下错杀大理丞张蕴古，非常后悔，遂下令京城的死刑案件五复奏，其他地区仍执行三复奏制度。其具体规定为：“诸决大辟罪，在京者，行决之司五复奏；在外者，刑部三复奏（在京者，决前一日二复奏，决日三复奏；在外者，初日一复奏，后日再复奏。纵临时有敕，不许复奏，亦准此复奏）。若犯恶逆以上及部曲、奴婢杀主者，唯一复奏。”③

对违反复奏制度的，要根据情节给予处罚。唐律《断狱律》规定：“诸死罪囚，不待复奏报下而决者，流二千里。即奏报应决者，听三日乃行刑，若限未满而行刑者，徒一年；即过限，违一日杖一百，二日加一等。”

唐朝死刑复核复奏制度的完善，对防止重大冤假错案具有一定的积极意义。

---

① 《唐律疏议·断狱》。

② 《唐六典》卷六《刑部》。

③ [日] 仁井田陞：《唐令拾遗》，栗劲、霍存福、王占通、郭延德编译，长春出版社 1989 年版，第 692－693 页。

(六) 虑囚制度

虑囚，又称录囚，是皇帝或上级审断部门通过亲审罪囚，检查决狱情况，平反冤案的一种活动。虑囚始于汉代，唐朝进一步制度化，表现在有关官员定期虑囚。唐律规定，监察御史不定期巡察州县，州刺史每年一巡察属县，巡察时都要虑囚。太宗时要求“诸狱之长官五日一虑囚”[①]。唐《狱官令》规定：“诸若禁囚有推决未尽、留系未结者，五日一虑。若淹延久系，不被推诘，或其状可知而推证未尽，或讼一人数事及被讼之人有数事，重事实而轻事未决者，咸虑而决之。”唐玄宗以前的皇帝经常录囚。皇帝录囚常大量赦免囚徒，如《新唐书·刑法志》载：唐太宗于贞观四年（630年）“亲录罪囚，闵死罪者三百九十人，纵之还家，期以明年秋即刑。及期，囚皆诣朝堂，无后者，太宗嘉其信，悉原之”。

(七) 审断期限制度

唐朝曾多次对审断期限做出过规定，其中以穆宗时的规定为详：“大事，大理寺限三十五日，详断毕，申刑部，限三十日闻奏；中事，大理寺三十日，刑部二十五日；小事，大理寺二十五日，刑部二十日。一状所犯十人以上，所断罪二十件以上，为大；所犯六人以上，所断罪十件以上，为中；所犯五人以下，所断罪十件以下，为小。其或所抵罪状并所结刑名并同者，则虽人数甚多，亦同一人之例。”[②]

(八) 死刑行刑制度

自汉代起，确立秋冬行刑原则，死刑罪犯须在秋冬时间执行。唐朝在前代相关制度的基础上形成了较为完善的死刑行刑制度，其内容包括：

第一，禁止执行死刑时间。“每岁立春至秋及大祭祀、致斋，朔望、上下弦、二十四节气、雨及夜未明，假日、断屠月，皆停死刑。”不仅春、夏季不得执行死刑，正月、五月、九月三个断屠月及一些特殊的日子亦不得执行死刑，限制较前代更多。

第二，监斩官员的范围。“京师决死，莅以御史、金吾，在外则上佐，余皆判官莅之。”京城地区的死刑执行，由御史或执金吾监斩；其他地区则由地方政府的副长官或判官监斩。

第三，对官员、贵族及妇人的死刑执行程序和方法。“五品以上罪论死，乘车就刑，大理正莅之”，“并官给酒食，听亲故辞决”，“犯非恶逆以上，听自尽于家”。“七品以上及皇族若妇人，犯非斩者，皆绞于隐处”。五品以上的官员被判死刑，若公开执行，可以乘车去刑场，由大理正监斩；官方供给酒食，可与亲友从容诀别。若所犯非恶逆以上重罪，可赐死于家而不公开执行等。

第四，行刑日皇帝减膳、撤乐。“决日，尚食勿进酒肉，教坊太常辍教习”[③]。

---

① 《新唐书·刑法志》。

② 《旧唐书·刑法志》。

③ 《新唐书·刑法志》；［日］仁井田陞：《唐令拾遗》，栗劲、霍存福、王占通、郭延德编译，长春出版社1989年版，第694-698页。

死刑执行日，皇帝须吃素，太常寺及教坊不得奏乐，以表达对死者的哀矜。唐朝的死刑行刑制度，反映了儒家的基本理念。

（九）法官责任制度

为使审判符合国家法律的要求，唐朝规定了法官的责任。归纳起来唐律对司法官的以下行为要给予处罚：

第一，违反有关案件移送管辖规定的。“诸鞫狱官，囚绊在他所者，听移送先系处并论之。违者，杖一百。”“诸鞫狱官，停囚待对问者，虽职不相管，皆听直牒追摄。牒至不即移者，笞五十；三日以上者，杖一百。”

第二，判决不具引法律正文的。唐律《断狱律》规定：“（断狱）皆须具引律、令、格、式正文，违者笞三十。”

第三，超出告状范围审判的。“诸鞫狱官，皆须依所告状鞫之。若于本状之外，别求他罪者，以故入人罪论。”

第四，断罪应向上级或皇帝奏报而不奏报的。“诸断罪应言上而不言上，应待报而不待报，辄自决断者，各减故失三等”处罚。

第五，徒以上罪判决后不告知罪犯及家属，让其“服辨”的。“诸狱结竟，徒以上，各呼囚及家属，具告罪名，仍取服辨。若不服者，听其自理，更为审详。违者，笞五十；死罪，杖一百。”

第六，违法刑讯的。“若拷过三度及杖外以他法拷掠者，杖一百；杖数过者，反坐所剩；以故致死者，徒二年。”“有疮病，不待差而拷者，亦杖一百；若决杖笞者，笞五十；以故致死者，徒一年半。若依法拷决，而邂逅致死者，勿论；仍令长官等勘验，违者杖六十。”对不合拷讯的特权人物和老幼病残及孕妇拷讯者，也要给予处罚。

第七，故意或过失出入人罪的。“诸官司（故意）入人罪者若入全罪，以全罪论；从轻入重者，以所剩论。其出罪者各如之。”过失出入人罪，处罚略轻，“失于入者，各减三等；失于出者，各减五等”；虽判案有误，但入罪未决，出罪未放的，以及“放而还获，若囚自死，各听减一等”①。

第六节　唐朝法律的特点及其影响

案例导入

《大日本史·刑法志》云：“盖令者，尊卑贵贱之等数，国家之制度；格者，百官有司所常行之事也；式者，其所常守之法也。凡邦国之政，必从事于此，其不能遵由，为恶而入于罪戾者，一断以律。”

---

① 均见于《唐律疏议·断狱》。

上引史料是对日本各法律形式的性质及相互关系的说明，与《新唐书·刑法志》所述的唐朝各法律形式的性质及相互关系完全相同，说明日本法律深受唐朝法律的影响。实际上，由于唐朝法律在制度完备、礼法关系、刑罚宽平等方面具有鲜明的特点，其成为秦汉以来立法之集大成者，成为帝制时代典型的法制。唐朝法律对当时唐朝的政治、经济各方面产生积极影响，对后世及东亚地区也有重要影响。

一、唐朝法律的特点

唐朝法律具有以下特点。

（一）法律臻于完备

唐朝在隋朝法律的基础上进行了长达一百多年的法典修订工作，使唐朝法制臻于完备，表现在：

第一，法律形式的体系化。律、令、格、式虽并称于隋朝，但至唐朝才对这四者的性质做明确的界定。唐朝的律、令、格、式已形成相辅相成、互为补充的有机整体，使封建法律由秦汉时期的体系庞杂、律令界限不清发展为周密的体系。

第二，法律内容的空前完备。唐朝法律的内容不仅涵盖了刑事、民事、行政、经济、诉讼审判等各个方面，而且各方面法律的具体制度较为完善。比如，在审判方面，唐朝建立健全了回避制度、刑讯制度、死刑复核复奏制度、虑囚制度、法官责任制度等；在赋予官僚贵族法律特权方面，将“八议”“上请”“例减”“收赎”“官当”制度规定得至为详尽。

第三，法律解释精当。《永徽律疏》中“疏议”对律文的解释分“注”、“疏”、“议”和“问答”几个层次，其中“注”是对律文的简单解释，并有确立规范的意思；“疏”则是对律文和“注”的义理进行解释，并补充律文和“注”不及不周之意；“议”则是有关“疏”的议论，是对“疏”在理论上做进一步阐释；“问答”则更为具体地解释律文中的疑难问题。仅就律文的解释而言，就采用了限制解释、扩张解释、类推解释、举例解释、律意解释、辨析解释、逐句解释、答疑解释和创新解释等多种解释方法，阐明文意，叙述法理，补充不周不备之处。解释时引用了大量的儒家经典和令、格、式，阐明了唐朝的法制思想，协调了律条之间以及律和令、格、式之间的关系。“疏议”文从字顺，言简意赅，逻辑性强，表现出极高的律学水平。

（二）礼法合一

所谓“礼法合一”，即儒家的精神原则已经完全融合到法律之中，两者水乳交融，合而为一。自汉代开始，儒家的精神原则和伦理道德规范开始向封建法律渗透，经数百年的历程，至唐朝礼法合一，其主要为礼律合一。唐律的礼律合一表现在：

第一，唐律中不少制度原则是从儒家经典中直接照搬或演绎而来。如唐律中的“七出三不去”原则系《大戴礼记·本命》篇的内容；“八议”制度来源于《周礼·秋官》的“八辟”之制；“准五服以制罪”原则则是由儒家经典中的五服制度和亲亲、尊尊思想相融合，经演绎而来；矜恤原则则源于《周礼·秋官·司刺》的“三赦之法”和《礼记·曲礼》的“悼耄之年罪不加刑”。

第二，唐律的修订一准乎礼。唐初的法典中仍然规定，谋反大逆，兄弟缘坐处死。到修订《贞观律》时，考虑到礼典中有“孙为王父尸”，孙子可代祖受祭，表明与祖父的血缘关系比兄弟更为亲密，但此前的法律规定反逆缘坐祖孙仅处流刑，而兄弟却要处刑，不合礼制，遂将缘坐兄弟也改处流刑。此例足以说明唐律的修订以儒家精神为指导。

第三，唐律的疏议都以儒家理论为标准。如对“大不敬”的注疏：“礼者，敬之本；敬者，礼之舆。故《礼运》云，‘礼者，君之柄，所以别嫌明微，考制度，别仁义’，责其所犯既大，皆无肃敬之心，故曰‘大不敬’。”① 《唐律疏议》中随处可以看到儒家经典之名，据有关学者统计，《疏议》中引用的儒家经典有十余种，计有：《尚书》《诗经》《礼记》《孝经》《国语》《春秋》《左传》《公羊传》《周礼》《孔子家语》《论语》及《尔雅》等。因唐律已达到礼法合一，自汉朝开始的《春秋》决狱审判方式在唐朝及唐以后适用逐渐减少。

第四，唐律中的罪名和量刑深受儒家精神的影响。唐律中最重的罪为“十恶”罪，“十恶”罪主要是两个方面的犯罪：一是侵犯皇权的犯罪，二是严重违反家族伦常的犯罪。将这两类犯罪作为重罪，从重惩处，主要是因为它们“亏损名教，毁裂冠冕”②，严重违反君为臣纲、父为子纲、夫为妻纲的纲常礼教。有很多行为并不构成对尊长的伤害，如“冒哀求仕”“丧期作乐”，但违背儒家“孝以事亲”的精神，也要受到法律的制裁。

礼法合一还表现在礼与令、式的融合上，从日本学者复原的《唐令》（《唐令拾遗》）看，其内容与二十五史中《礼志》的内容相同或相似度极高。《旧唐书·礼仪一》载，唐高宗时制定的《显庆礼》即是在《贞观礼》的基础上“与令式参会改定”。

（三）刑罚最为宽平

唐律在对犯罪的处罚上最为宽大，其主要表现有：

第一，重罪条款大为减少。在《贞观律》的制定中，大量地改重为轻，其中减死为流九十一条，使得唐律“比古死刑，殆除其半”③。

第二，废除了酷刑、肉刑。唐律规定的刑罚为笞、杖、徒、流、死五刑二十等，死刑分绞、斩两等，与秦汉律规定有具五刑、腰斩、枭首、车裂等酷刑和墨、劓、刖、宫肉刑，及明清律规定的凌迟、戮尸、枭令、充军、剥皮实草等酷刑和刺字、阉割等肉刑相比，最为平允。

第三，株连范围最窄。唐朝株连范围最宽的罪是谋反大逆，父、子年十六以上

---

① 《唐律疏议·名例》。
② 《唐律疏议·名例》。
③ 《旧唐书·刑法志》。

处绞，子十五岁以下及母、女、妻、妾、祖、孙、兄弟姐妹、部曲没官为奴，财产充公，伯叔父、兄弟子流三千里，株连直系上下五代，旁系三代。虽然其也不失残酷，但同秦汉时期的夷三族、门房之诛，和明清时期的父、子、祖、孙、兄弟、伯叔父、兄弟子年十六以上全部处死甚至夷十族相比，株连面是最窄的。

此外，唐律规定，除“十恶”等重大犯罪以外的罪，均可收赎；而且在加刑时，在二十等内依次加刑，且一般不得加至死刑；在减刑时二等死刑、三等流刑“同为一减”，即减一大等：二等死刑减一等均减为流三千里，三等流刑减一等均减为徒三年。

综上所述，唐朝的刑罚在封建社会是最为宽平的，后人曾赞美它“得古今之平”[①]。

二、唐朝法律的影响

由于唐朝法制是帝制时代典型的法制，它不仅对唐朝的繁荣起到促进作用，对后世也有影响，成为后世立法的蓝本。唐朝法制对东亚地区也有影响，是中华法系的核心和母国法。

（一）唐朝法律对大唐帝国的影响

唐朝法律内容丰富、详备，礼法合一，刑罚宽平，加之大多数的统治者都能严格并宽仁地执行法律，法律对大唐帝国政治、经济各方面都起到积极作用。安史之乱是个分水岭，前期法律的积极作用明显，后期略差。

唐朝前期，国家实行均田制和租庸调制，经济迅速恢复和发展，先后出现影响巨大的“贞观之治”和“开元盛世”。“治世”或“盛世”的特征是经济繁荣，社会稳定，犯罪人数极少。《新唐书・刑法志》载，贞观四年（630年），“天下断死罪二十九人”（一年全国被处死刑的罪犯只有二十九人）。开元二十年（732年），“是岁刑部所断天下死罪五十八人”，（一年全国被处死刑的只有五十八人），这在中国古代几千年里都是罕见的。唐朝法律对“治世”和“盛大世”起到促进和维护的作用。

但唐朝前期的武周时期，统治者任用酷吏，滥用酷刑，血腥杀戮，造成政治动荡，唐朝法律未能发挥正常的作用，甚至成为滥杀的工具。《旧唐书・刑法志》载：武则天“命摄监察御史刘光业、王德寿、鲍思恭、王处贞、屈贞筠等，分往剑南、黔中、安南、岭南等六道，按鞫流人。光业所在杀戮。光业诛九百人，德寿诛七百人，其余少者不减数百人。亦有杂犯及远年流人，亦枉及祸焉。时周兴、来俊臣等，相次受制推究大狱。……招集告事数百人，共为罗织，以陷良善。前后枉遭杀害者，不可胜数。又造《告密罗织经》一卷，其意旨皆网罗前人，织成反状。俊臣每鞫囚，无问轻重，多以醋灌鼻。禁地牢中，或盛之于瓮，以火围绕炙之。兼绝其粮饷，至有抽衣絮以啖之者。其所作大枷，凡有十号：一曰定百脉，二曰喘不得，三曰突地吼，四曰著即承，五曰失魂胆，六曰实同反，七曰反是实，八曰死猪愁，九曰求即死，十曰求破家。又令寝处粪秽，备诸苦毒。每有制书宽宥囚徒，俊臣必先遣狱卒，尽杀重罪，然后宣示。是时海内慑惧，道路以目”。《新唐书・刑法志》载：因任用

---

① （清）薛允升：《唐明律合编》，怀效锋、李鸣点校，法律出版社1999年版。

酷吏，“自唐之宗室与朝士，日被告捕，不可胜数，天下之人，为之仄足，如狄仁杰、魏元忠等皆几不免”。

狄仁杰为唐初名臣。武周时，狄仁杰被酷吏来俊臣诬陷而下狱。当时法律规定，犯人一被讯问即供认犯罪事实的，可以免死。来俊臣逼迫狄仁杰承认谋反的事实，狄仁杰叹了口气说：“大周革命，万物唯新，唐朝旧臣，甘从诛戮。反是实！”承认谋反后，来俊臣不再管他。判官德寿又让狄仁杰攀扯另一官员杨执柔，狄仁杰严词拒绝，并以头触柱，流血满面，德寿不敢再逼他。因为狄仁杰已经承认谋反，审断机关只等待执行死刑的时间，对他不再严行监管。狄仁杰向看守人员求得笔砚，拆下被子当头的一块布，将自己的冤枉写于布上，然后对德寿说：天气热了，请将被子交给家里人将里面的棉絮拆去。德寿未察觉其中内容。狄仁杰的儿子狄光远看到狄仁杰的帛书，拿着它向皇帝控告。武则天召见狄光远，看了帛书后问来俊臣，来俊臣回答说：狄仁杰在狱中衣冠整齐，吃得下睡得着，怎么会是被迫伏罪呢？武则天派使者去察看，来俊臣让狄仁杰穿戴齐整见使者，并让德寿代狄仁杰作谢死表交使者带给武则天。武则天召见狄仁杰，问他为什么承认谋反？狄仁杰回答说：如果不承认，早就被刑讯而死了。又问为什么作谢死表？狄回答说：臣未作此表。拿给他看，看出是他人代署。武则天遂免去狄仁杰的死罪，将其贬为彭泽县令。皇侄武承嗣多次奏请诛杀狄仁杰，武则天拒绝，说：“朕好生恶杀，志在恤刑。涣汗已行，不可更返。”[①] 若非狄仁杰运用自己的智慧见到武则天，大概率会被酷吏折磨至死。由此可见酷吏为害之烈。

安史之乱以后，由于战争的影响和随之而来的藩镇割据及宦官干政，唐朝后期的政治生态不如前期，法律发挥的作用及影响也不如前期。但从史料看，除涉及政治的有关制度受影响外，与百姓有关的法律尚能发挥正常作用，唐朝因此继续存在了一百四十余年。

（二）唐朝法律对后世立法的影响

唐朝以后几个朝代的法律都深受唐朝法律的影响，其主要律典都是以唐律为蓝本而制定。宋朝最主要的律典《宋刑统》对唐律律文及疏议全部抄录，其他方面也基本沿用唐制。金朝的《泰和律义》的篇章结构与唐律相同，《金史・刑法志》称其“实唐律也”。元、明、清三代法制虽然在形式上与唐朝有一定的差异，但内容变动不大。明朝初年制定的一部刑法典曾和唐律在篇目结构和内容上完全相同；正式颁行的律典《大明律》在结构上与《唐律疏议》有别，分为七篇，但内容大部分相同。因此，唐朝法律是中国封建法律的典型代表，在法制史上占有重要地位。

（三）唐朝法律对东亚地区的影响

唐朝法律对东亚地区各国的法制也有深刻的影响，主要表现在立法上。

朝鲜所受影响最大。《高丽史・刑法志》载曰：“高丽一代之制，大抵皆仿于唐。

---

① 《旧唐书・狄仁杰传》。

至于刑法亦采《唐律》，参酌时宜而用之。”在政治上，也实行三省六部九寺体制；经济上则仿唐朝的“均田制”而颁布“田柴科”；其刑法典共71条，有69条是从《永徽律疏》中撷取，另两条从唐《狱官令》中选取。

日本法制也深受唐法制的影响。唐初的日本在政治上仍相当落后，后日本派出大量留学生和“遣唐使”到中国学习先进的制度文化。这些人回国后，协助统治者进行“大化革新”，模仿唐朝的政治法律制度，其《近江令》即仿唐《贞观令》制定。其主要刑法典《大宝律令》在篇目和顺序上同唐《永徽律疏》完全相同，在内容上也绝大多数与唐律相同，只在少数制度上，考虑到日本国情，略做变动，如将“十恶”改为“八虐”，去掉不睦、内乱；将“八议”改为“六议”，去掉议勤、议宾；将流刑三等改为近流、中流、远流三等，不载里数。日本对法律的形式、性质及其相互关系的认识也完全沿袭唐朝，如前引《大日本史·刑法志》所述。

越南李氏王朝的《刑书》、陈氏王朝的《国朝刑律》的内容大都沿用唐律。

由于唐朝法律影响到东亚诸国，故唐朝时起，在东亚地区就形成了一个法律家族，后人称其为“中华法系”，唐朝法律实为该法系的母国法。

本章拓展阅读与选题思路

一、拓展阅读

（元和）六年九月，富平县人梁悦，为父杀仇人秦果，投县请罪。敕：“复仇杀人，固有彝典。以其申冤请罪，视死如归，自诣公门，发于天性。志在徇节，本无求生之心，宁失不经，特从减死之法。宜决一百，配流循州。”职方员外郎韩愈献议曰：

伏奉今月五日敕：复仇，据礼经则义不同天，征法令则杀人者死。礼法二事，皆王教之端，有此异同，必资论辩，宜令都省集议闻奏者。伏以子复父仇，见于《春秋》，见于《礼记》，又见于《周官》，又见于诸子史，不可胜数，未有非而罪之者也。最宜详于律，而律无其条，非阙文也。盖以为不许复仇，则伤孝子之心，而乖先王之训；许复仇，则人将倚法专杀，无以禁止其端矣。夫律虽本于圣人，然执而行之者，有司也。经之所明者，制有司也。丁宁其义于经，而深没其文于律者，其意将使法吏一断于法，而经术之士，得引经而议也。《周官》曰：“凡杀人而义者，令勿仇，仇之则死。”义，宜也，明杀人而不得其宜者，子得复仇也。此百姓之相仇者也。《公羊传》曰：“父不受诛，子复仇可也。”不受诛者，罪不当诛也。又《周官》曰：“凡报仇雠者，书于士，杀之无罪。”言将复仇，必先言于官，则无罪也。今陛下垂意典章，思立定制。惜有司之守，怜孝子之心，示不自专，访议群下。臣愚以为复仇之名虽同，而其事各异。或百姓相仇，如《周官》所称，可议于今者；或为官吏所诛，如《公羊》所称，不可行于今者。又《周官》所称，将复仇，先告于士则无罪者。若孤稚羸弱，抱微志而伺敌人之便，恐不能自言于官，未可以为断于今也。然则杀之与赦，不可一例。宜定其制曰：凡有复父仇者，事发，具其事由，下尚书省集议奏闻。酌其宜而处之，则经律无失其指矣。

——《旧唐书·刑法志》

（长庆）二年四月，刑部员外郎孙革奏："京兆府云阳县人张莅，欠羽林官骑康宪钱米。宪征之，莅承醉拉宪，气息将绝。宪男买得，年十四，将救其父。以莅角牴力人，不敢扐解，遂持木锸击莅之首见血，后三日致死者。准律，父为人所殴，子往救，击其人折伤，减凡斗三等。至死者，依常律。即买得救父难是性孝，非暴；击张莅是心切，非凶。以髫丱之岁，正父子之亲，若非圣化所加，童子安能及此？《王制》称五刑之理，必原父子之亲以权之，慎测浅深之量以别之。《春秋》之义，原心定罪。《周书》所训，诸罚有权。今买得生被皇风，幼符至孝，哀矜之宥，伏在圣慈。臣职当谳刑，合分善恶。"敕："康买得尚在童年，能知子道，虽杀人当死，而为父可哀。若从沉命之科，恐失原情之义，宜付法司，减死罪一等。"

——《旧唐书·刑法志》

唐李德裕出镇浙右。有甘露寺主事僧诉：交代得常住什物，被前主事僧隐没金若干两，引证前数辈，皆还相交割，文籍在焉。众辞皆指以新授代者引而用之。鞫成其狱，伏罪昭然。然未穷破用之所。或以僧人不拘僧行而费之，以无理可伸，甘之死地。一旦，引虑之际，公疑其未尽也。以意揣之，僧乃具实以闻，曰："居寺者乐于知事，前后主之者，积年以来空交分两文书，其实无金。众以某孤立不狎辈流，欲乘此挤排之"。因流泣不胜其冤。公悯之曰："此固非难也。"俯仰之间，曰："吾得之矣！"乃立促召兜子数乘，命关连僧人入对事。咸遣坐兜子，门睹厅壁，指挥不令相见。命取黄泥，各令模前后交付隐没金形状，以凭证据。僧既不知形状，各模不同。公怒，令劾前数辈者，一一伏罪。其所排者遂获清雪。

——《疑狱集·德裕泥模金》

太宗即位，诏长孙无忌、房玄龄等复定旧令，议绞刑之属五十，皆免死而断右趾。既而又哀其断毁支体，谓侍臣曰："肉刑，前代除之久矣，今复断人趾，吾不忍也。"王珪、萧瑀、陈叔达对曰："受刑者当死而获生，岂惮去一趾？去趾，所以使见者知惧。今以死刑为断趾，盖宽之也。"帝曰："公等更思之。"其后蜀王法曹参军裴弘献驳律令四十余事，乃诏房玄龄与弘献等重加删定。玄龄等以谓："古者五刑，刖居其一。及肉刑既废，今以笞、杖、徒、流、死为五刑，而又刖足，是六刑也。"于是除断趾法，为加役流三千里，居作二年。

——《新唐书·刑法志》

武后已称制，惧天下不服，欲制以威，乃修后周告密之法，诏官司受讯，有言密事者，驰驿奏之。自徐敬业、越王贞、琅邪王冲等起兵讨乱，武氏益恐。乃引酷吏周兴、来俊臣辈典大狱，与侯思止、王弘义、郭弘霸、李敬仁、康暐、卫遂忠等集告事数百人，共为罗织，构陷无辜。自唐之宗室与朝廷之士，日被告捕，不可胜数，天下之人，为之仄足，如狄仁杰、魏元忠等皆几不免。左台御史周矩上疏曰："比奸憸告讦，习以为常。推劾之吏，以深刻为功，凿空争能，相矜以虐。泥耳囊头，摺胁签爪，县发燻耳，卧邻秽溺，刻害支体，糜烂狱中，号曰'狱持'；闭绝食饮，昼夜使不得眠，号曰'宿囚'。残贼威暴，取快目前。被诬者苟求得死，何所不至？为国者以仁为宗，以刑为助，周用仁而昌，秦用刑而亡。愿陛下缓刑用仁，天下幸甚！"武后不纳。

——《新唐书·刑法志》

二、选题思路

1.《开皇律》对南北朝律典的继承研究
2. 唐初民本思想研究
3. 唐朝律学研究
4. 唐朝礼法（礼与律令式）结合研究
5. 唐朝中后期刑罚变化研究
6. 唐朝中后期使职监察研究
7. 唐朝藩镇割据地区的司法研究
8. 唐朝法制与中华法系研究
9. 唐朝税制改革研究
10. 唐朝禁榷制度研究
11. 唐朝对外贸易制度研究
12. 唐朝引经决狱研究

第七章　宋朝的法律制度

960年春，后周归德节度使、禁军统帅赵匡胤于陈桥驿发动兵变，黄袍加身，建立宋朝，史称北宋。1127年，金人南侵，灭北宋。同年，宋徽宗第九子赵构称帝，重建宋朝，后定都临安（今杭州），史称南宋，1279年为元所灭。宋朝的社会经济关系较前代有大的变化，在政治、司法制度方面也有重大改革，与此相适应，宋朝法制在立法模式，刑事、民事、经济法律制度及狱讼制度方面都有较大的发展，凸显出其时代特色。本章主要介绍宋朝的法律体系的变化、刑事法律制度的变化、民事法律法制的变化、狱讼制度的变化以及宋朝法律的特点和影响。

第一节　宋朝法律体系的变化

案例导入

《宋史·刑法一》云："宋法制因唐律、令、格、式，而随时损益，则有编敕"。"神宗以律不足以周事情，凡律所不载者一断以敕，乃更其目曰敕、令、格、式，而律恒存乎敕外。……又曰：'禁于已然之谓敕，禁于未然之谓令，设于此以待彼之谓格，使彼效之之谓式。修书者要当识此。'于是凡入笞、杖、徒、流、死，自名例以下至断狱，十有二门，丽刑名轻重者，皆为敕。自品官以下至断狱三十五门，约束禁止者，皆为令。命官之等十有七，吏、庶人之赏等七十有七，又有倍、全、分、厘之级凡五等，有等级高下者皆为格。表奏、帐籍、关牒、符檄之类凡五卷，有体制模楷者皆为式。"

上引两段史料，前者系对宋初主要法律形式及立法模式的说明，后者系对神宗时期法律形式及立法模式变化的说明。宋初沿用唐朝及五代的法律形式和立法模式，即修订律、令、式法典，以编敕对它们进行修改和补充；神宗时对敕令格式等法律形式的性质进行调整，立法模式也发生变化：采用编订"敕令格式"法律汇编的形式进行立法。

一、宋朝法律体系的建立及完善

宋朝的法律体系主要由律、（编）敕、令、格、式、制、敕、例等构成。宋朝在儒家理论的指导下，通过修订法典和编敕或者编订“敕令格式”法律汇编，建立和完善其法律体系。

（一）立法指导思想和原则

宋朝的立法指导思想仍然是汉唐以来的儒家理论。宋初的皇帝都认识到儒家理论在治国化民中的作用，如太宗曾指出：“丧乱以来，经籍散失，周孔之教将坠于地。朕即位之后，多方收拾，抄写购募，今方及数万卷，千古治道，并在其中矣。”[①] 真宗还亲著《崇儒术论》，宣扬儒家理论。

在奉行儒家“德主刑辅”“礼法并用”理论的同时，结合形势需要，宋朝统治者又提出了一些具体的立法指导原则。

第一，集权中央，防止割据。为巩固新生政权，防止重蹈五代各国短运而亡的覆辙，宋太祖采纳宰相赵普的建议，制定了对有可能割据一方的藩镇、节度使“稍夺其权，制其钱谷，收其精兵”的政策，先后采取了“杯酒释兵权”“收诸道精兵”“诸州租课悉送京师”以及以文官出知州县事等措施，加强中央集权。同时在中央和地方增设行政、监察机关，分散职权，实现对各级官署的权力制衡，加强对各级官员的监督。

第二，义利并重，重视理财。北宋中期以后，由于冗官、冗兵和向辽、西夏国纳绢纳银，造成国家财政的极度匮乏，理财成为当务之急。与此相适应，宋朝君臣及儒士在思想上也有转变，由传统的“讳言财利”转变为“利义均重，利义相辅”思想。神宗曾下诏称：“政事之先，理财为急。”南宋“永嘉”功利学派则提出“以利和义”，主张“善为国者，务实而不务虚”，批评程朱理学是“既无功利，则道义者，乃无用之虚语耳”。上述理论对宋王朝的民事经济立法有重要影响，对经济的发展也有促进作用。

第三，临下以简，哀矜折狱。五代乱世，法严刑酷。宋初的统治者认为：“立法不贵太重而贵必行，法必行则人莫敢犯矣。夫欲重则必难行，欲行则不必重。”[②] 主张：“以宽仁为治。立法之制严，而用法之情恕。”[③] 据此，宋朝在《宋刑统》中规定了“折杖法”，减轻刑罚；在司法上注重法律的修订和司法体制、诉讼程序的改革，加强对司法的监督。宋朝将司法官吏的人选视为“天官选吏，秋曹谳狱，具为难才”，对其极为重视。宋朝各州的重要司法官司理参军都由皇帝亲选，并要求司法官吏明习法律。对用法惨酷者，不再任为亲民官。宋朝的皇帝还频繁地亲录罪囚，

---

① （宋）孙逢吉：《职官分记》卷一五。转引自张晋藩主编：《中国法制通史》第5卷，法律出版社1999年版，第19页。

② 《宋会要辑稿》帝系一一之四。

③ 《宋史·刑法一》。

减罪恤刑，监督司法。

（二）主要法律的制定

1. 修订《宋刑统》

北宋在建国之初，曾大量沿用唐朝、五代法律。建隆四年（963年），工部尚书判大理寺窦仪指出："（后）周刑统科条繁浩，或有未明"，建议重加修订。太祖遂命窦仪及苏晓、奚屿、张希逊、冯叔向等人，详订"刑统"。同年七月书成，定名《宋建隆重详定刑统》，简称《宋刑统》，诏付大理寺刻板摹印，颁行天下。

《宋刑统》共十二篇、三十卷、五百零二条，其律文及疏议基本上沿用唐《永徽律疏》的内容，变化有两大方面：第一，在体例上，《宋刑统》仿唐宣宗颁布的《大中刑律统类》，将十二篇分成二百一十三门。所谓"门"，就是把调整同一类社会关系的法律条文划为一个单元，使《宋刑统》在"分门类编"方面较前代有所进步。第二，在内容上，于《名例律》中增加"折杖法"；于律疏之后增加自唐开元二年（714年）至宋建隆三年（962年）间的敕、令、格、式共177条，每条前加"准"字，赋予其法律效力；增入窦仪等人关于定罪量刑的建议，注明有"臣等参详"的起请条32条；增入"议"20条和以"释曰"为名的解释若干条；删去"朱雀门"，为避帝讳而改"大不敬"为"大不恭"等。

《宋刑统》颁行后，于太祖乾德四年（966年）、神宗熙宁四年（1071年）、哲宗元符二年（1099年）、高宗绍兴元年（1131年）对之或进行修订，或以《申明》疏解其义。终宋之世，《宋刑统》均具有法律效力，并且是刑事法律的主体部分。

2. 编敕和编"敕令格式"

"敕"是由皇帝批准而由中书颁发的指示或命令，大都系针对特定之事或特定之区域而发布。将单个的敕进行整理编纂，使之具有普遍法律效力，这一立法程序被称为编敕，经整理编纂的敕亦称编敕。唐朝对制、敕的整理、汇编称格或格后敕，五代始称编敕，宋朝沿用。因《宋刑统》颁行后几乎是一成不变，随着时间的推移，它越来越不适应社会的需要。编敕遂成为北宋前期最主要、最经常的立法形式，如《宋史·刑法一》所载："宋法制因唐律、令、格、式，而随时损益，则有编敕。"

北宋前期编敕颇繁，几乎历任皇帝均有编敕。为适应频繁的编敕等立法的要求，自真宗大中祥符九年（1016年）起，宋朝政府设置了专门的立法机构——"详定编敕所"，后经神宗、哲宗的不断调整，至徽宗时，设"详定重修敕令所"和"详定一司敕令所"，以后该二所遂成为宋朝常设的和主要的专门立法机构。

北宋前期首先编制的编敕是综合性的，主要有：《建隆编敕》四卷、《太平兴国编敕》十五卷、《淳化编敕》三十卷、《咸平编敕》十二卷、《大中祥符编敕》四十卷、《天圣编敕》十二卷、《庆历编敕》十二卷（附《总例》一卷）、《嘉祐编敕》十八卷（附《总例》一卷）、《元丰编敕》八十一卷等。自真宗时开始编制适用于某些部门和地区的一司一路一州一县敕，主要有《三司新编敕》十五卷、《详定军马司编敕》五卷、《熙宁开封府界保甲敕》二卷等。

关于律（《宋刑统》中的律条）、敕的地位和关系，从"律不足以周事情，凡律所不载者，一断于敕”[①] 等记载看，律为基本法典，是宋朝断狱的主要依据，只有在律没有规定，或律的规定已经被敕或编敕所修改的情况下，才以敕或编敕为断狱之依据。又从“立法必本于律”[②] 的记载，及神宗熙宁初年因“阿云之狱”所引发的“敕律之争”的内容看，律的原则及精神则是敕的立法依据，敕的发布不得与律的精神相抵触。

从神宗元丰时起，宋朝开始对敕、令、格、式进行综合汇编，即编订“敕令格式”，其中全国通用的主要有：《元丰编敕令格式并赦书德音申明》八十一卷、《元祐详定敕令格式》五十六卷、《元符敕令格式》一百三十四卷、《政和敕令格式》九百零三卷、《绍兴重修敕令格式》七百六十卷、《乾道重修敕令格式》一百三十卷、《庆元重修敕令格式》二百五十六卷等。此外，还有大量适用于某一部门或某一地区的、专门的、单行的“敕令格式”。

神宗以前的编敕都是“各分门目，以类相从”，较便利于检阅。神宗以后编“敕令格式”时，则“各随其罪，厘入诸篇，以约束为令、刑名为敕、酬赏为格，更不分门，检用之际，多致漏落”[③]。此体例一直沿用至南宋初年。孝宗时，朝廷编制有关法律，孝宗令将有关条法“分门编类”，若“一条该载二事以上，即随门、类，厘析具入”[④]。书成，定名为《淳熙重修吏部条法总类》。这是第一部以“条法事类”为体例编制的法典，此后南宋又编制了《淳熙条法事类》《庆元条法事类》《淳祐条法事类》。

“条法事类”在内容和性质上，均与“敕令格式”相同，只是编纂体例发生变化而已。

3. 编例

对司法断例进行整理汇编，使其具有参照适用的效力，即编例。例必须经过编订成册，并经皇帝批准才具有一定的法律效力。北宋熙宁以后至南宋开禧年间历朝都有编例，如《熙宁法寺断例》《元符刑名断例》《绍兴刑名疑难断例》《开禧刑名断例》等。在例的适用上，它仅仅作为制定法的补充，只要有制定法的规定，就不许用例。有司若“引例破法及择用优例者，徒三年”[⑤]。

此外，朝廷的“申明”（法律解释）、“看详”（朝廷对有关问题经审核、研究而做的决定或结论意见）等也都具有法律效力。

（三）宋朝的法律体系

宋初，法律体系沿袭唐制，经神宗元丰年间的法制改革，形成具有自身特色的法律体系。

---

① 《宋史·刑法一》。
② 《续资治通鉴长编》卷二一四。
③ 《续资治通鉴长编》卷四〇七。
④ 《宋会要辑稿》刑法一之五〇。
⑤ 《宋会要辑稿》刑法一之二一。

1. 各法律形式的性质

宋朝的法律体系由律、令、格、式、(编)敕、(散)敕、制诏、御笔、编例等法律形式构成。

律，即指《宋刑统》中的律条，它是宋朝最具稳定性和长期适用性的法律形式。

制、(散)敕、宣、诏，均是皇帝的命令。制在宋朝主要用于册封。“圣旨札子批送中书班降者悉名曰敕，枢密院班降者悉名曰宣”，即皇帝圣旨由中书门下颁降涉及行政司法事务的称“敕”，由枢密院颁降的涉及军事事务的称“宣”，两者性质完全相同。诏是皇帝册书、宣、(散)敕等的总称。在起草程序上，宣、敕都须由宰执大臣讨论，门下省给事中可以封驳，御史台和谏院可以论列。

御笔，又称御笔手诏等，是未经中书门下或枢密院宰执大臣讨论和封驳程序而直接发布的皇帝的命令。因程序不合法，其内容也都与统治阶级长远利益和整体利益有矛盾，故在不同程度上受到官员的批评和抵制。

令、格、式，与律都一样是继受于唐朝的法律形式，在神宗元丰之前，其性质与唐朝相同。元丰二年(1079年)二月，神宗对敕、令、格、式的性质做了新的界定：“禁于已然谓之敕，禁于未然谓之令，设于此以待彼之谓格，使彼效之谓式”。自此以后，(编)敕为刑事法，令为以行政法为主的综合性法，格为令之细则性法，式为公文格式。

2. 各法律形式之间的关系

上述各法律形式之间的关系为：律、令、格、式为基本法，一般规定，国家法律制度的主要内容皆由它们规定；(编)敕是律、令、格、式的特别法[神宗元丰以后，(编)敕只是律的特别法]；宣、(散)敕、御笔又是(编)敕或编“敕令格式”的特别法，前者的法律位阶低于后者，但在适用上较后者具有优先性，且越在后颁布或编纂的，越具有优先适用的效力。比如在定罪量刑方面，对律、格、(编)敕等的适用，《宋刑统》中即有规定。《宋刑统·断狱律》“断狱引律令格式”门附唐长庆三年(823年)十二月二十三日敕节文规定，明确了各种法律形式的适用顺序和原则：优先适用后敕，然后是格，再次是律(即《刑统》中的律条)，敕格律皆无规定，则适用类推定罪。类推也按后敕、格、律的顺序进行。宋徽宗时编订的《政和敕令格式》之《名例敕》规定：“诸律、《刑统》疏议及建隆以来赦降，与‘敕令格式’兼行，文意相妨者，从‘敕令格式’。”① 由此规定了后编订的敕、令、格、式优先适用的法律效力。在制定法全然无规定的情况下，则可参照编例处理案件。

第二节 宋朝刑事法律制度的变化

案例导入

《宋史·刑法一》载：“凌迟者，先断其肢体，乃决其吭，当时之极法也”。《续

① 《宋会要辑稿》刑法一之二八。

资治通鉴长编》载：天圣九年（1031 年）四月，因荆湖地区杀人祭鬼，仁宗怒而下诏："自今首谋若加功者，凌迟斩。"

上引两段史料，系说明凌迟刑的执行方法及在宋朝正式适用的时间，凌迟刑的适用是宋朝刑罚趋于严酷的标志之一。宋朝刑法在唐朝、五代的基础上有大的变化，不仅刑罚趋于严酷，刑法原则、犯罪的处罚等都有发展。

一、刑法原则的变化

宋朝刑法原则主要沿用唐律的规定，也有一定的变化，具体如下：

（一）采用"从旧兼从轻"的刑法适用原则

《宋刑统·断狱律》"断狱引律令格式"门附唐《狱官令》规定："诸犯罪未发，及已发未断决，逢格改者，若格重，听犯时，格轻，听轻法。"意即在犯罪未被发现，或已被发现抓捕但未判决前，遇到国家颁降新格改变了旧法的有关规定的，如果新格规定的刑罚较旧法为重，则适用旧法；若新格规定的刑罚较旧法为轻，则适用新格。《庆元条法事类》卷七十三《名例敕》也有类似的规定，其表述更为准确、完备："诸犯罪未发及已发未论决而改法者，法重听依犯时，法轻从轻法。即应事已用旧法理断者，不得用新法追改。"此乃一般原则，宋朝有关刑事特别法对特定的犯罪，却规定了"从新"的原则。

（二）矜恤原则更趋宽大

《宋刑统·名例律》"老幼废疾及妇人犯罪"门后所附《刑部式》规定："诸准格敕应决杖人，若年七十以上、十五以下以及废疾，并斟量决罚。如不堪者覆奏，不堪流徒者亦准此。八十以上、十岁以下、笃疾之人，并放，不须覆奏。"同条后所附唐天宝元年（742 年）十二月十八日敕规定："准律八十以上及笃疾，犯反逆、杀人应死者上请，盗窃案及伤人收赎，余皆勿论。臣等众议，八十以上及笃疾人有犯十恶死罪、造伪、劫盗、妖讹等罪至死者，请矜其老疾，移隶僻远小郡，仍给递驴发遣。其反逆及杀人，奏听处分。其九十以上、十岁以下，请依常律。敕旨：依奏。"该条对八十岁以上者及笃疾人犯包括反逆罪在内的"十恶死罪、造伪、劫盗、妖讹等罪至死者"直接给予减免，仅"移隶僻远小郡"，并且提供交通工具。该两条的规定，较唐律更加宽大。

（三）厉行累犯加重原则

《宋刑统》继承了唐律关于累犯加重的内容，在以后的立法中，规定对累犯罪者，哪怕依律仅处杖、徒刑者，俱刺配远恶州、军。如真宗大中祥符三年（1010 年）五月，知升州张咏言："当州水陆要冲多有凶恶之辈放火为盗，准诏刺配潭、贺州充军讫。检会旧条，累犯恶迹者禁身奏裁。请应自来凶恶之人犯杖罪十次、徒罪七次，或犯徒杖罪作贼、违戾父母五次，及厢界与凶恶通情骚扰侵凌人者犯杖罪三次，及犯侵扰人至徒一次者，并许刺配登州、沂、密、福建路州军充军。诏：须累犯凶恶合申奏者及放火盗财杖讫刺面配一千里外牢城。”[①]

二、调整有关犯罪的处罚

宋朝刑法中的罪名及量刑多沿用唐律的规定，但在严重危害统治秩序的犯罪和官员犯罪方面有所变化。

（一）加重对“盗贼”罪的处罚

宋朝是内忧外患频仍的时期，统治者对外患妥协退让，但对内部连绵不绝的农民起义，则以“盗贼”重法加以镇压。

首先，《宋刑统》附敕加重了对“盗贼”的处罚。唐律规定，强盗伤人者绞、杀人者斩，其持杖虽不得财流三千里。《宋刑统》所附敕改为持杖行动，不问有赃无赃并处死，其同行劫贼中有不持杖者，亦与同罪。不难看出，宋律处刑比唐律重得多。按唐律，窃盗罪除累犯外无死刑。而《宋刑统·贼盗律》“强盗窃盗”门后所附唐建中三年（782年）三月二十四日敕规定：“自今以后，捉获窃盗，赃满三匹以上者，并集众决杀。”只要赃满三匹即处死刑。

其次，制定重惩盗贼的特别法。宋朝制定的严惩盗贼的特别法很多，影响较大的是《窝藏重法》和《盗贼重法》。仁宗嘉祐年间，制定《窝藏重法》，将开封府诸县划为“重法地”，在“重法地”内犯罪加重处罚，并追究罪犯的家属和窝藏之家。神宗时，又制定《盗贼重法》，规定对“重法之人”加重处罚。“重法之人”即“复杀官吏及累杀三人，焚舍屋百间，或群行州县之内，劫掠于江海船筏之中者”，对“重法之人”，“虽非重法地，亦以重法论”。“重法地”和“重法之人”的规定使得宋朝刑网更加严密，宋朝重法地的范围也越来越大，竟达十七个路。宋律还规定：犯强盗贷命者，“并于额上刺强盗二字”。“强盗两次以上，虽为从，论死”。

其他特别法还有神宗时的“捕告自首法”，哲宗时的“权宜指挥”及“妻孥编管法”，徽宗时的御笔赏格，以及南宋的船户灶户保甲法等。此外，宋律对造袄书袄言罪、戏杀人罪、诈假官罪、私铸钱罪、强奸罪、放火罪等均加重了处罚。

（二）减轻对官吏犯罪的处罚

按唐初法律，官吏犯“枉法赃”，官员十五匹绞，吏员二十匹绞。《宋刑统》“枉法不枉法”门后附敕则规定：“官吏应犯枉法赃十五匹合绞者，自今以后特宜加至二十匹。”“今后无禄人犯枉法赃者，特加至二十五匹绞。”在以后的立法中继续减轻对犯罪官吏的处罚，如神宗处理张仲宣受贿案后形成惯例：“自是命官无杖、黥法。”熙宁七年（1074年）又诏：“品官犯罪，按察之官并奏劾听旨，毋得擅捕系、罢其职奉。”扩大了犯罪官吏在司法程序上的特权。

---

① 《宋会要辑稿》刑法四之五、一八。

在司法中对犯罪官吏则大量宽贷。如仁宗时，都官郎中、知嘉州张约受枉法赃银一千七百六十两，诏免死，仅杖脊、黥面，配连州牢城。[1] 度宗时监督纲运朱善孙受贿达银四千五百余两，被特诏贷死，仅流配三千里，禁锢不赦。[2]

宋朝官吏所犯只要不是谋反、盗贼等罪，均可获宽大处理。

三、刑罚趋于严酷

宋朝的刑罚制度基本上沿袭隋、唐五刑制度，又增加了一些新刑罚。

太祖为减缓唐末、五代以来的严刑峻法以笼络人心，于即位之初即定“折杖之制”，将原有笞、杖、徒、流刑折合为臀、脊杖处罚，从而使“流罪得免远徙，徒罪得免役年，笞杖得减决数”，使刑罚有所减轻。[3] 史称“建隆折杖法”。后《宋刑统》将“建隆折杖法”和唐“建中折杖法”[4] 规定于《名例律》中，成为定制。该两项“折杖法”的实施，使得《宋刑统》中规定的笞、杖、徒、流、死五刑制度名存实亡，并促使宋朝刑罚体系发生变化。

但宋朝刑罚变化的总趋势是走向严酷。其表现，一是刺配刑广泛适用；二是凌迟成为常用刑。

（一）刺配刑广泛适用

刺配即将罪犯先处脊杖，然后刺面，再发配到某地服劳役或军役的刑罚。五代以前，刺字、配隶虽然都已存在，但将两种刑结合起来，形成一个独立刑罚，并定名为“刺配”，则始于五代后晋天福年间。如《五代会要》卷九《议刑轻重》载：后晋天福三年（938 年）八月，“左街史韩延嗣为百姓李延晖冲者，本街使连喝不住，殴击致死。”敕：“徒二年半，刺面配华州，发运务收管。”宋朝形成了完备的刺配刑制度。其具体内容包括：

在刺字上，因情节轻重而有部位、大小、深浅之不同。所刺部位主要刺在耳后、背、额、面颊；所刺标记，有字（一般为罪名）和记号（一般为环形）；所刺深度，有四分、五分、七分等几种；又有大刺面、小刺面之分。

在发配的距离上，根据犯罪情节之轻重决定远近和地点，情节严重者刺配远恶州军，无地里之限。宋初将罪犯配往西北边境地区服军役，后改配登州沙门岛、通州海岛和岭南一带。南宋时大致分为海岛、远恶州军（琼州、万安、昌化、朱崖）、广南、三千里外、二千五百里外、二千里外、一千五百里外、一千里外、邻州、本州岛牢城、本州岛州城等等级。

---

① 《宋会要辑稿》刑法六之一二。

② 《宋史・度宗纪》。

③ 这是传统的观点。折杖法规定，脊杖所打部位为脊背，是否减轻刑罚，值得商榷。

④ 唐德宗建中三年（782 年）八月二十七日敕：“其十恶中恶逆以上四等罪，请准律用刑。其余应合处绞、斩刑，自今以后，并决重杖一顿处死，以代极法”（《宋刑统・名例》）。

在服刑时间上，如未判为“永不放还”者，则有放还年限的区分；凡罪重被判为“永不放还”者，终身配役，经过三次郊赦之后方可移向较近地区。

宋初将刺配用作重罪贷死之刑，然“既杖其脊，又配其人，且刺其面，一人之身，一事之犯，而兼受三刑”。但刺配刑之残酷性远不止于此，比如，刺配沙门岛和远恶州军者，距死刑不远，据《宋史・马默传》记载，宋时重囚多流配登州沙门岛，因囚犯人数过多，而粮食、淡水有限，竟至“每溢数，则投诸海”。神宗时广南转运司曾提道：“春州瘴疠之地，配隶至十死八九。”被刺配者按规定是“断讫，不以寒暑，实时上道”，而“上道多冻死”。尽管如此，刺配刑并不能有效地改造罪犯，因为罪犯“面目一坏，谁复顾籍？强民适长威力，有过无由自新”。

刺配刑在宋朝是适用得最多、最广泛的刑种，从条文来看，南宋孝宗时多达五百七十条；从人数看，南宋时被判此刑者一度竟有十余万人。刺配刑成为常用刑，与“建隆折杖法”施行后，宋朝刑罚的等级结构不合理有关。

（二）凌迟成为常用刑

凌迟之意，沈家本的解释是：“本言山之由渐而高，杀人者欲其死之徐而不速也”[①]，是一种用利刃碎割罪犯的肌肤，使其在痛苦中缓慢死去的死刑执行方法。凌迟刑始创于五代时期，宋朝至仁宗时开始适用凌迟刑，据《续资治通鉴长编》卷一百一十载：天圣九年（1031 年）四月下诏规定，对荆湖地区的“杀人祭鬼”恶行适用凌迟刑，后逐步扩大其适用范围。凌迟刑的具体执行方法，历代记载不一，宋朝的方法是“先断其肢体，乃决其吭”[②]。凌迟刑成为常用刑，与宋朝阶级矛盾尖锐及“建中折杖法”使死刑趋轻有关。

此外，在司法实践中还适用多种附加刑和法外之刑。如南宋淳熙元年（1174 年）皇甫谨受贿及侵盗官物入己至死，孝宗虽免其死刑，但判其刺配牢城，并处追毁出身以来文字、除名、勒停、籍没四种附加刑。法外之刑，则有杖杀、断腕、腰斩、族夷、磔、枭首、具五刑等。

第三节 宋朝民事法律制度的变化

案例导入

宋孝宗淳熙十四年（1187 年）六月二十七日，尚书省批状刑户部著详：“民间如甲以钱一贯借与乙买卖经营，后来利息已及二贯以上者，缘依法积日虽多不得过

① 沈家本：《历代刑法考・刑法分考二》，中华书局 1985 年版。

② 明清又有不同，清人王明德所著《读律佩觿》记载：“其法乃寸而磔之，必至体无余脔，然后为之去其势，女则幽其闭，出其脏脏以毕其命，支分节解，菹其骨而后已。”被处凌迟者，往往“身具白骨而口眼之具犹动，四肢分落而呻痛之声未息”。《宋文鉴》，转引自张晋藩主编：《中国法制史》，法律出版社 1982 年版，第 249 页。

一倍，即系违法取利，自不合理索外，若甲出钱一百贯雇倩乙开张质库营运，所收息钱虽过于本，其被雇倩之人系籍本因而营运，况系主家出本雇人或凭倩开张质库，及所收息利既系外来诸色人将衣物金银匹帛抵当之数，其本尚在，比之径借取利过本者事体不同，即不合与私债一例定断。"①

上引史料中，"倩"有借助意思，"凭倩"即凭借。史料的内容是借贷与投资的区别。出钱雇倩开质库实质上是投资做东，所以营利多少，不应作为放债取利，这是对质库合法营利的保护。质库就是以衣物金银之类作质押的借贷行为，质押物须交付出借人，过期不赎，质押物归出借人所有。由此可见宋朝已经有当铺（质库），已经有商业投资。实际上宋朝的商品经济非常繁荣，民事法律制度有长足的发展，其中主体制度、所有权制度、契约制度、立嗣继承及女儿继承制度，都较前代完备。

一、民事主体制度的发展

主要表现在佃客、仆役的法律地位提高。

1. 佃客成为租佃关系的主体，其法律地位提高

宋律规定：佃户有权选择土地所有者签订租佃契约。北宋初年，时有地主限制佃户换佃的情况发生，仁宗天圣五年（1027 年）十一月诏："自今后客户起移，更不取主人凭由，须每田收田毕日，商量去往，各取稳便，即不得非时衷私起移；如主人非时拦占，许经县论详。"② 规定租佃契约履行完毕，是否续约，由契约双方当事人协商决定，地主对客户（即佃户）不得有任何限制，客户不再租种土地而离去也无须地主出具"凭由"（说明理由的凭证）。故地主与佃客之间是一种纯粹的经济关系，无人身依附关系。此外，宋律还规定：与佃户签订租佃契约，必须遵循自愿原则，任何人不得依势强迫；佃户对所租田产有优先购买权；佃户对租佃契约约定以外的其他义务有权拒绝。

2. 家内仆役是雇工，不再是"律比畜产"的贱民

宋朝的家内服役者，都是雇佣而来，连皇帝都说："今之童仆，本佣雇良民。"宋律在家内仆役的雇佣和使用方面规定：雇佣奴婢，皆须签订契约，雇佣年限、佣金，概于契约中约定。法律对雇佣的最高年限有限制，限止十年；官府和雇主对奴婢都不得随意处分；严禁强迫他人及债负质人为奴婢；奴婢有犯，须送官断遣，严禁擅处私刑；严禁擅杀奴婢。

为防止主人对奴婢的擅杀，宋律还有两项特别规定：一是奴婢死亡，都必须告官检验尸体；二是奴婢死亡，家属有控告权。此外，宋朝还允许奴婢向官府告发主人的犯罪行为，并可与常人一样受赏。

---

① 《庆元条法事类》卷八十，中国书店 1990 年版，第 474 页。

② 《宋会要辑稿》食货一之二二、二四。

二、所有权和契约制度进一步完善

与前代不同，宋朝在土地制度方面“不立田制”“不抑兼并”，土地私有制发达，土地可自由买卖，土地所有权及契约制度随之发展。

（一）所有权制度的发展

宋初就规定土地的先占取得制度：“垦田即为永业”“满五年，田主无自陈者，给佃者为永业”①。太祖开宝二年（969 年）又确立印契（红契）制度，红契指经官府加盖公章的土地买卖契约，既是土地依法取得的凭据，也是土地产权证明。土地的契书若不慎丢失，凭证据仍可以向官府申请补办，如南宋绍兴年间规定：“曾被兵火亡失契书业人，许经所属陈状，本县行下本保邻人依实供证，即出户贴付之。邻人邀阻不为依实勘会及县吏不即给贴，并许人越诉，其合干人重置典宪。”② 以后又建立了完备的税契制度，以法律确认和保护私人土地所有权。

（二）契约制度的完善

宋朝的债，主要是合同之债。宋朝的契约，已经广泛地适用于买卖、租佃、借贷、雇佣、担保、承包、合伙等领域，而影响最大和最完备的是土地买卖契约。

宋朝的土地买卖分典卖（典当）、绝卖（一般的买卖）及以典就卖（先活卖后绝卖）。宋律规定的土地买卖的程序一般为：

首先，问亲邻。业主欲出卖土地时，必须先征询房亲、地邻是否购买的意见。在同等条件下，房亲、地邻有优先购买权。房亲、地邻不买，或出价太低，卖主方可卖予他人。宋朝关于问亲邻的规定已形成制度，如《宋刑统》规定，“应典卖、倚当物业，先问房亲；房亲不要次问四邻；四邻不要，他人并得交易”。“凡典卖物业，先问房亲；不买，次问四邻。其邻以东、南为上，西、北次之，上邻不买，递问次邻。四邻俱不买，乃外召钱主”③。

其次，输钱印契。找到买主后，买卖双方要签订契约，契约须载明买卖一应事项，包括标的、价格及其计算、履行期限等，由买卖双方及中介人、见证人签章后，一式四份，买卖双方各执一份，中介人保存一份，官府留存一份。契约须到官府纳税，并加盖公章后方为有效。

再次，过割赋役。买卖双方到官府对照土地砧基簿办理赋役义务的过户手续。

最后，卖主离业。卖主须将土地交付买主，并将赋税义务转移给买主，土地买卖才算完成。土地出典的要求基本同于买卖，所不同的是，出典土地到期可以原价赎回。

为防止借用合同形式侵犯他人权利，宋律对土地典卖有以下禁止性规定：严禁

---

① 《宋史·食货上一》。

② 《宋会要辑稿》食货七〇之一三九。

③ 《宋会要辑稿》食货三七之一。

重叠买卖土地和房屋；禁止盗卖田产；禁止以债负准折；禁止寺观置买土地；限制官吏在辖区内置买土地；众分田产禁子孙私卖；妇女不得擅自出卖田产；卑幼不得私自典卖土地；禁止典主拖延占据，不让业主收赎等。违者处至杖刑。

三、婚姻、家庭、继承制度的变化

宋朝婚姻家庭继承制度的变化在于：

（一）立嗣继承形成制度

立嗣即无子人家所立的宗祧继承人，可分为立继、命继。"立继者谓夫亡而妻在，其绝则其立也当从其妻。命继者谓夫妻俱亡，则其命也，当惟近亲尊长。"立嗣的权利主体依次是无子之男子、其寡妻、其近亲族人、官府。被立嗣者的条件，须是非独子，且年龄须比收养人小，其中尤为强调与死者的血缘关系及辈分关系，即嗣子必须是同宗昭穆相当者，其理论依据是儒家经典《春秋》中的观点"神不歆非类，民不祀非族"，"立他种以为后，阳若有继，而阴实灭之"，"国立异姓曰灭，家立异姓曰亡"。嗣子一旦被立，非有显著劣迹，如破荡家财及虐待嗣父母，不得随意遣回。嗣子中，立继者在继承权利上同亲子无异，命继者则分别情况继承被继承财产的三分之一、四分之一和五分之一。

（二）制定"户绝条贯"，详细规定户绝财产继承

所谓户绝，即既无亲生子，又未立嗣之家。对户绝财产之继承，宋律有详细的规定：首先，女儿有继承权，其份额分配为："户绝财产尽给在室及归宗女，千贯以上者，内以一分给出嫁诸女；有归宗诸女者，三分中给二分外，余一分中以一半给出嫁诸女，不满二百贯给一百贯，不满一百贯全给；止有出嫁女，不满三百贯给一百贯，不满一百贯全给，三百贯以上三分中给一分，以上给出嫁诸女并至二千贯止，若及二万以上，临时具数奏裁增给。"[①] 其次，出嫁亲姑、姐妹、侄女有一定的继承权，其份额总量为遗产的三分之一。第三，无女则养子、入舍婿等同居之人有一定的继承权，其份额总量为遗产的三分之二。第四，无女、姑、姐妹、侄女及同居之人，其他近亲属对户绝庄田有继承权。第五，无近亲属，土地承佃人对遗产中的土地有继承权。

对户绝财产，死者生前可立遗嘱处分。宋律规定，遗嘱继承仅限于户绝财产。遗嘱须证验分明，南宋时还要求须"经官印押"。据宋朝判词集《名公书判清明集》载，"果有遗嘱，便合经官印押，出执为照"。"经官印押"颇类似今天的公证。

《宋刑统·户婚律》规定，对"有心怀觊望，孝道不全"和"有所侵夺者"可剥夺其继承权。

此外，宋律对外商客死后遗产的处分，均有详细的律法加以规定。

---

① 《续资治通鉴长编》卷五〇一。

第四节　宋朝狱讼制度的变化

案例导入

《宋史·刑法二》载：宋太宗雍熙元年（984 年），家住开封的寡妇刘氏让婢女到府衙控告其夫前妻的儿子王元吉，称其对自己下毒，现自己被毒将死。开封府右军巡院对该案进行审理，但未查明案情。案件移送至开封府左军巡院，左军巡院对王元吉进行了刑讯，王元吉疼痛难忍不得不违心承认犯罪事实。不久刘氏去世。开封府后将该案移交司录司审录时，感觉王元吉可能被冤枉，案件经数月审理仍不能决断。开封知府向上级衙门请示，上级衙门认为刘氏中毒的症状不明显，指令免王元吉死刑，判以徒刑。王元吉的妻子张氏击登闻鼓喊冤，皇帝亲自召见张氏，全面了解案件事实后，立即派使者捉拿该案原审官员，交给御史审问，查明：刘氏因与人有奸情，在愧疚和惊惧中生病，又担心王元吉发觉便诬告他投毒。查明案情后，即对造成该冤案的有关人员进行处理：原审的推官及军巡院的军巡使皆降职，诈称刘氏被投毒的医工、欺隐王家财产的刘氏同母弟及受贿的推吏皆流配海岛，其他人员受到相应的处罚。司录司官吏因查明冤情，被赏赐缗钱和束帛。

上引史料是宋朝一个诬告案的形成及纠正过程的记载，其中反映出宋朝的一些刑狱审断制度，如左右军巡院、登闻鼓、皇帝参与司法、御史审案等。宋朝的狱讼制度从审断机关的设立到断狱、听讼制度等，在唐朝及五代的基础上都有很多的变化，非常详密，为历代所罕见。

一、刑狱审断机关的变化

宋初的刑狱审断机关基本沿袭唐朝体制，在中央设大理寺掌刑狱审断，刑部掌复核，御史台掌监察。地方的州县仍兼理狱讼听断事务。为防止刑狱审断机关专擅，宋朝又增设了一些并列的刑狱审断机关，调整有关刑狱审断机关的职权，以分散刑狱审断事权。

1. 大理寺

宋元丰以前，大理寺不管刑狱审断案件，“但掌天下奏狱”，为慎刑机构。元丰改制后，恢复大理寺最高刑狱审断职权，凡原属送三司和各寺监承受断遣的刑狱公事，并移送大理寺审断。如事关重大和涉及机密，可以上殿奏裁。为加强大理寺内部制约，宋朝于大理寺内设“左断刑”和“右治狱”两个部门。左断刑对地方的“奏谳”和地方官犯罪案件，以及右治狱推鞫妥当的案件进行“议法断刑”。右治狱审讯（推鞫）朝廷职官犯罪案件。

2. 御史台

御史台是宋朝中央监察机关，但其刑狱审断职能较唐朝有所扩大。首先，有权审断品官犯罪的大案。《宋史·刑法二》说："群臣犯法，体大者多下御史台，小则开封府、大理寺鞫治焉。"其次，有权审断大理寺、刑部不能决断的重大、疑难案件。"州郡不能决而付之大理，大理不能决而付之刑部，刑部不能决而后付之御史台。"① 哲宗时又规定，大理寺左右推官审理的案件，如再有翻异，交由御史台推究。最后，有权乘传就鞫地方重大案件。如太宗雍熙三年（986年）增置"御史台推勘官二十人，皆以京朝官为之，凡诸州有大狱，则乘传就鞫"②。

3. 开封府

开封府是北宋的京畿行政机关，以府尹为长官，以权知开封府事一人摄事。"掌正畿甸之事。中都之狱讼皆受而听焉，小事则裁决，大事则禀奏。若承旨已断者，刑部、御史台无辄纠察"③。如事关重大和涉及机密，有上殿奏裁之权。开封府名义上是地方行政机关，却行使着部分中央刑狱审断机关的职权。

4. 审刑院

太宗淳化三年（992年），为防"大理、刑部吏舞文巧诋"而在宫中设置的负责奏谳案件"详议"的司法机关。以近臣一人为知院事，下设详议官六人。朝廷处理奏案，先送"审刑院，印讫；付大理寺；刑部断覆以闻，乃下审刑院详议申覆裁决讫，以付中书省，当即下之；其未允者，宰相覆以闻，始命论决"④。其是在刑部之外又加了一个复核机构。审刑院复核时如事关重大和涉及机密，有上殿奏裁之权。元丰改制时，撤销审刑院，将其职权复归刑部。

5. 登闻鼓院、登闻检院、理检院

三者都是受理直诉的机关，凡欲向皇帝报告公私利害、朝政得失、理雪冤案等事，均可经各该院进状上闻。但在顺序上，"初诣登闻鼓院，次检院，次理检院"，"未经鼓院，检院不得接收"⑤。以上各院均不受理的，当事人可以邀车驾告御状。邀车驾告御状的案件由军头引见司受理，初审后报皇帝裁决。

6. 制勘院、推勘院

此为宋朝为处理大案、要案临时组成的特别刑狱审断组织。"凡因事置推，已事而罢者，诏狱谓之制勘院，非诏狱谓之推勘院。"⑥

7. 纠察在京刑狱司

真宗时设置，其职权是："其御史台、开封府，在京应有刑禁之处，并得纠举。逐处断徒以上罪，于供报内未尽理及淹延者，并追取案牍，看详封驳。"⑦ "凡大辟，皆录问。"纠察在京刑狱司实际上是对包括御史台在内的所有京城刑狱审断机关进行

① 《宋会要辑稿》职官一七之一二。
② 《宋史·刑法一》。
③ （元）马端临：《文献通考》卷六三职官一七。
④ 《宋史·刑法一》。
⑤ （元）马端临：《文献通考》卷六〇职官一四。
⑥ 《宋会要辑稿》刑法三之五三。
⑦ 《宋大诏令集》卷一六一。

监察的总机构。纠察官遇事上殿，享有“即赴内殿起居，仍免常朝”[①] 的特权。

8. 提点刑狱司

这是宋朝主管司法事务的路级监司之一，简称“提刑司”或“宪司”。其主要职权是监督本路的刑狱审断事务，据《宋史·职官志》载，其职权为：提点刑狱司“掌察所部之狱讼而平其曲直，所至审问囚徒，详复案牍，凡禁系淹延而不决，盗窃逋事而不获，皆劾以闻”。

9. 司理参军、司法参军

宋朝在州一级设的狱讼听断属员，也是州一级最主要的狱讼听断官员。司理参军负责收集证据，司法参军负责检法议罪。

此外，三司（北宋在尚书省户部之外的主管经济的度支、户部、盐铁三部门，设三司使统之。元丰改制时撤销三司，将其职权划归尚书省户部）有权审理经济纠纷案件，枢密院和殿前三司有权审断军人犯罪案件。

二、告诉及听断制度

宋朝的告诉制度沿用唐朝，但宋朝法律对狱讼听断的级别和程序则做了更详细的规定。

（一）听断级别和职权

宋朝杖刑以下的案件，由县审结。徒刑以上的案件，由县收集证据后将犯人和案卷解送到州（府、军、监）。州（府、军、监）对所辖区域发生的徒刑案件，有完整的管辖权；对流刑或死刑疑难案件有初审权，审结后经过路提刑司送交刑部复核。刑部复核大理寺所判案件及诸州（府、军、监）报送复核的流罪以上疑难案件。流刑以下疑难案件经刑部复核即可结案。但重大疑难案件在北宋中期以前须送审刑院详议。审刑院复核刑部复核的死刑案件，报中书门下省详议后奏请皇帝裁决。

对民讼案件，县衙有完整的管辖权。如果当事人认为县衙“断事不当”，可逐次向州（府、军、监）、监司、户部（元丰以前是三司）上诉，户部（元丰以前是三司）是民讼案件的终审机关。听讼官与当事人有某种利害关系，或者听讼官司久拖不决，故意留难，法律允许当事人越诉。民讼案件有务限，即十月一日到次年三月三十日以前，官府对有关田宅、婚姻、债务之类的民讼案件不予受理。

（二）刑狱审断制度

为了保证案件的公正审理，恤狱慎刑，宋朝规定了较前代更加严密的审断程序和制度，主要有：

第一，长官躬亲制度。宋朝法律要求从中央到地方各级司法机关长官必须躬亲

---

① 《宋会要辑稿》职官一五之四五。

断狱听讼，如太宗至道元年（995年）六月诏："诸州长吏，凡决徒并须亲临"[①]。司法长官不躬亲狱讼，要受到刑事追究，如徽宗时规定："州、县不亲听囚而使吏鞫审者，徒二年。"[②]

第二，法官回避制度。宋律继承了唐律中法官回避的内容，又有新的规定。表现在：回避的范围扩大，回避的种类有亲属回避、科举同年同科回避、职事回避、案发官回避，别勘官与前审官吏间也须回避。回避的程序更加严密，回避的提起分为自陈、当事人申请和他人告三种。

第三，鞫谳判分司制度。宋朝在各审判机关内都将审、判职能分开，由不同的人员承担。如犯人到州（府）一般先交"司理院"（司理参军的衙门宋初为司寇院，太宗改为司理院）初审。如果案犯系州衙诸曹官吏，由掌"纠诸曹稽迟"的"州院"（录事参军的衙门，府为司录参军）推鞫，传集人证，核实犯罪事实（鞫）。推鞫完毕，由司法参军检出可以适用该案的全部法律条文，提出定罪量刑意见，交知州、通判选择、参考（谳）。再由"当直司"（由辅佐知州的判官或推官组成）拟就判稿。最后，由知州（或知府）、通判决定判词，签署判决书（判）。

第四，多重录问制度。每个案件经过初审后，另派官员复核口供的程序，如果犯人承认所供属实，别无异词，则进入"检法议刑"程序；如果犯人称冤，则须将案件交由他官重审。录问制度形成于五代。五代时期，对录问规定了：第一，要求长吏亲自录问。第二，要求长吏当面、共同录问。第三，录问结果有异，即移司别勘。[③] 宋朝对录问规定得较细，县初审的案件，须由县正副长官集体录问；州初审的案件，从真宗时开始，要求从邻州选官录问；开封府的案件由御史台差官录问；而"御史台狱流、死罪，令给、谏以上录问"[④]。设置纠察在京刑狱司后，在京之狱，"凡大辟皆录问"。

第五，翻异别勘制度。在整个审断过程中，犯人若翻供或临刑称冤，则须将案件交由另一部门或其他机关审断，称为"翻异别勘"。又分"移司别勘"和"差官别推"，前者是移送本审判机关内另一部门审断，后者则须送邻近司法机关审理。宋律规定的翻异次数，一般以三推为限，南宋孝宗时以五推为限，经五推后一般不再别推，若"见得大情不圆，难以便行处断，须合别行委官，即令邻路未经差官监司，于近便州军差官别推，不得讯追干连人"[⑤]。如人犯妄为诬告称冤，则罪加一等。如确为冤枉，依所告"及称冤事状"对以前三推官吏具奏科罪。

第六，疑难案件台省杂议制度。宋朝对在法律适用上争议大的疑难刑狱，还可以由有关部门奏请皇帝召集台省等朝臣集体讨论，称为"杂议"。宋朝台省杂议最为典型的案例，当属禁军士兵安崇绪讼继母争夺遗产案。太宗端拱初年（988年），广安军的安崇绪控告继母冯氏已与父亲安知逸离婚，今夺父遗产与己子。大理寺认为

---

① 《燕翼贻谋录》卷三。转引自张晋藩主编：《中国法制通史》第5卷，法律出版社1999年版，第626页。

② （元）马端临：《文献通考》卷一六七"刑六"。

③ 参见《宋刑统·断狱律》引。

④ 《续资治鉴长编》卷四七。

⑤ 《宋会要辑稿》刑法五之四八。

崇绪诉母，罪死。太宗疑之，判大理张佖坚持前断，遂下台省杂议。太宗采纳左仆射李等四十三人的建议。

第七，法官责任制度。宋朝的法官责任制度既继承了唐律的内容，又有很多新规定。如关于违法刑讯的，宋律在有关条文后的“起请条”中进一步规定：“今后如或有故者，以故杀论。无故者，或景迹显然，支证不谬，坚恃奸恶，不招本情，以此致死，请减故杀罪三等。其或妄被攀引，终是平人，以此致死，请减故杀罪一等。所贵不陷无辜，得惩奸弊。”

（三）民案听讼制度

宋律对民事案件有一些有别于刑狱审断的特殊规定，主要有：

第一，赋予百姓较大的诉权，表现为：其一，扩大了百姓的告诉权。当百姓民事权利被人侵犯时，即可向官府告诉，即便是亲属之间的纠纷，也可告诉，不受“同居相为隐”原则的限制。如《名公书判清明集》所辑的民事诉讼，绝大多数都是对近亲属提起的。甚至对直系尊亲属的侵夺财产的行为也可以告诉，如前述安崇绪讼继母案。其二，赋予百姓多级上诉的权利。当事人若不服官府的判决，可以上诉，直至上诉至皇帝。北宋的规定为：“诉讼不得理，应赴省诉者，先诣本曹；在京者先所属寺监，次尚书省本曹，次御史台，次尚书都省，次登闻鼓院。六曹诸司、寺、监行遣不当，并诣尚书省。”南宋时规定：“人户讼诉，在法先经所属，次本州岛，次转运司，次提点刑狱司、次尚书本部，次御史台，次尚书省。”① 其三，规定司法机关渎职的，允许百姓越诉。在中国古代，一般不许越诉，但宋律规定，若官府逾期不给“断由”、下户财产为豪强侵夺诉之于官而官府不予受理及官府对案件故做拖延不及时审断，百姓均可以越诉。若官府故意限制百姓的越诉权，或利用职权打击报复，要追究有关官员的法律责任。

第二，对诉权的行使有严格要求，表现为：其一，诉讼主体必须符合法定条件，即必须与争讼事实有利害关系，老幼废疾诉讼须由家属代理，自毁伤肢体者不得告诉。其二，民事诉讼必须在法定期限内提起。与农业有关的婚、田、债务之诉，必须在务限之内提起；民事诉讼必须在法定的诉讼时效内提起。宋律规定的诉讼时效一般为三年，涉及不动产的为二十年。超过时效，官府不予受理。

三、证据、检验制度及法医技术

宋朝已形成较完备的证据制度、检验制度，法医技术发达。

（一）证据制度

宋律规定的证据种类有物证、书证、证人证言、原告人陈述、被告人口供、检验结论、鉴定结论，其中刑狱案件以被告人口供和检验结论最为重要，民讼案件以书证最为重要。

---

① 《宋会要辑稿》刑法三之一九、二〇、三一。

1. 被告人口供

口供在封建社会都被作为定罪量刑的重要证据，宋朝也不例外，且特别重视口供的作用，若无被告人的口供或口供前后不一致，甚至不能定案（如被告人翻供则须别勘）。

2. 书证

宋朝民事行为中，契约已经普遍化、法律化，契约作为履行义务和行使权利的依据，在发生纠纷时则为主要证据。《名公书判清明集》中有不少判词都申明民事诉讼的“交易有争，官司定夺，止凭契约”的证据原则。此外，官府的砧基簿、纳税凭证、官诰及百姓的遗嘱和分书等也是书证。书证为民事诉讼的“证据之王”。

3. 鉴定结论

宋朝对专门问题的鉴定，主要是针对字迹的鉴定。对字迹的法定鉴定机构是书铺，发生民事纠纷，如对契约之字迹有争议，则由书铺鉴定。《名公书判清明集》多处提到对书证的鉴定。

4. 物证

物证一般只作为其他证据如口供的印证，“若赃状露验，理不可疑，虽不承引，即据状断之”。只有在事实非常清楚的情况下，物证才可以作为定案之依据。原告人的陈述，从《名公书判清明集》的内容看，不能作为定案的依据，只能与其他证据结合使用。

5. 民讼、刑狱案件举证责任有别

在刑事诉讼中，证据由官府收集；在民事诉讼中，证据由提出主张者举示，与现代“谁主张，谁举证”原则相同。从史料看，证据主要由原告收集、举证，若证据不足，官府对原告的诉讼请求不予支持。

（二）检验制度

宋律对检验的范围、牒请，官员的差出，初检、复检，检验情况的报告及文书格式，法律责任等都做了详细规定。

1. 检验范围

宋律规定：凡有杀、伤行为致人死、伤，及其他非正常性死、伤，对死、伤现场和尸、身，只要不属于免检范围的，都要进行检验。

2. 检验的牒请、受理和差官

宋律规定：凡发现杀、伤，本人、尸亲特别是地保应及时向官府报案，请官检验。官府接到报案，均应受理，哪怕是“应牒近县而牒远县者，牒至亦受”。受理后应及时差官前去。应差的官，依次是司理参军、县尉、主簿、县丞、监当官、县令。复检应当另外差官，一般是县令、县尉、主簿等。所差之检验官，须是文官或识字武官，且须是无亲嫌干碍之人。

3. 检验的内容、法律文书的填写及申报

宋律规定：被差去检验之官，对应检验的尸、身的情况必须做详细记录，并须确定要害致死之因，填写“验状”“验尸格目”，于当日向有关上级部门报告。为更准确地对尸、身的损害情况及致害之因做记录和鉴定，宁宗时，经江西提点刑狱徐似道提议，宋朝政府规定检验之官除须填写“验尸格目”外，还须填写“正背人形图”。

违反检验制度的法律责任。宋律规定：检验官吏若有应验而不验、延时不发、不定要害致死之因、因检验而受贿，及检验不实等违反检验制度的行为，均要承担法律责任，一般是以违制论，杖一百。若有受贿，则按受贿罪处理。[①]

（三）法医技术

宋朝的法医学有很大的发展，侦查专著《疑狱集》《折狱龟鉴》《棠阴比事》和其他史籍中都收集有一些利用法医技术侦破案件的案例，其中有丰富的法医学知识。宋朝法医检验方法系统化，其标志是《洗冤集录》的问世。该书《自序》介绍：“遂博采近世所传诸书，自内恕录以下凡数家，会而粹之，厘而正之，增以己见，总为一编，名曰‘洗冤集录’”。可见宋慈编撰《洗冤集录》，在吸纳此前的侦查诸书中记载的法医检验方法之外，又增加了自己在司法实践中所积累的法医检验经验。此外，宋慈还对民间“俗说”中的法医检验方法进行提炼，“检滴骨亲法”可谓典型一例。

据近代法史学家程树德考证，“检滴骨亲法”早在秦代即已开始使用，据《琱玉集》引《同贤记》载，役夫杞良修长城时被主管官吏打死后，其妻仲姿哭倒长城，露出累累白骨，但不知哪块骨头是杞良的。“仲姿乃刺指血以滴白骨，云若是杞良骨者，血可流入，即沥血。果至良骸，血径流入，便得当葬之。”汉代以后则用此法辨别血亲，到南北朝则达到“皆有验”的程度，如《梁书·豫章王综传》载：“豫章王综，其母吴淑媛，自齐东昏侯宫，得幸于高祖，七月而生综，恒于别室祀齐氏七庙。又微服至曲阿，拜齐明帝陵，然犹无以自信。闻俗说以生者血沥死者骨，渗即为父子。综乃私发齐东昏侯墓，出骨沥臂血试之，并杀一男，取其骨试之，皆有验。自此常怀异志。”[②] 但对“检滴骨亲法”具体操作方法，宋以前的史料中均无记载，最早进行介绍的即为宋慈的《洗冤集录》。书中记载：“检滴骨亲法，谓如某甲是父或母，有骸骨在，某乙来认亲生男或女，何以验之？试令某乙就身刺一两点血，滴骸骨上，是的（嫡）生则血沁入骨内，否则不入。俗云滴骨亲，盖此谓也”。“检滴骨亲法”的具体操作方法即由宋慈从“俗说”提炼而成。

从《洗冤集录》的内容看，除开头和结尾辑录了有关检验官吏职责的法律规定和检验官员应有的态度及应注意的事项外，其最主要是对各种难辨真假的伤、病、毒死案件的尸伤表现和检验方法的介绍。如关于验骨伤的方法，书中介绍说：“验尸并骨伤损处痕迹未见，用糟酸泼罨尸首于露天，以新油绢或明油雨伞覆欲见处，迎日隔伞看，痕即见。若阴雨以熟炭隔照，此良法也。或更隐而难见，以白梅捣烂，摊在欲见处，再拥罨看。犹未全见，再以白梅取肉，加葱、椒、盐、糟一处研，拍作饼子，火上煨令极热，烙损处，下先用白纸衬之，即见其损。”关于尸体在四季中

---

① 《宋会要辑稿》刑法六之二至七。

② 程树德：《九朝律考》，中华书局2003年版，第317－318页。

的变化，书中有详细介绍，比如："春三月，尸经两三日，口、鼻、肚皮、两胁、胸前，肉色微青。经十日，则鼻、耳内有恶汁流出。胖胀肥人如此，久患瘦劣人，半月后方有此证。"关于刃痕的生前、死后伤的辨认，书中介绍说："活人被刀杀伤死者，其被刃处皮肉紧缩，有血瘾四畔，若被支解者，筋骨、皮肉稠沾，受刃处皮肉暴露。死人被割截尸首，皮肉如旧，血不灌瘾，被割处皮不紧缩。刃尽无血流，其色白，纵痕下有血，洗检挤捺，肉内无清血出。"[①]

对尸伤表现和检验方法的介绍，在《洗冤集录》的五十三个目中占四十个，由此可见，《洗冤集录》与此前的《疑狱集》《折狱龟鉴》《棠荫比事》主要是介绍前人的治狱之道、定案之法与破案之术完全不同，它是古代法医技术的荟萃，其内容全面，并略有分类，完全是一部法医学的专著。

《洗冤集录》的问世，标志着中国古代法医技术的理论化、系统化和法医学的正式诞生，它比意大利人佛图纳图·菲德利所著的欧洲第一部法医学著作（1602年）早三百五十多年。[②]《洗冤集录》颁行后，不仅被当时的官府奉为尸伤检验的金科玉律，而且被后世所沿用，元、明、清的法医学著作基本上都是对《洗冤集录》的改写和增补。《洗冤集录》还被译成朝、日、法、英、荷、德等国文字在各该国出版，备受世界法医学、史学界的关注。

第五节　宋朝法律的特点及影响

案例导入

"宋代法典之多，实前古所未闻。每易一帝，必编一次，甚至每一改元，必编一次，殆靡岁不从事编纂法典之业。其法典内容，非必悉相异。殆因沿前法，略加修正而已。然莫不裒然成一巨帙，少者亦数十卷，多者乃至数百卷，亦可谓千古之壮观矣。"[③]

上引史料，是近代法史学家梁启超对宋朝立法特点所发的感慨。实际上，宋朝为保证国家的稳定，适应经济发展的需要，及实现司法公正，其历任统治者都重视法制，并适时进行改革创新，使宋朝法制形成自身鲜明特色，达到极高的水平，对社会各方面都产生了积极影响。

一、宋朝法律的特点

宋朝法制在立法、内容上都有不同于前代的特点，概括而言，主要有以下几点。

---

① 以上关于《洗冤集录》内容的介绍，请参见罗时润、田一民：《洗冤集录译释》，福建科学技术出版社1980年版，第95、56、67、142、143页。

② 参见《中国大百科全书·法学》，中国大百科全书出版社1984年版，第634页。

③ 梁启超：《论中国成文法编制之沿革得失》，载范忠信编：《梁启超法学文集》，中国政法大学出版社2000年版，第148页。

（一）立法频繁，法律详密

宋朝于开国之初即修订了《建隆重详定刑统》和《淳化令》《淳化式》，每个皇帝都颁布了大量的制敕，并将其中重要的制敕编订成“编敕”和“敕令格式”法律汇编，一般都编定了一个综合性的“编敕”和“敕令格式”法律汇编，另有单行的“编敕”和“敕令格式”法律汇编。因此，宋朝所制定的法律数量很多，《宋史》卷二百零四《艺文三》所收录的刑法类书籍共计二百二十一部，约一百七十部是宋朝法律。宋朝法律内容极为丰富，南宋著名学者叶适即指出：“令内外上下，一事之小，一罪之微，皆先有法以待之”①。

（二）形成完备的“律令法”体系

神宗元丰“更法”后，律和（编）敕、断例皆为刑事法律规范，以（编）敕对律进行修改和补充，以断例作为律和（编）敕实施的参照。三者的内容虽然不同，但篇目皆为名例、卫禁、职制、户婚、厩库、擅兴、贼盗、斗讼、诈伪、杂、捕亡、断狱，从而形成以律为主，（编）敕、断例为辅的刑事法律体系。

同时，由于令、格、式性质的变化，以行政法律规范为主的令的数量大增。神宗元丰“更法”后，立法中一方面“旧载敕者多移之令”②，另一方面则修式入令，如《宋刑统》卷十二“僧道私入道”条后规定：“准《礼部式》：诸五品以上女及孙女出家者，官斋行道皆听不预”③。这一唐朝的礼部式文，经宋朝修订，演变成令文，如《庆元条法事类》卷五十“僧道令”规定：“诸六品以上官女及孙女出家者，官斋行道听不预”。宋令的内容因此急剧增加，数量较其他法律渊源有压倒优势。从《庆元条法事类》残本看，其所载令文计有一千七百八十一条，《庆元条法事类》原书是八十卷，四百三十七别门，而传世的《庆元条法事类》残本只有三十六卷，一百八十八别门，仅占原书的百分之四十三。依此比例推算，《庆元条法事类》原书中的令文应该在三千条左右。据《唐六典》载，唐《开元七年令》仅一千五百四十六条，不算各专门的“敕令格式”中的令文，仅《庆元条法事类》中令的条数就是唐令的两倍。

令与格、式在分类上对应和配套。神宗元丰“更法”以后，格、式作为令的细则性规定和公文格式，令、格、式三者首先在性质上趋于一致，即都属于非刑事、制度性法律规范；其次，无论在内容上，还是在篇目类别上，令与格、式都形成对应关系，如在《庆元条法事类》残卷的不少门类中，令、格、式的名目都是相同的，前面编有什么名目的令，后面编的就是什么名目的格和式，如在《庆元条法事类》卷五“职制门二”“考任”目下，前面编有“考课令”，后面则对应编纂了“考课格”和“考课式”；在卷十二“职制门九”“恩泽”目下，前面编有“荐举令”，后面则编

---

① （宋）叶适：《冰心别集》卷十《外稿·实谋》。转引自白钢总主编：《中国政治制度通史·宋代》，人民出版社 1996 年版，第 374 页。

② （元）脱脱等：《宋史》，中华书局 1985 年版，第 4964 页。

③ 《庆元条法事类》卷十五，中国书店 1990 年版，第 369 页。

纂了“荐举格”和“荐举式”。在《庆元条法事类》残本中，令后编格或式的比比皆是，令、格、式前后对应编纂的也有二十处之多。令规定了国家的基本制度，格、式依令生文，是对令的具体化，令对格与式起着统率作用，从而形成以令为主，格、式为辅的非刑事的、制度性法律体系。

日本学者认为，中国古代法制是“律令法”体系，该体系的完备以宋朝为最。

(三) 民事法律制度发达

随着宋朝土地制度的变化及商品经济的发展，其经济关系愈加丰富，宋朝政府通过频繁的立法对新的经济关系加以调整和确认，使得宋朝民事法律制度，特别是涉及财产权利的法律制度较前代有长足的发展和进步，表现在：

第一，民事法律内容的丰富和发展。宋朝民事法律在物权、债、继承方面有大的发展。首先，在物权方面，推行先占原则，规定荒芜土地，通过“请射”程序，谁开垦即归谁所有；形成“红契”制度，保护土地私有权；因战争等特殊原因丢失土地权利凭证的，经合法证明，可以补办。其次，在债的方面，契约之债占主导地位，契约的类型已经较为齐全，常见的契约如买卖、租佃、借贷、雇佣、担保、承包，都比较成熟。对土地、房屋等不动产典卖中，形成先问亲邻、输钱印契、过割赋役、卖主离业的完整流程，同时形成了典权制度。为促进和规范交易行为，还规定了“牙人”中介制度。在国有土地及市场经营权出卖时，已经形成类似于现代招投标的“实封投状”制度。国家对民间借贷进行严格规范，规定收取的利息不得超过本金，即实行“一本一利”原则，但将投资经营的出资与借贷加以区别，如本节节首处所引史料，投资经营所获得的收益，不受“一本一利”原则的限制。在继承方面，完善了立嗣继承和女儿继承制度，规定无子可立嗣，分“立继”和“命继”，立嗣则不为户绝，但“立继”和“命继”继承遗产份额有别；无子又未立嗣则为户绝，户绝财产由女儿继承，但有数额限制。前述民事法律制度，有些系对原有制度的进一步完善，大多数属于创新。

第二，民事主体平等精神得以弘扬。宋朝以前的奴婢属于“律比畜产”的贱民，主人可以任意驱使、打骂、收用、出卖，擅杀也仅处徒刑。若主人犯重罪，奴婢则作为财产没官。而在宋朝，奴婢不再是贱民，而是从事家内服务或劳役的“雇工人”，雇佣奴婢，必须签订契约，对双方权利义务进行约定；法律严禁雇主擅处私刑，严禁擅杀奴婢，奴婢死亡，必须报官检验尸体，按法定程序处理。家属怀疑死亡原因，可以向官府控告。

在宋朝之前，土地佃客属于地主的部曲，与地主有人身依附关系，地主除进行经济剥削外，还可以要求佃客从事其他劳役，甚至代为受刑，主佃相犯，同罪异罚。到宋朝，法律规定：佃客有权选择土地所有者，自愿地签订租佃契约，双方是一种纯粹的经济关系，无人身依附关系；佃客对所租田产有优先购买权；佃客对租佃契约约定以外的其他义务有权拒绝。在户籍制度上，佃客与地主一样，都是国家的“齐民”“编户”，法律地位完全相同。宋朝的奴婢和佃客的法律地位在中国历史上最高，其国民的法律地位也最为平等，不仅高于以前的隋唐，也高于后世的明清。

（四）狱讼制度极为严密

为改变五代军人滥杀局面，宋朝对狱讼听断制度进行全面改革，使其狱讼制度极为严密。

第一，分散听断机关事权，加强对狱讼听断的监督。表现在：其一，设置多个并列的机关，如大理寺、御史台、开封府（南宋为临安府）为并列的中央刑狱审断机关，《宋史·刑法二》载："群臣犯法，体大者多下御史台狱，小则开封府、大理寺鞫治焉"；登闻鼓院、登闻检院、理检院、军头引见司、御史台为并列的受理直诉的机关；转运司、提点刑狱司、安抚司、提举常平司为并列的路级审断机关。其二，同僚异事，即在中央和地方各级刑狱审断机关内部设置很多部门，分别负责一定的职事，同时，各部门间互相纠治其失。如大理寺下分左断刑和右治狱；刑部尚书、侍郎下设十三案，刑部司下设左右厅，都官司下设五案；开封府下设左右厅、左右军巡院。如果在案件审理过程中发现有错或当事人翻供，即由内部一部门移送另一部门重新审理。比如在大理寺，"有翻异，即左移右推，右移左推"。其三，增设监察机关，加强对刑狱审断的监督。宋朝的监察机关除御史台外，又增设了谏院、纠察在京刑狱司、监司、通判，它们既监察刑狱审断机关，又相互监察。神宗时虽裁撤了审刑院、纠察在京刑狱司，但其他机关均予保留，其特色依旧。

第二，规定严密的狱讼听断制度。刑狱审断方面，规定或完善了长官躬亲制度、法官回避制度、鞫谳判分司制度、多重录问制度、翻异别勘制度、疑难案件台省杂议制度、法官责任制度；民案听讼方面，扩大了百姓的告诉权、赋予百姓多级申诉的权利。除回避制度及法官责任制度，其他的都是隋唐和明清所没有的。如此严密的狱讼听断制度，基本能预防冤假错案的发生。

从上述内容及特点看，宋朝法律内容丰富，严密程度、文明程度超过前代，宋朝法制可谓是中华法系发展中的一个高峰。又从北宋末年及南宋时颁布的"特许越诉"制敕的内容看，其具有行政诉讼制度的性质，这在中国古代是绝无仅有的，而西方行政诉讼制度则在近代才形成，以此来论，宋朝法制处于中国古代法制文明的最高峰，也处于世界同时期法制文明的最高水平。

二、宋朝法律的影响

宋朝法律的影响可分为对当时的影响和对后世的影响。

（一）宋朝法律对宋帝国的影响

宋朝君臣都重视法制，《宋史》刑法志中几乎有每个皇帝参与立法和司法活动的记载，《宋会要辑稿》也记载了皇帝录囚的情况，比其他朝代更加频繁。法史学家徐道邻经研究后指出："宋朝的皇帝，懂法律和尊重法律的，比中国任何其他朝代都多。北宋太祖、太宗、真宗、仁宗、神宗，南宋高宗、孝宗、理宗，这八个皇帝，在法律制度和司法制度上，都曾经有不少的贡献。有这么多的皇帝不断地在上面督促，所以中国的法治，在过去许多朝代中，要推宋朝首屈一指”[①]。由于宋朝实行“重文轻武”的国策，官员中以文官为主导，不事武功的文官们重视国家的治理和狱讼听断，宋朝频繁的立法及《疑狱集》《折狱龟鉴》《棠荫比事》《洗冤集录》《名公书判清明集》的编写即是其证明。因此，宋朝法律得到很好的实施，在国家治理中发挥了良好的作用，产生了积极影响：在政治方面，国家各项制度都能较好地运行，没有其他朝代如暴君酷政、外戚擅权、太后专制、宦官干政、藩镇割据、大臣专权等弊政，皇位继承也较为平顺，国家统一，政治稳定。宋朝外表贫弱，但却有三百二十年的国运，时间之长，超过秦、西汉、东汉、两晋、隋、唐和明、清等主要朝代。在强敌环伺、开封无险可守的形势下，北宋竟能立国近一百七十年。特别是南宋，在强大的金国、西夏都已经灭亡后，竟与有“上帝之鞭”之称，几乎是天下无敌的蒙古军队对抗了近半个世纪。其灭亡时，竟有十万军民随君相投海殉国。这在中国历史上都是绝无仅有的，说明宋朝的治理是比较成功的，这里面当然有法律的作用；在经济方面，宋朝土地开垦、单位面积产量、市场繁荣程度、对外贸易制度等方面的数量或水平都高于唐朝；在科技文化方面，宋朝的印刷技术、造船技术以及诗词歌赋、史书编辑的水平或数量都超过了前代，后世也只有清朝在史书编辑方面与其能有一比；狱讼听断方面，史料记载的宋朝冤假错案极少。当然，宋朝由于狱讼听断制度的严密，可能会造成淹狱。

（二）宋朝法律对后世的影响

由于紧接着宋朝的元朝的民族特色，宋朝法律对后世的影响一定程度上受阻，但仍有不少制度被后世继承，对后世产生影响。比如，宋朝的科举制度，不动产买卖的程序规定和典权制度、永佃权制度、立嗣制度等民事法律制度，以及法医检验技术等在元朝即被继承，并被明清沿用和完善；宋朝的刺配刑、凌迟刑对元明清的刑罚制度亦有影响，刑罚制度走向严酷的趋势被明清继承。

本章拓展阅读与选题思路

一、拓展阅读

先是，朝廷遣供备库使李守信市木秦、陇间，守信盗官钱巨万，既受代，为部下所发，守信至中牟，自刭于传舍。太祖命晓案之，逮捕甚众。右拾遗、通判秦州马适妻李，即守信息女。守信尝用木为筏以遗适，晓得守信所送书以进，太祖将舍之，晓上章固请置于法，仍籍其家。余所连及者，多至破产，尽得所隐没官钱。

——《宋史》卷二七〇《苏晓传》

欧阳煜都官知端州，有桂阳监民争舟，相殴死，狱久不决。煜出囚坐廷中，去其桎梏而饮食之。讫，还于狱，独留一人，留者色动。煜曰：“杀人者，汝也”，囚不知所以然。曰：“吾视食者皆以右手持匕，汝独以左。今死者伤右肋，此汝杀之明也。”囚泣曰：“我杀之，不敢累他人。”

——《折狱龟鉴》卷六《欧阳煜》

---

① 徐道邻：《中国法制史论集》，志文出版社1976年版，第89-90页。

复仇，后世无法。仁宗时，单州民刘玉父为王德殴死，德更赦，玉私杀德以复父仇。帝义之，决杖、编管。元丰元年，青州民王赟父为人殴死，赟幼，未能复仇。几冠，刺仇，断支首祭父墓，自首。论当斩。帝以杀仇祭父，又自归罪，其情可矜，诏贷死，刺配邻州。宣州民叶元有同居兄乱其妻，缢杀之，又杀兄子，强其父与嫂为约契不讼。邻里发其事，州为上请，帝曰："罪人以死，奸乱之事特出叶元之口，不足以定罪。且下民虽无知，固宜哀矜，然以妻子之爱，既罔其父，又杀其兄，戕其侄，逆理败伦，宜以殴兄至死律论。"

——《宋史》卷二〇〇《刑法二》

淳熙初，浙西提刑郑兴裔上《检验格目》，诏颁之诸路提刑司。凡检覆必给三本：一申所属，一申本司，一给被害之家。

嘉定四年，江西提刑徐似道言："检验官指轻作重，以有为无，差讹交互，以故吏奸出入人罪。乞以湖南正背人形随《格目》给下，令于伤损去处，依样朱红书画，唱喝伤痕，众无异词，然后署押。"诏从之，颁之天下。

——《宋史》卷二〇〇《刑法二》

端拱初，广安军民安崇绪隶禁兵，诉继母冯与父知逸离，今夺资产与己子。大理当崇绪讼母，罪死。太宗疑之，判大理张佖固执前断，遂下台省杂议。徐铉议曰："今第明其母冯尝离，即须归宗，否即崇绪准法处死。今详案内不曾离异，其证有四。况不孝之刑，教之大者，宜依刑部、大理寺断。"右仆射李昉等四十三人议曰："法寺定断为不当。若以五母皆同，即阿蒲虽贱，乃崇绪亲母，崇绪特以田业为冯强占，亲母衣食不给，所以论诉。若从法寺断死，则知逸何辜绝嗣，阿蒲何地托身？臣等议：田产并归崇绪，冯合与蒲同居，供侍终身。如是，则子有父业可守，冯终身不至乏养。所犯并准赦原。"诏从昉等议，铉、佖各夺奉一月。

——《宋史》卷二〇一《刑法三》

二、选题思路

1. 宋朝民本思想研究
2. 宋朝士大夫法律意识研究
3. 宋太祖太宗法律思想研究
4. 宋朝法律形式与法律体系研究
5. 宋朝配刑与牢城研究
6. 宋朝检验制度研究
7. 宋朝法医学的发展研究
8. 宋朝凌迟刑研究
9. 宋朝证据制度研究
10. 南宋律学研究
11. 宋朝对外贸易制度研究
12. 宋朝引经决狱研究

第八章　元朝的法制发展

10 至 12 世纪之际，中国北方广大草原地区存在若干个游牧政权，它们之间各自为政，互不统属。其中，蒙古虽然崛起相对较晚，但它以后来居上的姿态，迅速发展成为一个强大的汗权政治实体，通过不断扩张和兼并，最终于 13 世纪初完成了统一蒙古高原各部的历史使命。此后，在华夏大地上建立起以蒙古族占据主导地位的各民族多元一体的地域空前辽阔的多民族国家——元王朝，实现了中国历史上继唐朝以后的又一次大一统的局面，横跨游牧、农耕两大文明，交通东、西两种文化，对此后的中国乃至亚欧历史都产生了深远的影响。

按明初官修《元史》的断限，自 1206 年成吉思汗在漠北建立大蒙古国，到 1368 年元顺帝出亡，连同大蒙古国这一阶段在内都在广义上统称为元朝，共 163 年。循名责实，狭义上的元朝专指元世祖忽必烈 1271 年改国号“大蒙古国”为“大元”之后[①]，至 1368 年元亡。作为大一统的王朝，就算在广义上理解，其国运都不算特别长久。元朝一百六十余年历史，大体可分为四个阶段。

第一，成吉思汗与窝阔台、贵由、蒙哥统治大蒙古国期间，又被称为“四大汗时期”。此时通过大规模的征伐建立了庞大的帝国，但政治中心仍在漠北，因此基本上保持蒙古的传统制度。

第二，忽必烈统治时期。此时的大蒙古国实际上已经趋于分裂，自 1271 年改号“大元”，次年定都大都（今北京），政治中心开始转移到汉地，逐渐接纳了中原汉族王朝的政治传统和治理模式，开始探索采纳“汉法”修律定制。其间元朝占领了南宋全境，最终实现了全国统一；统治的疆土“北逾阴山，西极流沙，东尽辽左，南越海表”，远超汉唐。

第三，元代中期（包括成宗、武宗、仁宗、英宗、泰定帝、天顺帝、文宗等诸帝）。此时继续奉行忽必烈的采用“汉法”政策，是元朝法制建设的主要成就期，并颁布以《大元通制》为代表的系列法典，接续了制礼作乐的历史传统。

第四，元代末期（顺帝朝）。此时在政治、经济、社会、文化上都实现了一定程度的革新更化，在前代立法基础上也汇编成《至正条格》等代表性的法典，但政权

① 忽必烈建号以后，“大蒙古国”之名只是在汉文文书中不再使用，蒙文文书中仍旧使用。

已积弊累耗难以自救，至正二十八年（1368年）顺帝退守漠北，元朝自此终结。

由于本章叙事范围兼跨两个“阶段”，故除可以确定的史实外，皆笼统冠以“蒙元”。在蒙元时期政治、经济、军事、法律诸方面制度建设中，以蒙、汉混合二元结构为主导，并呈现出南北异制、诸制并举的格局，并有颇多建树。蒙元法制既吸取了唐宋辽金法制的内容，下启明清之制，又保留了蒙古等民族的习惯，表现出浓郁的民族特色。

第一节 “祖述旧制、因俗而治”：草原帝国的血脉传递

案例导入

从蒙古人的观点来看，他在原则上（如果不是在现实中）始终如一地维护了成吉思汗帝国精神上的统一。

——［法］勒内·格鲁塞：《草原帝国》

蒙元是以蒙古族占据主导地位的各民族多元一体的地域空前辽阔的多民族国家。在漠北游牧文明及其创造者进入具有悠久历史的华夏农业文明的汪洋大海时，其自身遭受到异质文明的强烈熏染和冲击。基于稳固统治的现实目的，蒙元统治者不得不逐渐接受根深蒂固的华夏文化，在立法建制活动中仿行汉制，从而加速了各民族法律文化的交融。同时，蒙古民族传统法律文化虽然受到源远流长的华夏儒家法文化的融汇，但仍然顽强地固守自己的领地，凭借本民族在国家政权中占据统治地位的优势条件，对国家立法建制以至整个社会生活发挥影响，这是蒙元法律思想最集中的体现和法律文化最大的特色。

四大汗时期，“视居庸以北为内地”①，视中原地区为边地而进行间接统治。窝阔台时期，虽由耶律楚材“以儒治国”，但屡遭排挤，以致政无纪纲，造成“汉地不治”的局面。1260年，忽必烈建元中统，其在诏书中提出了“祖述变通”思想。“祖述”即“稽列圣之洪规”，也就是恪遵蒙古传统制度，对各民族依本俗而治。

就经济形态和生产方式而言，蒙元统治者不管是在四大汗时期，还是在南迁大都之后，一直坚守草原本位，难以完全调和游牧、农耕两种生产方式的矛盾，以致无法合理构建出一套适应两种生产方式和经济形态的治理模式。基于草原本位，采取不平等的民族政策，划分民族“等级”，各依其本俗而治；赋予蒙古人特权；实行蒙古人为正官制、军事长官的世袭制，这些都是“祖述”思想在政治和法律制度上的表现。

元代史家马端临考证云：“列侯不世袭始于唐，亲王不世袭始于宋”②，意指唐

---

① （元）袁桷：《清容居士集》卷二五《华严寺碑》。

② （元）马端临：《文献通考》卷首《自序》。

宋以来的宗法“封建”已渐落空名。反观元朝，其权力、财产等分配制度保留着浓厚的民族传统，加之统治地域辽阔，使得这个时代的“封土建国”不管是立足于草原还是问鼎中原抑或横亘亚欧，都具备了现实可能。史称：“元兴，宗王驸马，通称诸王，岁赐之颁，分地之入，所以尽夫展亲之义者，既优且渥”①。当时蒙古人所获得的诸多特权，正是得益于分封体系的发达，也是对成吉思汗“哥哥、弟兄每商量定，取天下了呵，各分土地，共享富贵”这一祖制的遵循。② 因此，对马背上的流动而言，“这里没有不动产”；就分封而论，元朝恰恰有着庞大的、可供分割的“家产”，正因如此，也就需要建立一种既继承民族传统，同时采纳中原汉族王朝政治遗产的“家天下”皇权形态来维持。除分封之外，元朝“家天下”皇权形态最重要的表现就是皇权的高度独尊而少有约束，君臣关系渐趋“主奴”两极化，这成为明清两朝极端君主专制集权制度的直接根源。③

终元一代，其法制建设基本是在忽必烈“祖述变通”的思想指导下不断推进，众多维护蒙古贵族特权的法律制度也是在这一思想“庇护”下赖以生存。虽然元法附会汉法，但通说认为元朝的汉化过程曲折艰难，进展迟滞。融合是一件复杂而又长久的事，对于法律观念融合的艰难性和根源，元初名臣胡祇遹也指出：“法之不立，其原在于南不能从北，北不能从南。然则何时而定乎？莫若南自南而北自北，则法自立矣。以南从北则不可，以北从南则尤不可。南方事繁，事繁则法繁；北方事简，事简则法简。以繁从简则不能为治，以简从繁则人厌苦之。”④ 所谓南，即中原汉族王朝传统；北，即蒙古传统。“法之不立”，指元初在修律问题上一直未果，未能形成一部折中蒙汉的完整的法典，究其原因就是南北整体差异。就群体因素而言，以皇帝为代表的蒙古贵族对汉文化的接受程度不一、热情大小迥异，始终存有隔膜和距离，难以持续巩固汉化的成果。而在面对庞大的统治地域、庞杂的民族群体时，统治者也未尝视汉法为治国理政的唯一良方妙药，更难以超越“祖述”的惯性，彻底摆脱本民族传统的“向心力”。

一、四大汗时期的蒙古习惯法传统

元朝法制变迁是元朝社会变迁的有机组成部分，其法律体系在草原游牧法律文化与中原汉族王朝法律传统的相互冲突、融合和影响中渐进形成，经历了从早期的习惯法到援用金律，再到独立发展的一个过程。在 1260 年以前，即太祖成吉思汗、太宗窝阔台、定宗贵由、宪宗蒙哥四大汗时期。尽管本阶段元朝基于金代法制影响，在司法实践中已逐渐产生统一中原汉地刑法的潜在趋势，但在国家和社会治理的过

① 《元史·诸王表》。

② 参见《元典章·吏部三·改正投下达鲁花赤》。

③ 相关研究参见张帆：《元朝的特性——蒙元史若干问题的思考》，载《学术思想评论》第 1 辑，辽宁大学出版社 1997 年版；《论金元皇权与贵族政治》，载《学人》第 14 辑，江苏文艺出版社 1998 年版；《论蒙元王朝的“家天下”政治特征》，载《北大史学》第 8 辑，北京大学出版社 2001 年版；姚大力：《论蒙元王朝的皇权》，载《学术集林》第 15 卷，上海远东出版社 1999 年版。

④ （元）胡祇遹：《紫山大全集》卷二一《杂著·论治法》。

程中发挥主要作用的规范还是蒙古民族的传统习惯法。

蒙古人自古以来就有许多世代相传的“约孙”（蒙古语“yusun”音译），通常汉译为“习惯”。“约孙”作为蒙古古老的社会习惯或行为规范，有“理”“道理”的含义；在元代汉语里“约孙”又译为“体例”，其内容涉及蒙古先民的自然禁忌，蒙古社会的传统观念，北方游牧民族宗教信仰，蒙古人狩猎和战争的规则等，是蒙古社会评判是非的标准，调整人们社会关系的基本行为准则。随着蒙古各部的统一和大蒙古国的建立，国家对“约孙”进行重新整理、改造、取舍并公布于众，赋予其法律效力，使之成为适应蒙古社会需要的习惯法。

在统一蒙古各部建立大蒙古国的过程中，成吉思汗意识到“约孙”已不能完全适应新形势的需要，必须用严厉的“札撒”整顿和维护新的社会秩序。在蒙古语中，“札撒”是“札撒黑”（Jasag）的汉语音译简称，突厥语称“雅撒”（Yasa），意为号令、法度、军法之意。① 以成吉思汗的名义，将这些法令用成文法的形式记载，并在重大典礼上宣布，称为“大札撒”，通常汉译为《成吉思汗法典》。② 这是大蒙古国正式颁行的第一部成文法典，对于后世蒙古社会的政治、军事、法律以及人民的生产、生活都具有极其深远的影响。但其内容在很大程度上与“约孙”有着直接的渊源关系，蒙古传统习惯法仍占有较大比重。“札撒”的不少内容一直保存到元朝并发挥效力，如《大元通制条格·军防》“看守仓库”条规定：“如是库司勾当并支纳人员出库，仰沿身子细搜寻，但有隐藏官物，即便拿解赴省部，照依札撒处断。”

随着大蒙古国不断南下征伐，其习惯法传统也逐渐受到金朝以及中原王朝法律文化的影响，如1206年，成吉思汗颁布《条画五章》，规定了“出军不得妄杀”“刑狱惟重罪处死”“其余杂犯量情笞决”等内容，被后世视为“一代制法之始”③。太宗窝阔台即位后，重用精通汉文、深受儒家影响的耶律楚材，颁布《便宜十八事》作为临时法令。这些规定对后续元朝法制的创建起了重要作用。

二、蒙元初期的刑事法律制度

史学家孟森说：“自有史以来，以元代为最无制度，马上得之，马上治之……于长治久安之法度，了无措意之处。”④ 事实上，蒙古统治者在尚未统一中国之时，就已经根据其民族特点和风俗习惯对宋、金诸朝的刑事法律制度进行独具特色的改革，这些制度上已深深烙上了蒙古贵族统治意识的印记，表现出浓郁的民族特色。

一是对封建五刑的处刑作出一定程度的修改。蒙元统治者入主中原之初，对宋、金刑制进行变通的过渡五刑。据明初叶子奇《草木子》：“元世祖定天下之刑，笞、杖、徒、流、绞五等。笞杖罪既定，曰：‘天饶他一下，地饶他一下，我饶他一下。’

---

① 如《元史·世祖纪二》记载：“大札撒，华言大法令也”。

② 该法典失传已久，2007年商务印书馆出版了由内蒙古典章法学与社会学研究所整理、编撰的《〈成吉思汗法典〉及原论》。

③ 《元史·郭宝玉传》。

④ 孟森：《明清史讲义》上册，商务印书馆2011年版，第3页。

自是合笞五十，只笞四十七；合杖一百十，只杖一百七。”[①] 蒙元初期援用金律变通而成的过渡五刑，反映了金、元法制承袭亲缘关系，及新朝更始，刑用轻典的特点。它不仅未将辽、金已成为法定刑的凌迟列入，甚至流刑也用徒刑折代执行。在此间司法实践中，有按“旧例”应处死刑者，减为徒五年或徒五年加决杖一百的案例。

二是基于自身文化的落后，对部分前朝刑罚制度进行有目的的继承。自隋《开皇律》将法定死刑规范为斩、绞二等以来，斩之降即为绞，仍为生命刑。蒙元入主中原汉地之初，沿用金代死刑之制，有斩亦有绞。当时大量任用金朝降官旧吏治理中原居民，故沿用《泰和律》处理刑名之事也是顺理成章。各地官府或法司在审理案件时，通常是按“旧例”即金律之规定判决。而金代死刑有绞、斩、凌迟等。故法司所引“旧例”律条出现绞刑，说明蒙元初曾沿用金律适用绞刑的律条。

三是因势利导，根据现有的条件部分改革前朝刑罚制度。蒙元初期“循用金律”，对金代流刑进行折代变通。金代的流刑虽为法定刑之一，但实际上并未适用。据《金史·刑志》载，明昌五年（1194年）尚书省奏：“缘先谓流刑非今所宜，且代流役四年以上俱决杖。”[②] 其以徒刑加决杖代替流刑的具体规定是：流二千里比徒四年加杖九十，流二千五百里比徒四年半加杖九十，流三千里比徒五年加杖一百。流刑虽然始终是元朝的法定刑种之一，但蒙元前期因战乱频仍，局势不稳定而无法实际执行，遂以其他刑罚代替，于是将流刑折代为徒四年、徒四年半、徒五年。在《元典章》等史籍中，此类变通流刑的实例颇多。

三、具有民族特色的重要法律制度

蒙元法制在仿行唐、宋、金制度的同时，保留了较多的蒙古游牧民族文化传统。其主要表现有以下几个方面。

（一）皇位继承遵从蒙古旧制

在蒙古国时期，蒙古大汗确定继承人，必须召开由蒙古王公贵族参加的“忽里台”大会集体议定、确认。入元之后，忽必烈着手对皇位继承制度进行改革，立真金为皇太子，试图确立中原华夏王朝传统的嫡长子继承制。然而，皇位嫡长子继承制最终并未形成，反而有较明显的兄终弟及倾向，如显宗、顺宗、成宗为兄弟，仁宗为武宗弟，文宗为明宗弟，顺帝为宁宗弟。草原时代的“忽里台”旧制，也顽强地生存下来，并未退出历史舞台。自成宗以下的元代诸帝，几乎无一不是经过召开“忽里台”才正式即位的。这一惯例一直保留到元末。可以说，元代的皇位继承事实上还是采取了一种蒙汉杂糅的方式。

（二）维护蒙古人特权，对各民族分而治之

在中国历史上，少数民族入主中原建立政权的情况并不少见，从西晋末年匈奴、

---

① （明）叶子奇：《草木子》卷三下《杂制篇》。

② 《金史·刑志》。

鲜卑、羯、氐、羌等部族建立十六国，到北魏统一中国北方；从辽、金、西夏与两宋的长期并峙，到元朝和清朝的“大一统”政权，历时近千年之久。虽然这些政权也不同程度地采取民族歧视政策，但在制度上将各民族划分为不同等级，以法律的形式直接实行民族分治政策的，却只有金和蒙元。金朝任用掌管兵权、钱谷的官员，就有先女真，次渤海，次契丹，次汉儿四等级顺序的规定。[①] 蒙元则根据其征服的先后，把全国各族人民划分为四等：第一等蒙古人。第二等色目人，主要指西夏、回族及西域各民族。成宗大德八年（1304 年）确定通例：“除汉儿、高丽、蛮子诸人外，俱系色目人。”[②] 第三等汉人，指统一中国前已属蒙古统治之下的汉族、契丹族、女真族等北方各民族，及归顺较早的云南、四川人。第四等南人，指属原南宋统治地区的汉族及南方其他少数民族，以达到“分而治之”的目的。元朝法律规定不同等级的人在法律上有不同的权利和义务，其中蒙古贵族则享有各种特权。

第一，维护蒙古贵族对国家权力的垄断。在官吏的任用上，元朝中央各官署的实权多操纵在蒙古人和色目人手中，中书省的长官右丞相、枢密院使都由蒙古贵族专任；监察机关御史台的长官御史大夫通常是“非国姓（蒙古贵族）不以授”。有些职位色目人可以担任，但汉人、南人甚至不能任御史台的书吏。同样是科举出身，任官却不同，“蒙古、色目人愿试汉人、南人科目，中选者加一等注授”[③]。

地方各级行政机关除原有官员外，均设蒙古掌印官“达鲁花赤”一员为监临官，掌握各级政府的最高权力。达鲁花赤是蒙古语“镇守者”的音译，在汉籍中也称为“宣差”或“监临官”，最初是指蒙古征服各地以后在该地设立的最高监治长官。蒙古人对被征服地区无力单独进行统治，一般都要委付当地上层人物治理。同时派出达鲁花赤监临，位在当地官员之上，掌握最后裁定的权力，以保障蒙古贵族的统治。

由于各级衙门中掌握实权的大多是蒙古官员，故元朝对官吏犯罪处罚极为松弛。元律对官吏的许多犯罪都以“禁之”“罪之”“重罪之”等代替具体的规定；有些规定虽然明确，但处罚极轻，如受贿罪，唐律规定赃十五匹绞，明律规定赃八十贯绞，元律则规定受财枉法赃一百贯以上杖一百七；泄露机密重事罪，唐、明律均处死刑，而元律仅规定“奏闻论罪”，连如何处罚都没有规定。元朝对官吏的宽纵，导致元朝吏治的普遍腐败。

第二，在法律权利方面，南人与汉人甚至连起码的人身权利也得不到法律的保障。在蒙古大军进兵中原灭金及征服南宋的过程中，大批战俘及被掳掠的平民沦为“驱口”，成为蒙古贵族、军事长官及官府的奴隶，从而丧失了独立的人身权利。法律视其“与钱物同”。多桑《蒙古史》引太宗窝阔台言：“成吉思汗法令，杀一回教徒者，罚黄金四十巴里失；而杀一汉人者，其偿价与一驴相等”[④]，汉人的生存权无法律可以保障。为了防止汉人反抗，元代法律严禁汉人持有兵器、弓矢；禁止汉人习武艺，甚至打猎；禁止汉人生产、制作可以充当或改制成武器的农具及家用器具。

---

① （南宋）徐梦莘：《三朝北盟汇编》卷九八，引赵子砥《燕云录》。

② 《元典章·刑部十一·女直作贼刺字》。

③ 《元典章·刑部十一·女直作贼刺字》。

④ ［瑞典］多桑：《蒙古史》，冯承钧、陆峻岭译，中华书局 1958 年版，第二卷第二章。

因马匹可用于军事目的，元统治者禁止汉人私养、私用，违者没官。沈家本对此评说道："汉人、南人执军器之禁，元代行之百年。究之元之乱仍起于南，蔓延延于北，不修政事而惟知悬此等厉禁，何救于亡哉？秦始皇销兵器以弱天下之民，二世而亡，可为殷鉴，有国家者当省之。"① 江南反元活动频繁的地区，长期实行宵禁，夜间禁止行人上街，屋内不许点灯，居民不得闭门，禁止汉人、南人聚会，"集众祠祷""赛神赛社"，甚至连节日"立集聚众买卖"等，也一律严加禁止。

第三，在刑法上，对蒙汉等民族实行同罪异罚。元律"禁汉人聚众与蒙古人斗殴"，规定：蒙古人殴打汉人，不准汉人还手，只许指出见证告官申理，否则便要治罪。汉人打死蒙古人，本人处以死刑，家属还要向死者赔偿烧埋银（烧埋尸体的费用）。② 但蒙古人"因争及乘醉殴死汉人者"，仅"断罚出征"、"全征烧埋银"了事。③ 汉人、南人的强盗、窃盗犯，一律处以黥刑，但蒙古人（后也包括色目人）有犯者，却"不在刺字之例"；如果司法官吏不遵照上述规定，"辄将蒙古人刺字者，杖七十七，除名"，并将"已刺之字去之"④。

（三）宗教僧侣享受众多法律特权

元代蒙古族大多信奉佛教，尤其是其统治者更是将佛教置于显赫的地位，并给予僧侣以种种特权。《元史・释老传序》说："元兴，崇尚释氏，而帝师之盛，尤不可与古昔同语。"尽管如此，蒙古统治者对其境内其他宗教，如道教、伊斯兰教、摩尼教、婆罗门教等，也能持兼容并包的态度。元代统治者将各宗教领袖奉为上宾，给予特殊礼遇。对一些重大政治问题，往往先征询宗教领袖们的意见。如元世祖忽必烈即位当年（1260年），即"以梵僧八合思八为帝师，授以玉印，统释教"。此后，元代各帝皆供奉帝师。帝师在元朝廷地位很崇高，"虽帝后妃主，皆因受戒而为之膜拜"。凡国家大典，帝师皆有专席；出入有法驾前导，百官送迎。对于西域和吐蕃地区，因"地广而险远，民犷而好斗"，元代统治者就利用宗教"因其俗而柔其人"，在当地"设官分职，而领之于帝师"。其后立宣政院，设宣政院使二人，其一必以僧人为之，由帝师推举，其下属"亦必僧俗并用，而军民通摄"，于是出现了"帝师之命，与诏敕并行于西土"的现象。⑤ 帝师的弟子、门徒及其他高僧，也往往被封为国师、国公、司徒等，享有种种特权。一般僧侣也受到法律的特殊保护，如元武宗至大二年（1309年）六月，皇太子发现宣政院有"殴西番僧者截其手，詈之者断其舌"的旧旨，认为"此法昔所未闻，有乖国典，且于僧无益。僧俗相犯，已有明宪，乞更其令"。帝从之。⑥ 僧道还在地方设置衙门，管理佛道徒众。"一如有

---

① 沈家本：《历代刑法考・律令八》，中华书局1985年版，第1095页。

② 烧埋银源于少数民族地区的赔命价习惯传统，体现了人命至重的观念。至元代形成富有特色的制度，为明清所继承。对其性质学界尚未统一认识，目前有附加刑、赎金刑、民事损害赔偿等说法。

③ 《金史・刑法志四》。

④ 《金史・刑法志二》。

⑤ 参见《元史・释老传》。

⑥ 参见《元史・武宗纪二》。

司，每日公署莅政施刑”，僧道官出入，“视部刺史、郡太守无辨”[①]，故元人危素说：“盖佛之说，行乎中国，而尊崇护卫，莫盛于本朝。”[②]

在经济上，僧道可免除一定赋税和差役。元律规定：“其僧道种田作营运者，依例出纳地税商税，其余杂泛科差并行免放。”[③]“诸各寺院税粮，除前宋所有常住及世祖所赐田土免纳税粮外，已后诸人布施并己力典买者，依例纳粮。”[④]元世祖时期，曾大量赏赐土地和钱物予寺观，这些土地、矿产、店铺等都可免纳税粮。

在司法上，对僧道实行专门管辖：“诸僧、道、儒人有争，有司勿问，止令三家所掌会问。”“诸僧人但犯奸盗诈伪，致伤人命及诸重罪，有司归问。其自相争告，从各寺院住持本管头目归问。若僧俗相争田土，与有司约会；约会不至，有司就便归问。”[⑤]但若判徒刑以上须羁押的，还须上报管理少数民族及宗教事务机关宣政院复核，宣政院认为审理不当的，可以驳回重审。

由于僧道享有多种法律特权，故元朝僧道极为跋扈。如至大元年（1308 年），上都开元寺西僧强买民薪，民人向留守李璧控告，李璧正在询问，西僧率徒众挥舞棍棒冲进官府，隔案将李璧拖出痛打，并将他挟持回寺内予以禁闭。李璧“久乃得脱，奔诉于朝，遇赦以免”。至大二年（1309 年），“复有僧龚柯等十八人，与诸王合八剌妃忽秃赤的斤争道，拉妃堕车殴之，且有犯上等语，事闻，诏释不问”[⑥]。连蒙古王公贵族尚且如此，平民百姓则更不在话下。

（四）保留蒙古特色婚姻家庭旧俗

蒙元社会以男性为中心，保留着浓厚的原始婚姻习俗，如有利于蒙古种族繁衍的一夫多妻制。南宋彭大雅《黑鞑事略》称：“成吉思汗立法，只要其种类子孙繁衍，不许有妒忌者。”按照当时的风俗，平民也可以娶有多妻。一个男子娶多少妻子，取决于其供养能力。故愈是显贵的人，往往妻子愈多。在蒙元时代的文献中，一个贵族有几十个妻子的记载屡见不鲜。况且，频繁的战争致使大量男子丧生而同时又俘获了众多妇女，也为多妻制创造了条件。此外，蒙古族有“收继婚”习俗。其法：父死，子妻庶母；兄死，弟妻诸嫂；伯叔死，侄亦如之，并称“国俗叔嫂相妻，盖欲守其家产”[⑦]。在《马可波罗游记》中也有类似记载。《元史·乌古孙良桢传》曾提及：“国俗，父死则妻其从母，兄弟死则收其妻。”至元八年（1271 年）十二月，元世祖下诏：“小娘（庶母）根底、阿嫂根底，收者么道”[⑧]，确认了收继婚的合法性。作为一种婚姻形态和现象，收继婚源于早期人类社会的生活习俗，在众

① 四库本，吴澄：《吴文正公文集》，鹭江出版社版。
② 《危太仆文集·扬州正胜寺记》。
③ 《通制条格·僧道》。
④ 《元史·刑法志一》。
⑤ 《元史·刑法志一》。
⑥ 《元史·释老传》。
⑦ 《新元史·李士瞻传》。
⑧ 《元典章·户部·婚姻·不收继》。

多国家和民族的发展历史中都曾出现过，如女真、党项、畏兀儿等北方游牧民族大多有收继婚习俗，汉文文献称之为“蒸母报嫂”。

四、较为稳定的礼制与礼俗

有学者认为，元朝从“王朝正统性和维持社会秩序双重考虑出发，对汉族礼制的采纳或取舍，实际遵循的蒙汉并用，以蒙古为主的原则”，这种多民族文化交融背景下形成的礼制显现出与唐宋辽金诸朝不同的特色。其还指出：“由于元代采取“各依本俗”的政策，“因此礼制在国家层面上出现了以蒙古族礼仪为主，汉式礼制被边缘化的情况”①。

祭祀是中国古代礼俗的重要组成部分。元朝的祭礼对象包括天地、宗庙、社稷、先农、先圣、岳镇海渎以及风师、雨师、雷师等。《元史・祭祀志》记述，元朝的祭祀“稍稽诸古”，同时，无论是它的内容还是形式，蒙古风俗的影响还是十分明显的。如《元史・祭祀志》云：“元之五礼皆以其国俗行之，惟祭祀稍稽诸古”。说明元代的礼制在一定程度上，参考了中原王朝的五礼制度，但保持了蒙古的特色文化。如烧饭即是元代极具特色的祭祀活动②。

元朝特别重视祭天，这是直接与蒙古人信仰萨满教，崇拜至高无上的“长生天”联系在一起的。《元史・祭祀志》中记载：“元兴朔漠，代有拜天之礼。衣冠尚质，祭器尚纯，帝后亲之，宗戚助祭”③。在文献中，成吉思汗祭天的活动屡有所见。由于受汉族礼制的影响，从忽必烈时候起，在祭天的同时祭地。但由于在汉族祭祀传统中天地应当分祭还是合祭是个争论不定的问题，元朝长期实施的仅仅是祭天的礼仪。忽必烈即位后，在至元三年（1266 年）建成太庙，基本上按照中国王朝的传统礼制进行祭祀，十分隆重。但是，元朝的太庙祭祀仍旧具有若干特色：（1）祭祀的祝文用蒙古文书写，由蒙古巫祝宣读。（2）常馔以外，增加了野豕（代替豢豕）、鹿、羊、葡萄酒、马湩以及其他野生禽兽。（3）在太庙作佛事。这种“郊庙之仪”，按照传统，也应由皇帝亲自举行。但是从忽必烈起，元帝“亲享”的不多，往往就由巫祝主持了。

至于烧饭祭礼，这显然直接因袭了契丹、女真的类似风俗，蒙古语称为“亦捏鲁”(inaru)。关于这种烧饭礼俗，有人认为是殉葬，有人认为是火葬，有人认为是一种祭祀，用于祭祖以及祭天。见于蒙古的有关资料有《蒙古秘史》第 70 节的记载：在成吉思汗以前，蒙古已有烧饭的习俗，是祭祀祖先，祭后分胙而食。普兰迦儿宾尼记载，“他们把吃了马的骨头烧掉。妇女们也常聚到一起，焚烧骨头，为男人们的灵魂祝福”。元末陶宗仪记载，一次，忽必烈举行丁祭（祭孔），“礼毕，进胙于上。上既饮福，熟其胙，命左右均霑所赐”。元代大都有烧饭园，在蓬莱坊，是皇家行烧饭礼的场所。每逢祭祀时，“烧饭师婆以国语祝祈，遍洒湩酪酒物，以火烧所祭

---

① 刘舫：《40 年来元代礼制研究述评》，载《中国史研究动态》2019 年第 2 期。

② 王国维：《蒙古札记・烧饭》，《观林堂集》，中华书局 2004 年版。

③ 《元史・祭祀志一》。

之肉，而祝语甚详”。从这些资料可见蒙元的烧饭是祭祖祭孔，并由萨满教的师婆主持，所用的牲畜，其胙由祭者分食，焚烧掉的原是骨头，后来也有肉。烧饭也烧掉肉，这可以看作蒙古贵族生活奢侈在祭祀活动中的表现。

总而言之，蒙古作为一个典型的草原帝国，在征服并统治中国的历史进程中，大量地保存了属于草原帝国的悠久传统和社会风俗，其中有不少习惯和法律规范终元朝一世而不坠。但是，在草原文明和更加悠长的中原文明之间的摩擦、影响、交融过程中，以及统治者在现实政治运行过程中所遇到的大量亟待处理的问题，又在无时无刻不提醒着这些生来喜爱烈酒、土地和财富的套马汉子们，光靠着强横的武力、区区的人口和简单粗犷的法律系统，是难以统治中原这片土地的，变化必须发生，变化也确实在发生。

第二节　“附会汉法，标榜文治”：宋明之间的传承枢纽

案例导入

王者南面以听天下之治，建邦启土，设官分职，其制尚矣。

——《元史·百官志》

忽必烈即位后，在维持蒙古传统的同时，受到汉人的影响，开始逐步提倡“文治”，采用“汉法”。“祖述变通”中的“变通”，即附会汉法，“讲前代之定制”，以成一代之制。如郝经主张“以国朝之成法，援唐宋之故典，参辽金之遗制，设官分职，立政安民，成一代王法”①；徐世隆认为“帝中国当行中国事”②；许衡指出“北方之有中夏者，必行汉法，乃可长久”③。经过多年经营，自元仁宗开始，此后的元朝帝王汉文化修养有了逐步的提高，通过重任儒臣、修颁律令、恢复科举、设立“儒户”、兴建书院等措施，不断筑实崇儒尊孔这一“汉法”思想基础，后人也曾高度评价元代儒家文化的发展：“以论元朝，为时不过百年。……若由汉高、唐太论起，而截至汉唐得国之百年，以及由清世祖论起，而截至乾隆二十年以前，而不计乾隆二十年以后，则汉、唐、清学术之盛，岂过元时！”④

“惟圣人之治天下，其为道也，动与天准，其为法也，粲如列星，使民畏罪迁善，而吏不敢舞智御人。鞭笞斧钺，礼乐教化，相为表里。及其至也，民协于中，刑措不用，二帝三王之盛，尽于此矣。虽刑罚世轻世重，而士制百姓于刑之中，以教祇德，古之制也。圣朝因事制宜，因时立制，时有推迁，事有变易，谋国之臣，斟酌损益，以就中典，生民之福也。”这是孛术鲁翀为《大元通制》作序时的一段表

① 《新元史·郝经传》。

② 《元史·徐世隆传》。

③ 《元史·许衡传》。

④ 陈垣：《元西域人华化考》卷八《总论元文化》，上海古籍出版社2000年版，第133页。

述。狭义地去理解，这无疑是元代附会汉法而在法律思想上最突出的结晶。如果抛开特定的时代，这些文字不仅“放之唐宋而皆准”，又可“推之明清而不悖”，因为当中对治道、礼刑、德教、经权的阐释，从未偏离礼法体系对“法”的理解。

一、初露峥嵘的蒙元律学

附会汉法，既有因袭唐宋传统修撰法典作为实践，也有理论体现。元朝产生了不少律学方面的著作，如郄□韵释、王亮增注的《刑统赋解》、孟奎的《粗解刑统赋》、沈仲纬的《刑统赋疏》、佚名的《别本刑统赋解》等书皆流传至今。虽然这些著作都是对宋代傅霖所著《刑统赋》的解释，但其中一些基本的法律原则、罪名以及专门词汇在元时并未发生重大的变化，在进行注释时既有作者的“直解”，也往往以元朝的断例、条格等作为“通例”进行引证。不管是注释方法还是体裁形式，都延续了唐宋以来的律学研究传统。

元朝律学的另一个成就则是对唐律的整理、刊刻和研究。泰定初年，在江西任官的王元亮、柳贯等倡议刊刻唐律，王元亮不仅取出家藏善本，还重编了《唐律释文》[①]，柳贯则为之作序，该刊本在当时流传甚广，对唐律的传播功不可没。如王元亮精通刑名，其《唐律疏议纂例》以图表的形式诠释唐律，对相关罪刑编排归类、化繁为简，便于初习律者检索，因此“虽观律议而编，是皆明于天之道而察于民之故者”。柳贯在《唐律疏议序》中同样彰显了其对历代法制的精通，如其评述唐律称：“非常无古，非变无今。然而必择乎唐者，以唐之揆道得其中，乘之则过，除之则不及。过与不及，其失均也。”又如其“法家之律，犹儒者之经。五经载道以行万世，十二律垂法以正人心。道不可废，法岂能以独废哉!”“礼、刑其初一物，出礼入刑之论，固将以制民为义，而非以罔民为厉也”等等论断，对于今人客观认识古人心中的儒法、礼刑关系仍大有裨益。因此，王、柳二人看似简单的出版工作，不仅从文化上传播了唐律，对唐律所做出的精准评价也包含了对传统律学的研究和思考，也是元代法律思想的一个缩影。[②]

元朝建立以后，科举长期不兴，由于缺乏正常的选才用人制度，大量中下层职吏进入仕途甚至位居高职，正如时人评述：“朝廷以吏术治天下”[③]。由吏入官为世人所崇，也就催生了不少吏学的启蒙读本。如大德五年（1301 年）徐元瑞撰成《习吏幼学指南》，有“吏师定律之图”“为政九要”两部分。他认为，秦汉以来就有“居官必任吏”的传统，当今“繇吏入官，深合古法”；“读律则法理通，知书则字义见”，因此摘取“当今吏用之字和古法之名”并作解释，以便习吏治人掌握“律书要旨”，较为系统地总结了为吏需通晓刑名、熟习儒术等基本技能，有着很强的现实性

---

① 经沈家本等考证，《唐律释文》原为宋人“此山贯冶子”编纂的《宋刑统释文》，经王元亮重编后附入《唐律疏议》。

② 具体研究参见俞荣根、龙大轩、吕志兴编著：《中国传统法学述论基于国学视角》，北京大学出版社 2005 年版，第 226 - 231 页。

③ 陶安：《陶学士集》卷一五《引・送马师鲁引》。

和针对性。[1]

自曹魏设立律博士以来，这一官职延续至元代才被废除；长期以来学界也流行宋元律学“停滞”“衰败”的看法。然而元朝持续的律学研究、《唐律疏议》得以重刊传播、吏学书籍普遍流传，这些现象都说明传统律学在元代仍有其可圈可点之处。

标榜“文治”、崇文尚儒的相关举措，对元朝礼法制度构建也起到催化和促进作用。忽必烈时，撰成元朝的第一部礼典《国朝集礼》，其后有《太常集礼》《太常续集礼》《续编太常集礼》《太常至正集礼》等修成，但都散失殆尽，因此元朝礼制的原貌和实施状况，难以尽述，学界对其也缺乏专门的研究。忽必烈迁都今天的北京，时称大都。元大都建筑布局以宫城为核心，前朝后市，左宗庙右社稷，初步奠定了明清皇城的中轴线，是秩序、等级等礼制思想在建筑领域的突出反映。此外，忽必烈还沿袭历代旧典，在金朝枢密院旧址上建宣圣庙以祭祀孔子，逐步恢复各级官学，推行儒户制。元成宗大德十年（1306 年），根据“左庙右学”的礼制新建孔庙（今北京孔庙和国子监博物馆），即为此后明清孔庙的前身。次年，诏命加封孔子为“大成至圣文宣王”，后世虽有变更，但“大成至圣”四字因对孔子极度尊崇而被广泛使用，今北京孔庙大成门前仍矗立着当时的“加号诏书”石碑。汉代王充曾说“文王之文在孔子，孔子之文在仲舒”，我们熟知的汉代大儒董仲舒，尽管通经传道影响深远，但迟迟未能进入从祀之列，直到至顺元年（1330 年）才得以正式入祀孔庙，称“先儒”[2]。与此同时，元代理学作为宋明理学的过渡环节，逐渐走出南宋的门户之见，呈现出兼取各家之长、“和会”异同的趋向并被确定为官学。元仁宗时制定科举条格，“专立德行明经科”取士，其四书五经以程颐、朱熹的注解为根据，这对推广南宋以来的程朱理学起到了重要作用，由此崇儒风气大盛。泰定元年（1324 年）接续了唐宋的经筵进讲制度，使以儒家为代表的正统治国理政思想有了更大的发挥和传播空间。上行而下效，集中反映儒家孝道观念的通俗读物《二十四孝》也正是在此时由元人撰辑传世。

二、元朝建立以后的重要立法活动与成就

蒙元入主中原，开创百年基业，功在文化融合，尽管这种融合是艰难的和缓慢的。其实早在窝阔台时期，耶律楚材就已经对这种文化融合的长期性做出了预判：“制器者必用良工，守成者必用儒臣，儒臣之事业，非积数十年，殆未易成也”[3]。随着蒙元一系列立法成果的陆续问世，“附会汉法，标榜文治”的工作也在润物细无声地进行着，并悄悄地改变着这个帝国原本的模样。

忽必烈即位（1260 年）并建立元朝（1271 年）直至元末。其中 1260—1271 年为忽必烈统治初期，基本上援用金《泰和律》；以至元八年（1271 年）建立元朝并禁行金《泰和律》为起点直至元末，随着以《至元新格》《大元通制》《至正条格》

---

① 参见（元）徐元瑞：《吏学指南》，浙江古籍出版社 1988 年版，第 3 页。

② 《元史·祭祀志五》。

③ （元）耶律楚材：《湛然居士文集》，中华书局 2021 年版。

等为代表的汇编性法典的不断颁布，元朝法律体系得以不断确立、发展和完善。[①]

元朝作为中国古代法律体系变迁的重要一环，被视为从“律令法律体系”向“典例法律体系”的过渡时期，留下了不少有名有实或无名有实的汇编性法典。通过这些法典，可以窥知元代立法制度的沿革，也可了解元代的法典编纂体系及其特色，同时加深对魏晋以来律典十二篇传统模式向明清律典六部与目门结构转变这一过程的认识。

(一) 金律的循用与废止

元世祖忽必烈是有元一代立法建制的奠基人。元朝政治法律制度大体上是在忽必烈在位时形成的。他在中统元年（1260 年）四月即位时，就在《皇帝登宝位诏》中阐明了“祖述变通”的立法指针。同年五月《中统建元诏》又宣称“稽列圣之洪规，讲前代之定制”[②]，表明忽必烈“祖述”与“变通”相结合的法制思想已经形成。鉴于元王朝入主中原后，蒙古民族习惯法已不敷使用，遂一方面循用金《泰和律》，同时仿行汉法，参照辽、宋、金制，开始了漫长的立法修律历程。史称：“元兴，其初未有法守，百司断理狱讼，循用金律。”[③]

随着蒙古伐宋战事的胜利推进，世祖统治地位日趋稳固，汉人官僚屡次奏请“以北方之俗改用中国之法”，如至元三年（1266 年）许衡上疏指出，自灭金以后，朝廷“宴安逸豫垂三十年，养成尾大之势”，要推行各项制度的改革从而实现“致治之功”，“非用汉法不宜也”[④]。至元八年（1271 年）十一月，忽必烈正式将国号“大蒙古国”改为“大元”朝；为了彰显新朝更始，万象更新，遂诏令：“泰和律令不用着，休依着行者”，明令禁行金律。[⑤] 并以“国之成法”（蒙古旧制）为基础，在“附会汉法”，“参照唐宋之制”的思想指导下，开始编纂本朝法典，逐步奠定了有元一代的立国规模。

(二)《至元新格》

至元二十八年（1291 年），由中书右丞何荣祖将公规、选格、治民、理财、赋役、课程、仓库、造作、防盗、察狱等十事辑成一书，名曰《至元新格》。元朝廷发布《至元新格》的文书称“中书省钦奉诏条，戒谕内外大小官吏事意，除已钦依差官分道宣布去讫，所有时宜整治事例，奏准定为《至元新格》，刻梓颁行，凡在有司，其务遵守”[⑥]。《至元新格》所辑“十事”，据大德五年（1301 年）徐元瑞所编撰

---

① 但就刑事方面的立法而言，有研究认为随着元成宗大德六年（1302 年）《强窃盗贼通例》公布，元朝刑法体系最终得以确立。参见姚大力：《论元朝刑法体系的形成》，载元史研究会编：《元史论丛》第 3 辑，中华书局 1986 年版，第 105－129 页。

② 《元典章・诏令一》。

③ 《元史・刑法志一》。

④ （元）许衡：《鲁斋遗书・时务五事》。

⑤ 参见《元典章・户部四・婚姻・官民婚・牧民官娶部民》。

⑥ 《元典章・圣政一・守法令》。

的《吏学指南》的解释是："公规，谓官府常守之制也；选格，谓铨量人才之限也；治民，谓抚养兆民，平理诉讼也；理财，谓关防钱谷，主平物价也；赋役，谓征催钱粮，均当差役也；课程，谓整治盐酒曲税之类是也；仓库，谓谨于出纳收贮如法也；造作，谓董督工程，确其物料也；防盗，谓禁弭奸宄也；察狱，谓推鞫囚徒也。"《至元新格》已经散失，有 96 条佚文收录在《通制条格》《元典章》中。从篇目和内容来看，其主要是对官吏行为进行规范，多为原则性规定，正如元代人所评价其为思虑周密、制事合宜的"宏纲大法"①。

此外，日本元禄十二年（1699 年）翻刻本《事林广记》还收存有《至元杂令》，涉及官民仪礼、品官车制、典质财物、典雇身役、笞杖则例、诸杖大小则例等规定。

（三）"延祐律书草案"与《大元通制》的颁行

至大四年（1311 年）三月，时年 26 岁的仁宗登基伊始，即锐意更张，开明治道，亟欲革除历朝弊政，将整理汇编世祖以来的制敕格例，制定划一律典，作为当务之急。仁宗继位不久即谕省臣曰："卿等裒集中统、至元以来条章，择晓法律老臣，斟酌重轻，折衷归一，颁行天下，俾有司遵行，则抵罪者庶无冤抑。"② 延祐三年（1316 年）五月，新的律书草成，"其宏纲有三：曰制诏，曰条格，曰断例。经纬乎格例之间，非外远职守所急，亦汇辑之，名曰别类"③。仁宗"敕枢密、御史、翰林、国史集贤之臣，相与正是"。"延祐律书草案"的完成，初步实现了世祖、成宗、武宗、仁宗历代皇帝制定有元一代律书大典的夙愿。

然而，自仁宗延延祐三年律书草成至英宗初年，正值朝廷帝党和后党之争趋于白热化的时期。双方剑拔弩张，反复较量，此消彼长，陷入激烈的政争旋涡之中，无暇顾及立法修律之类"庶务"。直到至治三年（1323 年）二月，才在"延祐律书草案"的基础上，完成《大元通制》的修订，由英宗诏令公布施行。至此，有元一代之典《大元通制》历经曲折最终颁行。

《大元通制》全书大部分已佚，其全貌今已难以复原。因只有"条格"部分存世至今，一般又称之为《通制条格》。④《元史》对其内容梗概的记述称：至治三年二月辛巳"格例成定，凡二千五百三十九条，内断例七百一十七，条格千一百五十一，诏赦（制）九十四，令类五百七十七，名曰《大元通制》，颁行天下"⑤，大概纂集世祖以来法制事例而已。可见《大元通制》是元朝较为完备的法典。《大元通制》包含有明显的蒙古法因素，但其体例"一循古律篇题之次第，而类辑古律之必当从"；与"古律"相较，"文辞各异"但"意义多同"，"于古律暗用而明不用，名废而实不

① （元）苏天爵：《至正条格序》。

② 《元史·仁宗纪一》。

③ 《通制条格·序》。

④ 可参见黄时鉴点校：《通制条格》，浙江古籍出版社 1986 年版；郭成伟点校：《大元通制条格》，法律出版社 2000 年版；方龄贵校注：《〈通制条格〉校注》，中华书局 2001 年版。

⑤ 《元史·英宗纪二》。

废”[①]，实际上也继承了唐宋以来传统法典的基本精神。

（四）《大元圣政国朝典章》

《大元圣政国朝典章》，简称《元典章》，其“正集”有 60 卷，分诏令、圣政、朝纲、台纲、吏部、户部、礼部、兵部、刑部、工部 10 纲共 373 目，目下又分列条格。记载自元世祖即位（1260 年）至元仁宗延延祐七年（1320 年）的典章制度。另附“新集至治条例”（又称新集），其体例略仿“正集”，续载英宗至治元年和二年（1321—1322 年）的典制。据最新的点校统计，“前集”有文书两千四百零九条，其中诏令三十五条，圣政两百六十六条，朝纲九条、台纲四十三条、吏部三百三十一条、户部五百一十四条、礼部一百五十九条、兵部两百一十六条、刑部七百五十二条，工部八十四条。“新集”文书 227 条，加上书末所附“都省通例”一条，共计两千六百三十七条。[②] 元成宗大德七年（1303 年），中书省根据江西奉使宣抚申呈，令各所属机构将中统建元以来所颁圣旨、条画和格例等，“置簿编写检举”，使“官吏有所持循，政令不至废弛”[③]。《元典章》就是在这种背景下出现的，所以一般认为其是奉官刊布，以资官吏遵守的政书汇编，同时又系地方官府吏胥与书坊商贾合作编纂的产物。[④] 因为《元典章》的编纂背景、刊印方式与传统法典有别，虽然后人认为其能“存备一朝之故事”，但“所载皆案牍之文，兼杂方言俗语，浮词妨要者十之七八”，且“体例瞀乱，漫无端绪”，故评判其是“吏胥钞记之条格，不足以资考证”[⑤]。《元典章》删节不当、脱讹多、句读难，确是事实；但自清末以来，历经沈家本等学者的长期努力，已取得了丰硕的研究成果。[⑥]

《元典章》卷帙庞大，内容丰富，是现存卷帙最大的元代官方文书集成和法令汇编。其内容丰富，所收基本是诏令、条格、原始文牍，多为《元史》所不载。因此，该书不仅可以印证、补充其他元代史料，也有利于了解元代官府公文格式与流转程序，官府机构设置、职掌及运行制度[⑦]；篇幅最大的刑部一目，记载了大量的词讼文字和判例，更是元代司法制度的真实反映。

---

① 吴澄：《吴文正公文集》卷一九《大元通制条例纲目后序》。

② 参见陈高华等点校：《元典章》，天津古籍出版社 2011 年版，“前言”第 8 页。

③ 据《新元史·郑介夫传》，大德七年（1303 年）郑介夫《太平策》中也记载了这种情形：“民间自以耳目所得之敕旨、条令，杂采类编，刊行成帙，名曰《断例条章》，曰《官民要览》，家置一本，以为准绳。”

④ 参见沈家本：《寄簃文存》卷八《跋钞本元典章》。

⑤ 《四库全书总目提要》卷八三《史部三九·政书类存目一》。

⑥ 1908 年，京师法律学堂刻印了抄本《元典章》，沈家本作跋，世称“沈刻本”；1931 年，史学家陈垣根据故宫所藏元刻本，对“沈刻本”进行了校勘；2004 年，山西古籍出版社出版了祖生利等点校的《大元圣政国朝典章·刑部》；2011 年，中华书局、天津古籍出版社出版了陈高华等元史学家主持的《元典章》点校本；2016 年，台北“中央研究院”历史语言研究所出版了洪金富的校订本。此外，日本学者自从 20 世纪 40 年代以来也产出了大量的整理、研读成果。学界对该书的校释与研究工作，仍在不断推进。

⑦ 元代的公文形式繁多，系统发达，以致后世评价：“蒙元政权是以施行细致的公文制度（包括行政制度）来统治其辽阔版图的。”（〔日〕船田善之：《蒙元时代公文制度初探——以蒙文直译体的形成与石刻上的公文为中心》，载中国蒙古史学会编：《蒙古史研究》第 7 辑，内蒙古大学出版社 2003 年版，第 125 页。）《元典章》中的文书正是这一评价的最好注脚。

《元典章》纲目虽多，但所包含的吏、户、礼、兵、刑、工六部的体例区分，是对《唐六典》等官修政书编纂体例传统的接续，这一体例传统不仅直接影响了此后的《经世大典》，也影响了明清《会典》甚至朝鲜李朝的《经国大典》等国家典章制度汇编。此外，《元典章》“前集”载有图表四十七幅，“新集”载六幅，计五十三幅。这些图表主要是将某些重要的制度和规定加以汇总、简化制作而成，通常置于卷首或门目之首。例如卷三十《礼部三·礼制三·丧礼》载有“本宗五服之图”，附载“五服图”的做法，被此后的明清律所沿用。

《元典章》所收官府公文语言结构复杂，其汉文公牍文书不仅有一般的书面文言，也有大量的元代白话俗语；蒙古文硬译（也称直译）公牍文书虽采用汉语词汇，但语法与汉文差异迥别，行文掺和许多硬性、机械翻译而成蒙古语的独特词汇，如“体例”（法、理）、“没体例”（不法、无理）、“肚皮”（贿赂）、“勾当里交出去”（黜罢）、“道不是”（谴责）、“敲了”（处死）、“别了”（违背）等，这也是后人称该书为“汉籍中最难了解者”的重要原因。

（五）《经世大典》

天历二年（1329 年）九月，元文宗敕翰林国史院官同奎章阁学士编纂皇朝经世大典（亦称《经世大典》），至顺二年（1331 年）五月成书。该书以“采辑本朝典故，准唐、宋会要”为编纂宗旨[①]，是记载元后期国家一代典章制度的官修政书。全书正文 880 卷，另有目录 12 卷、公牍 1 卷、纂修通议 1 卷。其内容“凡十篇，曰君事四，臣事六”。君事四篇是“用国史之例别置蒙古局于其上，尊国事也”。其篇目为《帝号》《帝训》《帝制》《帝系》。《帝训》采录元历朝皇帝对臣僚训诫教诲的口传谕敕；《帝制》汇集历朝皇帝颁布的诏、制、旨、诰等。臣事六篇是“仿六典之制，分天、地、春、夏、秋、冬之别”，分别为《治典》《赋典》《礼典》《政典》《宪典》《工典》。《经世大典》在体例上仿《唐六典》，各典名称虽然有所变通，但实际上仍然是按照吏、户、礼、兵、刑、工六部进行划分，这是该书与《大元通制》《至正条格》最明显的差异。在内容上则多取自《大元通制》等法典，其中《宪典》为刑事规范的汇编，当《宪典》修纂完成上呈文宗过目时，文宗曾对近臣说：“此岂非《唐律》乎?”[②] 这一比喻既是当时立法思想的反映，也体现了编纂者对理想化的法典编纂模式的追求。

今存元人苏天爵所编《国朝文类》（即《元文类》）所收《经世大典·序录》，辑集了大典各典及其各类子目的序录，对于探索《经世大典》各部分的内容有提纲挈领的作用，可从中知其概貌。明代永乐年间编纂《永乐大典》时，曾将该书内容分别抄录其中。此后，《永乐大典》损失殆尽，《经世大典》也逐渐散佚。清道光年间，张穆从《永乐大典》中抄绘出《元经世大典地理图》（或称《元经世大典西北地

---

① 《元史》卷三三《文宗纪二》。元赵世延等在《经世大典·序录》中也称该书是“参酌唐、宋会要之体，会粹国朝故实之文”而成。

② 《元史》卷一八一《揭傒斯传》。

图》）并赠给魏源，随后被魏源辑入《海国图志》中；光绪年间，翰林院编修文廷式从残存的《永乐大典》中辑出《经世大典》二卷，涉及礼仪、谥法、仓库、官制、马政等内容。[①] 此外，经过国内和日本的元史研究学者考证，《元史·刑法志》实际上来源于《经世大典·宪典》，是明人在修纂《元史》时对《宪典》进行了取舍删削。因此，《元史·刑法志》也在一定程度上保存了《经世大典·宪典》的原貌。[②]

（六）《至正条格》

后至元四年（1338年）三月，中书省臣奏："《大元通制》为书，缵集于延祐之乙卯，颁行于至治之癸未，距今二十余年。朝廷续降诏条，法司续议格例，岁月既久，简牍滋繁，因革靡常。前后衡决，有司无所质正。往复稽留，奸吏舞文。台臣屡以为言。请择老成耆旧文学法理之臣，重新删定为宜。"顺帝遂"敕中书专官典治其事，遴选枢府、宪台、大宗正、翰林、集贤等官明章程习典故者，遍阅故府所藏新旧条格，杂议而圜听之，参酌比较，增损去存，务当其可"[③]。至正五年（1345年）十一月定稿，包括制诏一百五十条、条格一千七百条、断例一千零五十九条。至正六年（1346年）四月，顺帝赐名《至正条格》，命将其"制诏"部分，分钞三本，藏在宫内宣文阁、中书省、国史院；"条格、断例，申命梓示万方"，颁行天下。[④] 至正年间，中书右丞相脱脱在元顺帝支持下，开始了政治、社会、文治文化方面的改革，史上称"至正更化"，《至正条格》正是在此背景下产生的。据《四库全书总目》载，"《至正条格》，二十三卷，《永乐大典》本。元顺帝时官撰，凡分目二十七：曰祭祀、曰户令、曰学令、曰选举、曰宫卫、曰军防、曰仪制、曰衣服、曰公式、曰禄令、曰仓库、曰厩牧、曰田令、曰赋役、曰关市、曰捕亡、曰赏令、曰医药、曰假宁、曰狱官、曰杂令、曰僧道、曰营缮、曰河防、曰服制、曰站赤、曰榷货"[⑤]。与元人沈仲纬所撰《刑统赋疏》记载的《大元通制》"条格"条目完全相同，与现在知道的唐令、金令篇目亦大多相同。

作为元后期颁布的具有法典性质的法律汇编，《至正条格》在明清时逐渐失传，至清修四库全书时仅从《永乐大典》辑出"条格"部分，列入存目。2002年，韩国学者在韩国庆州江东面良洞村孙氏家族调查古文书时，发现了元刊残本《至正条格》

---

① 该辑本影印本收录于罗振玉：《罗氏雪堂藏书遗珍》（第七册），中华全国图书馆文献缩微复制中心2001年版。后人还从残本《永乐大典》辑出《大元马政记》《元代画塑记》《大元官制杂记》《元高丽纪事》等。

② 《元史·刑法志》是中国古代自《汉书》有"刑法志"以来最为特殊的"刑法志"，它记载的全是法律的具体条文，与其他朝代记载立法史及司法适用特点完全不同。由于《经世大典》散佚，以及受传统观点的影响（如沈家本在《钞本元典章跋》中提出《元史·刑法志》采自《大元通制》），不少人对《元史·刑法志》与《经世大典》的关系有所误读。其实早在清代，史学家赵翼就已指出《经世大典》为《元史》诸志的重要来源，认为"职官兵刑诸志，又有虞集等所修《经世大典》"（《廿二史札记》卷二九《元史》）。相关研究可参看刘晓：《再论〈元史·刑法志〉的史源——从〈经世大典·宪典〉一篇佚文谈起》，载《北大史学》第10辑，北京大学出版社2004年版。

③ （元）欧阳玄：《圭斋文集》卷七《至正条格序》。

④ 《元史》卷四〇《顺帝纪三》。

⑤ 《四库全书总目提要》卷八四《史部·政书类存目二》。

两册，其中“条格”“断例”各一册。“条格”存十二卷（仓库至狱官部分），“断例”存目录和13卷（卫禁、职制、户婚、厩库、擅兴部分）。[①] 残本《至正条格》的发现，印证了《四库全书总目》记载的可信性，填补了元代中后期法律史的空白，也为研究元代“条格”“断例”提供了新的材料。经考证，《至正条格》“条格”部分的结构完全沿袭《大元通制》“条格”而成，都是由二十七篇构成，且名称、顺序相同，以事类分篇立目，每目收录有若干条文书。在整体上，《至正条格》新增了大量条文，且对《大元通制》条文进行了不同程度的调整、修改，立法编纂技术有了很大提高，其事类分目更加合理、语言简洁，可以视为《大元通制》的“修订本”[②]。其“断例”篇目仍循唐律之旧，但与明律更加接近，对明律有比较明显的影响。[③]

三、元朝的主要法律形式

蒙元的法律形式，除早期蒙古国的“札撒”“条画”之外，还深受唐宋辽金的令、格、编敕、编例等法律形式的影响。忽必烈于中统元年（1260年）即位后，确定了“附会汉法”的基本原则。元代法律就在这种既有“国朝之成法”，又有“唐宋之故典”，还参用“辽金之遗制”的情况下，呈现出多元化的色彩。虽然元朝颁布了不少汇编性的法典，但由于统治地域广阔，民族文化因素浓厚、融合等特殊原因，每年新的条格、断例迭出不穷，造成元代法律的稳定性较差。如《大元通制》于至治三年（1323年）颁行，未及二十年就已产生“致诸人罪状议拟有轻重之殊”“烦条碎目，与日俱增”的压力，请求续编[④]；甚至造成“有例可援，无法可守，官吏因得并缘为欺”；“甲乙互讼，甲有力则援此之例，乙有力则援彼之例，甲乙之力俱到，则无所可否”；“始之所犯，不知终之所断”；“百官莫知所守”“百姓莫知所避”等诸多问题[⑤]，但这些困境也确实反映了元代法律形式的多样化和易变性。

就史料记载而言，元朝适用最为普遍的法律形式是断例、条格、诏制，如有元一代之典《大元通制》及《至正条格》即由“断例”“条格”“诏制”三部分组成。

（一）断例

“断例”是蒙元的主要法律形式，普遍适用于司法实践中，且涉及范围十分广泛。据《新元史·刑法志下》：“断例则因事立法，断一事而为一例者也。”这可说是断例的本意。宋代立法，敕、令、格、式之外，又增编“断例”，所谓“法所不载，然后用例”[⑥]，断例本为审断案件的成例，经过一定的立法程序，使之具有普遍效力的法律形式。

断例在蒙元时期又有所发展，其意义也衍为二种：一是指“断案事例”或“科

① 经整理，韩国学中央研究院在2007年出版了《至正条格》影印本与校订本。

② 陈高华：《〈至正条格·条格〉初探》，载《中国史研究》2008年第2期。

③ 参见张帆：《重现于世的元代法律典籍——残本〈至正条格〉，载《文史知识》2008年第2期。

④ 参见（元）苏天爵：《乞续编通制》，《滋溪文稿》卷二六，中华书局1997年点校本，第435页。

⑤ 《新元史·郑介夫传》。

⑥ 《宋史·刑法一》。

断事例”，即以此前朝廷认可的断案成例，比附攀引后案。二是具有“画一之法”性质的“断案通例”或“科断通例”，指那些典型判例及中央官署对此发布的有关指令，经整理汇编后上升为对同类案件具有普遍约束力的通则性规定。就其性质而言，是在吸收、借鉴传统立法经验和成果的基础上，将那些在长期的司法实践中形成的具有典型意义的判例和事例以及通则性的规定，按照旧律的体例进行汇编整理，从而将“断案事例”上升为“断案通例”。从法律形式与内容来看，是成文法与判例法的一种有机的结合。其中虽然也援引了律文作为依据，但在性质上与成文法典形式的“律”是不同的。

元人欧阳玄在《至正条格序》一文中谈到条格和断例的性质与内容时称：“条格、断例，有司奉行之事也。”① 而条格和断例的主要区别就在于，前者是有关行政方面的规范，而后者则是有关刑事方面的规范。现存《大元通制》“条格”部分的篇目与唐宋的“令”大体相似，但其内容则是由中央官署奏准的命令及事例的汇编，与唐宋的“令”不同。据此可知，《大元通制》中“断例”部分也只能是有关刑事方面的由中央官署奏准的命令及判例和事例的汇编。《元典章·刑部》所收录的“断例”，都是这方面的内容。沈家本在《历代刑法考·律令八》中也认为：“《元典章》各门皆载有断例，当为《（大元）通制》之原文。”残本《至元条格》的发现，进一步证明元代的“断例”除了有成文法形式的法律条文，还有大量的具体条文是以判例的形式构成。蒙元之所以广泛采用“断例”的法律形式，是由其特殊的社会政治、经济等状况决定的，是当时立法制度和立法技术最鲜明的特点。这种成文法与判例相结合的法律形式，反映了不同民族法律文化融合的趋势，对后世特别是清朝的立法产生了重要影响。这有力地证明了这样一个事实：中国古代法律是以汉族为主体的各民族传统法律文化的结晶。

（二）条格

《明实录》载吴元年（元至正二十七年，1637 年）朱元璋命中书省定律令时曾称：“唐宋皆有成律断狱，惟元不仿古制，取一时所行之事为条格。”②《新元史·刑法志下》也称：“刑律之条格，画一之法也。”可见，元代的条格是元初蒙古法律的条画、条令与唐宋法律的令、格、式结合而成的法律形式。它主要是经皇帝亲自发布，或直接由中书省等中央行政机关颁发给下属部门的政令，故有时直呼其为“政令”。

从内容上划分，元朝的条格，如《至元新格》等主要是关于行政方面的事例汇编，如元成宗大德年间徐元瑞所编《习吏幼学指南》对“格”的解释为：“《唐·刑法志》曰：‘设于此而逆于彼曰格。’百官有司之所常行者也。其章十。”③ 所谓的“其章十”，指的就是《至元新格》中公规、选格、治民、理财、赋役、课程、仓库、造作、防盗、察狱十个篇目。据元人沈仲纬所撰《刑统赋疏》所列，《大元通制》的

① （元）欧阳玄：《圭斋文集》卷七《至正条格序》。

② （元）《明太祖实录》卷二六，吴元年十月甲寅条。《明史·刑法志》也记载：“元制，取所行一时之例为条格而已。”

③ （元）徐元瑞：《吏学指南·五科》，浙江古籍出版社 1988 年版，第 53 页。

条格共分二十七个篇目："祭祀、户令、学令、选举、宫卫、军房、仪制、衣服、公式、禄令、仓库、厩牧、关市、捕亡、赏令、医药、田令、赋役、假宁、狱官、杂令、僧道、营缮、河防、服制、站赤、榷货。"这些篇名与唐令、金《泰和令》以及后来的《至正条格》在篇目、篇名及卷数上都大体相同。《大元通制》条格部分有一千一百五十一条，占全书篇幅的45%。故元代的条格，基本上就是唐金法律体系中的"令"，同时也有一部分"格"与"式"的内容。而元世祖颁布的《中统条格》，成宗时颁行的《灭盗贼条格》《强盗窃盗条格》《受陈条格》等，则为刑事特别法规。

元末的《至正条格》作为《大元通制》的修订本，包括了制诏、条格、断例等内容。但"条格"被单独提取出来作为法典的专属名称使用，这说明"条格"在元末立法中被赋予了更为广泛的含义，可以作为综合性法规汇编的名称，而非仅限于专指行政方面的事例汇编。

（三）诏制

《新元史·刑法志下》载："诏制，则不依格例而裁之自上者也。"蒙元的诏制（也称制诏），就是唐、宋及辽、金的敕。《习吏幼学指南》释"敕"说："《唐·刑法志》曰：'治于已然谓之敕。'宋曰申明，金曰敕条。凡律令阙文者，条陈奏裁，定为永格。"[①] 这正符合蒙元诏制的特点。《大元通制》的第一部分，即为制诏，共94条。《至正条格》的制诏增至150条。欧阳玄所撰《至正条格序》曰："制诏，国文典常，尊而阁之，礼也。……我元以忠质治天下，宽厚得民心，简易定国政，临事制宜，晋叔向所谓古人'议事以制'之意，斯谓得之。请以制诏三本，一置宣文阁，以备圣览；一留中书；一藏国史院。"[②] 由此可见，从立法者的本意看，就是要将诏制束之高阁，其作用主要是备朝廷查考、参照；或者作为的修史材料，如元仁宗皇庆元年（1312年）撰修成的《成宗皇帝实录》和《武宗皇帝实录》都附有《制诏录》。实际上，只有"条格"和"断例"才是"有司奉行之事也"。故《至正条格》颁行时，仅将它们刊刻公之于众。

元世祖至元六年（1269年），忽必烈下诏颁行由国师八思巴所创制的蒙古新字（后世也称为八思巴蒙古文），并规定："今文治浸兴，而字书有阙，于一代制度实为未备。故特命国师八思巴创为蒙古新字，译写一切文字，期于顺言达事而已。自今以往，凡有玺书颁降者，并用蒙古新字，仍各以其国字副之。"[③] 可见，元朝在颁发诏制时，通常使用八思巴蒙古文和汉文两种文字，这也是元代诏制的特色之处。[④]

---

① （元）徐元瑞：《吏学指南·五科》，浙江古籍出版社1988年版，第54页。

② （元）欧阳玄：《圭斋文集》卷七《至正条格序》。

③ 《元史·释老·八思巴传》。

④ 今河南省许昌市郊的天宝宫就保存着一通立于元顺帝至元二年（1336年）的八思巴字汉字合璧"大元宣谕圣旨之碑"。

四、刑罚体制的逐步定型

（一）厘定新五刑制度

元世祖至元八年（1271 年）以后通过立法活动形成了新的五刑制度。以《经世大典·宪典》为蓝本的《元史·刑法一》载："其五刑之目：凡七下至五十七，谓之笞刑；凡六十七至一百七，谓之杖刑；其徒法，年数杖数，相附丽为加减，盐徒盗贼既决而又镣之；流则南人迁于辽阳迤北之地，北人迁于南方湖广之乡；死刑，则有斩而无绞，恶逆之极者，又有凌迟处死之法焉。盖古者以墨、劓、宫、大辟为五刑，后世除肉刑，乃以笞、杖、徒、流、死备五刑之数。元因之，更用轻典，盖亦仁矣。"①

综合史籍记载，元代新五刑应为：笞刑六等，笞七，十七，二十七，三十七，四十七，五十七；杖刑五等，杖六十七，七十七，八十七，九十七，一百七；徒刑五等，徒一年杖六十七，一年半杖七十七，二年杖八十七，二年半杖九十七，三年杖一百七；流刑，无具体道里之制，远流东西南北各地，甚至流高丽、流吐蕃等地；死刑，有斩无绞，重罪凌迟处死。

（二）名实不符的死刑制度

元世祖至元八年（1271 年）禁行金律后，对法定死刑存凌迟、斩而废绞。其初衷是将斩减一等的生命刑（绞），用杖一百七流远代之。《新元史·刑法志》认为："至于死刑，有斩无绞，以绞斩相去不至县（悬）绝，且从降一等言之，斩之降即为杖一百七籍流，犹有幸不至死之理焉。"但元代法律条文中的死刑常用"死"或"处死"代之。在司法实践中，凌迟和斩刑亦不多见，而类似前世之杖杀的"敲"，则是元代的一种适用较普遍的死刑执行方法。其意图是用以代替斩首，从而减轻死刑的残酷性。②

（三）因时而变的流刑制度

稽诸史籍，蒙元流刑制度具有如下特色：首先，在蒙元前期，由于实际管辖的地域和战争因素，流刑被其他种类的刑罚所替代。随着灭宋战事的顺利推进，大元一统天下逐步形成，流刑实施的条件已经具备。远流东西南北，甚至流高丽、流吐蕃的事例日渐增多。其次，与唐宋流刑有明确的道里和服役期限不同，元代流刑律条的规定失之笼统，虽有流放方向和地点，但并无道里之制，迄今亦未检得服役期限的记载。只是遇赦可以放还。最后，元代流刑的适用，因民族、身份、居住地及犯罪的轻重不同，而在流放地区或服役种类（有的充军役，有的服劳役，有的从事屯垦等）方面有所差别。

---

① 《元史·刑法志一》。

② 相关研究参见曾代伟：《蒙元法定死刑考辨》，载《法学家》2004 年第 5 期。

五、司法组织体系

元朝行政机构庞大，但其官制对唐宋官制也多有矫正。如改唐三省制的多元为一元，以中书省主行政，作为唯一的宰相机关，避免了宋代的相权散弱之弊。又以枢密院掌军事，御史台司监察，地方则立行省、行台，“使内外均其轻重，以相维系”，故后世称誉元朝官制“立法之善，为唐宋所不及”①。随着中央官制的变革，元朝的司法体制也发生了较大变化，中央废大理寺，以大宗正府、宣政院、枢密院、刑部分掌司法审判的有关事务，并以该四机关为首形成“不相统摄”的司法组织体系。

蒙古语“札鲁忽赤”汉译为“断事官”。成吉思汗建国时，任命失吉忽秃忽为“也可札鲁忽赤”，即大断事官，负责掌管属民的分配，审断刑狱、词讼。大蒙古国时期，也可札鲁忽赤实际上是国家最高行政长官，类似于汉人官制中的宰相。忽必烈改元以后，用宰辅制度取代了札鲁忽赤制度，札鲁忽赤的地位发生了变化，由总揽各种政务的官员变成了特殊的司法长官。它的机构衙门称为大宗正府。

大宗正府“以诸王为府长”，长官秩从一品，同中书省、枢密院平列，并不受御史台监察。大宗正府除管理皇族事务外，对蒙古王公犯罪案件、京师等地蒙古人和色目人的犯罪案件，以及汉人犯奸盗、诈伪、蛊毒、诱拐等罪案也有权审理。地方的蒙古人犯罪案件，则由各级政府的监临官“达鲁花赤”办理。从各级达鲁花赤到大宗正府，形成蒙古人、色目人司法管辖体系。

札鲁忽赤制度在蒙元的影响不仅限于大宗正府。元代中书省、枢密院、宣政院等中央机构，很多都设有断事官一职。中书省断事官秩正三品，主要从皇室、诸王、驸马投下的怯薛官中选用，掌刑政，常负责出外理算钱谷一类事务。枢密院断事官也是正三品，主管处理军府狱讼。札鲁忽赤（断事官）的设置，是蒙元司法制度二元特色的反映。

宣政院，是元朝管理少数民族事务和宗教事务的中央机关，同时对僧侣重大案件和僧俗纠纷案件进行复核。元朝僧道的一般刑民事案件，由僧道官审理；重大的刑事案件，地方司法机关有权审理，但判处徒刑以上及需监禁者，须上报宣政院审核。因此，从僧道官到宣政院，形成僧道司法管辖体系。

枢密院是元朝中央最高军事机关，也是最高军事审判机关，设有断事官负责重大军事案件的审判。元朝实行军民分治政策，军人之家，世代为兵，编为军户，由“奥鲁”管理，军户的斗殴、婚姻、钱债、财产等方面的案件也由奥鲁审理；而涉及强盗、人命等重案，则由奥鲁会同有关司法机关共同审理。这样，从各级奥鲁到枢密院，形成军人军户的司法管辖体系。

刑部“掌天下刑名，法律之政令。凡大辟之按覆，系囚之详谳，孥收产没之籍，捕获功赏之式，冤讼疑罪之辨，狱具之制度，律令之拟议，悉以任之”②。从地方各级官府到刑部，形成汉人、南人的普通司法管辖体系。

① 《新元史·百官志一》。

② 《元史·百官志一》。

六、诉讼审判制度

蒙元诉讼审判制度基本沿袭唐宋旧制，但与当时错综复杂的社会关系和民族关系相适应，出现了一些富于特色的变化。

蒙元时期诉讼活动中有一种前所未有的“约会制”，即为一例。凡不同户籍、不同阶层、不同民族及僧俗之间发生刑民词讼时，通常采用“约会”的方式处理，即由有关当事人的官长会同审理，实行“立会裁判”。《元史》卷一二《刑法一·职制上》列出一些情况与约会裁判有关：一是“诸有司事关蒙古军者，与管军官约会问”。二是诸管军官、奥鲁官及盐运司、打捕鹰坊军匠、各投下管领诸色人等，[①]“其斗讼、婚田、良贱、钱债、财产、宗从继绝及科差不公自相告言者，从本管理问。若事关民户者，从有司约会归问，并从有司追逮，三约不至者，有司就便归断”。三是“诸州县邻境军民相关词讼，元告就被论官司归断，不在约会之例。断不当理，许赴上司陈诉，罪及元断官吏”。四是“诸僧、道、儒人有争，有司勿问，止令三家所掌会问”。五是“诸哈的（蒙古语 kadi 音译，即回族头人——引者注）大师，止令掌教念经，回回人应有刑名、户婚、钱粮、词讼并从有司问之”。六是“诸僧人但犯奸盗诈伪，致伤人命及诸重罪，有司归问。其自相争告，从各寺院住持本管头目归问。若僧俗相争田土，与有司约会；约会不至，有司就便归问”。《元典章》卷五三《刑部十五》，设有“约会”一项，还列举了“诸色户计词讼约会”“医户词讼约会”“乐人词讼约会”“投下词讼约会”“畏吾儿等公事约会”“军民词讼约会”“投下并探马赤词讼约会”“灶户词讼约会”等等。《元典章》卷三九《刑名》中，还有“蒙古人员相犯重刑，有司约会”例等。蒙元“约会制”，有利于维护各民族、各阶层、各方面的权益，适应了元代对多民族国家治理的需要；同时也致使词讼更为频繁，或使判决愈益迁延。[②]

元代进一步规范了死刑案件的审核程序。中统元年（1260 年）五月，忽必烈登基伊始即诏令：“凡有犯刑至死者，如州府审问狱成，便行处断，则死者不可复生，断者不可复续。案牍繁冗，须臾决断，万一差误，人命至重，悔将何及，朕实哀矜。今后凡有死刑，仰所在官司推问得实，具事情始末及断定招款，申宣抚司再行审覆无疑，呈省闻奏，待报处决。”[③] 将蒙古建国以来死刑的终审和判决的权力正式收归中央朝廷，特别是皇帝之手。在此后的法令中，此项原则一再得到申明。成宗大德四年（1300 年）中书省的一件文书称：“切惟国朝最以人命为重，凡有重刑，必须奏覆而处决，深得古先谨审刑辟之意。”[④]

然而，从总体上看，蒙元时期立法与司法实践是严重脱节的。由于法律适用上

---

① “投下”一词出自辽代，意为份地、采邑，又引申为拥有份地、采邑的诸王贵族。

② 具体研究参见吕志兴：《元代“约会”审判制度与多民族国家的治理》，载《西南政法大学学报》2011 年第 4 期。

③ 《元典章》卷二《圣政二·理冤滞》。

④ 《元典章》卷四〇《刑部二·狱具》。

各民族的“各依本俗法”“南北异制”和司法机关的“各领其事，不相统摄”，极易造成司法的混乱。加之游牧民族传统法文化的影响，司法官吏舍法任情、滥用酷刑、草菅人命等现象比较普遍。如《元史》卷四《世祖一》载：“宪宗令断事官牙鲁瓦赤与不只儿等总天下财赋于燕，视事一日，杀二十八人。其一人盗马者，杖而释之矣，偶有献环刀者，遂追还所杖者，手试刀斩之。帝责之曰：‘凡死罪，必详谳而后行刑，今一日杀二十八人，必多非辜。既杖复斩，此何刑也？’不只儿错愕不能对。”元著名戏剧家关汉卿在《窦娥冤》中借窦娥之口所指出的“官吏无心正法，百姓有口难言”，“捱千般拷打，万种凌逼”，“腹中冤枉有谁知”，“自古衙门向南开，就中没有不冤哉”等，便是对元朝司法黑暗状况一针见血的揭露控诉。

这些司法弊端也加速了官场腐败的风气，如至顺元年（1330 年）儒生吴澄批判：“数十年来，风俗大坏，居官者习于贪，无异盗贼，已不以为耻，人亦不以为怪。其间颇能自守者，千百不一二焉”；“今世贪官之子随父行者，父受贿赂，子又外有所取，或父虽不受，子亦私取于人”①。明叶子奇《草木子·杂俎》中记载了其时官员“问人讨钱”索取贿赂的各种名目，如：“所属始参曰参见钱，无事白要曰撒花钱，逢节曰追节钱，生辰曰生日钱，管事而索曰常例钱，送迎曰情面钱，句追曰赍发钱，论诉曰公务钱，觅得多钱曰到手，除得州美曰好地分，补得职近曰好窠窟，漫不知忠君爱民之为何事也。”对于这些弊端，除了依靠国家层面的立法，一些地方官吏也能主动作为，积极清除整顿弊政。如大德六年（1302 年），海北海南肃政廉访使孙泽在任上“印模格例三千余本，犯某事者抵某罪，名曰《社长须知》，月集老幼以听之，仿《周礼》月吉读法之意”，此后“人知自重，犯刑者寡”②。以张养浩为代表的一批元朝名臣，不仅给后世留下了《山坡羊·潼关怀古》等关切社会和百姓疾苦的散曲名篇，也撰写了《三事忠告》（《牧民忠告》《风宪忠告》及《庙堂忠告》）这样饱含治国理政思考、追求政清人和的官箴佳作。

七、司法检验制度

就时代背景，特别是传统医学发展而言，金元时期的医学上承唐宋，起于金而盛于元。其时医学流派频出，不仅引起了医学争鸣，也促进了临床医疗理论和技术的丰富发展，使传统医学达到了一个新的高峰。与之相伴而行的传统法医学和司法检验制度，自南宋取得突出成就以来，在元代也留下了浓墨重彩的一笔。

忽必烈至元五年（1268 年），元朝即对司法检验中官吏委任、实施操作、具结保证、覆检等事项进行了规定。与宋代相较，元代不再要求检验官躬亲检验，只需监视；验尸则由仵作负责实施并出具保证书，以确保不致误检、漏检。③ 元成宗时

---

① （元）吴澄：《吴文正公文集》卷二四《序·赠史敏中侍亲还家序（至顺庚午）》，北京大学出版社 2018 年版。

② （元）陆文圭：《墙东类稿》卷一二《墓志铭·中大夫江东肃政防访使孙公墓志铭》，鹭江出版社 2018 年版。

③ 参见《大元尸检记》，黄时鉴辑点：《元代法律资料辑存》，浙江古籍出版社 1988 年版，第 113－114 页。

期，在司法检验制度上取得了不少成就。如大德元年（1297 年）颁布《结案式》共五十三条，该式是当时“儒吏考试程式”（共一百一十八条）的重要组成部分，作为政府规定上报民刑案件结论的通式，并用以考录儒吏。[①] 其详细规定了尸体、活体（伤和病）、物体（凶器等）3 项检验内容，进一步完善了传统法医学的组成体系。特别是关于眼目损伤判定标准，如“其睛已损，神水散尽，全不见物，久远不堪医治”，属于“瞎一目”；“瞳人亏损，微见物，其目已眇”，属于“眇一目”，有助于相应刑责的认定与治罪。大德八年（1304 年）制定了《检尸法式》（又称尸帐），作为记载验尸结果和结论的法律文件，与后世的司法鉴定书类似，其法式至清朝初年仍被沿用。元代司法检验的主体和内容较宋代有所扩大，特别是检验的程序化、制度化和精细化，使得检验的操作性得到进一步提高，对司法运行起到了正向作用。但实践中也存在司法检验官吏舞弊的现象，且检验工作往往授权给没有医学和法律知识背景的仵作，难免影响了司法检验的成效。

司法检验制度的发展，也催生了理论的逐渐完善。元朝初年，赵逸斋在参考南宋宋慈《洗冤集录》的基础上编订了《平冤录》，对勒死、自缢死、落水投河死、棒殴死、伤死及拳手足踢死等情形的检验方法进行了经验总结。至大元年（1308 年），王与总结当时的司法检验制度并根据个人经验，汇编成《无冤录》一书，此后又屡次修订，收录了检死验伤的各种程式、官牒条格以及案例。据史料记载，王与少好刑名，为政断狱声望甚高，也希望通过制度、技术和经验的总结，以求洗冤、平冤，终至天下无冤。其认为断狱难，但检尸“至难”，属于“毫厘之差，生命攸系”之事；如果定验不明，即使“善于治狱、断狱者，亦末如之何也”。这种为死者言、生者权的思想，不仅是重视司法证据的体现，也是对儒家慎刑恤狱观念的发扬和传承。赵逸斋《平冤录》早已失传，为王与《无冤录》所收录，这两部元朝重要的司法检验专著与宋慈《洗冤集录》被称誉为“宋元检验三录”，为后世所重。特别是《无冤录》一书，流传至明朝后，东渡朝鲜和日本，成为这两国重要的司法检验参考书籍，有效地传播了中华法律制度和文化。

八、监察制度

蒙元入主中原之后，沿用唐宋体制，于至元五年（1268 年）建立了中央监察机关——御史台，“掌纠察百官善恶，政治得失”；随后在南京和西安设江南、陕西行御史台，作为中央御史台的派出机构，其职官设置同于中央御史台。元朝将全国分为二十二道监察区，御史台直辖的八道，称内八道，江南行御史台辖十道，陕西行御史台辖四道，陆续设立各地提刑按察司分掌地方监察，形成了庞大严密的监察网。

至元二十八年（1291 年），世祖将提刑按察司改制为肃政廉访司，借以整肃宪台纲纪，“肃其心而后政可肃，廉其身而后人可访”[②]。关于肃政廉访司的职责，《元

---

① 该式存于《元典章》中。

② （元）方回：《桐江续集》卷三五《江南浙西道肃政廉访司题名记》。

典章》载："大德五年（1301年）八月钦奉诏书内一款：行中书省官、宣慰司、肃政廉访司列置诸路之上，本以弭盗贼、修政事、纠不法、抚良民也。"又载："大德十年（1306年）五月十八日钦奉诏书内一款：监察御史、廉访司官所以纠劾官邪，徇求民瘼，肃清刑政，共成治功。"① 《吴文正公文集》载："各道各路府若州若县，廉访司纠之，内省外省监察御史纠之。"② 元末刘基谓："国家置肃政廉访司以平官政，举众务，疗民瘼，执纠墨以绳天下之曲，揉不顺道理者。故录囚视牍，虽再出外，出以隆寒暑之时其勤劳孰甚焉。"③ 据黑水城出土元代官府汉文文书所反映，除监察事务外，肃政廉访司还承担案件审理之后的"照刷"案牍职能，即对管辖范围内路、府、州、县等官衙的公文案牍进行查勘核验，实现对官吏的监察并对其政绩进行考核，在一定程度上防止官吏对案牍舞弊作假。④ 随着政治中心的南移，统治者从生产方式、思想上逐渐接受了农业经济，并采取了一系列"重农""劝农"措施，设立劝农司等机构，建立相应的官员考绩制度。至元二十九年（1292年），劝农司并入各道肃政廉访司，兼察农事也成为元代监察的职能之一。此外，元代在大都地区、各行省、路府州等设置有地方监狱用以关押未决人犯，这些监狱隶属于各级监察机关而非地方行政机构。⑤

忽必烈曾说"中书朕左手，枢密朕右手，御史台是朕医两手的"，可见元朝统治者对作为"耳目之司"的监察机构寄予厚望，且恩宠有加。例如蒙元时期始终"禁汉人（含南人）执兵器出猎及习武艺"，甚至"有军籍者，出征则给之；还，复归于官"⑥。但出任监察官的汉人却属例外，至元二十三年（1286年）十月敕："行御史台监察御史及按察司官，虽汉人并毋禁弓矢。"⑦ 在政府各部门中，蒙古人毕竟属少数，统治者不能不任用汉人为官，但又放心不下，遂通过监察机关加强对他们的监督和防范。因此，监察机关被元朝统治者视为最重要的部门之一。监察官员一般不

---

① 《元典章·圣政一·肃台纲》。

② （元）吴澄：《吴文正公文集》卷一四《送监察御史刘世安赴行台序》。

③ （明）刘基：《诚意伯文集》卷六《浙东肃政廉访司处州分司题名记》。

④ 一般认为，"照刷"一词始见于宋代，与宋代磨勘转官制度有一定的制度渊源，但作为地方监察机构所承担的职能则始于金代。相关研究可参见孙继民：《黑水城文献所见元代肃政廉访司"刷尾"工作流程——元代肃政廉访司文卷照刷制度研究之一》，载《南京师大学报（社会科学版）》2012年第5期；孙继民、郭兆斌：《从黑水城出土文书看元代的肃政廉访司刷案制度》，载《宁夏社会科学》2012年第2期；张重艳：《中国藏黑水城所出元代律令与词讼文书的史学价值》，载《南京师大学报（社会科学版）》2012年第5期。

⑤ 参见刘晓：《元代监狱制度研究》，载《元史论丛》第7辑，江西教育出版社1999年版，第35-45页。如《中国藏黑水城汉文文献》第4册《律令与词讼文书卷》所收M1·0528［F125：W71］《审理罪囚文卷》文书，就反映了河西陇北道肃政廉访司录囚的活动记载。黑水城（简称黑城，位于今内蒙古自治区额济纳旗，元朝在此设置亦集乃路总管府，归甘肃行省管辖）文献自20世纪初被发现以来，备受学术界关注，其包含大量元代汉文军政文书，是研究元代行政、军事、司法和诉讼制度的重要出土文献材料。目前整理出版有李逸友编著的《黑城出土文书（汉文文书卷）》（科学出版社1991年版），塔拉、杜建录等主编的《中国藏黑水城汉文文献》（国家图书馆出版社2008年版）。

⑥ 参见《元史》卷一三、一四《世祖纪》，《元典章》卷三五《兵部二·军器》，《通制条格》卷二七《杂令》等。

⑦ 《元史·世祖纪十一》。

让汉族人担任，特别是其长官御史大夫，规定“非国姓（蒙古贵族）不以授”[①]。元朝监察官员品级地位提高，权力扩大，责任也加重。元朝将御史大夫由二品职衔上升为正一品，一般御史由唐宋时期的七、八品上升为四、五品。元律规定，各道肃政廉访使有权处理六品以下官吏犯罪案件，对五品以上的官员违法，才须上报中央处理。监察官员若犯赃罪，加二等治罪。

自忽必烈时期设立御史台开始，元朝陆续在御史台、刑按察司、行御史台等层面制定了较为体系化的监察法规，如《设立宪台格例》（1268年）、《察司体察等例》（1269年）、《行台体察等例》（1277年）、《禁治察司条例》（1284年）、《察司合察事理》（1285年）、《台察咨禀等书》（1287年）等，为元代监察制度的运行提供了保障。元仁宗时，“以格例条画有关于风纪者”类集成一部专门的监察法规——《风宪宏纲》；元顺帝时，在《风宪宏纲》基础上先后将有关御史台的典章制度汇编为《宪台通纪》《宪台通纪续集》以及《南台备要》等。

在历史上，元朝作为一个积极、消极两方面因素都很突出的朝代，虽然武功显赫，但长期以来关于元朝社会黑暗、文化衰敝之说盛行。[②] 然而对于元初的治平，不管是明初的统治者还是元明之际的人都有所褒扬，如朱元璋称：“世祖皇帝，混一天下，九夷八蛮海外番国归于一统。百年之间，其恩德孰不思慕，号令孰不畏惧。是时，四方无虞，民康物阜。”[③] 叶子奇说：“元朝自世祖混一之后，天下治平者六七十年，轻刑薄赋，兵革罕用，生者有养，死者有葬，行旅万里，宿泊如家，诚所谓盛也矣！”[④] 但忽必烈以后，特别是元顺帝的弊政所导致的覆亡，则成为明人的最直接的史鉴。《明实录》当中记载不少朱元璋与“元之旧臣”讨论元朝得失的言论，总结出“失在于纵弛”“耽于逸乐”“不遵祖训、废坏纲常”“君宴安于上、臣跋扈于下”“贵贱无等、僭礼败度”等诸多历史经验教训，并常以此训导大臣、子孙。“惩元之弊”不仅成为明朝人极力强化君主专制的旗号，也在一定程度上影响了后世对元朝“纵”的客观评价。

元朝结束了长达数百年的南北分裂局面，并使许多边疆地区归于中央政权管辖之下[⑤]，实现了中国历史上前所未有的统一，多民族高度融合，中西文化深入交流，这是元朝最大的时代特点，也是其最大的历史贡献。正如史学家陈垣所说：“盖自辽金宋偏安后，南北隔绝者三百年，至元而门户洞开，西北拓地数万里……所有中国之声明文物，一旦尽发无遗”[⑥]。作为中国法律制度发展史的一个时间段，元朝的法制之起步也是“素胚勾勒”，其进程也会“笔锋浓转淡”，其成果也如“传世的青花

---

① 《元史·太平传》。

② 具体研究可参见张帆：《元朝的特性——蒙元史若干问题的思考》，载赵汀阳、贺照田主编：《学术思想评论》第1辑，辽宁大学出版社1997年版。

③ 《明太祖实录》卷一九八，洪武二十二年（1389年）十二月壬戌。

④ （元）叶子奇：《草木子》卷四《杂俎篇》。

⑤ 元朝作为入主中原的少数民族政权，在编纂宋、辽、金正史时，“各与正统，各系其年号”，第一次以中央政府的名义肯定了各民族政权的正统性、合法性。

⑥ 陈垣：《元西域人华化考》卷八《总论元文化》，上海古籍出版社2000年版，第132页。

瓷自顾自美丽”，它必然起着承上启下的作用，绝非可有可无。

本章拓展阅读与选题思路

一、拓展阅读

元兴，其初未有法守，百司断理狱讼，循用金律，颇伤严刻。及世祖平宋，疆理混一，由是简除繁苛，始定新律，颁之有司，号曰《至元新格》。仁宗之时，又以格例条画有关于风纪者，类集成书，号曰《风宪宏纲》。至英宗时，复命宰执儒臣取前书而加损益焉，书成，号曰《大元通制》。其书之大纲有三：一曰诏制，二曰条格，三曰断例。凡诏制为条九十有四，条格为条一千一百五十有一，断例为条七百十有七，大概纂集世祖以来法制事例而已。其五刑之目：凡七下至五十七，谓之笞刑；凡六十七至一百七，谓之杖刑；其徒法，年数杖数，相附丽为加减，盐徒盗贼既决而又镣之；流则南人迁于辽阳迤北之地，北人迁于南方湖广之乡；死刑，则有斩而无绞，恶逆之极者，又有凌迟处死之法焉。盖古者以墨、劓、剕、宫、大辟为五刑，后世除肉刑，乃以笞、杖、徒、流、死备五刑之数。元因之，更用轻典，盖亦仁矣。世祖谓宰臣曰："朕或怒，有罪者使汝杀，汝勿杀，必迟回一二日乃覆奏。"斯言也，虽古仁君，何以过之。自后继体之君，惟刑之恤，凡郡国有疑狱，必遣官覆谳而从轻，死罪审录无冤者，亦必待报，然后加刑。而大德间，王约复上言："国朝之制，笞杖十减为七，今之杖一百者，宜止九十七，不当又加十也。"此其君臣之间，唯知轻典之为尚，百年之间，天下乂宁，亦岂偶然而致哉！然其弊也，南北异制，事类繁琐，挟情之吏，舞弄文法，出入比附，用谲行私，而凶顽不法之徒，又数以赦宥获免；至于西僧岁作佛事，或恣意纵囚，以售其奸宄，俾善良者喑哑而饮恨，识者病之。然而元之刑法，其得在仁厚，其失在乎缓弛而不知检也。

——《元史·刑法志》

王者南面以听天下之治，建邦启土，设官分职，其制尚矣。汉、唐以来，虽沿革不同，恒因周、秦之故，以为损益，亦无大相远。大要欲得贤才用之，以佐天子、理万民也。元太祖起自朔土，统有其众，部落野处，非有城郭之制，国俗淳厚，非有庶事之繁，惟以万户统军旅，以断事官治政刑，任用者不过一二亲贵重臣耳。及取中原，太宗始立十路宣课司，选儒术用之。金人来归者，因其故官，若行省，若元帅，则以行省、元帅授之。草创之初，固未暇为经久之规矣。世祖即位，登用老成，大新制作，立朝仪，造都邑，遂命刘秉忠、许衡酌古今之宜，定内外之官。其总政务者曰中书省，秉兵柄者曰枢密院，司黜陟者曰御史台。体统既立，其次在内者，则有寺，有监，有卫，有府；在外者，则有行省，有行台，有宣慰司，有廉访司。其牧民者，则曰路，曰府，曰州，曰县。官有常职，位有常员，其长则蒙古人为之，而汉人、南人贰焉。于是一代之制始备，百年之间，子孙有所凭藉矣。

——《元史·百官志》

元之刑法，论者，谓得之仁厚，失之纵弛；是不然。蒙古初入中原，百司裁决率依金律。至世祖，始取见行格例，颁之有司，为《至元新格》。然帝临时裁决，往往以意出入增减，不尽用格例也。其后挟私用谲之吏，夤缘放效，骫法自专，是谓任意不任法，非纵弛之过也。呜乎！以世祖之仁明，成宗之宽恕，不能损益古今，权衡中外，以制一代之刑典。乃谓古今不必相沿，中外不必强同。其去整齐画一之规远矣。……太祖六年，败金人于乌沙堡，得金降将郭宝玉，宝玉上言，建国之初，宜颁新令。帝从之。于是颁条画五章，如出军不得妄杀，刑狱惟重罪处死，其余杂犯量情笞决，是也。是为一代制法之始。

——《新元史·刑法志上》

法者，天下之公，所以辅乎治也；律者，历代之典，所以行乎法也。故自昔国家为治者，必立一代之法；立法者，必制一定之律。盖礼乐教化固为治之本，而法制禁令实辅治之具，故设律学以教人，置律科以试吏，其所以辅乎治者，岂不详且密欤？我国家自太祖皇帝戡定中夏，法尚宽简，世祖皇帝混一海宇，肇立制度，列圣相承日图政治，虽律令之未行，皆因事以立法，岁月既久，条例滋多。英宗皇帝始命中书定为《通制》，颁行多方，官吏遵守。然自延佑至今，又几二十年矣。夫人情有万状，岂二例之能拘，加以一时官曹材识有高下之异，以致诸人罪状，议拟有轻重之殊，是以烦条碎目，与日俱增，每罚一辜，或断一事，有司引用不能遍举。若不类编颁示中外，诚恐远方之民，或不识而误犯，奸贪之吏独习知而舞文，事至于斯，深为未便，宜从都省早为奏闻，精选文臣学通经术、明于治体、练达民政者，圜坐听读，定拟去取，续为《通制》，刻板颁行。中间或有与先行《通制》参差抵牾，本末不应，悉当会同讲贯画一要在，详书情犯，显言法意，通融不滞，于一偏明白，可行于久远。庶列圣之制度合为一代之宪章，民知所避，吏有所守，刑政肃清，治化熙洽矣。

——（元）苏天爵：《滋溪文稿》卷二六《乞续编通制》

五刑：国初立法以来，有笞杖徒流死之制，即后世之五刑也。凡七下至五十七用笞，凡六十七至一百七用杖，徒之法，徒一年杖六十七，一年半杖七十七，二年杖八十七，二年半杖九十七，三年杖一百七，此以杖丽徒者也。盐徒盗贼既决而又镣之，使居役也。数用七者，考之建元以前，断狱皆用成数，今匿税者笞五十，犯私盐茶者杖七十，私宰牛马者杖一百，旧法犹有存者。大德中，刑部尚书王约数上言："国朝用刑宽恕，笞杖十减其三，故笞一十减为七。今之杖一百者，宜止九十七，不当又加十也。"议者惮于变更，其事遂寝。流则南之迁者之北，北之迁者之南，大率如是。至于死刑，有斩无绞。盖尝论之，绞斩相去不至悬绝，钧为死也，特有殊不殊之分耳。然已从降杀一等论令，斩首之降即为杖一百七籍流，犹有幸不至死之理。呜呼仁哉！

五服：昔者先王因亲立教，以道民厚，由是服制兴焉。法家者用之以定轻重，其来尚矣。然有以服论而从重者，诸杀伤奸私是也。有以服论而从轻者，诸盗同属财是也。大要不越于礼与情而已。服重则礼严，故悖礼之至，从重典。服近则情亲，故原情之至，从恕法。知斯二者，则知以服制刑之意矣。国家初得天下，服制未行。大德八年，饬中外官吏丧其亲三年。至治以来，《通制》成书，乃著五服于令。嗟夫！先王所以正伦理、明等威、辨疏戚、别嫌疑，莫大于是也。岂特为法家者设哉！

十恶：人之罪无大于十恶者矣，王法之所必诛也。故历代之律，著之首篇。国家任子之法，举人之条，皆曰不犯十恶者，始得预列。嗟夫，之二者之选，岂必其人有是恶而后绝之哉！言不犯者，意其必无也。意其必无，而犹慎之，知人之难也。

八议：八议者，先王用法忠厚之至情也，故自《周官》至于《唐律》具载之。国家待国人异色目，待世族异庶人，其有大勋劳于王室者，则固当有九死无与之赐，十世犹宥之恩欤！若夫官由制授者，必闻奏而论罪，罚从吏议者，许功过之相赎。岂非八议之遗意乎！故仍古律旧文，特著于篇，以俟议法之君子。

——《国朝文类》卷四二《经世大典·宪典总序·名例篇》

然则律虽定于唐，而所以通极乎人情法理之变者，其可画唐而遽止哉！国家立经陈纪，迪德践猷，较诸近世之中，稽合唐制为多；故凡垂之为申令，著之为事比，无非忠厚恻怛之所形，累圣重光，何其甚似乎太宗也。予尝备数礼官，陪在廷末议，见吏抱成法置前，曰律当如是，不当如彼，虽辩口佞舌，莫不帖帖顺德，无敢出一语为异。及按而视之，则本之唐以志其常，参之以祖宗睿断以传其变。非常无古，非变无今，然而必择乎唐者，以唐之揆道得其中，乘之则过，除之则不及；过与不及，其失均矣。呜呼！法家之律，犹儒者之经。五经载道以行万世，十二律垂法以正人心。道不可废，法岂能以独废哉！彼谓除参夷连坐之罪，作见知部主之条，为萧、张控制天下之一术，其论抑浅末矣。

——《国朝文类》卷三六《（柳贯）唐律疏议序》

法者，人君之大权，天下之公器。法立则人君之权重，法不立则人君之权去矣。何以言之？国之立法曰杀人者当某刑，伤人及盗者当某刑，使为恶者畏法而不敢犯，犯之则必当以法，虽有奸臣老吏，不能高下其手。据罪举法，或失之轻，或失之重，则官吏抵罪。是以善人有法可倚，良吏有法可守，奸恶有法可恐可怖可杀。小大贵贱，惟法之是视而不敢干越。不怒而威，死而不怨。兹非人君之大权，天下之公器欤？

——（元）胡祗遹：《紫山大全集》卷二一《杂著·论治法》

今为政者，往往以先入之言为主，非彼狃徇一偏，盖由不通上下之情故也。故通其情莫如悉心询访，小而一县一州，大而一郡一国，吏孰贪邪，官孰廉正，何事病众，何政利民，豪横有无，风俗厚薄，既得其凡，他日详加综核，复验以事，其孰得而隐哉？苟廉矣，即优之，礼貌之，荐举之，则善者劝矣。苟贪矣，虽极品之贵，即蔑之，威拒之，纠劾之，则为恶者惩矣。推而至於待士遇吏，亦莫不然。大抵一道之任，犹一家之务焉。善为家者，其子弟族属下逮奴隶，其情性良否，皆所当知；一或不及，则将甘为所弄而不悟，久必致是非颠倒，以佞为忠，以贪为廉，以无能为有能，政令不行，而纪纲替矣。前辈有云："为宰相不难，一心正两眼明足矣。"呜呼！彼长风宪者，其责任之重亦岂下夫宰相哉！若之何不以前辈之言为法。

——（元）张养浩：《风宪忠告·询访第三》

《书》曰："庶狱庶慎。"又曰："非佞折狱，惟良折狱。"《易》谓："君子明慎用刑，而不留狱。"呜呼！于以见圣人好生之心与天地等矣。夫饥寒切身，自非深知义理之人，不敢保其心之无他，况蚩蚩之氓，为守牧者教养之，不至穷而为盗，是岂得已哉。古人有以灼其然，故为制也恒宽而不亟促，恒哀矜而不忿疾。均之为盗也，而有长幼疏戚之分；均之为奸也，而有夫亡夫在之殊。有疾则医药之，疾革则释梏入人而侍之。夫彼冥迷凶险之徒既丽於理矣，何足缀意，而古人为制如此者，则其仁恕忠厚之情可见矣。昔欧阳公父治死囚之狱，求其生而不得，则掩卷而叹，其言曰："夫常求其生，犹失之死，况世常求其死哉!"后之残忍者一切不务，而惟威刑之尚，谓其无茹冤而死者，吾不信也。夫莅官之法无他，口威心善而已矣。口威则欲其事集，心善则不欲轻易害物。况久系之囚，尤当示以慈祥，召之稍前，易其旧所隶卒吏，温以善色，使自陈颠末，情无所疑，然后参之以按。若据按以求其情，鲜有不误人者。盖州县无良吏，所以不敢信其已具之文，毫厘或差，生死攸系。故圣人谓："与其杀不辜，宁失不经。"又曰："功疑惟重，罪疑惟轻。"论囚之道，尽於此矣。君子其慎诸。

——（元）张养浩：《风宪忠告·审录第五》

二、选题思路

1. 元朝法制的民族多元特色表现研究
2. 元朝肃政廉访司职能研究
3. 元朝法典编纂的沿革与特色研究
4. 元朝律学名家及著作研究
5. 元朝司法检验制度研究

第九章　明朝的法律制度

在将近五十年的农民战争的冲击之下，元朝政权灭亡的步伐加快了。1368 年，朱元璋在众多起义将领中一枝独秀，取得了最大胜利，建立起明朝政权。

对于处于中国传统社会晚期的明朝而言，从它诞生之日起就面临着各种社会矛盾。传统经济结构继续保留，但带有资本经济的新元素已经显现。专制主义中央集权制度的衰败之势日趋明显，但统治者又要极力守住皇权体制。故明朝的立章建制主要围绕着稳固中央集权制而展开，所以明朝法制尽管源于唐律，但终因时移势易，法律有了较大的变化，各项制度更加成熟，极大地体现了中国传统社会晚期的时代特征，对清朝以及东亚地区其他国家的法律产生了直接影响。

第一节　调整维护专制皇权的立法思想

案例导入

正月戊戌，惟庸因诡言第中井出醴泉，邀帝临幸，帝许之。驾出西华门，内使云奇冲跸道，勒马衔言状，气方勃，舌駃不能达意。太祖怒其不敬，左右挝捶乱下。云奇右臂将折，垂毙，犹指贼臣第，弗为痛缩。上悟，乃登城望其第，藏兵复壁间，刀槊林立。①

这段引文讲的是明朝历史上有名的胡惟庸案。洪武十三年（1380 年）正月，丞相胡惟庸称其旧宅井里涌出醴泉，此为祥瑞，并借此邀请明太祖朱元璋前来观赏。朱元璋欣然前往，走到西华门时，太监云奇紧拉住缰绳，急不能言，拼命指向胡家。朱元璋感觉事态严重，立即返回，登上宫城时，发现胡惟庸家上空尘土飞扬，墙道都藏有士兵。

太祖大怒，以“枉法诬贤”“蠹害政治”等罪名，当天处死胡惟庸、陈宁等。同时借辞穷追其友好，包括开国第一功臣韩国公李善长等大批元勋宿将皆受株连，牵连致死者三万余人。

---

① （清）谷应泰：《明史记事本末》第一册，中华书局 1977 年版，第 181 页。

明朝建立后沿用儒家思想。以此案为契机，朱元璋诏罢中书省和丞相等官，秦汉以来行之千年的宰相制度就此被废除。皇帝直接统辖六部，严密控制行政权力，中国历史上的皇帝集权，在制度上达到前所未有的高度。这套制度也被后世统治者所仿效，成为其后数百年间中国政治制度史上最重要的一个层面。立法思想在儒家思想理论的框架下，呈现出一些调整和变动，反映出极强的时代特征。

一、重典治国与明刑弼教

（一）重典治国

刑乱国用重典思想出自儒家经典《周礼》。《周礼·秋官·司寇》载：大司寇之职，掌建邦之三典，以佐王刑邦国，诘四方。一曰刑新国用轻典，二曰刑平国用中典，三曰刑乱国用重典。

朱元璋建国之后按照刑乱国用重典的思想建立明朝的法律体系是有现实原因的。一是以元朝因法纪废弛、官吏腐败而覆灭的教训为鉴。在论及元朝灭亡的教训时，朱元璋认为“奈何胡元以宽而失，朕收平中国，非猛不可”①，从而确立了明朝立法的基调。二是明初之时，边境战争、农民起义还未停止。元朝的旧势力在北方骚扰边境，东南沿海一带倭寇时常进犯，而农民因生活艰难起义不断。稳定高于一切，成为要务，用重刑巩固政权即是现实所需。三是统治集团内部矛盾重重，农民出身的武将与地主出身的文臣之间的分歧日益严重。这威胁着皇权的巩固。朱元璋也只能以严厉的手段来确立自身的权威。在严峻的政治形势和复杂的社会问题面前，朱元璋认为“吾处乱世，刑罚不得不重”②，暗含着他采取严刑峻法的无奈。

朱元璋推行重典治理的对象既包括吏，也包括民。在重典治吏方面，明太祖朱元璋首先是惩治贪官污吏，废止了唐、宋法律中优待官员的“官当”“除免”等制度。其次是大兴“文字狱”，强化文化高压政策。此外，特别设立“奸党罪”等罪名打击官员结党危及皇权的行为。在重典治民方面，明朝严厉镇压犯上作乱的民众。

（二）明刑弼教

礼法结合是儒家一直坚守的法观念。朱元璋虽然强调刑典的惩治作用，但并不轻视礼的作用。他也是一位深谙儒家思想的皇帝，强调治国之道必须坚持“明刑弼教”的立法宗旨。朱元璋说：“朕仿古为治，明礼以导民，定律以绳顽”③，明刑弼教被朱元璋阐释为此处的“明礼以导民，定律以绳顽”的含义。朱元璋以“明礼”“定律”二词表达了他既重视礼的预防犯罪作用，又强调刑的惩治作用的观点。从本质而言，明刑弼教和德主刑辅是一致的，只是朱元璋一改德主刑辅原则之下德为主刑为辅，而强调明刑先于弼教，这一立场转变是朱元璋面对明初处于乱世的社会情

① 《明太祖宝训》卷一。

② 《明史·刑法一》。

③ 《明史·刑法一》。

势作出的回应，也是对西汉以来形成的德主刑辅思想的进一步发展。

道德礼制层面的教化对人的影响是深远的，它可以将好人变得更好，将坏人变成好人。但这种影响并非一蹴而就，需要长期的过程。为了充分发挥礼教的作用，将所有的民众有效地引领到趋善守法的正途上，朱元璋要求各州县在乡里设置“申明亭”，以“君臣之义”、孝道廉耻等内容开展宣教活动。

二、维护专制皇权的主要举措

（一）制定特别刑法《大诰》

《大诰》是朱元璋亲自编纂的特别刑法。《大诰》制定之时，《大明律》已经基本完成。由于明初需要尽快地稳定社会秩序，恢复和发展生产，所以在吴元年（1364 年）、洪武六年（1373 年）、洪武九年（1376 年）制定的律令定罪量刑上呈现出轻缓的特点，尤其是洪武九年的律文刑罚最轻。恰逢此时明朝统治阶层内部的斗争激烈，农民反抗时有发生。朱元璋认为此为乱世，需要用重典来治理，必须用法外加刑的手段才能惩治奸顽刁诈之徒。《大诰》就是这种法外加刑的表现。《大诰》由《御制大诰》《大诰续编》《大诰三编》《大诰武臣》四个部分组成，共计二百三十六条，其中《御制大诰》七十四条、《大诰续编》八十七条、《大诰三编》四十三条、《大诰武臣》三十二条。

“诰”在西周时期已经出现。《尚书·大诰》记载了周公东征殷商遗民时对臣民的训诫，包含“陈大道以诰天下”之意。朱元璋故仿效周公以大道告诫天下的做法，将自己亲自审理的官吏、百姓犯罪案件予以汇集，并附上针对案件而发表的言论，组合成训诫臣民严格遵守的特别刑法。《大诰》既是官民犯罪的案例汇编，同时也是一个训诫词的文本，集中体现了朱元璋重典治国的基本精神。与《大明律》相比，它有以下两个显著特点：

第一，律外酷刑。《大诰》规定了许多《大明律》没有的罪名，如诡寄田粮、鱼科扰民等，同时广泛适用凌迟、枭首、墨面纹身、挑筋去膝盖、断手、刖足等数十种《大明律》中没有的酷刑。正如《明史·刑法志二》提到的“凡三《诰》所列凌迟、枭示、种诛者，无虑千百，弃市以下万数”。在定罪量刑上，《大诰》比《大明律》重。

第二，严刑治吏。如果说《大明律》体现了明初重典治吏并治民的宗旨，那么《大诰》的主要目的在于强化对官吏的惩治功能。官吏涉嫌犯罪的行为主要表现为贪赃和科敛害民、乱政坏法和渎职行为、妄报水灾、欺瞒田粮和征税纳粮不时、违犯礼制和破坏人伦关系、违背《大诰》禁令等。据统计，《大诰》共收录了一百五十六个案例，官吏犯罪的案例有一百二十八个，且多为酷刑。共有八十七条的《大诰续编》涉及官吏和豪强作恶犯罪的案例就达七十条之多。这体现了朱元璋希望通过打击贪官污吏，改善吏治，达到强化皇权，提高国家统治效能的目的。

《大诰》除实现惩治犯罪的目的之外，更重要的是承载起对臣民教化的功能。朱元璋要求各级官府大力宣传，做到家喻户晓。《御制大诰》颁行时，他宣布，“朕出是诰，昭示祸福，一切官民诸色人等，户户有此一本。若犯笞、杖、徒、流罪名，每减一等；无者每加一等。所在臣民，熟观为戒。”罪囚可以因为有《大诰》而减刑；持诰进京告诉的，也无须路引。由于受到朱元璋的高度重视，《大诰》成为各种学校的教材，科举考试也把《大诰》作为考试的内容，以至于出现“天下有讲读《大诰》师生来朝者十九万余人”的景象。《大诰》得到空前的普及。

洪武三十年（1397年），《大诰》中的死罪条款被编为《大明律诰》，和《大明律》一起颁行，《大诰》中的酷刑和罪名被废除。《大诰》因朱元璋的倾力打造而盛行。在明太祖去世后，《大诰》的威力逐渐减弱，仅在审判之时才体现其作用，非死刑罪犯如家有《大诰》可获得减刑一等。《大诰》因人而兴，因人而废。明中叶后，附在《大明律》之后的《律诰》也被废止不用。

（二）实行“轻其所轻，重其所重”的刑法原则

“轻其所轻，重其所重”并非写明在明朝法典中的刑法适用原则，而是清人薛允升对唐、明律内容进行比较后得出的结论。他说：“大抵事关典礼及风俗教化等事，唐律均较明律为重；贼、盗及有关帑项、钱粮等事，明律又较唐律为重。”①

“轻其所轻”，即轻微违反典礼及风俗教化方面的犯罪，明律的处刑一般都较唐律为轻。比较闻父母丧匿不举哀、子孙别籍异财罪、干名犯义、同姓为婚几种罪行的处罚，可以一窥究竟（见表9-1）。

表9-1　明律的“轻其所轻”

犯罪行为	唐律	明律
闻父母丧匿不举哀	流两千里	杖六十，徒一年
祖父母、父母在，子孙别籍异财	徒三年	杖一百
干名犯义（如告祖父母、父母）	实告绞刑，诬告斩刑	杖一百，徒三年。诬告绞刑
同姓为婚	各徒两年，并离之	各杖六十，离异

“重其所重”，即直接危及国家统治和重大经济利益的犯罪，即有关“贼、盗及有关帑项、钱粮等事”的行为，明律对这些行为的处刑普遍较唐律为重（见表9-2）。

表9-2　明律的“重其所重”

<table>
<tr><th>犯罪行为</th><th colspan="2">唐律</th><th colspan="2">明律</th></tr>
<tr><td rowspan="2">谋反、大逆</td><td>本犯</td><td>首犯，斩</td><td>本犯</td><td>共谋者，不分首从，皆凌迟处死</td></tr>
<tr><td>株连犯</td><td>父子年十六以上皆绞，十五以下及母女、妻妾、祖孙、兄弟、姊妹，若部曲、资财、田宅并没官；
男夫年八十及笃疾，妇人年六十及废疾者并免；
伯叔父母、兄弟之子皆流三千里，不限籍之同异</td><td>株连犯</td><td>祖父、父、子、孙、兄弟，及同居之人，不分异姓，及伯叔父、兄弟之子，不限籍之同异，年十六以上，不论笃疾、废疾，皆斩；
其十五以下及母女、妻妾、姊妹，若子之妻妾，给付功臣之家为奴；
财产入官</td></tr>
</table>

① （清）薛允升：《唐明律合编》，怀效锋、李鸣点校，法律出版社1999年版，第170页。

续表

犯罪行为	唐律	明律
受财枉法	赃值十五疋绞	赃值八十贯绞
受财不枉法	赃值三十疋加役流	赃值一百二十贯，杖一百，流三千里
监守盗	赃满三十疋绞	不分首从，以赃论罪，一贯以下杖八十；四十贯处斩
强盗	计赃论罪：十疋以上及伤人者绞，不得财徒两年	凡已得财者不分首从皆斩；不得财，杖一百流三千里
常人盗仓库钱粮罪	无	赃满八十贯者绞

将唐、明二律加以比较，各自的风格跃然纸上，诚如薛允升所总结的那样“唐律犹近古，明律则颇尚严刻矣”①。尽管朱元璋在筹备起草《大明律》时，时常和朝臣讨论《唐律》，并效仿《唐律》，但《大明律》所继承的仅仅是《唐律》的“体”，《大明律》的“用”则更多地体现为朱元璋“重典治国”的立法思想。

明律之所以选择“轻其所轻，重其所重”的刑法原则，也与明朝所处的时代背景以及形势需要相关联。自宋以后，中国封建社会已进入晚期，政治制度呈现出绝对专制色彩。儒家所倡导的纲常礼教对人的浸润已到极致，“存天理，灭人欲”形成的约束力愈来愈强大。以皇帝为代表的专制权力和以官僚为代表的常规权力之间潜在的紧张关系更显突出。违反封建伦理道德和宗法关系的行为不再被视为对政权稳定产生致命威胁的根源，因而适当减轻对风俗教化之类的犯罪行为的惩罚力度，可以缓和社会的反抗情绪。而重惩以谋反、谋大逆、谋叛以及强盗重罪为典型的直接危害封建统治基础的犯罪行为，才能更好地保障皇帝的至上权威和君主的绝对专制。这一轻一重的变化调整符合《尚书·吕刑》规定的“刑罚世轻世重”精神，也是朱元璋所推崇的治国方略。

（三）强化对官吏的整饬

第一，创设“奸党”罪，严禁官员结党以捍卫皇权。

基于对皇权的最大的威胁来自“女宠、寺人、外戚、权臣、藩镇、四裔之祸”的认知，结合唐宋两代的官员结党导致皇权旁落的教训，朱元璋采取一系列措施以防止步唐宋之后尘，多次颁布禁令，禁止宦官干政以及大臣结党。为防止大臣交结朋党，明律创设了“奸党”罪，《大明律·吏律·职制》规定五种行为属于奸党罪：一是“凡奸邪进谗言，左使杀人者”，二是“若犯罪，律该处死，其大臣小官巧言减免，暗邀人心者”，三是“若在朝官员，交结朋党，紊乱朝政者”，四是“若刑部及大小各衙门官吏，为不执法律，听从上司官主使出入人罪者”，五是“若有上言宰执大臣美政才德者”。《大明律》对奸党行为规定了严厉的处罚，不仅本犯处斩，还要

① （清）薛允升：《唐明律合编》，怀效锋、李鸣点校，法律出版社1998年版，第170页。

株连亲属，妻、子为奴，财产入官。

为从源头杜绝“奸党”行为，明律对大臣擅权选官和内外官交结予以严惩，规定：“凡除授官职，须从朝廷选用，若大臣专擅选用者斩。若大臣亲戚非奉特旨不得除授官职，违者，罪亦如之。”若官吏与内官及近侍人员“相互交结，泄漏事情，夤缘作弊”，不分首从，“皆斩，妻子流两千里安置”。

“奸党”罪的确立，对明初巩固皇权起到了积极的作用，它成为朱元璋实行极端专制主义统治的重要手段。但这一制度也被君主作为杀戮功臣、消灭异己的工具。如朱元璋统治时期的胡惟庸案、蓝玉案中，以“奸党”的罪名诛杀的文武官吏数以万计；明成祖“靖难之役”成功后，也以除“建文奸党”为名，大肆诛杀政敌，被处死的大臣也达万人。

第二，设置“六赃”罪严惩贪污腐败。

严刑惩贪是明朝刑法的重要原则，也是重典治吏的主要方面。朱元璋认为“吏治之弊，莫过于贪墨”，“不禁贪墨，则民无以遂其身”。故在洪武四年（1371 年），朱元璋就定下了犯赃官员不赦免的刑事政策，即“若贪官之徒，虽罪小，不赦也”。

《大明律》规定的“六赃”罪集中体现了明朝重刑惩贪的立法精神。明朝的“六赃”罪包括监守盗、常人盗、受财枉法、受财不枉法、窃盗和坐赃，是在《唐律》“六赃”罪名的基础上修改而成，又被称为“明六赃”。其中，监守盗、受财枉法、受财不枉法、坐赃四种犯罪行为的主体都是官员。

《大明律》关于“六赃”罪的制度设计明显区别于唐律。首先，《大明律》将“六赃”罪视为仅次于“十恶”的严重犯罪行为。其次，《大明律》将官吏犯赃罪以专章的形式加以规定，而《唐律》不设官吏犯赃篇目。在《大明律·刑律》专设《受赃》一门，其中包括“官员受财”“坐赃致罪”“事后受财”“官员听许财务”“有事以财请求”“在京求索借贷人财物”“家人求索”“风宪官吏犯赃”“因公擅科敛”“私受此公侯财物”“克留盗赃”等十一条。律条规范详细而完备。最后，明朝法律对犯赃官员的处罚重于唐律，除刑事处罚外，还规定官除名、吏罢役，永不叙用。唐朝对犯赃的官员则较为宽缓，犯赃官员经过一定的期限，还可以降级使用。

第三，借助《大诰》特别刑法强化重典治吏。

在以惩治官吏赃罪为主要内容的特别刑事法规二百三十六条《大诰》中，属于惩治贪官污吏的条款达一百五十五条，其用刑比《大明律》更为严酷，其中多适用肉刑，如凌迟、枭首、刖足、墨面纹身、挑筋去膝盖、阉割为奴等。最为残酷的是官吏所贪之赃满六十两，将处以剥皮实草的刑罚，即将该官吏押送到专设的“皮草场”剥皮，皮剥下后填塞稻草，摆在官府公座旁边，以起到惩一儆百的作用。

明初重刑惩贪的举措，产生了积极的效果：一方面，吏治得到了整饬，通过明初的大力整顿，官吏“一时守令畏法，洁己爱民，以当上指，吏治焕然丕变矣”，出现了“吏治澄清者百年”的局面。另一方面，由于重刑惩贪，一定程度上限制了过度的土地兼并，对社会经济的恢复和发展起到了促进作用，增强了国家的实力。但以重刑来惩贪只能起到暂时之功效，不能从根本上杜绝贪官污吏的社会现象。所以，明朝中后期，贪污腐败之风愈演愈烈。

第四，建立“廷杖”制度。所谓廷杖，是指根据皇帝的命令，在朝廷的殿陛下或午门外，对违抗皇命的大臣施以杖刑的制度，即在朝堂之上当众责打敢于违逆皇帝的大臣。历史上一些王朝都曾出现过廷杖大臣之事，但并未形成定制。自明初朱元璋形成定制后，有明一代，始终通行未废。一般由皇帝直接下令，由司礼太监监刑、锦衣卫施刑。廷杖制度是树立皇权威严的重要方法，但对明朝法制造成了恶劣的影响，许多律不当死的大臣被当场击毙，如正德十四年（1519 年），因谏武宗南巡，廷杖大臣一百四十六人，打死十五人；嘉靖三年（1524 年）因争大礼，一次廷杖大臣一百三十四人，打死十七人。

（四）加强对“顽民”的管控

第一，惩治窃盗、强盗行为，维护封建统治的经济基础。

《大明律》规定：“强盗，凡已得财者不分首从皆斩；不得财，仍杖一百流三千里”。而《唐律》则规定强盗罪计赃论罪，十疋以上及伤人者绞，不得财徒两年。此外，为更有力地保护封建集权主义的经济基础，诸如“白昼抢夺罪”“盗贼窝主罪”这些新罪名在明律中被确立。特别设置“常人盗仓库钱粮罪”以加强对国家财产的保护，在处罚上比普通的盗窃罪处刑更重：普通的盗窃罪，赃满一百二十贯者，杖一百流三千里；而盗窃官府仓库钱粮，赃满八十贯者绞。

第二，推行更为残酷的刑罚制度。

明朝的刑罚制度由传统的法定刑和特别刑罚共同构成。传统的法定刑是沿用隋唐的五刑制度，在《大明律》的《名例律》和《大明令》的《刑令》中，都明确规定了笞、杖、徒、流、死五种刑罚。但由于“重典治国”政策的影响，在维护封建统治秩序，打击刑事犯罪方面，特别刑罚的适用更为突出。刑罚呈现出日趋严厉的趋势。

首先，是将凌迟作为法定刑。明朝的死刑除继续保留绞、斩二刑之外，最大的变化就是凌迟入律。《大明律》规定，凌迟是惩治“谋反”“谋大逆”“恶逆”等严重危害皇权和国家统治的犯罪行为的法定极刑。此外，明朝还大量采用法外酷刑，如《大诰》中大量使用了“族诛”“枭首”“剥皮实草”等残酷的死刑。

其次，充军刑成为正式刑。充军，指的是强制犯人到边远地区屯种或充任军役的刑罚，它轻于死刑但重于流刑。充军刑在宋元时期即已出现，在明朝被发展成为正式刑罚。明代充军刑按地点分为极边、烟瘴、边远、边卫、沿海和附近六种，最远达四千里，最近也有一千里。按刑罚所及的对象和刑期，充军刑分为终身充军和永远充军两种。终身充军指本人毕生充军，死亡之时即为执行完毕之日。永远充军则指本人死后子孙接替，罪囚子孙也被视为罪犯，直至断子绝孙才算执行完毕。

充军刑的本质是以役代刑。明朝以役代刑制度颇具特色。除充军刑外，还可以用工役代刑。据《明会典》载，“杂犯死罪者免死，工役终生；徒流照年限工役”。由此可知，除真犯死罪以外，“遂无不充役之人”。凡杂犯死罪以下的各罪都可以用工役抵赎，役限及种类按刑期执行。明朝之所以出现以役代刑有其现实原因。由于经济的发展，国家意识到利用囚徒从事劳役及其创造的价值，对国家有利无害，因此以役代刑制备受重视。以役代刑制顺应了当时工业、手工业和商品经济发展的需要，一定程度上满足了社会对劳动力的需求。而且，与刑杀或单纯的羁押相比，这一制度无疑是一种进步。

再次，增设了枷号刑。明朝在五刑之外增设了枷号刑。枷号，也称为枷示，或枷令，即强制罪犯戴枷于监狱外或官府衙门前示众的刑罚，是集肉刑与侮辱刑于一体的刑罚。执行枷号刑时，会枷上标明罪犯姓名，所犯罪状，并在监外示众。明代的枷号刑有断趾枷令、常枷号令、枷项发遣之分。刑期有五档，分一月、二月、三月、六月和永远。由于有的枷重达一百五十斤，故罪囚往往熬不过数日即死亡。

最后，还恢复了部分肉刑。《大诰》中规定的刑罚，如"墨面文身挑筋去指""墨面文身挑筋去膝盖""剁指""断手""刖足""阉割为奴""剥皮实草"，无一不是残酷的肉刑。

第二节　传承与创新：律典体例与法律内容的调整变化

一、明朝初期的法律制定

关于明初的立法可以从《明史·刑法志》一窥全貌："明太祖平武昌，即议律令。吴元年冬十月命左丞相李善常为律令总裁官，参知政事杨宪、傅瓛、御史中丞刘基，翰林学士陶安等二十人为议律官……每御西楼，召诸臣赐坐，从容讲论律义。十二月，书成"。"吴元年"即是朱元璋称吴王的1367年。此"书"即《大明律》，是年为明朝立法启动之年。在此以后，明太祖朱元璋统治时期，颁布了《大明律》《大诰》《大明令》以及榜文等法律。大明王朝法律体系的主干部分由此建立起来。

1. 制定不得修改的《大明律》

如前所述，《大明律》是在朱元璋全程领导下制定而成，为明代最基本、最重要的法典。从它的起草到最终定型经历了三十年的时间。

《大明律》初定于1367年。这部法典首先是在1367年朱元璋称吴王之时决定立法而出台的，所颁之法有285条律文。朱元璋在吴元年冬十月，任命以左丞相李善长为律令总裁官的二十人律法起草小组，在秉承"法贵简当，使人易晓"的圣谕原则下，用时两个月制定出令一百四十五条，律二百八十五条规模的《大明律》雏形。朱元璋因担心律文不被百姓所知晓，命令大理卿周桢等人编成《律令直解》，印发全国。

洪武六年（1373年）《大明律》第一次更订。自明朝正式建立后，朱元璋与大臣、刑部官员讨论唐律，欲以唐律为明朝法律制定的榜样。经过前期的充分准备，洪武六年，刑部尚书刘惟谦等人受命制定《大明律》，每完成一篇，明太祖就亲自裁定斟酌。洪武七年（1374年）修订完成并颁布行天下。法律以唐律为模板，在篇目上与唐律保持一致，但在内容上有所变化。

洪武二十二年（1389 年）《大明律》再一次修订。洪武九年（1376 年），朱元璋考虑到已经颁行的律典有不当之处，乃命令丞相胡惟庸、御史大夫王广洋等大臣对律典进行讨论，共有十三条得到了修正。洪武十六年（1383 年），刑部尚书开济受命制定《诈伪律》。洪武二十二年，刑部上奏，认为因条例增减不一而导致断狱失当，应对条例编类颁行。朱元璋即命刑部会同翰林院选取新增条例，分类编入《大明律》，共三十卷四百六十条，以《名例律》冠于篇首。

洪武三十年（1397 年）《大明律》正式颁行。在洪武二十二年修律后，朱元璋接受朱允炆的建议，修订律文七十四条。洪武三十年，朱元璋要求刑部将其编撰的《大诰》的主要条目附在律文之后，完善了洪武二十二年制定的律条，《大明律》的编纂工作至此全部完成。

《大明律》是以唐律为蓝本制定而成。无论是在内容还是在形式上，《大明律》与唐律有着许多的相同之处，但《大明律》也有很多变化。

首先，《大明律》打破了自北齐律以来的法典保持 12 篇体例的惯例，以中央六部即以吏、户、礼、兵、刑、工官制为篇目，篇首冠以《名例律》，形成七篇的新体例。《名例律》的内容基本与唐律的相同。《吏律》由职制和公式组成，主要涉及惩治官吏职务犯罪行为。《户律》有户役、田宅、婚姻、仓库、课程、钱债、市廛七卷的内容，规定了有关的违法犯罪的条款与处罚。《礼律》包括祭祀、仪制两卷，规定了违背祭祀和礼仪制度的惩罚等内容。《兵律》规定惩罚宫廷警卫和边防关津要塞等方面的犯罪，有宫卫、军政、关津、厩牧、邮驿五卷。《刑律》包括盗贼、人命、斗殴、骂詈、诉讼、受赃、诈伪、犯奸、杂犯、捕亡、断狱共十一卷，规定了惩治贼盗、杀人、斗殴等刑事犯罪的法律，也包括有关诉讼、审判等方面的内容。《工律》是关于工程营造和河防方面的法律规定，由营造、河防两卷组成。卷下又增加子目录，使律典的层次更加合理。《大明律》的制定是我国古代法典编纂技术的又一进步。其新体例便于检索，有利于官员执法。

其次，《大明律》增加了图表以阐释律典内容和精神。图表包括五刑图、狱具图、丧服总图。增设图表的立法形式体现了朱元璋在法典制定之时提出的法典要做到通俗易懂、百姓易晓的要求。诚如朱元璋对其太孙所言："此书首列二刑图，次列八礼图者，重礼也。顾愚民无知，若于本条下即注宽恤之令，必易而犯法，故以广大好生之意，总列《名例律》中。善用法者，会其意可也。"①

《大明律》的颁行标志着明朝法典的定型。它汇集了明朝三十年君臣关于法律的集体智慧，成为古代律典的典型。朱元璋为防止继承者以及大臣对律典的修改，下诏命令"子孙守之，群臣稍议更改，即坐以变乱祖制之罪"②。《大明律》不仅影响着清王朝的立法，而且对中国周边的其他国家产生了重要的影响。比如朝鲜李桂成时期的《刑典》《刑法大全》，日本明治维新时期的《改定律例》，越南阮世祖时期的《嘉隆皇越律例》等的制定都曾受到过《大明律》的影响。

---

① 《明史·刑法一》。

② 《明史·刑法一》。

2. 制定《大明令》

明朝立国之初，社会还处于元朝纲纪废弛、法度不严、人心涣散的苦痛之中，迫切需要建立一系列国家制度，稳定社会关系，维护封建统治者所确立的尊卑等级秩序。朱元璋认为“立国之初，当先正纪纲”①，在这样的背景下，依赖具有“设范立制”功能的“令”无疑是当时较为理想的立法选择。因而在制定《大明律》的同时，《大明令》也得以出台，并先于《大明律》施行，成为明初主要的一项立法。

颁行于洪武元年（1368 年）的《大明令》按六部分篇，主要规范了国家政治、社会生活各方面的制度。《大明令》条文比较简略，只有 154 条，一直沿用到明末而未作修改。这是中国法制史上最后一部以“令”为名的法典。

按中国令典编纂的传统，令一般由积极性规范构成，很少涉及刑事法律规范。但考察《大明令》，其中既有刑法总则的内容，也有定罪量刑之规定，同以前的令典相比，内容较杂乱。这是编制体例和技术的退步。究其原因则是正在编定中的《大明律》缺失刑法总则功能的“名例”篇，所以只能将“名例篇”的相关内容规定在令典之中。《大明律》正式颁布后，因其中有“名例”篇，《大明令》的相关条文则失效，但其他条文仍有效。

在明朝的法律体系中，《大明令》无法超越《大明律》的地位。在中国传统社会的众多令典中，《大明令》也无法与前代令典相提并论。但在洪武三十年（1397 年）《大明律》正式颁行以前，《大明令》发挥着明朝立国之初消除元代法制混乱、构建法律秩序的重要作用，尤其在践行明太祖“明刑弼教”思想方面发挥着重要的作用。此作用就体现在《律令直解》的编写与“乡饮酒礼”的推行上。

《大明令》颁布后，朱元璋“恐小民不能周知，命大理卿周祯等取所定律令，自礼乐、制度、钱粮、选法之外，凡民间所行事宜，类聚成编，训释其义，颁之郡县，名曰《律令直解》”②。讲读律令成为民间举行的“乡饮酒礼”中最重要的内容。《明史·礼志》中提道：“举行乡饮非为饮食。凡我长幼各相劝勉，为臣竭忠、为子尽孝、长幼有序、兄友弟恭、内睦宗族、外和乡里、无或废坠、以吞所生。”

3. 颁布“教民榜文”

洪武三十一年（1398 年），朱元璋为处理民间细故，减少民间词讼，发布诏令：“朕自混一四海，立纲陈纪，法古建官。内设六部、都察院。外设布政司、按察司、府、州、县，名虽与前代不同，治体则一。奈何所任之官多出民间，一时贤否难知。儒非真儒，吏皆猾吏，往往贪赃枉法，倒持仁义，殃害良善，致令民间词讼，皆赴京来。如是连年不已。今出令诏示天下，民间户婚、田土、斗殴相争，一切小事须要经由本里老人、里甲断决。若系奸、盗、诈伪、人命重事方许赴官陈告。是令出后，官吏敢有紊乱者，处以极刑。民人敢有紊乱者，家迁化外。”此诏令表明了颁行“教民榜文”的初衷、榜文的基本原则和效力。

户部因此受命制定和颁行了“教民榜文”，共 41 条，集中规定了民事方面的内

---

① 《明史·太祖本纪一》。
② 《明史·刑法一》。

容，具体而言，涉及户婚、田土、斗殴、争占、失火、窃盗、骂詈、钱债、赌博、擅食田园瓜果、私宰耕牛、弃毁器物稼穑、畜产咬杀人、早幼私擅用财、亵渎神明、子孙违纪教令、师巫邪术、六畜践食禾稼、均分水利等法律问题。

榜文是将皇帝的谕旨或者经皇帝批准的官府告示、法令、案例等公示于榜上，既可以悬挂在各衙门门前，也可以张贴在申明亭内。朱元璋时期发布的榜文包含了很多教育百姓遵纪守法的说教内容，所以又称“教民榜文”。榜文里规定老人里甲在处理民讼纠纷时，可在各里设立的申明亭里进行议决。榜文要求每乡每里设置木铎，选出年老者或残疾之人持铎循行本里，劝民为善，不犯刑法。所宣之词为：孝顺父母，尊敬长上，和睦乡里，教训子孙，各安生理，毋作非为。

“教民榜文”流行于太祖、成祖二帝时期。明成祖死后，榜文就停止使用。榜文充实了明朝有关户婚、田土方面的内容和乡村社会诉讼制度方面的内容，其内容贴近民间生活，反映了明朝市井生活日趋复杂的实情，在明代立法体系中占有特殊的地位。

二、明中期以后的立法活动

1. 《问刑条例》的编撰和修订

例，古已有之，是司法机关审理的案件经过皇帝批准编撰而成，具有法律效力的单行法条。在明初，除《大明律》《大诰》之外，也存在例这种法律形式，一般称为条例。

条例的制定程序比较简便，一般是由臣下议定，皇帝批准实施。这种灵活的法律形式，可以弥补律文的不足。朱元璋也曾说过：“法令者，防民之具，辅治之术耳，有经有权。律者常经也，条例者一时之权宜也。”[①] 所以，明初的条例其实是一种尚未系统化的、可以予以修改的法律形式。明初主要的条例有“真犯杂犯死罪条例”“充军条例”“抄扎条例”“赎罪条例”等。

真犯杂犯死罪条例是关于死罪严重程度、量刑轻重和处刑时限的规定。“真犯死罪”指影响严重的死罪，为常赦所不原，减一等仍为流刑，且执行“决不待时”。“杂犯死罪”指某些影响不太严重的死罪，判刑后不是立即执行死刑，而要将犯人监禁起来，等候秋审、朝审时按具体情况再行处理，并可当作五年徒刑以适用赎刑。

充军是明代除死刑外最重的一种刑罚制度。《大明律》中充军罪有四十六条，较前代大大加重。明太祖时又颁布“充军条例”二十二条，是《大明律》所未规定的内容。

自洪武三十年（1397 年）后，《大明律》因“变乱祖制之罪”条款的保护从未被修改过。但明中期以后社会情势出现了很大变化：一方面，经济发展对封建秩序造成了一定冲击，宗藩、豪强对农民土地的兼并日益加剧，造成了大量的流民和社会的不稳定；另一方面，君臣在不愿触犯“变乱祖制”罪名的情况下，遭遇了“遵循祖制”与“度势立法”相互矛盾的难题。从明仁宗开始，朝廷只好以“令”“例”

① 《明太祖实训》卷三。

等形式规定《大明律》未尽事宜或修正《大明律》过时的法律规定。条例由此成为一种被广泛运用的法律形式。

条例大多是因事为例，且仓促而成。随着条例的逐渐增多，繁杂淆乱的弊端开始涌现：一是增加官吏掌握条例的难度，二是因条例前后不一极易滋生腐败。在明孝宗即位以前，解决此类问题的办法就是待新皇登基时，废除前朝条例，重新制定本朝条例。这非但没有解决问题，反而陷入恶性循环之中。虽然在明宪宗时期改变这种状况的呼声比较高，且有兵科给事中祝澜和刑科给事中赵艮先后上书明宪宗希望对所有条例进行整理，宪宗皇帝也表示赞成，但最后无疾而终。

明孝宗即位后，改革条例弊端已成为朝臣共识。孝宗皇帝的即位诏书也不再宣布革除旧例，编撰《问刑条例》的步伐得到提速。弘治十三年（1500 年）《问刑条例》得以颁行，史称弘治《问刑条例》。弘治《问刑条例》共计二百七十九条，对明律的修订主要体现在：一是严格限制宗藩权力，二是强化禁止贩卖官私引盐和盗掘矿产等方面的经济立法，三是扩大赎刑范围。弘治《问刑条例》打破因事起例、以例比事的旧制，辅助律条，“永为常法”，对统一法律起到了积极作用。

弘治《问刑条例》颁行后作为常法施行了五十年。明中叶社会矛盾继续发展，旧例中的一些规定不能解决新问题，许多新条例又被颁布出来。到嘉靖即位时，明朝再一次出现法令难行的局面。在部分群臣建议修订条例的推动下，嘉靖二十九年（1550 年）完成了对弘治《问刑条例》的修订，修订后的条例被称为嘉靖《问刑条例》。

比较弘治、嘉靖《问刑条例》，可以看出，嘉靖《问刑条例》对弘治《问刑条例》既有继承也有变化。弘治《问刑条例》的二百四十八条内容得到了保留。其变化也是明显的，主要表现在：其一，对皇族成员及各级官吏的法外特权进一步限制；其二，进一步强化封建礼仪和等级制度；其三，加强对边地沿海贸易管理，加强对流民的治理。更为重要的是，在量刑上嘉靖《问刑条例》的刑罚比弘治《问刑条例》的重。

万历十三年（1585 年）《问刑条例》被第三次修订。万历《问刑条例》共三百八十二条，它废除十余条，新增三十款，修正一百六十一款。它对《大明律》的修订，除沿袭嘉靖《问刑条例》的一百六十三款外，又新增加五款，合计为一百六十八款。依《大明律》律文后附条例所划分，万历《问刑条例》名例律为九十一款，吏律为三十一款，户律为六十九款，礼律为九款，兵律为五十一款，刑律为一百二十三款，工律为八款。万历《问刑条例》颁布之后，没有被编入的旧例一律废止。《问刑条例》的修订工作正式完成。

《问刑条例》的制定，修订历经弘治、嘉靖、万历三朝，是明代中后期主要的立法活动。它调和了《大明律》的僵硬性和社会生活的多变性之间的矛盾，开创性地解决了“祖宗之法不可变”原则下的法律适应性问题，成为明中后期的主要刑事法律。它所开创的律例合编的新体例是对中国古代法律编撰体例的更新，被清律的立法体例所继承。

2. 编撰《明会典》

朱元璋在建立明朝后大刀阔斧地进行政治改革，强化皇帝集权，废除了中书省，引起明朝政权结构的重大变化。在行政官僚体系日益复杂化的情况下，为了调整行政关系、规范行政权力，仿效《唐会典》制定明朝的会典变得紧迫。从明英宗天顺年间到明宪宗成华年间均有阁臣提议比照《诸司职掌》编订会典，但都仅停留在动议阶段未及施行。

明孝宗弘治十年（1497 年）大学士徐溥、刘健等受命进行系统纂修，弘治十五年（1502 年）修成，名为《大明会典》，共八十卷，直至孝宗死，未及颁行。

明武宗正德四年（1509 年）大学士李东阳等重校，正德六年（1511 年）由司礼监刻印颁行，此为《正德会典》。《正德会典》一百八十卷，收录了明初至弘治年间发布的行政法规和典章制度。此后，嘉靖、万历各朝都进行了增补修订，编成了《嘉靖续纂会典》《万历重修会典》。

《明会典》以六部官制为纲，分别记述了各行政机关执掌和事例，以及各衙门的编制、职掌、隶属以及活动准则等。从《万历重修会典》的结构来看，共二百二十八卷，首卷为宗人府，其下以吏、户、礼、兵、刑、工六部及都察院、六科与各寺、府、监、司等为序，计吏部十二卷，户部二十九卷，礼部七十五卷，兵部四十一卷，刑部二十二卷，工部二十八卷，都察院三卷，通政使司、六科、大理寺、太常寺、詹事府、光禄寺、太仆寺、鸿胪寺、国子监、翰林院、尚宝司、钦天监、太医院、上林苑监、僧禄司各一卷，武职衙门（含五军都督府和锦衣卫）二卷。

《明会典》是行政法规和事例的汇编，为明朝进行行政管理提供了法律依据，也是清朝行政法典的蓝本。

二、行政体制的变化与监察制度的完备

（一）行政管理体制的集权化

明朝行政管理体制方面的变化是与专制主义中央集权制的极端化相联系的。其最大变化是废除了自秦以来的丞相制度，逐渐形成了独具特色的内阁制度。

1. 废除丞相制，建立内阁制

明初沿用旧制，在中央设中书省统领全国行政事务。因中书省位高权重，严重威胁到皇权，朱元璋为加强皇权，在洪武十三年（1380 年）借口左丞相胡惟庸谋反一案，乘机废除了中书省和丞相制度，将权力收归皇帝，同时下令以后不得再设丞相之职。中国历史上存在长达一千五百年的丞相制度至此终结。丞相被废以后政务由中央六部分掌，皇帝直接管辖六部。由于政务繁忙，皇帝需要助手协助处理政务，明代的内阁制度开始萌芽。

最初的内阁只是“辅臣”，一般是由翰林院的文学侍从构成，有首辅、次辅与群辅之分，他们辅佐皇帝处理政事。[①] 内阁不是正式的国家机关，与六部没有直接的隶属关系，是为了维护皇权而设立的一个具有秘书性质的特殊机构。明朝中期以后，内阁制度日渐成熟：一方面，内阁组织日渐完善。内阁由内阁大学士、造敕房、制

---

① 参见《明史·成祖一》。

敕房组成，明英宗天顺年间逐渐形成首辅制度。另一方面，内阁的管辖权不断扩大。明宣宗宣德时期，内阁取得了票拟权。明英宗时期内阁独拥票拟权，其他行政权力也日益被认可。明武宗正德年间，内阁阁臣兼掌部院政务，直接处理六部部务。至明世宗嘉靖中叶，内阁位居六卿之上，虽无丞相之名却有丞相之实。

2. 设立五军都督府

为进一步巩固集权，从根本上消除对君权的威胁，明初在军事方面也进行了改革，将都督府改为中、左、右、前、后五军都督府，分领在京各卫所及在外各都司、卫所，以中军都督府断事官为五军断事官。在行政监察方面，为进一步强化监察职能，朱元璋于洪武十五年（1382 年）将御史台改组为都察院，负责纠劾百官，肃正纲纪。

3. 确立省、府、县三级管理体制

明朝的地方行政管理体制分为省、府、县三级。为了加强中央集权，省级实行三司并立的分权制，即承宣布政使司主管行政，提刑按察使司掌管省内的监察和司法活动，督指挥使司掌管省级的军事权，三司相互监督，直接向皇帝负责。这样的制度设计直接产生的弊端就是三司之间互相推诿，因权力受限导致指挥失灵。为解决此问题，明代中央政府派都察院的都御史、御史或其他官员到地方任总督或巡抚，赋予他们一定范围内便宜行事的权力。

通过上述调整和变化，明朝从中央到地方以分权为改革方向，实现了集权的政治目标，在中央形成的以内阁、六部、五军都督府、都察院为主体的行政管理体制代表皇权达到了前所未有的高度。

（二）监察制度的完备化

明朝的监察制度是以汉、唐、宋、元各朝的监察制度为基础而建立的，同时在重点治吏基本国策的影响下，作为“天子耳目、风纪之司”的监察机关的地位和职权都有极大的提高，并有制度创新，较为完善的监察立法也成为体系。

明朝在监察体制的建设上遵守旧制，仍然有中央和地方两个层面，但有变化有发展。

1. 改御史台为都察院

明朝建立之初，朱元璋沿袭元朝旧制，在吴元年（1367 年）设立御史台，左、右御史大夫为最高长官。御史台与中书省、都督府鼎足而立。洪武十三年（1380 年）因胡惟庸案御史台被撤销。洪武十五年（1382 年）十月，重新恢复行政监察机关，以都察院代替御史台。从此以后，始于秦朝的御史台制度成为历史。

都察院又名风宪衙门，最高长官为左、右都御史，辅之以左、右副都御史及左、右佥都御史。其主要职责是“纠劾百司，辨明冤枉，提督各道，为天子耳目风宪之司。凡大臣奸邪，小人构党，作威福乱政者，劾。凡百官猥茸贪冒坏官纪者，劾。凡学术不正、上书陈言便乱成宪、希进用者，劾。遇朝觐，考察，同吏部司贤否陟。大狱重囚会鞫于外朝，偕刑部、大理谳平之。其奉敕内地，拊循外地，各专其敕行事”①。

① 《明史·职官二》。

2. 创立六科给事中

中书省被罢之后，六部地位得到提升，明朝在都察院之外创立了六科给事中制度，即在吏、户、礼、兵、刑、工六部分别设立给事中一名，对六部官员及其管理活动进行监察。其中吏科负责对官吏的任命、考核等事项进行监督；户科主要监督国家钱粮的收支情况，并负责盘查仓库；礼科主要监督奏本封进、大臣封赠等事项；兵科主要负责监督武官的任命、考选、功次等事项；刑科主要通过复奏死刑及上报罪囚数目对审判进行监督；工科主要监督工部工程的营建及工料的使用。

作为监察机关的六科，被明朝法律权力是比较广泛的，包括封驳权、言谏权、劾奏权、稽察权、议政权、司法监督权。其中最重要的是封驳权和言谏权。封驳权包括封还皇帝敕令以及驳正臣下奏章。言谏权就是凡是“朝政阙失，军民利病，皆得言之”，还可以“与天子争可否，辩是非，正笏危论”[①]。

3. 创建巡按御史制度

洪武九年（1376年）因废除中书省，行中书省也随之被废除，行政、司法和军事三项权力则由承宣布政使司、提刑按察使司和都指挥使司分别行使，合称“三司”。三司制度虽然强化了皇权，但也因过度分权导致地方效能降低。中国传统社会政权机构运行的经验之一就是中央政府派遣监察官对地方实行巡回考察，明朝在总结历史经验基础上创立了巡按御史制度。

明朝巡按御史制度作为定制始于永乐元年（1403年）“遣御史分巡天下，为定制”[②]。其实早在洪武年间，朱元璋就曾派出监察御史巡按州县。[③] 仁宗即位后巡按已从临时差遣变为专职专设。在明宣宗时期，将全国分为十三道，设十三道监察御史一百一十人，选派六部、都察院大臣以总督和巡抚的名义，负责定期巡查本道事务。总督因军务而履职，巡抚以“清吏治”为要务。巡按是“代天子巡狩”，享有“大事奏裁、小事立决”的可以灵活处置事务的权力。

明朝巡按御史制度是对汉唐以来中央监察地方历史经验的总结。明朝对从巡按御史的选派、点差到出巡监督的全过程均规定有严格的制度规则，它集中体现了明朝监察法制发展的成就。同时其与原有的三司制度相互配合，形成了中央对地方的双重监察，对于监察地方官吏、维护社会安定起到了积极的作用。

4. 完善监察法规

明朝监察制度的完备化不仅体现在监察体制的完备，也体现在监察法规的完善上。在继承宋元监察法的基础上，结合明朝统治的实际需要，明朝的监察法规呈现出法律的细致化、法典化的趋势。明朝的监察法以单行法规的形式为主，如《纠劾官邪规定》《宪纲》《宪纲条例》《出巡事宜》《巡抚六察》《巡按七察》《宪纲》《宪纲条例》最为重要。《宪纲》制定于洪武四年（1371年），是明朝最早的监察立法。《宪纲条例》以明初监察法规为基础，经过成祖、仁宗、宣宗历朝增补，于英宗正统

---

① （明）徐学聚：《国朝典汇》卷二九《朝瑞大政·求言纳谏》，书目文献出版社1995年版。

② 《明史·成祖二》。

③ 《明史·太祖二》。

四年（1439 年）颁行，是明代最系统和完备的行政监察法规。此外，带有综合性的法典也有相应的法律规定，比如《诸司职掌》及《大明会典》有专章规定都察院及六科的职责权限和活动原则。

明代重视监察立法，使各级监察机关和官吏在行使监察权时有法可依，有助于规范监察官的活动。

三、完善民事规范，加强经济调控

明朝的民商事法律规范以律、令、诰、例、主地方官告示以及习惯、习俗等为主要的法律渊源。如有明一代的基本法《大明律·户律》共设有户役、田宅、婚姻、仓库、课程、钱债、市廛等七门，其中的内容大多涉及民事方面，并且均可独立成篇。其一改《唐律》将钱债、买卖作为“拾遗补阙”的杂事收入杂律的编撰传统，在立法上是一重大变化。此外，随着农业生产的恢复，手工业生产得到了发展，商业活动也日益频繁。随着商品生产与交换的发展，国家为加强对社会经济的调控和干预，进行了频繁的立法活动，民商事法律规范比历代更趋完备。

（一）确立先占原则，保护财产所有权

明初，朱元璋推行旨在恢复经济的“休养生息”的政策，其根本目的在于改变因长年战乱导致经济凋敝、土地荒芜的局面。为了恢复社会经济，发展农业生产，确保土地的有效使用，明朝确立了先占原则。明太祖早在建国之初就下诏令，规定凡逃弃荒田一律归先占开垦者所有，旧主只能要求返还房屋和坟墓，但无权要求归还土地：“兵兴以来，所在流徙。所弃田，许诸人开垦业之。即田归主，有司于附近拨给耕种，不听争，惟坟墓、房舍还故主，不听占。”[①] 其后朱元璋在洪武年间多次颁布诏令，确认垦荒者的土地所有权。为鼓励垦荒，政府还颁布了奖励垦荒的免税政策。如洪武二十七年（1394 年）的诏令就规定：“额外垦荒，永不起科。”这些法令不仅否定了“溥天之下，莫非王土”这一传统观念，也废除了唐宋以来将无主土地视为国有土地的法律惯例。

明律除在土地所有权方面确立了先占原则外，在其他财产所有权方面也强调先占原则。如在处理遗失物时，明律一改唐宋以来法律否认拾得人和埋藏物发现人对相关物品的权利的做法，更着重于保护拾得人与埋藏物发现人的权利。[②] 先占原则的确立，既是明代社会财产私有权观念的深化，也反映了明朝力求实用、简便的立法思想。

（二）简化契约规范，放松政府干预

在契约方面，明朝法律简化了宋元烦琐的不动产买卖、典当程序，仅保留了签

---

① 《农政全书》卷三。

② 《大明律·户律·钱债》“得遗失物”条规定：“凡得遗失之物，限五日内送官，官物还官；私物召人识认，于内一半给予得物人充赏，一半给还失物人。如三十日无人识认者全给”；“若于官私地内掘得埋藏之物者，并听收用。”但“古器、钟鼎、符印、异常之物”必须送官。

订书面契约、由官府加盖官印、缴纳“契税”、过割赋税（转换土地登记及纳税人）的基本程序。书面契约可以不使用官府印制的统一的“契本”，只要在民间契纸上粘贴已纳契税凭证的“契尾”，骑缝加盖官印，即成为官府认可的“红契”。

至于典当，明律多沿袭宋元的法律，但对典契约定不得收赎的期限以及回赎的期限最长期限未作任何规定，只是规定一物不能两典。典当期满，有能力回赎的，典权人必须配合，“业主备价取赎，若典主托故不肯放赎者，笞四十”；没有能力回赎的，可以立下绝卖典当契约，或将典当物卖与他人后归还典价。

（三）调整婚姻家庭制度，维护纲常礼教

明朝在婚姻家庭与继承方面，主要承袭了唐宋以来的制度，但因处于封建社会后期，其在某些条款上发生了一系列的变化，主要表现如下：

在婚姻成立的条件上，《大明律·户律》“男女婚姻”条规定：“凡男女订婚之初，若有残疾、老幼、庶出、过房、乞养者，务要两家明白通知，各从所愿，写立婚书，依礼聘嫁”。

禁婚的范围扩大，明律规定府州县官吏不得在任期内与辖区部民通婚，监临官不得娶案件当事人为妻。鉴于元朝盛行的收继婚制度严重破坏了封建伦常，明代为恢复封建法统，不仅严禁收继婚，同时规定中表不婚，即姑舅与两姨表兄弟姊妹不得为婚。

在婚姻形式上，明律实行夫为妻纲的一夫一妻制，明确禁止重婚，规定：“若有妻更娶妻者，亦杖九十，离异。”[①] 但在一定条件下允许娶妾，“其民年四十以上无子者，方许娶妾，违者笞四十”[②]。

在家庭方面，明律进一步强调父权与夫权，肯定并且维护家长的主婚权、训诫权以及财产权，明确了丈夫对妻子的监护权。

在继承方面，对于身份的继承明律沿袭了西周以来的嫡长子继承制；但对财产的继承，明律则贯彻保护直系卑亲属继承权的原则，明确划分了财产继承人的范围和顺序，完全排斥了其他亲属继承遗产的可能性。着重保护直系卑亲属的继承权，也是明朝财产私有权观念深化的反映。

（四）改革赋税制度，顺应经济发展

作为以农业经济为主的国家，明朝实行的赋税政策是以田赋（土地税）为主，丁税（人头税）为辅的方针。

明初，赋役制度仍实行唐宋旧制，以两税法为主。为加强赋税管理，政府加强了对户籍和土地的管理。明朝初年国家还出动军队，对全国的户籍、土地进行清查，编制了记载户籍的“黄册”和记载土地状况的“鱼鳞图册”。“黄册”，即户籍册，因以黄纸为封面而得名，详细登记各户户主、丁口及应负担的赋税等内容，是国家征

① 《大明律·户律·婚姻·妻妾失序》。

② 《大明律·户律·婚姻·妻妾失序》。

发徭役的重要依据。“鱼鳞图册”，即土地登记册，因绘制的耕地地块如鱼鳞状而得名。其登记各乡每块耕地的面积、等级、四至、地形、业主、应负担的田赋等内容，是国家征收田赋的依据。明律为保证赋税能及时征收，在户律专设了“脱落户口”“欺隐田粮”“纳粮违限”“多收税粮斛面”以及“赋役不均”“逃避差役”等条文，对相关犯罪行为进行惩处。

明中叶以后，张居正实行赋税改革，以一条鞭法代替两税法。明中叶后土地兼并之风日盛，加上长期不登造赋役册籍，造成赋役负担严重不均，赋役征敛也非常混乱。“富者田连阡陌，坐享兼并之利，无公家丝粒之需；贫者虽无立锥之地，而税额如故，未免缧绁追并之苦。”① 赋税制度的破坏严重影响了国家的财政收入。万历二十年（1592 年），内阁首辅张居正通令全国实行新的赋役法——“一条鞭法”。“条鞭”是“条编”的讹称。其主要内容是简化税制，将徭役和田赋合并，按田亩征收银两。基本特点是：赋役合并；以雇役制代替差役制；简化杂税；计亩征银；实行“官收官解制”。

“一条鞭法”是中国赋役制度史上的重大改革，它顺应了社会经济发展的趋势；结束了历代征缴实物的征税方式，从实物税转向货币税；废除了传统的徭役制度，使人身依附关系得以松弛；而计亩征银，即以资产为征税的对象，有利于赋税负担合理化。

(五) 严控商业活动，阻碍商业发展

明代商品生产和流通的扩大，使城乡市场空前繁荣。但在传统的重农抑商思想的支配下，为维护固有的封建制经济，明政府采取了种种措施，对早已产生的资本主义萌芽进行摧残，使资本主义萌芽难以生长。这些措施包括：

第一，明朝继承了前代的禁榷制度，尤其对盐、茶的专卖更是严格。国家鼓励百姓告发私盐犯，允许私盐犯自首，还打击奸商倒买倒卖的行为，以保证盐法的顺利实行。同时，明朝进一步完善了传统的禁榷制度，首次将“盐法”“茶法”正式纳入法典。《大明律·户律》还设立“盐法”“茶法”专条，明确规定：商人必须取得官府颁发的法定专卖许可证——“盐引”“茶引”，才能经营，否则即以贩私盐、私茶之罪论，处罚极严。② 对西北、西南边境的茶叶走私防范更严，定期派官员巡查关隘。对私茶出境和关隘失察，处罚也非常严厉，即使是皇亲国戚有犯，也严惩不贷。驸马都尉欧阳伦就因贩私茶而被处死。明朝实行严格的专卖制度，对破坏禁榷的行为处以重刑，甚至是死刑，反映了国家对经济关系干预的加强，客观上妨碍了商品经济的发展。

第二，实行海禁政策。这是明政府强化经济干预的又一个重要的措施。明代一改宋元以来鼓励海外贸易的传统，严厉禁止民间海外贸易活动。洪武元年（1368

---

① 《明经世文编》卷八一。

② 《大明律·户律》“盐法”条规定，“凡犯私盐者，杖一百，徒三年。若有军器者，加一等；诬指平人者，加三等；拒捕者，斩；盐货、车船、头匹，并入官。引领牙人及窝藏、寄顿者，杖九十，徒两年半；挑担、驮载者，杖八十，徒两年”。“私茶”条规定：“凡犯私茶者，同私盐法论罪”。

年）明政府颁布了第一个禁止民间海外贸易的法令，其后两百多年，明朝多次颁布有关禁海的法令，禁止私人进行海外贸易，违者严惩。《大明律·兵律·关律》规定："凡将马、牛、军需、铁货、铜钱、段疋、绸绢、丝棉私出外境货卖及下海者，杖一百；挑担驮载之人减一等，物货船车并入官，予内以十分为率，三分付告人充赏。若将人口、军器出境及下海者绞，因而走泄事情者斩"。《问刑条例》也规定，沿海军民如果私自出海贸易，则"正犯比照谋叛已行律处斩，仍枭首示众；全家发边卫充军"。如果将船卖给从事海外贸易商，船主也要被"比照私将应禁军器下海因而走泄事情律，为首者处斩，为从者发边卫充军"[①]，即使出租船只，也要"俱发边卫充军，番货并入官"[②]。

明政府允许的海外贸易是每三年一次的政治性贸易——朝贡贸易。朝贡贸易的贡物由明政府予以高额回赐，而进口货物则予以免税优待。这不仅加重了明政府的财政负担，更进一步限制了海外贸易的发展。明政府厉行海禁，造成严重后果。海外贸易走上了畸形的道路，致使海盗丛生，助长了"倭患"，严重阻碍了社会经济的发展。

第三，创设了"牙行"制度，加强市场管理。明律规定，以"牙行"和"埠头"负责管理市场，充当商品交易的中介人，由国家选派有一定财产者充任，若未经官方许可，私充牙行、埠头者，"杖六十，所得牙钱入官"。市场管理人员的责任包括严格评议物价，以杜绝商人高价牟利，对欺行霸市的商人，严惩不贷。[③] 为营造公平竞争的氛围，还颁布了度量衡方面的法令。

第四，重征商税，限制商业活动和商品流通。商业税是明政府除田赋以外另一个重要的税收来源。为加强对商税的管理，明律中设有"税法"专条。对偷漏税行为予以严惩，《大明律·户律》"匿税"条规定："凡客商匿税，即卖酒醋之家不纳课程者，笞五十。物货酒醋一半入官。于入官物内，以十分为律，三分付告人充赏"。明初也曾实行从轻从简的商税政策，以恢复社会经济，如洪武年间有"军民嫁娶丧祭之物、舟车丝布之类，皆勿税"；"罢天下抽分竹木场"[④] 的规定。明成祖永乐年间再次规定："嫁娶丧祭时节礼物、自织布帛、农器、食品及买既税之物、车船运已货物、鱼蔬杂过非市贩者，俱免税。"[⑤] 但永乐以后明政府的商税名目日渐增多，税率也不断加重，形成"行赍居鬻，所过所止各有税。其名物件析，榜于官署，按而征之，为农具书籍及他不鬻于市者勿算，应征而藏匿者没其半。买卖田宅头匹必投税，契本别纳纸价"[⑥] 的局面。明晚期杂税更是多如牛毛，对手工业者的掠夺更甚，

---

① 《海防纂要》卷一二。

② 《海防纂要》卷一二。

③ 《大明律·户律·市廛》把持行市条规定："凡买卖诸物，两不合同，而把持行市，专取其利，即贩鬻之徒，通同牙行，共为奸计，卖物以贱为贵，卖物即以贵为贱者，杖八十；若见人有所买卖，在旁高下比价，以相惑乱而取利者，笞四十；如果已得利物，计赃重者物，准窃盗论，免刺。"

④ 《明史·食货五》。

⑤ 《明史·食货五》。

⑥ 《明史·食货五》。

地方官之间也彼此抢征，以至于出现了“百里之内，辖者三官，一货之来，榷者数税”① 的情形。

（六）制定金融法规，稳定金融秩序

明朝随着商品经济的发展，宝钞和铜钱成为主要支付货币。为稳定金融秩序，明朝制定了较为完备的货币金融法规——钱法和钞法。明朝专门设立了发行铜钱和宝钞的机构，“宝钞提举司”是管理和发行宝钞的机构；宝源局则负责铸造发行通宝铜钱等事宜。明律的钱法和钞法都规定宝钞、铜钱由国家统一发行，严禁伪造宝钞和私铸铜钱。如明律规定，凡伪造宝钞，不分首从、窝主及知情人，皆斩；凡私铸铜钱的本犯及匠人处绞刑，从犯、知情人、使用者减等处罚。

第三节　恢复与变化：独特的狱讼制度

明朝建立以后，无论是在政治制度还是在司法制度上，都奉行一个原则，即极力恢复唐宋旧制。但在历经元朝近百年的统治之后，唐宋旧制已模糊不清，所以，明朝的司法制度貌似恢复了唐宋旧制，但事实上是创制了明朝特有的狱讼制度。

一、传统司法机构的变化

（一）中央司法机构的变化

明朝中央司法机构仿效唐制，由刑部、大理寺、都察院三个机构组成，号称“三法司”。三法司的职掌与唐宋时相比略有不同，其中“刑部受天下刑名，都察院纠察，大理寺驳正”②。

由于丞相制的废除，刑部作为中央六部之一，其地位随着六部地位的上升而得到提高，自然成为中央最高审判机关，“总掌天下之刑名及徒隶关禁之政令”。刑部享有的权力包括：受理地方上诉案件、审核地方重案、审理中央百官和京师地区的案件；处决流刑以下案件，但定罪后须送大理寺复核后再具奏行刑，死刑案件还要奏请皇帝批准。刑部最高长官是尚书，以左、右侍郎为辅。下设十三清吏司，每司负责一省上报的案件及在京、直隶地方上报的案件。

大理寺在元朝被废除，明朝时再度恢复，其执掌的权力由唐宋时的审判权转为复核权。“掌审谳平反刑狱之政令”，即复核刑部及都察院所判的案件，长官为大理卿，由左、右少卿辅助，下设左、右二寺，分理复核案件。

明朝中央司法机关的最大变化表现在中央监察机关的设置上。明代中央监察机关由都察院和六科共同构成。都察院有权监督刑部的审判和大理寺的复核，并参与会

---

① （明）萧彦：《敬陈末议以备择以裨治安疏》，《明经世文编》卷四百七，中华书局1962年版，第4424页。

② 《明史·刑法二》。

审和有关官员犯罪的案件。遇有重大疑难案件时，中央三法司共同审理，即“三法司会审”。六科有权上书弹劾朝廷百官的违法行为。《明会典》规定，“凡两京大臣方面等官有不职者，俱得核奏”。“凡三法司奉旨于午门前鞫问罪囚，掌科官亦预”[①]。

（二）地方司法机构的变化

明朝地方司法机构仍然实行司法与行政合一体制。由省、府、县三级行政长官兼理司法。其中省设有专门负责司法工作的机构——提刑按察使司，职掌“一省刑明按劾之事”，有徒刑以下案件的终审权，受理府县的上诉案件。县一级只有杖一百以下案件的终审权。此外，明朝还在乡里设有“申明亭”，作为最基层的司法组织，负责调解民间纠纷和轻微刑事案件。

明朝实行军户与民户严格区分的制度，因此，在司法管辖上也有不同，对军人犯罪设有专门的审理机构，“凡军官军人有犯人命，管军衙门约会有司检验归问；若奸盗、诈伪、户婚、田土、斗殴与民相干事务，必须一体约问；与民不相干者，从本管军职衙门自行追问”[②]。也就是说，军人有关职务方面的犯罪，由军事机关审理，军事审理机关由各所镇抚司、卫镇抚司、省都指挥使司断事司组成，军官犯罪，则由本官衙门开据事因，呈报五军都督府或兵部奏闻皇帝裁决。军民交叉诉讼，则由军事机构的司法官会同当地司法官审理。

二、特别司法机构——厂卫组织

明朝废除丞相制度以后，皇权空前膨胀，对司法的控制也进一步加强，出现了明朝特有的服务于皇权的司法组织——厂卫。《明史·刑法志》指出，明代刑法“不衷古制者，廷杖、东西厂、锦衣卫、镇抚司狱是矣”。

厂，是指由宦官组成的东厂、西厂、内行厂。中国历史上，宦官干政屡见不鲜，但与汉唐时不同的是，明朝宦官干预政事是由皇帝授权的。明代的东厂就是皇帝敕令设立的[③]，由司礼太监[④]直接掌握的特务机关，兼有审判、复核及监察诸方面的司法职能。东厂建立有庞大的特务网，监视贵族官僚的日常活动，刺探社会各阶层的情况，即“大事件”。其不分昼夜将所得情报向皇帝直接汇报，经皇帝批准后可秘密逮捕、羁押、审判。皇帝通过东厂可以达到镇压反逆、妖言及整肃政治上的反对势力的目的，因此东厂极受皇帝的倚重。东厂几乎与明朝相始终，设置期间长达224年，对明代的政治及司法造成严重的破坏，是明代政治腐败的原因之一。

此外，明宪宗于成化十三年（1477年）正月设置西厂，明武宗于正德三年（1508年）正月设立内行厂。但西厂和内行厂皆为临时性机构，影响不及东厂。

---

① 《明会典》卷二一三《六科》。

② 《大明律·诉讼》。

③ 明成祖于永乐十八年（1420年）下诏建立东厂。

④ 明朝宦官的组织极为庞大，有十二监、四司、八局，总称二十四衙门，以司礼监为首。司礼监与内阁共同协助皇帝处理政务，都是皇帝的秘书机关，其中司礼监主内，可以代表皇帝行使朱批权，因此也称为“秉笔太监”。

卫，指锦衣卫，又称亲军。本是负责皇帝及皇宫的护卫工作的，它不隶属于五军都督府，锦衣卫下设南、北镇抚司。锦衣卫插手司法工作始于明太祖时期，朱元璋将它的权力扩展到司法领域，常以锦衣卫的镇抚司作为法庭，审理案件。明成祖时期除派遣锦衣卫军士负责政治性案件及重大案件的侦缉外，增设“北镇抚司”，原镇抚司改为“南镇抚司”。明宪宗成化十四年（1478 年）规定北镇抚司审理皇帝交办的案件必须直接向皇帝报告，锦衣卫指挥使不得插手，其正式成为直属皇帝的刑事特别法庭。

南、北镇抚司执掌司法各有不同。南镇抚司负责本卫的诉讼案件，而北镇抚司则专理诏狱。诏狱即锦衣卫狱，既指奉皇帝令监禁人犯的监狱，又指奉皇帝诏令审理的案件。由于锦衣卫是由皇帝直接领导的机关，其任务是确保皇权，镇压一切不利于皇权的势力，因而深受皇帝的信赖，其存在时间长达二百六十三年之久。锦衣卫是明朝君主专制制度下的创制，也是明朝一大弊政。

厂卫在组织上相互渗透，在行动上相互配合，控制了审判，参与并干预三法司的司法审判活动，对其判决三法司无权过问。但东厂权力在锦衣卫之上，厂权重于卫权。厂卫不依照正常的司法程序，不受任何法律的约束，荼毒官民，横行不法，任情生杀，法外用刑，严重破坏了封建法制。可以说明朝司法审判的败坏与政治的腐败，都与厂卫制度有密切关系，因此有人说“明不亡于流寇，而亡于厂卫”[①]。

三、诉讼制度

明朝的诉讼审判制度大多承袭了宋元旧制，但也有了一些重大的变化，如：对诬告的行为采取了更严厉的处罚措施，规定诬告要加等反坐；鉴于明初朱元璋为贯彻“重典治吏”的政策，曾鼓励百姓直诉京师，但却造成了中央及地方混乱的后果，为保证司法机构的正常运转，规定了严禁越诉的制度。在明朝的诉讼审判制度中，最具特色的是调解制度和会审制度。

（一）调解制度

调解息讼是儒家传统思想影响的结果。儒家传统思想提倡“贵和尚中”，“无讼”更是其所追求的重要目标。各地方长官以自身的楷模行动宣传教化，和息争讼，也通过裁决文书的形式，“寓教于判”，使辖内百姓重伦理道德，止讼、息讼，教化的作用常常超过了简单的依法判决。诉讼案件的多少还是衡量官员政绩好坏的标准。由于崇尚无讼，调解处理成为实现息讼、无讼的重要手段之一。明政府将儒家无讼的思想贯彻于具体的制度之中，其中较为常见的措施就是半官方半私人的调解制度。

明朝的调解制度的适用范围主要是田土婚姻等细故案件以及对国家不具危害性的轻微刑事案件。“教民榜文”里规定：民间户婚、田土斗殴相争，一切小事不许辄变告官，务要经由本管里甲老人理断。若不经由者，不问虚实，先将告人杖断六十，仍发回里甲老人理断。

① （清）朱彝尊：《静志居诗话》卷二二，黄君坦校点，人民文学出版社 1990 年版。

为了使调解制度真正发挥其功能，明初各乡设立申明亭，由本乡推举公正的老人三五人，报官备案，“凡民间应有词状，许耆老李章准受于本亭剖理”[①]。明初，民选报官的老人之所以能承担化解矛盾的重任，原因在于“老人里甲与乡里人民，住居乡接，田土相邻，平日是非善恶，无不周知”[②]。申明亭成为基层司法单位，调解民间的纠纷，调解后如不愿和息，可再向官府起诉。

明中期以后，申明亭逐渐废弛，明朝政府又以“乡约”制度取代。每里为一约，设约正、约副、约讲、约史各一人，每半月集合本里人宣讲圣谕，调解纠纷。当事人同意和解，就记入专设的“和簿”；不同意和解，则可向官府起诉。乡约和申明亭一样，也被赋予了一定的司法工作的职能，不仅负责调解纠纷，同时还负有调查取证、勾摄人犯的责任。

明朝以民间半官方的组织进行强制性调解，反映出明朝争讼日繁的社会现实。面对这种情况，为防止胥吏之害，防止讼师把持词讼，需要赋予申明亭、乡约等基层社会组织一定的司法职能。这也是明朝政府贯彻“明刑弼教”法制指导思想的措施，同时反映出明朝政府力图最大限度地集中法制武器，打击重大犯罪，以维护其统治地位的宗旨。

调解具有一定的社会作用：有利于社会秩序的稳定，有助于特定领域内人们相互关系的和谐，防止了胥吏的盘剥，减轻了诉讼当事人的讼累，传播了统治者所推崇的纲常观念与法律意识。但是，调解息讼适应于封闭的小农经济基础和深厚的血缘地缘关系，依赖的是宗族势力和专制国家权力，凭借的是礼与法相结合的多种法律渊源，维护的是三纲五常的伦理秩序。调解的结果虽然体现了宗族与国家的愿望，却往往与当事人的意志相悖，有时甚至是一种伤害；对于生活在专制权力下从事自然经济的民众来说，调处息讼培养的不是“法律意识”，而是传统的道德伦理观念。调处息讼始终贯穿着“息事宁人”的思想因素，顿挫了民众为自己的权益而斗争的精神。同时，由于申明亭、乡约往往被当地的土豪劣绅把持，其实际成为他们称霸地方的工具。[③]

（二）会审制度

随着明朝君主专制权力达到巅峰，司法审判制度也深受影响，明朝政府为加强对司法的控制，对重大疑难案件以及死刑复核案件实行会审制度。明朝会审制度是在前代的基础上发展而来，从洪武年间开始，到宪宗成化年间终于定型，形成完备的体系。

1. 三法司会审

三法司会审制度源于唐朝的“三司推事”制度。但唐朝“三司推事”并非常置，

---

① 《大明律集解附例》卷二六。

② 《教民榜文》一卷。

③ 参阅徐显明：《案例、故事与明清时期的司法文化》，法律出版社2006年版；杨练：《明代乡村治理中的国家治权与社会力量——以申明亭为视角》，载《中国行政管理》2020年第9期。

而是在少数特别案件中适用，至明朝才被进一步制度化，即形成了凡遇有重大案件，由刑部尚书、大理寺卿、都察院左都御史会同审理，并报皇帝最后裁决的制度。随着中央审判权的扩大，地方审判权日益缩小，死刑案件也必须由三法司复审，奏闻皇帝，俟皇帝裁决。

2. 会官审录

会官审录制度始于明洪武三十年（1397 年），是明太祖命五军都督府、六部、都察院、六科、通政司、詹事府共同审理大案的制度，有时驸马都尉也参与。死罪和冤案要奏闻皇帝，死罪而无冤屈的案件依律审断，杂犯死罪允许赎罪。永乐十七年（1419 年），明成祖要求在京师以外的死罪重囚，押赴京师进行审录。

3. 九卿会审

又称“九卿圆审”，是由三法司会同吏、户、礼、兵、工各部及通政使司共九人对秋后即将处决的死刑犯的案件进行联合审理，审理的结果须报皇帝裁决。九卿会审在每年霜降后举行。这一制度最早可以追溯到明太祖时期。据《明太祖实录》载：洪武三十年（1397 年）八月戊戌，都察院奏：“狱囚律应死者二十四人，请以时决之。”上曰：“尔等仓卒论决，其中岂无情可矜、法可疑者？古人去求其生而不得，则死者与我皆无憾也。苟遽置于法，一有不当，误伤任命。”遂命群臣审录，果得其不当死者，皆徙戍边。[①] 这可以说是九卿会审的渊源。明英宗天顺三年（1459 年），九卿会审成为定制。英宗认为“人命至重，死者不可复生”，所以设置规定：“每至霜降后，但又该决重囚，著三法司奏请，会多官人等，从实审录，庶不冤枉，永为定例。”[②] 九卿会审号称“重视人命”，但重大罪犯已经“决不待时”了。

4. 朝审

朝审始于明英宗天顺三年（1459 年），在每年农历霜降后由吏部尚书主持，会同三法司及公、侯、伯爵、驸马、内阁学士、五军都督等审理已决死刑案件。对可疑、可矜案件详加审理，奏请皇帝裁夺。

5. 大审

又称“五年审录”“五年大审录”。审理的对象是现监囚及累诉冤枉者，每五年举行一次。大审由汉唐录囚制度发展而来，始于明宪宗成化十七年（1481 年）。[③] 大审由司礼太监主持，会同三法司共同审理，司礼太监权力极大，三法司也不敢忤逆。《明史·刑法志》中记载：“成化时，会审有弟助兄斗，因殴杀人者，太监黄赐欲从末减。刑部尚书陆瑜等持不可，赐曰：‘同事斗者，尚被发缨冠救之，况其兄乎？’瑜等不敢难，卒为曲法。”[④]

6. 热审

热审是在每年暑热天审理在押囚犯的制度，始于明永乐二年（1404 年）。其最

---

① 参见《明太祖实录》卷二五四。

② 《明史·刑法二》。

③ 《明史·刑法二》载：“（成化）十七年辛卯，命太监怀恩同法司录囚。其后审录必以丙辛之岁。弘治九年不遣内官。十三年易给事中邱俊言，复命会审。”

④ 《明史·刑法三》。

初仅限判决并发遣轻罪犯，若有暂不能决的，也先让其出狱等候查明案情，后放宽至徒流刑以下的罪犯。一般笞、杖刑即时行刑，刑毕释放；徒流罪可减等发落；重罪则须请旨发落。其目的是在暑热季节及时疏理牢狱，宽待罪囚。热审每年小满后十日举行，一般京城附近的在押罪囚由司礼太监会同三法司审理，至六月结束。各地在押罪囚由省城内的巡按御史会同宣政布政使、提刑按察使、都指挥使审理；各府、州、县则由分巡道会同知州、知府、知县审理。

明朝的上述会审制度独具特点，首先是参与的官员级别很高，一般都是中央高级行政官员，尤其是监察官员，在会审中起重要作用。其次，会审只为皇帝的最终裁决提出参考性意见。为加强对会审的控制，皇帝还派出太监等前往参加，主持会审，对会审进行全面的控制。会审制度虽然目的在于皇帝控制司法审判，但对清理冤狱，慎刑、恤刑有积极的意义，对于监督司法也有一定的作用，对清朝的司法制度产生了深刻的影响。

本章拓展阅读与选题思路

一、拓展阅读

五刑最轻者笞杖，然杖有分寸，数有多寡。今在外诸司，笞杖之罪往往致死。纵令世觉，不过以因公还职。以极轻之刑，置之不可复生之地，多者数十，甚者数百，积骸满狱，流血涂地，可为伤心。律故勘平人者抵命，刑具非法者除名，偶不出此，便谓之公。一以公名，虽多无害。此则情重而律轻者，不可以不议也。请凡考讯轻罪即时致死，累二十或三十人以上，本律外，仍议行降调，或病死不实者，并治其医。

——《明史·刑法一》

（明）太祖谕太孙曰：此书首列二刑图，次列八礼图者，重礼也。顾愚民无知，若于本条下即注宽恤之令，必易而犯法，故以广大好生之意。总列名例律中。善用法者，会其意可也。太孙请更定五条以上。太祖览而善之。太孙又请曰：明刑所以弼教，凡与五伦相涉者，宜皆屈法以伸情。乃命改定七十三条，复谕之曰：吾治乱世，刑不得不重。汝治平世，刑至当轻。所谓刑罚世轻世重也。

——《明史·刑法一》

夫天下者，陛下之家，人未有不顾其家者。内外臣工皆所以奠陛下之家而磐石之者也。一意修真，是陛下之心惑。过于苛断，是陛下之情偏。而谓陛下不顾其家，人情乎？诸臣徇私废公，得一官多以欺败，多以不事事败，实有不足当陛下意者。其不然者，君心臣心偶不相值也，而遂谓陛下厌薄臣工，是以拒谏。执一二之不当，疑千百之皆然，陷陛下于过举，而恬不知怪，诸臣之罪大矣。《记》曰："上人疑则百姓惑，下难知则君长劳。"此之谓也。

——《明史·海瑞传》

守令者亲民之吏也，守令之贤否，监司廉之，监司之取舍，铨衡参之，国朝之制，不可谓不周悉矣。迩来考课不严，名实不核，守令之于监司，奔走承顺而已，簿书期会为急务，承望风旨为精敏，监司以是课其贤否，上之铨衡，铨衡又不深察，惟监司之为据，至或举劾参差，毁誉不定，贿多者阶崇，巧宦者秩进。语曰：“何以礼义为？才多而光荣；何以谨慎为？勇猛而临官。”以此成风，正直之道塞，势利之俗成，民之利病，俗之污隆，孰有留意于此者乎？所谓吏治因循者此也。

——（明）张居正：《张太岳集》

二、选题思路

1. 明初重典治国思想研究
2. 唐明律典体例比较研究
3. 明朝会审制度研究
4. 明朝监察制度研究
5. 明朝海禁制度研究
6. 锦衣卫司法权研究
7. 明朝海外贸易制度与实践
8. 明朝赋税制度改革研究
9. 明朝乡约制度研究
10. 《问刑条例》研究

第十章　清朝前期的法律制度

明朝后期，居住在我国东北白山黑水之间的女真族重新崛起。1616 年，建州女真首领努尔哈赤在赫图阿拉（今辽宁省新宾满族自治县）建立政权，国号“金”（史称“后金”）。1626 年皇太极继位，十年后改国号为“清”，改族名为“满洲”，定都盛京（今沈阳），将其主要精力用于对明发动战争。1643 年福临登基，是为顺治。1644 年清军入关，击败占领北京的大顺军队，乘胜南下，攻城略地，1683 年收复台湾，实现对全国的统治。

清入关前，法制至简，虽然开国诸君多有创制，但尚无系统性的法律规范可言。甫一入关，多尔衮即以摄政王之令宣布“问刑衙门准依明律治罪”，从而开启“清承明制”之进程。清朝法律虽“承明之遗业”，但由于所处的历史环境不同，其法律呈现出鲜明的时代特征：立法上，法律形式多样，法律体系完整，法律内容丰富，涵盖范围广泛；狱讼制度方面，审级明确，程序严格，会审制度更加完善，对明朝弊法如刑罚酷滥、宦官与厂卫干预狱讼事务的现象有所纠偏。由于统治者本身为入主中原的少数民族，加上境内疆域辽阔，民族众多，清朝法律还具有鲜明的民族性特征：推行“满汉畛域”，维护满人在政治、经济和司法上的特权；在维护中央司法管辖权的前提条件下，“因俗从宜”，认可民族地区的风俗习惯并将其制度化，有效地实现了对民族地区的法律治理。

清入关后到其中叶的法制由历代法制，特别是明代法制辗转相承而来，集历代法制之大成，无论从内容还是形式上看均已达到相当完备的程度，为康乾盛世的出现奠定了法律基础。乾隆朝以后，因为吏治腐败、思想文化僵化，法制未能更化，不能适应社会发展的需要，人民不满之声不绝于耳，先后发动多次起义，清政权走向衰落。与此同时，西方帝国主义列强为倾销其工业产品，挟坚船利炮，叩开中国大门。1840 年鸦片战争，清廷战败，被迫签订一系列丧失法权的不平等条约，一批仁人志士向西方寻求救亡图存的道路，引进西方法律思想与法律制度。西方法律文化的传播拉开了中国法制近代化的序幕。以鸦片战争为界，清朝法律可以分为两个阶段，本章介绍鸦片战争以前清朝的法律状况。

第一节　清朝法制的民族性特征

与其他朝代相比，清朝法制具有鲜明的民族特色。其民族性特色主要表现在两个方面：一是贯彻“满汉畛域”原则，实行民族分治，以维护满人与旗人特权；一是在少数民族聚居区实行“因俗从宜”，在维护国家法权和尊重民族风俗习惯的基础上，创制民族立法。

一、维护旗人特权的法制

为了对满人、旗人的法律特权有直观的认识，先来看一则道光年间包衣旗人初次犯盗窃罪而免于刺字和免销档的案件——广东司审办扑得儿行窃贝勒府内什物一案。

案例导入：包衣旗人初犯窃免刺免销档

查例载：旗人初次犯盗窃销除旗人档，如果所处刑罚仅仅为杖笞刑的人，照等处罪，免于刺字。但扑得儿系闲散包衣，行窃奕贝勒府内财物，赃值在一两以上，应处杖刑。广东司认为扑得儿不是正身旗人，因此应按照民人（汉人）盗窃主人财物，附加刺字刑。刑部认为王公属下包衣即使与正身旗人不同，初次犯盗窃罪，不应该按照正身旗人而销除旗档，也不便于视同与民人犯盗窃一律刺字，所以不应该销除旗档，而且要免除刺字。[①]

包衣扑得儿即使是闲散包衣，而非正身旗人，但毕竟为王公属下的包衣，因此应视为旗人，所以享有免除刺字附加刑的优待。包衣都享有法律特权，正身旗人、满洲贵族享有的法律特权则更多。

（一）贯彻“满汉畛域”的原则

天聪七年（1633年），后金文馆大臣宁完我提出依照《明会典》修订后金政典，他说：“参汉酌金，用心筹思，就今日规模，立个《金典》出来。每日教率金官到汗面前担当讲说，各使去因循之习，渐就中国之制。”[②] 皇太极采纳了宁完我的建议，确立“参汉酌金”的立法指导思想。所谓“参汉”，就是指要参考以明朝法制为代表的中原汉族法制；所谓“酌金”，就是指在制定新法律的过程中要整理提炼后金原有的习惯法及旧法令，保留民族传统，根据本民族的实践和需要来建立自己的法律体系。

虽然“参汉酌金”的法律思想是在皇太极在位时提出的，但事实上的“参汉酌金”行为始于努尔哈赤当政时期。天命六年（1621年），努尔哈赤就要求归顺的汉

---

① 参见祝庆琪等编：《刑案汇览三编（一）》，北京古籍出版社2004年版，第19页。

② 辽宁大学历史系编：《天聪朝臣工奏议》，1979年印，第71页。

官“将明国所定诸项章典，具缮文陈奏，以便去其不适，取其相宜”[①]，也就是说因为后金法制简陋，正处于习惯法向成文法过渡之中，故需要有选择地学习明代的法制。虽然有大臣提出反对意见，但却不能阻挡学习汉族法制的步伐，入关之前，满洲在服制、等级制度和婚姻制度方面已经完成“参汉酌金”的进程。天聪五年（1631 年）皇太极颁布诏令，推行汉族婚制，禁止“同族婚娶”，废除女真人盛行的收继婚旧习。“参汉”不忘“酌金”，在“渐就大清之制”的同时，也使一大批汉人、蒙古人逐渐被满族化，天聪八年（1634 年），皇太极下令把后金的“官名及城邑名”，俱“易以满语”，即将总兵、副将、参将、游击、备御等官名改为昂邦章京、梅勒章京、甲喇章京、牛录章京等。

“参汉酌金”突出法律的民族特色，为“满汉畛域”“民族分治”埋下伏笔。入关前，努尔哈赤和皇太极虽口头上宣称满汉一体，如努尔哈赤曾说“诸申（女真自称）与汉人皆为汗民”“诸申与汉人俱为一体”[②]，但实际上汉人与满人的地位并不平等，他们不信任甚至贱视投诚的汉族官员。入关后，曾以“八旗户口未臻蕃盛，丁壮俱隶军籍”[③] 为借口，给予满人特权，从而形成涵盖全域的优渥满族的法律制度。即使是沿用明朝的制度，也会根据满人的民族特点，作出有利于维护其利益的调整，由其中的丁忧制度可见一斑。

满洲入关之初，满官无须丁忧，汉官丁忧仍袭用明制。顺治十年（1653 年），才创制满官丁忧的法律制度。但一个月后，即对该制度进行修订，改为“满洲、蒙古，有管旗下事者，有在部院理事熟练者，不便照汉官一例丁忧。议于在家居丧一月，即出办事，仍私居持服三年”[④]，也就是说满族蒙古官员无须像汉官那样丁忧在家三年（二十七个月），只需在家守孝一个月，而无须开缺离职。满官期丁忧期间的优待还体现在其俸禄上。清朝惯例，汉官丁忧期间是不支俸的，但为了满官的生计，乾隆皇帝说：“满洲官员及世职等，俱藉俸禄以赡养家口，如皆令离任开缺，无以为养赡之资……虽人子之于亲丧，尽哀尽礼以答劬劳之德，乃出于天性至情，初不计及俸薪，而朕养育旗人之意，则不务不为之筹画万全。”[⑤]

（二）确认旗人的特权地位

为保证兵员和战斗力，清朝实行“出则为兵，入则为民”的八旗制度，将满人编入八旗，太宗时增加蒙古八旗和汉军八旗。入旗之人被称为“旗人”，包括满族和满族化的蒙古人和汉人。旗人是清朝统治的基础，因此法律上赋予他们政治、司法和经济上的种种特权。

1. 满洲贵族优越的政治地位

清入关后，为保证对广大汉族地区的统治，顺治、康熙宣布满汉“视同一体”

---

① 中国第一历史档案馆：《满文老档》上册，中华书局 1990 年版，第 189 页。

② 中国第一历史档案馆：《满文老档》上册，中华书局 1990 年版，第 260 页。

③ 《大清法规大全・法律部》卷三，考正出版社 1972 年版，第 1744 页。

④ 《清世祖实录》卷七六，顺治十年（1653 年）六月辛酉。

⑤ 《清高宗实录》卷五四，乾隆二年（1737 年）十月丙戌。

的政策，但实际上满汉官员、贵族的地位并不平等。中央六部设满汉复职，但实权操纵在满洲贵族手中。而且，由于皇帝对汉官的不信任，中央重要部门如宗人府、内务府、理藩院及掌管钱粮、弹药武器的部门，地方武职如驻防将军、都统、参赞大臣等，全都由满蒙贵族充任，汉族贵族不得补缺。其他中央和地方满官出缺，汉官不得补任；汉官出缺，满官却可补任。通过这些制度，终清一代，满洲贵族都将国家政权把持在自己手上，即使清末官制改革欲消除“满汉畛域”亦不可行。

2. 让旗人享有司法的特权

旗人司法上的特权主要表现在管辖权和刑罚适用两方面。旗人犯法，普通司法机关无权擅断，要由特别机构审理，形成复杂的管辖关系。满洲贵族（分宗室和觉罗）犯罪由刑部会同宗人府审理，亲王、郡王不适用刑讯，也不必到庭。内务府所辖旗人犯罪由内务府慎刑司审理，徒刑及以上报刑部。京城普通旗人犯罪由本族佐领与步军统领衙门审理，杖刑以下自决；地方普通旗人犯罪由满洲将军和副都统审理，徒刑及以上报刑部，州县官员不得擅断旗人涉讼案件，否则依律治罪。

旗人犯罪所适用的刑罚也异于汉人，享有“换刑”“减等”的特权。《大清律例·名例律》“犯罪免发遣”条规定：“凡旗人犯罪，笞杖各照数鞭责，军、流、徒免发遣，分别枷号”。旗人处笞杖刑照数换成鞭刑；徒刑一年换成枷号二十日，每等递加五日；流刑二千里枷号五十日，每等亦递加五日；充军附近枷号七十日，近卫、边远八十日，极边烟瘴九十日。宗室、觉罗犯罪，特权就更明显，笞杖换罚“养赡银”；枷、徒、军、流则换为板责加圈禁。另外，旗人犯罪在量刑时可直接减一等处罚。

3. 对旗人的财产权特别保护

为保证八旗官兵的经济来源，清初圈占大量土地授予旗人；同时为保障旗人财产不至流散，以免削弱统治基础，法律禁止旗民交产，民人（主要指汉人）不准典买旗地旗产，否则按“盗卖官田”罪论处，杖一百，土地、房屋及价银没官。但由于“旗人不习耕种，生齿日繁”，康熙后期已经出现私自典卖田产给民人的现象，于是在雍正七年（1729 年）发布上谕重申：“八旗地亩，原系旗人产业，不准典卖与民，自有定例。”同时清政府甚至动用国家财政强制赎回已经典卖的旗地旗产，对红契全价赎回，对白契半价赎回。此后直至同治朝，清廷仍不断重申严禁买卖旗地旗产的禁令，规定“（旗地）无论旧圈自置，概不准售与民人”，“若典鬻旗地，从盗卖官田律，授受同惩”。光绪朝鉴于旗民交产行为势不可挡，于是废除禁令，规定除奉天外的旗地旗产只要照例缴纳契税均可自由买卖，不再治罪。

二、适用于民族地区的立法

案例导入：陶瑶殴毙杨氏女案

光绪二十三年（1897 年），香格里拉藏区发生陶瑶殴毙杨氏女案。人命大案，当然由中央王朝管辖，但裁判者们在适用规范的具体问题上存在较大分歧。土司要求按“夷情”处理，而且他的观点受到舆论的支持，“五境老民、伙头再三恳援照夷情办理”；但当地流官认为人命案件按律严禁私和，应适用中央王朝法律规范。此案遂上报云南按察使司，经云南巡抚和总督审查后批复：“兹于执法之中，参以权宜之计，姑准将陶瑶免其接例招解，由该厅酌年限，暂行监村，微示惩儆，嗣后该厅无论民夷，有犯人命等案，罪应论死者，均应按例写拟招解，永不准以牛马银钱抵偿，请归外结，亦不准援此案及惟前外结成案为例。”经过云南地方最高长官的特批，流官官府对此案件适用了云南藏民固有的规范渊源。[①]

陶瑶殴毙杨氏女案在适用法律上的争议着实耐人寻味。清末，随着云南藏区“改土归流”的进行，即使是土司对王朝的管辖权也毫无异议，土司最后只好将案件报给按察使，按察使司再上报巡抚和总督。巡抚和总督在讲了一通“不准以牛马银钱抵偿”的宏大法律叙事后，笔锋一转，称要“参以权宜之计”，允许以传统的赔命价方式结案，但又说这是特事特办，不可成为定例。究其原因，就是清朝在民族地区实行“因俗而治”的政策。

（一）“因俗从宜”的立法思想

清朝是我国多民族统一国家发展的鼎盛时期，正确的民族政策对国家的稳定与发展影响甚大。因此，一方面，清政权强调“中外一体”，主张以积极的态度治理边疆，使其起到“屏藩”“拱卫”的作用；另一方面，它还十分注重“恩威并施”与“因俗而治”，强调“修其教不易其俗，齐其政不易其宜”[②]，实行“一国多制”的统治方针。该民族政策体现在立法原则上就是在坚持国家法制统一原则的前提下，承认或认可民族风俗习惯、宗教信仰，给予各民族在一定范围内管理本民族地方事务的自治权。

早在入关之前，满州统治者就已经积累了些许民族立法经验。清朝民族立法的探索始于皇太极在位时。一方面，皇太极多次强调国家法制统一的重要性，如：天聪三年（1629 年）皇太极命归顺的科尔沁、内喀尔喀等蒙古部落悉遵后金制度[③]；天聪七年（1633 年）又派使者到外蒙古诸国“宣布钦定法令”[④]；天聪九年（1635 年）平定漠南蒙古后，在内蒙古仿后金八旗制度编旗设佐。同时皇太极也认识到蒙古各部在政治、法律、文化等方面与满洲毕竟不同，于是在崇德元年（1636 年）命令设立处理蒙古事务的专门机构——蒙古衙门。蒙古衙门于崇德三年（1638 年）改称理藩院，后来发展成为处理少数民族事务的专门机构。而且皇太极从蒙古族笃信喇嘛教的习惯中认识到蒙古法制的特殊性。他认为要实现对少数民族长期有效的统治，最好的办法就是因俗而治。皇太极领导制定了处理蒙古事务的专门法规《蒙古律书》[⑤]，从其内容来看，它显然是以蒙古部落习惯为基础的。《蒙古律书》的主要

---

① 根据档案《阿瑶为与李士林殴打伤毙伊母杨氏一案处理情况致营官各头目甘结书》改编。该档案藏于香格里拉市档案馆，编号 45-41-46。

② 《礼记·王制》。

③ 《清太宗实录》卷五，天聪三年（1629 年）正月辛未条。

④ 《清太宗实录》卷一六，天聪七年（1633 年）冬十月壬戌条。

⑤ 《清圣祖实录》卷二四，康熙六年（1667 年）九月癸卯条。

内容和立法精神为《理藩院则例》所吸收，后者被不断扩展、删修，最终成为一部广泛适用的民族法规，涵盖蒙古、西藏、青海等民族地区的法制的重要内容。

皇太极以后历代清帝都强调因俗立法的重要性，坚持“从俗从宜，各安其习”的立法原则，在民族立法过程中尽可能在先对各民族的习惯法进行充分调查的基础上保留、认可部分习惯法。在制定《蒙古律例》时乾隆强调“不可以内地之法治蒙古”，而应“爰按蒙古士俗酌定律例”[①]。雍正时制定的针对青海藏民的法规《番例条款》在其前言部分就申明：“该蒙古、番子向系罚服完结，相安已久，一旦绳以内地法律，恐愚昧野番群滋疑惧，转非抚戢边夷之忌，可否俯顺夷情，仍造旧例”。

(二) 日益完善的民族法制

1.《理藩院则例》

理藩院是清朝管理境内藩部（民族）和宗教事务的中央机构。所谓藩部即蒙古、新疆、青海、西藏等少数民族集中聚居区。在清朝，“自松花、黑龙诸江，迤逦而西，绝大漠，亘金山，疆丁零、鲜卑之域，南尽昆仑、析支、渠搜，三危既宅，至于黑水，皆为藩部”[②]。

理藩院最初称蒙古衙门，设立于崇德元年（1636 年）。[③] 但是，在《清太宗实录》中，天聪八年（1634 年）已经有蒙古衙门及其办事人员的记述。崇德三年（1638 年）六月，蒙古衙门更名为理藩院，专管外藩事务。崇德八年（1643 年），清廷在内、外蒙古颁行“蒙古律书”，此后多次修订，于乾隆六年（1741 年）编纂《蒙古律例》，认可蒙古习惯中的罚牲代刑、顶经发誓的效力。《理藩院则例》以《蒙古律例》为基础，并对其加以重大发展。

《理藩院则例》是理藩院的机构办事准则，它集有清一代民族立法之大成，内容涵盖政治、经济、军事、文化、宗教、交通、婚姻、刑法和对外关系等各方面。在清朝民族立法中它是内容最丰富、适用的民族最多者，因为它是清廷统治藩部地区的法规汇编，其体系庞大，律条繁多，适用范围广泛，涵盖了东北、西北以及西南部分少数民族地区。《理藩院则例》对于研究清代的民族统治政策和民族自治立法均有一定意义。

现存汉文版《理藩院则例》有两种不同形式的版本：一是乾隆朝内府抄本，二是嘉庆二十二年（1817 年）、道光六年（1826 年）、光绪十七年（1891 年）等刊本。乾隆朝内府抄本《理藩院则例》不分卷，成书于乾隆二十一年（1756 年），是就当时理藩院所辖录勋司、宾客司、柔远左司、柔远右司、理刑司等五个司属机构的职掌，以时间先后为序记述的，记事起于清初、止于乾隆二十年（1755 年），属于稿案本。该本以司属机构划分来记述具体的内容，记载每司的职掌时，每一目的内容从清初直到乾隆二十年，由具体事例串联下来，其间因革变化一目了然，便于人们

---

① 《乾隆会典则例》卷八，《大清会典》卷八〇《理刑清史司》。

② 《清史稿》卷五一八《藩部一》，中华书局 1977 年版，第 14319 页。

③ 《清史稿》卷一一五《职官二》，中华书局 1977 年版，第 3300 页。

掌握其发展轨迹。嘉庆、道光、光绪朝刊本《理藩院则例》与此不同，不按司属机构的职掌区分内容，而是分卷，正文分六十四卷，一目一卷或一目多卷，每一目记述一个问题，只有具体规定，没有事例演变。刊本《理藩院则例》比抄本《理藩院则例》更规范化和条理化，下面以它为例对《理藩院则例》的内容作一简介。

刊本《理藩院则例》分“通例”和“旗分”两部分。“通例”有上、下两卷，它规定：理藩院院部设尚书、左右侍郎和额外侍郎；理藩院的职责为“掌外藩之政令，制其爵禄，定其朝会，正其刑罚，尚书侍郎率其属以定议，大事上之，小事则行，以布国之威德”；理藩院下辖旗属清吏司、王会清吏司、典属清吏司、柔远清吏司、徕远清吏司、理刑清吏司等六司分别承办札萨克事务、札萨克留蒙王宫事务、喀尔喀四部及青藏等地民族事务、“掌外札萨克喇嘛禄廪朝贡”、回疆事务、“外藩各部刑罚之事”。“旗分”有五十门，分别是旗分、品秩、袭职、职守、设官、擢授、奖惩、比丁、地亩、仓储、征赋、俸银俸缎、廪饩、朝觐、贡输、宴赉、扈从、仪制、印信、婚礼、赐祭、旌表、优恤、军政、会盟、邮政、边禁、人命、强劫、偷窃、发冢、犯奸、略买略卖、首告、审断、罪罚、入誓、疏逃、捕亡、监禁、递解、留养、收赎、遇赦、违禁、限期、杂犯、喇嘛事例、西藏通制、俄罗斯事例等。

2. 民族聚居区的其他法制

在民族聚居区，清朝先后有针对性地编纂了适应当地风俗习惯、宗教信仰和经济文化发展水平的单行法规。

（1）适用于回疆的法制

“回疆”初称“回部”，该称呼始于清代，是对新疆天山南部信仰伊斯兰教的聚居区的统称。天山北部主要是准噶尔部。乾隆二十四年（1759 年），统一新疆的最后一战——伊西洱库尔淖尔之役胜利告终，准噶尔部大小和卓兵败西逃，被巴达克山首领素勒坦沙擒杀，叛乱遂平。乾隆二十七年（1762 年），清政府在新疆设“总统伊犁等处将军”，统率天山南北军政、民政事务。乾隆帝下旨“著将理藩院五司内派出一司，专办回部事务，其酌拟司名及应设官员数目、承办事宜，该部详悉定议具奏”①，也就是说拟在理藩院设立新司办理回疆事务。同年，新司——徕远清吏司正式设立。嘉庆十六年（1811 年），理藩院在修订《蒙古律例》整理历年档案时发现，本部承办的有关回疆事务的谕旨及臣工条奏已是“积案繁多，未便纂入《蒙古则例》”，于是奏请将涉及回疆事务的谕旨和条奏“另行编纂成帙”②，嘉庆帝准奏。

嘉庆十九年（1814 年），汉文版、满文版、蒙文版的《回疆则例》完成首次编纂并颁行。《回疆则例》的颁行将清政府对回疆事务的管理纳入法制化的轨道。初纂《回疆则例》规定，为适应形势变化的需要，以每十年为期将嗣后臣工相关条奏增纂入《回疆则例》。道光三年（1823 年）按例应对《回疆则例》进行首次增纂，但因“西陲不靖”——大小和卓后裔张格尔和玉素甫多次侵扰回疆，清政府提出“俟大功

① 《清高宗实录》卷六四九乾隆二十六年（1761 年）十一月丙辰条。

② 《中国西北文献丛书续编》第 5 册，兰州古籍出版社 1990 年版，第 4－5 页。

底定，归入下届办理《则例》时，再行修办”[①]。道光十三年（1833年），鉴于调整回疆法制的紧迫性，第二次增纂《回疆则例》的日期一到，理藩院就奏请修订《回疆则例》。此次修订，被纂入1828年平定张格尔、1830年平定浩罕入侵后的两次善后奏定章程。与首纂不同的是，这次增纂不仅纂入皇帝有关回疆事务的谕旨及臣工条奏，而且考虑了当时回疆最高官员叶尔羌参赞大臣的意见。道光十七年（1837年）《回疆则例》的汉文本编纂完成。道光二十二年（1842年），完成《回疆则例》满文本和蒙文本的翻译，理藩院奏准刻印颁行。

增纂的《回疆则例》正文共包括八卷，各卷下有若干条目，分为“原例”“修改”“增纂”和“续纂”四类，并于各条目之前标明。增纂后的《回疆则例》共一百三十四条，其中“原例”二十六条，为首纂条文；“修改”六十五条，为在首纂条文基础上作出修订的条款；“增纂”五条，为在首纂卷册内增加的条款；“续纂”三十八条，为新增加的两卷中的条款。修改和增、续纂的条目共有一百零八条，占修订后全部条目的百分之八十一，可见道光年间清政府对回疆的法制经历过重大调整。这些调整主要体现在政治制度和经济制度中。在政治制度方面，卷一至卷五规定了伯克设置的范围、员额、品秩，伯克的职掌、补放、袭替，伯克的薪俸、待遇和奖恤，伯克的年班与朝贡制度，在笼络优抚伯克的同时，又强化了伯克的管理责任，加强了对伯克的监督，排除其干预民事；续纂的卷七、卷八两册条文中充斥着“不准”“禁止”等字眼，对革除伯克制度的弊端作出了更严格的规定。在经济制度方面，卷六对回疆内部以及回疆与内地度量衡的换算标准、回疆的钱法、贸易与税制、屯垦制度作出规定。“《回疆则例》编纂颁行后在很大程度上规范了回疆地区的法规与制度，成为清廷以及回疆各城驻扎官员处理回疆事务的主要依据。”[②]

（2）适用于青海的法制

雍正二年（1724年），清政府平定蒙古和硕特亲王罗卜藏丹津反清活动，意味着脱离中央政府实控长达三百五十六年的青海将青海纳入中央政府直接管辖。第二年，清廷议准川陕总督年羹尧所奏的《青海善后事宜十三条》（又称《条奏青海善后事宜十三条》[③]，并设置西宁办事大臣，以管控青海军政事宜。年羹尧上奏道：“善后事宜……谨抒管见，现得十三条。”这十三条的主要内容涵盖政治、宗教、军事与经济几个方面。政治方面，对平定青海战役的有功台吉按功行赏，对叛乱台吉、喇嘛和部众进行处分，严重的斩首；在青海设置盟旗，实行札萨克制度和定期会盟制度。宗教方面，青海蒙藏各族信仰黄教历史悠久，要建立管理喇嘛和寺院的宗教制度，规定：“寺屋不得过两百间，喇嘛多者止许三百人，少者不过数十人而已。仍请礼部给以度牒，填写姓名年貌于上，每年令地方官稽查二次，取寺中首领僧人出给，不致容留匪类奸徒，甘结存案。”[④] 军事与经济方面，主要是关于军队驻防和屯垦、

① 《中国西北文献丛书续编》第5册，兰州古籍出版社1990年版，第30页。

② 王欣：《〈回疆则例〉研究》，载《中国边疆史地研究》2005年第3期。

③ 参见《清世宗实录》卷二〇，雍正二年（1724年）三月丙申条。

④ 季永海等：《年羹尧满汉文奏折译编》，天津古籍出版社1995年版，第141页。

蒙藏上层朝贡以及与内地互市方面的规定，如规定“西海王、贝勒等，分为三班，三年一次，九年而周，周而复始”[①] 进行朝贡。年羹尧在上奏《青海善后事宜十三条》的同时，又上奏《禁约青海十二条》（又称《恭请青海禁约十二事》）满文折，后者除对前者所规定的制度进行强化外，规定更加严格，如禁止收继婚、禁止喇嘛寺内议事等。

《青海善后事宜十三条》和《禁约青海十二条》具有较大的随意性，表明雍正初年对青海的立法还不够成熟完善。雍正十一年（1733 年），清廷令驻西宁办事大臣达鼐等人参考《蒙古律例》汇纂新法。第二年《青海番夷成例》（又称《番夷条款》或《番例》）颁行。《青海番夷成例》共六十八条，是一部以刑事法规为主，兼及民事法规和行政法规的特别法。《青海番夷成例》吸收较多蒙藏风俗习惯，如以“罚牲”代替刑事、民事和行政处罚，“罚牲”的数量是“九”的倍数，如罚一九、二九、三九等，这也体现了浓郁的民族色彩。《青海番夷成例》在制定之初乃“权宜之计”，清廷原计划五年后在该地适用大清律，因此规定其适用期限为五年，但在实践中发现该地民族众多、风俗殊异，只好将其延展五年，并一再展期。乾隆十三年（1748 年），刑部奏准不需要再申请延展，终清之世，对涉番案件照《青海番夷成例》审理即可。一直到民国时期，青海地区蒙藏等民族部落仍适用由《青海番夷成例》演变而来的《红本法》。

（3）适用于西藏的法制

清军入关定都北京后，顺治帝即派员入藏问候，迎请达赖入觐，并敕曰：“念尔西域，从来尊重佛教，臣事中国，已有成例。其故明所与诰敕印信。若来进送，朕即改授，一如旧例，不易。”[②] 在较长一段时间内，清政府对西藏的治理主要依靠人，疏于制度建设。直到乾隆十六年（1751 年）平息珠尔默特那木扎勒叛乱后，才开始擘画西藏法制建设，在甘丹颇章政权《十三法典》《法典明镜二十一条》的基础上制定《酌定西藏善后章程十三条》（以下简称“十三条”）。其第四条规定：“官员革除治罪，应酌定章程。查旧例凡选放喋巴等官，均系其根基深厚，明白妥协之人，如有不能办理事务，或任意犯法者，应秉公治罪。乃珠尔默特那木扎勒妄作威福，不论贤愚，擅将无故之旧人，抄没革除，以致是非颠倒，怨声载道。嗣后凡喋巴头目等官，遇有犯法，或应抄没，或应革除，噶伦、代本等务须秉公查明，分别定拟，请示达赖喇嘛并驻藏大臣指示遵行”[③]。“十三条”改变藏王制下地方贵族权力太集中的局限，革除藏王制造成的弊端，确立由达赖和驻藏大臣共同治理藏政、四噶伦主持行政事务的制度，为稳定西藏社会奠定了坚实基础。

乾隆五十七年（1792 年），福康安率军大败廓尔喀。乾隆认为应该利用西藏上下层感激的有利时机，对西藏制定一部“以期永远遵守”的法律。乾隆五十八年（1793 年）制定《钦定藏内善后章程二十九条》（以下简称“二十九条”）。“二十九

① 季永海等：《年羹尧满汉文奏折译编》，天津古籍出版社 1995 年版，第 125 页。

② 张其勤原稿，吴丰培增辑：《清代藏事辑要》，西藏人民出版社 1983 年版，第 3 页。

③ 张其勤原稿，吴丰培增辑：《清代藏事辑要》，西藏人民出版社 1983 年版，第 180 页。

条”创立转世灵童的“金瓶掣签”制度，并明确规定驻藏大臣与达赖、班禅地位平等，共同协商处理西藏地方事务，凡噶伦等大小官员及活佛等人皆是驻藏大臣属下，须听驻藏大臣指挥。通过此章程，驻藏大臣总揽西藏地方人事、财政、军队、司法、外交和宗教监督等的一切大权。

鸦片战争后，由于驻藏大臣个人能力不足，加上清政府压制藏区人民抗英斗争，清政府对西藏的统治有所削弱，清朝中央政府与西藏噶厦地方政府的矛盾日益尖锐。藏区分裂的危险及其后果使清朝统治者认识到重新建构藏区法制的必要性。光绪三十二年（1906年）张荫棠致电外务部，阐明当时藏区形势，呼吁改革藏政，提出治藏建议二十四条。第二年清廷在此基础上制定《新治藏政策大纲十九条》（简称“十九条”），对西藏的国计民生建设进行了有益的设计。

“十三条”、“二十九条”和“十九条”三部章程在尊奉、扶植藏传佛教上层的同时，针对少数上层大喇嘛的分裂行径，对其采取了相应的管理和限制措施，主要有三：一是由理藩院统管喇嘛事务，将其纳入国家行政治理的轨道内，为此建立了喇嘛札付制度、年班制度和朝贡制度；二是通过“金瓶掣签”认定活佛转世灵童，掌握大喇嘛的任免权，设驻藏大臣制约达赖喇嘛等宗教上层人士；三是对严重危害国家统一和中央政权的喇嘛“按律治罪”，处以罚钱粮、鞭责、革职、死刑等刑罚。

（4）适用于苗疆的法制

清朝的“苗人”是对包含今天南方的苗、瑶、彝、土家、仡佬等在内的多个少数民族的统称，有“生苗”“熟苗”之别。所谓“生苗”，亦称“红苗”，是指没有受到儒家文化影响的苗人。据《清史稿》载，“镇远清水江者，沅水上游也，下通湖广，上达黔、粤，而生苗据其上游，曰九股河，曰大小丹江，沿岸数百里，皆其巢窟。”[①] 所谓“熟苗”指受儒家文化影响较深，比较开化的苗民。因之，“苗疆”一词亦有广义和狭义之别。广义的“苗疆”范围较广，是包括今天的湖南、湖北、重庆、云南、贵州在内的南方少数民族聚居区。狭义的“苗疆”仅指今天的湖北、湖南、贵州三省交界地区，即雍正四年（1726年）云南巡抚兼总督鄂尔泰向雍正帝上呈的奏章中所谓“苗疆四周几三千余里，千有三百余寨，古州居其中，群砦环其外。左有清江可北达楚，右有都江可南通粤，皆为顽苗蟠据，梗隔三省”[②] 的地区，其核心区以雷公山和腊尔山为中心。

生苗世居深山，民风彪悍。清朝以前，中央政府的法律对它的影响微乎其微，苗民主要适用诸如“杀人、伤人赔牛、赔谷”的习惯法处理纠纷，如曾任职刑部并到湘西查案的方亨咸在其著作《苗俗纪闻》中记载道：“彼中自相仇讐者甚多，至不解以及世。若世仇，不独怨家之子弟，即戚串及同寨者，皆不得径仇我者界，径必维系之。先饮以饮食，勒尽饱，继缚其手足，捶楚备至，令殆而尽吐其食，乃止。以长木系其颈，械其足，使旁寨人通闻其家，令备牛马以赎……或怨家赎不如期，不如数，则毙之。其人毙，则怨家倍所赎牛马之数以偿。”这段记载表明苗疆盛行

① 《清史稿》卷五一五《土司四》，中华书局1977年版，第14272页。
② 《清史稿》卷五一二《土司一》，中华书局1977年版，第14205页。

“赔命价”的习俗。命案之外，苗人处理普通诉讼也与中原不同，盛行神明裁判，方亨咸写道：“若小隙争论不已，则彼此期以日，以地辩曲直，地必酌道之中，无偏近。届期，两寨之人及两家戚属，以弓刀从左右列，中设一大镬，满贮水，于中置一斧，燃以沸，沸热不可执。两造各言是非。言竟，互鸣金，声震林谷，金尽，彼此仰而呼天。移时，各以手入沸汤中取斧，得斧而手无恙者为直，焦烂者为曲。”①

为将苗疆纳入国家统治秩序中，康熙帝决定对苗疆实行武力征服。康熙四十一年（1702 年）派礼部尚书席尔达为将军、湖广总督喻成龙、偏沅巡抚赵申乔和提督俞益谟率楚、粤、黔三省军队进剿，最终压服湘西红苗。两年后，在腊尔山地区设立了凤凰厅和乾州厅，实行部分生苗地区“改土归流”。但康熙帝对新开苗疆仍“复准熟苗生苗若有伤害人者，熟苗照民例治罪，生苗仍照苗人例治罪”。雍正帝对贵州苗疆用兵，雍正六年（1728 年）五月清军开始进攻八寨（今丹寨县），历时五年征服，设置相当于县级的丹江、八寨、清江、古州、都江、台拱六个厅，简称“新辟苗疆六厅”，实行“改土归流”。雍正十二年（1734 年），贵州按察使方显奏称：“查苗人犯杀人应死向有赔偿牛马、准其抵命之例。”对此，雍正皇帝批示：“伊论议甚是。”② 乾隆元年（1736 年）六月，贵州布政使冯光裕向乾隆帝奏称“苗人前此不知礼义法度，其苗例杀人伤人赔牛十余条、数条而止，弱肉强食得谷十余石、数石而止”，请求在苗疆适用“苗例”，乾隆帝下旨曰：“苗众一切自相争讼之事，俱照苗例归结，不必绳以官法。”乾隆五年（1740 年），“苗例”最终被纂入《大清律例》中，该律之刑律·断狱下规定：“凡苗夷有犯军、流、徒罪折枷责之案，仍从外结，抄招送部，查核其罪。应论死者，不准外结，亦不准以牛马银两抵偿，务按律定拟题结。如有不肖之员或隐匿不报，或捏改情节，在外完结者，事发之日交部议处。其一切苗人与苗人自相争讼之事，俱照苗例归结，不必绳以官法，以滋扰累。”③ 清政府的做法非常高明，在“因俗从宜”、从实际出发的同时，又有节制地将国家法推行到新辟的苗疆地区，为国家法秩序嵌入民族地区奠定了基础。

第二节 清朝法律体系的发展与完善

满洲兴起之时“民淳法简”，虽在皇太极时期进行过史称“盛京定例”的立法活动，但亦不过是将其所沿袭的习惯法成文化，尚未形成系统的法律体系。入关后，清朝继受明朝法制，开始大规模立法活动，经过百年建制，渐成完备的法律体系。清朝的法律体系由“律”“例”“会典”“则例”等法律形式构成。“律”乃极为稳定的法律制度形成的法典，以刑法为主，“条例”附在“律条”之后，形成“律例”合编的法律形式。

① （清）方亨咸：《苗俗纪闻》，载王晫编：《檀几丛书》卷二，上海古籍出版社 1992 年版，第 320 页。

② 《雍正朝汉文朱批奏折汇编》第 22 册，江苏古籍出版社 1991 年版，第 716 页。

③ 田涛、郑秦点校：《大清律例》，法律出版社 1999 年版，第 601－602 页。

一、《大清律例》的制定

顺治元年（1644 年）摄政王多尔衮带兵占领北京，剿灭李自成起义军，取得政权。为实现对广大汉族地区的统治，多尔衮一方面宣布“准依明律”治罪，另一方面又在“详译明律，参以国制，增损剂量，期于平允”的思想指导下开始清律的制定工作。在“遵行故明律令”的同时，刑科给事中孙襄提出“稽往宪，合时宜，斟酌损益”[①]，进行立法。多尔衮同意，下令：“法司官会同廷臣详译明律，参酌时宜，集议允当，以便裁定成书，颁行天下。”[②] 顺治二年（1645 年），清廷成立律例馆，负责修律。顺治三年（1646 年）修成《大清律集解附例》三十卷四百五十七条，刊行全国，这是清朝入关后颁布的第一部律典。所谓“集解”即将当时通行的注释用小字方式附在律条之下；所谓“附例”即在律条之后附上相关“条例”，《大清律集解附例》所附条例有 321 条。由于制定匆忙，《大清律集解附例》几乎照搬明律的律条、注释和条例，仅删去明律中有关宝钞的三条法律条文，增加边远充军的条文，甚至将“允依《大诰》减等”之语转抄。律中注释也来自明朝律学著作，如《律例笺释》《读律琐言》《明律纂注》等。顺治十二年（1655 年），考虑到满人多不识汉字，使法律的实施效果有限，开始将其译为满文，于次年译成颁行。

康熙帝继位后，针对疆域的扩大和协调立法和司法之间的矛盾，于康熙十八年（1679 年）“著九卿詹士科道会同详加酌定”新旧条例，于次年颁行《刑部见（现）行则例》，并令尚书图纳、大学士张玉书等“将《见（现）行条例》附入大清律内”，康熙四十六年（1707 年）图纳、张玉书完成编纂工作，但圣祖“留中未发”，没有正式颁行。所以，终康熙一朝，真正适用的刑法是《刑部现行则例》。

雍正帝登基之初，鉴于《刑部现行则例》存在“从重改轻，从轻拟重”或“先行而今停，事同而法异”等弊端，命大学士朱轼等为总裁，以“析异同归，删繁就约，轻重有权，宽严得体”为原则，对顺治康熙时期的律例进行修订，雍正三年（1725 年）修成，两年后颁行，名之曰《大清律集解附例》。新《大清律集解附例》共七篇三十门四百三十六条。新《大清律集解附例》与旧《大清律集解附例》相比有两点重要变化：其一，解决原《大清律集解附例》与《刑部现行则例》相分离的问题，《刑部现行则例》纳入新《大清律集解附例》的“条例”中，刑部不再颁行则例，实现整个刑事法律的有机整合；其二，新《大清律集解附例》所附例分为三类：“曰原例，累朝旧例，凡三百二十一条；曰增例，康熙年间现行例，凡二百九十条；曰钦定例，上谕及内外臣工条奏，凡二百有四条”[③]。

乾隆元年（1736 年），清高宗命令律例馆总裁三泰组织何瞻、岳泰等人对原有律例“逐条考证，重加编辑，又详校定例，折衷损益”，将原例、增例和钦定例统称为条例，又删除律后总注，增加小注，最后由高宗亲自厘定，定名为《大清律例》，

---

① 《清史稿》卷一四二《刑法一》，中华书局 1977 年版，第 4182 页。
② 《清史稿》卷一四二《刑法一》，中华书局 1977 年版，第 4182 页。
③ 《清史稿》卷一四二《刑法一》，中华书局 1977 年版，第 4185 页。

于乾隆五年（1740年）“刊布中外，永远遵行”。至此，清朝制律修律工作经过近百年，终于定型。《大清律例》的名称一直沿用到1910年《大清现行刑律》颁布为止。

《大清律例》在结构形式、篇目体例上与《大明律》相同，由名例律、吏律、户律、礼律、兵律、刑律和工律等七律构成，分为三十门四十卷，律文四百三十六条，附条例一千零四十九条。《大清律例》是我国最后一部封建律文律典，集历代律典之大成。《大清律例》还吸收了私家律学研究成果，如采纳王明德《读律佩觿》中关于“八字”——以、准、皆、各、其、及、即、若的释义以及沈之奇的律注。

作为“祖宗成宪”，自乾隆五年后律文不再变动；例文可以不断增加，以弥补律文之不足。乾隆元年（1736年）确立每隔三年纂修增补条例一次的原则，乾隆十一年（1746年）“五年一小修，十年一大修”成为定制，此后有记载可考的修例活动达二十三次之多，以致条例不断增加，至同治九年（1870年）清廷最后一次修例，例文已有一千八百九十二条。

定期增例，导致例的膨胀，律和例之间处于一种紧张关系。这种紧张关系在明朝已经凸显，引发“律例”矛盾。顾炎武曾为此喟叹曰：“前人立法之初，不能详究事势，豫为变通之地，后人承其已弊，拘于旧章，不能更革，而复立一法以救之，于是法愈繁而弊愈多，天下之事，日至于丛挫……此莫甚于有明之世。”① 明朝后期，原为辅助律典创立的条例，最后反噬律典，形成“以例破律”的情况。清朝立法者并非不知这种情况，那为什么不仅定期修例，还将其纂入律中，形成律例合编体例？

律例之间究竟是一种什么关系？对此，有两种主要观点：第一种观点认为“例以破律”“例以代律”，第二种观点认为“例以辅律”。第一种观点以《清史稿·刑法志》为代表，编者指出“盖清代定例，一如宋时之编敕，有例不用律，律既多成虚文。而例遂愈滋繁碎，其间前后抵触，或律外加重，或因例破律”，认为清代条例对律的规定具有破坏性。持类似观点的还有袁枚，认为：“若夫者，引彼物以肖此物。援甲事以配乙事也，其能无牵合影射之虞乎……至于例，则朝例未刊，暮例复下，千条万端，藏诸故府，总强之官，不能省记；一旦援引，惟吏是循。或同一事，而轻重殊；或均一罪也，而先后异。或转语以抑扬之，或深文以周内之。往往引律者多公，引例者多私；引律者直举其词，引例者曲为之证。公卿大夫张目拱手，受其指挥，岂不可叹”②，引用律、例之不同会导致罪刑轻重之别，甚至体现引用者的公、私心之异。第二种观点的持有者从例产生的渊源论证二者的互补性，认为例是补充律之不足的，正如清代苏州籍刑名幕友顾鼎所谓：“本朝化洽中外，随事作则。于律例之外，特颁新例，制度周密，宽严相济，律未该则绳之以例，例或驰则准之于律，措置咸宜，使人不陷法网。”③

《大清律例》实行“律”“例”合编体例，“律垂邦法为不易之常经，例准民情因

① （明）顾炎武著，陈垣校注：《日知录校注》卷八《法制》，安徽大学出版社2007年版，第474页。
② （清）袁枚：《答金震方先生问律例书》，载《小仓山房诗文集》，上海古籍出版社1988年版，第1459页。
③ （清）顾鼎：《重编八则》，载《王仪部先生笺释》，清康熙三十年（1691年）顾鼎刻本。

时以制宜”。“律”为纲，保证法律的稳定性与连续性；“例”为目，性质较为灵活，保证法律的灵活性与适应性，弥补“律”的不足，二者互相依存，“例”对“律”有修改、补充（其中创造性补充是对律的突破和创新，并非破坏）、废止或更新的作用。清政府律例合编使得法律史上长期积累起来的一些矛盾得到了解决。[①]

二、会典与则例的编纂

（一）《大清会典》

“会典”为“会要”与“典章”的合称，为中央各部门就本部门职官管理等事务编纂的法典。早在关外时期，满洲就有编纂会典的打算，天聪七年（1633 年）宁完我就建议仿照《明会典》制定“金典”，崇德元年（1636 年）皇太极曾召集大臣议定会典，但入关前会典修撰一直未成。康熙二十三年（1684 年），为提高国家统治效能，加强行政管理，使中央各部、院、寺的活动有法可依，在总结清初立法经验的基础上，仿照《明会典》起草清会典，历时六年完成，史称《康熙会典》，共一百六十二卷。雍正朝续修，于雍正十年（1732 年）纂成《雍正会典》一百卷。高宗鉴于“例可通，典不可变”的原则，唯恐典例并载，使后人“妄相牵引，无所适从”，于是将典、例分别编纂，纂成《乾隆会典》一百卷和《乾隆会典则例》一百八十卷。嘉庆十七年（1812 年）编成《嘉庆会典》八十卷和《嘉庆会典事例》九百二十卷，光绪二十五年（1899 年）编成《光绪会典》一百卷和《光绪会典事例》一千二百二十卷/条。康熙、雍正、乾隆、嘉庆和光绪时期编纂的五部会典合称“五朝会典”，总称《大清会典》。

《大清会典》以中央各机关为纲目，“以官统事，以事隶官”，记述清朝从开国至当朝各级机关的建制、编制、品秩、职掌、权限等细则，并考其沿革，涉猎极其广泛，乾隆曾谓之曰：“凡职方官制，郡县营戍，屯堡觐飨，贡赋钱币诸大政，于六曹庶司之掌，无所不录”[②]。会典的内容“以各衙门开造文册（档案）为凭”，还从历朝实录、官书、政书和律例中取材，也会收录皇帝的谕旨及御批的臣工奏议，因由皇帝批准编纂并经皇帝批准颁行，故会典的采编具有法律编纂的性质，会典具有法律效力，康熙曾赞誉会典是“炳耀日星的大经大法”。清人认为“《会典》乃当代宪章，与律令相表里”[③]。

（二）则例

邓之诚谓：“清以例治天下”，诚然。有清一代，“例”的种类繁多，包括“条例”“事例”“则例”和“省例”。“条例”是从典型案例中抽象出来，经过臣工起草上奏并交皇帝批准的新法律规范，以刑法为主，经过“五年一小修，十年一大修”

---

① 参见刘笃才：《律令法体系向律例法体系的转换》，载《法学研究》2012 年第 6 期。
② 《御制序文》，载《大清会典》（乾隆朝），凤凰出版社 2018 年版，第 1 页。
③ 转引自黄源盛：《中国法史导论》，广西师范大学出版社 2014 年版，第 307 页。

而编入律典中。“事例”是指朝廷处理各类政务的先例，包括皇帝发布的上谕及其对臣工奏本的批示等，事例经过“五年汇辑为小修，十年重编为大修”而汇纂入则例。“省例”是地方性官府编纂的地方性事务规范，现存省例有《治浙成规》《晋政辑要》《广东省例》《四川通饬章程》等。

作为专有名词的“则例”，最早出现在唐穆宗长庆三年（823年）李德裕的《论丧葬逾制疏》中，其疏曰：“本朝旧例：检校官一品二品请同五品，五品以下并请同九品……仪如升朝官者，请据本官品第升降则例”[①]，此处“则例”一词为“标准”“准则”之意。唐朝以后，“则例”的含义不断发展，到清朝把确立标准、准则的法律形式也称为“则例”，指中央各部门汇编的处理本部门政务所形成的各种事例，经过皇帝批准实施的法律规范。清朝“则例”由汉唐的“令”发展而来，作为会典的实施细则和补充，具有法律效力。清朝汇纂的则例多达百余种，名目繁多，内容丰富，就其编纂标准可分为两种：

（1）事类则例，即根据其所调整的政事类别而汇纂，如《八旗则例》《督捕则例》《军器则例》《捐纳则例》《科场则例》《武场则例》等。另外《赋役全书》《学政全书》《漕运全书》等，虽无则例之名，亦属此类。此类则例所调整之政务，往往非一个部门所能完成，清朝中后期为防止部门推诿，对部分事类则例进一步细化，如《军需则例》分解为《兵部军需则例》《户部军需则例》《工部军需则例》。

（2）部门则例，简称“部例”，即依照部门职责及其所处理事务的范围来汇纂，如《吏部则例》《户部则例》《礼部则例》《中枢政考》《刑部现行则例》《工部则例》《都察院则例》《大理寺则例》《宗人府则例》《理藩院则例》等，中央部门均有自己的则例。兵部和刑部的部门则例比较特殊，兵部的则例不叫《兵部则例》，而叫《中枢政考》。刑部在顺治康熙时期有本部门的则例，名为《刑部现行则例》，雍正三年（1725年）将《刑部现行则例》及其后出现的条例编入《大清律集解附例》，此后刑部不再颁布则例，亦无专属于本部之则例。

（三）会典与则例的关系

康熙五十四年（1715年）李珍璘编纂的《定例全编》（亦称《典例全编》）以会典为纲，则例为纬，为乾隆朝编纂《大清会典则例》奠定了基础。乾隆采纳张廷玉的建议，将会典和则例分纂。乾隆朝后期改“会典则例”为“会典事例”，但就其性质和内容而言并未发生根本变化。会典和则例一道构成清朝行政机关法律规范体系，把国家机关及其日常活动纳入法制的轨道。会典与则例的关系具体表现为：

（1）会典为纲，从总体上规定国家机关的组织、职责及国家机关的活动应遵循的基本规则；则例为目，根据会典的精神和原则，将各部、院、寺及其之间应遵循的工作规则和职责具体化。梁启超谓曰：“会典其大纲大法，而则例其细目法也，行

---

① （清）董浩等编：《全唐文》，中华书局1983年影印版，第7197页。

政法之以例辅典，犹刑法‘以例辅律’也。”①

（2）会典“所载必经久长行之制”，所以会典的内容相对较为稳定，一般不改动，只是适应世事变化而增减则例，如《乾隆会典·凡例》所谓：“嗣后如间有因时损益之处，其畸零节目，第于则例内增改。即有关大体者，亦只刊补一二条，无烦全书更动，庶一劳永逸，以便遵守。”则例“为随时损益之法”，具有较大的灵活性，各部、院、寺有定期修订则例之惯例，以适应社会发展变化之需要。会典与则例的结合类似律与例的合编，不同之处在于律例为合编体例，会典与则例为分编体例，但这照样保证了职官管理法规的稳定性与灵活性。

第三节 清朝国家治理法制的强化

“清承明制”，清朝法制多承袭明朝法制而来，顺治帝曾说“明太祖立法可垂永久，历代之君皆不及也”。但因政治、经济、民族与社会环境的不同，清朝对明朝法制有所损益，使其呈现出鲜明的时代特色。另外，清朝处于封建社会晚期，统治阶级内部的矛盾及统治阶级与百姓的阶级矛盾异常尖锐激化，为维护集权统治，清政府强化对社会的管控和对市场的控制，未能融入世界法制发展的正常轨道。

一、适应社会变化的刑罚制度

清朝正刑沿袭唐以来的五刑制度，有笞、杖、徒、流、死五种二十等，但五刑的具体执行方式有变。另外，其实际上的刑罚并不限于五刑，另增加有法外之刑。

（一）笞杖刑改轻

清朝入关前，刑罚在“大辟之外，惟有鞭笞”，无笞杖刑。入关后，“准依明律”，沿用隋朝以来就已经定型的笞杖刑十等刑制度。康熙朝本着“以德化民”“修德安民”“明刑弼教”的精神对笞杖刑进行改革，一是将笞杖刑的刑具由荆条改为竹板，二是将笞杖刑的决数由多改少。笞杖刑的决数实行“打四折，以五为等差，去零头”的计算方式，即原来的笞十改为笞四，原来的笞二十改为笞五，以此类推，原来的杖一百改为杖四十。总之，笞杖刑由重改轻意味着对社会危害较小的犯罪行为处罚减轻，这样既不会放纵严重危害统治的犯罪行为，又能达到笼络人心的教化效果。

（二）徒流刑的发展

清朝沿袭隋朝以来的徒刑制度，即徒刑服役期限从一年起至三年止，每半年为一等，共五等。徒刑的执行方式为“发本省驿递，其无驿县，分拨各衙门充水火夫各项杂役”。在定制之外，另有“准徒”。所谓“准徒”即允许杂犯死罪与杂犯流罪

---

① 梁启超：《中国成文法编制之沿革得失》，载范忠信选编：《梁启超法学文集》，中国政法大学出版社2000年版，第165页。

分别折抵为五年徒刑和四年徒刑。

清朝沿袭唐朝以来的流刑制度，里程分为流二千里、二千五百里、三千里三等，均附加杖刑一百。清初，流刑按照里程酌情发往各处荒芜或凭海州县，后因各省流囚数量不均，乾隆八年（1743 年）刑部汇纂《三流道里表》，此后流囚分拨按表即可。

三流之外，清朝还有充军、发遣等流刑的加重形式。清朝充军分附近、近边、边远、极边、烟瘴五等，犯人定罪后由兵部发配，初时亦有分配不均问题，乾隆三十七年（1772 年）兵部制定《五军道里表》解决问题。清朝充军与明代不同，罪犯不再编入军户，因此也就无“终身充军”和“永远充军”之别。除充军外，还有发遣，即将罪犯发配到东北、外蒙和新疆等苦寒之地给驻防士兵做奴隶。

（三）死刑制度的变化

清朝死刑制度在隋朝以来的绞、斩二正刑的基础上发生两点变化：一是死刑执行明确分为“立决”和“监候”两类，即立即执行的“立决”和暂缓执行等候发落的“监候”。立决多针对反逆、命盗等真犯死罪，监候多针对性质略轻的杂犯死罪。《大清律例》明确规定：凡律中不注监候、立决字样者，皆为立决；例中不注者即为监候。二是死刑更加残酷。死刑的残酷化表现在沿袭明朝的凌迟、枭首、戮尸等极刑，并将其适用范围扩大。清朝不仅全部继承明朝律例中适用凌迟的罪名，还将其扩大适用于劫囚、发冢、谋杀、杀一家非死罪三口、殴受业师、殴父母、殴祖父母等犯罪。

（四）扩大刺字的适用范围

刺字即三代之墨刑，“其所从来久矣”。汉唐法定刑中无刺字，五代两宋将其作为配役、配军的附加刑，刺字得以复活。清初，仅盗贼、逃人才附加刺字，以防犯人再犯和便于侦查缉捕。乾隆朝及其以后，定例日多，对凶犯、逃军、逃流、发遣、改发等都要附加刺字，刺字成为常用附加刑。初犯刺右臂，再犯刺左臂，更犯刺面颊。刺字的内容有所犯事由和发配地方之别，还有满汉文字之异。

二、保障专制统治的严刑峻法

清政权兴起于关外，缺乏文化自信；作为异族政权，从入关开始就遭到汉族为主的多民族多种形式的反抗斗争；处于天崩地解的社会大变革前夜，各种思潮不断涌现，结社定盟、宣教结众和罢市叫歇等社会运动层出不穷。为挽救统治危机，化解复杂的阶级矛盾、民族矛盾和社会矛盾，清政府不惜以严刑峻法推行政治、文化和社会高压政策。

（一）推行政治高压统治

1. 严厉打击谋反、谋叛、谋大逆行为

清朝法律以维护专制皇权为根本任务，沿袭隋唐以来将对封建政权危害最大的谋反、谋叛、谋大逆等三谋之罪列入“十恶”、特标律首的传统，将其作为律例重点打击的对象。与历代相比，清朝律例扩大三谋之罪的适用范围，加大惩罚力度。

《大清律例·刑律·贼盗》门所附条例中，将纠众杀官、监狱暴动、异姓歃血为盟、结拜兄弟、聚众抗粮、罢考罢市、“传徒惑众”视同反逆罪。司法实践中将“奏疏不当”“犯圣讳”加以“丧心病狂”“妄议朝政”之名，比照谋大逆治罪。

清朝律例对反逆罪处刑极重，凡共谋者不分首从皆凌迟处死，父子、兄弟、同居之人（包括异姓）、叔伯、兄弟之子（不限籍之异同）年十六岁以上皆斩；十五岁以下男亲属及所有女眷交功臣为奴，财产没官。尤为残酷的是，清朝律例规定正犯子孙年十一岁以上者，无论知情与否，均要阉割并发往新疆给官为奴。

2. 严惩宦官干政和大臣结党行为

鉴于明朝宦官专权与朋党之争导致政权覆亡，清朝统治者吸取教训，以法律手段进一步强化皇权，用铁的手腕惩罚宦官干政和王公大臣结党营私的行为。顺治帝曾立铁牌，规定太监干政、结纳官员、擅奏外事者皆凌迟处死，并允许地方官监督外出太监行踪。

《大清律例·刑律·奸党》沿用明“奸党罪”与“交结近侍官员”条文，以杜绝大臣“私植党羽”“蠹害国政”的隐患；还规定各族王公不得与现居外官的旧属人员继续交往，否则杖一百；攀托“馈送”者，计赃从重论处，该王公交宗人府议罪。

（二）大搞文化思想专制

入关后，为压制明末以来反对、怀疑君主专制的思潮，扑灭汉族士大夫的反清意识，清朝统治者有计划地实施了一整套思想文化专制政策。

1. 屡兴大案打击江南士大夫集团

清入关后遭到江南士人的反抗，顺治以三大案打击江南士大夫集团：（1）顺治十四年（1657 年）科场案，以江南科举出现受贿、舞弊为由，捕捉、流放、杀死士大夫数百人。（2）顺治十八年（1661 年）“奏销案”，捕捉江南积欠赋税的士大夫三千余人，革功名，枷号示众，尤以探花叶方霭为最，其所欠不过一文。（3）同年“哭庙案”，苏州秀才抗议县官贪墨，趁顺治丧举行“哭灵大典”之机聚于文庙哭诉，被责为“惊先帝之灵”，全数被捕处死。

2. 大兴“文字狱”禁锢读书人的头脑

明史案

喜欢《鹿鼎记》的读者还记得“双儿”姑娘及其母亲“庄三少奶奶”吗？其实，她们都是历史上真实的人物，她们是顺治、康熙年间发生的明史案的苦主庄廷鑨之家眷。

庄廷鑨是浙江乌程（今吴兴）南浔镇大户，喜欢历史，自命不凡，又极好名声，因病眼瞎，自比于盲人史家左丘明，想著史书流芳百世。庄廷鑨知道的历史还没他家的银子多，但在一个钱能通神的时代，没有什么能阻挡他的史家梦。于是，他花重金购得明朝天启年间大学士朱国祯所著《明史》遗稿。他又延揽江南才子吴炎、潘柽章等十六人增补崇祯朝、南明遗事以及建州女真之事。该书以明朝为正朔，直呼努尔哈赤为“奴酋”、清兵为“建夷”。书成后又请文坛红人李令皙作序。不久庄廷鑨病死，临终前嘱咐其父庄允诚完成其遗志。

庄允诚比其子更好名声，为了让该书更加出彩、更有影响力、更加“高大上”，在刊印该书时，他把江浙名士，如杭州举人查继佐等十八人擅自列入修订者名单。顺治十八年（1661年），查继佐得知实情后吓得心胆俱裂，为求自保赶忙向学道检举告发，但学道并不在意此事。七月，该书被吴之荣看到，觉得可以借机敲诈。吴之荣曾任归安（与乌程隔河相望）县令，因贪赃入狱，后遇特赦，出狱后混迹于湖州，以敲诈勒索为生，因心狠手辣、敢想敢干而闻名。

敲诈不成，吴之荣将案子告到湖州，知府陈永命因收受庄允诚数千金贿赂，拒不受理。庄家与吴之荣的仇家朱佑明家买人将吴之荣赶出湖州。吴之荣恼羞成怒，跑到京师向刑部告发。这时，顺治帝已去世，康熙帝继位，因年幼尚未亲政，鳌拜责令刑部满官罗多等到湖州彻查。庄允诚被逮捕上京，不堪虐待，死于狱中，庄廷鑨被掘墓开棺焚骨。庄家与朱家以及作序者、校阅者、刻书者、卖书者、藏书者、湖州地方官、州县两级学官及其亲属近千人悉数被逮捕。

至康熙二年（1663年）五月明史案正式结案时，被处死者共七十余人，其中庄廷钺（庄廷鑨之弟）、李令皙等十四人被凌迟处死；撺掇杭州将军松奎受贿的程维藩、湖州新任知府谭希闵（到任仅半月）、归安乌程两名学官、归安县学新任训导王兆祯、推官李焕等人被处绞刑。湖州原任知府陈永命于康熙元年（1662年）被罢官，返乡途中至山东台儿庄，自缢于旅馆，尸体装入棺材被运回杭州，开棺磔尸，陈永命之弟江宁县知县陈永赖同时被斩。罪犯的妻子儿女被发配宁古塔者数百人。

从上述史料可以看出清朝文字狱有多么残酷！所谓“文字狱”，指统治者认为文章著书或奏章中含有妄议朝政、“追思旧国”等“逆词恶言”，进而大肆株连所造成的冤狱。文字狱“由来久矣”，它渊源于李悝的《法经》第五篇杂法关于狡禁——“议论国家法令者诛”的规定。西汉杨恽因在《报孙会宗书》写有“南山种豆”和“君丧送终”等语触犯文字禁忌而被汉宣帝处以酷刑，还株连无辜的亲朋好友；妻子儿女被流放酒泉郡，侄子安平侯杨谭被免为庶人，朋友如未央卫尉韦玄成、京兆尹张敞、安定太守孙会宗均被免官。这些做法被后世所取法，该案件可谓“文字狱”史上具有开端意义的标志性事件。此后，历朝历代都有文字狱。不过在明朝以前文字狱还较少见。明清时期，为强化君主专制，加上统治者出身于乡野或异族，普遍缺乏文化自信，文字狱数量急剧增加，清朝时达到顶峰。

清朝文字狱起于顺治朝，集中在康、雍、乾三朝，遍及全国各省，共一百多起案件，株连士人过万。比较著名的文字狱除明史案外，还有《南山集》案、《字贯》案、尹嘉铨案等。(1)《南山集》案发生在文网渐宽的康熙五十年（1711年），桐城戴名世作《南山集》，书中使用明帝年号以及记述南明桂王抗清事实，结果戴被比照大逆罪处刑，被处以极刑、流刑的人达三百多名。(2)《字贯案》。江西人王锡侯多次参加会试，均名落孙山，于是转而作《字贯》纠正《康熙字典》之误，却被同乡仇人王泷南告奸，江西巡抚海成审查后，向乾隆帝上奏，说王锡侯“删改《字典》，另刻《字贯》，实为狂妄不法，请求革去举人”。乾隆帝翻阅《字贯》后，对海成大发雷霆，说海成“无尊君敬上之心”，因为他在其中发现王锡侯未在书中避圣祖、世祖及乾隆本人名讳的新问题。为捍卫御名神圣不可侵犯，乾隆帝对王锡侯案进行残酷处罚：王锡侯斩立决，其子孙等七人斩监候，妻、媳、幼孙给功臣为奴；未看出《字贯》悖逆之处的官员海成斩监候并秋后处斩，两江总督降级留任，江西布政使、按察使革职并交刑部议罪。（3）尹嘉铨案。尹嘉铨在乾隆朝曾任大理寺卿，年老退休，仿照朱熹《名臣言行录》编《皇清名臣言行录》，乾隆帝认为他挑起门户争端，狂妄自大，应比照谋反大逆凌迟处死，但因“皇恩浩荡”，改为绞立决。

清代文字狱往往不由法司审理，而由皇帝亲自过问，皇帝“原心定罪”，比附反逆罪论处，极易造成冤案。清代文字狱有三个特征：一是律无正条，所以文字狱案件在定罪量刑时都是比附反逆罪处刑；二是刑罚异常残酷，株连极为广泛；三是皇帝亲自过问案件，审理不依据法律。文字狱禁锢读书人的头脑，扼杀思想自由，导致思想僵化、文化凋零，严重阻碍社会的发展，客观上延缓了中国近代化进程。

（三）严惩危害社会秩序犯罪

清朝中叶以后，承平日久，人口增多，贫富差距增大，经济的发展赶不上人口的滋长，流民日益增多，犯罪行为增多，还出现了新型犯罪。为稳定社会秩序和维护统治，清政府增设新例，增加新罪名，对新型犯罪加以严厉打击。

1. 创设“光棍”条例

明朝后期的刑法《问刑条例》中虽已经出现“光棍”字样，但还未形成专门的条例。顺治十三年（1656 年），清廷为惩治“光棍”犯罪，专门制定一则条例。该条例经过多次修改，至乾隆年间定型，被纳入《大清律例·刑律·恐吓取财门》中，人称“光棍条例”。“光棍条例”打击“设法索诈官民财物”的流氓行为，“不分曾否得财，为首者，斩立决；为从者，俱绞监候”[①]。此后，陆续将鸡奸、强奸幼女、积惯讼棍等犯罪按照“光棍条例”处刑。

2. 确立“倡立邪教”罪

朱元璋对白莲教推翻元朝政权有深刻认识，在《大明律》中增加“禁止师巫邪术”条，规定：“凡师巫假降邪神……自号端公、太保、师婆，及妄称弥勒佛、白莲社、明尊教、百云宗等会……为首者绞；为从者各杖一百，流三千里。”[②] 清朝除沿袭明朝律条外，还明确提出“邪教”概念并对其加以界定，确立“倡立邪教”罪。雍正帝认为：“所谓邪教者，非指世俗寻常僧道之流而言，大抵妄立名号，诳诱愚民，或巧弄纪术，夜聚晓散。此等之人，党类繁多，踪迹诡秘。”乾隆十三年（1748 年）在“禁止师巫邪术”条中增加惩治“倡立邪教”犯罪的条款，后进一步修改，纂入《大清律例·礼律·祭祀》门中，书词狂悖，之所以比照反逆定案，是因为在统治者看来，“倡立邪教，传徒滋事，非叛逆而情同叛逆者也”[③]。清政府还强调查禁邪教，要在宽

---

① 田涛、郑秦点校：《大清律例》，法律出版社 1999 年版，第 402 页。

② 怀效锋点校：《大明律》，法律出版社 1999 年版，第 388 页。

③ （清）薛允升：《读例存疑》卷二五，转引自胡星桥、邓又天主编：《读例存疑点注》，中国人民公安大学出版社 1994 年版，第 394 页。

严得中，轻重合宜，“邪教党羽如有纠合匪类，图谋不轨，自当严行惩究，毋令漏网；若乡曲小民，持素奉佛，念经礼忏，所在有之宜随其习俗，未可概绳以法”①。

三、遏制商品经济发展的法制

清朝统治者为维护其赖以生存的封建自然经济基础，继续奉行传统的重农抑商政策，千方百计遏制商品经济的发展。

（一）厉行海禁，严控对外贸易

清初为孤立郑成功领导的台湾反清力量，顺治十三年（1656 年）颁禁海令，规定沿海地区片帆不得下海，凡有商民入海与郑氏贸易，一律奏闻处斩，货物没官，家产付告发人充赏。顺治十八年（1661 年）又颁布“迁海令”，强迫江南、浙江、福建、广东沿海军民内迁 30 里（后扩至 50 里），对郑氏反清武装实行坚壁清野的政策。迁海令实行了三十三年，直到 1683 年台湾归顺清廷，才于第二年允许开海，也仅允许百姓回迁，仍严禁百姓私自出洋经商，违者处斩立决。

清朝对海外贸易有严格的限制。规定凡马牛、军需、金、铁、铜、锡、铅、硫黄、书籍、粮食均不允许出口；允许出口的丝绸、茶叶、大黄也有严格的数量限制，如《大清律例·兵律·关津》门规定：“商渔船内夹带违禁硝磺、钉铁、樟板等物，接济外洋者，船户以通贼论斩”②。只允许广州一口通商，而且必须通过官方指定的垄断代理商（十三行）贸易。

（二）扩大禁榷范围，重征商税

清朝扩大了禁榷范围。除盐、茶、矾之外，金银等贵重金属及硝、硫黄、铁等重要物资均被列入国家专营范围，严禁私自买卖。《大清律例》增加“禁榷”例，雍正至道光年间，惩治私盐的“盐法”条例增加了 28 条。

清朝广设钞关，重征商税。《户部则例》规定：“关税短缺，令现任官赔偿”，即对偷越关卡与偷漏税的行为，不仅客商要按律治罪，地方官也要一并议处，由此促使各钞关官弁以增课为能事，肆意苛求。除此之外，清朝还征牙税、落地税、盐税、茶税、酒税等，胥役也借机勒索，致使广大商人不堪忍受重赋。

（三）推行官营手工业，压制民间手工业

顺治三年（1646 年）明令废除明朝的“匠籍制度”，“除匠籍为民”，匠户编入民籍，与民人一样纳税当差，禁止官府无偿役使手工业工人，这些政策客观上有利于民间手工业的发展。但为满足皇室、官府及国防之需，清朝推行官营手工业制度，规定武器、铸币、内廷所需织造及瓷器，都由官府所属各类作坊生产经营。另外，为了防止商品经济对其赖以存在的经济基础造成冲击，清朝对民间手工业设置许多

---

① 《清高宗实录》卷三四一，乾隆十四年（1749 年）五月甲子条。

② 田涛、郑秦点校：《大清律例》，法律出版社 1999 年版，第 335 页。

苛刻的限制性规定，对纺织业及造船业的限制尤为明显：限制机户的规模（不得逾百张），并征税极重（每机“五十金”），且要由官衙批准发给“文凭”（执照）；造船必须事先报请州县官府，并查取户族、里长、邻居的“保结”才获批准，造成后又得报官验证，并登记船员年貌籍贯，发给执照，才能取保候用。

（四）加强对矿冶业的限制，限制民间开矿

清朝严格控制矿冶业，对金、银、铜、铁等贵重金属的开采与冶炼的控制尤甚。其控制方式有四：一曰“启闭”，《光绪会典》规定：“凡矿政，即山置厂，办五金之产而采之，启闭必以闻”，即各省采矿必须由巡抚大员“会勘”，然后奏请皇帝批准开厂，年久应废老矿也必须由督抚奏闻才能封闭；二曰官方垄断，对贵重金属如金银的开采一律由国家进行，私采则正犯处以极刑，家人迁居化外；三曰“预借工本，官收铜斤”，即由私人借官本开矿，再由官方低价收购，垄断买卖；四曰登记重税，即要求厂商对炉数、产量进行详细登记，并据此征收20%的税收。清朝严厉控制矿冶业的重要原因就是防止人们利用偏僻的矿山聚众谋反，即《东华录》所谓“恐其中潜藏匪类，致生事端”。另外君主认为矿冶业对地方经济没多大益处也是原因之一，如康熙四十三年（1704年）曾下谕：“开矿事情，甚无益于地方，嗣后有请开采者，俱不准行”。

四、典卖与继承法制的完善

（一）完善典卖制度

首先，明确典当与买卖契约的区别。典当契约是我国特有的契约形式，在清朝以前，典当与买卖之间并没有明确的界限，所以典又被称作“活买”“赊买”等。乾隆十八年（1753年）条例规定：“嗣后民间置买产业，如系典契，务于契内注明‘回赎’字样；如系卖契，亦于契内注明‘永不回赎’字样”。可见清代以是否允许回赎为区别典当与买卖的重要标准。清继承了明代“私契自由”的原则，规定典当契约无须经官府加盖官印、缴纳契税，也无须到官府“过割”赋税。

其次，明确规定典当的回赎年限。清朝以前的法律允许典当回赎，但未对回赎年限作任何规定。乾隆三十五年（1770年）修纂的事例建议典当契约统以10年为限，后载于《户部则例》，即“民人典当田房，契载统以十年为限，限满听赎”。

最后，明确房屋出典后的风险责任。清朝以前的法律对房屋出典后的风险责任由谁承担并无任何规定。乾隆十二年（1747年）定例规定出典房屋失火烧毁，在限内，由业主（出典人）和钱主（承典人）各出一半合伙起造，典期延长三年，三年后业主仍以原价取赎。若业主无力出资，由钱主出资建造，典期仍延长三年，三年后业主按原典价的140%（加四）取赎；相反，若钱主无力出资，由业主出资建造，期满后，业主以原典价的60%（减四）取赎。

（二）认可兼祧继承

所谓“兼祧”，指在宗法制度下，一个男子同时继承两个及以上家庭宗祧的习

俗。兼祧人不脱离原来家庭的裔系，兼做所继承家庭的嗣子。清朝以前，虽然民间存在兼祧习俗，但基于“岂可舍抱养之家，绝亲父之后，反欲为他人之嗣”[1] 的认识，“独子不得出继”成为继承制度的一项基本原则，因此民间的兼祧继承习俗并未被国家认可，不具有法律效力。

入关后，为笼络汉族地主阶级和维护自己的统治，清廷赋予宗族组织一定的自治权，给予族长在“劝导、风化以及户婚田土争竞等”民间细故方面有调处与裁判的权力，从而变相地认可“兼祧继承”具有法律效力。但随着宗族力量的强大，宗族组织与家规族法对国家政权的破坏性增大，清高宗开始对宗族组织与家规族法进行限制，对国家政权有负面影响的家规族法被禁止，而有利于维护政权的家规族法则被国家法律所吸收。乾隆四十年（1775 年）上谕宣示“一人承两房宗祀”，即俞樾所谓“一子两祧，为乾隆间特制之条”[2]，正式将兼祧习俗上升为国家法，同时严格限制兼祧的条件，即：独子出继的两房应为同父兄弟，且须经双方同意，并有全族的书面保证意见。此后，关于兼祧继承的法制进一步完善，如道光年间议定大宗子兼祧小宗的服制“为所生父母斩衰三年，而为兼祧父母齐衰不杖期”。受传宗接代思想影响，清朝法律对犯罪的兼祧继承人格外优待，哪怕该犯应处流刑、死刑，也可能因为其兼祧继承人的身份被免除处罚。代表性案例如：

误伤父亲拟斩因承祧免除处罚案[3]

嘉庆十八年（1813 年）山东百姓翟小良因为帮人修墙得了酬金，立即拿去买鱼和酒，用刀破鱼，准备吃鱼喝酒。其父翟玉阶见状很生气，揪住翟小良的发辫进行殴打。翟小良情急之中试图挣脱，于是用刀割发辫，无奈割伤父亲的手腕。法律没有明确规定误伤父母应如何处罪，司法实践中一般比照“子女殴打父母”的律条处斩刑。其父有兄弟三人，都年纪大了，他父亲三兄弟的后代中只有翟小良一个男儿，翟小良一人要兼祧继承三房嗣。山东省巡抚申请比照白鹏鹤误毙其母案免除翟小良死刑，刑部回复道：“将该犯即照留养例枷责发落，准其存留承祧。”

第四节　清朝狱讼制度的鼎故革新

案例导入：麻城“杀妻”冤案[4]

清朝雍正年间，麻城富人涂如松娶妻杨氏，二人感情不和，杨氏经常回娘家，很长时间不回婆家。涂如松母亲生病，杨氏不愿服侍，涂如松动手打杨氏，杨氏逃亡，不知所终。杨氏的弟弟杨武荣，怀疑涂如松杀了杨氏，到涂家附近去访察，遇当地无赖赵当儿，二人一撺掇就到县府告涂如松杀妻。知县汤应球认为没有真凭实

---

① 中国社会科学院历史研究所点校：《名公书判清明集》，中华书局 1987 年版，第 216 页。

② （清）俞樾：《俞楼杂纂》卷一一《丧服私论》，凤凰出版社 2021 年版，第 105 页。

③ 祝庆琪等编：《刑案汇览三编（一）》，北京古籍出版社 2004 年版，第 44 页。

④ 参见（清）袁枚：《书麻城狱》，载《小仓山房诗文集》，上海古籍出版社 1988 年版，第 1352 - 1355 页。

据，四处访查，发现唆使杨武荣告状的是不良生员杨同范。原来杨氏并未死亡。杨氏原为王祖儿的童养媳，王祖儿死后，她与王祖儿的侄儿冯大勾搭成奸，从涂家出走后，她就藏到了冯大家。一个月后，冯大害怕出事，将杨氏的真实情况告诉杨武荣。杨武荣怕事情败露，但他还是想从涂如松那里敲诈一笔，他知道杨同范贪图杨氏的美貌，商量把杨氏藏在杨同范的夹皮墙里，继续到县衙告状。

一年后，河边出现一具尸体，汤应球去验尸，却因风雨大作，中途而返。杨武荣和杨同范合谋，伪认那个尸体为杨氏，贿赂验尸的仵作李荣，让他报告说是女子尸体（实为男孩尸体），李荣不答应。两天后，汤应球去验尸，但尸体已腐烂，杨武荣和杨同范纠众起哄。湖广总督迈柱知道此事后，改派广济知县高仁杰去验尸，高仁杰是个候缺的试用知县，觊觎汤应球的位置，仵作李献宗因收受贿赂，出假报告，将尸体认定为女尸。杨同范又到官府控告涂如松杀人、汤应球受贿、李荣作假。总督迈柱弹劾汤应球，任命高仁杰审理该案。高仁杰拷讯涂如松、汤应球和李荣，将李荣活活打死，涂如松和汤应球屈打成招。黄州知府蒋嘉年明知案情真假，却不转呈上级。总督迈柱以涂如松杀妻、汤应球贪赃受贿罪，拟定为斩首、绞死罪上报刑部。

一天，杨同范邻居一老妇人在杨同范家看到杨氏从夹皮墙中走出来。虽然杨同范以十两银子贿赂老妇人，但老妇人不为所动，认为发现杨氏是天意，让儿子到县衙上诉。知县陈鼎对该案的冤情早有耳闻，听到报告后马上就汇报给巡抚吴应棻，吴让他再上报给总督。同时，以缉捕娼妓为名，闯入杨同范家，拆毁夹皮墙，抓到杨氏。雍正十三年（1735 年）七月二十四日。巡抚吴应棻把这个案件的情况上奏朝廷。案件惊动雍正帝，调吴应棻、迈柱两个人到朝廷内任职，特意选拔户部尚书史贻直任湖广总督，委任两省官员会审，最后涂如松平反，汤应球官复原职，杨武荣和杨同范处斩。

上述案件的时间跨度长，有五年之久，地方与中央狱讼机关悉数参与。读者阅读该案，能对清朝的审转层级与会审制度有所了解；同时，透过该案亦能看到形形色色的各级官员在案件侦查、审判和复核中的不同表现，汤应球、李荣、史贻直等官员正直的行为给清朝司法增添了一抹亮色。

一、中央狱讼机关

（一）中央狱讼机关及其职掌

清朝中央狱讼机关与明朝的相同，由刑部、大理寺、都察院三法司构成，三法司的组织构成及各自的职掌分别如下所述。

1. 刑部

刑部为专门负责审判的最高中央机关。刑部由清吏司（分管各省司法的司级机关，初设十四个，后增设为十七个）、督捕司［追捕“逃人”，初隶兵部，康熙三十八年（1699 年）改隶刑部］、秋审处（办理秋审事务）、律例馆（修订法律）、提牢厅（管理京城南、北监狱）等十多个部门组成。

康熙年间的刑部尚书徐乾学将当时刑部的职权归纳为："外自提刑按察司所定三流以上罪，内自八旗、五城御史诸案牍，统归于刑部十四司。每岁报闻，而轻重决之。至于新旧条例，宜归画一，非时矜恤，务广德意。天下督抚之所帅以奉行者，惟视刑部之所颁下而已。"[①]《光绪会典》谓刑部"掌天下刑罚之政令，以赞上正万民。凡律例轻重之适，听断出入之孚，决宥缓速之宜，赃罚追贷之数，各司以达于部。尚书侍郎率其属以定议，大事上之，小事则行，以肃邦犯。"据以上两端史料，刑部的职掌有三：一是在皇权之下行使最高司法审判权，即审理京师徒刑及以上案件及京官犯罪案件，批结全国流刑、充军、发遣案件，办理秋审、朝审事宜，核拟死刑案件；二是行使最高司法行政权，即核办黄册进行司法统计，主持全国狱政工作，负责本部官员考核；三是负责刑事法律的修订，即积累案例，拟定条例，定期开馆修律。

2. 大理寺

清入关前，不设大理寺；入关后，仿效明朝，在中央设立大理寺。大理寺的长官为卿与少卿，卿与少卿之下设左、右二寺。

《大清会典》谓大理寺"掌平天下之刑名，凡重辟则率其属而会勘。大政事下九卿则与焉，与秋审、朝审"。具体而言，大理寺的职掌有二：一是复核刑部问拟的死刑案件，对拟判不当者予以驳回；二是参与主持重大案件的会审，如参与秋审、朝审，主持热审。总之，清朝的大理寺为中央慎刑机关。

3. 都察院

清朝于崇德五年（1640年）在盛京设立都察院，入关后，仿明制，在都察院之外另设吏、户、礼、兵、刑、工六科，监督六部政务。雍正元年（1723年）将六科并入都察院，六科设给事中，其中与司法事务关系比较密切的是刑科给事中。顺治时期，将全国分为十五道，每道设监察御史监察本道政务，并稽查京内各衙门事务，从而形成科道并立的监察制度。

《大清会典》谓都察院"掌司风纪……凡重辟则会刑部、大理寺以定谳，与秋审、朝审"。具体而言，都察院在司法方面的职掌有二：一是会谳，即与刑部、大理寺共同审理、复核死刑案件；二是参与秋审、朝审，负责复奏和拟定勾到题本。京师死刑案件会谳由刑部"现审"，都察院、大理寺参与会审，有"会大法"与"会小法"之别。所谓"会小法"即由大理寺委派丞或评事、都察院委派御史到刑部承审司会审，狱成呈堂；然后再由三法司堂上官（即长官，正副皆可）会审定谳，后者谓之"会大法"。

（二）三法司之间的关系

顺治时期，大理寺卿魏琯曾将三法司之间的关系概括为"持天下之平者，部也；执法纠正者，院也；办理冤枉者，寺也"。魏琯之言提及三法司职权运行的理想状态，但因明清以来"部权特重"，故实际运行中刑部主审判、都察院监督、大理寺复核的制衡关系几无可能。《清史稿》谓"外省刑案，统由刑部核覆。不会法者，院寺

---

① （清）徐乾学：《刑部题名记》，载《皇清文颖》第二册卷一九，海南出版社2000年版，第338页。

无由过问；应会审者，亦由刑部主稿。在京狱讼，无论奏咨，俱由刑部审理”，可见有清一代，刑部在三法司中权力独大。从制度设计上看，凡会审案件，都察院和大理寺可以提出异议，向皇帝提出奏议，但实践中并无例证。

二、地方狱讼制度

（一）审转层级与覆核

清朝的审转覆核制度以审转层级为基础，审转层级类似于今日之审级。其审转层级与地方行政区划有一定关系，但并不完全对应。清朝普通的地方行政机构层级为县（属州、属厅）、府（直隶州、直隶厅）、道、省四级。普通的审转层级为县、府、司（省按察司）、院（总督、巡抚）四级；直隶州、直隶厅的审转层级为直隶州或直隶厅、道、司、院四级；直隶州、直隶厅属县的审转层级为县、直隶州或直隶厅、司、院四级。

一般而言，第一审转层级为州县，所有案件都必须经过州县的初审，“拟律”，即根据律例条文作出判决。若判处笞杖刑，则产生法律效力；若处徒及其以上刑罚，则不立即发生效力，需要上一层级，即知府审理，是为第二层级。知府审理后，拟律，再转报更上一层级，即由按察使审理，是为第三层级。按察使审理后，拟律，再报院，即由总督、巡抚审理，是为第四层级，总督、巡抚对徒刑有决定权。若判处流刑、充军或发遣，则报刑部覆核批结；若为死刑，则由刑部和三法司奏报皇帝裁决。清朝的审转覆核自动启动，不受当事人上诉与否的影响，所有案件都从州县开始初审，逐级审转复覆，到有决定权的层级才停止，该层级的审判即终审。

（二）刑名书吏与幕宾

清朝地方狱讼秉承行政兼理狱讼传统，法律明确要求地方长官亲自审案，规定“凡非正印者，不得受民词”。但地方官多为科举出身，有“读尽诗书不读律”的癖好，因此，他们对地方法律事务并不了解，于是只好倚重书吏和幕宾。书吏，又称“胥吏”，指官府中“熟于律例，工于写算”的佐职人员，其中协助刑案审理者，称“刑名书吏”。幕宾，又称“师爷”“幕友”“夫子”“先生”，为正印官私人聘用的参谋或助理，其中以刑名、钱粮师爷最为重要。刑名书吏与幕友弥补了地方官法律知识和技术上的缺陷，对地方狱讼了产生积极影响。但一些刑名书吏与幕宾为谋私利，长期把持地方狱讼事务，舞文弄法，“曲直颠倒”，刁难百姓，弄得当地狱讼乌烟瘴气。

三、会审制度体系

清朝会审制度远宗汉唐，近承明朝，并有所发展。清朝的会审形式多样，有秋审、朝审、三司会审、热审之别，各种形式的会审分工明确，形成完备的会审制度体系。

（一）秋审和朝审

清朝的秋审和朝审渊源于明朝的朝审。在清朝，凡死刑监候案件皆列入秋审或朝审。秋审和朝审是九卿、詹事（通政使）、科道（六科给事中和各道御史）、各院寺官员会审和复核死刑监候案件的制度。

秋审又被称为“秋谳大典”，是中央复审外省死刑监候案件的会审制度，因在每年秋季举行，故名。清朝秋审形成于顺治年间，完备于乾隆年间。秋审的程序首先是督抚汇题，即每年五月中旬以前，各省督抚将本省监候案件，分别按犯罪性质、情节分情实、缓决、可矜、留养承嗣四种类型上报刑部并奏报皇帝（督抚汇题）。其次是刑部看详与核拟，即刑部分清吏司、秋审处、堂官三个层次分别审核案卷，并在五月中旬前拟定实、缓、矜、留意见（部拟）；待各省汇题到齐，再查阅外勘与部拟不符者，再下司议、堂议，再形成部拟意见，分实、缓、矜、留奏准。再次是九卿会审与具题，即在每年八月某天，在天安门外金水桥西朝房，由刑部主持，汇集九卿、詹事、科道、各院寺官员进行为时一天的集议。因时间太紧，往往采用变通方式，即由刑部官员按招册“逐一唱报，会同审核后”，分实、缓、矜、留奏报皇帝。最后是复奏与勾决，即将奉旨入于情实者向皇帝复奏（清初秋审不需复奏，雍正时三复奏，乾隆时改为一复奏），在死刑执行前还要奏请“勾决”，奉旨勾决者才能处决。

京师地区民事案件和处笞杖刑的轻微刑事案件由设于京师东、西、南、北、中五城的五城察院管辖；步军统领衙门主要负责维护治安，对巡查中缉捕的罪犯，有权审结笞、杖之罪。刑部直接受理京师地区徒刑及其以上的案件，处徒、流、军、遣刑的判决交顺天府执行；死刑监候案件则由三法司会审具题进入朝审。朝审是中央复审京师地区死刑监候案件的会审制度。自三法司会审具题后，朝审与秋审的程序基本相同。

朝审类似于秋审，但有所不同。它们的相同之处有：一是性质相同，均是复审死刑监候案件的会审制度；二是参加会审的人员基本相同，均为九卿、詹事（通政使）、科道（六科给事中和各道御史）、各院寺官员；三是会审结果相同，均分为情实、缓决、可矜、留养承嗣四种类型。它们的不同之处有：一是会审时间不同。清初秋审在前，在八月中上旬；朝审于霜降后十日内举行，在八月中下旬。嘉庆时期颁布《秋审条例》，规定朝审在秋审前一天举行。二是被审理的对象不同。秋审审理的是地方督抚问拟的各省死刑监候罪犯，朝审审理的是刑部问拟的京师地区死刑监候罪犯。三是审理的方式不同。秋审采用形式审，通过阅卷进行；朝审为事实审，刑部要将犯人“唱名过堂”。四是办理会审的部门不同。秋审由刑部四川清吏司办理，朝审由刑部广西清吏司办理。

（二）热审

热审，即在每年小满之后十日到立秋前一日，由大理寺左右二寺官员，会同都察院各道御史及刑部承办司官员，共同审录京师在押处以笞、杖刑的罪囚，轻微者可以被减免刑罚或及时释放。因在暑热季节举行，故名“热审”。康熙时规定地方与京师同时举行热审。

本章拓展阅读与选题思路

一、拓展阅读

赎刑有三：一曰纳赎，无力照律决配，有力照例纳赎。二曰收赎，老幼废疾、天文生及妇人折杖，照律收赎。三曰赎罪，官员正妻及例难的决，并妇人有力者，照例赎罪。收赎名曰律赎，原本唐律收赎。赎罪名为例赎，则明代所创行。顺治修律，五刑不列赎银数目。雍正三年，始将明律赎图内应赎银数斟酌修改，定为纳赎诸例图。然自康熙现行例定有承问官滥准纳赎交部议处之条，而前明纳赎及赎罪诸旧例又节经删改，故律赎俱照旧援用，而例赎则多成具文。

——《清史稿》卷一四三《刑法二》

按查，例之为义有五：一曰名例，一曰条例，一曰比例，一曰定例，一曰新例。夫例则例而已矣。名例之义何居乎……而于正律各条所未备，则采故明历朝令行之可因者，别之为条例，并列于正律各条之后，以辅正律之穷而尽其变，用成我清三代之制……乃律中，采《疏议》所注，于名例二字，止注曰：名者，五刑之正名，例者，五刑之体例，未免有举一遗百之谬。而愚则以名者，五刑正体变体，及律例中，人所犯该，以及致罪各别之统名。而例，则律例中，运行之活法，于至一中，寓至不一之妙，更于至不一处，复返至一之体。举凡宽猛竞緌，权变经常，无不备为该载。所谓权而不离乎经，变而不失于正，是盖轻重诸法之权衡，一定不移之矩获也。是则名例一篇，盖有舍名无以言例，舍例又无以副乎其名者焉。故不得止号之曰例，而必统之曰名例，世固有不容不为分注，更有不容克致其分注者，大约皆类乎此耳。

至于比例，则不过因人所犯，凡于律无正条，姑比附而罪之，实未可即据之以为例。是以隶夫各律之末，然其不行也，亦已久矣。乃前贤又必存之以并著者，若曰，是亦当年所曾行也。盖以备乎时为参考而或用之。非必为自信曰，比之诚是也。然而数年以来，则亦间有采行其一二者矣，即如鸡奸之类是也。由此观之，则前人之必为并存而不尽削也，其亦有微意存焉欤？

若定例、新例，则皆本朝特颁之命令，昭代所施，最为严重，不必言矣。然定与新，其义亦微有别。盖定，对新言也，新令初颁，无所更易，行之既久，习而安焉，汇集而成焉，则曰定。若新，则对律中条例，及本朝定例言。举凡特奉上传，立著为令者曰新；更定请旨，内外通行者曰新；朝发夕奉者曰新；昨是今非者曰新；始而宽，继而严，则严者为新；始而严，继而宽，则宽者为新；甚或有始而宽，继而严，终而复返乎宽，一以因仍乎其旧者，亦皆谓之曰新。然亦有旋定旋新者焉，亦有旋新旋定者焉。而要之，定例未有不由新以自始，新例则莫不自定例为往复者。故愚谓新例定例一书，止可抄录以示规，断未可刊刻以行世。

——（清）王明德：《读律佩觿》卷二

本朝讲究此学而为世所推重者，不过数人。国无专科，群相鄙弃。纪文达编纂《四库全书》，政书类法令之属仅收二部，存目仅收五部。其按语谓："刑为盛世所不能废，而亦盛世所不尚，所录略存梗概，不求备也。"夫《四库目录》乃奉命撰述之书，天下趋向之所属，今创此论于上，下之人从风而靡，此法学之所以日衰也。

夫盛衰之故，非偶然矣。清明之世，其法多平。陵夷之世，其法多颇。则法学之盛衰，与政之治忽，实息息相通。然当学之盛也，不能必政之皆盛，而当学之衰也，可决其政之必衰……有法而不守，有学而不用，则法为虚器，而学亦等于卮言。此固旷观百世，默验治乱之原，有足令人太息痛哭者矣。吾独不解，亄去之人，往往即为定法之人。梁武诏定律令，缓权贵而急黎庶。隋文诏除惨刑，而猜忌任智至于殿庭杀人。稽诸史册，不胜枚举。法立而不守，而辄曰法之不足尚，此固古今之大病也。自来势要寡识之人，大抵不知法学为何事。欲其守法，或反破坏之，此法之所以难行，而学之所以衰也。

——沈家本：《寄簃文存》卷三

盖律者，万世之法也；例者，一时之事也。万世之法，有伦有要，无所喜怒于其间；一时之事，则人君有宽严之不同，卿相有仁刻之互异，而且狃于爱憎，发于仓卒，难据为准。譬之律者衡也，度也，其取而拟之，则物至而权之度之也。部居别白，若网在纲。若夫例者，引彼物以肖此物，从甲事以配乙事也，其能无牵合影射之虞乎？律虽繁，一童子可诵而习。至于例，则朝例未刊，暮例复下，千条万端，藏诸故府，聪明之官，不能省记；一旦援引，惟吏是循。或同一事也，而轻重殊；或均一罪也，而先后异。或转语以抑扬之，或深文以周内之。引律者多公，引例者多私；引律者直举其词，引例者曲为之证。公卿大夫，张目拱手，受其指挥，岂不可叹！且夫律之设，岂徒为臣民观戒哉？先王恐后世之人君，任喜怒而予言莫违，故立一定之法，以昭示子孙。诚能恪遵勿失，则虽不能刑期无刑，而科比得当，要无出入之误。若周穆王所谓刑罚世轻世重，杜周所谓前王所定为律，后王所定为令，均非盛世之言，不可为典要。

——（清）袁枚：《小仓山房文集》卷一五

二、选题思路

1. 清朝律例关系研究
2. 清朝省例研究
3. 清朝民族立法研究
4. 迪庆州藏清朝藏事档案中的纠纷解决机制研究
5. 循化厅档案中的族际司法研究
6. 南部县档案所见法律制度研究
7. 川滇边务大臣衙门档案所见改土归流法制研究
8. 清朝“封关锁国”法制研究
9. 冕宁档案所见族际纠纷解决机制研究
10. 清朝西南少数民族地区的国家法律认同建构研究
11. 清朝刑名幕友研究
12. 清朝法律体系研究
13. 清朝法律知识在边疆地区的传播研究
14. 清朝都察院监督司法研究
15. 清朝驳案制度研究

第十一章 清末变法修律

案例导入：五大臣出洋考察

清政府于光绪三十一年六月十四日（1905 年 7 月 16 日）下了一道谕旨：载泽、戴鸿慈、徐世昌、端方等人赴东西各国考察，他们遭遇革命党人吴樾的炸弹袭击后，改由李盛铎、尚其亨顶替徐世昌、绍英。他们分为两路，途经日本、英国、法国、比利时、美国、德国、奥地利、俄国、意大利等国家，考察范围包括政治制度、文化教育、工矿企业、公共事业等等。五大臣深刻感受到了东、西方资本主义国家的蓬勃与兴盛，以及君主立宪的政治制度比清朝的封建专制制度优越，提出中国应仿效日本的君主立宪政体进行政治改革。清廷采纳其建言，颁布了“仿行宪政”诏书，确立了效仿日本的宪政改革纲领，推动了立宪运动的进行。

第一节 清末制宪

中国法制现代化的历史离不开文化史的视野，陈顾远先生在回顾中国法制的历史时指出，中国文化在历史上有两次重要的转变：其一，在观念层面上，东汉佛教传至中国，唐代又崇奉道教，演变而为宋明理学，社会礼仪，受其熏陶，循吏用法，蒙其影响；其二，在法律层面上，中国法律以儒家思想为灵魂，借用法家之体躯，完成中华法系之生命。[①] 而这一切都在清末“被欧美势力所笼罩，不得自拔”。

从 1901 年到 1911 年是清王朝统治的最后十年，这十年与其说是旧王朝的崩溃

---

① 参见陈顾远：《中华法系之回顾及其前瞻》，载范忠信等编校：《中国文化与中国法系——陈顾远法律史论集》，中国政法大学出版社 2006 年版，第 540－550 页。陈顾远对中国法制史的概念亦有经典的阐释：“治中国法制史之学者，遂有两派之分。一则以制统法，纵不然，亦认为法自法，制自制，故对于中国法制史之范围，不仅限于法律一端，举凡典章文物刑政教化，莫不为其对象：是为广义的中国法制史。一则以法统制，纵不然，亦认为法制即刑法之谓，故对于中国法制史之范围，只以法律上之制度为限，举凡制之不入于法者，换言之，制之无关于刑狱律令者，皆除于外：是为狭义的中国法制史。”陈氏又认为：“此不过编著体例上之争，尚非中国法制之史的重要问题”；其个人意见是：“及现代之法理、政理而言，制度之条文固可曰法，制度之见诸于明令、为众所守，虽未定于律、入于刑者又何尝非法；即认为以法统制，亦应两者并举，不能以狱讼为限，故愚从广义焉。”陈顾远：《中国法制史》，商务印书馆 1934 年版，第 2－3 页。

期，倒不如说是新时期的萌芽。社会制度与风气的变革早已开始，而政治灾难的到来则往往在最后。事实上，直到1911年，中国政府一直遵循着19世纪90年代曾经宣喊过的路线，亦步亦趋地前进着。1898年，以慈禧太后为代表的保守势力已从光绪帝和康有为手中夺取了统治权，1901年后，他们继续着手实施那些激进的改良措施，因为除此之外，已再无其他任何选择的余地。庚子战争已显示出了单纯排外政策的破产，而反清叛乱的潜在威胁促使清政权不得不采取富有建设性的步骤来拯救自身。于是，保守改良便成了中国社会戏剧中最主要的一幕。①

钱穆先生曾将中国史比作一首诗，而将西洋史比作一出剧："前者总在和谐和节奏中按照同一个规律转移到新的阶段，而后者则从一幕转到另一幕，剧情时在变换。"② 如果将这一比喻用于近代中国史，这首诗最引人注目的节奏变化应该是由理解历史到创造历史的转变。面对"三千年未有之大变局"③，晚清思想界集中关注的不再是"历史的遗产"，而是如何迎合时代的潮流并创建"具有远见的体制"④，清末制宪就是在这样的背景下发生的。庚子事变以后，清政府先是施行新政，继而宣布立宪。

清政府希望借鉴西方的宪政体制，改造中国传统的政治制度，从而摆脱困境。正所谓："立宪则安，不立宪无以挽危机；立宪则强，不立宪无以图治理。"⑤ 在这一过程中，在朝在野的儒家知识分子，有的坚决抵制立宪、"死守善道"；有的意识到大势所趋，求变通、求发展；有的则开始了对儒家传统事实上的叛变。经过长期努力与挣扎，立宪改革在辛亥革命的浪潮中宣告失败。

一、庚子国变与新政

案例导入：公车上书

1895年春，乙未科进士正在北京考完会试，等待发榜。《马关条约》割让台湾和辽东以及赔款白银二亿两的消息突然传来，此时在北京应试的举子群情激愤，反对在条约上签字。康有为于4月集合在京应试的举人1 300余人，向光绪帝联合上书，史称"公车上书"。上书的内容包括：反对签订《马关条约》，提出"拒和、迁

---

① ［美］费正清等：《东西文明：传统与变革》，天津人民出版社1992年版，第740页。

② ［美］邓尔麟：《钱穆与七房桥世界》，蓝桦译，社会科学文献出版社1998年版，第58页。

③ "数千年未有之变局"和"数千年未有之强敌"的命题由李鸿章提出，早在1865年，李鸿章就曾致函朱久香说："外国猖獗至此，不亟亟焉求富强，中国将何以自立耶？千古变局，庸妄人不知，而秉钧执政亦不知，岂甘视其沈胥耶？鄙人一发狂言，为世诟病，所不敢避。"1872年和1874年，李鸿章又两次上奏朝廷说："欧洲诸国百十年来，由印度而南洋，由南洋而东北，闯入中国边界腹地，凡前史之所未载，亘古之所未通，无不款关而求互市，我皇上如天之度，概与立约通商，以牢笼之，地球东西南朔九万里之遥，胥聚于中国，此三千余年一大变局也。"这个为人熟知的表述不仅仅源于中国惨败于英国以致门户洞开的惊叹，更重要的是向国人提出一个尖锐的问题：如何应对"自帝国之世界进入列国之世界"的新局面。参见（清）李鸿章：《复朱久香学使》《筹议制造轮船未可裁撤折》《筹议海防折》，载《李文忠公全书》，金陵书局1908年版；汪荣祖：《晚清变法思想论丛》，联经出版事业公司1980年版，第2-3页。

④ ［美］邓尔麟：《钱穆与七房桥世界》，蓝桦译，社会科学文献出版社1998年版，第20页。

⑤ 《东方杂志》1906年临时增刊：《述宪法种类第二》。

都、练兵、变法”等主张。虽然上书的内容被清政府拒绝，但是光绪帝起用康有为等人，进行了轰轰烈烈的戊戌变法运动，史称“百日维新”。

戊戌变法运动仅仅经历了103天就失败了，但是它在中国历史上产生了重要影响。它标志着资产阶级维新派登上了历史舞台，开始了爱国救亡的运动。它也是一场思想启蒙运动，唤醒了很多国人的危机意识。

当西洋的舰船愈发频繁地出现在大清沿海甚至沿江之时，中国才具体而真切地体会到来自西洋的压迫①，于是，即使是最热衷于青灯黄卷的知识者也不能再安然独享书斋生活了，“洋务”逐渐成为流行的话语，直到甲午战争后，变法论成为新的自强思潮为止。② 值得注意的是，重洋务绝不意味着初遇西洋的中国仅能被动地响应。

中国确实正经历着政治和军事上的挫败，但同时在储存政治经验的种种案例，而且主要集中在传统的意义上进行，这或许就是变法论后来居上的主要动力③，也正是因为这个传统，梁启超甚至认为：“数十年中，思想界无丝毫变化”④。

在传统中国社会里，作为“人文文化娴雅的继承者”⑤，士人负责统治和教化普通民众，明代至清初的知识者也是如此，所谓“士谋道而不谋食”，其所谓道，上则从事政治，下则从事教育。⑥ 士的职责就是用圣人的政治教化，尤其是传统的民本和德治思想进行统治，并且在政治世界里对这些价值加以解释和维护，即便是在书斋的宁静被打破之后，他们仍坚定地维护着传统的立场。

道光二十五年（1845年），举人段光清在赴任途中偶遇乡村书馆教师，体制内

---

① 19世纪中叶以后，士人对于国情的忧虑多集中于太平军和“洋人之势”，梁启超认为：“‘鸦片战役’以后，渐怵于外患。洪杨之役，借外力平内难，益震于西人之‘船坚炮利’。”关于湘军“萧何”胡林翼的一则传说十分传神地表现了那个时代的气氛：“楚军围安庆，胡文忠亲往视师，策马登龙山，瞻眄形势，喜曰‘此处俯视安庆，如在釜底，贼虽强，不难平也。’既复驰至江滨，忽见二洋船鼓轮西上，迅如奔马，疾如飙风。文忠变色不语，勒马回营，中途呕血，几至坠马。文忠前已得疾，自是益笃，不数月薨于军中。盖太平必灭，文忠业已成算，及见洋人之势方炽，而膏肓之症，着手为难。虽欲不忧而不得矣。阎敬铭尚书向在文忠幕府，每与论及洋务，文忠辄摇手闭目，神色不怡者久之，曰：‘此非吾辈所能知也’。”梁启超：《清代学术概论》，上海古籍出版社2005年版，第81页；萧一山：《清史大纲》，上海古籍出版社2005年版，第172-173页。

② 洋务原称夷务，因为中国人认为西洋属于夷狄，它是甲午战争之前所通用的名词，其意大约指关于洋人的事务，如制枪炮、设船厂、遣留学、立学校等。而这些无一不是为办海防而设，这就是曾国藩所谓的“以夷器制夷说”：“轮船之速，洋炮之远，在英法则夸其所独有，在中华则震于所罕见。若能陆续购买，据为己物，在中华则见惯而不惊，在英法亦渐失其所恃。”所谓洋务论则是指承认西洋武力的优越性，并计划输入与此有关的机器及技术。参见萧一山：《清史大纲》，上海古籍出版社2005年版，第172页；［日］小野川秀美：《晚清政治思想研究》，时报文化出版事业有限公司1982年版，第1页。

③ 洋务论的目的在于承认夷之长处并师夷学，借充实军备以图谋自强，所以洋务论也称自强论。变法论也称自强论，但是其与洋务论不同的地方是它更为重视内政，认为最根本的先决问题在于政治的革新。所以变法论者一再强调西洋的富强，有比军备更为重要的因素，而这个因素就是西政。自甲午战争（1894—1895年）以后，变法论者对于西政更加关切，更由于从经书中探索改革原理的倾向，使之与西政发生关系，清末的变法论亦因而成立。经书与西政是支撑变法论不可或缺的两大支柱。参见［日］小野川秀美：《晚清政治思想研究》，时报文化出版事业有限公司1982年版，第2页。

④ 参见梁启超：《清代学术概论》，上海古籍出版社2005年版，第81页。

⑤ ［美］列文森：《儒教中国及其现代命运》，郑大华译，中国社会科学出版社2000年版，第16页。

⑥ 参见钱穆：《国史新论》，生活·读书·新知三联书店2005年版，第114页。

外的两位士大夫关于"通达民情"的对话颇能反映这种立场和当时的语境。

> 余因询：不欲民变，官有何法处之。其师曰：官达民情，犹可不至于变也。余谓："书言民情大可见"，居官者平日自宜通达民情，然此乃三代以上事，今日居官欲达民情，宜从何处着手。其师亦笑曰："连年灾荒，似天亦欲民变也。……总之，民情未变，果达其情，变必不生；逮乎民情已变，不达其情，变更不止。余归旅店，寝而思之，叹曰：通达民情一语最为扼要，无谓山林秀才遂不能留心世务也。"①

段举人这一为通达民情而思虑慨叹的居官者形象颇具代表性却也颇为奇特，即将荣任父母官的举人为何要向在野的"山林秀才"因询请教呢？事实上，在"尊西人若帝天，视西籍如神圣"的崇洋时代到来之前，事君治民之术对于当时的读书人而言仍然是至关重要的学问，于是，后学向同属一个儒学知识共同体的前辈请教也就不足为奇了。

虽然这则日记写于中英战争刚刚结束之后的1845年，但是在谈论重大的政治问题（民变）时，段举人的叙事模式乃至思维模式似乎并没有任何"西方冲击"的痕迹，民情而非洋情仍然是体制内外知识者"寝而思之"的关键所在，它是统治合法性与好坏的关键并由此获得语境的意义。同时，这一段对话也向我们传达了如下信息：一方面，治平与变乱全系于民情，因为"通达民情一语最为扼要"，它是由始至终左右对话参与者的核心议题，据此我们可以把这一段对话视为清代民本话语的一部分；另一方面，虽然通达民情很难，居官者也认识到其重要性，但是并没有有效的制度或方式使"民情大可见"，以至于连举人都要"寝而思之"，由此可见，当时的知识者恐怕已经发现了传统民本思想的缺陷并为之苦苦思索。

1894年中日甲午战争，中国惨败于"蕞尔小国"日本，李鸿章苦心经营数载的"北洋水师"全军覆没。光绪帝在各界呼吁下决心变法，于1898年6月11日颁布《明定国是诏》，"戊戌变法"正式开始。随后的百日内，政府总共颁布了三十多道诏书发布改革政令，在军事、经济、政治、文化各个方面发动了维新运动。尽管此次变法前后仅持续103天，但它涉及政治、经济、军事和思想文化各个领域，是一次影响深远的政治变革。例如，民众首度获得一定程度的言论、出版、集会、结社自由，私人企业首次获得法律承认，民权思想得以传播，民间开始办报。康有为在第二至第五次上书中，均提到"立宪法、设议院"的政治主张，晚清知识者所关注的"议院""民权""民主"等词汇，是当时思想论说中频繁出现的关键词。

新的政治词汇的出现，表明中国已经不再拥有一个无须解释的过去。日本学者三石善吉认为，晚清的议院观"表现了古老中国政治现代化的独特性"，因为"中国人把议院当作渡过'奇局'的'举国体制'的关键"②。

在黄克武看来，西方的观念或词汇在西方思想脉络中的意义与其搬移到中国后

---

① （清）段光清：《镜湖自撰年谱》，中华书局1984年版，第7-8页。

② ［日］三石善吉：《传统中国的内发性发展》，余项科译，中央编译出版社1999年版，第65页。

在中国思想脉络中的意义有许多重要的差别。这种问题意识提示我们一种关于思想史的研究方法，即墨子刻所谓的“开箱取物”。这个比喻是说，一些重要的西方观念或词汇就像一个大箱子，西方人和中国人在里面放的东西并不完全一样。于是研究者的任务就是开箱取物，再分门别类，以辨清两者的异同，否则我们就无从知道如严复等开明知识分子的自由或民主观念，是他们所接受的西方观念，还是其固有理想在西方观念上面投射的结果。①

中国近代宪政史和法制史的研究不能忽视甚至遗忘跨语际实践（translingual practice）的历史。翻译、改写、挪用、修辞策略、话语组成、命名实践以及其他与西方相关的跨语际实践，或许可以帮助我们从语言学的视角对近代中国的宪政话语及其实践作出有效而合理的诠释。清末以来，宪法和宪政在成为政治实践和政治现实之前，正是在话语②（discourse）的意义上被体验着的。诚如费约翰所言，新词汇为中国“理解世界提供了一种新的方式，也为政治行为提供了新的基础”③。因此，对于试图反思或重述这段历史的阐释者而言，语言本身就是一个问题，而这个问题无论如何都不能单纯地在西方的语境中被提出和解决。

事实上，翻译本身就是一种阐释，“当概念从客方语言走向主方语言时，意义与其说是发生了‘改变’，不如说是在主方语言的本土环境中发明创造出来的”④。在此意义上，回到中国的语境才不至于忽视问题的深度。但这种立场决不是要预设中国的独立与自足，因为它无论如何都区别于“天朝君临四方”的世界观，同时也区别于那种刘禾所说的“遗产”中国学：

> 在历来强调“遗产”的汉学以及中国研究里，对于西方的敌意，长久以来似乎是用一种相反的形式表现出来的，即理想主义地维护一种独立的、自足的“中国传统”，以对抗西方的传统，因为中国的传统如果不是更伟大些，至少也是和西方传统同样伟大的。像这样的“摒弃”西方，的确令人肃然起敬：通过高举“中国”的大旗，它重复了它所摒弃的霸权色彩。⑤

---

① 参见黄克武：《自由的所以然——严复对约翰弥尔自由思想的认识与批判》，上海书店出版社2000年版，第4-5页。

② 话语（discourse）和问题意识（problematique）、关切（concern）、议题（issue）、预设（assumption）等都是史华慈中国学作品中的基本概念，在他看来，人类有一些“历久不衰，反复出现的共同关切”（perennial common human concern），它们是思想论说和学术研究的原生点，不应再把它们化约为某种心理学或社会学的要素。议题指的是为了解决关切而引发的争论中的焦点，如果只有关切而无议题，不成其为学术，只是一般意义上的倾述；只有议题而无关切，则不成其为思想，只是戏言戏论和意见。人们围绕议题展开讨论，进行辩论和对话，甚至出现争论，争论一旦扩大，就形成“话语”（discourse）。参见林同奇：《他给我们留下了什么——史华慈史学思想与人文精神初探》，载《世界汉学》2003年第1期，第38-66页；［美］本杰明·I. 史华慈：《中国的共产主义与毛泽东的崛起》，陈玮译，中国人民大学出版社2006年版，第6-9页。

③ ［澳］费约翰：《唤醒中国——国民革命中的政治、文化和阶级》，李恭忠等译，生活·读书·新知三联书店2004年版，第231页。

④ 刘禾：《跨语际实践——文学、民族文化与被译介的现代性（中国，1900—1937）》，生活·读书·新知三联书店2002年版，第37-38页。

⑤ 刘禾：《跨语际实践——文学、民族文化与被译介的现代性（中国，1900—1937）》，生活·读书·新知三联书店2002年版，第40页。

尽管对于究竟什么是民主的争论在西方此起彼伏，但在谈及议会时，现代西方学者基本上都把它看作是基于“讨论”的自治制度：

> 我们必须牢记，民主制本身就是一种通过讨论来实现的政体形式。它是“借助语言”的政制；所有事情都放到一个公共活动场所中去寻求解决，在这种场所“一个厉害的思想吞掉另一个……一切民主制度的基础和本质”是“受讨论的统治”。①

白哲特的《英国宪制》成书于19世纪中叶，他集中精力阐释的一项原则就是：英国政治的全部生命力所在就是内阁同议会之间的作用与反作用。而“那些认为议会政府是一个简单的事情、自然的事情、不需要解释的事情的人不会理解议会政府”。在他看来，议会政治是一个真正的奇迹：

> 辩论的伟大舞台、大众教化和政治争论的伟大发动机就是立法议会。由一位杰出政治家在那里发表一篇演讲、由一个伟大的政治联合在进行一次政党活动，这些是迄今为止用以唤起、激动和教育人民的最佳方式。内阁制的体系保证了这种辩论，因为它使这些辩论成为一种手段，政治家们藉以为了未来而宣传自己，并且在现今的政府中巩固自己的位置。它带来了那些愿意讲话的人，并且给了他们讲话的机会。②

同样是在19世纪中叶，马建忠曾在法国的“政治学院”读书，系统地学习过西方国家的政治法律理论。像王韬一样，他也认为“求强者，以得民心为要”，而“得民心”在“立议院”，然后“下情可达”。但是等他入“政治学院”听讲，又与法国士大夫反复质证以后，对西方的议会政治产生了极大怀疑。他说：“英之有君主，又有上下议院，似乎政皆出此矣，不知君主徒事签押，上下议院徒托空谈，而政柄操之首相与二三枢密大臣，遇有难事，则以议院为借口。美之监国（按指总统）由民自举，似乎公而无私矣，乃每逢选举之时，贿赂公行，更一监国，则更一番人物，凡所官者皆其党羽，欲望其治，得乎？法为民主之国，似乎入官者不由世族矣，不知互为朋比，除智能杰出之士如点耶诸君，苟非族类，而欲得一优差，补一美缺，戛戛乎其难之”。宋育仁在谈及“议院”时也有他独特的理解：“先王创制之精，外国得其近似，遂以致治”，“古今张弛之用不同，而其求通下情则无所异”③。于是，西洋的代议民主制的议会在中国就变成了下情上达的朝堂，而君民共主、上下相通的君主立宪制则成了人们构建新政的目标。事实上，清末的开明知识分子在思想上与传统的关系一直是中国近代思想史上的一个重要论题。经过多年来的讨论，多数学者持这样一种观点，在某种程度上，中国知识分子拼命想摆脱传统拥抱西方，但始终未能跳出传统的思维模式。④ 对此美国学者格里德尔有精彩的评述：

---

① E. Baker, Reflections on Government, Oxford University Press, 1942, pp. 67-62. 转引自［美］乔·萨托利：《民主新论》，冯克利、阎克文译，东方出版社1998年版，第103页。

② ［英］沃尔特·白哲特：《英国宪制》，李国庆译，北京大学出版社2005年版，第一篇、第六篇。

③ 孙会文：《晚清前期变法论者对西方议会制度的态度和君主立宪主张的形成》，载《中国近代现代史论集第十二编戊戌变法》，（台湾）“商务印书馆”1986年版。

④ 参见余英时：《钱穆与中国文化》，上海远东出版社1994年版，第7-18页。

晚清改革家与清初儒家专制主义的批判者极为相似，或许也和后来的政治激进派极为相似。他们论述了黄宗羲和顾炎武深刻论述过的同一问题：使君主和人民相脱离的巨大断层。甚至他们的劝告听起来也相似；他们所倡导的议会制度，虽然使用了陌生的术语，但不过是给魏克曼称之为“绅士家族统治”的熟悉旧规包了一个新装。他们和黄宗羲、顾炎武一样，相信他们的理论合于古法，能使儒家政体再次充满活力。复古的主题贯穿于这些改革家的著作中。①

二、法制变革的重要背景：废科举

案例导入

同月（1898年5月），梁启超等联合举人百余人，联署上书，请废八股取士之制。书达于都察院，都察院不代奏，达于总理衙门，总理衙门不代奏。当时会试举人集辇毂下者，将及万人，皆与八股性命相依，闻启超等此举，嫉之如不共戴天之仇，遍播谣言，几被毁去。②

光绪二十四年（1898年）春，梁启超从上海来到北京。4月，康有为在京师发起成立保国会，梁启超为其奔走策划。5月，梁启超联合一百多名举人递呈《请变通科举折》，请废八股取士之制。都察院、总理衙门均不代奏。当时，在京举人万余人，皆与八股性命相依，对梁此举“嫉之如不共戴天之仇”。那么，梁启超上书请求废除科举的目的是什么呢？

由于变法触及当权派的既得利益，9月21日，慈禧太后发动政变，囚禁光绪帝，处决谭嗣同等“戊戌六君子”，再度垂帘听政。康有为、梁启超等被迫流亡到国外。“百日维新”宣告结束。1901年1月29日，被八国联军的“炮火”赶到西安的慈禧太后发布了第一道“变法”上谕，其中写道：“法令不更，锢习不破，欲求振作，当议更张……参酌中西政要，举凡朝章国故，吏治民生，学校科举，军政财政，当因当革，当省当并，或了诸人，或求诸已，如何而国势始兴。”晚清“新政”终于拉开帷幕。但所谓“新政”只是几十年洋务运动的强化而已，主要内容仍然是练兵、筹饷、育才。但“新政”也为清王朝带来一支新式陆军，发展了资本主义事业，并于1905年废除了沿用一千多年的科举制度，建立了新式学堂和派遣了大量留学生。

笔锋常带感情的梁启超在论及其所生之时代时曾写下这样激昂的文字：

---

① ［美］杰罗姆·B.格里德尔：《知识分子与现代中国》，单正平译，南开大学出版社2002年版，第124-125页。对这一问题意识，王人博教授也有独特的解读：洋务运动中形成的开明知识群体对西方文化是隔膜的，对西学的议会知识也是粗浅的。在这种情形下，中国文化便成了他们观察、体认西方宪政制度最重要的文化资源。他们确乎是戴着中国文化的古老眼镜去看到西方宪政文化的。这就为中国宪政文化的生成、发展带来了双重结果：一方面，为中国移入西方宪政文化从“文化”意义上架起了一座桥梁，并为之找到了与中国本土文化融合的契合点；另一方面，由于他们“误读”了西方宪政，因而为中国近代宪政文化传达了一个“错误的信息”：似乎西方的宪政就是西方富强的本源。参见王人博：《宪政文化与近代中国》，法律出版社1997年版，第38-40页。

② 吴其昌：《梁启超传》，吉林人民出版社2018年版，第124-125页。

> 今日之中国，过渡时代之中国也。……中国自数千年来，常立于一定不易之域，寸地不进，跬步不移，未尝知过渡之为何状也。虽然，为五大洋惊涛骇浪之所冲激，为十九世纪狂飙飞沙之所驱突，于是穹古以来，祖宗遗传、深顽厚锢之根据地，遂渐渐摧落失陷，而全国民族，亦遂不是不经营惨淡，跋涉苦辛，相率而就于过渡之道。故今日中国之现状，实如驾一扁舟，初离海岸线，而放于中流，即俗语所谓两头不到岸之时也。语其大者，则人民既愤独夫民贼愚民专制之政，而未能组织新政体以代之，是政治上之过渡时代也；士子既鄙考据词章庸恶陋劣之学，而未能开辟新学界以代之，是学问上之过渡时代也；社会既厌三纲压抑虚文缛节之俗，而未能研究新道德以代之，是理想风俗上过渡时代也。语其小者，则例案已烧矣，而无新法典；科举议变矣，而无新教育；元凶处刑矣，而无新人才；北京残破矣，而无新都城。[①]

科举既废，法典未成，中国在过渡时代付出了巨大代价。钱穆在《中国历代政治得失》一书中是这样评价废科举事件的："无论如何，考试制度，是中国政治制度中一项比较重要的制度，又且由唐迄清绵历了一千年以上的长时期。中间递有改革，递有演变，积聚了不知多少人的聪明智力，在历史进程中逐渐发展，这决不是偶然的。直到晚清，西方人还知采用此制度来弥缝他们政党选举之偏陷，而我们却对以往考试制度在历史上有过上千年以上根柢的，一口气吐弃了，不再重视，抑且不再留丝毫顾惜之余地。那真是一件可诧怪的事。"[②] 事实上，我们不能一意否认科举制度在历史上的意义和作用：科举制度在中国历史上承负着整合传统社会生活并维系社会内部的文化生态平衡的功能。它对传统中国的政治、文化、思想、教育、经济与社会生活的运行均起到枢纽与调节作用。

中国传统社会的精英阶层，主要是由地主、士绅与官僚这三部分构成的。这些社会阶层各自在经济、文化与政治上承担着维系社会生命体的组织功能。这三个社会阶层之间事实上存在着一种独特的横向流动。而这种阶层之间的社会流动，主要是由科举制度来实现的。例如，地主与庶民子弟可以通过科举考试，取得秀才、举人这样的士绅的身份，士绅则又可以进一步通过更高层次的科举考试而成为官僚政治精英。而官僚精英则可以利用自己的权势与影响，凭借所授予的职分田以及购置的田产，在经济上成为士绅地主。

在传统中国社会里，由于官僚的身份不是世袭的，而一个官僚在退出仕途之后，在传统中国约定俗成的财产继承方式的制约下，他的田产又在几个儿子中均分，这样，其后人则很容易在二三代以后又下降为平民。而平民又可以通过科举考试进而取得功名，从而再次进入上述地主、士绅与官僚之间的精英循环过程。据余英时考证，当时朝臣奏罢科举的一个主要理由是说它"阻碍学堂"，当时的社会舆论是以现代学校取代科举制度，士绅基本上都是持这样的看法。事实上，科举的起源与持续出于士绅阶层的要求，制度的设计与改进也操在他们的手中。晚清的士绅阶层，在

---

① 梁启超：《过渡时代论》，载《清议报》1901年6月21日。

② 钱穆：《中国历代政治得失》，生活·读书·新知三联书店2002年版，第235页。

政治取向上无论是渐进的还是急进的，都知道传统体制已绝不足应付“三千年未有之变局”。因此他们“求变、求新”的方案，彼此之间虽相去甚远，但在以现代学校取代科举这一具体问题上达成了一致。对此，余英时指出：

> 从社会结构与功能方面看，从汉到清两千年间，“士”在文化与政治方面所占据的中心位置是和科举制度分不开的。通过科举考试（特别如唐、宋以下的“进士”），“士”直接进入了权力世界的大门，他们的仕宦前程已取得了制度的保障。这是现代学校的毕业生所望尘莫及的。着眼于此，我们才能抓住传统的“士”与现代知识人之间的一个关键性的区别。清末废止科举的重大象征意义在此便完全显露出来了。[①]

科举制的废除使朝廷失去了官僚体制自身的再造功能，朝野官民之间制度化的流通与平衡机制被破坏了，1905 年，中国历史上发生了两件大事：一是废止科举，二是同盟会成立。青年才俊纷纷出国留学，“天高皇帝远”，加上现代西方思想洗礼，海外留学，就不是“留学科学”，而是“留学革命”。事实上，在维新时代就产生了“新的社会类型的人”，他们不同于传统的士大夫和读书人，“他们的出现，与新颖的思想风气、新的变革的组织工具以及正在成长的社会舆论一起，构成了维新时代的主要遗产”[②]。最初的同盟会员，绝大多数是“游学”的新式文人。

辛亥革命在一定程度上是留学生与海外移民输入的革命。而革命之后，那些受过西式教育的新兴知识分子又成为共和政治中活跃的政治家。废止科举从旧官僚体制中断了传统文人的仕进之路，同时也为新的共和政治准备了现代政治家。传统的知识与道德，已不再能为权力提供合法性。保定军校和黄埔军校培养了一批职业军事冒险家，他们掌握着中国的命运，主宰了军阀混战与国共战争。这正如钱穆在《中国历史上的考试制度》一文中所说，科举制“因有种种缺点，种种流弊，自该随时变通，但清末人却一意想变法，把此制度也连根拔去。民国以来，政府用人，便全无标准，人事奔竞，派系倾轧，结党营私，偏枯偏荣，种种病象，指不胜屈。不可不说我们把历史看轻了，认为以前一切要不得，才聚九州铁铸成大错”[③]。

三、五大臣的使命

案例导入

一个世纪前，被西方打得一败涂地的中国，曾经派出过一个空前规格的政府代表团赴西方考察政治、诚信取经，在晚清形象败坏的情形下，难得一路受到礼遇。在美国，前来迎接考察团的华侨们三呼皇上万岁，三呼宪法万岁。将宪法与皇帝等同，实乃非同小可的观念变化。

1905 年，希望与绝望并存，探寻与踯躅同在。这一年，日俄战争告一段落。两

---

① 余英时：《士与中国文化》，上海人民出版社 2003 年版，新版序。

② ［美］费正清主编：《剑桥晚清中国史》下卷，中国社会科学出版社 1993 年版，第 92 页。

③ 钱穆：《国史新论》，生活·读书·新知三联书店 2005 年版，第 260 页。

国交战，战于中国的领土之上，而清朝政府却宣布严守“中立”，这一幕自然颇具讽刺意味，可战争的结局更是令人诧异，小小的岛国居然战胜了庞然大物般的沙俄帝国。面对这一幕，中国知识分子不禁回想起十年之前的甲午之战，而这场战争也无情地击碎了洋务派的“自强”梦想。究竟是什么导致了日本的强大，以至于连续打败了诸如中国和俄国这样的老大帝国?

清廷走上预备立宪的道路，是以1905年的日俄战争为导引的。在当时的许多中国人看来，这场战争不只是两国之战，更是宪政与专制之争。以此为契机，立宪思想发展成一种社会舆论：

> 泰西各国几绝专制之影迹，以故国无大小，莫不立宪法，设议院，以图议国事，用能合众策，聚众谋，而日臻富强……中国苟能立宪法，其利益岂浅鲜哉。其一能使上下相通……其次能使民调和……又次能使筹款易于措置……此数利者就其小者言，若夫大者，则能公是公非，万人一心，上下同德。以守则固，以战则克，以谋内政，足以泯私之见，以谋外交，足以杜贿赂之源……中国而不欲兴也则已，中国而果欲兴也，舍立宪其曷以哉。①

1905年7月，慈禧太后在召见大臣时表示：“立宪一事，可使我满洲朝基永久确固，而在外革命党亦可因此涡灭，候调查结果后，若果无妨碍，则必决意实行。”并决定派载泽、戴鸿慈、端方、李盛铎、尚其亨为考察政治大臣，考察日、英、美、德、法、奥、意、俄、比九国的政治。五大臣到日本后，便上书朝廷，盛赞日本的立宪政治，认为日本所行之宪法，是参考了欧洲宪政的结晶，至为致密。五大臣回国后，端方认为应仿效日本明治维新之先例，先宣布六条誓文。载泽等也认为，为了防止革命，舍立宪而外别无他途。于是清廷下定决心，实行“宪政”。

清政府在光绪三十一年六月十四日（1905年7月16日）下了一道上谕，宣布派员考察西洋各国政治。这一事实表明清政府的政策将发生重大的变化，准备由政治上闭关转向开放，由恪守祖制转向改革，由“中体西用”转向效法“西体”。

1905年9月24日上午，考察政治五大臣载泽、徐世昌、绍英、戴鸿慈与端方一行启程，京师各学堂师生，绅商界人士，大小官员以及驻京各国公使均前往送行。五大臣肩负着改革中国的使命登上火车，十一点钟，火车正似开动，忽然一声巨响，革命党的恐怖分子吴樾制造了炸弹爆炸恐怖事件，当场炸死和炸伤十余人，吴樾也被当场炸死，五大臣中载泽受轻伤，绍英受伤严重。

第一次由清政府派出的考察宪制的活动就半途夭折于恐怖活动中，这样，中国的宪制改革又被迫推迟。《时报》评论说：“五大臣此次出洋考察政治，以为立宪准备，其关系于中国前途最重且大，凡稍具爱国心者宜如何郑重其事而祝其行。乃今甫就道，而忽逢此绝大之惊险，虽五大臣均幸无恙，然此等暴徒丧心病狂一至于此，其罪真不容诛哉!”《大公报》亦惊呼“此真出乎人情之外而莫能索解”，同时提出政府不应畏难而退，而应“奋勇前进”，“急行其志，无俟踌躇”。端方在致上海报界电

① 《时敏报》，光绪三十年（1904年）十月初六日，转自《东方杂志》1904年第12期。

中说："炸药爆发，奸徒反对宪政，意甚险恶，然益征立宪不可缓也。"① 一些督抚、将军和出使大臣致电政府说："此事必是革命党人中所为，盖恐政府力行新政，实行变法立宪，则彼革命伎俩渐渐暗消，所以行此狂悖之举，以为阻止之计。当此更宜考求各国政治，实行变法立宪，不可为之阻止。"②

1905 年 10 月 18 日，为了预防革命党的破坏，清廷设立巡警部，任命徐世昌为尚书，徐一时难以脱身。绍英创伤未愈，不便远渡重洋。同月，清政府改派山东布政使尚其亨和顺天府丞、新任命出使比利时国大臣李盛铎代之。11 月 25 日，清政府下令设立了考察政治馆，这是一个在政务处直接领导下，研究、编选各国宪政资料，供朝廷参考的新型机构。

鉴于车站的爆炸事件的教训，考察政治大臣商定分别出京，属员人等一律免送。1905 年 12 月 7 日，戴鸿慈、端方乘车出京，19 日由上海放洋。载泽、尚其亨、李盛铎 1906 年 1 月 11 日出京，14 日由上海放洋。随同考察的还有湖北、奉天、广东、湖南、江西等省派出的官绅。此次出访的重点是实行君主立宪制的英国、德国和日本，主要任务是考察政治。载泽、尚其亨、李盛铎一行于 1906 年 1 月 16 日抵达日本，后经美国赴英国，再赴法国，最后到比利时，6 月 6 日考察完毕，李盛铎赴比利时任出使大臣，载泽、尚其亨 7 月 12 日回到上海。戴鸿慈、端方先到日本参观，1906 年 1 月 23 日抵美，后取道英国、法国抵德国，继之考察奥地利、俄国、意大利，并经丹麦、瑞典、挪威、荷兰、瑞士。其间于 6 月初在布鲁塞尔与载泽等会晤，商定回国后应行各事。7 月 21 日回到上海，张謇、汤寿潜、赵凤昌等先后四次与之讨论立宪问题。8 月 6 日到达天津，同袁世凯讨论了筹备立宪及改革官制等事。10 日回京复命。

考察政治大臣出访为时半年左右，他们考察了十四个国家，考察的范围很广，概括起来，活动有四个方面：一是参观议院、行政机关、学校、警察局、监狱、工厂、农场、银行、商会、邮局，乃至博物馆、戏院、浴池、教会、动植物园等，几乎无所不包；二是请政治家、学者讲解宪政原理；三是调查各项制度；四是搜集翻译各类图书和参考资料。

回国后，载泽等派人编辑书籍 67 种，并对其中 30 种分别撰写提要，进呈慈禧和光绪阅览，另将四百余种外文书籍送交考察政治馆。戴鸿慈、端方也带回许多资料，为供朝廷采择，他们赶写出《欧美政治要义》一书，简明扼要地介绍了欧美各国的政体和制度。以后又编撰了《列国政要》133 卷。这些书籍和资料大致叙述了各国政治的源流和概况，不仅对于改革政治和制度具有重要参考价值，而且使慈禧和光绪帝等开始对世界大势有所了解，宪政知识有所增长，有利于当时国策的制定。不过清政府对宪政运动的影响仍疑虑重重，甚至警告绅商不得干预政府事务，并指出在君主立宪的各国，主权是属于君上的，虽然"庶政公诸舆论，而施行庶政，裁

---

① 见《时报》，1905 年 9 月 29 日。

② 见《时报》，1905 年 9 月 25 日。

决舆论，仍自朝廷主之”[1]。这一表述说明清廷依然是在中国经验的基础之上进行着所谓的欧美式改革。

清中叶以前，中国的知识者对未来的发明与想象主要围绕着“中国”的历史经验。然而随着清中叶以来中西文化的相互影响，这一发明与想象的场域在空间上得到了延伸，透过传教士和中国知识者的译介，西方的历史经验（包括思想经验）被引入中国，它们和传统中国的历史资源一样，成为人们建构未来的素材。于是，像议院、宪法等新词汇出现了，新的政治词汇的出现表明，中国已经不再拥有一个无须解释的过去。因此，执着于一个无须解释的中国本土的过去，而削弱一个译介过来的西方的存在，或者仅仅视西方为近代中国历史的起点，这两种尝试都无法解释“现代”和“西方”在中国20世纪的政治-法律话语中获得合法性地位的过程。

对此，西洋的中国学学者柯文（Paul A. Cohen）提醒我们从中国语境中存在的中国问题（不管这些问题是由西方造成的，还是与西方毫无联系）开始，而不拘泥于外在的标准，也就是说要从置身于中国语境（Chinese context）出发来寻求中国史自身的“剧情主线（story line）”，因为“这种新取向（指从中国内部研究的取向）的主要特征，是从置身于中国史境中的中国问题着手研究。这些问题有的可能受西方的影响，甚至是由西方造成的；有的则和西方毫无联系。但是不管怎样，它们都是中国的问题。说它们是中国的问题有两重含义：第一，这些问题是中国人在中国经历的；第二，衡量这些问题之历史重要性的准绳也是中国的，而不是西方的”[2]。

事实上，当时的很多中国士绅也正是在中国经验的基础上思考西方式的新问题。光绪三十三年（1907年）《新译界》刊载了汤化龙的《议会论》，在这位改良派的“进步”士人看来，“立宪政体之至理，固不外吾孔教所提倡之王道也”。

> 旅人涉沙漠，跨骆驼而前，途次蒸炎如毁，飞风卷尘，目眩喉暍，望呵须野斯而不至（呵须野斯为沙漠中清泉涌出、椰子繁茂之地），困顿疲惫，几于欲死。未几至矣，憩绿阴，酌清泉，神苏心爽，英气快复。念永留于此，非其初意，复跨骆驼，背呵须野斯而前进。吾数千年之历史，何相似耶？其时代则大沙漠也，社会则旅人也，王道则呵须野斯也，历朝则呵须野斯与呵须野斯之间也，霸术则骆驼也。社会者其初傲然驱霸术，意气扬扬而发轫，未几乱交至，霸术之力不能及，乃低徊愿望，俯思王道，至于命穷势亟，溃裂四出，渐返省而挹王道之涓滴。姑苏其消沈颓废之气，以为后图之备，既再发轫，亦终役于霸术。文化不进，千年如一日。王道之所谓至理，与霸术不得分袂，故历朝惟异偏重势力之人，偏重势力遂长为立国之基础。社会久彷徨于偏倾之状态，然王道之至理，既发明于近世文明以前，近世之文明，复载王道之至理以实现，

---

① 《大清德宗实录》卷五八三，第4页；《大清光绪新法令》卷二，第25-32页。转引自［美］费正清主编：《剑桥晚清中国史》下卷，中国社会科学出版社1993年版，第473页。

② ［美］柯文：《在中国发现历史——中国中心观在美国的兴起》，林同奇译，中华书局2002年版，第170-171页。

动机所迫，不能强也，及至于今立宪政体之议喧阗朝野，使立宪政体而果行于吾国也，则自今以往，至于立宪实行之日……①

这一段阐释表明欧美只被中国视为某种手段，立宪也仅仅是解决治乱问题的新方法，“立宪政体者，永绝乱萌之政体也”②。陈顾远先生认为，从法律层面来看，清廷“随同欧美”进行变法的根本目标在于：循王道，行霸术，而后建立“中国本位的新法系”③。

四、预备立宪与官制改革

案例导入

1907年8月25日（七月初六），端方、戴鸿慈两大臣上奏两万余言，请求修订官制为立宪做准备。在该奏折中，端、戴二人指出中国非急采立宪制度，不足以图强。但遽行立宪制度，亦不足以举实，故提出以十年或者二十年为实行立宪之期，在此之前先行更改全国官制以适应立宪之要求。对于官制改革的方案，两人明确提出设立内阁，改革中央与地方官制，划分中央与地方权限，对官员数量及所负责事务进行重新划分，并且提出将裁判、税务事宜从地方官制中分离，由中央统一管理。奏折上奏当天，光绪帝批示转给醇亲王载沣，军机大臣、政务处大臣、大学士、北洋大臣袁世凯等大臣参阅。

事实上，在端、戴二人上奏的次日，袁世凯就奉旨进京商议宪政。七月初八日（8月27日），袁世凯得到召见，同时戴鸿慈等奏请设立官制编制馆统筹编订全国官制，醇亲王召开第一次会议商讨立宪事宜。那么，为何独独在这一天，数位大员奏请修订官制呢？原来早在六月初九日（7月29日），内阁中书刘坦曾上折认为：“惟徒知立宪之当急，而不察人民之智愚，则程度不足，即使颁布宪法，亦仅成一纸空文，反至凌躐淆乱，不可收拾。”主张在立宪之前应先行地方自治、编辑宪法说明书、增设各学堂宪法教科、各省官绅设宪法研究所为预备立宪之先导，并进一步强调“徒骤言立宪固不可行，谓程度未至而视为缓图，亦以为未当”，只有做好预备工作，则“立宪之资格必具”。因此，在七月初八日（8月27日）面见两宫之时，袁世凯面奏立宪应组织内阁，从改定官制入手。

——肖瑞宁、孙英：《“仿行预备立宪上谕”出台始末》，载《北京档案》2019年第10期。

1906年9月1日，清廷发布“上谕”宣布预备立宪，“上谕”中说：

我朝自开国以来，列圣相承，谟烈昭垂，无不因时损益，著为宪典。现在各国交通，政治法度，皆有彼此相因之势，而我国政令积久相仍，日处阽险，

---

① 汤化龙：《议会论》，载《新译界》第七号，光绪三十三年（1907年）十一月。

② 梁启超：《立宪法议》，载《饮冰室文集》之五，中华书局1989年版。

③ 陈顾远：《中华法系之回顾及其前瞻》，载范忠信等编校：《中国文化与中国法系——陈顾远法律史论集》，中国政法大学出版社2006年版，第549页。

忧患迫切，非广求智识，更订法制，上无以承祖宗缔造之心，下无以慰臣庶治平之望，是以前派大臣分赴各国考察政治。现载泽等回国陈奏，皆以国势不振，实由于上下相睽，内外隔阂，官不知所以保民，民不知所以卫国。而各国所以富强者，实由于实行宪法，取决公论，君民一体，呼吸相通，博采众长，明定权限，以及筹备财用，经画政务，无不公之于黎庶。又兼各国相师，变通尽利，政通民和有由来矣。时处今日，惟有及时详晰甄核，仿行宪政，大权统于朝廷，庶政公诸舆论，以立国家万年有道之基。但目前规制未备，民智未开，若操切从事，涂饰空文，何以对国民而昭大信。故廓清积弊，明定责成，必从官制入手，亟应先将官制分别议定，次第更张，并将各项法律详慎厘订，而又广兴教育，清理财务，整饬武备，普设巡警，使绅民明悉国政，以预备立宪基础。著内外臣工，切实振兴，力求成效，俟数年后规模粗具，查看情形，参用各国成法，妥议立宪实行期限，再行宣布天下，视进步之迟速，定期限之远近。著各省将军、督抚晓谕士庶人等发愤为学，各明忠君爱国之义，合群进化之理，勿以私见害公益，勿以小忿败大谋，尊崇秩序，保守平和，以豫储立宪国民之资格，有厚望焉。①

诏书主要有三个方面的内容：第一，及时仿行宪政，大权统于朝廷，庶政公诸舆论，以立国家万年有道之基；第二，因目前百废待兴、民智未开，故须改革官制以除积弊，广兴教育以启民知，厘财备武以资立宪之基；第三，待预备工作初具规模，再为妥议立宪之期，期限长短俟机而定。1906 年 11 月，颁禁烟章程，严禁鸦片；1907 年 7 月，下诏满汉平等；8 月，筹立资政院以为议院基础；9 月，新修刑律草案，命各省筹设咨议局，改考察政治馆为宪政编查馆。

这道“上谕”，可以说是清末预备立宪的“总纲”：首先，预备立宪的原则，是“大权统于朝廷，庶政公诸舆论”，也就是说，立宪的大政方针的决定权掌握在清廷之手。这表明清廷从一开始就紧紧控制了立宪的内容与进程，一切都是根据清朝统治者的意志和“需要”来进行的。这事实上决定了这场立宪的性质。其次，预备立宪的目的，是“立国家万年有道之基”，也就是说，继续清王朝的专制统治。最后，预备立宪的步骤，是先从官制改革入手，理由便是“规制未备，民智未开”，因此先从官制改革、广兴教育入手，等取得成效之后，再行宪政。

五、立宪派关于筹备期的论争

案例导入：廷臣会议上的争论

1906 年 8 月 25 日，清政府召开了一个廷臣会议来讨论是否把预备立宪作为既定国策。这场会议进行了三天，其间，积极立宪派与缓行立宪派在是否选择立宪这一道路上展开了一场大辩论。从会议的大体情况来看，参会的大臣没有人公开反对立宪。但对于在当前情势下立宪的“速”与“缓”问题以及立宪路径问题，参会的

① 《清末筹备立宪档案史料》上册，中华书局 1979 年版，第 43－44 页。

大臣持有不同的看法。

庆亲王奕劻以立宪势力的强大和舆论的高涨为基点，主张从速宣布立宪，其道："……宪法一立，全国之人，皆受治于法，无有差别，既同享权利，即各尽义务，且言立宪国之君主，虽权力略有限制，而威荣则有增无减等语。是立宪之事，固有利而无弊也。"孙家鼐则从"形式"和"宗旨"的关系上反对奕劻的速变论，其言："立宪国之法……不在形迹而在宗旨，宗旨一变则一切用人行政之道，无不尽变，譬如之重心一移，则全体之质点，均改其方向。"认为宗旨的改变会引起质变，会产生大的离心力。他提出："此等大变动，在全力强盛之时行之，尚不免有骚动之忧，今国势衰弱，以予视之，变之太大太骤，实恐有骚然不靖之象，似但宜革其丛弊太甚诸事，俟政体清明，以渐变更，似亦未迟。"在他看来，中西情形不同，中国国势微弱，社会资源和国家控制力不足，只有先改变这样的情况，变革才有可能成功。

廷臣会议上，积极立宪派与缓行立宪派的分歧已经大致体现出来。乃至在清末筹备立宪过程中，积极立宪派与缓行立宪派之间在立宪问题上都持续展开了激烈的思想论战。

筹备立宪是清末现代化过程中的核心问题之一，立宪派是这一问题的集中关注者和推动力。清末的立宪派和君主立宪思潮是在日俄战争爆发后兴起的。以1905年年底清政府派五大臣出洋考察宪政为界，在此之前，立宪思潮的讨论中心是以日俄战争的结局敦促清政府及早立宪；之后，立宪思潮的讨论中心逐渐转到对立宪步骤的探讨。立宪派的主张是缓进改革，其思想主要反映在以下几个方面：其一，国民教育问题。立宪应先教育国民，"先颁令于国中，以六年为期，实行立宪，庶全国人民，皆得有所预备"[①]。其二，地方自治论。"立宪之根本在地方自治"，应"先立地方议会以富人民政治上之经验"[②]。其三，开明专制论。梁启超于1906年年初提出，中国国民程度不足，因此应由"开明专制"过渡到君主立宪。[③]其四，国民参政论。

1907年1月《中国新报》创刊。在《中国新报叙》中，杨度首次提出"立宪之事，不可依赖政府，而惟恃吾民自任之"[④]的观点。接着，在《致〈新民丛报〉记者》中，杨度又主张："余欲专以开国会之字告我国人民，选举代表以议国事……以此唤起国民之政治思想，责望政府要求权利之心必为较速"[⑤]。这就是所谓的"国民立宪"问题。[⑥]立宪派的宣传与活动在很大程度上促进了改革与立宪的进行。

在自1905年到1911年的清末筹备立宪过程中，积极立宪派与缓行立宪派在立宪问题上展开了激烈的思想论战。论战的焦点是何时立宪和如何立宪。研究这

---

① 《论立宪与教育之关系》，载《东方杂志》1905年第12期。

② 《论立宪当有预备》，载《东方杂志》1906年第3期。

③ 参见梁启超：《开明专制论》，载《饮冰室文集》之十七，中华书局1989年版，第77页。

④ 刘晴波主编：《杨度集》，湖南人民出版社1986年版，第211页。

⑤ 刘晴波主编：《杨度集》，湖南人民出版社1986年版，第403页。

⑥ 参见刘伟：《清末立宪派的"国民立宪"论》，载《史学月刊》1992年第6期。

场思想论争，对于理解清末立宪运动的内在矛盾和困难，对于进一步认识中国法律现代化过程中的各种复杂条件和因素，具有十分重要的意义。预备立宪宣布后，各方的观点仍有分歧，在1906年8月的廷臣会议上，虽然立宪派与保守的立宪缓行派的分歧已经大体上显示出来，但由于预备立宪尚未进行，与立宪改革有关的社会矛盾和问题尚未充分表现出来，这场有关立宪的论争还停留在是与否的简单层面上。

自1906年9月清廷宣布预备立宪方针后的几年中，随着立宪改革的推进，各种相关问题和矛盾不断突显。主张尽快实行立宪的观点认为，实行立宪，颁布宪法可以“维国本，遏乱萌”，维护清王朝的统治基础的稳固。两江总督端方在奏折中说：“近年不逞之徒，倡为排满之说，与立宪为正反对。奴才愚见，以为宜俯从多数希望立宪之人心，以弥少数鼓动排满之乱党。拟请饬下廷臣，迅将我大清帝国宪法及皇室典范二大端，提议编纂，布告天下，必可永固皇基，常昭法守。至各省绅商所设地方议会，实有关于立宪基本者，如主持得人，宗旨甚正，似可加以考察，量为扶助，使信从渐广，皆趋于宪政之一途，乱党煽惑愚氓之力，当不戢而自销。”①

清王朝虽然宣布实行立宪，但仅仅是“预备”而已，对于立宪实行的期限，也要等“数年之后，规模粗具，查看情形，参考各国成法，妥议立宪实行期限，再行宣布天下”。对此，一些官员认为，立宪的期限不宜拖延，而应尽快实行。署理广西提学使李翰芬在奏折中认为，“实行宪政期限宜速也”，他说：“方今时局艰危，事机日亟，外人每以宪政之成否占中国之存亡，若必预备于十数年前，施行于十数年后，虽缓急不容不审，而收效实觉过迟。论者谓国民程度尚低，资格尚浅，未可轻率从事。抑知程度以造就而益高，资格以历练而渐进，东西国民程度资格不同，而其为立宪则一，又岂有一定标准哉。先预备，后施行，年复一年，不免有苟且因循之患。即施行，即预备，急所当急乃以收倍道兼进之功。……今则立宪为中国救时之惟一要政，中外通人已无疑义，而变矩期迫，又非可待十年”②。建议在五年之内颁布宪法，以“振刷精神，扫除积习，新中外之耳目，而慰薄海之人心”③。

主张暂缓实行立宪的观点则认为，立宪之举事关重大，应预为筹备，循序渐进。他们以日本为例，说：“日本维新之初，即宣言立宪之意，分遣各使周历外邦，最先整理行政及司法制度，其次整理地方行政制度。后八年乃设元老院及大审院，后十四年乃发布开设国会之敕谕，而先开设地方议会。又以教育未能普及，即与国民以参政权，最为危险，乃先改定普通教育制度，又先设裁判所构成法，设会计检查院，越二十年而后颁行宪法。盖预备如此其详密，而实行如此其迟回。”④ 因此，立宪宜缓不宜急，如果“冥行躁进，其关于政术者尤有

① 《清末筹备立宪档案史料》上册，中华书局1979年版，第47页。
② 《清末筹备立宪档案史料》上册，中华书局1979年版，第300页。
③ 《清末筹备立宪档案史料》上册，中华书局1979年版，第299页。
④ 《清末筹备立宪档案史料》上册，中华书局1979年版，第306页。

害于治安”①，只有“预为筹备，循序渐进”②，才能收效于将来。

六、钦定宪法大纲

案例导入：宪政的起点——钦定宪法大纲

《钦定宪法大纲》由宪政编查馆与资政院两机构联合起草，奕劻、溥伦领衔会奏。《钦定宪法大纲》虽然只是一个大纲性文件，但作为制定宪法的依据，其已经具备了宪法的主要内容。其原则性地规定了国家权力的划分以及对臣民权利的保障，初具了宪法的模型，为中国建立现代意义上的法律体系奠定了基础。但《钦定宪法大纲》的目的仍绕不开对封建专制统治的维续。宪政编查馆、资政院在进呈《宪法大纲》的奏折里说：“东西君主立宪各国，国体不同，宪法互异，论其最精之大义，不外数端：一曰君主神圣不可侵犯；二曰君主总揽统治权，按照宪法行之；三曰臣民按照法律有应尽之权利义务而已。自余节目，皆以此为根本。其必以政府受议院责难者，即君主神圣不可侵犯之义……而立法、行政、司法则皆综揽于君上统治之大权。臣等仅本斯义，辑成宪法大纲一章，首列大权，以明君为臣纲之义，次列臣民权利义务，以示民为邦本之义。虽君民上下同处于法律范围之内，而大权仍统于朝廷。”此奏折将“君主总揽统治权”、“立法、行政、司法则皆综揽于君上统治之大权”，视作近代宪政“最精之大义”，足见清政府颁布《钦定宪法大纲》的真正意图。

1907年，宪政编查馆遵照清廷意旨，草拟宪法大纲，并制定了九年立宪计划，1908年8月27日（光绪三十四年八月初一日），宪政编查馆会同资政院将《宪法大纲》《议院法要领》《选举法要领》《逐年筹备事宜清单》上奏，当日朝廷批准颁布，并明定预备期限为九年。这部宪法大纲分为两个部分：第一部分“君上大权”十四条，第二部分“附臣民权利义务”九条，两个部分合计二十三条③；其中十七条抄自日本宪法，而删去的恰恰是日本宪法中用以限制天皇权力的条文。故史家一针见血地指出其“只可算为保障君权的宪法”④，“不外永保君主地位，极

---

① 《清末筹备立宪档案史料》上册，中华书局1979年版，第307页。

② 《清末筹备立宪档案史料》上册，中华书局1979年版，第307页。

③ 宪法大纲共二十三条，包括正文“君上大权”和附录“臣民权利义务”。有关君上大权的十四条抄自日本宪法，但删去了日本宪法中限制天皇权力的条款。大清帝国皇帝享有颁布法律、提交议案、召集及解散议会、统帅军队、订立条约、宣布戒严等广泛权力，同时还总揽司法权。宪法大纲还规定，法律虽然经过议会表决通过，但未经皇帝批准颁布的，不能实施；皇帝掌握用人权，议员不得干涉；一切军事行动及外交行动都有皇帝全权负责，议会不得干涉。臣民有纳税、当兵、遵守国家法律的义务，有在法律范围内的言论、著作、出版、集会、结社等自由。所谓的法律范围，是指清政府在此之前事先颁布了一些特别法规。例如，1908年宪政编查馆和民政部共同制定了《结社集会律》，规定各种集会结社凡与政治和公事无关的可以照常设立，关系到政治的必须事先申报。立宪的重要组成部分还包括1907年9月下诏筹设的咨议局和资政院。宗旨是为民众设立舆论之地，指出社会弊病，维持长治久安。各省咨议局讨论本省的预决算、税法、公债、单行章程规则的修改，选举资政院议员，授受本省自治会或人民陈请建议事件等权限。咨议局议定的事件，需取得本省督府同意才能生效。如果双方意见分歧，由中央资政院仲裁。

④ 李剑农：《中国近百年政治史》，复旦大学出版社2002年版，第238页。

度提高君主的权力。”[①]

这部宪法大纲和西方国家的宪法相比，固属等而下之，无丝毫值得夸耀的地方，然而对于中国的集权专制政体来说，无疑“已为超轶千古之举动”[②]。

清廷的预备立宪直接带来的结果是成立了宪政编查馆和筹建资政院，这是中国宪政之路上的“第一次预演”[③]。《钦定宪法大纲》作为近代中国第一个宪法性文件，只是规定以后起草宪法原则和依据的纲领，而并非正式的宪法，无任何法律效力。[④]《钦定宪法大纲》等文件颁布后，多数立宪派表示接受，却普遍认为预备期太长。

事实上，由《钦定宪法大纲》和它的宪草稿本所勾勒的制度是在既利用着儒家传统的政治理念也利用着西方的“法理”、概念、术语经过某些人不断的努力奋斗而渐渐成熟的，它丰富了中国的政治词汇，失去的是宪政的真语言。[⑤]

七、重大信条十九条

案例导入：滦州兵谏

1911 年 10 月 29 日，山西新军为了响应武汉起义而在太原揭竿而起。山西起义的消息传入紫禁城之后，载沣急忙下令让在滦州进行秋操的北洋军张绍曾部进攻太原，但是张绍曾不仅没有奉命进攻太原，反而在滦州发起兵谏。为促迫清廷立宪，张绍曾亲自主持，委派幕僚吕均等人起草了政纲“十二条”。在张绍曾的兵谏以及全国革命形势的发展之下，清廷于 11 月 3 日批准“十九信条”，资政院在第一时间里，以“全体议员”名义加急致电张绍曾等签奏人告知此事以及“信条”全文。“十九信条”基本上吸收了政纲“十二条”的主要内容，滦州兵谏的基本目标达成。

这次兵谏促迫清政府颁布了中国历史上的第一部具有宪法效力的文件——“十九信条”，虽未能真正拯救清政府的命运，但促进了中国宪政的发展。

1911 年 10 月 10 日，武昌起义爆发。一时间，各省纷纷响应，清政府陷于四面楚歌。直隶滦州新军第二十镇统制张绍曾和第二协协统蓝天蔚等致电清政府，要求于年内召开国会，由国会制定宪法，组织责任内阁，内阁总理由国会公举。取消皇族特权，皇族永远不得充当内阁总理及国务大臣。他们还准备联合保定新军第六镇统制吴禄贞采取军事行动，进攻北京。同一天，山西宣布独立，革命军集结娘子关，准备出发东进。摄政王载沣在兵谏的威胁之下赶紧命令资政院迅速起草宪法，解除

① 郭廷以：《近代中国史纲》上册，中国社会科学出版社 1999 年版，第 375 页。

② 杨廷栋：《钦定宪法大纲讲义》弁言，商务印书馆 1910 年版。

③ 王人博：《中国近代的宪政思潮》，法律出版社 2003 年版，第 126－130 页。

④ 《钦定宪法大纲》并不是正式宪法，这在宪政编查馆和资政院关于宪法大纲的奏折中说得很清楚：“宪法乃为国家不刊之大典，一经制定，不得轻事变更，非如他项法律可以随时增删修改，故编纂之初，尤非假以时日详细研求，不足以昭慎重。惟条文之详备，虽非旦夕所能观成，而阂纲所在，自应预为筹定，以为将来编纂之准则。”（《宪政编查馆资政院会奏宪法大纲暨议院法选举法要领及逐年筹备事宜折》，《清末筹备立宪档案史料》上册，中华书局 1979 年版，第 55 页）；同日的《九年预备立宪逐年推行筹备事宜谕》中也有“届时即行颁布钦定宪法”之语（《清末筹备立宪档案史料》上册，中华书局 1979 年版，第 68 页）。

⑤ 参见王人博：《中国近代的宪政思潮》，法律出版社 2003 年版，第 142 页。

党禁，赦免自戊戌变法以来的政治犯。仅用三天就制定并通过了宪法《重大信条十九条》（以下简称《十九信条》），11 月 3 日由清政府正式公布。

《十九信条》缩小了皇帝的权力，扩大了国会的权力。它规定皇帝的权力以宪法规定为限；宪法由资政院起草决议，由皇帝颁布；宪法提案权归国会；总理大臣由国会推举，由皇帝任命；皇族不得担任总理大臣及其他国务大臣并各省行政长官；国际条约不经国会决议，不得缔结；官制官规，由法律详加规定。

《十九信条》是中国历史上第一部具有宪法效力的文件，较之《钦定宪法大纲》有很大进步。《钦定宪法大纲》基本上是照抄日本《明治宪法》的条文，毫无立法技术可言；而《十九信条》则是采用了英国宪法的精神，结合了实际的情况，其实行责任内阁制，对皇权大为削减，已经接近英国的虚君立宪制。《钦定宪法大纲》只是拟定宪法的纲要，本身并没有法律效力；而《十九信条》虽也不是正式宪法，却是先行颁布的宪法重要条款，具有法律效力。后来的一些宪法学家对《十九信条》也有不错的评价，如杨幼炯《近代中国立法史》认为它是“有清一代之唯一宪法，亦我国历史上之第一次宪法也”，① 陈茹玄《中国宪法史》认为：“《十九信条》深得英宪之精神，以代议机关为全国政治之中枢，苟其施行，民治之功可期，独惜其出之太晚耳。倘能早十年宣布实行，清祚或因以不斩，未可知也！”②

《十九信条》颁布以后，经资政院推荐，由皇帝任命袁世凯为总理大臣组织内阁，同时任命张謇为国务大臣。但这一切为时已晚，1912 年 2 月 12 日，清帝宣布退位，中国最后一个王朝在形式上覆灭了。武昌起义的烽火迅速燃遍中华大地。1911 年 12 月 29 日，孙中山当选为中华民国第一任临时大总统。

第二节　清末修律

光绪二十七年（1901 年）六月，刘坤一、张之洞会奏，提出改革法制事宜九条。次年，英日美葡允诺有条件放弃领事裁判权，于是政府开始重视研习西方法律，任命沈家本等人为修订法律大臣，并于光绪三十年（1904 年）成立修订法律馆，先后制订了《大清现行刑律》《大清新刑律》等吸收了西方法制思想的新型法律，法治派与礼教派的大论战也随之而起。

光绪二十七年（1901 年），刘坤一与张之洞合奏的《江楚三折》中，有停罢武科，裁撤绿营，练洋操、广军实等内容，对军队近代化的改革有系统专门的论述。一折提出了设文武学堂、酌改文科、停罢武科、奖励游学等，二、三折中涉及教育方面的内容有广派幼儿留学生、广译东西各类书籍、破格起用人才、多办实业工艺学堂等。这三折成为清末实行近代化教育改革的总纲，自此而始的清末新政使维新时期的教育改革得到了恢复，并从真正意义上拉开了中国教育近代化的帷幕。因庚

---

① 参见杨幼炯：《近代中国立法史》，商务印书馆 1936 年版，第 56 页。

② 参见陈茹玄：《中国宪法史》，世界书局 1933 年版，第 15 页。

子事变后，董福祥、聂士成二军的瓦解，为拱卫京畿，刘坤一将江南自强军交给了时为山东巡抚的袁世凯统带。江南由于再无巨款以练新军，刘坤一遂着手改革军制，改造旧军。他将辖内的军队按常备军、续备军及巡警营进行编制，一律练习洋操，改习枪炮，所有旧兵器弓、矛、土枪一概停用。①

光绪二十八年（1902 年），刘坤一又制订江南三省制兵章程。原马战守兵全部改为巡警，按现存之额裁去二三成，使新其耳目，作其志气、化无用为有用。② 正当全面举行新政，开始着手军事近代化改革，刘不幸于本年 10 月逝于任上。其后张之洞续任江督，于年底会同袁世凯编练新军章程。次年，中央设立练兵处，军队近代化改革进入新的阶段。在此期间，张之洞参与与英国的商约谈判，提出中国改革法律，英国放弃在华领事裁判权的要求。

在取得英国代表马凯的首肯并列入条约以后，光绪二十八年（1902 年）清廷正式下达法律改革之诏，责成袁世凯、刘坤一、张之洞“慎选熟悉中西律例者，保送数员来京，听候简派，开馆纂修，请旨审定颁行”③，拉开了法律改革的序幕。

此外，为了“开启民智”，立宪派翻译编辑出版了上百种西方国家的政治、法学、财政、政党、历史、教育著作，其中重要的有：《民约论》《政治学》《宪法精理》《代议政体》《国家学纲要》《政治原论》《万国宪法志》《万国官制志》《英国宪法史》《英国制度史》《共和政体论》《政治学新论》《四大政治学说》《政治学及比较宪法论》《万国宪法比较》《宪法研究书》《宪政论》《日本宪法议解》《日本预备立宪过去史》《日本议会法规》《议会政党论》《十六国议院典例》《议院提要》《选举法要论》《自治论》《欧洲大陆市政论》《地方自治要鉴》《地方自治规范》《立宪国法制述要》等。这些著作，在当时的中国对于建立最初的立宪体制起到了积极作用。

与此同时，中国的学术思想也开始繁荣起来，维新运动最为成功的一项举措应算是报刊的创办。如立宪派除已创办的《东方杂志》《新民丛报》，又创办许多新的杂志和报刊，如《中国新报》《大同报》《政论》《国风报》《自治学社杂志》《预备立宪公会报》《宪报》《宪政新志》《法政新报》《宪政旬报》《宪政述闻报》《自治公报》等，日报则有《时报》《大公报》《国民公报》《宪志日刊》《宪政日报》《西南日报》《中央日报》等。这些报刊大张旗鼓地介绍西方国家的新的政治学说、民主学说，宣传西方国家的民主、自由、平等，对于促进当时中国的法制现代化和政治进步起到了积极作用。这些期刊的主持及参与撰述者，多是有理想的知识者，想借助期刊传播知识，同时他们也积极从事实际的政治活动，或参与立宪事务，或鼓吹开设国会，期刊正是他们推动宪政实践的有力工具。

在中国政治、经济、社会、文化大变动的时代，期刊（杂志）既是促使这一大变动的动力，也记载了这一大变动的历程，因此，回顾和研究近代中国的宪政史，

---

① 参见《绿营将备一律改习枪炮片》，刘坤一文集·奏疏，光绪二十七年（1901 年）九月十五日。

② 《裁改三省制兵更定章程折》，刘坤一文集·奏疏，光绪二十八年（1902 年）七月十五日。

③ 《大清德宗景皇帝实录》卷四九五。

绝不能忽视作为宪政话语载体的各种期刊。①

一、沈家本等人的贡献

案例导入

沈家本出身官宦之家，五岁起就跟随父亲奔波于任所，二十四岁即被补入刑部，从此与律例之务和律例之学结下了不解之缘。尽管沈家本仍以求取功名为首务，对进刑部不以为意，但由于功名之路一波三折，他二十多年后才考取进士。沈家本虽人在刑部，主要心思却在别处，并未认真对待律学。然而十多年的刑曹经历已将他锻炼成一名十分干练的司员，加之家学渊源，沈家本于司法事务十分精湛，为此得到当时刑部尚书潘文勤的赏识，为日后"专心法律之学"奠定了良好的基础。那么，沈家本究竟作出了哪些贡献呢？

沈家本是清末修律改革中的核心人物之一，事实上，清末的法律现代化进程主要由沈家本等新型士大夫推动。著名法史学家杨鸿烈盛赞沈家本为"媒介中西两大法系成为眷属的一个冰人"②。

从学术角度看，沈家本是一个律学大师，同时又是现代法学积极的倡导及传播者。早期沈家本为一个单纯的律学家，但自从主持清末司法改革之后，他积极学习、吸收西方法学之精髓，并大力倡导法学著作与法律法规的译介，在修律的实践活动中已经成长为一个博通中西的法学家。

沈家本于主持修律之初，即在中外法律之间抱持一种融通和求同的心态，力图使二者相结合，曾指出："当此法治时代，若但征之今而不考之古，但推崇西法而不探讨中法，则法学不全，又安能会而通之，以推行于世？"③ 所以在参酌各国法律方面，沈家本做了大量的细致的工作：首先，翻译引进外国法律书籍，以有资可参。在翻译中，为避免"抉择未精，舛讹立见"，他对每种法律，都做认真考察研究，以防止翻译失实、导致参酌有误。

其次，派员出国考察外国法律。沈家本认为，若要制定切合中国适用之法制，必须进行实地考察。"日本改律之始，屡遣人分赴法、英、德诸邦，采取西欧法界精理，输入东瀛，然后荟萃众长，编成全典，举凡诉讼之法，裁判之方，与夫监狱之规则刑制，莫不灿然大备。用能使外国族居之人，咸愿受其约束，而法权得以独伸。"④ 沈家本主张，参考日本立法成功经验，派员国外，尤其是对日本进行细致的

---

① 据统计，在清末民初创办的报纸杂志中，与法政知识传播和改革变法运动有关的主要有十三种，即《时报》《时务报》《清议报》《新民丛报》《新译界》《宪政杂志》《中国新报》《法政学报》《牖报》《大同报》《宪法新闻》《万国公报》《中国新女界杂志》。参见张玉法主编：《清末民初期刊汇编（4）》，经世书局1985年版，第1-2页。

② 杨鸿烈：《中国法律发达史》，商务印书馆1930年版，第1078页。

③ 参见沈家本：《薛大司寇遗稿序》，载沈家本：《历代刑法考（附寄簃文存）》（四），邓经元、骈宇骞点校，中华书局1985年版，第2223页。

④ 《光绪朝东华录》光绪三十一年（1905年），第128页。

考察，以备立法之参酌。通过翻译考察，对外来法资源进行选择，以期能够适合中国国情，实现本土化，最终达到法律的近代化。

“以律名于时”的沈家本在其法律职业活动中，除了日常审判工作，还研读法律、钻研律意、推求法理，逐渐形成了类似于西方现代法律职业者的习惯和操守。沈家本本来热爱经史考证之学，法典律例本属于典章制度之规定，再加上业务工作的需要，律学自然就成了他学术研究的重点。在升任刑部侍郎之前，沈家本先后出版了《刺字集》《律例偶笺》《律例杂说》《刑法杂考》等律学著作，并推动了律学研究的风气，这使他在清末法制改革中的地位日益提高。

值得注意的是，在清末修律活动开始之后，清廷司法官员的构成发生了重要变化，除了采纳各地熟悉律例的人员，国外留学归国人员及其他精研外国宪政律令者，甚至是外国法学家，被大量纳入司法场域。如江庸、王宠惠这样的留学生及冈田朝太郎、松岗义正等日本法学家都加入修律活动中。此外，在伍廷芳的建议下，沈家本、伍廷芳于1905年上奏请设京师法律学堂，学堂于1906年开学。以京师法律学堂的建立为标志，现代意义上的法律学校和法学教育也开始出现在中国。①

早在1896年梁启超就以《论中国宜讲求法律之学》倡导法学，后来他又于1904年作《中国法理学发达史论》和《论中国成文法编制之沿革得失》二文。以此为契机，法律之学在中国开始成为中国实现强国之梦的显学。梁启超认为：“文明野番之界虽无定，其所以为文明之根原则有定。有定者何？其法律愈繁备而愈公者，则愈文明。”② 而中国“今日非发明法律之学不足以自存矣”。对于中国与西洋法律之区别，梁启超也以精彩的评述表达了学习西方法学和寻求大同之梦的诉求：

> 秦汉以来，此学中绝，于是种族日繁，而法律日减，不足资约束。事理日变，而法律一成不易，守之不可守，因相率视法律为无物。于是所谓条教部勒者荡然矣。泰西自希腊罗马间，治法家之学者，继轨并作，赓继不衰，百年以来，斯义益畅，乃至以十数布衣，主持天下之是非，使数十百暴主，戢戢受绳墨，不敢滋所欲，而举国君民上下权限划然，部寺省署议事办事，章程日讲日密，使世界渐进于大同之域。③

二、礼法之争

案例导入

1901年《辛丑条约》签订后，迫于内忧外患的压力，清政府确信只有进行法律改革，才能挽救王朝政权命运。沈家本、伍廷芳等人受命修律，中国法治的现代化进程也随之开启。万事开头难，修律之初更是充满艰辛。沈家本多次上书请求拨款，要求调派人员开办修订法律馆、编译外国法律著作、开办法律学堂等，大都得到了

---

① 参见《中国近代的法律教育》，中国政法大学出版社2001年版，第188－189页。

② 梁启超：《饮冰室合集》第一册及第二册，中华书局1989年版。

③ 梁启超：《饮冰室合集》第一册及第二册，中华书局1989年版。

朝廷的允准，还算顺利。而禁止买卖人口、废除奴婢制等规定，虽然伤及王公贵族们的切身利益，受到了抵制，但最终还是获准颁行了。

不过，到了法律改革的深水区——修订“刑事民事诉讼律”和“新刑律”时，修律者们遇到了前所未有的阻力，沈家本一度不得不申请辞职。有人把这时期产生的一系列论争归结为“礼法之争”。其核心就是：接受西方“法律面前人人平等”法治观念，还是维持传统法制观念中关于君臣、父子、男女等一系列规则？如在法庭上，男女要不要平等、父子要不要平等、主仆要不要平等、官民要不要平等？这些在今天根本不是问题，但在当时，问题就大了。

清廷改革法律的宗旨，初期强调“参酌各国法律”，“务期中外通行”，重在取西法之长补中法之短，偏于西法之采用，颇有开明之面。等到统治危机稍有平息，其守旧的面目就又扭转回来。

在改革中期以后，清廷强调法律本源“本乎礼教”，三纲五常“为数千年相传之国粹，立国之大本”，“旧律义关伦常诸条，不可率行变革，庶以维天理民彝之不敝”，并以此作为改革之“至要”宗旨。光绪三十二年（1906 年）修订法律大臣沈家本、伍廷芳等人制订了修律中第一部法律，也是中国历史上第一部单行诉讼法规——《刑事民事诉讼法》。该法虽然“刑民合一”而编，但已严格区别于传统旧法的“刑民不分”。该法上呈清廷后，清廷谕令各省督抚大臣“体察情形，悉心研究其中有无扞格之处，即行缕析条，据实具奏。”而立法者万没想到该法一出即遭到各地督抚将军的几乎一致批驳。广西巡抚林绍年奏称：“新纂刑事民事诉讼各法，广西尚难行。盖俗悍民顽，全恃法律为驭驾，闻以不测示恩威。若使新法遽行，势必夸张百出，未足以齐外治，先无以靖内讧，下所司知之”。而直隶总督袁世凯奏称：“新纂刑事民事诉讼法，内有扞格者数条，请饬再议”。

张之洞是对新法驳议最为猛烈的一个，他在《遵旨覆议新编刑事民事诉讼法》中对该法草案进行了全面的否定，如对父子异财、男女平等、律师制度、陪审员制度、废除比附法、规定控诉期限等都进行了批驳。随后这部新法即被清政府废除。这也是“礼法之争”的开始，可以说清末的修律自开始之时便伴随着“礼法之争”的争论。

对《刑事民事诉讼法》的驳议直接导致清末法律改革中礼教派与法理派两大派别的形成，引发了长期的“礼法之争”。虽然《刑事民事诉讼法》未及公布便胎死腹中，但随之另一部更具有影响力的法典《大清新刑律》出台了。

案例导入

光绪三十三年（1907 年）八月，沈家本等上奏《大清新刑律草案》的总则部分，并阐明了新刑律的修订大旨，之后又于十一月上奏了该草案的分则部分，详述了该草案所采体例。总体来说，该草案直接参考日本刑律，间接学习德意志刑律，采用了西方国家的刑法体例，并在一些涉及纲常礼教的具体条文上作出不同于旧刑律的规定，更加充分地体现了法律与礼教相分离的精神，如规定定罪量刑不依服制、废除旧律中“存留养亲”的规定等。礼教派领军人物张之洞率先对该草案发难，认为该草案成书过速，大都据日本起草员所拟原文，与中国情形不相适应。具体而言，新律草案有违三纲之义，破坏男女之别、尊卑长幼之序。至于所采用的四种刑罚方式，死刑唯一及删除比附等，在张之洞看来都是不合适的。清廷于宣统元年（1909年）正月下令各督抚大臣、京外衙门对新刑律草案进行签注，各督抚大臣纷纷上奏对草案进行分析，指出修改新刑律不可变革义关伦常诸条款。清廷采纳了众大臣的意见，将新刑律草案发回法部，要求重新修订。

由于新刑律中体现了法律与礼教相分离的精神，这部法典无可避免地遭到了以张之洞为首的礼教派的群攻，“礼法之争”进入高潮阶段。双方争论的焦点集中在《大清新刑律》是否应确定“无夫奸”“子孙违反教令”是否为罪以及“干名犯义”条存废、“存留养亲”是否应编入刑律、“子孙卑幼对尊长”可否行使正当防卫权等问题上。以沈家本、伍廷芳、杨度为代表的法理派与以张之洞、劳乃宣为代表的礼教派展开了激烈的辩驳，最终以法理派的失败而告终。

经过“礼教派”和“法理派”的这场激烈的争论，尽管双方都不能完全以自己的意愿主导修律，但在双方的合力之下，一方面，新律吸收了现代性的法律形式，建立起了近代法律体系，引进了现代意义上的法律原则、制度，删减了旧法律中落后与野蛮的内容，如《大清新刑律》删去了纲常名教的基础——《五服图》，主张尊卑、良贱、男女在法律上平等，实行“罪刑法定主义”；《刑事民事诉讼法》主张父祖子孙别籍异财、男女平等，否定了“宗法”“家族”“服制”的作用，并采取了律师制度和陪审员制度。另一方面，在礼教派的坚持下，修律时最大限度地考虑到了礼教在中国的广泛影响，使礼教在新律中得以体现，如律后附《暂行章程》五条。由此，中国法律在中西融合的轨道上迈出了重要的一步。

案例导入

到了清末法律变革时期，官方大量翻译西方法律制度、引进西方法律思想，为西方法律思想在中国加速传播打开了通道。清政府专门派大量人员出国进行实地考察，搜集适合本国国情的法律。在沈家本的主持和监督下，先后有十几种外国法律被翻译出来，在这个过程中沈家本更是要求严格。这些法学著作的译本不仅使得国人有了解国外法律的途径，而且新律在制定上也以其为参考。为了给司法制度改革提供一个保障，同时也为了让新律得到有效执行，清政府开设学堂并且聘请国外专家进行教学。这样的举措不仅壮大了法学人才的队伍，而且促进了中国法学的发展。

伴着“礼教派”与“法理派”的斗争而修订的新律，虽然在清末多未能实行，但对其后的南京临时政府、北洋政府和南京国民政府时期法律的影响极大，有些成为起草法律的根据或蓝本，有些则直接被沿用。“礼法之争”的结果也使中国在法律发展方面融入了世界，中国的法律不再独立于世界之外，而成为其中的一员，此后中国与世界法律的发展有了衔接，能够在结合国情的基础上及时吸收现代性的法律理论和原则。“礼法之争”在传播现代性的法律思想和理论上起到了一定的积极作用，对于以后的法制建设具有重要影响。

“礼法之争”关系到法律的起草、签注、修改、审议、表决各部门，其中有修订法律馆、宪政编查馆、法部、资政院、中央各部，参与者中不乏身居高位的硕学通儒或封疆大吏，还有一般官吏、士人及在华的外国人。双方为驳倒对方，在新律中贯彻己方的主张，精心研习法律，著书立说。同时，外国法典的翻译，中国法典的出版，法律学堂的设置，法学会的建立，法政研究所的举办，都一片繁荣。可以这样说，正是“礼法之争”双方对法律的争论和推演有力地推动了现代性法律体系的建立和现代性法律意识的普及。

蔡枢衡先生曾经对晚清立法中的礼法之争做过一次比较深入的反省和批判。通过剖析新法，对近代中国社会进行深入研究，他认为，旧律与新法形成对立的只有几个基本原则。除此之外，若从另一方面观察，从旧律到新法是在形式上由单一体制变成五花八门的复杂体系。全部综合起来，新法对于旧律的内容，有抛弃了的地方，有增加了的成分，也有保留了的因子：婚姻制度、亲属关系、财产制度和国家制度都是保存了而又更加复杂严密的部分；关于私有财产社会的机能规律之部分，十之有九是新增的；抛弃了的都是些历史的渣滓，是不值得保存的。所以中国变法只算是中国法律历史自己的发展，并没有弃旧律如敝屣，更不是张冠李戴。

三、清末修律的成就

从变法修律运动开始之时，清政府和参与修律的士绅就关注外来法律的本土化问题。“参酌各国法律，悉心考订，妥为拟议，务期中外通行，有裨治理”①，成为借鉴外国法律、推动法律近代化的指导方针，其中亦蕴含了外来法资源本土化之意。

在修律过程中，清政府强调要“参考各国成法，体察中国礼教民情”②。根据谕旨之精神，修律人员对传统法律习惯进行调查，以使与外国法律能够“融汇贯通，一无扞格”。

案例导入

在1906年颁布的《破产律》中，引进了西方破产免责主义，规定：“董事及各债主查明破产者实系情出无奈，并无寄顿藏匿等弊，应请将现存财产货物公估变卖得价，并追清摊还各债主收回。即各具领状二纸分送地方官及商会存案”，“破产之商不得涉及其兄弟伯叔侄暨妾并代人经理之财产，凡有财产照商会章程赴商会注册，将契券呈验加盖图记或邀亲族见证鉴定方为有据”。这些规定显然与有限责任、责任自负、破产免责等近现代商法原则一以贯之，却与我国负债应偿、家族连带责任等传统习惯背道而驰。可以说，《破产律》的这一规定原本是有利于鼓励时人经商，有助于我国传统商业的近现代转型。然而，该规定遭到了当时商人的一致反对，而他们反对的理由，正是“此条杂于西律不能行诸中国。考西商财产多系注册，其间有父子夫妇不同产而兄弟伯叔侄无论矣；其分授子女之时必由律师签字以为佐证方能作准”。

---

① 《大清德宗景皇帝实录》卷四九八。

② 李贵连编著：《沈家本年谱长编》，成文出版社1992年版，第247页。

以商法为例，1903 年，因国内资本主义发展之急需，清政府编写了《商人通例与公司例》（又称《公司律》）合计一百四十条，定名为《钦定大清商律》颁行。该律颁行后，并未得到国内商人的积极响应，实施效果不佳。主要是由于《公司律》搬抄外来法令，其内容大半仿自师法德国制度的日本，少半仿自英国，对国内传统商业行为规范较少，体现出“移植性”过强的一面。

由此可知，清政府在修律时，考虑到了外来法律本土化的问题。同时，清政府也初步建立起了一套现代性的法律体系。这一时期的立法成就和特点主要有以下两个方面：

（一）重本国的民情风俗

《大清民事诉讼律草案》，修订法律馆聘请日本法学家松冈义正起草，与《大清刑事诉讼律草案》同时完成，共四编二十二章八百条。这是中国历史上第一部专门的民事诉讼法草案，但是未能正式颁布实施。1902 年，清政府决定修律时，即有官员强调“风土人情”于制定民法、刑法的重要性。修律中，清政府亦颁布了以“现在民情风俗”为念的谕旨，不少官员亦就此提出了自己的看法，张之洞即曾指出：“东西各国政法，可采者亦多。取其所长，补我所短，揆时度势，诚不可缓。然必须将中国民情风俗，法令源流通筹熟计，然后量为变通，庶免官民惶惑，无所适从。外国法学家讲法律关系，亦必就政治、宗教、风俗、习惯、历史、地理一一考证，正为此也。”①

根据清政府的修律精神及参考了各方面的建议，沈家本等人于 1908 年上呈了《民事习惯调查章程》，指出“各省地大物博，习尚不同，使非人情风俗纤悉周知，恐创定民商各法，见诸实行必有窒碍，与其成书之后多所推求，曷若削简之初，如意慎重”②。

《大清商律草案》由修订法律馆聘请日本法学家志田钾太郎起草，也叫《志田案》，光绪三十四年十二月（1909 年 1 月）完成，未颁布施行。它是中国第一部比较完备的商法典草案，内容包括总则、商行为、公司法、票据法、海船法五编，共计 1 008 条。

清政府聘请外国法律顾问协助继续修订该商法，商部依然要求商会将各地商业习惯调查汇整后送呈商部，以备修法参考。《东方杂志》曾对上海的商习惯调查进行了报道：“法律馆近派编修朱汝珍，赴各省调查商习惯。本月至上海，发问题百余事。按照日本商法五编，分为五章。首总则，次组合及公司以当日本之会社，次票据以当日本之手形，次各种营业以当日本之商行为，次船舶以当日本之海商。核其所问，发问者未免隔膜，而受问者亦殊少纸片对策之能事。必厚意温词，鼓舞以颜面之所在，促令开答问研究之会，商人特推专员兼聘法学家为顾问，一一求问题之

---

① 张之洞：《遵旨核议新编刑事民事诉讼法折》，载《张之洞全集》第三册，河北人民出版社 1998 年版，第 1773 页。

② 李贵连编著：《沈家本年谱长编》，成文出版社 1992 年版，第 277 页。

所根据，而后徐会其经历之所得，以相印证，或者有相说以解之乐。”[①] 其亦可说明法律馆在制订法律时，并未曾盲目地移植外来法律，而将外国法律适合中国本土视为重要之事。

(二) 确立了现代性的法律体系

这一法律体系由以下的一系列立法组成：

(1)《大清现行刑律》与《钦定大清刑律》，后者是旧中国制定颁布的第一部近代意义的专门刑法典。

(2) 民商事立法，它由《钦定大清商律》《公司注册试办章程》《商标注册试办章程》《破产律》《改订大清商律草案》等组成。

(3) 法院组织法与诉讼法，它由《大理院审判编制法》《法院编制法》《各级审判厅试办章程》《大清刑事民事诉讼法草案》《大清刑事诉讼律草案》《大清民事诉讼律草案》等组成。

(4) 监狱立法。沈家本深受西方近代刑法理论的影响，认为刑事法律应该包括刑律、刑事诉讼律和监狱律。为配合刑律和刑事诉讼律的制定实施，光绪三十四年(1908 年)，他聘请日本监狱学家小河滋次郎开始起草监狱律。宣统二年（1910 年），《大清监狱律草案》完成。这是我国第一部仿效西方现代监狱制度制定的监狱法草案。该草案分总则、分则两编，共 14 章 241 条。它吸收西方近代教育刑理论，规定监狱是执行自由刑、教育感化犯罪人的场所，并将监狱分为男监、女监和少年监。该草案因清政权的灭亡而未及颁行。

“清末新政”法制改革完成的上述立法，构成中国近代法制的基础。国民党政府的“六法全书”，也基本由此沿袭而来。以民法为例，《大清民律草案》的“五分法”体例、立法框架和基本内容，到北洋政府的《民法草案》，再到国民党政府的《民法典》，便一直延续下来，没有大的变化。

本章拓展阅读与选题思路

一、拓展阅读

现值国势积弱，事变纷乘，非朝野同心，不足以图存立；非纪纲整肃，不足以保治安；非官民交勉，互相匡正，不足以促进步而收实效。该王大臣所拟宪法暨议院、选举各纲要，条理详密，权限分明，兼采列邦之良规，无违中国之礼教。要不外乎前次迭降明谕，大权统于朝廷，庶政公诸舆论之宗旨。将来编纂宪法暨议院、选举各法，即以此作为准则，所有权限悉应固守，勿得稍有侵越。其宪法未颁议院未开以前，悉遵现行制度，静候朝廷依次筹办，如期施行。至单开逐年应行筹备事宜，均属立宪国应有之要政，必须秉公认真次第推行。

——《清末筹备立宪档案史料》第一编《九年预备立宪逐年推行筹备事宜谕》

① 《东方杂志》1906 年第 4 期，第 196－197 页。

臣等窃维审判分权，系属创举，内则树直省之准的，外则系各国之观瞻，其事极为重要。而其中最难分析者，则莫如司法权限。法部固以司法行政为职权，而臣院亦为司法之审判，其事皆有维系之故，即其权遂有互相出人之虞。宪法精理，以裁判独立为要义，此东西各国之所同也。臣院为最高之裁判，环球具瞻，以微其信用。今死罪必须法部覆核，秋朝审必须法部核定，权限未清，揆诸专掌审判之本意，似未符合。然谓法部必一切解去，亦非事理之平。盖裁判人材未经预备，而外省刑政分析尚难预期，斯不得不斟酌情形，沿用旧制。此臣等所能谅于法部者也。

——《清末筹备立宪档案史料》第二编《修订法律大臣沈家本等奏酌定司法权限并将法部原拟清单加具案语折》

查编纂法典，与订立单行法不同。法典之大者，如民法、商法、刑法、民事诉讼法、刑事诉讼法诸种，考之各国成例，大率多或千余条，少亦数百条，取材宏富，定例精严，非如单行法之可以克日成事。盖单行法不过为一事或一地方而设，法典则包含一切关涉全国之事。故各国编纂法典，大都设立专所，不与行政官署相混，遴选国中法律专家，相与讨论，研究其范围，率以法典为限，而不及各种单行法。诚以编纂法典，事务浩繁，故不能不专一办理。

——《清末筹备立宪档案史料》第二编《宪政编查馆大臣奕劻等奏议覆修订法律办法折》

查单开各衙门筹备事宜，系就与开设议院最关切近者而言，非谓未列单内之各衙门，便可不受责成，逍遥事外。如外务部职在考查外事，作养使才；吏部职在变通选法，考核任用；礼部职在修明礼教，移易风俗；陆军部职在巩固国防，振兴军势；农工商部职在提倡实业，保守利权；邮传部职在审度形势，统筹交通；理藩部职在考查藩情，整饬边务；皆与宪政息息相通，理应同时并进。即已入单内之民政部、度支部、学部、法部等衙门，尚多有未尽事宜，若顾此失彼，偏而不全，恐届开设议院之期，规模未备，致滋纷扰。著各衙门统限六个月内，按照该馆院前奏格式，各就本管事宜，以九年应有办法，分期胪列奏明，交宪政编查馆会同覆核，请旨遵行，以专责成，而杜迁延。

——《大清德宗景皇帝实录》卷五九六

日本之立宪，非同欧美各国之迫于他国兵力，或迫于民乱，其势由大以及小，其事由上而命下，故顺而不逆，安而不危。其立宪政体第二条特为剖明曰：日本帝国万世一系之天皇，统治之所以定一尊而防流弊，盖立宪政体者，实所以尊君权而固民志。与我大清一统抚驭全国之宏谟，适相吻合。近年中国民志大开，凡有血气者，无不痛国势之衰微，愤外侮之凭陵，昌言改革，莫之能遏。宝琦窃维倡论自下，恐为酿祸之阶，决议于上，乃为致治之本。

——《东方杂志》1904 年第 7 期

二、选题思路

1. 清末法政学堂研究
2. 清末修律的文化史研究
3. 沈家本法律思想研究

4. 清末礼法之争研究
5. 法律术语的跨语际实践研究
6. 清末官制改革研究
7. 清末变法思想研究
8. 清末刑事立法思想研究
9. 清末省宪运动研究
10. 清末法典编纂研究
11. 清末资政院研究
12. 进化学说与清末新政研究

图书在版编目（CIP）数据

中国法律史/龙大轩主编. -- 北京：中国人民大学出版社，2025. 8. --（法律硕士精品系列教材）.
ISBN 978-7-300-34243-6

Ⅰ. D909. 92

中国国家版本馆 CIP 数据核字第 2025SY9597 号

法律硕士精品系列教材

中国法律史

主　编　龙大轩

副主编　袁春兰　秦　涛

Zhongguo Falüshi

出版发行	中国人民大学出版社		
社　　址	北京中关村大街 31 号	**邮政编码**	100080
电　　话	010－62511242（总编室）		010－62511770（质管部）
	010－82501766（邮购部）		010－62514148（门市部）
	010－62511173（发行公司）		010－62515275（盗版举报）
网　　址	http://www.crup.com.cn		
经　　销	新华书店		
印　　刷	天津鑫丰华印务有限公司		
开　　本	787 mm×1092 mm　1/16	**版　　次**	2025 年 8 月第 1 版
印　　张	22.25 插页 1	**印　　次**	2025 年 8 月第 1 次印刷
字　　数	479 000	**定　　价**	58.00 元

《　　　　　　　　》※任课教师调查问卷

为了能更好地为您提供优秀的教材及良好的服务，也为了进一步提高我社法学教材出版的质量，希望您能协助我们完成本次小问卷，完成后您可以在我社网站中选择与您教学相关的 1 本教材作为今后的备选教材，我们会及时为您邮寄送达！如果您不方便邮寄，也可以申请加入我社的**法学教师 QQ 群：436438859（申请时请注明法学教师）**，然后下载本问卷填写，并发往我们指定的邮箱（cruplaw@163.com）。

邮寄地址：北京市海淀区中关村大街 59 号文化大厦中国人民大学出版社 1202 室收

邮　　编：100872

再次感谢您在百忙中抽出时间为我们填写这份调查问卷，您的举手之劳，将使我们获益匪浅！

基本信息及联系方式：※

姓名：______________ 性别：______________ 课程：______________________

任教学校：______________________________ 院系（所）：________________

邮寄地址：______________________________ 邮编：______________________

电话（办公）：______________ 手机：______________ 电子邮件：__________

调查问卷：※

1. 您认为图书的哪类特性对您选用教材最有影响力？（　　）（可多选，按重要性排序）

   A. 各级规划教材、获奖教材　　B. 知名作者教材

   C. 完善的配套资源　　D. 自编教材

   E. 行政命令

2. 在教材配套资源中，您最需要哪些？（　　）（可多选，按重要性排序）

   A. 电子教案　　B. 教学案例

   C. 教学视频　　D. 配套习题、模拟试卷

3. 您对于本书的评价如何？（　　）

   A. 该书目前仍符合教学要求，表现不错将继续采用

   B. 该书的配套资源需要改进，才会继续使用

   C. 该书需要在内容或实例更新再版后才能满足我的教学，才会继续使用

   D. 该书与同类教材差距很大，不准备继续采用了

4. 从您的教学出发，谈谈对本书的改进建议：____________________________

____

____

选题征集：如果您有好的选题或出版需求，欢迎您联系我们：

联系人：黄　强　联系电话：010-62515955

索取样书：书名：____

书号：____

备注：※ 为必填项。

总 序

2022年10月16日，习近平在中国共产党第二十次全国代表大会上的报告中强调："深化教育领域综合改革，加强教材建设和管理"。同时，党的二十大报告第七部分"坚持全面依法治国，推进法治中国建设"专门部署法治建设，要求发挥法治固根本、稳预期、利长远的保障作用，在法治轨道上全面建设社会主义现代化国家。习近平指出，全面推进依法治国，建设一支德才兼备的高素质法治队伍至关重要。[①] 高校是法治人才培养的第一阵地，高校法学教育在法治人才培养中发挥着基础性、先导性作用。

在法治轨道上全面建设社会主义现代化国家，迫切需要法律硕士专业学位研究生（以下简称"法律硕士"）教育开辟一条加快培养高层次应用型法治人才的新渠道。法律硕士是具有特定法律职业背景的专业性学位，在培养目标上强调实务特点，主要培养立法、司法、行政执法和法律服务以及各行业领域德才兼备的高层次的复合型（专门型）、应用型法治人才。根据新时代法治人才培养的要求"立德树人、德法兼修、明法笃行"，要将法律硕士培养成具有坚定政治立场和崇高法律职业道德的法治人才，培养成具有宽基础、复合型、跨学科知识结构的法治人才，培养成能够综合运用法律、经济、管理、科技、外语、计算机以及其他方面专业知识，独立从事法律实务和管理工作的法治人才。

近年来，各高校、科研院所及法律实务部门在应用型高级法律实务人才培养方面不断探索。西南政法大学作为新中国最早建立的高等政法学府，是国家首批卓越法律人才教育培养基地。自1979年开展研究生教育以来，西南政法大学坚持科学的研究生教育质量观，把研究生教育作为提升学校品牌的重要支点，坚定不移地推进改革，凝心聚力，攻坚克难，不断增强研究生教育的竞争力、吸引力和培养能力，以实施科教兴国战略和满足经济发展对高层次、高素质、创新型人才的需求为出发点，努力发展研究生教育。2010年，西南政法大学被确定为教育部法律硕士教育综合改革试点高校；2013年，西南政法大学被评为全国法律硕士优秀培养院校。西南政法大学紧紧围绕党中央的要求和国家经济、社会发展的需要，明确目标和功能定位，充分发挥培养复合型、实践型法律人才的作用，以培养德才兼备、系统掌握法学理论知识、具备实践能力、具有社会主义法治理念、能够独立从事法律实务或理论研究工作的高层次专门人才为目标，不断进

① 中共中央文献研究室. 十八大以来重要文献选编：中. 北京：中央文献出版社，2016：190.

行探索和创新：

——实施责任教授制度，创新课程管理模式。针对法律硕士专业必修课程实施责任教授制度，实行团队教学。课程所属学科确定一名课程责任教授，由其负责组建教学团队、主持课程建设的各项工作，包括课程规划、教学内容安排、课程进度控制、教学方法使用、考核评价方式等。课程责任教授制度的确立，改变了任课教师单打独斗的授课局面，形成了课程教学合力。

——推进课程教学改革，创新课程教学方法。自2013年大力推进研究生课程教学改革以来，制定并实施了《西南政法大学研究生课程教学改革办法（试点）》，推行基于问题、基于项目、基于案例的教学方法和学习方法，探索建立以学生为主体、以培养学生创新能力为主要特征的研究型教学方式，促进课程教学与科研训练、实习实践相结合。已立项建设4批次共37门改革课程，培育重庆市优质研究生课程12门。

——强化教学案例建设，注重实践能力培养。重视案例编写，积极开展案例教学，已组织编写校级法律硕士教学案例21个，其中4个教学案例入选首批全国法律硕士教学案例库，使本校成为首批入库案例最多的院校。在积极开展案例库建设的同时，大力推进案例教学，在法律硕士专业课程教学过程中，引用案例进行讲解的教学内容占比达到30%以上。

——开设实践训练课程，强化职业能力培养。为适应职业型与复合型的人才培养定位，法律硕士人才培养要把学习理论知识与开展实务的能力加以复合，要开展更加注重实务与应用的实践性教学。本校专门开设了法律实践训练课程，占法律硕士课程的四分之一，任课教师大都为校外行业专家，由此大大提升了学生的法律逻辑分析能力与知识运用能力。

法律硕士的招生院校及招生规模不断扩大，对专业法律人才的培养提出了新的挑战，对法律硕士教学规范化也提出了比较高的要求。党的二十大报告指出：要“深化教育领域综合改革，加强教材建设和管理，完善学校管理和教育评价体系，健全学校家庭社会育人机制”。这说明深化教育领域综合改革，扎实推进法律硕士教育、加强相关教材建设非常关键。在2012年前后，西南政法大学与中国人民大学出版社共同推出针对法律硕士的“应用型高级法律人才系列教材”。该套教材内容设计贴近教学需要，编写质量优良，打下了较好的教材基础。为遵循法律硕士的教学特点和更加贴近司法实务的教学要求，西南政法大学根据全国专业学位研究生教育指导委员会《专业学位研究生核心课程指南（试行）》，更新编写了这套“法律硕士精品系列教材”。该系列教材体系的构建主要有几点考虑：

第一，提升教材的普适性，按照全国专业学位研究生教育指导委员会《专业学位研究生核心课程指南（试行）》的目录搭建对应的系统性教材。

第二，立足教材的应用性，结合实务训练课程需要编写案例丰富、实践性强、以案说法的实务性教材。

第三，侧重特色交叉教材，以满足学校新兴学科发展需要和法律硕士教育特色发展为目标，编写特色教材。

该系列教材得以面世，首先要感谢校内外多位主编、编委和作者的精诚合作和辛勤笔耕；还要感谢中国人民大学出版社的大力支持，感谢郭虹社长对教材编写和出版的精心策划与宝贵建议。西南政法大学副校长唐力教授及校党委常委、研究生院院长李燕教授在教材设计和编写方面做了大量的开创性工作；还有很多工作人员在教材编写和出版过程中默默付出辛劳，我代表编委会对他们一并表示诚挚的敬意和谢忱。

付子堂

2022 年 10 月 29 日

于西南政法大学

编写说明

《刑法重点问题案例实务教程》是《刑事疑难案例实务教程》（中国人民大学出版社 2013 年版）的全面修订版本。本次修订，拟实现如下目标：**一是配套基础教材使用。**本教程以刑法学总论和分论为基础，针对刑法学中的重点、难点知识点，选取相应的有研讨价值的案例，配合本科和研究生《中国刑法学总论》《中国刑法学分论》《刑法学总论案例研习》《刑法学分论案例研习》等刑法课程教学使用，以帮助学生较好地理解刑法学中的重点、难点。**二是提供实践应用指导。**本教程以能指导解决办案中的实务问题为撰写目标，从而要求案例的分析一定是基于中国的立法、司法和法律话语体系，并从事实、证据和规范中得出分析结论。**三是选定教学研讨素材。**本教程的每个知识点的分析都是从有研讨价值的案例切入，选取的案例均是真实的或针对研讨主题适当删减的案例。在案例的相关信息叙述或分歧、争议焦点提炼时，能引发讨论和观点碰撞，以达到启示刑法理论、启迪刑法思维和提高分析解决刑法问题能力等教学目的。**四是作为相关考试用书。**本教程适合参加专业硕士研究生入学考试等相关考试的考生备考刑法学课程。

为实现上述编写目标，本教程没有按我国现行刑法的所有章目和传统刑法学体系的通常章目分类编排，而是按中国刑法学理论体系的大类，将其分为“刑法基础的重点问题”“犯罪成立基本评价体系的重点问题”“犯罪成立排除情形的重点问题”“犯罪成立修正评价体系的重点问题”“犯罪法律后果的重点问题”“国家安全、国防利益类犯罪的重点问题”“公共安全类犯罪的重点问题”“市场经济秩序类犯罪的重点问题”“公民权利类犯罪的重点问题”“公私财产类犯罪的重点问题”“社会管理秩序类犯罪的重点问题”“贪污贿赂渎职类犯罪的重点问题”等十二章。

本教程每章据其有研讨价值的重要知识点分为若干案目，全书共 155 个案目。每个案目设置为一个标题，每个标题是针对重点讨论知识点的凝练与概括。由于案例并非只涉及案目所讨论的某个主题，还可能涉及其他章目的内容，因而本书编排章目只是大体上的，无意涵盖各案例所涉所有主题内容。每个案目由六个部分组成：“要点提示”对本案目所涉背景和重要知识点做简要引导性说明；“案情摘要”对被告人等基本身份及案件主要事实做与研讨主题相关的概括性介绍；“分歧意见”列举本案处理中与研讨主题相关的分歧意见，并简要说明理由；“问题研讨”就案目主题及案件相关争议焦点所涉问题进行法理分析，并引导学生如何去分析、思考、解决实务问题，特别是如何用所学理论和法律知识去分析解决实务问题，以培养学生法律适用的思维和能力；“实务训练”针对本案目研讨主题及内容，提出相应的实务训练要求，以深化知识理解、实践知识应用、培养刑法思维、提升法律适用能力；“延伸阅读”提示读者去阅读案目知识要点所涉相关有影响的学术论文、专著（教材一般不予推荐）等重要文献。

本教程由主编、副主编统改定稿。编写人员具体分工如下（以撰写首个案目顺序为序）：

石经海（法学博士，西南政法大学教授，博士生导师）：撰写案 1、2、3、4、5、13、14、74、75、129、134；

张武举（法学博士，西南政法大学副教授，硕士生导师）：撰写案 6、7、8；

卢有学（法学博士，西南政法大学教授，硕士生导师）：撰写案 9、10、11、12；

蔡英（法学博士，西南政法大学副教授，硕士生导师）：撰写案 15、16、17、18、137；

陈伟（法学博士，西南政法大学教授，博士生导师）：撰写案 19、28、29、30、35、39、40；

贾健（法学博士，西南政法大学教授，博士生导师）：撰写案 20、22、23、24、44、45；

万志鹏（法学博士，湘潭大学副教授，硕士生导师）：撰写案 21、96、128；

张波（法学博士，重庆市高级人民法院审判员、刑一庭庭长，硕士生导师）：撰写案 25、70、71、72、73、143、144、145、146、147、153、154、155；

谢佳君（法学博士，西南政法大学副教授，硕士生导师）：撰写案 26、27；

肖洪（法学博士，重庆大学法学院副教授，硕士生导师）：撰写案 31、142；

李永升（法学硕士，西南政法大学教授，博士生导师）：撰写案 32、33、111、112、113；

盛宏文（法学博士，重庆市人民检察院检察官）：撰写案 34、76、115、116、136；

肖敏（法学博士，西南政法大学副教授，硕士生导师）：撰写案 36、37、38、108、109、110；

丁胜明（法学博士，西南政法大学教授，博士生导师）：撰写案 41、42、43；

骆多（法学博士，西南政法大学讲师，硕士生导师）：撰写案 46、47、49、50、51、53；

黄应生（法学硕士，原最高人民法院法官）：撰写案 48、54、55；

吴雯（法学硕士，重庆市第一中级人民法院专委，硕士生导师）：合写案 52、83、114；

欧明艳（法学硕士，重庆市第一中级人民法院刑二庭副庭长，硕士生导师）：合写案 52、83、114；

陈小彪（法学博士，西南政法大学副教授，硕士生导师）：撰写案 56、57、58、59、60、61、62、63、64、65、66、67、69、148；

汪礼滔（法学硕士，原重庆市第一中级人民法院法官，上海中联（重庆）律师事务所律师）：撰写案 68、117、118；